本书系云南大学《中国边疆研究丛书》成果之一，得到云南大学专门史国家重点学科建设经费资助。

云南大学 中国边疆研究丛书

林文勋 主编

边疆与中国现代社会研究（上）

罗群 主编

人民出版社

总　序

林文勋

我国幅员辽阔,民族众多,是一个统一的多民族国家。而中国的边疆地区则是我国统一多民族国家的重要组成部分,历来在国家的经济发展、社会进步和政治稳定中占有十分重要的地位。古往今来,历朝历代莫不重视边疆问题的研究与边疆治理。近代以来,随着世界局势的变化和边疆问题的凸显,边疆问题的研究更加受到重视,并形成了几次大的研究热潮。在这一过程中,一些学者提出了"边政学"、"边疆学"等概念,极大地推动了边疆问题研究的开展。目前,尽管人们对"边疆学"、"边政学"等概念还持有不同的看法,但边疆问题研究的重要性已没有人怀疑。构建一门具有中国特色的边疆学学科,在更高的层面和更大的范围开展中国边疆问题的研究越来越成为更多的人们的认识。

云南大学地处祖国西南边疆,是我国西南边疆建立最早的综合性大学之一。长期以来,依托特殊的区位优势和资源优势,大批学者对边疆问题特别是西南边疆的问题开展了持续不断的深入研究。在几代学者的共同努力下,通过将区位优势和资源优势转化为学科优势,再将学科优势转化为人才培养的优势,云南大学边疆问题的研究与人才培养蓬勃发展,并积累了深厚的学术基础,呈现出旺盛的发展潜力。中国边疆研究现已成为云南大学重要的优势和特色学科。在全力推进、发展中国边疆学学科建设的进程中,云南大学应该义不容辞、责无旁贷地肩负起建设和发展中国边疆学学科的重任。

基于此,为进一步巩固和提升云南大学边疆问题研究的水平与实力,2002 年,我们提出了在云南大学建设中国边疆学学科的建议并拟定了具体的方案。2007 年,通过整合边疆问题研究、中外关系史和经济史研究的力量,云南大学专门史学科被批准为国家重点学科。同年,我们又在历史学一级学科博士学位授权下自主增设了"中国边疆学"二级学科博士学位授权。2008 年,我们再次抓住国家"211 工程"三期建设的契机,提出"西南边疆史与中国边疆学"作为云南大学国家立项的学科项目加以建设,旋即得到批准。

"西南边疆史与中国边疆学"学科项目,计划从中国西南边疆史、中国与南亚东南亚关系史和中国边疆学研究三个方面较全面地开展边疆问题的研究和中国边疆学学科体系的探讨。同时,还将有计划地整理有关西南边疆的历史文献和档案资料,翻译和介绍国外学者关于中国西南边疆研究的重要成果。

此次我们编辑和出版云南大学《中国边疆研究丛书》,就是为了系统地反映我们在推进边疆问题研究和中国边疆学学科建设中所形成的研究成果,增进与国内外学术界的交流与合作。

从传统的边疆史地研究到中国边疆学学科建设,决不只是研究范围的扩大和研究内容的增加,而是一种研究视野的转变和研究范式的创新。

中国边疆学学科的建设还将经历长期的探索过程并面临较为

艰巨的任务,我们的工作也仅只是在自己原有基础上的一个新的开端。为此,我们真诚地期望各位专家学者给我们提出宝贵的意见和建议,以便我们的工作做得更好,共同为推进中国边疆学学科的发展与繁荣作出新的贡献!

2011 年春节

目　　录

边疆与中国现代社会研究(上)

边疆政策与边疆治理

边疆研究与考察

边疆政治与军事

边疆政策与边疆治理

朱镕基治理新疆思想初探

沈传亮（中共中央党校副教授）

朱镕基作为党和国家的重要领导人，多次到过新疆考察指导工作，发表了一些有针对性的讲话。最近出版的《朱镕基讲话实录》，披露了他关于治理新疆的思路，为研究其治疆思想提供了新材料。材料显示，这些讲话主要围绕推动新疆经济社会发展的主题展开，凸显了朱镕基的务实风格。

一、重视新疆战略地位、关心边疆稳定

新疆作为中国的少数民族地区、边疆地区，具有重要的战略地位。新中国成立后，中共历代领导人对新疆工作给予了较多关注。随着改革开放以来经济社会的迅速发展，中外交流的密切，新疆的发展更是引起了中共中央的关注。朱镕基作为第三代中央领导集体的一员，为新疆的发展倾入了不少心血。从《朱镕基

讲话实录》看，他一共到过新疆五次，除 1987 年那次新疆之行细节没有收录外，其他几次都有收录。

在 1995 年 9 月的新疆之行中，朱镕基首先转达了党中央和国务院的主要领导同志关心新疆的指示。如江泽民的指示是"我们在政治上要注意，在经济上要加快发展，改善群众的生产、生活条件，这样才能使我们的边疆从根本上巩固起来"。[1] 朱镕基表示他"这次来是带着党中央和国务院主要领导同志对南疆的关怀和指示，是来落实这些关怀和指示的"。

这次之行，朱镕基提出了关于如何巩固边疆的两个思想：一个是巩固边疆"人心向背是最重要的"。他提出"老百姓的心都向着我们，感到共产党时刻关心他们。不要说其他的，连喝水问题都牵扯着中央主要领导同志的心，老百姓会为之激动的，这就自然把边疆巩固了"。[2] 一个是新疆稳定与解放军进军新疆后建立了生产建设兵团有很大关系。因为中国共产党的政策与以前历朝历代的政策不同，过去的屯兵垦殖政策对内是镇压少数民族、维护封建统治者的特权；对外也曾抵御外侮，维护祖国统一。今天新疆生产建设兵团对外起到了巩固边防、维护祖国统一的作用，对内起到了促进内地与新疆交流的作用。朱镕基指出："在新疆保卫边疆，光靠正规军队的力量是不够的，生产建设兵团必须发挥应有的重要作用。"[3]

关于建设好新疆的重要性，朱镕基从新疆的地理位置、民族构成等方面进行了阐述。1999 年 3 月 8 日，朱镕基在九届全国人大二次会议新疆维吾尔自治区代表团讨论会上讲话时，就新疆的重要性说道："新疆是少数民族地区、边疆地区，也是具有重要战略意义的地区。"[4] "新疆的地位非常重要，我们这么多的少数民族同胞生活在那里，国外许多敌对分子又企图破坏我们的民族团结，所以，一定要把经济工作搞好，提高各民族人民的生活水平，让新疆各族群众心向祖国、心向共产党。"[5]2000 年 9 月 8日，朱镕基在考察新疆生产建设兵团农一师一团七连时，又指出："新疆毗邻很多国家，要巩固我们国家的边疆，巩固我们的民族大团结，维护我们的社会稳定，建好新疆是非常重要的。"他还把加强边境团场的建设命名为"金边工程"，取"固若金汤"之意。9 月 10 日，朱镕基再次指出："新疆土地面积占全国总面积的六分之一，周边的相邻国家最多，战略地位很重要。"

从上述讲话实录看，朱镕基从国家稳定、边疆巩固大局出发，比较重视新疆工作，高度关心新疆发展。

二、为推动新疆经济社会发展出谋划策

朱镕基五次新疆之行的突出特点是在广泛调研的基础上，围绕发挥新疆资源、区位优势，为新疆发展精心谋划，帮助解决新疆经济发展中遇到的难题。从粮食到棉花，从石油开采到水资源利用，从产业多元化到产业结构调整，从水利到交通等都有涉及。

在 1995 年新疆之行中，朱镕基提出新疆经济发展的思路应该是牢牢抓住"农业是基础，水利是命脉，交通是关键"。"抓住这三句话，新疆的经济发展就有了根本保证。如果对这个方针有所动摇，偏离了这个方针，新疆的经济就会遭受挫折"[6]朱镕基多次讲话基本是围绕这一思想展开的。

新疆农业发展要抓好棉花和粮食，朱镕基认为新疆要抓好棉花和粮食，因为它们是新疆经济发展的最大支柱。就棉花而言，"新疆发展棉花生产，无论是从哪一个方面来讲，都是内地不可

比拟的"。这也和新疆发展棉花生产有特殊有利的自然地理条件有关。同时他提出建议，新疆的棉花发展实行"农工贸相结合"的模式，产销直接见面。他说："他一直想探索这样一种建立原料基地、稳定原料供应的开发方式。"这种方式能够减少中间环节，棉农少受盘剥。新疆经济要靠棉花起飞，要在棉花方面做文章，把沿海地区的棉纺工业转移到新疆来。当亚洲金融危机来袭，新疆的棉花发展面临难题时，朱镕基指出，面临西方国家对我国出口纺织品实施所谓"反倾销"的局势，我们要稳定新疆棉区种植面积，最重要的是打开销路，打开国际市场，"走出去"。在如何打开国际市场方面，朱镕基表示国务院下决心把外经贸部所属的棉花出口公司划给新疆，专司其职，帮助新疆出口棉花。还指出："要尽量减少中间环节，一竿子到底。要按照国际标准组织棉花货源，直送港口，降低费用；要建立长期的用户关系，稳定价格，保证质量，做到长期供应。这样才能真正打开国际市场。"[7]与此同时，朱镕基还建议新疆"要大力调整农业结构，不要单搞棉花，单打一是不行的，要全面发展"。[8]粮食方面，朱镕基认为，只种棉花，不种粮食也是不行的，一个是粮食，一个是棉花，新疆要是把它们种好了，新疆的经济发展就有了坚实的基础。[9]粮食要发展，还要建立食品工业，新疆有条件，也有前途。朱镕基指出，随着人民生活水平的提高，健康食品日益受到重视。新疆生态条件好，发展天然畜牧业，生产绿色食品，有利于健康，符合消费方向。通过这个路子调整经济结构，农民收入就会提高。[10]为了把新疆的棉花、粮食运出来，朱镕基还谈了大力发展交通问题，表示当时中央决心修建南疆铁路[11]。因为这条路修通后，有利于南疆的发展。在 1999 年 10 月举行的中央民族工作会议上，他又强调今后必须下更大的力量把民族地区基础设施建设搞上去，要加快交通运输体系的建设，加强新疆、西藏、西南和东北边境地区的铁路建设。[12]

积极开发新疆的水资源。1995年之行时，朱镕基说他就新疆水利发展提出一点意见，供参考。第一条，新疆水的问题的解决，不能寄托在有很大的投资上。第一个是要节水，提倡全新疆学习和田的渠道防渗经验，把漫灌改成微灌。第二条，对新修的农田水利工程要有一个统一规划，排出先后的顺序，绝不能一哄而起、全面铺开。不要搞太大的规模，项目要统筹规划，一个一个来。第三条，水利工程的项目安排应该向南疆倾斜。因为南疆的水利一上去马上就出棉花，效益大。水利工程要有远景规划，自治区统筹安排，中央给予支持。[13]在2000年9月，朱镕基又谈到了新疆要搞节水工程的问题，重点谈了塔里木河水域治理的问题，指出要合理建设水库，把平原的水库关掉，建立大水库和山谷的水库，使水流到罗布泊。还指出时间很紧迫，要抓紧治理。配合节水，朱镕基还说，农业不能大水漫灌，新疆平均一公斤的大米要用两个立方米的水，太浪费。为了节水，他还建议，收水费，利用价格杠杆。逐步提高水费，才能促使大家节约用水。[14]同时，朱镕基还表示新疆要加快水资源开发，包括额尔齐斯河、塔里木河、伊犁河都要加快开发，当然也不能一哄而上，如何利用留下来的水也值得考虑。这些关于水利建设的思路，既具有针对性，也具有可操作性。

加快新疆产业结构调整。1995年，朱镕基指出：第一，新疆产业的发展要多元化，特别是第三产业，要抓流通、抓贸易、抓旅游。他提建议要搞个"新疆五日游"。在他看来发展旅游业，投资最小，效益最高，还可以提高知名度。并苦口婆心地说，不要乱搞工业，随便搞是要亏损的，搞工业要有批量，要搞规模经济，要高水平、高起点，有竞争能力。不能再走江浙大规模发展乡镇企业那条低水平重复的路。[15]2000 年时，朱镕基强调新疆要集中力量开发油气资源，搞西气东输；积极开发水利资源，使新疆变成绿洲；交通基础设施要配套，带动整个新疆经济的发展，特别是带动旅游业的发展。他还建议，新疆加工工业上新项目一定要慎重，搞投资搞贸易都要经过深思熟虑，希望新疆"在基础设施建设和生态环境改善方面来一个突破性的进展，搞点实实在在的工程，少搞些花花哨哨的工程"[16]。在考察新疆建设兵团时，朱镕基告诫说，新疆地区也好，西部地区也好，基本不能搞加工贸易，因为运输成本太高。在整顿工业企业时，要狠心一点，关停并转，调整结构，不要再亏下去了。

　　加快新疆资源性工程开发。在亚洲金融危机爆发后，朱镕基来到新疆考察，提出新疆的石油、天然气资源非常丰富。但国际市场形势严峻，要求新疆进一步在深化改革和加强企业内部管理上狠下工夫，降低生产成本，提高市场竞争力。在国家决定实施西部大开发战略后，朱镕基又来到新疆考察，并对新疆如何贯彻这个战略谈了自己的意见，第一个意见就是加快资源性工程开发，主要是指石油、天然气的开发。指出新疆的石油开发很有远景，天然气开发希望更大。同时表示，西气东输工程[17]中央已下决心要干，且越快越好，还表示就天然气的资源税负上进行可行性研究。[18]

　　抓好新疆财政。1993 年，朱镕基第二次到新疆，主要谈了分税制问题，意思是实行分税制对于新疆有好处，中央可以拿出更多的资金支援西部地区。1995 年第三次到新疆，朱镕基也谈到了财政问题，指出面临财政困难，新疆要立足自力更生、发展生产。"我可以肯定，三年以后，我们财政困难就可以基本上缓解了。""新疆的财政问题,有很多方面是历史遗留下来的,不是要谁来负这个责任"。2000 年 9 月 10 日朱镕基第五次到新疆,再次谈及财政问题,也是告诫新疆,分税制不能改。因为"中央维持这个制度,才有理由把东部的钱送到西部来"。

三、为推动新疆经济社会发展提供政治保障

如何确保新疆经济社会加快发展,实现稳边固疆、兴民富民的目标,在为新疆出谋划策的同时,朱镕基还就政治保障因素谈了一些看法。

一是切实贯彻精兵简政方针。在谈及新疆财政困难时,他说实际上是因为吃"皇粮"的人太多了,搞生产的人太少了。干部太多了,以后不能再那么扩大机构了,还是要贯彻精兵简政的方针。这一问题,要逐步解决。[19]2000 年第五次新疆之行,朱镕基重申了自己对政府职能转变的看法。他说政府人员要少,效率要高,要管你自己该管的事情,不要管你不该管的事情。新疆的政府机关也要精简,现在你们政府工作人员的比例接近全自治区人口的 5%,比全国平均数高两个百分点。他批评"有的机关竟去管'上项目',比厂长管得还具体,一天到晚洽谈,一洽谈就受骗"[20]。

二是注重人才培养。朱镕基认为,加快民族地区发展,必须继续培养少数民族各级各类高素质人才。要努力造就的德才兼备的少数民族干部队伍,既要注意扩大数量,更要注意提高素质、改善结构;同时,要大力引进人才。只有实行"人才加科技",才能把自然资源优势转化为经济发展的优势。要建立有利于各类人才到民族地区工作的激励机制。国家要采取有关措施,鼓励大

专院校毕业生到西部地区和民族地区工作，民族地区也要努力创造条件吸引各类人才，使人才愿意来，留得住，扎下根。[21]

三是干部作风十分重要。朱镕基认为，要把新疆工作做好，各级干部的作风很重要。"各级领导干部都要牢记自己是人民公仆，一定要做到为群众着想、为群众服务，解决群众的实际困难。这样，人民生活一天天改善，民族大团结的局面就会保持和发展，反过来会促进新疆的经济蒸蒸日上"[22]。

注　释

1　2　3　6　9　13　15　19　朱镕基：《新疆发展经济的思路》，《朱镕基讲话实录》第 2 卷，人民出版社 2011 年版，第 180、182、189、183、186、186—187、188 页。

4　5　7　8　10　22　朱镕基：《新疆经济发展要解决好"一黑一白"的问题》，《朱镕基讲话实录》第 3 卷，人民出版社 2011 年版，第 236、240、239 页。

11　南疆线铁路是指接兰新铁路的吐鲁番为起点，经库尔勒至喀什，全长 1500 公里，1999 年 12 月全线通车运营。

12　21　朱镕基：《加快民族地区发展的几点意见》，《朱镕基讲话实录》第 3 卷，人民出版社 2011 年版，第 331、334 页。

14　朱镕基：《关于新疆建设兵团工作的几点意见》，《朱镕基讲话实录》第 4 卷，人民出版社 2011 年版，第 24 页。

16　18　20　朱镕基：《关于新疆发展的几个问题》，《朱镕基讲话实录》第 4 卷，人民出版社 2011 年版，第 30—31、26—27、32 页。

17　西气东输工程是指中国西部地区天然气向东部地区输送，主要是新疆塔里木盆地的天然气输往长江三角洲地区。输气管道西起新疆塔里木的轮南油田，向东最终到达上海，延至杭州。途经 11 省区，全长 4000km。设计年输气能力 120 亿立方米，最终输气能力 200 亿立方米。2000 年 2 月国务院第一次会议批准启动"西气东输"工程，2004 年 10 月 1 日全线贯通并投产。

梁启超对清政府西藏政策之批评

陈先初（湖南大学教授）

　　清朝末年，由于西方列强插手，西藏乱象丛生，藏地与中央关系紧张，以致闹到达赖喇嘛被黜、汉兵入藏镇压之严重地步。西藏乱象引起普遍关注，时在日本正以主要精力筹划宪政的梁启超也不敢袖手。1910 年春（宣统二年二月）梁启超连续发文，对清政府西藏政策进行批评并发表自己的看法。检讨这一往事，于今人思考西藏问题不无裨益。

一

　　西藏乱局追根溯源是由英国引起的。西藏作为中国的一部分，与远隔重洋的英国本来无缘，只是随着英国势力进入印度（17 世纪）并将其变为殖民地（18 世纪）之后，它才被迫与英国发生了关联。然而这种关联的本质则是英国对西藏的蚕食和侵略。为了达到侵藏的目的，英印政府先是分别征服了喜马拉雅山南麓诸小国如尼泊尔、哲孟雄（锡金）和不丹，将这些中国的藩属国置于自己的控制之下，继而攻占了同样作为中国属国的缅甸，将其并入英属印度，由此打通了从印、缅进入中国西藏和西南各省的外围通道。

英国的下一个目标是进入西藏，直接攫取经济和政治利益。为此，英国借口西藏地方政府（噶厦）在藏哲边界之隆吐山筑卡设防，于1888年发动了第一次侵藏战争，战争的结果是藏军失败。之后清政府在英国压力下被迫让步，分别于1890年和1893年与之签订了《中英会议藏印条约》和《中英会议藏印条款》（又称《藏印续约》）。通过这两个条约，清政府正式承认哲孟雄归英国保护，开放边界之亚东商埠，英国在亚东享有治外法权以及进口货物五年内不纳税等特权。至此，西藏的门户洞开。

为迫使西藏全境向英国开放，英军于1903年底再次侵入藏境，继于次年3月开始向藏兵发动大举进攻，发动第二次侵藏战争。西藏军民进行了英勇顽强的抵抗，终因力量悬殊而失败。8月3日，英军侵占拉萨。英军到来之前，十三世达赖喇嘛携印离开拉萨，经青海、甘肃出走外蒙库伦。清政府对此大为不满，乃接受驻藏大臣有泰之参劾，电谕将达赖喇嘛名号革去，并着班禅额尔德尼暂摄。英军在胁迫西藏地方当局与之签订《拉萨条约》后撤走。1908年9月，在外蒙库伦、青海塔尔寺等地滞留四年之久的十三世达赖喇嘛被召入京，受到慈禧太后及光绪帝接见，其达赖喇嘛名号得以恢复。

之后达赖喇嘛返回青海塔尔寺，并于1909年夏开始了返回拉萨的漫漫旅途。但就在此时，清政府采取了一个日后对西藏政局有着重要影响的举措，即决定派遣一支内地军队（川军）入藏，以"确保对达赖喇嘛的控制"。[1]此举遭到西藏方面的全力抵制。12月下旬，达赖抵达拉萨，试图会同驻藏大臣联名上奏以阻止川军入藏，未果。川军冲破阻拦于 1910 年 2 月中旬强行进入拉萨并引发冲突，形势趋紧。达赖喇嘛乃召开紧急会议，决定策墨森活佛噶伦擦绒·汪曲吉布等大部分官员留驻拉萨，自己率伦钦夏扎·边觉多吉及少数随从潜离拉萨，后在英人帮助下赴印度。这是达赖的第二次出走，且是因其不配合中央政策所致，故而引起了清政府的恼怒。于是清政府颁旨，再次宣布革去达赖名号。其上谕称："该达赖反复狡诈，自外生成，实属上负国恩，下辜众望，不足为各呼克图之领袖……着即革去达赖名号，以示惩处，嗣后无论逃亡何处，及是否回藏，均视与齐民无异。并着驻藏大臣迅即访寻灵异幼子数人，缮写名签，照案入于金瓶，掣定作为前代达赖喇嘛之真正呼毕勒罕，奏请施恩，俾克传经延世，以重教务。"[2]

达赖被迫出走及清政府革其名号，为英、俄两国干涉中国内政、从事西藏独立活动提供了口实。两国分别向清朝政府发出抗议照会，印度总督甚至打算"借保护商埠之名，派兵入藏"。另外达赖驻地印度大吉岭的佛教徒也举行集会，一致决议："（一）认中国革去达赖一事为侮辱佛教，要求复勒朗结之职；（二）要求中国撤回入藏之兵；（三）要求将驻藏大臣革职。"对于清政府革去达赖名号，清政府内部一些人及部分驻边大员也不大认同，要求予以纠正。如，理藩部即奏请特派专使前往加拉吉达，宣明所以革勒朗结之故，且与印度政府会商善后之策；新疆巡抚、伊犁将军、乌里雅苏台、科布多塔尔巴哈台库伦、阿尔泰诸办事参赞大臣等也连名电奏，"谓蒙古人民不以朝廷举动为然，请召还已革达赖以镇抚之"。面临内外双重压力，清政府一方面继续表现出强硬姿态，除"照会英、俄两国，辨明勒朗结之革职，由于谋叛，政府对于西藏内政，决无变更"外，又增派军队，从事镇压；另一面又作出一些让步，以"办理不善"为由将驻藏大臣兼川滇边务大臣赵尔丰及驻藏帮办大臣温宗尧撤回，对西藏方面进行安抚。然而清政府的两面应对，并没有也不能解决棘手的西藏问题，在梁启超看来，清政府现在"已成骑虎"，已陷入十分矛盾的境地。[3]

梁启超对清朝政府治藏政策之批评，即是就上述情形而发表的。

二

西藏作为中国属地，"除服属中国外，自昔未尝与大地诸国通"，本不构成"问题"。西藏成为"问题"，是近代以来西方列强特别是英国入侵的结果。这，乃是梁启超讨论西藏问题的起点。梁启超简要叙述了英国入侵西藏的历史，指出："西藏其犹浑沌也。首凿其窍者，厥惟英国。英人自将印度统治权收于政府，侵略之轨，以次北进。至光绪十二年，因哲孟雄界务，始与我结印藏条约。十九年，复结印藏通商条约。英人染指于藏处兹始。"其后英人于二十九年"借口于通商条约不能实行，竟率兵以侵藏，八阅月而陷拉萨。遂以三十年七月与达赖结英藏条约"。[4]草约告成，政府因其有损中国主权不予承认，思所以补救，经与英国谈判，最后于三十二年达成《中英续订藏印条约》。《中英续订藏印条约》虽有"英国国家允不占并藏境及不干涉西藏一切政治，中国国家亦应允不准他外国干涉藏境及其一切政治"[5]之规定，但西藏问题并未得到真正解决；相反，这一经过中英双方正式签订的条约实际上将西藏视为中英共同保护国，西藏问题由此更为复杂，解决也更为困难。梁启超充分意识到这一点，深感"后此之祸，未有艾也"。[6]

西藏问题系由外国入侵所造成，此点无容置疑，然而中方在处置过程中处处被动，则与清政府之失策有关。梁启梁认为，在处理西藏问题上，清政府之"驭藏政策"有两次"失机"，一是在英军入侵拉萨问题上，一是在处理达赖第一次出走问题上。

1904 年英军入侵拉萨，是一个非常严重的事件，其不仅直接蹂躏了中国的人民和领土，而且通过逼迫西藏地方政府签订所谓《英藏条约》（亦称《拉萨条约》），严重破坏了中国主权。查《英藏条约》共十款，包括如下主要内容：（1）西藏切实实行光绪十六年《藏英条约》，增开江孜、噶大克为商埠，英国在两商埠有与亚东同样的特权；（2）光绪十九年中英条约所有更改之处，由西藏派官员与英国政府官员直接商议酌改；（3）西藏赔偿英军 50 万磅，折合卢比 750 万元，75 年还清；（4）英军驻春丕，待赔款缴清，商务开办 3 年后撤退；（5）西藏土地不得租让、典卖给任何外国，任何外国不准派员或代理人进驻西藏；（6）西藏铁路、公路、电讯或矿山不得租让给他国及其人民；（7）西藏政府之税收及货物不得向任何外国抵押借款。[7]条约中屡屡提及的"外国"，所指即为中国。英国的意图很明显，就是要在所有涉藏事务包括西藏驻军问题上排斥中国中央政府，取消中国对西藏的主权。此条约若真付诸实施，其后果如梁启超所言，将"酷似光绪二年之《日朝条约》"。"朝鲜私与日本订约，为后此失朝鲜张本；西藏私与英国结约，亦为后此失西藏张本"，二者没有两样。

如此有损中国主权的所谓《英藏条约》，何以能够出笼呢？英军兵临城下、逼签城下之盟固是主因，清政府驻藏大臣之不作为也有责任。当英军占领帕里，藏人积极动员准备回击英军侵略时，清驻藏大臣裕刚则严令"地方文武官，只能理阻，不能与英兵生事"。[8]继任者有泰较之裕刚更是有过之而无不及。他于光绪二十九年十二月抵达拉萨后，对英军的侵略行为不但不提出严重抗议，反而写信给侵略军头目英军上校荣赫鹏称："查前藏代本，不遵约束，竟在骨鲁（即戛）地面，始祸称戈，大国之威，败其徒众，厥咎虽由自取，实以本大臣开导之无方，三复来文，悲悫交集，所幸贵大臣悯其愚顽，宽其既往，生擒者尽数释放，受伤者饬人医调，仁者用心，恩威并著，造福西藏，有涯量哉。"[9]有泰执行的是对西藏抗英斗争"釜底抽薪"、令其失败的政策。他在致外务部电文中说："惟藏番执拗无理，胆大妄为……今欲折服其心，非任其战、任其败终不能了局……唯有镇定处之，俟有隙再图善策。好在英人深知底蕴，不敢有碍邦交，不过将来多费唇舌。倘番众果再大败，则此事即有转机，譬之釜底抽薪，不能不从吾令也。"[10]由于有泰坚持"任其败"的卖国政策，故当英军侵占江孜后，他竟不听外务部催促，迟迟不肯前去和荣赫鹏会谈，说什么"即令前来（按指英军侵入拉萨），不过多费唇舌，而借以收回事故，亦觉有益"。[11]他反而赞成英军来拉萨了。

英军侵入拉萨后，逼迫西藏地方政府签订《英藏条约》。有泰最初和荣赫鹏会面时，即表示愿"协同工作，迅速努力于条约之完成"。[12]在西藏方面被迫与英军谈判条约时，有泰又屈服于荣赫鹏，对西藏谈判代表施以威胁利诱，促成了《英藏条约》的达成。条约签字仪式于1904年9月6日在布达拉宫举行。荣赫鹏要求有泰在条约上签字画押，"有泰不敢支吾，径欲画押"，受到文案何光燮的劝阻，后者的理由是"未奉外务部之命"。有泰虽未敢画押，却仍坚持自己的立场，说什么"此约并非英、藏擅议，乃有泰督饬藏官先行画押，因英官有此约，如不画押，兵费每日须偿卢比五万，应由中国担负责任云"。[13]暴露出其妥协投降的本质。

由此可见，西藏抗英斗争失败及《英藏条约》的签订，与清朝驻藏大臣特别是有泰坚持妥协投降的立场是分不开的，而追根溯源，根本原因又在清朝中央政府。根据梁启超的批评，清政府在此问题上至少有两个方面的失当：一是简择驻藏大臣，"未尝唯材是择，大率以不得志于中央政界者充其任，其人亦以地僻天远，漫然自恣，不特未尝一为藏民谋治安，而所以朘削之者无所不至"。二是昏聩无能，以至误国。"使当时政府稍有心肝，当英兵入藏之八月间，以一介之使明主权之所在，则何至焦头烂额以有今日。当局误国之罪，真擢发难数也"。[14]梁启超的批评既指向驻藏大臣更指向中央政府，其看法是有道理的。

英军入侵拉萨，导致十三世达赖喇嘛出逃。对于出逃的达赖，清政府先是以驻藏大臣有泰之参劾革去其名号，后又迎至北京，"优加安抚"，且开复名号，准其重回西藏。不料回藏后的达赖因川军入藏与之发生严重冲突，两年后再度出逃，清政府只好再次革去其名号，并将其黜为齐民，由此导致西藏问题的进一步复杂化。由达赖的第二次出逃，梁启超联想到清政府对前一次达赖出逃后的处置，认为不应该在达赖进京后又允其出京，觉得是一大失策，即所谓第二次"失机"；若不失此机，则"决不至有今日之祸"。因为，达赖在藏民心目中一向具有十分神圣的地位，而其时"已革达赖勒朗结，其冥顽阴鸷之迹，既已见端"，达赖便成了影响西藏安定的最重要关键。"彼在藏一日，则藏一日不安"；若"他国利而用之，则藏之不安将滋甚"。故当达赖出走拉萨、被召至北京后，中央政府理当"因势利导"，"以术羁縻之于京师"。其具体做法，或是"别构一宏壮之刹于京师，而使之住持；或更崇以国师之号，乃大诰于蒙藏之民曰：皇帝敬礼三宝，国师宜以时入侍说法，不得去辇毂，凡蒙藏之民欲礼国师者，其诣京师"。达赖既锢于京师，中央于西藏方面，则另"选才士任驻藏大臣，率一旅之师以镇抚其民，其有不幸，则以皇帝之命达赖之教并督责之"。如是，"则群堪布（按指西藏之行政官）无所假威，而藏民将戢戢听命"，西藏可保安宁。[15]

据梁启超言，他在达赖入京朝觐之时"尝警政府，谓宜圈留之勿使逸"，惜"吾谋不用"，允达赖出京；"自达赖之出，吾固已知西陲之无复宁岁矣"。[16]梁启超所言是否属实暂且不论，即使所言属实，或即使政府用其谋，西藏能否获得安宁也是疑问。因为，藏民既以达赖为神圣，则达赖是否住藏，并不关键；而将达赖"圈留"于京师不许回藏，不仅不能影响达赖在藏民心目中的神圣地位；相反，还会引起藏民对清政府的更多反感，进一步加剧西藏地方政府和清朝中央政府的对立。从逻辑上讲，没有达赖的回藏，就不会出现达赖对入藏川军的抵制，就没有达赖的第二次出逃以及由此引致的更多麻烦，而历史地看，达赖回藏及此后局势的演变，则有其必然的理由在。西方侵略势力的鼓动，西藏地方势力与中央政府的矛盾和对抗，其所造成的西藏乱局，不能靠"圈留"达赖喇嘛来解决。

走笔至此，可以就梁启超对清政府在处理西藏问题上之两次"失机"所作批评得出以下认识：其对第一次所谓"失机"的批评较为中肯，对第二次所谓"失机"的批评则未中西藏问题之肯綮，不免皮相之见。

三

　　川军入藏和十三世达赖喇嘛再次出走后，钟颖和驻藏大臣联豫接管了西藏政府，清政府随即颁布谕旨，命联豫在西藏妥筹办理新政，"不可稍事操切，亦不可坐失事机"。[17]于是联豫在下令通缉西藏逃印官员之同时，派员接管了西藏军械厂、造币厂，并分驻前、后藏要地，开始实施官制改革，将西藏"政权渐次收回"，改变了过去驻藏大臣大权旁落的局面，清政府在西藏的统治大大加强。不过川军入藏的军事行动虽看似成功，驻藏大臣的改革也颇有成效，但西藏政府与中央政府的矛盾却由此加剧了。以达赖为首的西藏地方政府的离心倾向更明显了，看来西藏问题不会那么容易就得到解决。如何妥善处理中央政府与西藏的关系？如何使西藏得到更加有效的治理？这些成了摆在人们面前需要加以认真思考和努力解决的重要问题。

　　梁启超也在认真思考这些问题。他的思考首先集中于达赖被黜后中央政府应该采取何种政策上。

　　达赖作为西藏地区的宗教领袖，其离藏出走乃是十分严重的问题。和前次因为英军入侵拉萨所迫出走不同，此次达赖出走，原因是对抗入藏川军，故而清政府无法容忍，为此下令革其名号，黜为齐民，表示出异乎寻常的坚定态度。对于朝廷此举，梁启超一方面表示肯定，认为就达赖而言这是"天谴之加，洵由自取"；就朝政府而言则显示了"天威不可以久干"，维护了应有的尊严。另一方面又认为，政府在作此决定前并没有"筹及事后处置之法"，对于下一步该怎么办没有充分谋划。当然不能说清政府毫无安排，它已同时决定另外寻访转世灵童，另立新达赖，但问题是，此举是否符合历史定制，是否行得通？对此，梁启超更多的是怀疑和不安。

梁启超认为，藏民是一个笃信宗教的民族，而达赖在藏民当中具有十分特殊的地位。按照藏民的信仰，"后达赖为前达赖之乌毕拉罕所托生，故非一达赖死，则他达赖断无自发生，而后达赖之发生，纯由前达赖之默示，而绝非他人之力所得左右"。此说虽荒诞不经，然已深入藏民心中三百余年，不可动摇。又，按照宗教信仰，藏民认为已革达赖勒朗结为黄教初祖宗喀巴之第十三次呼毕勒罕，而宗喀巴又为观世音菩萨之呼毕勒罕，"故据彼等所信，乃竟至合观世音、宗喀巴、勒朗结为一人，牢不可破"。因此以大皇帝而黜罚一臣民勒朗结，在常人看来本不足为奇，在藏民看来则无异于"黜观世音而别指一人为观世音"，万不可行。另外，遵从藏民的宗教信仰对西藏进行治理，也是从来的历史习惯。"夫以我圣祖世宗、高宗之天亶之聪明，岂不知呼毕勒罕为愚民之具，而于此荒诞不经之说犹有所惑焉？……列圣为国家计，欲结合国内各种族之人民成为一体，以厝诸长治久安，不惜纡降尊贵以礼一狡童，用心盖良苦也"。如今皇上则不然，"取数百年来列圣相传之政策，一举而掷之"。"时势有变迁，而政策当随之"，不能说变列圣之政策即为不敬。然揆诸蒙藏诸部现在情形，此政策实不能轻易抛弃；否则，有如朽索之驭六马，西藏局面将一发不可收拾。

违背藏民宗教信仰和历史习惯另立新达赖诚不可行，然朝廷谕旨已下，绝"无反汗之理。即反汗则国体愈损，更何足以临诸部？"处此"骑虎难下之势"，梁启超认为"惟有力与迷信"作战。如何与迷信作战？梁启超的设想是仍然援引藏传佛教之教义，对其进行改造。据说，藏传佛教格鲁派（黄教）之创立者宗喀巴曾有一花五叶之谶，即谓达赖六世以后不复传衣钵。而征诸史实，自第五世达赖圆寂后三十余年里，曾发生两立假达赖事件，从而引发第六世达赖之争；而自第六代以后，所报之呼毕勒罕，往往歧异，以致有大昭寺瓶卜之事；且六世达赖之后，百余年时间里即更换达赖六人，六人多为短寿，与此前六位达赖均享高寿、共历时三百五十余年迥异。梁启超认为，"一花五叶之谶"及六世达赖之后所发生的种种故事，不啻应验了宗喀巴的预言。据此他为朝廷献策："宜将此等故实，详细叙述，为一极恳切之上谕，译以蒙文唐古忒文，颁诸各部，明前此诸噶伦卜欺君愚民之罪，晓以自第六代以后，无复真达赖，而此次朝廷所黜者，实为勒朗结，而非宗喀巴非观世音。然仅恃一诏之力，尚恐无效也。驻京之章嘉呼图克图者，其为蒙藏人所信仰，亚于达赖而与班禅埒。谓宜结以恩义，使之入藏主持教务，宣布朝廷护法之盛意。其达赖一职，则从宗喀巴之预言，非惟不认勒朗结，并第七世以下皆不认之"，达赖之名号从此废而不用。

梁启超援引"一花五叶之谶"主张宣布六代以后无复真达赖，甚而主张将达赖名号废而不用，借以从根本上将已革十三世达赖的影响从藏民心中抹去。然而藏民的宗教信仰既已根深蒂固，要想废掉达赖名号是不大可能的；而另以驻京之章图克图代替达赖入藏主持教务的想法，更是天真和不切实际。

梁启超实际上已经意识到了这一点，故他在发表上述主张之同时又承认其实为"策之下下者"。不仅如此，他甚至意识到藏民根本不会接受清政府诏令而仍会一如既往地尊勒朗结为达赖。他设想，如果藏民拒不奉诏，清政府的号令就会落空，这将极大损害清政府的尊严；而为了维护尊严，朝廷最有可能的选择将会是加强对藏用兵。用兵诚非不可，问题是能否掌握胜算。在梁启超看来，这是丝毫也没有把握的。当时上海某报曾刊发一篇时论，指出用兵西藏有三"不可恃"：其一，成都至拉萨路程遥远，地势险要，石栈天梯，猿猱愁度；加以所过之地皆为不毛，一布一粟皆须由内地转运，后勤难以保障。此"地利之不可恃"。其二，西去途中，寒气逼人，穷山冰雪，盛夏不消，平时商旅经行，虽篝火重裘，而裂肤堕指之惨犹或不能幸免，况复执干戈而战阵乎？此"天时之不可恃"。其三，因天时地利皆不可恃，则万不得已需用兵，也只宜用土兵而不宜用客兵，此为"边徼用兵不移之定例"。然自"国家奄有卫藏，二百年来既未有沦肌浃髓之仁恩，以结裔夷之心，而坚其内向之志；而历任持节之使臣与参随之官吏，更复恣为苛虐以朘削而离之。蠢蠢番人，其蹙额疾首也非一日矣，即微达赖之煽惑，亦将相从背叛，以甘心于一逞，况复彼族宗教迷信之观念，至为坚定不移。其大长已潜怀不轨之心，其民族岂有不从风而靡者哉？而欲于孤危艰阻之秋，更资其敌忾勤王之用，不亦难乎？"此"人和之不足恃"。对于上述三"不可恃"之观点，梁启超深表认同。不仅如此，他还引康、乾两朝五次用兵西藏"犹不能以克军致果"，以及最近英军入侵西藏"几经险艰，始能有功"之史实进一步指出："藏番虽不武，然习其水土而知其厄塞，以逸待劳，一固可以当客兵十也"，其战斗力不可小视；若贸然对藏用兵，"恐未至打箭炉而已不能军矣，况乃拉萨乎？"最后他正面提出自己的看法："为今之计，惟有继述列圣所诒谋之政策，以恩信怀柔其民而已。"

在就达赖被黜后中央政府如何善后发表意见之同时，梁启超还强调了要密切注意英、俄动向，正确处理涉藏外交，防止和抵制其无理干涉。他说，今日之西藏与三十年前之西藏不同。三十年前之西藏，因不牵涉外交，故"虽为珠崖之弃，尚不至牵一发以动全身"；今日之西藏，则有外交问题"虿于其间"，故陷于"进退维谷"之境。今之所谓外交问题，实乃英、俄两国对西藏之干涉所致。他指出，英、俄有时表面上虽也摆出某种缓和姿态，如俄国对光绪三十二年续订之藏印条约中所载中国国家"应允不准他外国干涉藏境及其一切内治"之条款不作抗议，意味着其已默认光绪二十八年中俄所订含有许以俄国人干涉西藏之权利之密约作废；就英国言，续订印藏条约规定"英国国家允不占并藏境及不干涉西藏一切政治"，亦可以表示其"尚能尊重我上国之权利"。但英、俄两国之所作所为，归根结底都是为了最大限度地谋求自身利益，故虽表面上作出少许让步，且"复信誓旦旦"，却可随时"摧弃之"。此次清政府罢黜达赖，英、俄两国进行干涉，即是明证。故"条约不足恃也，求之在我而已"，外国干涉能否得逞，"专视卫藏全部能保秩序与否为断。苟能所在安堵，商旅无惊，虽有虎狼，岂能飞而择肉。而不然者，则或借口于保卫租界，或托辞于防护边境，何在不可为染指之媒介者"？有鉴于此，梁启超认为一定要审慎地制定治藏政策，不可"再误机宜"，不可"授人以可干涉之隙"。至于何种政策更为适宜，梁启超没有给出详细的说明，只是简单提出"妙选奇才任驻藏大臣，以章嘉呼图克图佐之"。在他看来，派遣得力驻藏大臣把守西藏，仍然是西藏问题"根本解决之第一义"，是解决西藏问题的关键所在。

四

西藏作为中国固有领土和不可分割的一部分，本来平安无事。只是到了晚清时期，随着英、俄等国势力的渗透和入侵，才突然生起波澜，出现乱局。西藏问题的发生，源头在外国。中央政府对西藏的治理，长期通过驻藏大臣来实现，驻藏大臣在维护祖国主权、保障西藏僧俗利益方面，起了积极作用。以驻藏大臣为中介，中央政府与西藏地方政府的关系一向也较为和谐，如果没有外国的干涉，这种和谐局面将会得以延续。然而在外国势力到来之后，在其怂恿唆使下，西藏少数僧俗上层人士产生了对于中央政府的离心倾向，而某些驻藏大臣的应对无方，以及中央政府的贸然用兵和违背藏民宗教信仰两度革去达赖名号，加剧了西藏与中央政府的对立。以此来看，晚清特别是清末西藏问题的复杂化，与中央政府治藏政策的某些失误亦有关联。

清末中央政府的治藏政策无疑值得检讨，可当时对此予以关注的人并不多，梁启超乃是其中不可多得的一位。梁启超是近代中国一位难得的具有独立思想和批判意识的知识分子，故其对于清中央政府的治藏政策，敢于提出批评并发表自己的政见。从上文可以看出，他已认识到西藏问题产生的外国根源。他反对外国对西藏的入侵，表彰藏民的抗英斗争，故而对阻挠抗英斗争、持失败主义立场的驻藏大臣有泰进行指责和批判。他也认识到西藏政治、文化及宗教、习俗的特殊性，意识到对西藏的治理应该充分考虑到这些特殊性，故而对于川军强行入藏、革去达赖名号等举措提出异议。他主张应该采用长期以来行之有效的治理方式，尊重西藏的历史文化传统，在此基础上继续派出得力驻藏大臣，对西藏进行有效治理，同时采取正确的外交政策，防止和应对英、俄等国的干涉举动，实现西藏的长治久安。

文人论政，难免纸上谈兵，梁启超亦不例外。然而观其对清政府治藏政策之批评及所提主张或意见，其基本点是有道理因而可以成立的，只是，清朝行将灭亡，他的意见没有被采纳也不可能被采纳。不久，辛亥革命发生，中华民国建立。此后一段时间里，西藏问题变得更为复杂了，梁启超也没有心思再去顾及了。

注　释

1　［美］梅·戈尔斯坦著，杜永彬译：《喇嘛王国的覆灭》，时事出版社 1994 年版，第 12 页。

2　《宣统政纪》卷 30，第 536—537 页。

3　4　6　14　15　16　以上引文见梁启超：《驭藏政策之昨今》，《饮冰室合集·文集》之 25（上）。梁启超：《西藏戡乱问题》，《饮冰室合集·文集》之 25（上）。

5　7　12　13　转引自佘素：《清季英国侵略西藏史》（附录八：《中国续订藏印条约六款》），世界知识出版社 1959 年版，第 172、169—170、217、134 页。转引自佘素：《清季英国侵略西藏史》（附录七：《英藏条约》），第 172、169—170、217、134 页。

8　《清季外交史料》卷 180，第 16 页。

9　见有泰给荣赫鹏的照会，藏印往来照会，第 59 页。

10　11　《清季筹藏奏牍·有泰奏牍》卷 1，第 17 页。

17　《联豫驻藏奏稿》，第 106 页。转引自苏德毕力格：《晚清政府对新疆、蒙古和西藏政策研究》，内蒙古人民出版社 2005 年版，第 116 页。

马福祥与清末及民国
时期的蒙藏边疆治理

谢海涛（《北方民族大学学报》编辑部副主任）

一、马福祥的起家及仕宦

马福祥（1876—1932），字云亭，回族，甘肃河州（今临夏）韩集阳洼山人。1895 年"河湟事变"[1]时，随仲兄马福禄在本乡亲友中召集人马，组建"安宁军"200 人，协助清政府镇压起义军。在军事行动中得到董福祥的信任，被收入甘军。1898年，随甘军调入京畿驻防。八国联军进犯北京时，马福祥兄弟奉命驻守正阳门。联军攻城之时，马部英勇抵抗，家族中 5 人战死，其中包括马福禄。城陷之前，慈禧携光绪帝仓皇西逃，马福祥接替兄职，统领余部沿途护驾至西安，得到慈禧好感。慈禧返京后，马福祥率军回到西北，成为了地方实力派。

辛亥革命后，清室退位，马福祥拥护共和。1912 年被任命为宁夏镇总兵，马福祥率军赴任。自此，开启了马氏家族对宁夏长达 37 年的统治。以马福祥及其侄马鸿宾、子马鸿逵为核心的宁马军事集团，成为民国年间左右西北政局的重要力量。

此后，马福祥在北洋政府时期，先后担任绥远都统、西北边防会办、航空督办等职。北伐时期，马福祥倒向蒋介石，以西北回民领袖自居，积极向内地政坛进取。蒋介石为了利用马福祥稳定西北政局，笼络西北各回族军事集团实力派人心，委马以重任。马福祥先后担任国民党中央候补委员和国民党政府军事委员会委员，北平、开封政治分会委员，黄河水利委员会委员，赈务委员会委员，故宫博物院理事，编遣委员会委员。1929 年，其子马鸿逵率军叛离冯玉祥投靠蒋介石，马家得到蒋的更大信任，是年 9 月蒋介石任命马福祥为蒙藏委员会副委员长，11 月，又任命马为青岛特别市市长。1930 年 3 月，调任安徽省主席，9 月改任蒙藏委员会委员长。1932 年 2 月，马福祥因病辞去蒙藏委员会委员长职务，同年 8 月逝世，享年 57 岁。

纵观其一生仕宦，在西北任官时间较长，到中央任职也以处理边疆民族问题居多，所以，研究马福祥在清末至民国年间对蒙藏边疆的治理，及其治理思想，有很大的学术价值。截至目前，关于该问题的研究主要有丁明俊的《马福祥民族思想探析》[2]，牛敬忠、付丽娜的《北洋军阀统治时期的绥远都统马福祥》[3]，姚联合、段小强的《马福祥国家观浅议》[4] 等几篇文章对此问题有所涉及，特别是丁明俊的文章对马福祥的民族思想作了深入探讨，但针对蒙藏边疆方面的治理等相关问题还无法窥得全貌。故本文就现有文献，对此问题作一较为系统、全面的探讨。马福祥虽是武将出身，但重视文学修养，留有一定数量的诗、文等文献，这为我们勾勒其一身事功，以及了解其思想提供了莫大的帮助。

二、马福祥与蒙藏边务的处理

（一）调解十三世达赖与塔尔寺僧众冲突

1906 年马福祥任西宁镇总兵期间，出面调解十三世达赖与塔尔寺之间冲突。之前因英军侵藏，西藏局势不稳，十三世达赖流亡库伦，1906 年 9 月清廷令其暂居塔尔寺待命。[5] 此时，外蒙、西康、西藏及青海等地僧众前来膜拜者络绎不绝，塔尔寺活佛阿嘉呼图克图难以容忍，认为达赖以客压主，盛气凌人。双方反目，又逢阿嘉活佛突然暴毙，谣传系达赖一伙放咒所致。塔尔寺僧众与达赖卫兵发生械斗，马福祥闻讯，即刻与西宁办事大臣前往调解，这时塔尔寺僧众 200 多人齐集在经堂南面社火院，持枪怒目包围达赖卫兵。马福祥为避免官军介入，引起更大冲突，单骑前往，劝双方息兵。到达塔尔寺即被僧众包围，僧众群情汹汹，剑拔弩张，还有人向马福祥投掷石块，情况十分危险。马福祥镇定自若，以善言开导，由翻译转达。马福祥在烈日下站了 3 个多小时，终于将塔尔寺僧众说服，一场械斗始告平息。此后十三世达赖又滞留一年多时间。期间，马福祥多次到寺探望，与其相处融洽。达赖每次见到马福祥，"慰问殷勤，如家人骨肉之亲，甚至握手话别，泪涔涔下"。[6]

（二）处理藏地开矿纷争

1907 年，清政府决定在青海开采金矿，设立西宁矿务局，马福祥任总办。次年，矿务局组织矿工准备开采十族阿密瞿律山金矿，遭当地沙冲寺阻拦。因此山有一小寺，系宝贝佛修行处，当地藏民视为福地，若一开凿，则大伤黄教命脉，故坚决反对。官军杀死了 2 名阻拦僧人，十族藏民集合数千人，欲兵戎相见。马福祥闻讯，向陕甘总督长庚请命，称熟悉当地民情，愿前往排解纠纷。马福祥到达藏地后，僧众十分惊慌，要求马只能带 10 名随从前往谈判，马福祥应允。谈判当天，沙冲寺法台佛僧鸣号集众，顷刻间四面围拢来许多执械藏民，其中有遇难者阿妈持血衣喊冤。马福祥"温语抚慰之"，当场给予死者家属赔偿，耐心开导藏民，强调开矿系国家新政，不可阻挠。考虑到藏民的宗教信仰和风俗习惯，马福祥提出免开瞿律山矿，但不可阻挡其他不触及佛地的地方开矿。[7] 危机自此化解，协议达成。马福祥有诗文记录此事，并在诗中总结道"寄语边将莫兴戎，须知止戈即为武"。[8]

（三）办理甘肃藏民抢劫商贾案

1910 年，甘肃临洮下八沟藏民多次抢劫过往商贾，商人损失惨重，商道阻塞。以鳌主麻子为代表的商人也采取反制措施，扣留该地那尔古寺僧银等财物。双方积怨已深，且互有伤亡。陕甘总督长庚派时任陕甘新军西路巡防统领兼领新疆巴里坤镇总兵的马福祥前去办理此案。马福祥率军前往，进入藏地后，一反前次河州镇总兵马臣阁拥兵进剿的做法，而是采用软硬兼施的手法，发布公告，劝说藏民悔罪输诚，赔偿商人损失，争取宽大处理。[9] 藏民见马福祥部队纪律严明，无滥杀无辜行径，主动约马福祥谈判。经双方协商，以八沟藏民赔偿商人"现银三千，牛马数百"了解此案。从此，"商番各释前嫌，重敦旧好"。[10] 此后，马福祥向陕甘总督请拨得力军队分驻洮西要害之地，以便梭巡，确保商路畅通。

（四）肃清河套各股悍匪

智擒旺丹尼玛后，马福祥得到袁世凯的器重，被任命为宁夏护军使兼宁夏将军，授陆军中将衔，节制乌审、鄂托克、阿拉善三旗，并允许其扩充兵力，北洋政府月拨军饷 2 万元，令其加强河套边防。此时，内蒙古河套地区、陕西北部及甘肃东部群盗如毛，会匪遍地。这些被当地人称为"独立队"、"杆子队"的武装对河套及其周边安定带来严重威胁。他们经常攻城略地，并伺机劫掠过往商旅，"择其肥者劫杀之，弃尸原野，案萃如鳞"。[11] 马福祥"力顾大局，轸念邻封"[12]率军先后击毙弓占元、包永华等匪首，击退白彦公、金占奎等进犯五原县城之敌。到 1917 年，经过几次围剿，河套会匪基本被肃清。马福祥的剿匪行动得到地方各界人士好评。五原县知事王文墀撰《马护军使援五原表功记》，朔方商民公立《马护军使云亭功德政碑》等专记剿匪之事。

（五）在绥远主政五年

1920 年，直皖战争中皖系战败，恰好马福祥拥护直系有功，被调任绥远都统，宁夏留给其侄马鸿宾统治。马福祥开始了在绥远的五年统治。绥远地处内蒙古中部，辖一道、四厅、八县，兼管乌兰察布盟、巴彦淖尔盟及呼和浩特、包头市。此时，绥远地面上并不安静，除哥老会的势力相当强大外，还有许多盗匪横行。由于马福祥在此处人生地不熟，且力量薄弱，所以虽然在剿匪方面做了一些工作，但未取得十足成效。在倡导文教，开启民智方面，马福祥是有一定成绩的。他曾在绥远都统公署之下增设"绥远学务局"，专管教育，还创立了绥远师范学校。此外，还捐资修缮呼和浩特清真大寺、新城清真大寺等。前清进士唐文治评价马福祥开府绥远时，"整吏治，兴教育，劝工商，扩农垦，抚蒙旗，几蒸蒸乎上理矣"[13]。虽然马福祥对汉蒙上层人物尽力拉拢，小心谨慎，将局面勉强维持下来，但在绥远五年的政绩不比在宁夏突出。[14]

（六）任蒙藏委员会委员长

1924 年，冯玉祥国民军进入西北后，迫使马福祥交出了绥远，改任西北边防会办。自此，马福祥个人基本脱离军旅生涯，离开西北，逐渐走上上全国政治舞台。北伐时期，马福祥已经看出蒋介石集团日后必成大事，遂主动接触。他以西北回民领袖身份专程前往南京拜见蒋介石，并向蒋进言："国家在和平统一后，必须团结全国各族人民，才可以巩固统一。而团结民族，首先要疏通各族的意见和关系，重用各族的代表人物，并使他们对三民主义有所了解。"[15]蒋介石听后深为嘉许，任命马福祥为军事委员会委员、北平开封政治分会委员。1930 年，9 月，国民党中央以马福祥"谙悉边事，边人信之久"[16]，委任其为蒙藏委员会委员长。在蒙藏委员会主政 2 年，"常召集蒙藏会议，团结其精神，以固边圉。规兴教育，若恐不及……创设边疆学校，凡数十所"[17]。此外，"达赖贡忱中央，班禅委赞展觐，公之力也"[18]。

三、马福祥的蒙藏治理思想

马福祥主政蒙藏委员会期间，留下了数量相当的关于治理蒙藏地区的建议和思想，这也可以说是其多年仕宦西北，处理蒙藏事务思想经验的总结和升华。

（一）对蒙藏边疆的总体认识

在马福祥看来，蒙古和西藏地区就是"西北"这一区域名称的内涵。他曾说道："'西北'二字……即中国西部与中国北部之谓也。明乎此，则吾人当知其范围，决非如世人所谓西北之狭隘，而实为蒙、藏二大区域之代名词矣。"[19]马福祥认为，历史上，历朝历代经营西北边防远过于东南边防，但近代以来，列强泅海入侵，"全国目光，亦俱亟亟以东南海防为优。西北延长数万里之国防，几于无人过问矣"[20]。因此，他急切地呼吁国人重视西北边防，重视对蒙藏地区的经营。

马福祥指出，国人不应该将蒙藏"视为附庸之藩属"，而应该"视为国土之一部"[21]。他发问道："值兹赤白帝国主义者，馋吻翕张，急图吞噬之际。我同胞有不呼号提携，以共图生存者乎？"马福祥认为，"蒙藏之存亡，即中国之存亡。中国绝不能使蒙藏脱离中国之版图。蒙藏亦不能脱离中国而独立"，要"扶植蒙藏同胞，共渡此危险之滩。"[22]

马福祥认为，蒙藏民族"开化较迟，民族衰弱，因之外人得肆其鬼蜮之技，势迫利诱，无所不至，大好河山，不至尽为外人蚕食不止"。国家对蒙藏二族要提携倡导，多谋福利，应该"广设学校，振兴实业"，而关键又在于"亲爱蒙藏僧俗各领袖"，因为，"藏民信达赖班禅至深，即蒙番各旗族，莫不皈依黄教"，蒙藏领袖人物的政治选择，决定着蒙藏地区的政治归属。"亲爱蒙藏领袖，以收拾人心……感情既融洽，一切措施自亦事半功倍"[23]。

（二）治理蒙古思想

辛亥革命后，外蒙古哲布尊丹巴呼图克图受沙俄唆使，宣布"独立"，俄国势力基本控制了外蒙，民国政府无法对外蒙行使治权。马福祥认识到，我国北方国防关键在于蒙古，称"北门锁钥，阙在蒙古"。他提醒国人要正视"政令不行于外蒙"的现实，反对论及蒙疆国防时，还作欺人之谈，如"外蒙某处我应屯兵若干，某处应建炮垒几座，某处应造电台，某处应设兵站"。而应该立足现状，对内蒙古要"本扶植自治之心，定建设开发之策"，首先着力经营，"充实内蒙各部之人口，开发内蒙各地之地利，建设内蒙各处之交通，启发内蒙各部之教育，简练内蒙之军队，收拾内蒙之人心，以固吾北方之藩圉"。若不做这些实际工作，仅纸上谈兵，则将于事无补。而这些荦荦大者，无不与国防脉络相通。"若我能开发内蒙，使之日兴月盛，外蒙观感所及，有不幡然来归者乎？"[24]

此外，马福祥对自清末以来，内地民人移往内蒙边地垦殖的情况十分熟悉，对蒙汉之间因土地与牧场之间的利害冲突也很了解。但他并不偏袒任何一方，而是以发展和客观现实的眼光认为："夫由牧畜以进农业，本为进化之公例，自然所趋，诚无术避免。况日俄两帝国主义者，环伺于旁……蒙古适于耕植之土地，吾国苟不自动开辟，彼将伺隙而入，势变情迁，非复昔比。蒙古土地使用方法之应改革。蒙古同胞亦诚宜注意者也。"[25]

（三）治理西藏思想

清末以来，英国殖民魔爪逐渐伸向西藏，导致西藏局势不稳，一部分僧众出现一定程度的分离倾向。马福祥对西藏的分离倾向有自己的认识，他说："自表面上观之，达赖喇嘛在藏居宗教领袖之地位，固足以左右西藏之政治，藏人之排汉亲英，达赖喇嘛个人之态度，自有相当之影响。而究其实际，则藏人此种心理，实不能谓为全由达赖之嗾使与鼓动，民元（民国元年）叛军之变，藏中民众，皆受其实祸，怨毒所积，遂致形成今日之藏局。"[26]

马福祥认为治理西藏，除了兴办教育，开发实业外，最为优先紧迫的应该是修筑"高原铁路"。当时，内地与西藏交通远阻，"无论取道青海草地，或四川云南，均非跋涉，不能到达拉萨。而反观印度或缅甸方面，与西藏之交通，则道路开辟，往来甚便。故今日吾人欲由内地赴藏，几无不假道印度"。马福祥警示国人，"交通之权，操于人手，设一旦英人与我龃龉，或竟不幸而至于开战，则彼之师旅可以长驱直进，不十数日而直抵拉萨，我则跋涉长途，日数十里，劳逸之势，胜负之分，固不待智者而始决也"。不修筑高原铁道，"则西境之国防一日无从说起，而西藏之开发乃一一等于具文矣"。马福祥也深知西藏高原上铁路系统的修筑非一朝一夕所能完成的，他建议："择此系统中，取重要者一二线，先行敷设，以谋创始，然后徐图其他。"[27]

马福祥对西藏与青海的关系也颇为了解，并认为西藏的前途命运影响着青海。他说道："青海与西藏，大而政治地理；小至日用起居，无不有息息相关，脉脉相连之势，正所谓辅车相依，唇亡齿寒者也。今者英人图藏日急，设使西藏受英人之诱惑，而海南各土司，难保不因浸润，以受其影响。土司一受其影响，在番强蒙弱时间，又难保二十九旗之蒙人不受影响也。"[28]

（四）蒙藏教育思想

马福祥一生热心教育事业，他"利用自己的政治地位和社会影响……在宁夏及甘肃等地创建清真小学 60 余所……资助了一大批回族青年到国内外高等学府深造，为现代回族文化教育事业做出了巨大贡献"[29]。马福祥同样关注回族以外的其他民族教育。

马福祥认为蒙藏民族"智识闭塞，风气不开"[30]，为改变这种状况，"根本上谋各族文化上之进步，非从教育入手不可。故在蒙藏委员会可能范围以内，极力设法，故于青海甘肃地方，各设一国立蒙回藏学校"[31]。而早在 1919 年，时任宁夏护军使的马福祥就亲自创建了宁夏蒙回师范学校，办学经费由马福祥捐赠。

此外，马福祥认为民族教育除了开启民智，促进民族进步外，还有一个更为重要的作用是促使民族融合。马福祥看到边疆民族与内地相比，"风俗习惯，语言文字，种种不同。又有强邻从中煽诱"[32]，容易出现分离倾向。在谈及新疆教育问题时，他曾强烈建议："语文殊异，必以汉语学校为施教之阶梯，而为回汉融洽之媒介。若吾人之留学外国者然……今宜由国库岁拨数十万元，以充新省教育经费，普设汉语学校，多方奖励。（于阿衡乡约子弟，尤宜多令入学）利用宗教信仰，特订教科专书。（最好采取土耳其教科精神，比附汉儒学说，谓回汉之初皆出于一源。以消灭其歧视思想。能使回汉一视同仁）使耳濡目染，日趋同化，自可望其融洽，以永固藩篱。"[33]

四、马福祥所编撰的《蒙藏状况》一书

1931 年 10 月，马福祥编撰的《蒙藏状况》一书在南京出版，由蒙藏委员会负责发行。是书共 8 章，计 7 万余字。篇首有国民党元老戴季陶作序，称赞马福祥"学问道德重于当时……于安内攘外抱负极伟，怀远安边所志由大。近以国家多故，边事日急，因辑其以边疆实况教授学生者，为一家言。"[34]这本书原本是一份讲义，马福祥在该书自序中叙述了其缘起。1929 年，蒋介石在军官学校内特设蒙藏训练班，请马福祥主讲蒙藏史地。所讲内容依据其昔年所著之《蒙疆纪要》一书，但可惜的是这部书稿不幸与宁夏故居一同化为灰烬。借授课之机，马福祥"掇拾旧闻，益以蒙藏最近之政情，成此一编"。[35]

马福祥写这样一本书，有其自身优势。他自称"边人也……所居介于蒙藏诸族之间……熟知其山川形势，史乘珍闻"[36]。加之仕宦多在边疆地区，所以对蒙藏地区历史地理及政情十分熟稔。

虽然本书书名叫《蒙藏状况》，但实际内容较书名更为宽泛，包括新疆和青海。内容在详略上也有差别，全书 3/4 篇幅写的是蒙古族活动的区域，包括内外蒙古和青海蒙古，剩下 1/4 的篇幅中，一半写西藏，一半写新疆。由此可见，马福祥对对蒙古地区的情况最为熟悉，也反映出他对蒙古的重视程度。

这本书的内容涉及蒙藏地区历史、地理沿革、宗教、社会生活与政治组织，以及经济与开发，特别是内外蒙古部分，写得最为详细和深入，且颇有民族志的味道。此外，全书的亮点与特色还主要表现在作者对民国边疆现实问题的把握和认识上，其中

有：蒙藏院及蒙藏委员会对蒙藏之关系、内蒙垦殖问题及各方利害关系、新疆教育问题、青海与西藏之关系、英国侵略西藏之经过与西藏接近英国之原因等内容，写得都相当不错，一是抓住了问题的本质，二是言简意赅，用较少的文字就把问题阐述得很清楚了。此书的亦约有两点不足，其一是体例上不太统一，其二是新疆和西藏上着墨较少。这可能与成书仓促有关，此书出版的次年，马福祥就因病去世了。[37]

五、结语

根据前文的简略叙述，我们可以发现，马福祥利用自己地位、身份与影响成功地处理了一些颇为棘手的蒙藏边务，一定程度上维护了蒙藏边疆的稳定和统一，同时也促进民族的和解与团结。仔细观察他处理边务的手法，我们又能发现他虽行伍出身，但不迷信武力，具有善于以和平手段解决复杂纠纷的智慧，而这也是他获得"善人"[38]美称的原因吧。马福祥晚年很得意地自我评价："办理番案，晓谕厉害，抱定言忠信，行笃敬之主张。开诚布公，消患于未形，履虎穴，经危险，未用一兵。折冲樽俎，卒得大事化小，小事化无。委曲求全，番族信仰较深。"[39]与马福祥同时代的人，也多评论他"不好武而能平祸乱，不为博士而考古知今"[40]。所谓"考古知今"可能有过誉之处，但在其所著《蒙藏状况》一书中还是有所反映的。更为重要的，"考古知今"是他治理边疆民族思想的重要导源。

马福祥蒙藏治理思想上的特点。一是实事求是。在外蒙古问题上，他就提醒人们正视现实，不要自欺欺人，先稳定内蒙古，再设法招徕外蒙。二是因地制宜。马福祥能够洞悉蒙藏社会结构中的特殊之处，明了少数民族领袖人物在维护统一方面的重要作用，并让国人多多注意。在西藏问题上，他更是提出了修建"高原铁路"的真知灼见。虽然在民国时代，西藏地区并未修建一寸铁路，但是马福祥的这种因地制宜的前瞻性思想，无疑是那个时代爱国人士的思想亮点。三是注意从根本上寻求解决之道。马福祥深知，国家屡弱是教育落后所致，边疆危机与教育不足关系尤大。所以他一生重视教育，所到之处，都有他兴办教育、资助学生的善举。对待蒙藏边疆发展的问题，他更是建议优先发展民族教育，通过教育促进民族进步。

他的大多数思想和计划，在特定的历史条件下，并未得到施行，但这并不妨碍我们对其思想作出较高的评价。更为重要的是，我们可以从马福祥的思想言论中，了解到那个时代作为一个少数民族的领袖人物，眼中的边疆民族问题和他所关心的事务。这不仅对我们了解那个时代民族人物的内心世界提供难得的素材，同时，也为我们今天解决处理边疆问题提供了借鉴。

总体来看，马福祥是一个介于回儒之间，思虑深远、视野开阔、立场坚定的政治人物。在边疆民族问题的这个场域中，他代表国家处理边务的举措以及其在其中所反映的思想来看，表面上他始终与中央保持一致，但深层次上却反映的是一种强烈的国家认同。在风起云涌的边疆危机，及狭隘民族主义大行其道之时，他并出现过动摇和疑惑。他始终表现出站在中华民族整体的角度考虑问题的思路，表现出强烈的中华民族认同。而在回教文化这个场域中，其作为回回，并未因自己是汉人为主体的民国政府中的高官，整日与汉文化相熏染，而疏远回回文化，反倒在是与汉文化对比刺激中，更加激发了他对自身文化的自信，表现出种种敬畏和珍视。这从他未尝隐没过自己的回回身份，身体力行向教外人士解释教义，刻印宗教书籍，兴办回民教育等一系列活动中完全可以看得出。马福祥是中国传统向现代转型过程中，自身定位最为符合历史潮流的一个，而他一身的事功，又与这一选择和所扮演角色密切相关。他其实树立了一个现代中国对少数民族领袖人物要求的形象，任何一个需要有力控制边疆民族地区，不想令中国在从传统王朝向现代国家转型中分崩离析的政权，都需要这样的少数民族领袖人物。所以，马福祥具有象征意义，更具有表率意义。

注　释

1　河，指河州；湟指当时西宁府所辖 7 县，起事地点在主要由撒拉族聚居的青海循化县。是清朝末年西北地区最后一次规模较大的回族、撒拉族人民起义，曾蔓延甘、青、宁三省，历时一年有余。

2　丁明俊：《马福祥民族思想探析》，载《回族研究》1996 年第 3 期。

3　牛敬忠、付丽娜：《北洋军阀统治时期的绥远都统马福祥》，载《内蒙古师范大学学报》2007 年第 6 期。

4　姚联合、段小强：《马福祥国家观浅议》，载《西北第二民族学院学报》2008 年第 6 期。

5　牙含章：《达赖喇嘛传》，人民出版社，1984 年版，第 211 页。

6　梁寯冕：《宁夏护军使云亭马将军德政序》，载《马氏族谱》，《回回文献丛刊》，上海古籍出版社 2008 年版，第 1178 页。

7　马福祥：《前抚番序》，载《马氏族谱》，第 1315—1316 页。

8　马福祥：《前抚番》，载《马氏族谱》，第 1318 页。

9　马福祥：《办理番案布告一》，载《马氏族谱》，第 1238—1239 页。

10　马福祥：《办理番案布告二》，载《马氏族谱》，第 1240—1241 页。

11　梁寯冕：《宁军剿匪纪略》。

12　王文墀：《马护军使援五原表功记》，载《马氏族谱》，第 1169 页。

13　唐文治：《马公云亭神道碑铭》，载《马氏族谱》，第 1184 页。

14　丁明俊：《马福祥传》，宁夏人民出版社 2001 年版，第 89 页。

15　田生兰：《马福祥事略》，载《文史资料选辑》第 27 辑。

16　《蒙藏委员会蒙藏委员长云亭公家传》，载《马氏族谱》，第 1168 页。

17　张维：《故国民政府蒙藏委员会委员长马公云亭纪念碑记》，载《马氏族谱》，第 1190 页。

18　唐文治：《马公云亭神道碑铭》，载《马氏族谱》，第 1184 页。

19　20　24　27　马福祥：《蒙藏委员会筹边社开幕词》，载《马氏族谱》，第 1233、1234、1236 页。

21　22　马福祥：《蒙藏状况》，南京中华印刷公司，1931 年，第 1 页。

23　马福祥：《治理蒙藏回部计划》，载《月华》第 1 卷。

25　26　28　30　31　32　33　39　马福祥：《蒙藏状况》，第 88、175—176、130、197、198、113、112—113、188 页。

29　丁明俊：《论马福祥在现代回族文化教育史上的地位》，载《回族研究》1998 年第 4 期。

34　38　马福祥：《蒙藏状况·戴季陶序》。

35　36 马福祥《蒙藏状况·自序》。

37　丁明俊：《马福祥的逝世与悼念活动述论》，载《西北第二民族学院学报》1999 年第 1 期。

40　梁窝冕：《宁夏护军使云亭马将军德政序》，载《马氏族谱·传序状志》，第 1171 页。

简论戴季陶的治边思想

沙文涛（云南大学人文学院历史系讲师）

戴季陶长期关注边疆和边疆民族问题，是国民党内比较重视和关注边疆问题的高级官员之一，曾亲身参与一系列的边疆治理活动，对边疆问题提出了不少具有启发意义的见解。作为国民党的重要理论家和国民政府的高级官员，同时作为蒋介石的密友和重要幕僚，戴季陶对国民党制定边疆政策具有重要影响，在沟通国民政府与边疆地区的联系方面也发挥了重要的桥梁作用。因此，研究戴季陶的边政思想，对于认识戴季陶其人和了解国民党和国民政府的边疆政策均具有积极意义，同时也可以为当前认识和处理边疆民族问题提供历史借鉴。目前学界对于"戴季陶主义"、戴季陶考试思想、戴季陶外交思想等方面的研究较多，而对其边政思想方面的研究尚嫌薄弱，诚为一大缺憾。[1] 有鉴于此，笔者试对戴季陶治边思想加以梳理，以作引玉之砖。

一、戴季陶关注和重视边疆问题的缘由

戴季陶（1891—1949），名传贤（又名良弼，字选堂），笔名天仇。原籍浙江湖州，生于四川广汉。早年留学日本，辛亥革命前夕加入同盟会，随后一直追随孙中山左右。戴季陶是孙中山最得力的革命助手之一，但当孙中山逝世后，他曲解、篡改孙中山思想，发展出了"戴季陶主义"。戴季陶早年在宣传社会主义思想方面做出了贡献，但后来成为反共先锋。南京国民政府成立后，戴季陶倾力辅助蒋介石，是蒋介石的重要幕僚，曾担任国民政府考试院院长达 20 年之久。作为一个复杂的政治人物，戴季陶是多变的。不过，他关注和重视边疆问题的立场则是长期的、一贯的。

戴季陶之所以长期关注和重视边疆问题，原因是多方面的，主要与以下因素有关。

第一，近代以来的国情和其家庭出身。近代以来，边疆问题与帝国主义的侵略活动紧密联系在一起，帝国主义为达到瓜分中国的目的，在中国边疆地区屡屡制造分裂活动，严重威胁着中国的国家统一和边疆稳定。戴季陶出生在四川，很小就受到四川人民反洋教运动的影响，对帝国主义侵略行径深恶痛绝。戴季陶九岁时，四川著名的反洋教领袖余栋臣就义，后来他曾记述：余栋臣就义前，"乡民无论男女老少……求赦余蛮子（余栋臣）之死者，陆续不绝，盖无人不以此为爱国之士也。凡说评话唱金钱板者，均取为最好之题材，绘形绘影，赞德歌功。乡间儿童，试问其长大，将作何人，不曰余大爷，则曰蒋三哥（排教仇洋运动之首领）"。[2] 显然，反对洋人洋教的余栋臣成为少年戴季陶的崇

拜对象。在辛亥革命时期，具有浓厚民族主义思想的戴季陶已经敏锐地意识到帝国主义侵略与边疆安危的重要关系。他说："今日吾国之危机亦多矣，西藏之于英，蒙古之于法，满洲之于日本，皆岌岌不可终日者。徒以吾国奄奄弱见，无力与抗，故仍其刮剔而不敢动耳"，有鉴于此，他提出了"武力救国论"。[3] 民国建立后，戴季陶仍然关注着边疆问题。1912 年 6 月，戴季陶连续在《民权报》上发表了《今日之外交问题》、《川滇边防问题》等文章，对边疆安危表达了深深的关切。[4] 戴季陶一生不但在思想上对帝国主义在中国边疆的分裂活动加以警惕，而且从行动上注意维护国家的统一与尊严。在他逝世前不久的 1947 年，印度曾邀请戴季陶参加商讨亚洲问题的会议，但戴季陶发觉印度同时还邀请了西藏代表，遂拒绝参加此会。[5]

　　家庭出身对他的影响，主要表现在对宗教的态度上。戴季陶的祖父母，母亲都是佛教徒，他从小就生活在佛教家庭中，耳濡目染，深受影响。后来他自己也笃信佛教，并对佛学有很深的造诣。宗教是边疆地区民族文化的重要组成部分，戴季陶对边疆的重视，就有部分是出于对宗教的敬重，尤其是对佛教的敬重。由于这个原因，戴季陶对西藏特别关注，对西藏人民的援助亦竭尽所能。

　　第二，对边疆民族历史文化的认识。在戴季陶看来，"中国号称地大物博，盖合蒙疆藏边各地，始足于语此。若舍边地而言，本部诸省，则诚无当以地大物博四字也。"[6] 戴季陶还认为，边疆民族与汉族是"同宗同族"的。他在给马鹤天《内外蒙古考察日记》写序时曾说，"汉族之与蒙古民族，系出一宗，族同一祖。但视其面貌骨骼，便已足信不疑。则两族者之当亲睦协和共图其存在发展，不带更述而自明矣。"他还将此推演到其他各少数民族，认为"蒙回俱族，其理亦同"。正是基于这一"系出一宗，族同一祖"的历史渊源的认识，戴季陶强调要加强边疆各民族的同化，以造成"形神具一的中国民族"及真正统一的"中华民国"。[7] 这样，在戴季陶那里，边疆地区是中国的一部分，中国各族人民实质上就是一个中华民族，边疆各民族在全国大家庭里就占据了十分重要的位置，理当与汉族一样受到重视。

第三，加强统治的需要和现实政治的考量。南京政府成立后，戴季陶位居要职，担任考试院长，同时是国民党中央执行委员会常务委员、政治会议委员。他的主要职务是考试院院长，但国民政府遇有重要的边疆民族问题，必征求戴季陶的意见。蒋介石也非常倚重戴季陶，经常请他处理一些重要外交问题和边疆问题。同时，戴季陶也热衷于边政事务，躬身参与许多边事活动。在国民党和南京政府里，戴季陶是大力提倡研究边疆、重视边疆、开发边疆的代表人物。他把建设边疆视为加强民族团结、维护国家统一和巩固国民党统治的重要手段，甚至上升到救国的高度。他曾呼吁："在今日而行救国之道，断不可遗弃边疆。"[8]

第四，孙中山的影响。戴季陶认为，孙中山已经指明了边疆建设的方向，孙中山的《实业计划》"实为开发中国富源，拓殖中国边疆之伟大计划也"。[9] 戴季陶决心致力于实践该计划。戴季陶还多次在不同场合申言，他重视边疆问题是继承孙中山的遗志。他说："余从总理十余年，所闻之教，以经国安边者为独多……"[10] 他曾向蒋介石申明："弟为西北蒙藏贡献此身之意，早已矢之总理，迟早必完成此志，以报国家。"[11]

总之，戴季陶之所以长期关注和重视边疆问题，既与其出身背景和成长经历有很大关系，也与其对中国历史文化的认识有关；既是出于对中国国情的认识，也有对现实政治的考量。

二、治边思想的主要内容

在对边疆问题进行长期的关注、研究和考察实践的基础上，戴季陶就如何统治边疆、建设边疆、开发边疆及如何处理边疆民族关系等方面提出了一系列思想主张，形成了比较系统的治边思想。戴季陶在20世纪40年代曾提出治理边疆的三个原则："一曰树立中央威信，以加强边疆同胞之向心力，一曰选拔边疆人才，以鼓舞边民之事业心，一曰促进各种建设，以提高边地之文化经济水准。"[12]这三个原则是他边疆治理思想的核心。当然，在他一生中所主张和阐述的治边思想不止于此三原则，笔者认为包含以下三个方面的内容。

1. 关于边疆统治政策和策略

在如何统治边疆地区的问题上，戴季陶提出了统一政令、慎用武力、慎用边官等主张。

主张统一政令。戴季陶认为，中央政府在边疆治理上必须统一政令，中央主管边务各机关，应该密切配合，一致行动。戴季陶发现，过去中央主管边务的各机关联系不多，而地方机关又各有系统，不相统属，意见参差，各行其是。这样的后果很严重，影响很坏，"浸使边民由期望而怀疑，由怀疑而怨望，虽百端譬解，亦无实益，影响威信，无过于此"。因此他强调："今后中央主管边务各机关，务须密切配合，一致行动。驻在边地党政军教机关，尤须加强联系，彻底合作，议论不宜过多，而期于实行，事业不宜太泛，而务求收效。"[13]

主张慎用武力。戴季陶对于清末以来赵尔丰等人实行的治边政策颇不以为然，认为虽然取得了一定成效，但过于专横霸道，造成了很多不利影响，应该吸取教训。他说："清末赵尔丰主川滇边政，以极短时间，开地千里，设治数十，欧化政策与汉化政策并用，二十余年来，谈边政者，无不艳称之，然其政策之根本错误，实在专尚霸道。民国以后，尹陈诸子，其失更多，以致将最驯良之康民，造成许多血腥杀伐种子。"为此，他主张在处理边疆纠纷时应实行"少举动多化导"的方针。[14] 1935 年 4 月，新疆发生政变，同年青海又发生军事冲突，戴季陶均主张和平解决。他曾在致汪精卫的信中，提出关于解决青海问题的意见："大约边疆之事，既无力兼顾，总宜时时想到息事宁人。以牲畜之乡，人民负担之苦，已可想见，若再加一个大将，一支大兵，则其祸患，恐至殃及牛羊，不只人而已矣。"[15] 1933 年，西藏达赖逝世，有人主张国民政府应乘机向西藏进兵，对此戴季陶坚决反对，并亲自写信给驻守西康的二十四军副军长向育仁表明自己的态度，信中说："外间颇有乘机用兵之说，此种乘危之策，幸灾之想，仁义如兄，必所不取。""望切劝部属朋友，乃至在边地作（做）事之内地同乡，痛改前人之非，一洗汉族之耻，知佳兵之不祥，养民之有道，以太王居岐之事为法，以赵尔丰之恶因恶果为戒。"[16] 戴季陶慎用武力的意见，化解了不必要的冲突，避免了矛盾的激化。

主张慎用边官。在边政用人问题上，戴季陶从历朝治边的经验教训中总结出了一些用人原则：首先，戴季陶主张，中央以不轻派人为原则；其次，"若不得已而派员，必须选择老成忠厚，不急功利，不骛虚名，识大体重行谊者为良"。总之，他认为派去边地之人，必须德才兼备，行修品端，老成持重，最重要的是要"实践尽先为当地人民谋利益之方针"。[17]

　　戴季陶提出慎用武力、慎用边官的主张，是很有针对性的，因为他认为边疆地区动乱的原因主要在三个方面：一是汉官剥削，心存偏袒；二是兵差骚扰；三是商人与官狼狈为奸，重利盘剥。[18]因此他注重节制军队，约束边官。戴季陶在给驻守西康的二十四军副军长向育仁的信中提出的四点希望，就很好地阐述了他的治边主张，这四点为：第一，切实整顿军旅，使成仁义之师；第二，整顿吏治，俾行仁义之政；第三，以宗教与教育合为一体，宗教为道、科学教育为器，俾成仁义之化；第四，爱抚汉番之民，视同一体，勿轻言拓殖，勿轻事废土设治，须认真就庶富教三事，切实工作，俾成仁义之民。他乐观地认为："如是行之二十年，若不能令西康为名符其实之康乐土者，吾不信也。"[19]这四点希望其实是戴季陶自己的治边理想和措施的一个浓缩，虽然带有理想色彩，但反映了戴季陶对边疆治理的美好愿望和期许。

2. 积极倡导建设边疆、开发边疆

　　戴季陶十分重视建设事业，把建设上升到救国的高度。他强调："……救国的工夫，第一是建设，第二是建设，第三是建设。就是除了建设而外，更没有第二个方针和其他的途径了。"[20]对国人不了解建设的重要和不了解边疆的情况，他十分忧虑，说："训政时期首重建设，建设之首要在民生，而吾国人士真能发扬民生建设之真义，并从事研究中国边地开发与内地开发者，实属甚鲜。即退一步言，真能指陈中国边疆之实况者，亦不多见。"[21]为此，戴季陶大声疾呼建设边疆、开发边疆，发展边疆经济。为了促进边疆的开发，戴季陶多次赴边疆地区考察。为了加强对边疆的研究，1930 年他还筹备发起"新亚细亚学会"，1931

年 5 月正式学会成立。"新亚细亚学会"会员包括军政要员、专家学者和边疆地区各界人士。该会办有会刊《新亚细亚》，并发行丛书。"新亚细亚学会"的成立及其对增进国民政府对边疆问题的了解，对学界推广研究边疆的风气均具有积极意义。

如何建设边疆、开发边疆呢？首先是移民。戴季陶认为移民不仅是人口发展的自然趋势，而且可以成为开发边疆资源、充实边防、增加民族文化交融的重要途径之一，其意义十分重大。戴季陶根据历史上的人口迁移情况和中国人口分布情况，提出向四个方向移民的主张：其一为向北移住，移向东三省、蒙古三特区；其二为西北移民，即甘肃、新疆；其三为西部移住，即西康、青海、西藏；四为内地开发，各省尚有未开之荒地，应多开发。[22]

其次，发展实业和交通。戴季陶十分推崇孙中山的实业发展计划，认为："总理实业计划为民生建设之实际计划。其最大之原则，即为最有利益之铁道为由繁盛之区通达最荒凉之区。此说实为交通经济学上之大发明……实则总理此说，即为主张以繁盛之区之人力财力开发荒地最为有益。故总理之实业计划实为开发中国富源，拓殖中国边疆之伟大计划也。"[23]发展实业与拓殖边疆、建设交通（铁路）以沟通繁盛地区与荒凉地区，这既是孙中山的意见，也是戴季陶的主张。

再次，培养边疆人才。边疆开发与建设需要内地各方面的人才，也需要各边疆地区的少数民族人才，尤其是后者，尤为缺乏。戴季陶十分重视对少数民族人才的选拔。他认为："就选拔边疆人才言，最要者，莫如罗致各部族优秀分子，赋予适当工作，俾发挥边地人民之特长，并激发其事业心，使能自动为事业而努力。"他还建议国民党中央及地方党政军教各机关留心察访边疆人才，"凡属忠勇才智之上，应随时荐引，引用之后，立即赋予具体工作，并按其成绩，予以奖拔"[24]。戴季陶对培养本地少数民族人才方面同样很热心。1928 年，戴季陶担任中山大学校长时，曾筹划组设东方民族院，请驻西康的川总司令刘成勋代招康藏愿赴内地求学的学生赴粤。后因戴季陶转任考试院院长，东方民族院未能办成。戴季陶遂变更计划，建议国民党中央在党务学校附设特班，收之入学，这是边地学生就学国民党中央党务学校之始。

3. 关于如何处理边疆民族问题

戴季陶主张民族平等，维护民族团结。他认为，从理论上看，"在中国来讲，民族就是国族……中国人民说是四万万，这四万万当中，是同一个中国的民族，因为数千年的中国历史看来，中国是一做主要民族在统一文化当中建设起来的，故可以说在中国民族即是国族。"[25]因此，戴季陶主张："在民族的国家的意义上……对于国内一切民族是主张一律平等的，对于散在国内的很小（少）数的民族，则完全以政治力在平等的条件上面统治他们感化他们，这是很小的问题，如苗、瑶、罗罗等族的问题便是。至对于大的问题，如蒙古、西藏的问题，则以尊重独立为原则，以平等的自由的联合为原则。"戴季陶强调："我们要建的新中国要救的中国，是以中华民族为基础，以对于国内外民族一律平等为原则……"[26]

主张尊重少数民族宗教文化。戴季陶对历史上宗教在控制边民、稳定边疆方面的作用有很深刻的认识。他说："今日西藏民族之所以得统一，蒙古民族之所以得开化，与夫三百年前满洲之所以得发展者，岂金钱武力之功哉，中国之仁义与印度之慈悲有以化之耳。故余尝谓中国疆域与政权之有今日，宗喀巴大师之德，实不可忘，盖自雪山以至于长白，数万里间造成数百年之统一者，端在于此。"[27]因此，他主张尊重少数民族的宗教，尤其是佛教。他指出，宗教在边疆，仍不失为维系人心、安定地方的主要力量，"今后一切边疆工作，如能善于运用宗教势力，与之切实配合，当可收事半功倍之效"。[28]

主张笼络和重用少数民族上层分子。国民党第五次全国代表大会召开时，戴季陶曾建议提名边疆领袖为中央委员、国府委员。会后戴季陶解释说："世人多只知眼光向内，而忽略边疆，如果我不为他们在中央主张扶植提携，则我中央国府，将不成为全国一致之中枢了。所以尽管有少数人不明白此中道理，怪我多事，但我是完全为公而非为私。"[29]1934 年 5 月，班禅大师率随员从藏赴京，国民党中央政治会议秘书处就招待问题征询戴季陶的意见，他主张每月拨给费用 1500 元。他认为："达赖班禅，世为国师，而其待遇，又实在其他各国师之上。礼之为义，重于情而次于理，重于欢悦而忌于诤论，盖不悦则失乎礼之用也。"他还建议，班禅等人离京之时，政府要给他们丰富的赠品，送给各人的亲族邻里，以取得他们的好感。他认为，这区区小数，正是所谓一本万利之资。[30]

三、戴季陶治边思想的特点、历史意义与局限性

戴季陶从中国国情和自身经历出发，根据边疆的情况和国民党统治的需要，将孙中山思想加以改造并糅合到自己主张里，从而形成了较具特色的治边思想。戴季陶的治边思想内涵丰富，涉及政治、经济、民族、文化、军事等各方面内容，较具系统性。

同时，其治边主张考虑到中国国情与各民族的历史文化传统，将中国民族历史文化传统及边疆现状与其治边策略相结合，具有较强的针对性。此外，戴季陶还十分注意总结历史经验，在吸取历代王朝治边经验的基础上提出自己的治边主张，使其治边思想根植于深厚的历史基础之上。

戴季陶的治边思想，总的出发点有两个：一是为了维护祖国统一，反对分裂；二是为了谋求边疆地区的发展，他的这些出发点是好的。他提出的一些治边主张和措施也具有一定的历史和现实意义，值得我们借鉴。第一，他主张用和平的、"化导"的方式而不是用武力的、强迫的手段来治理边疆，这是可取的。当然，在涉及国家民族利益的问题时，在关系到大是大非的问题上，则另当别论。第二，注重边地人民的利益。戴季陶曾建议政府各有关部门在制定边疆计划时，"时时事事不忘与当地人民合作，以为当地人谋利益求幸福为心"，要求"一切关于边地之施设，必须以尽先为当地土著人民谋利益为前提"。他宣称："至贤个人宗旨，对于边地人民，除尽力为之和平幸福与自由和平方法而求得文化进步外，别无他念。"[31]戴季陶在关注边地人民的利益和幸福方面是很真诚的。第三，尊重边疆少数民族宗教文化。戴季陶从历史经验和现实需要出发，提出了尊重边疆少数民族宗教文化的主张，这是具有远见卓识的。即使在今天，尊重边疆少数民族宗教文化，对于边疆稳定、边疆地区民族文化的发展和中华民族多元文化格局的维护，均具有特殊意义。第四，主张民族平等。戴季陶虽然带有一些大汉族主义的倾向，但"在民族的国家的意义上……对于国内一切民族是主张一律平等的"，这一点具有积极意义，说明民族平等不仅是少数民族的诉求，也是有识之士的共识。第五，主张培养边疆少数民族人才。如前所述，戴季陶对培养边疆少数民族人才是十分热心的，他在不同的职位上，以不同的方式为培养边地人才而努力，其当时之成效可能微薄，但精神可嘉，路径可取。

当然，作为国民党的高级官员和国民党意识形态方面的代表人物，戴季陶的治边思想不可避免地带着阶级、党派和民族的烙印，具有时代的局限。如他认为"汉民族之文化，优于蒙古民族，而中国建国之本，为汉民族之文化，故今后汉民族应努力以其文化化蒙古民族，而蒙古民族应努力接受汉民族之文化"，[32]这里就流露出大汉族主义的文化优越思想，应该摒弃。又如，戴季陶处处打着孙中山思想的旗号，认为孙中山思想是治理边疆的灵丹妙药，这是夸大了孙中山思想的作用，给自己和国民党披上一层孙中山的神圣光环。另外，戴季陶有些治边思想，如"仁义之师、仁义之政、仁义之化、仁义之民"治边理想，就带有理想主义色彩，是不切实际的空想。

注　释

1　许红霞：《三十年来中国大陆戴季陶研究述评》，《求索》2009 年第 11 期。关于戴季陶的研究论著主要有范小方等的《国民党理论家戴季陶》（河南人民出版社 1992 年版），黎洁华、虞苇的《戴季陶传》（广东人民出版社 2003 年版），上述两书有部分章节涉及戴季陶的边政思想及实践活动。侯艳兴的《戴季陶边政思想与实践述评》（《新余高专学报》2004 年第 1 期）专题探讨戴季陶的边政思想及实践活动，然该文失之简略，有些观点也可以再讨论。

2　陈天锡：《戴季陶先生文存》第 2 卷，（台湾）中国国民党中央委员会 1959 年版，第 545 页。

3　戴季陶：《武力救国论》，唐文权、桑兵编：《戴季陶集（1909—1920）》，华中师范大学出版社 1990 年版，第 207 页。

4　唐文权、桑兵编：《戴季陶集（1909—1920）》，华中师范大学出版社 1990 年版，第 408—414 页。

5　陈天锡：《戴季陶先生文存》第 1 卷，（台湾）中国国民党中央委员会 1959 年版，第 382 页。

6　9　21　22　23　戴季陶：《〈中国边疆之实况〉序》，《新亚细亚》1931 年第 1 卷第 5 期。

7　32　马鹤天：《内外蒙古考察日记》之戴季陶序，新亚细亚学会 1932 年版。

8　27　马福祥：《蒙藏状况》之戴季陶序，蒙藏委员会 1931 年 10 月。

10　戴季陶：《边疆建设之道》，《中国边疆建设集刊》1948 年第 1 期。

11　戴季陶：《致蒋中正先生电》（1932 年 4 月），转引自范小方等：《国民党理论家戴季陶》，河南人民出版社 1992 年版，第 339 页。

12　24　戴季陶：《对边疆问题之指示》（1942 年 7 月），转引自范小方等：《国民党理论家戴季陶》，河南人民出版社 1992 年版，第 341 页

13　14　15　16　18　19　28　30　陈天锡：《戴季陶先生的生平》，（台湾）商务印书馆 1968 年版，第 530—531、522、523、527、529、531—532、524—526 页。

17　戴季陶：《致教育部陈部长书》（1938 年 2 月 9 日），转引自范小方等：《国民党理论家戴季陶》，河南人民出版社 1992 年版，第 341 页。

20　戴季陶：《建设第一》，《新亚细亚》1932 年第 4 卷第 1 期。

25　26　戴季陶：《三民主义的国家观》，见《戴季陶讲演集》，上海新生书局 1928 年版，第 137、142—143。

29　陈天锡：《戴季陶先生文存三续编》，（台湾）中国国民党中央委员会党史史料编纂委员会 1971 年版，第 194 页。

31　蒋雄武：《戴传贤先生对我国边疆的贡献》，《戴季陶传记资料（七）》，（台湾）天一出版社 1985 年版，第 11 页。

南京国民政府边疆行政区域的
新规划与治理边疆的政治策略

郭飞平（云南民族大学人文学院教授）

南京国民政府时期，边疆既有帝国主义"次级势力"[1]的存在，也有近代地方政治意识影响下兴起的具有较大自主性的边疆政治军事实力派，边疆地区与国民政府中央关系错综复杂。如何整合边疆政治，使边疆与内地在近代化背景下进一步融合，是南京国民政府实现民族国家构建所面临的挑战之一。本文以南京国民政府统治时期的边疆各省行政区域新规划为考察中心，以对南京国民政府治理边疆的政治策略进行分析。

一、国民政府建立后的甘宁青分省设治

南京国民政府关于行政区域的规划，是基于其管理国家的政治意识及政治利益而制订的。国民政府统治时期，边疆区域的规划既有清朝遗承的传统，但也具有明显的特色，主要体现在：甘肃分省（甘肃、宁夏、青海）的实施，西康设省，蒙古盟旗制度与行省制的双重混合。

青海与宁夏原属甘肃。民国成立后，清朝所设的青海办事大臣被裁撤，改设为青海办事长官，管理青海区内的民族事务。青海"其时在区域上政治上及选举上已成为特别区域"，但"因库伦西藏之独立，复增设蒙番宣慰使一职，藉以钤束蒙番民族。后因蒙蕃宣慰使与青海办事长官，有权力之冲突，乃一并裁撤，于民国四年仿川边镇西康之例，改置甘边宁海镇守使于西宁，将青海全区归其管辖"。[2]1915年英国侵略者策划了"西姆拉会议"，提出将青海全区划入西藏，遭到国人的强烈反对，对青海的关注日渐增多。1922年，马麟、黎丹、朱绅等以英人入侵西藏，且有窥视青海的野心，乃"详拟经营青海计划之意见，呈请中央政府改为特别区域"，认为应将青海设立行省以杜外人窥伺。[3]其时，将青海视为一个独立区域的呼声甚高。1923年中央于西宁设置了青海垦务督办，以镇守使马麒兼任，后"经费无着，因之停顿，终未实行"。[4]1925年，冯玉祥设拉卜楞设治局隶属于西宁道，1926年改置青海护军使，仍以马麒充任，并有将甘肃、新疆、青海等划分为六省的设想。[5]

1928年9月，时任国民政府内政部长的冯系亲信薛笃弼，以宁夏与青海距离甘肃省城太远、交通不便为由，提出了宁夏与青海分省之议。1928年9月5日，国民党中央政治会议第153次会议议决："将青海改为行省，组织省政府，委员暂定五人，设民政，财政二厅，并酌设教育，建设等厅，余照省府组织法办理。"又于10月17日国民党中央政府会议第159次会议议决："将甘肃旧西宁道属之西宁大通乐都（碾伯）循化巴燕（巴戎）湟源贵德七县划归青海省，定西宁为青海省治"，拉布楞设治局改为夏河县，划归甘肃，并任命冯系人物孙仲连为省主席，马麒为省府委员兼建设厅长。[6]此次会议还决定将宁夏道旧属八县

（宁夏、宁朔、平罗、中卫、灵武、金积、盐池、平远）和宁夏护军使辖地（阿拉善、额济纳二旗）合并为宁夏省。[7] 宁夏建省后首任省主席亦为冯玉祥下属的第七军军长门致中。自此，甘宁青三省分治，对西北边疆的社会政治的影响深远。

甘宁青分省设治，既有抵抗外国侵略之意图，也有社会历史方面的因素，而直接原因系政治斗争的产物。宁、青设省后，冯系势力直接控制了甘宁青地区。不久后发生中原大战，冯系大败，其在甘宁青的统治即全面崩溃。其实，早在冯玉祥势力进入甘宁青时，西北诸马势力虽慑于其强劲的军事实力而暂时臣服，但时刻准备伺机而动。马福祥系三朝政客，以善观时局而著称。在 1928 年蒋冯阎桂联合北伐时，曾专门南下向蒋介石面陈统一北方、安定西北的计划，深得蒋的赏识。在蒋冯战争爆发后，马鸿逵随即叛冯投蒋，青海马麒父子在冯失败后也立即拥蒋反冯，致电蒋介石：“麒倾心向南。惟冯部来甘，遂致倾向之诚，无由上达。冯且蓄意剪除异己，只得曲意周全而已。”[8] 此语除其官面文字外，基本道出了诸马对冯的臣服是不得已而为之及冯对诸马防范甚严的复杂关系，也表现出诸马实力派企图以家族势力控制甘宁青的政治意图。冯玉祥在准备与蒋斗争过程中，“将甘、宁、青部全部集中西安、平凉一带，以便随时调出作战，并以马鸿宾继任宁夏主席，马骐（麒）继任青海主席”，[9] 诸马势力均被蒋、冯认为是接管甘宁青的较好人选。中原大战冯玉祥失败后，南京国民政府即以马鸿宾任甘肃省主席，马鸿逵任宁夏省主席，马麒任青海省主席。其后经“雷马事变”，甘肃政局发生变动，而宁夏与青海基本形成了宁马与青马势力长期统治的格局。

甘宁青三省分治符合南京国民政府的政治谋略。南京国民政府建立后，甘宁青地区为冯玉祥势力掌握。冯玉祥及蒋介石均有将宁夏、青海分省之意。从当时政治形势而言，蒋、冯、阎、桂等政治势力正在讨论编遣会议，划分势力范围，冯为扩大自己势力范围，并将国民军完全并合法打入甘宁青地区，限制诸马势力，极力主张分省。而蒋介石在政治上鼓吹"缩小省区论"，以防止武人割据、克服尾大不掉之势，同时也可以在各省间制造互相牵制、彼此抵消的局面，在冯系势力提出宁青分省后，立即表示同意。[10]

"甘肃为西北中心，西接青海、新疆，北界宁夏、绥远，东邻陕西，南控巴蜀，无论在内政上，国防上均处于极重要之地位"，而分省后，"甘宁青三省军事，仍同隶于驻甘绥靖公署，而政治上则归各该省政府秉承中央，直接管理"。[11]可以说，甘宁青分省后对于南京国民政府控制西北边疆，消解西北地方实力派的力量，起到了较大的影响。

二、热、察、绥三省设立

清朝在蒙古地区统治的重要措施是实行盟旗制度。民国时期，1914年北京政府将绥远、察哈尔、热河改为特别行政区，设都统管辖。

1928年，南京国民政府内政部以"《建国大纲》中仅有省治，并无特别之规定；况值军事结束，训政开始，更应将特别区次第改省，以昭划一"为理由，建议将热察绥三特别行政区改省，并指出"察哈尔原系蕃文，拟改为'集宁省'"。以此原则做提案，由内政部长薛笃弼提经政治会议审议，于是年9月17日公布"将热河等五特别区改为省，并以明令公布，唯察哈尔仍用旧名"[12]。内蒙古地区设立省县制，一方面是因为农业经济逐步发展，汉民族移入增多的趋势；另一方面是为了便于国民政府中央对内蒙地区的统治。因为"通过改省设治，使蒙古民族在政治上和地域上的被分割、被隔离状况进一步固定化、永久化"，与其推行民族同化的政治相一致。[13]同时，热察绥三省的设立，与宁青设省亦有相似之处，即与地方军阀的私欲有重要的关系。民国以来，内蒙地区成为各系军阀争夺的场所，晋系阎锡山在民国初年曾强烈反对绥远设省，但这时又极为赞成改省，是因为察绥地区已成为他的地盘。而在改省建议提出时，阎锡山已委任其下属赵戴文、张培梅为察绥两特别区的都统。改省后，国民政府中央即任命阎系赵戴文（杨爱源代）、徐永昌为察绥两省的省政府主席。

内蒙"设省置县，原为事实上之必要"，但国民政府设立省县后，"内蒙遂有盟旗与省县二重组织，于此二重组织之间，权限应如何划清，实为一极重要之问题，然政府于此未有积极厘定之良好办法，致盟旗与省县间时生纠纷"。[14]国民政府在内蒙实行省制，有利于逐步强化对该地区的控制，但"'服从盟旗制度，几为蒙人之第二天性'。因此有此根深蒂固之习性，故遂视设立省县为莫大畏途"。[15]已设县治的地方因盟旗制度与省县制度的并行，存在着多重矛盾："治权上之关系，盟旗对于境内蒙人，虽尚有管理之权，但县治之蒙人，省县亦有权管辖，至于汉人既由省县管辖，间亦受盟旗管辖"；"土地之关系，凡经开垦之地，在省县方面，以为地既开垦，自当完全归省县管辖；但在盟旗视之，土地仍为盟旗之土地，纠纷不清"；"财政上之关系，凡开垦升科之土地，除纳省县之正税外，尚附征三成五之私租，此项附征或由省县代收，拨归盟旗；或由盟旗自行征收"。[16]省县与盟旗之间纠纷不断。

南京国民政府宣称"根据本党之党义党纲，对于蒙族实具有扶植之决心，亟思彻底改革，使其实际上达到与汉族平等之地位；故首将三特别区实行改省，与内地一律"。[17]除去冠冕堂皇的宣传因素外，通过改省设治，有利于削弱内蒙地区民族问题的特殊性及逐步加强中央对内蒙的控制，减少外国势力的侵略，这是必要的。但由于上述诸多问题的存在，一般民众长期受盟旗制度的影响甚深，而上层人物又因"本党有打倒封建制度之口号，忧然滋惧"[18]，故国民政府改省设县的决定，遭到了内蒙古各盟旗上层的强烈反对。1928 年各盟旗曾派代表 10 人到南京请愿，提出下列要求：成立蒙古地方政治委员会，管理各盟旗之行政；反对特别区改为行省；改革旧有盟旗制度为盟政府旗政府。而同时蒙古籍中央委员白云梯又有取消盟旗制度改为行省的主张。蒙古上层势力内部之间对盟旗制度因各自不同利益分歧较大，从他们所提出的要求来看，反对设省的呼声颇大，但也认识到社会进步后原有盟旗制度必然会发生变化，要求在保留盟旗制度时也应对之进行适当的改革。而一些蒙古上层人物"为了迎合国民党所标榜的'国内各民族自决自治'的号召，提出保存盟旗旧有的基本组织，实行内蒙古地方自治的要求"。[19]

南京国民政府虽然在内蒙设省，但各省掌握在地方实力派手中，"既无力控制有关各省，更无实施'民族自治'的诚意"。[20]面对蒙古各盟旗的反对，国民政府先让内蒙"各盟旗在京代表成立办事处，以便随时接洽，兼为各盟旗之通信"，随后并决定"召集蒙古会议，期得蒙人之真正公意，作成改革之具体方针"。[21]1929 年国民党通过《关于蒙藏之决议案》，其中规定举行蒙古会议，会议之任务为报告蒙古实际情况，讨论关于推行训政及蒙古地方之一切兴革建设事宜。1930 年 5 月 29 日至 6 月 12

日，蒙古会议召开完毕，通过的决议很多，涉及盟旗制度、地方自治实施、宗教、农业等内容，其最要者为《蒙古盟旗组织法》，这一组织法在会议结束后送南京国民政府核定，但直到1931年10月才予以公布，并改称为《蒙古盟部旗组织法》。《蒙古盟部旗组织法》共37条，其主要内容为：一、规定盟、旗有其管理之区域，但于必要时可依据法律变更；蒙旗与省县互不统属，地位平行，直属于行政院，双方遇到有关涉及对方之事，应相互会商办理等。二、规定蒙古之军事、外交及其他国家行政，均统一于国民政府。三、规定盟旗之行政体制及职责。四、规定了盟民代表会议之职权及其代表选举办法等。

南京国民政府推行省县制度，淡化了蒙古问题的民族性，客观有利于中央政府权威的切入。但由于内外多重因素制约，国民政府中央权威无法实现对内蒙的全面有效控制，故仍然保留了盟旗制度。国民政府强调盟旗的管理区域等可依法律变更，涉及国家行政的军政须统归中央处理，留下了在适当时机进一步强化统治的伏笔。然而，"《蒙古盟部旗组织法》之颁布，使蒙古地方制度得一适当之改革"，"国民政府成立以来，对于蒙事，可谓关心"，"惜为时在暂，收效甚难，加之外侮频临，内共猖獗，使中央之精力未能集中于是，所定之改革方案亦未能施行"[22]此论虽含有意识形态的色彩，为国民党的"攘外必先安内"政策做辩护，但却明白宣示了国民政府未能有效实现组织法中所隐含的逐步强化对内蒙统治的意图。

三、西康建省

西康，居"中国本部之西南，介在四川云南青海西藏印度

缅甸之中心"，[23]战略地位十分重要。英国占领印度及缅甸后，陈
兵藏境，加剧了西藏的复杂局势。国人对西康的重要地位及复杂
形势认识颇清，早在晚清时就提出了西康设省的计划。但这一在
当时富有积极意义的建言一直到民国成立亦未能实现。1927 年，
在川系军阀争夺中，刘文辉占据了西康，蒋介石任命其为川康边
防总指挥。对于国民政府而言，其党内各系力量仍在纷争，西康
又是边陲地区，本无力量过问西康事务。但西藏警报频传，而西
康"界毗西藏，其人民又与西藏同文同种，在经济上与行政上
均有密切之关系"，[24]国人视其为解决西藏问题的重要后方，如
"西藏附英，吾国在西之边陲、即康也，康如不守，则新青陕，
甘川滇诸省，不但日益多事；且将沦非我有！康跨川藏之腹，扼
新疆青海之背，附云南之肩臂，康如我有，则诸省犹可从容对内
作政治上经济上之治理，为共存共荣之企图。康如有失，则英必
据康为军事根据地，以出扰川陕滇青，如彼之高原铁路系统完
成，则吾国西南半壁，直不啻拱手而让之"。[25]在这样的背景下，
社会舆论的鼓吹及政府的职责，使南京国民政府对西康问题不得
不认真思考，开始认识到"欲谋巩固西陲，收回西藏，其关键
惟在西康省府之组织，康民之内向"。[26]

　　1928 年 9 月 17 日，国民政府发布命令："统一告成，训政
开始，边远地方行政区域，亦应分别厘定……西康各区，均改为
省，依照法令组织省政府。所有热河、青海、西康三生活上区
域，均仍其旧"。[27]"希冀以现有之康东十三县为根据，渐图收了
[复] 失地，向西发展，进可以促成藏案之解决，退不失西陲国
防之障屏"。[28]然而，控制西康的刘文辉在川势力正强，他担任四
川省主席，其图谋并不在康，对南京政府建省命令并不重视。在
国民政府发布建省命令之前，刘文辉在其所辖二十四军内设有西

康政务委员会，"直隶军长，商承边务处，处理全区民政事务"，"为总理西康全区政务机关，对于全区行政官吏均有监督指挥之权"。[29]但在国民政府下令建省后，刘文辉并不积极实施。时至1929 年西康籍蒙藏委员会委员格桑泽仁因闻"英国嗾使藏兵侵犯康境"，紧急提议"请速组西康省政府俾救危局"，国民政府文官处询问刘文辉对组织西康省政府意见，刘文辉仍找诸多理由搪塞。[30]1929 年 2 月 26 日，国民政府再发命令，决定派遣吴西汉、魏崇元为视察西康教导员，实地考察当地的政治军事教育实业现状，为西康建省妥为筹备。但因各种原因，终未成行。由于边疆形势的迫切，西康籍旅京民众公呈蒋介石，指出"西康警报频来，危亡已在眉睫，特恳迅派负责人员组织西康省政府，以图挽救"。在呈文中，西康民众指出国民政府已下令将西康与青宁热察绥同时改设行省，而其他各省均已先后成立，"独我西康省府，则迟迟未闻组织"，"拟先派魏、吴二视察专员，从事调查"，但"时逾半载，视察专员无形撤销"，盼望政府尽快在西康设省。[31]国民盼望康省成立之愿望殷殷，然国民政府内部蒋冯阎桂等各派之争夺愈演愈烈演，西康完全被地方实力派所控制。宁青热绥察等地建省能够迅速实现的重要原因系各地的地方实力派均想独立成省，以脱离原有的行政管辖并扩充势力。西康此时的实际控制者刘文辉的争夺中心在四川全境，且西康与其他各省相比迟迟未能设省，除实际控制者不甚重视外，也含有一定的客观方面的困难因素，主要包括财政不能自给、交通不便、行政区域不完整、人才缺乏等。

　　1932 年，在川系军阀内部争斗中，刘文辉败退雅安，此后才开始积极筹划西康建省。这时南京政府蒋介石也不希望四川刘湘势力坐大，兼并川康，也愿意让刘文辉保持西康，作为牵制刘湘的工具。1933 年，刘文辉又借解决"大白事件"之机，收复了金沙江东的德格、邓柯、白玉、石渠 4 县，其后开始以康南、康北 19 个县及 1 个设治局的地盘，作为建省根据地开始筹划建省事宜。1934 年 2 月，鉴于日本已鲸吞东北，且不断向上海、华北进犯，为巩固西南边疆，南京国民政府决定加快西康建省步伐，组建西康建省委员会，颁发了《西康建省委员会组织条例》，以刘文辉为委员长。西康建省步伐明显加快。

此时，刘文辉虽然占有 19 个县及 1 个设治局，但人口只有 30 万左右，财赋收入每年只有 50 万元左右，与初步拟定的建省后年需开支 330 万元的经费相差颇大。于是 1935 年 5 月，刘文辉向南京政府中央提出两项要求：（1）按照绥远、察哈尔建省曾划入河北部分地区的成例，将四川的宁雅两属（西卓和雅安）15 个县和两个自治局划归西康管辖；（2）西康建省后合计民政、财政、教育等各项事业经费全年共需 324 万余元，充实省级机关经费又年需 4 万余元，而中央拨给建省委员会的经费每月仅 1 万元，不敷太多，应照补助察绥建省成例，除本省收入外，差额由中央全部补助。对于这两项请求，南京政府方面汪精卫派虽念及 1930 年刘文辉派代表到香港迎汪到北平召开扩大会议之情而愿支持，但蒋介石却不肯出钱，关于宁雅两属规划问题则令四川省府核定。四川省主席刘湘防范刘文辉甚严，以"宁雅两属，虽与康南接境……关于川省政治设施尤为重要"为词拒绝划拨。[32] 同年 7 月，西康建省委员会正式成立，并发布成立宣言："建省实行，不容再缓"，西康"因地理民俗疆域物力俱有特殊情形，难与察绥各区改省相提并论，不得不有过渡机关专负规划经营之责"。[33] 反映了当时西康复杂并落后的社会政治情形。

1938 年 1 月，刘湘病逝，刘文辉趁机活动，于是年 4 月到汉口亲自面见蒋介石。鉴于抗战形势迫切及蒋介石因川系将领反对张群任川省主席一事，蒋有意拉拢刘文辉以避免出现川、康联合的情况，故表示同意划四川宁雅两属给西康，西康省府成立后，由中央及四川补助其经费预算中不足的行政及建设经费，并拨款修建川康路。5月，王缵绪就任四川省主席，同意划拨宁雅两属（除雅属名山县外）14县和两个设治局移交西康管辖，四川靖化县所属的绰斯甲土司也划归西康丹巴县。至此，西康建省准备工作均已就绪。

1939年1月1日，西康省政府宣告成立，刘文辉任省主席。同日，蒋介石发表训词：西康"屏蔽川滇，控带藏卫，实为中国西南之奥区……地势险阻，道路不修，民智闭塞，农产鲜少，兼与中央相距过远，政令不能下逮，民意亦未上达，在昔建省之艰，率由于此。今则川康公路旦夕可通，其他交通要道，亦当次第兴筑。省府行政经费，既由中央尽力补助，西南经济建设，亦在中枢规划之中。昔日所感之困难，皆已相当解决"[34]。西康的重要国防地位及其对西南边疆尤其是西藏稳定所具有的重要意义，是西康省最终得以建立的原因。西康建省过程，反映出国人对西康的重视并掀起了鼓吹西康建省的实践，折射了南京国民政府中央控制力的低弱，其涉及边疆事务往往须根据地方实力派的消长而定，但西康建省在当时有利于稳定西藏，维护国家领土的完整。

四、小结

南京国民政府分别将甘肃分设宁夏、青海，内蒙地区分设察哈尔、热河、绥远三省，西康亦设省，是民国时期边疆行政区域的重要变革。它一方面受历史因素的影响，同时也是近代以来边疆危机刺激下的产物，对国民政府加强边疆管理，维护国家边疆领土主权起到了积极的作用。

　　近代边疆危机的刺激使得国人对边疆之关注一再提升，发表了大量关于边疆发展建设的言论，分省之论即是其一。南京国民政府在上述边疆地区设立行省，既迎合了国人在边疆设省的社会舆论，一定程度上赢得了社会支持；而在上述区域设省，亦有多重意义在内。甘肃分为甘宁青三省，缩小了三省的区域范围，限制了边疆地方实力派发展。青马与宁马虽然都发源于甘肃临夏，但一直存在着争夺甘肃（包括宁夏、青海）控制权的政治斗争，国民政府将青海、宁夏分治，让二者有了存在的空间范围，但同时彼此间互相牵制，制约了诸马势力的进一步扩大，同时也对其在诸马间实行分化政策提供了条件。内蒙地区实行省制，减弱了蒙古问题的民族性的特征，而客观上也有利于进一步强化中央势力的影响。在西康建省的过程中，也体现出蒋介石利用设省来制衡与牵制边疆地方实力派的意图。

　　南京国民政府通过设省，对边疆地区行政区域进行了重新划定，是历史发展过程中的必然步骤。南京国民政府将这一进程付诸实践，与社会舆论切合，客观上推动了中央政府对边疆的社会控制，有利于提高边疆各省区的行政效率，并通过空间管理的重新布局抵御了外国势力的干涉，是国民政府行使国家主权的体现。

注　释

1　20世纪30年代美国学者拉铁摩尔指出：西方力量自近代以来由沿海入侵中国，
　　并在中国沿海发展工业化，当"这种势力达到中国内地旧时的边疆时，它们的性质已经改变。在某种情况下，它们会摧毁或打击旧的中国组织及活动方式。但在另一情况下，它们本身也受到当地中国及边疆环境的影响而变化。因此，边疆的西方势力与其他沿海各地的初始西方势力相比，只能称为次级势力"。［美］拉铁摩尔著，唐晓峰译：《中国的亚洲内陆边疆》，江苏人民出版社 2008 年版，第 12 页。

2　3　4　6　黎小苏：《青海建省之经过》，《新亚细亚》第 8 卷第 3 期，1934 年，第 31、33、34 页。

5　中国第二历史档案馆编：《冯玉祥日记》第 2 册，江苏古籍出版社 1992 年版，第 12 页。

7　叶祖额：《宁夏纪要》，南京正论出版社 1947 年版。转引自陈育宁主编：《宁夏通史（近现代卷）》，第 102 页。

8　王劲：《甘宁青民国人物》，兰州大学出版社 1996 年版，第 223 页。

9　中国第二历史档案馆编：《冯玉祥日记》第 3 册，第 72 页。

10　陈育宁主编：《宁夏通史（近现代卷）》，宁夏人民出版社 1993 年版，第 101—104 页。

11　魏崇阳：《西北巡礼（续）》，《新亚细亚》第 8 卷第 6 期，1934 年，第 104 页。

12　纪蔼士：《察哈尔与绥远》，第 17—19 页。

13　乌兰少布：《中国国民党的对蒙政策（1928—1949）》，《内蒙古近代史论丛》第三辑，内蒙古人民出版社 1987 年版，第 220 页。

14　15　16　17　18　21　22　谭惕吾：《内蒙古之今昔》，内政研究会边政丛书，1934 年，第 125、123、350、57 页。

19　20　张绍庭：《吴鹤龄和"蒙古各盟旗代表联合驻京办事处"的活动》，《内蒙古文史资料》第 6 辑，内蒙古人民出版社 1979 年版，第 23 页。

23　25　陈重为：《西康问题》，上海中华书局 1930 年版，第 1、3 页。

24　格桑泽仁：《西康改省之计划》，《新亚细亚》第 2 卷第 5 期，1931 年，第 53 页。

26　27　28　29　30　31　33　34　四川省档案馆、四川民族研究所：《近代康区档案资料选编》，第 37、50、29、36、36—37、51、71 页。

32　张为炯：《西康建省及刘文辉的统治》，《四川文史资料选辑》第 16 辑，第 30—31 页。

边疆治理：从清代到民国的历史传承

马玉华（云南大学教授）

辛亥革命的成功，中华民国的建立，是中国从封建帝制走向共和的时代，从传统走向现代的过渡。在边疆治理问题上，它也起着承上启下的作用。本文从清代对边疆的经营、清末民初的边疆形势、民国时期的边疆政策及边疆治理等方面，分析这一作用。

一

清代我国疆域辽阔，领土广大，到康、乾、嘉时期，经济繁荣，文化发展，成为东方的大帝国。咸同以前，清代边疆三万里能够相安 200 年，人们认为，清朝统治成功的关键在于其对边疆地区的成功经营，近代谈边政者多推崇清代。那么清代对边疆的经营有哪些可以总结的经验？

中国古代传统边疆观有两大核心理论：一是服事观，一是华夷观。最早提出服事观的是《尚书》，《禹贡》详细叙述了"五服"（甸服、侯服、绥服、要服、荒服），其中荒服之地即是中国的边疆地区。服事观是全国以一个政治中心为基础，对边疆地区实行不同于内地的政策，采取因时、因地、因人而治的方针。中国是个多民族的国家，汉族是中国的主体民族，中国古代的边疆地区大多是少数民族聚居，因此形成了"夷夏之防"、"华夷之辨"的观念，和"先华夏后夷狄""内华夏而外夷狄"、"守中治边"等治边思想。

清朝继承了中国古代的治边思想，在边疆采取了"因俗而治"的方针。但与中国历代统治者重视核心地区，忽视边疆的传统不同，清朝一方面继承了明朝的诸多政治制度，另一方面又远绍元朝重视边疆的观念，形成一种既巩固核心区域，又重视边疆地区的治边思想。因此，清代大力的开疆拓土，统一边疆，巩固边防。在民族观方面，清代改变了中国古代"华夷之辨"、"尊夏贱夷"的传统，对于边疆其他少数民族均能平等对待，而且形成了"首崇满洲"的意识。

清代继承了中国传统的恩威并施的边疆方针，对边疆首先怀之以德。清朝对于边疆各民族上层进行笼络，政治领袖分别封他们为亲王、郡王、贝勒、贝子、镇国公、辅国公等世袭爵位；对于宗教领袖则宠以大喇嘛、国师、禅师、呼图克图、诺门汗、班第达等职位名号，王公有年俸廪饩，喇嘛则有佛俸口粮。实行满族与部分少数民族的联姻，尤其是与蒙古王公贵族的联姻，是其巩固北部边疆的重要制度。制定了年班围班[1]制度，使政教领袖群集中央，观光会盟。少数民族上层来则有馆舍供应，去则有驼夫支给，边疆平时的内政由他们自理，遇到动乱救灾，中央积极支持，厚往薄来，极尽怀柔远人的做法。

清朝平定边疆后，在怀之以德的同时，分兵于四处遣将驻防。在蒙古的库伦、西藏拉萨派办事大臣，名为赞助，实为监国。于外蒙古的乌里雅苏台、科布多，新疆之伊犁、迪化（今乌鲁木齐）、阿尔泰，青海的西宁，甘肃的宁夏，黑龙江的呼伦贝尔，内蒙古的热河、绥远、察哈尔等边疆要地，分设将军、都统、办事、参赞各大臣，定边左右副将军等统兵大员。在内地的沿边省份，还设有总督与提镇，以补统制边疆防卫的不足。

清朝的边疆政策，主要是两点：其一，"修其教不易其俗，齐其政不易其宜"；其二，"分而治之"与"众建而分其势"[2]。

所谓"修其教不易其俗，齐其政不易其宜"，就是既保持边疆各少数民族的社会习俗和宗教信仰，又根据边疆的不同情况，采取不同的管理制度。满清崛起于建州，次第削平邻近部落，因其部落政治之旧制，创立八旗制度。绥抚内、外蒙古后，又仿八旗之制，创立了盟旗制度，以辖蒙古。入主中原，仍以行省统治中原地区和汉族。在平定新疆回部后，治以伯克回官。抚绥西藏，创建了政教合一的制度，统辖康藏地区。对于西南边疆，清朝仍袭明制，或以土司管理，或保存其部落。对于帝国周边的番邦则采取宗主制度。因此，满清开国至光绪年间，满清贵族分别用八旗、行省、盟旗、伯克、政教、土司、部落、宗主八种政治制度来实现对整个帝国的统治。

同时，采取了"分而治之"和"众建而分其势"的政策。"分而治之"、"众建而分其势"的政策最初是用来解决蒙古问题的，最早始于漠南蒙古，后推行于漠北蒙古，最后成为清朝对边疆地区实行统治的基本政策。在蒙古地区将漠南蒙古的6万户变为6盟49旗；漠北蒙古由7鄂拓克变为4盟86旗；漠西蒙古由4卫拉特变为8盟31旗。在西藏地区，将部分藏地划归青海、四川和云南管辖。[3]

这种因俗而治的政策，既维护了中央的统治权威，也有利于边疆的稳定和发展。清朝正是在针对边疆问题的不同措置中实现整个帝国的均一化，就是通过边疆地区与核心地区的互动发展，达到核心地区与边疆地区的均一化[4]。

清朝设立了管理边疆地区少数民族事务的中央机构——理藩院，并颁布律令，以加强边疆民族地区的统治。1636年，始设管理蒙古事务衙门，1638年更名为理藩院（后改为部）。理藩院最初管理漠南蒙古诸部事务。清朝入关后，随着对边疆地区统治的扩大与加强，理藩院的职掌范围也扩大到西北地区和西藏等地，成为了专理蒙、藏、回各项事务的中央机构，体制与吏、户、礼、兵、刑、工六部相同。

理藩院置尚书（例由宗室王大臣充任）一人，左右侍郎满族各一人，额外侍郎蒙古一人（由蒙古贝勒、贝子中贤能者担任）。直属机构有：旗籍司、王会司、典属司、柔远司、徕远司、理刑司六司（设有郎中、员外郎、主事、笔帖式等职）、司务厅（设有司务和题署）、银库（设有郎中、员外郎、司库、笔帖式、库使）、蒙古翻译房（设有员外郎、主事）、满档房（设有主事、笔帖式、经承）、汉档房（设有主事、校正汉文官、笔帖式、经承）、饭银处、当月处等。除了部分笔帖式和汉档房外，大小职务均分别由满族人和蒙古人担任。

清代设立理藩院来管理边疆少数民族事务，较之以前历代封建王朝大大前进了一步。理藩院作为清朝管理边疆地区少数民族事务的中枢机关，体制甚隆，人选也严，对于治边职权的行使，非常注意。如边疆督府的衙署，例有理藩院派驻的笔帖式，驻库（伦）驻（西）藏之大臣，例有理藩院派驻的监印员，名为备咨询驱使之任，隐有监察检举之权。而且，各驻边大臣，即有专章奏明皇上者，按例亦必须有副本另外上报理藩院。所以，边省的情况、边政的实施、边吏之贤否，都在理藩院的洞察下。清朝边疆管理组织的中央化，管理职权的统一化，是其边疆经营成功的关键所在。

清朝为了加强边疆民族地区的统治，还在各个不同地区颁布了有关的法律条文，如对西部和北部边疆地区制定的《理藩院则例》；对蒙古有《蒙古律例》；对新疆有《回疆则例》；对西藏有《西藏通则》和《西宁青海番夷成例》；对西南边疆地区也制定有相应的法律。

二

虽然说清代边疆治理政策基本是正确的，但是，由于地理、历史、文化与经济水平的关系，清代边疆民族地区仍然处于政治、经济、文化等各方面都相对落后与复杂的状况之中。特别是鸦片战争之后，边疆危机越来越深。进入民国时代，有些问题积重难返。

第一，随着西方帝国主义国家的入侵，清末边疆社会矛盾转化，边疆地区不断遭到列强侵扰，纷纷企图染指，传统"夷夏之防"，变为了"中外之防"。

第二，边疆民族繁杂，种类众多，分布广泛。

我国边疆地区民族非常繁杂，种类众多，以西南地区为例，"滇有百蛮之称，黔苗有 82 种，瑶人分居两粤，亦有数十种"[5]。边疆少数民族人口约 2000 万—2500 万，分布在东北有通古斯民族，包括满族、赫哲族、索伦、达斡尔、鄂伦春、毕喇尔等。我国北方的主要是蒙古语族，分为喀尔喀东蒙古、察哈尔南蒙古、布利亚特北蒙古、额鲁特西蒙古。西北地区的突厥语族，包括维吾尔、朵兰、布鲁特、哈萨克、唐古特、乌梁海、西喇古尔、萨拉尔等民族，他们分布在新疆、甘肃、青海、乌梁海、科布多等地。居住在青藏高原及边缘的藏缅语族，如藏族、罗罗族（即今天的彝族，民国时期也称为夷族）、麽些族（今天的纳西族）等，分布在西藏、青海、甘肃、四川、云南、贵州等地。西南、南部地区有壮侗语族和苗瑶语族，包括人口众多的壮族、傣族、苗族和瑶族等。

第三，边疆地广人稀，宗教至上，阶级森严。

我国边疆范围广大，地域辽阔，边疆地区面积约占全国土地面积的60%—70%，边疆人口不及全国人口的七分之一，其中边疆少数民族人口估计约2000万至2500万，只占全国总人口的二十分之一。我国边疆地区地广人稀，到民国时期除了辽宁人口密度较稠外，吉林、黑龙江及滇西，每平方公里不超过30人，察哈尔、绥远每平方公里还不到10人，宁夏、外蒙古、新疆、西康、西藏、青海人均不到5人，青海人口密度每平方公里1.5人，西康每平方公里2人，西藏4人[6]。

边疆人民多崇信宗教，有信仰佛教的，如藏族、蒙古族信仰喇嘛教，傣族信仰小乘佛教；有信仰伊斯兰教，如维吾尔族、回族等；有信仰本民族宗教，如彝族的毕摩教、纳西族的东巴教；还有原始宗教和信巫术的，如苗族、瑶族。

边疆民族阶级森严，在蒙古分为王公贵族、喇嘛、平民三等；在凉山罗罗族（自称夷家）分为黑夷、白夷和汉娃三等；在西藏有达赖、活佛、喇嘛、世家、平民、农奴等。各级界限森严，彼此不相往来，更不能通婚。

第四，民族传统不同，生活方式殊异，语言复杂，多元社会文化形态并存。

边疆大致可分四种文化类型：一是蒙文化区，其特点是以游牧为主，逐水草而居，迁徙不定，信仰喇嘛教。二是回文化区，其特点狩猎与畜牧并行，信仰伊斯兰教。三是藏文化区，以游牧为主，政教合一，信仰喇嘛教。四是苗夷文化区，半农半畜牧，各民族有不同信仰。在辽阔的边疆区域，各民族生产生活方式不同，边疆文化有显著的多元形式。

第五，边疆政治制度形式多样。

清末在边疆少数民族地区仍有盟旗、土司、政教合一和部落4种特殊的边疆政治制度。

盟旗制度是清朝在蒙古地区建立的基层政权组织，盟旗也是军事和社会的组织，每旗设扎萨克（旗长）等官员管辖，数旗合为一盟，设盟长和副盟长。扎萨克和盟长常由王公贵族世袭。盟旗分布的主要区域是外蒙古、乌梁海、科布多、内蒙古、东北、宁夏、青海、新疆等边疆省份。

土司制度是封建王朝在南方少数民族聚居区和杂居区实行的一种特殊的统治制度，始于元朝，完善于明朝，清朝因袭旧制。民国时期云南、贵州、四川、广西、青海、甘肃等地，仍为土司制度分布的主要区域。

政教制度是政治与宗教的合一，政治上的领袖，同时又为宗教上的教主，在我国边疆区域内，喇嘛教势力所及之地，常形成政教合一的神权制度。西藏、蒙古、青海、康西（即西康在金沙江以西之地）和甘肃的部分地区均实行政教合一的制度。

部落为同一语言文化人群的团体，其生活为游牧或定居。清末民初尚有许多部落，散处西南与西北边疆各地，如大小凉山之"罗罗"部落，青海、西康两省间的俄洛部落，滇西葫芦王地的

"野卡"部落，野人山中的"野人"部落等。

上述4种边政制度，具有几个共同特点：一、这些制度都是在我国边疆地区实行的特殊统治制度，是中国古代因时、因地、因人而治观的体现。二、统治者多系世袭或为转世。三、所辖土地均实行公有制度。四、被统治的人民多数被视为世民，行动不得自由。这些"边政制度，名称虽异，而实质上大同小异，大都停滞于部落封建神权政治各阶段之上"[7]。

三

辛亥革命推翻了封建帝制，建立了中华民国。民国初年，边疆问题突出，但是北京政府由于诸多原因，无暇筹边。南京国民政府建立后，开始注意边疆问题。

南京国民政府时期，国民党在治边思想、边疆政策及边疆治理等方面，提出了一些新的内容。

治边思想方面首先是边疆概念的改变。民国时期的边疆有三种含义，即地理的边疆、政治的边疆和文化的边疆[8]。地理的边疆是指我国领土与他国毗邻的地带，这与我们现在所说的边疆含义相同。政治的边疆有两种意义：一是指在某些边疆区域，有所谓盟旗、土司、头人、伯克、政教合一等政治制度，这些政治制度是边疆所特有，不同于中原的省县两级的地方制度。二是在某些边疆地区，中央推行于省县的政令，不能畅行适用，这些地区也称为边疆。[9]从政治的观点看，这里的边疆是与中枢对立的名称。文化的边疆是指国内某些民族在语言、风俗、信仰、一切生活方式上不同于中原汉文汉语和农耕文化，无固定宗教信仰的民族居住地区而言，即与汉文化相对的少数民族文化模式。文化的边疆既包括民族的不同，也包括文化的差异。"凡是与内地纯中原文化异趣的特殊文化区域，即汉族本位文化圈以外，或与非汉族文化交错性较大的地区"[10]，都是文化的边疆，亦是民族的边疆。这里文化的不同，不在它的文化程度，而是在文化类型（Culture Pattern）的不同。

可见，民国时期的边疆已不是单纯的地理概念，而是包括地理边疆、政治边疆、文化边疆以及经济边疆的综合。因此，民国时期的边疆范围很大，不仅东三省、外蒙古、新疆、西藏、云南、广西、台湾是边疆，热河、察哈尔、绥远、宁夏、青海、西康也是边疆，甚至甘肃、湖南、四川、贵州的一部分也都是边疆。边疆实际包括两部分：一是中部十八个行省以外而邻近外国的地方，如蒙藏及辽吉黑热察绥新宁青云康；二是"紧邻十八省居住有苗夷羌戎各小族的荒僻之地，如陕甘湘粤桂川滇黔等省之边区。"[11]

其次，民国时期，封建帝制的废除，引进西方民主平等思想，在边疆民族观上有很大的进步，提出团结中国各民族形成一个大中华民族，共同建立统一的中华民国，这改变了中国古代"夷夏之辩"、"夷夏之防"的民族观，改变了清代"首崇满洲"的观念，形成民族平等的思想，并用法律形式确立了中国各民族一律平等，由过去民族歧视和不平等观变为民族平等观，把满蒙回藏和西南少数民族看成是中华民族平等的一员，平等对待边疆少数民族。为体现民族平等，国民政府提出改正少数民族称谓，明令不准用苗夷蛮猺猡獞等名称称呼少数民族，专门拟定了《改正西南少数民族命名表》[12]，禁止再用歧视和侮辱性的字样，把过去少数民族名称中虫兽鸟及反犬旁，一律改为人字旁。

民国时期将民族平等写入了约法和宪法，民族平等在国民政府的文件中也随处可见。为了体现民族平等，政府下令改正西南少数民族称谓，取消歧视称呼，但是在半殖民地半封建的中国，民族间事实上是不平等的，民族平等只是流于表面和文字。可见民国时期民族平等的目标虽然提出，但缺少相应的制度保证，实践中也未能真正贯彻和落实，反映了时代的局限性。

再次，由古代的"守中治边"的治边思想变为对边疆地区的重视。国民政府为维护国家的主权与国防的安全，开始重视边疆的开发和建设。尤其是"自东北事件发生以来，一日而蹙地千里，国人视线所集，益觉边远省区建设之急切与重要"[13]。当时的人们认识到"从前我国民漠视边疆，以为建设中国，应先内地而后边疆。经过此次战争（抗日战争）之惨痛教训，当知建设边疆较之内地更为重要"[14]。一些人深切地感受到唯有国家和边疆富强，边疆各民族提高教育文化水平，摆脱旧观念、旧意识的束缚，边疆危机方能消除，中国才能自立自强。这些治边思想和理念，是历史进入近代以后出现的新变化，使国民政府的治边思想具有历史的进步性。

边疆方针方面，因俗而治的方针变为边疆的内地化。"边疆内地化"是指中央政府通过对边疆地区政治的管理和经营，经济的开发和建设，文化的提高和发展，使边疆地区的经济文化水平达到内地的水准。这一点与清代"边疆与内地均一化"的观念是有差异的。

为实现边疆内地化，建立统一的中华民国，民国时期对于边疆旧有的政治制度进行改革，以实现边疆与内地的统一。如制定《蒙古盟旗组织法》，设置察哈尔、绥远境内蒙古地方自治政务委员会。对西南边疆明确规定废除土司制度，1931年以后中央对于呈报土司补官袭职之事，不再核准[15]。边疆地区与内地一样建立省县两级的统治，如在西康建立省等；边疆地区能够设置县的地方，全部要求建县，边远省份未达到设县程度的地方，则先设设治局作为渐次改设县治的基础，并颁布了《设治局暂行条例》。在西藏，国民政府主持第 14 世达赖喇嘛的坐床大典，并在西藏设立驻藏办事处，确立中央政府对西藏的管辖。国民政府通过上述的做法，以实现边疆与内地的统一，使边疆内地化。

边疆政策方面，民国时期形成了三民主义的边疆政策。受西方人权、自由平等和孙中山民族主义思想的影响，国民政府制定和推行了以"民族平等，民族同化，培植各民族自治能力，发展边疆经济，发展边疆文化教育"为主要内容的边疆政策。其中民族平等成为边疆民族政策的原则，承认各民族同为中华民族的一分子，政治上培植边疆各民族自治能力，经济上开发建设边疆，文化上发展边疆教育，以完成建设一大中华民族的目的。

民国时期边疆政策的特点是同化，目的是实现边疆的内地化。国民政府首先统一行政建置，通过在边疆推行省县制、改土归流，改革盟旗制度等，将边疆地区纳入中央政府的直接控制，达到国家政治的一体化。制定并实施了开发和建设边疆的经济政策，采取了在边地屯垦及移民实边，发展边疆地区的生产，建立边疆经济的重心，改善边疆的交通与邮政，改良边疆民众的生产技术，设立边疆金融机构并兴办实业等措施，来发展边疆经济。开展边疆教育，提高边疆各民族的文化。通过统一语言文字运动、提倡通婚运动、统一服装运动等达到同化目的。

清代治理边疆把保持边疆稳定放在首位，没有更多地关注边疆发展。民国时期则把经济和文化教育放在重要位置，更多地注意到边疆地区的发展问题。由于国防和战争的需要，国民政府把边疆地区作为发展的重点，制定一系列发展边疆经济、教育的政策，投入大量人力、物力和财力，促进边疆地区社会经济文化的发展。处于激烈转型期的国民政府，其边疆民族政策既是对封建王朝边疆民族政策的修定，也为中华人民共和国建立后，对边疆地区的治理提供一定启示。当然，民国时期的同化政策，是以消除各民族间的差别为代价，以汉族去同化其他少数民族，并有强迫同化的性质，这是不可取的。这与中华人民共和国的民族融合政策有本质的不同。

边疆管理机构方面，改理藩部为蒙藏委员会。民国元年，将清代的理藩部改为蒙藏事务局，直隶于国务总理，管理蒙藏事务。1914 年 5 月，改蒙藏事务局为蒙藏院。直属机构有参事室、秘书室、总务厅及第一、第二两司，并设蒙藏专门学校、招待所、喇嘛印务处等附属机构。

1928 年，南京国民政府成立蒙藏委员会筹备处，1929 年蒙藏委员会在南京正式成立。蒙藏委员会隶属于行政院，主要掌理"审议关于蒙藏行政事项；计划关于蒙藏之各种兴革事项"。蒙藏委员会设秘书处（内务处）、蒙事处和藏事处，各处下设分科，另设编译室、调查室和边疆政教制度研究会等。蒙藏委员会于必要时可委派或聘任专门人才或精通蒙藏情形或语言文字者为专门委员、编译员或调查员。蒙藏委员会所管理的少数民族事务主要是政务和政策性的，其他很多事务则分属于中央政府的各部委，如教育部有蒙藏教育司，组织部中有边疆党务科，军令部中的二厅五处及其他部门也有管理少数民族的相关机构。

蒙藏委员会对蒙藏等地区发挥着政治联系和监督的重要作用，蒙藏委员会与这些地区的王公、喇嘛等上层打交道，对他们进行笼络，同时任命其中的一些民族上层担任政府和蒙藏委员会的要职，如蒙古的章嘉呼图克图被任命为"蒙旗宣化使"，还被选为国民党中央监察委员。

就蒙藏委员会管理的职权来看，蒙藏委员会掌理的是关于蒙古、西藏的行政与兴革事项。但是，蒙古和西藏不能概括中国所有的边疆地区，当时中国的边疆还包括东北、新疆、西南各省以及东南沿海，蒙藏事务不能概括所有的边疆问题。另外，其行政兴革似乎也不具体而空洞，因此时人评价说"因为前者的规定，新疆及其他边民的事务，在中央便无固定闻问的机关；因为后者的规定，在当时的蒙古与西藏的情形下，蒙藏委员会仅能承袭蒙藏院理藩院的作风，打团结与安定的口号，办招待、调处、宣慰、册封等等的事务……因为制度的不健全，所以人事便近于清闲，也因为人事的不健全，所以机关便日趋于消极地无能。"[16]而边疆教育、文化、军事、交通等事项，多分掌于中央的相关机构，政出多门，事权分散，蒙藏委员会所能执行者，"不过边疆政治之联系与边民感情之沟通而已"[17]。

民国时期，"中国边政之废弛，其原因固多，然中枢无健全之边政机构，恐为其主因"[18]。由于蒙藏委员会的职责不健全，又由于民国时期中国名义上统一于南京国民政府，事实上边疆一些省份有较大的独立性，所以，民国时期在边疆各省另设有边政机关。这些地方政府建立的边政机构名称不统一，如云南称"边疆行政设计委员会"，贵州叫"边胞文化研究会"，川康有"川康滇三省边区边务设计委员会"等。

与清朝边疆管理组织的中央化，管理职权的统一化不同，民国时期虽然有中央的边政机构蒙藏委员会，各边疆省份又设有自己的边疆管理机关，因此常常有政出多门的现象。蒙藏委员会的管理职权不完备，这是民国时期边疆治理方面的最大缺陷。

民国时期在近代西方民主思想和孙中山民族主义思想的影响

下，形成了与前清不同的治边思想和边疆民族政策，国民政府对边疆地区进行了一定的治理和开发。当然，并不是说民国时期所有的边疆问题、民族问题都解决了，但是我们可以从清朝和民国时期对边疆的经营或治理中，总结一些经验和教训。从这个意义上说，民国时期的边疆治理，是值得我们仔细研究的。

注　释

1　年班规定：边疆各民族上层人士每逢年节来京，朝觐皇帝，瞻仰圣容。围班制度亦称木兰行围制度，邀请边疆民族上层人士到塞外，赐宴于避暑山庄，并进行木兰围狩猎。

2　3　马大正主编：《中国边疆经略史》，中州古籍出版社 2000 年版，第 259、264 页。

4　袁剑：《"新清史"与清代中国的"边疆性问题"》，《中国社会科学报》2011 年10 月 19 日。

5　刘咸：《国防建设与边疆民族》，《东方杂志》第 32 卷第 9 号。

6　吴泽霖：《边疆的社会建设》，《边政公论》第 2 卷第 1、2 期合刊，1943 年 3 月。

7　14　18　凌纯声：《中国边政改革刍议》，《边政公论》第 6 卷第 1 期，1947 年3 月。

8　参考张汉光的《边政往何处去》（《边政公论》第 6 卷第 3 期，1947 年 9 月）、吴泽霖的《边疆的社会建设》（《边政公论》第 2 卷第 1、2 期合刊，1943 年 3 月）。

9　张汉光的《中国边政的出路》（《东方杂志》第 43 卷第 14 号）和《边政往何处去》（《边政公论》第 6 卷第 3 期，1947 年 9 月）。

10　卫惠林：《边疆文化建设区站制度拟议》，《边政公论》第 2 卷第 1、2 期合刊，1943 年 3 月。

11　吴文藻：《边政学发凡》，《边政公论》第 1 卷第 5、6 期合刊，1942 年 1 月10 日。

12　《改正西南少数民族命名表》，1940 年 10 月 11 日，云南省档案馆藏：1011 全宗12 卷。

13　《国民党第四次全国代表大会通过对于边远省区实业文化建设方针案》，1931 年

11 月 19 日，载《中国国民党历次会议宣言决议案汇编》（二），浙江省中共党史学会编印，第 22 页。

15　国民政府内政部年鉴编纂委员会编纂：《内政年鉴》（一），商务印书馆 1935 年版，（B）第 260 页。

16　张汉光：《边政往何处去》，《边政公论》第 6 卷第 3 期，1947 年 9 月。

17　许公武：《调整边政机构之拟议》，《边政公论》第 6 卷第 1 期，1947 年 3 月。

民国初年东北边疆危机与移民实边舆论

高 强（宝鸡文理学院历史文化与旅游系副教授）

　　自清初以来，清政府执行封禁东北的政策，禁止汉人向关外移民，此举导致东北地区特别是与俄国接壤的沿边地带人烟稀少，大片荒地得不到有效开发，空虚异常。19 世纪 50 年代末 60 年代初，俄国利用中国东北边疆的空虚形势，采用先实施武装移民、后逼签不平等条约的手段，鲸吞中国东北边疆大片领土，并且继续对该地区进行蚕食和侵扰，近代中国东北边疆危机由此开始。进入 20 世纪，逐渐控制朝鲜的日本以半岛为跳板，开始实施对中国东北地区的侵略。由于帝俄与日本的侵略不断加剧，清政府被迫在东北地区实施并逐渐深化移民实边政策作为应对之策，通过招民垦荒、地方设治等手段以巩固边疆安全。民国取代清王朝后，俄国与日本的侵略有增无已，面对依然严重的边患问题，民国政府继续推行移民实边政策，朝野有识之士纷纷就此问题发表看法，强调东北边疆危机的严重程度，呼吁加大移民实边政策的实施力度，形成了关于东北移民实边的舆论潮流。

一、民初东北边疆危机

清末民初，俄国与日本乘中国政权更迭、局面不稳之机，进一步加大对我国东北地区的侵略行径，时人对此有敏锐的观察和清醒的认识，指出自从清政府在东北地区实行"移民实边之策，垦殖事业已有萌芽"，但因"奖励乏术、保护未周，迄今吉、黑两省满目荒凉，或百余里寂无人烟，或千余里邈无蹊径，以地广人稀之故，遂起外人觊觎之心，日经营于南，俄蚕食于北，双方侵逼情势日蹙"。[1]

当时，日本对我国东北地区的侵略，除使用设置关东都督府对旅大租借地（日本称之为"关东州"）实施军事殖民统治、在南满铁路沿线以护路为名驻军等侵略色彩非常明显的手段之外，更多的是采用在东北地区掠夺、开发土地资源并殖民其间的比较隐蔽的手法，与前者手段相比较看似较为和缓，实则隐患无穷、危害更大，日本设于我国东北的殖民机构南满洲铁道株式会社首任总裁后藤新平曾提出所谓"文装的武备"论，就是这种侵略手法的典型代表，殖民于我国东北是其中重要策略之一。后藤新平一再强调"农业移民的重要性，力主以大规模的移民方式，'开发满洲'，进而实质占领"，计划"于10年之内达到移民50万人的目标，甚至希望增加到一百万人"，如此"一旦有事时，'以文事的设施'，'作为协助武断行动之便'为目的，其移民的意图乃在'进而作为侵略敌国之准备'，即使有朝一日满洲租借地届限必须归还时，即可以百万移民当作'土地之永借'，而不必归还，属于土地占有主义"，[2]反客为主、鹊巢鸠占之野心昭然若揭。基于这种殖民侵略理念，日本对我国东北丰富而又有待开发的土地资源兴趣异常浓厚，1913 年，满铁在公主岭建立农事试验场，民初报刊对此如此评价，"日人之瞰视我农业无微不至，其于奉天公主岭设产业试验场，而于熊岳城、长春等处分设支场，专从事试验研究我国之农业"，日本为何对我国农事如此关心？"盖吾东省地旷人稀，物产富厚，气候温和，土地肥沃，最适为日本农业的殖民，而欲行农业殖民，须先详知当地之农况，始可着手，故彼尽力于吾东省之农业者，非真为吾东省尽力也，实为达彼农业殖民计耳"，[3] 评论可谓一针见血，道破日本"关心"我国东北农业的玄机。

日本对我国东北土地进行侵渔的主要方式是利用受其控制的朝鲜人越界垦种而占有中国土地，之后借题发挥而遂其阴谋。朝鲜边民越垦的现象早已有之，中朝界河图们江"沿岸土壤膏腴，最宜垦殖，前清道咸以后，韩民越界私垦，沿江一带多为所占，至光绪末年竟酿成绝大交涉"，交涉是指日本在日俄战争战胜俄国控制朝鲜半岛后，利用因朝鲜人非法越垦所导致的中朝边界争端的遗留问题而一手制造的"间岛"交涉，遂使图们江北岸的中国延吉地区"入于日本势力范围"。[4] 日本在正式并吞朝鲜后在半岛实行残酷的殖民统治，导致朝鲜人不堪忍受，"前来东省者亦益多，日人见此情形，遂将计就计，大示提倡，即以朝人为蚕食南满之先锋队。"[5] 民国建立后，朝鲜人越垦如故，"在安东、延吉、临江、新民等处开垦者络绎不绝"。[6] 按照民国政府的规定，进入我国东北的朝鲜人"按国籍法请愿入中华民国国籍，报经内务部审查合格，给与归化许可执照，请愿后部照未发之先，由县署发给临时归化执照，与部照有同等效力，其享受权利与华民无异"，[7] 其中包括土地所有权，日本见有机可乘，遂嗾使部分朝鲜人假为"归化"而获得中国国籍，以便名正言顺地获得土地所有权，于是，朝鲜人"以入籍为名，各处人民并不详查，或将土地私自典卖与韩民，所立契约合同多不完善，事后酿生交涉，殊多棘手"，[8] 这种忧虑是完全必要的，日本指使朝鲜人"归化"入籍而获得中国土地，借此行其侵渔之道，对我国东北的土地主权造成了极大的威胁。

1915 年 5 月 9 日，日本强迫袁世凯政权接受"二十一条"要求（除第五号内容另行协商外），其中第二号内容是关于承认日本在南满及内蒙古东部的特殊利益之条款，规定日本臣民在南满和内蒙古东部有居住权和土地租借权，据此，日本于同月 25 日逼签《关于南满洲及东部内蒙古之条约》，攫取了居住权、土地商租权及对在南满、东蒙朝鲜人的领事裁判权，声称朝鲜人不论其是否取得中国国籍，均为"帝国臣民"，应服从日本法律、接受日本管辖。条约出笼后，吉林巡按使孟宪彝担忧："日人北进政策早定于日韩合并之时，所以迟迟未发者，良以南满一带除游历人员外，不能深入内地经商营业，其势力之所及，限于铁道一带，终不足以肆其侵略之谋。此次条约既获得杂居内房地权，情势益形展拓，彼必挟经营之事业，与租地之人民，纷至杂投，藉偿其数年之欲望。"[9] 至于条约中关于在南满、东蒙朝鲜人等同于日本臣民的规定，孟宪彝认为后患无穷，"万一日韩人民互相勾结，或为日人所胁迫，将越垦地亩为无形之让渡，或租或卖，暗中授受，则于土地主权隐忧甚大"。[10] 事态发展果然如此，日本取得以上权利后，更加肆无忌惮地掠取我国东北丰富的土地资源，而所利用者绝大多数正是被其视为本国臣民的朝鲜人，据中国政府公文之记载，日本曾组织"南满拓殖团"，而"其得力分子半属朝鲜人"，通过"与南满接近之朝鲜人为先锋，令其纠资组织，以从事于南满之经营，而归日政府奖励监督之下"。[11] 对此，继孟宪彝出任吉林巡按使的王揖唐也指出："吉省自俄日战争日韩合并以来，韩民越图们江而来我境垦地者岁有增加，近且蔓延及于腹地。地方官习于放任，漫不注意，驯至沿边各县韩人户口数逾华人数倍，久成喧宾夺主之势。韩人惟求有地可耕，无远弗届，日人则存心利用，尤希望其来者之众，俾他日藉有口实。"[12]民间人士对日本利用朝鲜人侵渔东北土地、破坏中国地权也有相当深刻的认识，奉天通化县农会会长徐德春曾指出："县属江河沿岸土质丰厚之地多招韩侨改种水稻，而地主贪图租利便宜则大宗利权溢于外人，不但利权外溢，而土地主权由此破坏。"[13]日本利用朝鲜人侵渔中国土地之举可谓用心险恶、毒辣至极，其当政者曾直言不讳地宣称，利用朝鲜人移殖中国东北，"可为母国民而开拓满蒙处女地，以便母国民进取，且亦可藉朝鲜民为阶段，而可与支那民联络一切，一面利用有归化支那国籍之鲜民，盛为收买满蒙水田地，而另由各地之信用合作或银行，或东拓会社，或满铁公司，通融彼等有支那籍之朝鲜民以资金而作我经济侵入之司令塔也，亦可作我食料之增产以救国危，是亦新殖民地开拓之一机会"。[14]

日本除利用朝鲜人侵渔中国地权外，还直接在我国东北策划实施殖民计划，仅在奉天开原县，"民国四年日人杂居条约通过以来，凡百余户之村落莫不有日人足迹焉，假营商为侵略，将夺主而喧宾"。[15]另外，为实现后藤新平的殖民侵略理论而专门策划实施的两大殖民计划——1914 年满铁附属地驻军退伍军人移民及 1915 年爱川村移民，都构成了民国初年日本对我国东北进行殖民侵略的重要组成部分。[16]

日本对中国东北如此处心积虑，俄国也是如此。俄国对我国东北地区的侵略早于日本，在掠夺大片领土之后，偷移界碑、越界开垦及掠夺各种资源成为帝俄一向采用的主要侵略手段，到民国初年依然如故。根据中俄《北京条约》，原本是中国内河的乌苏里江成为中俄界河，在俄国强加给中国的这条东段边界线上，根据1861年《中俄勘分东界约记》之规定，在从乌苏里江江口到图们江江口一千多里长的边界上竖立了八个木制界牌，中国名称为耶、亦、喀、拉、那、倭、帕、土。但是，八个界牌的设立并没有阻遏俄国的贪婪侵渔之心，竟然使用私移界牌的卑鄙手法，"暗窃潜移，界线遂半非其旧，俗谚故有马驮界碑之语"。[17]这种"马驮界碑"的奇特现象到民国年间依然存在，当时报刊披露，"自往岁中日南满条约改订后，南满一带已许日人自由居住矣，北满一带因与俄人未订有此种条约，然俄人之窃移界碑者，时有所闻"。[18]民国东北地方政府对俄国惯于偷移界牌之事也颇为重视，如吉林省行政公署于1914年3月曾密令"珲春、东宁、虎林、穆棱、绥远、密山等县每年夏初秋后密查中俄界牌二次，要求该县查明于所属界内中俄原订界牌记号有无移动、损失，呈报公署"。[19]但尽管百般防范，俄国依然我行我素，据1919年底黑龙江黑河警备司令条陈乌苏里江"耶"字界牌案，该界牌本应设立于"乌苏里江与黑龙江汇合处"，但是，"俄人明占潜侵，已西进乌苏里江九十里，立耶字界牌于通江子入乌苏里江处，而混同江、乌苏里江及通江子三水之间所成三角地面，竟为俄所有"，并"绝我松花江入乌苏里江之航路"。除"耶"字界牌外，"兴凯湖应由湖西勿赛气河立喀字牌，由此与湖东龙王庙亦字牌成湖流平线，乃俄人强移喀字牌于白陵河，北进五十余里，而湖权为我有者仅三分之一矣"。[20]

　　除使用偷移界碑的卑劣手段蚕食我国东北边疆之外，俄国利用与中国有漫长边界线的得天独厚的地缘优势，对我国东北地区虎视眈眈，图谋实行殖民侵略，在沿黑龙江、乌苏里江中俄接壤地带，俄国境内"屯堡相望，烟火万家，彼中经营一日千里，重以阿穆尔铁路昼夜督促，松花、混同、乌苏里诸江舳舻衔接，盘马弯弓，无非在发展其殖民能力，一俟有机可乘，越江飞渡，即以我数千里穷荒为尾闾耳"[21]。俄国不但有此野心，而且已付诸实施，据1912年报纸之报道，"俄国近来对于殖边一事极力进行，已在北满沿边各地实行移民开垦政策"，在其侵略大本营中东铁路一带曾"运到农民五千余人，分遣沿路各地，从事开垦"。[22]中俄沿边额尔古纳河右岸为黑龙江呼伦贝尔地区，俄国在辛亥革命前后策动当地陈巴尔虎旗总管胜福等人发动叛乱，占据海拉尔等地，帝俄除公然出兵协助叛军对抗中国政府军队之外，还乘当地局势混乱之机指使其边民"移住我界三百余户，延长三百余华里，宽约五十余华里，大举耕种，略无顾忌，驻海拉尔俄领事吴萨缔复诱惑我蒙旗订立林矿渔垦地皮各合同五十余份，就合同内容考之，意在举呼伦全境利权主权作一网打尽之计"，[23]具体情况确实如此，在煽动呼伦贝尔"独立"、中国政府在当地无法有效行使主权期间，俄国趁机在呼伦地区室韦、奇乾等处越垦占地达702晌[24]之多，[25]除越垦占地外，俄国对其他资源也自然不会轻易放过，如奇乾"以砂金产地为富源，因边防疏阔，对岸俄人之越境偷采，及漏税运货之事，遂至风行"。[26]类似情况在东北其他地区也屡见不鲜，如吉林同江紧邻俄国，该地"地阔人稀，土脉腴膏，久为俄人所垂涎，去夏有俄人数名迁赴该县东关，运集砖瓦木料若干，未向县知事知会，即在该处大兴土木，修盖房屋"。[27]可见，越界开垦、盗采资源、强行杂居等行径都构成俄国对我国东北进行殖民渗透和侵略的组成部分。

除以上侵略行径之外，俄国还在辛亥革命前后在我国北方边疆地区图谋进行颠覆活动，俄国在呼伦贝尔策动武装叛乱前文已提及，叛乱发生后，俄国以"调停者"的面目干涉中国政府平叛，迫使中国政府承认该地区为"特别区域"，这种极不正常的状况一直持续到1920年，我国才最终完全恢复对呼伦贝尔地区的主权。在与奉天行政关系密切的内蒙古哲里木盟科尔沁右翼前旗及左翼后旗等地区，同样在俄国的煽动下发生了武装叛乱。此外，帝俄还一手导演了与东北紧密相连的外蒙古一小撮宗教上层分子和封建王公的"自治"闹剧，通过逼签1915年《中俄蒙协约》使外蒙古事实上与中国分离，对我国东北及国家安全造成了极大的威胁。

综上所述，进入民国以后，日本与俄国对我国东北地区的侵略变本加厉、有增无已，东北边患依然严重，有鉴于此，当时朝野上下就采取何种措施以化解东北边疆危机的问题纷纷发表看法、建言献策。

二、移民实边舆论潮流

民国初年，有关移民东北以抵制外患的舆论不绝于耳，这种舆论来自于政府官员、垦殖团体和民间有识之士、报刊杂志等各社会层面，颇具声势，形成了一股舆论潮流，舆论深刻揭露俄国、日本对我国东北的侵略以阐释移民实边之紧迫性，对移民实边政策实施中所存在的问题及具体实施方法等方面亦有所涉及。

第一，政府官员的倡导与建议。民国初年，为数不少的政府官员注意到东北安全问题，于是就消除边患并巩固国家安全的问题发表政见。

1913年10月，副总统黎元洪通电指出，"东北各省介居俄日之间，政府亟宜注意"，"宜力行移民实边之计，将直隶、山东、安徽、湖南、湖北五省之民移于彼处，以兴屯垦"，同时提出具体方案，主要有："政府当发轮船、火车之免费票，俾北移之民得挈眷同往"；"政府当预备垦田所用之器具，凡移民不能自备者由政府给发之，三年之后再由移民备价返还政府"；"政府当设专官以理移民之事，晓谕移往之民，使知满洲土地肥沃，力耕则上足富国、下足富家"；"移民以携有家属为宜，俾能永居满洲，有固定之志"。[28]黎元洪以上所论，指出由于俄、日两国觊觎我国东北，因此移民实边之举刻不容缓，并强调政府应在移民迁移途中及迁移之后的生活、生产安置等方面发挥其作用，给移民以优惠措施，以吸引关内直隶、山东等地百姓移民东北，既可改善民生，又能充实边疆，可谓一举两得。

当时，民国中央政府相关部门对东北移民实边事务予以重视，1916 年 10 月，农商总长兼全国水利总裁谷钟秀咨文奉天督军兼省长张作霖，指出"富国之道，端资实业，垦殖一项尤为莫大之利源，近年以来本部对于垦务行政积极推行，开放荒地订有专章，人民领垦加以保护"，但是，"政府提倡虽殷，而投资兴业者仍复寥寥，推原其故，实以边疆地方辽阔，荒地所在、领垦手续以及气候、土宜种种情形，内地人民诸多隔阂，若不切实调查、广为传布，不足以引起人民企业之心"，为此要求奉天省政府调查当地荒地数目、分布地点等情况，广为宣传，使关内百姓周知，以便于移民实边政策的顺利推行。[29]

民初东北边疆危机的现实问题也引起了外省官员的关注，广东总绥靖处委员萧惠长认为东北地区"往往数千里一碧荒旷，肥沃之土弃而成荒，怀奇之珍积而莫采，而东南各省则人烟稠密，光复以来闲散兵民益形充斥，不谋安插隐患堪虞，外迫强邻，内忧人满，拓殖之谋乌客已乎？但兹事体大，经营颇难，筹措之法莫如由各省分途移无业之民实东边之土，既可调剂盈虚，即以消弭侵略，我粤宜首先从事，为各省倡"，希望"粤省倡于前各省和于后，万众一心，知拓殖即保边，保边即以卫国，东省之患庶几有瘳，民国之基万年不拔"。[30]萧惠长的建议得到广东都督胡汉民、吉林都督陈昭常的赞同，均认可"边境空虚，欲以移民之谋为实边之计"为可行之策，胡汉民还委派萧惠长赶赴奉天洮南等地调查垦荒相关事宜。[31]

东北地方官员对当地情况最为了解，纷纷就移民实边之问题发表看法，其中基层官员的建议尤应注意。黑龙江龙江道尹何煜指出东北问题的严重性，揭露俄、日两国的侵略野心和行径，认为若听任事态如此发展下去，东北有"坐令外人攘为殖民之地"的危险，为改变现状，何煜认为应"行移民实边之上策"，使"浮民无业而有业，边地无民而有民"。[32]如何才能使"江省草莱尽辟，文化大兴，内地居民不招而自来，不移而自至，履边徼若户庭，化榛荒为富庶"，[33]何煜针对当时移民实边中所存在的问题发表看法，认为应注重家庭移民，指出"江省垦户之积病往往春来秋去，不特佣工，单丁秋收后无所事事，徒步归里"，这种情况必须改变，否则移民实边徒为形式，因此"垦民移入之始不可不有永住之决心，携带家属以立固定之根本"。[34]

1909 年，清政府在奉天设置抚松县，该县地处长白山一带，与朝鲜半岛为邻，日本在控制朝鲜后对该地觊觎多端，抚松县知事田升堂为此于 1914 年在上奉天巡按使公署之呈文中指出，"抚松县境逼处边陲，叠嶂重峦，人烟稀少而地方出产丰富"，"易为外人所注意，而设治以来韩侨星布，即为异日起衅之媒"，如何应对当地的不利形势？田升堂认为"惟有招徕民户以实之，民户多则边防固矣"，为更多招徕移民以垦荒，田升堂请示是否可减收荒价以吸引垦民，如此将使"民户益多"，"以中国之土地居中国之人民，使外侨无所容足，可以绝外人之窥伺"。奉天巡按使张锡銮批示省财政厅对此发表意见，财政厅厅长张翼廷认为，"该县僻处边荒，人民稀少，设法招徕实为今日切要之图，所拟减价放荒办法于实边、征课均有裨益，事属可行"。[35]

　　第二，垦殖团体与民间人士的呼吁。

　　民国甫建，外来侵扰导致边疆不靖，为开发边疆以保障其稳定与安全，黄兴等发起组织了中国拓殖协会（后改名为中国垦殖协会），总会设于南京，各省设立分会。1912 年 5 月，吉林拓殖分会成立，不久遵照黄兴的建议改名为垦殖协会吉林分会，通称吉林垦殖分会。[36]吉林垦殖分会成立后立即开展筹边活动，大力倡导移民实边思想，提出《吉林省移垦边荒巩固国防案》。该议案首先指出吉林边患的严重程度，"吉林关系国界之边地，起自东南路延吉府，迄乎东北路临江、绥远，无尺土不入明窥暗占之范围，无一刹那不在杌陧动摇之地位"，具体而言，其东南部"延珲一带邻日邻俄，四五十年交涉巨案悉萃于是"，而东北部一带"与俄境一水之隔，彼则久已实行殖民政策，村落相望，我则一望荒芜，阒不见人，任彼私移界址，越界渔樵"，可见，吉林处于俄、日两强的夹缝之中，岌岌可危，如何应对？议案认为"吉林全省安危存亡关系，全视垦殖进行之迟速为断"，同时警示国人，若不早行移民实边，则将"寸寸江山已非我有，又容我有插足之余地耶？"为此决定将吉林东北部从临江府直到兴凯湖畔全长一千三百余里之地区"划出沿江十五里，内除沿江堤岸五里，其余十里为移垦地点"，"于各省应裁撤军队之中酌量挑选垦丁，分为四年，尽数移殖"，指出此举有十利，其中包括"开辟边荒,尽成沃壤"、"于无形之中布置重兵,俾国防得以巩固"等。[37]在大造舆论之同时,吉林垦殖分会还专门派员调查吉林沿边地带之情况,以便为即将兴办屯垦事业做好准备。

除吉林垦殖分会外,山东垦殖分会作为中国垦殖协会的分支机构,就东北移民实边问题也发出如下呼吁,指出东北边疆的危急形势和移民实边的紧迫性,"我国幅员辽阔,物产丰盈,而险塞沃野以满洲为最,吉林居三省之中,土地之美、山林之富,殖产兴业尤为相宜,只以民户稀少、利弃于地,外人狡焉思逞,边境益形空虚",因此"惟有以垦殖之业务行移民实边之政策",决定以"吉林东北边沿江一带作为垦殖地点",号召"凡我民国同胞不以省界分,不以种族异,苟愿负耒耜而受一廛,本支部无不一体欢迎",希望"万众一心,接踵而至,将垦务于以骤兴,而边圉亦藉臻巩固,于民生国计裨益良多"。[38]山东垦殖分会的筹边活动得到时任山东都督兼民政长周自齐的支持,成立后也立即着手开展了招民垦荒的具体工作。

奉天洮南地处科尔沁右翼前旗蒙地,当科尔沁蒙旗冲要位置,且"西北接近外蒙,库伦独立以后,时有边警,近者日人将由南满伸足内蒙,以为扩张势力之准备",[39]内忧外患交乘。科尔沁右翼前旗札萨克图郡王乌泰举兵叛乱时所到之处屠杀汉族居民、践踏农田家园,洮南首当其冲,罹难颇重、满目疮痍,有识之士左寿椿等人"惊心蒙乱,抱痛库约",为达到"蒙边无旷土之虞,闾阎有安枕之乐"之目的而发起成立了科尔沁余荒殖民团。[40]在其成立宣告书中指出洮南因"日伺于东、俄瞰于北"而危机重重,说明兴办垦殖团体之目的在于招民垦荒,"注重安边",力求"所放之荒务期能垦,所招之民务期能殖"。[41]科尔沁余荒殖民团成立后在海城等地设立了分团,并在洮南、锦县等地区开展招民垦荒工作。

东北民间人士目睹时艰，也就东北移民实边问题建言献策，由于长时期在东北居住生活，对因外来侵略所导致的种种危机有切肤之痛，因此，所提建议往往能够切中要害。1917 年 3 月，黑龙江黑河道沿边商会代表白良栋、丁汝矩在上外交部呈文中指出，"古曰移民，今曰殖民，教农之道，亦实边之政也，黑河边微旷土甚广，皆沃野也，近如奇克特温柯镇、呼玛县等处，正设局招垦放荒，伊始之时，必先求便民利民之策，而后可望垦务之发展也。"为发展垦务，二人要求民国政府对俄展开交涉，收回被俄国长期把持的黑龙江航运权，如此可"挽回航权，提倡实业，藉固边圉"。[42]

第三，报刊杂志推波助澜。报刊杂志作为舆论工具，对东北边疆危机及移民实边的社会现实问题无疑会相当敏感，当时有关这方面的报道、时评、文章等比比皆是，以下所举仅是其中的代表性主张，从中可以窥一斑而见全豹。

1912 年 3 月，《盛京时报》曾刊登一篇论说，其中指出，"我国曩者弃地以资敌，即因沿边荒落，官民群视为瓯脱，而莫为之守故，若夫殖边政策断然实行，则不数年间，沿边村屯星罗棋布，彼纵狡焉思启，其又奚从？"如何实行"殖边政策"？文章建议"规定保护及奖励之法，而复以交通便利，为移殖之先导，则趋之者必且如市"，此外认为应组织被裁撤之军队及失业之民以实行军屯与民屯，以此达到充实边疆、巩固边防之目的。[43]

《吉林农报》第 1 期在其《发刊词》中以吉林一省为例，指出当时东北边疆危机的严重程度，"今日何日也？外交紧迫、边患日亟之日也，吉林何地也？中日杂居、商租土地之地也"，呼吁移民实边、开发边疆，"以期外人无隙可乘，无瑕可蹈，国家转弱为强，俾我吉林永为中华民国完全领土"。[44]

《黑龙江实业月报》亦曾刊发张景阳的《垦务刍言》，根据黑龙江一省的实际情况，就当时移民实边所存在的问题发表见解，指出"殖民善政，夙为东西列强所著称，垦荒实边，尤为中国近今之急务"，就黑龙江而言，其"极北边线延长三千余里，其中不乏沃壤，若非改弦更张，急图垦辟，任听荒芜，徒为邻封涎羡之物，为政者忍出此乎？"[45]如何使移民实边政策得以顺利推行？张景阳提出以下建议：第一，"调拨军队以分段屯垦"，作者认为，黑龙江"东西北三边，外则俄屯比栉，军队雄厚，强邻之窥视，日逼日紧，内则蒙藩错落，萑苻潜伏，盗匪之扰害，时出时没，由此外患内忧，而欲移民殖边，非有重兵保护，佃民之生命财产，何所恃而无恐乎？无如封疆辽阔，粮草毫无，欲调军队，则转运非易，欲添防守，则薪饷倍增，求一举两得，莫屯垦若也"；第二，"裁汰冗费以设立银行"，作者认为"草昧初辟之地、人烟辽阔之区，各项行政简单为上，稍事铺张，徒资虚靡"，建议以裁汰冗费所结余之资金"设立拓殖银行，以为各公司垦队贷借之资，自公家一方面论之，岁有利息之入，不糜款而效收，自公司垦队一方面论之，款从借贷而来，必能谨慎以从事"。[46]张景阳以上两点建议为有感而发：其一，民初由于政权更迭，导致全国局势不稳，边疆地区更是如此，东北地区亦不例外，当地胡匪猖獗，对移民的安全问题造成严重威胁，以军队保护垦民并兼行屯垦，为一举两得之法；其二，移民实边政策从清末就开始推行，成效虽有但比较有限，其原因之一在于缺乏财政方面的大力支撑，张景阳建议裁减地方行政浮费以节省开支而用于移民实边事业，不失为可行之策。

三、结语

综上所述，民国初年东北边疆危机四伏、险象环生，成为当时中国边患最为严重的地区之一，在这种严峻形势下，如何化解迫在眉睫的边疆危机成为当务之急，当时舆论普遍认为，继续推行清政府已经实施的移民实边政策并将其进一步推向深化是唯一正确的选择，因此，关于移民实边的呼声此起彼伏，政府官员公开倡导、民间团体和有识之士极力主张，报刊杂志推波助澜，形成了一股蔚为壮观的舆论潮流。当时有关东北移民实边舆论的主旨有两方面，一方面，揭露俄国和日本对我国东北的侵略野心和行径，揭示边疆危机的严重程度，指出移民实边政策实施的必要性和紧迫性；另一方面，舆论就如何实行移民实边政策各抒己见，进行探讨，包括政策实施的某些程序、方案等具体问题。有关东北移民实边的舆论潮流对民国政府实施移民实边政策并加大其力度无疑会起到促进和推动的作用，体现出社会各阶层对边政和国家安全的强烈关注，表现了鲜明的爱国主义色彩。但是，其中亦存在一些问题，主要有：第一，当时的舆论一般都将招民垦荒作为移民实边政策实施中的重中之重，但这种方式在清末已经开始实行，尽管取得了一定的成效，但其中也有无法根除的痼疾，如放荒经办官员与揽头朋比为奸腐败营私、揽头包揽大片荒地待价而沽致使大片荒地放而不垦、对于贫穷移民优惠措施不到位等，以上问题到民国年间依然存在，据《盛京时报》报道，放荒官员"凡遇放垦之时，大段联荒尽行留揸不放，虚悬放垦之名，藉以转售渔利，真正农民以土地为性命，倘无特别势力向垦员疏通，则腴地不能到手"，如此引起"一般人民不平之心，以致群相裹足，为荒务前途之障碍"。[47]放荒官员问题甚多，揽头揽荒也成为阻碍垦务健康发展的一大障碍，何煜就此曾指出，"江省放荒几经寒暑，无论如何设法招垦，东荒[48]则日渐开拓，腹地则依旧空虚，推原其故，皆由揽头包揽大段转手渔利，大户争领腴荒领而不开，致令多数小民领地无门"。[49]问题既出，就要解决，但如何根除以上弊端，当时的评论、建议往往都流于泛泛而谈，对于解决实际问题助益不大。第二，当时关于军队屯垦、贫民移垦、迁移旗人等实边方式的舆论可谓层出不穷，看似非常热烈，但探讨一般均较为肤浅，对于其可行性、具体实行方案等缺乏进一步的深层次研究。仅以军队屯垦为例，军屯在古代就是一种经常采用的开发和巩固边疆的方式，有先例可循，清政府也在东北地区进行过尝试，但由于各种原因大多以失败而收场，军屯实边在民国时期可行性又如何？是否可以收到真正效果？张景阳在其《垦务刍言》中建议实行军屯的同时，已有如下之担忧："塞下屯田，虽古有成效，而行于今日，则戛乎其难矣，将弁骄浮，未习耕作，其难一；士卒懒惰，不耐勤劳，其难二；库帑空虚，无可筹拨，其难三。"[50]张景阳所虑符合实际情况，民初军阀武装皆为骄兵悍将，欲使其在边疆艰苦的环境中垦荒实边，似不可能，更何况大小军阀均视部属为私产，用于彼此混战而扩张权势，国家若要求他们移师边疆屯田实边可谓勉为其难，而实际上，民初军屯实边的成功范例确实也并不存在。第三，除东北移民实边舆论本身所存在的问题之外，还应注意民初政局的深刻影响。民国初年武人当道，热衷于攘夺权力和广占地盘，受当时舆论的影响和压力，在表面上或许会对移民实边表示赞同并在某种程度上予以推行，但实质上对此并不非常关心，东北地方高官就有这方面的倾向。再有，民初军费开支巨大，国家财政在很大程度上被军阀穷兵黩武所消耗，用于边政的经费十分有限，没有财力上的有力支撑，移民实边事业很难顺利而持久地开展下去，对此，当时报刊有如此之评论："移民实边既可裕人民生计，又可以巩固边陲，政府久经决定为积极之进行，而迄今所以尚未有何等进步者，实因大宗移民需费甚巨，无从筹措故也。"[51]由于以上各种原因，很多有关东北移民实边的舆论常常陷于曲高和寡、束之高阁的尴尬境地，并未得到落实，即使具体实施也会因为各种因素的干扰而大打折扣，导致效果有限。民国初年由于政局错综复杂，以上问题的存在有些也是不可避免的，尽管如此，民国初年有关移民实边的舆论潮流是对当时东北边疆危机日益加剧的必然反映，舆论中所蕴含的各种正确主张和合理建议对有效治理边疆地区以保障其稳定与安全，至今仍然有其一定的借鉴意义。

注　释

基金项目：教育部人文社会科学研究西部和边疆地区规划基金项目"1912—1931年东北边疆危机与移民实边问题研究"（项目批准号：10XJA770001）。

1　郭葆琳，王兰馨：《东三省农林垦务调查书》，日本东京神田印刷所1915年发行，第5页。

2　林明德：《日俄战争后日本势力在东北的扩张》，《中央研究院近代史研究所集刊》第21期，第515页。

3　希郑：《告吉林地方农事试验场当局》第1页，《吉林农报》第68期，1918年11月21日。

4　39　徐曦：《东三省纪略》，商务印书馆1915年版，第239、323页。

5　《日人蚕食南满之毒计》，《晨钟报》1916年10月19日，第5版。

6　《咨请速订韩人入籍章程》，《盛京时报》1912年5月8日，第5版。

7　伪满珲春县公署编辑：《珲春县一般状况》，海林印刷所1935年印行，第10页。

8　《预防交涉》，《盛京时报》1912年7月10日，第5版。

9　《收政事堂交孟宪彝呈》（民国四年七月三十一日），《中日关系史料·二十一条

　　　　交涉（民国四年至五年）》，台北中央研究院近代史研究所 1985 年编印发行，第
　　　　616 页。

10　《收吉林巡按使［孟宪彝］咨陈》（民国四年八月二十四日）附件：《密陈中日
　　　　条约吉林善后计划第七案呈文》，《中日关系史料·二十一条交涉（民国四年至
　　　　五年）》，第 654 页。

11　《收政事堂交片》（民国四年七月五日）附件：《日人侵略满蒙阴谋报告》，《中
　　　　日关系史料·二十一条交涉（民国四年至五年）》，第 476 页。

12　《收吉林巡按使［王揖唐］咨陈》（民国五年二月二十二日），《中日关系史
　　　　料·二十一条交涉（民国四年至五年）》，第 805 页。

13　中国第二历史档案馆：农商部全宗，全宗号：1038，案卷号：1331，标题：奉天
　　　　实业厅录送奉省通化、安图等县农业情形暨农家状况调查报告书，1922 年 9 月。

14　《东北与日本》附录二：《田中义一满蒙积极政策奏章》，波文书局 1979 年版，
　　　　第 22 页。

15　白眉初：《中华民国省区全志》第 2 册《满洲三省志》，北京师范大学史地系
　　　　1924 年发行，第 121 页。

16　可参见林明德：《日俄战争后日本势力在东北的扩张》，《中央研究院近代史研究
　　　　所集刊》第 21 期，第 515—516；高乐才：《日本"满洲移民"研究》，第
　　　　27—34 页。关于 1914 年满铁附属地驻军退伍军人移民，徐曦：《东三省纪略》
　　　　第 441 页亦有记载："满铁会社近又拟令其铁道守备兵于兵役期满后，即定居于
　　　　南满各处，由会社给每人以资本金三百元、田地二十亩，使其从事拓殖。惟其
　　　　资格，以曾有兴业经验而惯于久居者为限，其意盖欲于南满洲方面使实业与兵
　　　　力二者兼程并进，其用心已如见矣。"

17　魏声龢：《鸡林旧闻录》，1913 年版，第 37 页。

18　吴燮：《论移民以实东陲之利》第 1 页，《吉林农报》第 1 期，1916 年 12 月
　　　　21 日。

19　20　黑龙江省档案馆、哈尔滨师范大学历史系编：《黑龙江历史大事记（1912—
　　　　1932）》，黑龙江人民出版社 1984 年版，第 27、109 页。

21　37　辽宁省档案馆档案：奉天省长公署全宗 JC10－4314　咨奉省民政长为送
　　　　垦殖章程事 吉林垦殖分会筹办调查吉省东北沿边移垦计划报告书，1913 年 7 月。

22　《电告俄人移民情形》，《盛京时报》1912 年 5 月 10 日，第 5 版。

23　25　张家璠总纂，程延恒鉴定：《呼伦贝尔志略》，太平洋印刷公司 1923 年版，第 83、239 页。

24　晌，亦作垧，清末民初东北土地计量单位，通常情况下，奉天每晌合 6 亩，吉林、黑龙江每晌合 10 亩。

26　熊知白：《东北县治纪要》，立达书局 1933 年版，第 483 页。

27　《俄人最近之行动》，《晨钟报》1917 年 1 月 20 日，第 5 版。

28　《黎副总统电请移民满洲之擘划》，《盛京时报》1913 年 10 月 18 日，第 6 版。

29　辽宁省档案馆档案：奉天省长公署全宗 JC10 - 4393 - 1 农商部咨为调查垦殖状况及奉天省公署分令查报事，1916 年 10 月。

30　《东北殖边计划》，《盛京时报》1913 年 2 月 15 日，第 2 版。

31　参见辽宁省档案馆档案：奉天省长公署全宗 JC10 - 26367 广东总绥靖处委员萧惠长函询奉天洮南一带蒙荒情形及奉天都督张锡銮复函，1912 年 12 月。

32　何煜：《上大总统条陈时事说帖》，《龙江公牍存略》，文海出版社 1978 年影印，第 213—214 页。

33　何煜：《黑龙江垦殖说略》序，1915 年铅印本，第 1—2 页。

34　何煜：《黑龙江垦殖说略》第四章 移殖，第 2 页。

35　辽宁省档案馆档案：奉天省长公署全宗 JC10 - 6505 抚松县详请减荒价以广拓殖民事及奉天巡按使署批，1914 年 9 月—11 月。

36　参见辽宁省档案馆档案：奉天省长公署全宗 JC10 - 4273 吉林拓殖分会咨奉天都督为送中华民国吉林拓殖分会简章事，1912 年 6 月—11 月。

38　辽宁省档案馆档案：奉天省长公署全宗 JC10 - 7405 山东都督咨为垦殖协会鲁支部垦殖有限公司移垦章程事及奉天都督的令，1913 年 1 月—2 月。

40　《科尔沁余荒殖民团函请维持》，《盛京时报》1913 年 8 月 9 日，第 6 版。

41　《科尔沁余荒殖民团宣告书》，《盛京时报》1913 年 7 月 29 日，第 3 版。

42　《收黑河道沿边商会代表白良栋、丁汝矩来呈》（民国六年三月二十日），《中俄关系史料·东北边防（民国六年至八年）》，台北中央研究院近代史研究所 1960 年编印发行，第 25 页。

43　《殖边今论》，《盛京时报》1912 年 3 月 27 日，第 1 版。

44　刘文科：《发刊词》第 3 页，《吉林农报》第 1 期，1916 年 12 月 21 日。

45　张景阳：《垦务刍言》，第 1—3 页，《黑龙江实业月报》第 1 年（1912 年）第

1 期。

46 50 张景阳:《垦务刍言》续,第1—3页,《黑龙江实业月报》第1年（1912年）第2期。

47 《开放满蒙沃荒之利益》,《盛京时报》1915年7月21日,第6版。

48 指黑龙江呼兰平原一带,清末民初有"东荒"之称,是黑龙江最早招民开垦的地区。

49 何煜:《详饬属整顿垦务开辟地利由》,《龙江公牍存略》,第95页。

51 《移民实边经费拟定分担办法》,《盛京时报》1915年8月19日,第3版。

李烛尘西北开发思想及其现实价值

邸彦莉（天津师范大学政治与行政学院副教授）

一、西北考察与《西北历程》

李烛尘，1882 年 9 月 15 日生于湖南永顺县。自幼在私塾读书，19 岁中秀才。辛亥革命爆发后，受实业救国思潮的影响，东渡日本学习电解化学。在留学期间，他刻苦学习并积极参加社会活动，了解日本的政治、经济、社会及其化学工业，寻求振兴祖国的实业之道。

1918 年，李烛尘东京工业大学毕业后，学成回国。《盐政杂志》主编景韬白先生把他介绍给正在天津办实业的范旭东。李烛尘"和范旭东先生做了一次长谈之后，非常投机，于是决定了今后的终身职业"，[1] 共同的理想使二人一见如故，从此致力于中国的民族化工事业。

李烛尘先先是在范旭东创办的久大精盐公司任技师，后被调动到范新办的永利碱厂兼职。先后任过久大精盐厂技师、厂长、永利制碱厂厂长、永利制碱公司经营部部长、副总经理、永利化学工业公司副总经理等职，始终掌管着团体的经营和人事大权，参与团体大政方针的擘划，成为范旭东事业上的得力助手。1922年在李烛尘的帮助下，范旭东将久大、永利两厂的附设实验室独立出来，创立了"黄海化学工业研究社"，是为中国第一个民办的科研机构。从此，久大、永利、黄海三位一体，形成了中国化工界著名的"永、久、黄团体"。

抗日战争爆发后，永利、久大两公司被日本劫占，"永、久、黄"团体内迁四川。他们先后选定自流井和五通桥分别建盐、碱厂，建设华西化工中心。

抗日战争进入相持阶段后，迁往四川的一些民族工商业者暂时避难的想法破灭，一些开明人士呼吁抗战建国。希望政府把抗战和国家建设相结合，既坚持抗战，又发展大后方经济，改变中国工业布局严重不合理的现象。

自近代以来，随着外国资本主义的入侵，中国的经济重心集中在沿江沿海一带，西北地区经济极为落后。早在1938年，经济部长翁文灏发表谈话指出：战前我国经济建设分布失调，发展畸形，今后应注意内地建设，"以西南、西北为基础"。[2]太平洋战争爆发之后，日军占领缅甸，窥伺印度，进犯云南，西南地区的国际交通路线被切断。西北地区仍可与苏联进行陆路交通，其地位日益重要，开发西北的呼声高涨。西北地区，由于矿产资源的丰富和运输的打通，吸引了大后方的工业界人士，于是"全国的视线集中于西北"，官方、民间的各种考察团、新闻记者纷至沓来，掀起了开发西北的热潮。

在这一热潮的推动下，为了配合战时经济政策，开发西北经济，1942年，地质学家、国民政府经济部长翁文灏两次赴西北考察，"鉴于该区物产丰富，工矿事业极有加强发展的必要，乃饬令工矿调整处及迁川工厂联合会，约集渝市工业界重要分子，组织西北工业考察团"。[3] 团员多为民营工业界的专家及技术人员，共21人组成，林继庸、颜耀秋为正副团长，李烛尘获准参加。考察团于1942年9月21日由重庆出发，前往陕西、宁夏、甘肃、青海、新疆等地考察。

李烛尘由于尚有待理之事，于1942年10月19日乘飞机到兰州于与考察团会合，参观了兰州的工矿企业后，11月12日随团去西宁、茶卡盐池考察。12月3日，离兰州经河西走廊、武威、张掖、酒泉、哈密、鄯善、吐鲁番等地沿途考察。17日抵乌鲁木齐，30日经绥来、果子沟去伊犁，次年1月3日去霍尔果斯河看中苏边界，8日回到乌鲁木齐，应盛世才之邀参加新疆三年工业计划和省党部成立大会，并为新疆勘找工业区。23日乘飞机东归，过兰州后，乘车经天水、秦岭、宝鸡、广元、剑阁、成都、内江，1943年2月14日回到重庆。前后历时约4个月，往返2万多里。

考察结束后，李烛尘感慨万端，认为西部开发不仅是西北人的事业，而且是整个中华民族生存上必需之要求。他回到重庆之后，著《西北历程》一书，于民国三十四年由文化印书馆出版。书中详尽地记载了他的全部行程和考察活动，称"西北现时工业情形及将来发展希望，均不难于字里行间得其轮廓"[4]。整个考察途中，李烛尘关注的范围十分广泛，每到一地，除了细心取样，了解该地矿藏及工业状况外，还用大量的精力考察其战略地理位置、地方政务、商业贸易，交通状况以及农业、牧业、人口、教育、民族、风土人情等。根据这些资料，他又写下了《西陲观感》、《开发西北管见》的文章，在《大公报》发表，并收录在该书中。《西北历程》充满了对中国西北建设的光辉思想及对国计民生的关切，对今天我国实施的西部大开发具有深刻的现实指导意义。

二、西北的开发建设思想

1. 加强西北的国防建设

西北是中华民族的发祥地，历史上曾是中国政治、经济和中西文化的重要交汇地。自抗战以来，西北由于地处内陆，足以成为抗战的根据地。就国防而言，西北位于黄河上游，对华北有高屋建瓴之势，对西南有屏蔽掩护之功，保住大西北对于巩固抗战大后方有极其重要的价值。熟悉历史、地理的李烛尘认为：西北的地理位置非常重要，西北在中国所处的地位与整个中华民族的生存息息相关。"吾人通览历史，中华民族与外族作生存斗争之区域，实由东北至西北"，"现今环国而立国者又为当代之强邻，国防遂愈增其严重性"[5]。历代的统治者均因经营西北的好坏而影响中原的局势。他认为，中国的地势，犹如巨人坐于太平洋上，新疆为其首、宁夏、青海为左右臂，河西走廊为通往陕、甘的咽喉要道，蒙古、西藏则为两披肩。西北防守的关键就是"如何使两披肩紧护项首，不致顾瞻彷徨，如何使两臂强有力，不遗肘腋之忧，均须用政治力以解决之。而咽喉一道，与全身之生命攸关，更不能不有详密之规划也"[6]。历代统一中国者，必先控制西北，"保西北即所以保中国，历史如此，理位置亦不因时代有变迁也。惟保之道，则非有国防工业不可"[7]。因此，他认为，西北国防建设的关键就是：利用西北的资源，大力发展国防工业。只有在西北奠定了大工业，才可以使中国得到万年磐石之安。

2. 大规模进行工业建设

西北是我国发展经济的资源宝库，作为一名实业家，李烛尘以其敏锐的洞察力看到了开发西北的巨大潜力。"过去开发西北亦用力至宏，不过以往之方式，全为汉民族用其本领，以农事为征服游牧业之工具，未能尽量开化西北之工业。故数千年以来，此一片干净土犹为未破之天荒，正留至今日，以为工业开发之宝库，诚盛事也"。他认为：要建设中国，必须从建设工业为起点。"谈国是者曰国防第一，欲巩固国防，必须发展工业"，"无工业即无国防，实则无工业既无民生也"[8]。发展工业的必要条件是资源、技术、资本，三者缺一不可。他通过对西北五省资源状况的调查，认为西北发展重工业具备了资源条件。铁、铜、铅、锡、锑、锰、钨、铝、钼、镍等矿与非金属之石油、煤、烧碱、盐、硝石、石棉、石墨、石灰石、云母、石膏等重要的矿产资源，西北五省均有发现，因此，西北五省经济建设应该走资源开发之路。

当他考察新疆时，见到新疆物产丰富，衣食住行各项原料，物美量丰。然而，当地的工业却极端落后，南、北疆成为英国、苏联的商品的销售市场。"新疆省有五十万担之棉花，而尚无一枚纺纱之锭子。有三十六万担之羊毛，而尚无一架纺毛机"[9]。作为一名实业家，他感到痛心，一种强烈的使命感油然而生，他认为，新疆资源富饶，发展重工业或有希望，但新疆的工业必须从两个方面入手：

其一，为济眼前之急需的工业：当局应作规划，官民合办棉纺织、毛纺织工业。在政府力量的支持下，由内地有经验的人才来帮助办厂，提供技术支持，他认为新疆将来的棉毛纺织事业必定在中国占相当的地位。

其二，为策将来之建设的工业：筹办重工业，如冶铁、炼钢、制器。然后再建硫酸厂，利用南北疆之天然碱精制纯碱与烧碱。通过内地新疆合作，政府的扶持，把新疆的基本工业建立起来。重工业的发展可以带动轻工业的发展，比如，新疆有好砂，可以制玻璃，牛羊油可以制肥皂，瓷土可以制耐火砖和瓷器，甜萝卜可以制糖，烟叶可以制卷烟，牛羊肉可以制罐头，牛乳可以制炼乳，杨木可以制火柴，牛羊骨可制磷，钾原料可制氯酸钾……在他的眼里，新疆简直是工业发展的天然宝库，可办的事业实在太多了。在这种种事业中，他认为除钢铁、机器、酸碱工业应由政府经营外，其余工业尽可能民办。

西北有丰富的石油储藏，至于将来大规模之工业建设，必先开发石油，他认为"石油为近代文明之毕昇"[10]。要把新疆建设成西北的工业基地，还必须大规模地修建铁路，使内地和西北资源互享，商品互通。

他认为：中国将来的工业建设，必须迎头赶上，才能列于世界强大之林。开发西北是整个中华民族生存的必须的要求，政府应该在战时西北安定的有利时机，对西北的工业建设全盘筹划。首先要做的是由政府汇集全国的地质、采冶专家，组织地质调查团从事探测，准确勘察各种矿藏的质量、藏量后，再根据其他条件，制订全面的工业建设计划，决定何时、何地、如何设厂，如何筹措资金等事宜。"尚事先对资源之生产分布及其质与量之纯度并丰吝、技术人才程度之浅深并数量，以及资本之如何筹集并多寡等项未能彻底明了，纵能做纸上谈兵，亦不过浮治之论，有何裨益"[11]。

3. 积极发展农、林、牧业

李烛尘根据西北的气候、地理、历史情形，指出，"西北待救济之事业，最大者无过于水利、森林、畜牧，只要这三种事业办得好，西北就是天府了"[12]，发展农林牧业必须完成以下三项工作：

（1）组织移民。西北地旷人稀，许多地方未被开垦，新疆是西北最大的省份，面积为四川的五倍、江浙两省的六倍，而人口总数不到400万人，大有发展的余地。有人有土，而后一切方有办法，"欲确保此西陲一片土，永久为中华民国之一省份，大批移民，实为必需之急务"[13]。

（2）种草植树，保持水土，保护生态环境。西北地区，尤其陕、甘、宁、青四省，由于乱砍滥伐，气候干燥，森林破坏极为严重，"当吾人过秦岭入天水以北，目中所见，几于万山皆童。至兰州附近则更甚"，对植物树木的破坏，"不惟山洪暴涨时有洪水之患，而膏壤流失，使整个西北，有沦陷为岩石瘠地之可能，诚为民族生存之隐忧"[14]，因此，各级政府必须改变"官样文章"的务虚作风，先研究何种草木适于耐旱，然后切实开展植树种草，加强水土保护。他指出，植林种草是西北最有发展的事业，虽然工程很大，但他坚信，如果人人重视，当作终生的事业，西部就会"变更地利，感召天下，而草木繁茂，牛羊蕃息也"[15]。他还提出建议：应该培养山林，不应与山争地；采集纤维植物，应该割藤，不要挖根，采树时，只能砍枝，不要砍树。

（3）兴修水利。西北地区地无穷而水有限，故水为西北发展的第一大问题。有水，人畜可以生存，机器可以转动，一切缘此而生机勃勃。考察甘肃省时，他看到祁连山上融化的雪水白白浪费，感到可惜，他对陪同的当地官员说："河西数郡，为甘省之粮库，但河渠失修，地多荒芜殊为可惜。"他建议：政府应根据各地的情形，兴修水利工程，或疏通旧渠，或打井，合理利用西北丰富的冰雪资源。

4. 大力发展交通事业

交通问题是国人西北开发中首要关注的问题。交通便利，才可以货畅其流，矿产开发、工业建设才可谈起。西北交通在 20世纪 30 年代已经有了一定的发展，到抗战初期已有公路 18000多公里，铁路则有陇海线通到宝鸡，陕西以外其他西北各省尚无铁路。李烛尘指出"建设之事，经纬万端，而交通第一"[16]，交通为国民经济或区域经济的发展的先行官，西北的一切事业，必须建立在先发展交通之上。国民应群策群力，把开发、建设西北经济的战略重点放在交通事业上。"有了交通，则人可往，不至有土无人，有了交通，而后机器可去，不至于手无工具，交通之于国家，如人身之有脉络，通则行动自在，滞则麻木不灵"[17]。西北交通，尤其新疆是连接欧亚交通的枢纽。交通建设主要是拓展现有的公路；修铁路与俄国的西土铁路连接；把陇海铁路扩展到新疆；还应增加开往西北的航班。他勾勒了一幅西北交通蓝图："将来陇海、包绥二铁路如均展之甘肃，而西去新疆，在与俄国西土铁路连接，则东达太平洋，南达印度洋，东北达东三省，西北出波罗的海，西南至地中海，是甘肃又将为东半球交通之中心矣"。

5. 调整民族关系，加强民族团结

西北地区生活着汉、满、蒙、回、维吾尔等民族，少数民族众多，语言、文字、风俗多有不同，宗教关系复杂，彼此间的历史纠纷长期存在。李烛尘在考察途中，对少数民族的宗教和文化极为关注。如参观黄教发源地塔尔寺，与蒙古王谈话，参观各民族的文化设施等。他认为，历史上，西北一带动乱频仍的主要原因：首先是民族关系不平等；其次是统治者尤其是汉族官吏的腐败；再次是帝国主义国家别有用心的嗾惑和挑唆。三者互相影响、交织、酿成动荡的政治局势。因此，除病的方法就是"各民族一律平等待遇，为治理第一要着"。使少数民族有教育平等的机会，享有平等参政的权利，同时政府要切实实施清廉政治。

作为一名实业家，李烛尘寄希望于西北的，并不只是开发利用其丰富的资源，发展西北经济，还有更高的社会理想。他设想：将来西北地区牛羊成群，衣食自足，沟洫纵横，人烟棋布，远树连云，瓜果遍地，机器轰鸣，烟筒林立，各民族在平民政治之下，了无猜疑，相善友爱。欧亚铁路修通"由南京循铁路至欧洲，不过旬日之事，若空航再延长，至欧洲不过三日间已耳。缩地破空之术完成，则一切建设文化事业，均有息息相通之势。世界大同之局，即将于此奠定其规模"。"帕米尔高原为欧亚两洲之脊梁，由此东西南北，分歧四下，泛成人类无数异型文化之洪流。将来扼据此高寒清净之圣地，将一切交通工具，铁路、飞机、无线电等，咸集一隅，为欧亚两洲之总指挥台，同时即将人类一切政教习惯陶融而统一之，新疆未来之光荣，即将超越前古。孙总理之理想国都，设在喀什喀尔，意在斯乎！"[18]这是何等大的气魄！然而，他为国民党当局对西北地区的忽视、西北工业

的落后、民众的愚昧、民族的隔阂、边关的动心而痛心、忧愤，因此，他号召"中国青年往西北去"。

三、西北开发思想的现实价值

李烛尘的《西北历程》一书，不但详细记载了工业考察团的行程，同时阐发了开发建设西北的光辉思想。他把西北地区的资源、矿产、农田、水利、国防工业、交通建设同全国的经济建设来考虑，显示了作为一名实业家的远大、战略性的眼光。他把西北的开发提高到国防战略的高度，着眼点在经济，目的在于改变西北的贫穷落后面貌，增强国力，抵御外来侵略。虽然在当时特定的历史条件下和国民党的腐败统治下，西北大规模的经济建设是做不到的。但是，这部著作为我们留下了宝贵的思想资料，值得我们学习与借鉴。尤其是在我国实施西部大开发的今天，他的思想对建设西北仍有参考价值。

新中国成立以来，在中国共产党的领导下，西北经济虽然发生了翻天覆地的变化，但历史留给我们是一个区域经济发展极不平衡的局面。疆域辽阔、地区差异大，是我国的基本国情之一。改革开放后，随着东西部经济差距的扩大，区域经济政策的调整被提到议事日程。早在1999年，党中央和国务院做出了实施西部大开发的战略的重大决策，为西部的发展带来了难得的历史机遇，西北的经济建设和各项事业取得了突破性的发展。然而，历史的借鉴在西北的经济发展中的作用不可忽视。李烛尘的西北开发建设思想对今天的西北开发具有重要的历史意义。

其一，充分认识西北的战略地位。

就历史文化而言，西北是中华民族的发源地，中国古文化的摇篮，历史上曾经是中国政治经济文化和中西文化的主要交汇地；就国防地位、地理位置而言，西北对华北有高屋建瓴之势，对西南有屏蔽保护之功，它与许多国家接壤，边境线长，少数民族集中；就经济价值而言，西北地广人稀，矿产资源丰富。因此，开发建设西北意义重大，我们不仅要考虑国民经济平衡布局、资源的开发与利用等，更应该从民族团结、国家的统一和巩固边疆的高度来加深认识，没有西部地区的基本现代化，就不可能有我们整个社会主义现代化建设的成功。只有西北 YIN 经济发展了，各民族生活水平不断提高，才能为加强民族团结和巩固边疆奠定坚实的物质和思想基础。才能为全国的现代化建设提供稳定的政治和社会环境。

其二，因地制宜，发展特色经济。

西北地区有丰富的畜产及矿物资源，丰富的自然资源是自然界赋予西部人民的宝贵财富，西北的产业布局，应该基于这种自然资源优势。要根据不同的地理和气候条件、不同的资源和物种特点，以市场为导向，立足于发挥自身优势，调整和优产业结构，建立具有发展前景的特色经济。同时，辽阔的西部边疆地区，众多的民族、不同的宗教、文化与经济生活方式，决定了西部各地区、各民族间生产方式与水平的社会结构的迥然有别，因此，应该制定有针对性的开发与治理政策，"因俗而治"，根据西北各地区的不同情况，实事求是地制定发展战略，真正推动西北地区的经济发展。

其三，注意生态环境的保护与建设。

历史上，西北地区曾经是草木繁茂、植被良好的地区，随着历史岁月的流逝，因过度开荒垦殖严重地破坏了生态环境，导致了西北地区的水土流失和严重沙化、荒漠化的局面。这是制约西北地区社会经济发展的一个严重问题。前人已经注意到开发与生态的关系，意识到经济的发展与环境破坏的问题，总结历史的经验教训，开发西北必须建立在生态的保护的大前提下。切实加强生态环境的保护和建设，是实施西部大开发的根本。搞好西北的水土保持，大抓退耕还林还草，多种经营，走可持续发展的道路。

其四，西部开发，必须尊重西部各少数民族的宗教信仰和风俗习惯。

西北地区生活着众多的少数民族，从某种意义上说，西北的开发就是民族地区的开发。西北各民族因风俗、语言、文字、宗教等方面的差异，经济和文化发展不平衡，我们应该在继承和发扬各民族的优秀历史文化传统的基础上，尊重各民族的宗教信仰、风俗习惯，保护西北地区的丰富而珍贵的历史文化遗产，"因俗而治"。处理好中央与民族地方的关系，积极发展少数民族地区的经济和文化教育，提高西北人口文化素质，调动各民族人民共同开发西部的积极性，发挥他们的主人翁意识，促进西北地区经济的发展。

总之，我们今天的西部开发建设，无论从时代条件、社会制度、生产方式、开发宗旨已有与历史上的西北开发不可同日而语，但历史的借鉴值得注意，历史对现实的启迪，才能使我们探索出一条具有特色，行之有效的西北开发之路。

注　释

1　徐盈：《当代中国实业人物志》，第 154—161 页。

2　第二历史档案馆：《酝酿"西南、西北及江南三区轻工业开发计划"史料两件》，
　　《民国档案》2002 年第 2 期。

3　《大公报》1942 年 9 月 3 日第 3 版。

4　5　6　7　8　9　10　11　12　13　14　15　16　17　18　《西北历程》，第 2、
　182、183、189、175、176、178、33、106、181、170、35、191、191—192、
　186—187 页。

张国华和平解放与建设西藏的杰出贡献

黄惠运（井冈山大学人文学院教授）

1950 年，从红军中成长起来的中国人民解放军第 18 军军长、中共西藏工作委员会书记张国华和政治委员谭冠三率领第 18 军进军西藏，指挥昌都战役，完成和平解放西藏任务。是我国中央政府在《关于和平解放西藏办法的协议》上签字代表之一。人民解放军进驻拉萨后，张国华任西藏军区司令员。1959 年，张国华指挥平息了西藏武装叛乱，领导了对印自卫反击战。1965 年，张国华任中共西藏自治区委员会第一书记，西藏自治区第二届政协主席、四川省革命委员会主任。后任中共四川省委第一书记、省革命委员会主任。1967 年，调任成都军区第一政治委员。是第一届至第三届国防委员会委员，中共第九届中央委员。张国华在西藏工作 17年，参与领导了西藏的和平解放与建设事业，作出了永不磨灭的巨大贡献，得到毛泽东主席、周恩来总理的高度称赞，亦被人们称誉为"佛光将军"、"巅峰战将"。

一、从红军中走来

张国华（1914—1972）将军，是永新县怀忠镇人。他从小聪颖过人，读书过目不忘，但因家境贫寒，只读了四年半私塾。1929 年 3 月，15 岁的张国华参加了红军，成为井冈山革命根据地红四军王佐部的战士。1930 年加入共青团，1931 年转入中国共产党。在土地革命战争时期，张国华先后担任红四军班长、连政治指导员、红一军团巡视团主任、第二师六团党总支书记、军团政治教导大队政治委员、河东岛游击队政治部主任、陕南游击支队科长。参加了红军二万五千里长征和争取张学良东北军的工作，曾被中央军委授予三等红星奖章。张国华从一个贫苦农民的孩子逐渐成长为一名优秀的抗日战争时期，张国华任八路军 115 师战士剧社社长，师直属队政治处主任，鲁西军区第 7 支队政委，教导第 4 旅政委兼湖西军区政委，中共湖西区委书记，冀鲁豫军区第 9 军分区政委兼中共地委书记。他成功地开展了抗日根据地政权建设和党的建设，以及统一战线工作，领导根据地军民进行了反清乡、反蚕食、反扫荡的斗争，施展了他能文能武的才华，逐渐成为一名军政双全、德才兼备的优秀干部。

解放战争时期，张国华任晋冀鲁豫野战军第 1 纵队副政委兼政治部主任，第 7 纵队副政委，豫皖苏军区司令员，第二野战军第 18 军军长。他率部参加了中原逐鹿，开辟豫皖苏苏区的战斗，又参加了豫中战役、济南战役、淮海战役、解放永新等战役战斗。他指挥高超、英勇善战，敢打硬仗、恶仗。晋冀鲁豫军区司令员刘伯承称赞他"会捉战机，会打游击"。华东野战军司令员陈毅竖起大拇指夸他："你的独立旅是这个!"

二、率领 18 军进藏

解放西藏是中共中央的一贯方针，是历史发展的必然趋势。早在 1949 年 9 月 3 日，新华社社论指出："西藏是中国的领土，绝不容许任何外国侵略；西藏人民是中国人民的不可分离的组成部分，绝不容许任何外国分割。这是中国人民、中国共产党和中国人民解放军的坚定不移的方针。"[1] 中华人民共和国成立后，张国华将军和谭冠三政委率领 18 军参加了衡宝战役和成都会战，为解放大西南，为和平解放西藏和建设西藏建立了永不磨灭的历史功勋。张国华是一位能独当一面的战将，他率领的 18 军里，聚集了一批能征善战的军事人才，所以人们称他是"人才地主"。[2]

1950 年 1 月 2 日，正在苏联访问的毛泽东心系西藏，他给中央和彭德怀、邓小平、刘伯承、贺龙写了一封紧急"A"电报，明确指出："由青海和新疆向西藏进军既然有很大困难，则向西藏进军和经营西藏的任务应确定由西南局担任……决定入藏的部队及领导、经营西藏的负责干部等项问题，并立即开始布置一切"。[3] 刘、邓首长接电后，立即决定将率兵进藏的任务交给"人才地主"张国华。1 月 8 日，刚刚指挥解放了成都，准备进军川南的张国华将军，应刘伯承、邓小平、贺龙首长的电召，赴重庆接受和平进军西藏的重任。10、15 日，中共西南局书记邓小平、第二野战军司令员刘伯承，在中共西南局驻地重庆曾家岩接见了张国华、谭冠三和十八军师以上干部，传达了党中央关于解放西藏的决策、方针和部署。邓小平强调："解放西藏，要靠政策走路，靠政策吃饭，军事政治同时解决。同时，还必须解决好补给问题，解决公路问题。"[4] 邓小平特别强调："补给重于战斗。"24 日，中央批示西南局"同意以 18 军为主力，多路配合进军西藏"的建议，并命令成立以张国华为书记的中共西藏工作委员会，统一领导和经营西藏的工作。张国华为成为人民的"驻藏大臣"而高兴自豪，他强忍女儿因肺炎夭亡的悲痛，为了报效祖国，再次踏上征程。[5]

时任川南部队党委副书记的张国华立即执行毛泽东主席"进军西藏宜早不宜迟"的指示，动员全军毫不犹豫地做好准备工作。首先，统一 18 军广大官兵的思想。当时，有些官兵说：西藏落后荒凉，空气稀薄，进军西藏是个"苦差事"；"西藏、西藏，到了西藏，一辈子老婆找不上！""西藏没有什么硬仗可打，还不如要我们去打台湾，打死了也光荣。"为了做好部队的思想政治工作，张国华主持军党委会议，制定并发出《进军西藏工作的指示》，号召全体指战员为解放西藏人民、为保卫祖国边疆立大功，要求部队加强党支部建设，深入进行思想动员，开展立功运动。张国华说："解放西藏，去西藏建立党组织，完成祖国大陆统一大业，是件很光荣的事！""如果西藏被帝国主义分割出去，我们的西南边界后退到金沙江，恐怕我们在四川也坐不稳了！"进军西藏确实很苦，以解除人民痛苦为己任的解放军能眼看人民苦难而不管吗？张国华的讲话，扭转了有些官兵的消极落后思想，消除了牢骚怪话，放弃了在"川南安家"的打算，统一了进军西藏的思想。其次，开展调查研究工作。张国华走访熟悉西藏情况人士，广征资料，进行研究，并结合党的和平进藏的原则，制定了《进军西藏守则》，加强民族政策、宗教政策和纪律教育，保护群众利益。在张国华的领导下，成立了以王其梅为首的 18 军政策研究室，着手对藏族的政治、经济、军事、文化、社会情况、宗教信仰、风俗习惯、政教问题等进行调查研究，作为制定政策的依据。政策研究室成员从 20 多人发展到 40 多人，聚集了熟悉西藏情况的众多人才，如由西南军区司令员贺龙推荐并批准随军进藏的著名的四川华西医科大学社会系主任兼边疆研究所所长李安宅教授及其夫人于式玉，著名的蒙古族藏语文学者谢国安和他的女婿刘立千，等等。政策研究室成立后两个月时间就写出了《西藏各阶层对我们进军态度之分析》、《对西藏各种政策的初步意见》、《进军康藏应该注意和准备的事项》、《英美帝国主义干涉西藏问题之趋向和我之对策》、《进军守则》、《藏人的风俗和禁忌》等文件，供军部制定进藏政策参考。[6] 在军部号召下，全军上下掀起学习藏语文、生活高原化的热潮。全军干部战士认真学习西南局经中央批准下发的《关于十项条件为和平谈判及进军基础》的指示文件，掌握进藏政策。张国华同战士们一起学习藏语文，他随身携带的笔记本上，记录着藏文字母、韵母及简单拼音法、藏汉文对照的各种词汇、日常用语等。再次，网络人才，招收干部。张国华将主动要求进藏的原二野司令部作战处处长李觉，推荐任命为 18 军第二参谋长。原 17 军宣传部长夏川，张国华请他到 18 军担任宣传部长。精通英语的宣传干部乐于泓，张国华通过军委调回部队，让他担任入藏后的外事工作。长征时期参加红军的藏族同志天宝也从内蒙古调到 18 军来了。国家民族事务委员会藏族研究班的 30 多位学员也调过来了，他们大部分是藏族，张国华亲自迎接他们，同他们座谈工作，嘘寒问暖，在笔记本上记上他们的名字及籍贯，谁是党员，谁是团员等，记得清清楚楚。这些藏族学员说："张军长把我们当成了宝贝，我们一定要好好工作。"[7] 此外，还进行了和平谈判、经济补给、道路交通、军事作战、缺氧防寒和统一战线等各方面的准备工作。1950 年 6 月，张国华同中央联络部随军进藏的负责联络工作的徐淡如研究了如何做好西康夏刀克登、降央白姆、邦达多吉等三位上层人士的统战工作。张国华举行了一次上层人士座谈会，热情地招待了夏刀克登等人。张国华肯定夏刀克登在红军长征时参加朱德、刘伯承在甘孜成立的博巴苏维埃政府的历史功绩，真诚地表示要和他结成好朋友。在全国人民的支援下，前方需要的物资、粮食，包括重庆的代食粉、京津的蛋黄腊、东北的皮衣、武汉的固体燃料等，源源不断地送往高原。每天，都有 500 多辆汽车、3000 多匹骡马、500 多辆胶轮大车忙于向西运输。甘孜飞机场也即将施工建设。[8]

　　1950 年 2 月 3 日，由王其梅副政委、李觉参谋长率领进藏先遣队，拉开了 18 军进藏的序幕。张国华将军嘱咐他们要坚决执行毛泽东主席"进军西藏不吃地方"的指示，要贯彻落实党中央的民族政策，像邓小平政委说的那样"靠政治走路，靠政策吃饭"。3 月上旬，18 军在四川乐山召开进军西藏誓师大会，张国华带领指战员向党庄严宣誓："不管有多少艰难险阻，我们都要坚决完成进藏任务，把五星红旗插到喜马拉雅山上。"[9] 随后，张国华军长和谭冠三政委率领 18 军主力踏上了进藏征程。为贯彻执行中共西南局拟定的与西藏地方政府进行和平谈判的"十大政策"，7 月初，张国华将军到白利寺拜会了格达活佛。格达活佛表示愿意去拉萨劝和。不幸的是，格达在昌都遇害致死。张国华将军参加了格达活佛追悼会，鼓励部队指战员学习格达活佛的爱国精神，一定和平解决西藏！

　　10 月 6 日，张国华将军指挥 18 军打响了进军西藏的昌都战役。西藏地方当局在昌都驻兵 8000 余人，勾结帝国主义，企图阻挡人民解放军解放西藏，昌都战役不可避免。毛泽东主席、周恩来总理非常关心昌都战役，立足于打，还是争取和谈。曾经通过我国驻印大使袁仲贤两次催促滞留印度的西藏代表团赴北京谈判。战役发动之前，张国华和天宝、乐于泓等人驱车70公里到玉隆，争取夏刀克登答应提供8000头牦牛帮助运输粮食。张国华采取正面进攻和迂回包围相结合的战术，实施大纵深、大迂回作战行动，指挥部队迂回在横断山脉间，战斗在冰天雪地里，严格遵守党的民族政策和宗教政策，不进寺庙，不住民房，不动群众一草一木。张国华将军和战士们始终战斗在一起，饿了，几个人分碗炒面；渴了，喝几口雪水；困了，冰天雪地露宿。对待藏军俘虏，不杀不辱不搜腰包，并教育他们爱国反帝，以我军的严明军纪赢得了西藏人民的信赖和爱戴，争取了驻宁静的藏军第九代本德格·格桑旺堆起义。新任昌都总管阿沛·阿旺晋美急忙派人与解放军联系，命令昌都附近藏军三个多代本2000余人放下武器。经过19天的苦战，进行了大小20多次战斗，歼敌5700余人，俘虏福特等美印特务4人，取得了昌都战役的胜利。昌都战役不仅打垮了半数以上藏军，粉碎了帝国主义和西藏反动势力妄想以武力阻止人民解放军进军西藏的迷梦，为进军拉萨打开了门户，而且又一次锻炼了解放军奔袭作战的本领。刘少奇曾喻昌都战役为"解放西藏的淮海战役"。在昌都战役期间，张国华日夜守在电话机旁，随时了解前线情况，指挥部队作战，连续10天没有睡觉，因劳累过度，不幸得了高血压病。

三、在和平解放西藏协议上签字

昌都解放后，任昌都分工委副书记的平措汪杰，受张国华的派遣，立即进城造访阿沛·阿旺晋美，恳谈了十多天，劝阿沛·

阿旺晋美与解放军和谈，促成西藏的和平解放。12月14日至24日，张国华主持召开了中共西藏工作委员会和18军党委联席会议，讨论了西藏解放后工作的大体设想，前后藏是否统一等问题，一致认为前后藏应该统一。并将会议讨论意见上报西南局和党中央。同时，通过18军副政委王其梅、52师师长吴忠敦促阿沛·阿旺晋美劝说西藏当局尽快与中央和平谈判。阿沛·阿旺晋美看到解放军不占民房，不住寺庙，不论刮风下雨都住帐篷，秋毫无犯，十分感动，本来就主张与中央和谈的他，慑于解放军的威力，表示愿意为和谈奔走出力。他联合在昌都的40名藏族官员给达赖及噶厦政府写信，恳请速派人员经康区去北京和平谈判，促使刚刚亲政的达赖同意派代表赴京和谈。

1951年3月29日，以阿沛·阿旺晋美、藏军总司令凯墨·索安旺堆等5人为首席代表，从昌都动身进京和谈。中共西藏工委和18军党委派平措汪杰陪同阿沛·阿旺晋美等人经重庆前往北京，在重庆受到邓小平等军政首长和人民群众的热烈欢迎。4月22日，代表团一行到达北京，受到周恩来总理、朱德副主席和中央各部委领导人及北京市群众的热烈欢迎。

同年5月5日，张国华将军顾不上照顾临产的妻子，毅然火速回到北京，作为中央人民政府代表参加了和平解放西藏的谈判。5月23日下午，《关于和平解放西藏办法的协议》签字仪式在中南海怀仁堂举行。仪式由中央人民政府副主席朱德、李济深和政务院副总理陈云主持。中央人民政府代表李维汉、张经武、张国华、孙志远和西藏代表阿沛·阿旺晋美、凯墨·索安旺堆、土丹旦达、土登列门、桑颇·登增顿珠分别在《协议》上签字盖印。[10]《协议》共有17条，主要内容是：西藏人民回到中华人民共和国大家庭中，团结起来，驱逐帝国主义侵略势力出西藏；

西藏地方政府积极协助人民解放军进入西藏，巩固国防；在中央人民政府统一领导之下，西藏人民有实行民族区域自治的权利；实行中国人民政治协商会议共同纲领规定的宗教信仰自由的政策，尊重西藏人民的宗教信仰和风俗习惯，保护喇嘛寺庙；西藏军队逐步改编为人民解放军，成为中华人民共和国国防武装的一部分；依据西藏的实际情况，逐步发展西藏民族的语言、文字和学校教育；依据西藏的实际情况，逐步发展西藏的农牧工商业，改善人民生活等。5月28日，《人民日报》用藏、汉两种文字公布《协议》并发表了社论，中央人民广播电台向全国、全世界广播。30日，班禅致电毛泽东，表示拥护和平解放西藏办法的协议。祖国大陆于是得到更大范围的统一。

5月23日，毛泽东主席在中南海勤政殿听取《协议》签订情况汇报后，单独接见了张国华将军。当他得知张国华将军是江西永新人，曾是王佐部下，眼神格外明亮起来，亲昵地称呼张国华为"井冈山"。从此，"井冈山"成了张国华将军的专有名字。张国华汇报说："准备留一部分部队，一面休整，一面开荒种地，解决吃粮吃菜问题！"[11]毛主席指示张国华将军尽快进军拉萨，一面进军，一面建设，为全部实行《十七条协议》而努力。他说："你们在西藏考虑任何问题，首先要想到民族和宗教问题这两件事，一切工作必须慎重稳进。"[12]张国华还面见了朱德总司令，请他为进藏部队作指示。朱德立即挥笔写下了《进军西藏，巩固国防》的指示，要求进藏部队发扬人民解放军艰苦奋斗的精神，保持人民解放军纪律优良的传统，迅速学会汉语，和藏族同胞亲密相处，成为一支战队大军和生产大军，"用我们辛勤的劳动逐步地把高原变成沃土。"[13]

四、被誉称为"佛光将军"

1951 年 5 月 25 日，中共中央军委主席毛泽东签发了《中央军委关于进军西藏的命令》，说我人民解放军为了保证和平解放西藏协议的实现与巩固国防的需要，决定派必要的兵力进驻西藏。命令西南军区、西北军区做好进军部署，在粮食、修路、机场、路线、纪律等方面做好准备工作。[14]5 月底，张国华经重庆、成都，再次踏上青藏高原，6 月 25 日，回到入藏基地甘孜。6月，中央赴藏代表（后改为中央赴驻藏代表）张经武经广州、香港，绕道亚东，劝说达赖尽早返回拉萨。经中央和西南局决定，西北局筹组的西藏工作委员会所率入藏部队称为"18 军独立支队"，由张国华、谭冠三领导。7 月 17 日，张国华抵达昌都。在昌都，组成了以王其梅任司令员兼政治委员的进藏部队先遣支队，向拉萨进发。8 月 18 日，张国华接到西南局书记邓小平关于下一步进藏工作的指示。他在日记本中写道：邓政委七月二十五日对西藏工作的指示，大意是：西藏工作的基本方针是一个"稳"字，要摸着石头过河，不忙于插手西藏地方工作或派遣大批干部，应大力开展争取达赖等要人的统战工作，组织精干的文工团队，广泛宣传和贯彻和平协议。进藏干部要精干，康藏公路要加紧修筑，按照毛主席说的西藏"三年后改革"……8 月 28 日，张国华将军率领 18 军由昌都出发，向拉萨挺进。9 月 7日，到达丁青。张国华利用一周的休整时间，召集三十九族地区的千户、百户开座谈会，调查该地区的历史与现状，调解该地区与拉萨当局的关系，同他们协商进藏运输工作。然后指挥部队渡过怒江，跨过横断山脉。部队赶着买来的羊群行军，宿营时杀羊充饥。他们一路翻越了 19 座大雪山，涉过数 10 条冰川急流，穿过不见天日的峦林，踏过一望无垠的草原沼泽地，于 10 月 26 日胜利到达拉萨，张国华将军实现了把五星红旗插上喜马拉雅山的誓言，我国也实现了除台湾外的大陆真正的统一。从此，张国华将军在西藏工作生活了 17 年，这是他一生中最辉煌的 17 年，被人们誉称为"佛光将军"。[15]

进藏部队严守纪律，坚决执行党的民族政策，藏民把解放军称为"金珠玛米"和"菩萨兵"。据先遣支队司令员王其梅向张国华汇报，刚到拉萨时，反动分子煽惑部分群众在街头向解放军投掷石子，扛膀子，吐口水，而解放军战士严守纪律，骂不还口，打不还手，赢得了广大群众的好感。10 月 30 日，张国华走进罗布林卡的宁窝（达赖办公的殿堂），向达赖喇嘛赠送了西南军政委员会刘伯承主席的礼品，和达赖进行了交谈。接着，走访了西藏重要上层人士，开展统一战线工作。为了减轻人民的负担，也为了打击反动分子"解放军不走，饿也要把他们饿走"的叫嚣，张国华坚决执行党中央和毛主席的指示，发动广大官兵开荒种地，半个多月时间就开荒 2300 多亩，自己种粮种菜，大大缓解了吃粮吃菜困难。拉萨群众成群结队来部队开荒田头观望，惊奇地称赞说："从来没有见过这样好的军队！"[16] 1952 年夏，进藏部队在昔日的荒地上建起了八一农场和七一农场。1951年 9 月，毛泽东给入藏部队下达了"生产与筑路并重"[17]的方针。进藏部队组织 1800 余人，参加康藏、青藏两条公路的修建。1954 年 12 月 25 日，两条公路胜利通车，结束了西藏不通汽车的历史，保障了部队的供给，粉碎了敌人的"困饿"阴谋。张国华著文赞扬这两条公路是"走向繁荣幸福的路"。他说：数年来，进藏人民解放军的筑路部队，以"让高山低头、要河水让路"的英雄气概，投入了康藏公路的修建工程。我们要学习筑路部队艰苦奋斗、战胜自然的精神，发扬爱国主义精神，为建设祖国边疆、为建设西藏而努力奋斗。[18]

张国华始终重视西藏的教育事业。1951 年 3 月，在张国华的支持下，刚刚解放才 5 个月的昌都设立了小学。同年 3 月，拉萨小学成立，时任西藏军区司令员的张国华兼任董事长和名誉校长。此后，以拉萨小学为蓝本，在日喀则等地陆续建立了一批新型小学。1956 年 9 月，拉萨中学成立。1958 年 9 月，建立了西藏第一所高等学府——西藏公学（今西藏民族学院前身），张国华亲任校长。

因条件不成熟，张国华建议党中央在西藏缓行民主改革。1956 年 9 月 4 日，党中央接受建议，明确宣布了西藏的民主改革"六年不改"的方针，六年过后是否进行改革，到那时依据实际情况再作决定。这就教育和团结了大批西藏进步分子，为西藏的长治久安奠定了群众基础。

五、领导平叛与自卫反击战

张国华将军先后担任了中共西藏工作委员会书记、西藏军区司令员、中共西藏自治区委员会第一书记等重要领导职务，为西藏的民主改革、中印边界反击战的胜利和西藏自治区的成立，以及西藏的生产建设的发展，作出了重大贡献，得到了党中央、中央军委和全国人大常委会的嘉奖，得到了全国人民的赞扬。张国华和西藏工委书记张经武、18 军政委谭冠三一起，遵照党中央、毛泽东"一边平叛，一边改革"的指示，领导平定了分裂分子发动的几次叛乱，维护和巩固了国家的完整统一。[19] 1952 年，张国华同中央驻藏代表张经武一道领导平息了反动分子制造的伪"人民会议"事件。毛泽东认为，西藏工委处理非法"人民会议"的方针是正确的。[20]1958 年 12 月中旬，西藏叛乱武装在山南贡嘎、扎囊先后两次伏击人民解放军运送物资和人员的车队，90余名战士、干部不幸阵亡，30 余人受伤，9 辆汽车被毁。1959年 1 月，叛乱武装数千人围攻我扎木中心县委、丁青县委和山南分工委。3 月 10 日，叛乱分子公开叫喊"西藏独立"，贴出宣布"独立"的布告，在拉萨街头示威游行。3 月 17 日，达赖逃往国外。3 月 20 日，叛乱武装数千人围攻西藏自治区筹委会外事处、建筑工程处等 10 余个单位，形势十分危急。3 月 22 日，张国华回到拉萨，召开一系列军区会议，贯彻中央"边评叛边改革"的方针，将军事打击、政治争取和发动群众结合起来，取得了"关门平叛"的胜利。当时，曾有人断言："没有 20 万军队，叛乱是平息不了的。"结果，在张国华等人的领导下，只用了不到5 万人的兵力，用了 2 年多时间就从根本上彻底平息了叛乱，为西藏的民主改革打下了基础。为此，张国华受到中央军委和毛泽东的通令嘉奖。叛乱平息后，西藏开始掀起"三反"、"双减"群众运动，在民主改革后，使西藏百万农奴获得了新生，出现了雪域高原上的第一个"黄金时期"。为此，藏族同胞亲切地称赞张国华是"新西藏的开拓者"。[21]藏族同胞参观了收获的蔬菜后写道："共产党是太阳，我们博巴是月亮；月亮围着太阳转，太阳出来万物能生长。"[22]

1962 年 10 月，张国华将军参与指挥了著名的中印边界自卫反击战，歼敌 8000 余人，打击了印度侵略者，维护了西南边陲的和平，提高了我国的国威军威。当张国华汇报到这次打的是军事仗，更是政治仗时，毛泽东说："打了一个军事政治仗，或政治军事仗。与其说是军事政治仗，不如说是政治军事仗。"[23] "撼山易，撼解放军难!"[24]战后，西方媒体高度评价了张国华的战役指挥艺术："中国军队打得潇洒自如，像小刀切黄油一样轻松。"[25]张国华赢得了"巅峰战将"的称誉。[26]西藏人民永远不会忘记张国华将军，当年中印边界反击战时张国华将军的前线指挥所"麻麻"，至今还保留着他指挥战斗时住过的洞，称为"张国华洞"。西藏50多年来的沧桑巨变，所取得的民族团结、经济发展、政治稳定、统一战线壮大等伟大成就，凝聚和展现了张国华将军的心血和功勋。

六、建设美丽西藏

张国华不仅率军解放西藏，而且致力于宣传西藏和建设西藏。他经常说："西藏是个美丽富饶的地方! 你们想一想，专搞民族工作的同志把西藏都看成如此荒凉，其他人就更不必说了，有的人说，西藏不长树，没有花，除了雪山还是雪山。你们都是搞创作的，应该通过作品来歌唱西藏，让全国各族人民都知道西藏不仅有巍峨的雪山，还有树有花，美丽富饶。"[27]20世纪60年代初，西藏军区司令员张国华要求作家徐官珠等人赶快写些歌唱祖国边疆西藏的作品来，"越快越好"。徐官珠领命后不久就写出了《祖国边疆新西藏》（杜林谱曲），录制成了唱片，流行全国。

为了解决部队缺粮的问题，西北局从内蒙古、宁夏、青海购买了两万余峰骆驼，组成运输总队，由青海格尔木向拉萨运送了百万斤粮食，但骆驼死伤过半，难以为继。1952年，中央还从福建、广东等地调拨2500吨大米通过外交途径，经海路，从印度、锡金转口运进西藏。张国华委托参谋长李觉到印度接回这批粮食。[28]1954 年底，康藏、青藏两条公路全线通车，进藏部队和进藏工作人员的交通运输困难、粮食物资的补给供应等问题基本得到解决，进藏部队站稳了脚跟。

毛泽东主席曾经设想进藏部队"三年一换，以励士气"。但不久感到无法实现便放弃了。于是，张国华决心要解决部队长期建设西藏的问题，要求部队牢固树立长期建设西藏的思想。1951 年 2 月，张国华根据西南局、二野首长的指示精神，在 18 军后方部队第一届党代会上，明确提出了"长期建藏"的口号，初步打消了干部战士"三年一换"的思想。8 月 12 日，在 52 师第一届党代表会上，张国华在讲话中号召："我们都应当树立长期建设西藏的思想。"[29]12 月，在西藏军区党代表会议上，张国华较为系统地阐述了长期建设西藏的思想。1957 年 12 月召开的西藏军区党委扩大会议和 1958 年 4 月召开的军区党代表大会上，张国华又多次讲到长期建设西藏的问题，使部队在西藏牢牢扎下根来，形成一支在西藏工作三四十年的老西藏干部队伍，为西藏各项建设作出了重要贡献。要建设西藏，就要熟悉西藏。在拉萨，进藏部队成立了藏语文训练班，军队和地方干部 800 多人参加学习。张国华带头学习藏语，很快掌握了一些日常用语。

1954 年 7 月，张国华抽出得力干部组成救灾工作队赴江孜抗洪抢险，号召部队、机关工作人员捐款 10 万元以及大量帐篷等生活物资，救济江孜灾民。1956 年 4 月 22 日，西藏自治区筹备委员会成立，达赖任筹备委员会主任委员，班禅、张国华为第一、第二副主任委员，阿沛·阿旺晋美为秘书长。以陈毅副总理为团长的中央代表团专程来到拉萨，祝贺西藏自治区筹备委员会的成立。

　　1959 年 5 月 2 日，张国华主持工委会议，制定了《关于当前在平叛工作中几个政策问题的决定（草案）》（以下简称《决定》），就接管旧政权、重划行政区划、对叛乱分子的政策、牧区工作等 13 个问题，规定了具体政策和实施办法。这份《决定》得到中央同意后，张国华在调查研究的基础上，迅速铺开民主改革工作。到 1961 年底，随着西藏的平叛任务胜利结束，民主改革也基本完成，西藏高原换了新天。

　　1955 年，张国华被授予中将军衔。当共和国的将领们都走进和平时，他仍然戎马倥偬疆场；当刀枪之战基本结束时，又陷入了"文化大革命"的灾难，"四人帮"诬称张国华是"八级泥水匠"、"统战部长"。1972 年 2 月 22 日，时任四川省革委会主任、省委第一书记、成都军区第一政委、常委、第一书记的张国华将军，在主持解决四川大学问题的会议上，猝然发病，倒在会场。毛主席、周总理立刻派出专家小组，连夜飞往成都抢救，但未能奏效，张国华将军永远离开了我们。敬爱的周总理叹息：张国华将军走得太早了，中央正要用他的时候，他却过早地走了，真可惜！3 月 11 日，周总理亲自到北京西郊机场迎接张国华将军的骨灰。随同周总理前往的还有叶剑英、聂荣臻、徐向前三位元帅，以及郭沫若、李先念、余秋里、万里等党和国家领导人。不久，中央召开四川问题工作会议，与会人员要求见毛主席。毛泽东感慨地说："不见了，再见也见不到张国华了！"

　　张国华将军一生不得清闲，光荣殉职时，年仅 58 岁。他生命不息，战斗不止，是中国共产党的优秀党员，伟大的无产阶级革命家，忠诚的共产主义战士，我军优秀的指挥员，是解放西藏和建设西藏的功臣。张国华将军和平解放与建设西藏的杰出贡献永远铭记在人们的心中，光耀史册。

　　张国华将军和平解放与建设西藏的经历告诉我们，任何时候都要维护祖国统一，建设和治理好边疆，促进社会经济与文化建设又好又快地发展，让爱国主义的旗帜永远高高飘扬。

注　释

1　14　中共中央文献研究室、中共西藏自治区委员会：《西藏工作文献选编》中央文献出版社 2005 年版，第 2、50—51、54 页。

2　3　11　19　袁自强：《"巅峰战将"张国华》，《档案时空》2008 年第 1 期。

4　6　7　8　9　13　16　28　29　赵慎应：《张国华将军在西藏》，中国藏学出版社，1998 年版，第 4、29—30、35、36、10、59、75、84、100 页。

5　万建强：《把红旗插上世界屋脊的将军——记张国华率军进西藏》，《四川党史》2002 年第 1 期。

10　王凡：《西藏和平解放谈判内幕》，《世纪桥》2005 年第 6 期

12　西藏自治区党史资料征集委员会：《中共西藏党史大事记（1949—1994）》，西藏人民出版社，1995 年版，第 28 页。

15　叶青松：《"佛光将军"张国华首任解放军第十八军军长》，《党史博览》2008 年第 4 期。

17　20　中共中央文献研究室、中共西藏自治区委员会、中国藏学研究中心：《毛泽东西藏工作文选》，中央文献出版社、中国藏学出版社，2008 年版，第 54、70 页。

18　张国华：《在胜利的基础上继续前进——为庆祝康藏、青藏公路全线通车而作》，《工人日报》，1954—12—26。

21　25　夏明星、卢品张：《新西藏的开拓者——张国华中将》，《文史天地》2004 年第 9 期。

22　叶介甫、张国华：《第一位进西藏的我军高级将领》，《纵横》2007 年第 3 期。

23　任志伊、焦东海：《雪域名将——张国华》，《名人传记》2009 年第 6 期。

24　吴肇贵：《保卫西藏边防的英雄战将张国华》《党史文苑》（上半月），2011 年第 9 期。

26　刘炳峰：《毛泽东与"巅峰战将"张国华》，《文史春秋》2002 年第 9 期。

27　徐官珠：《难忘的将军张国华》（外一篇），《西藏文学》2001 年第 4 期。

近代云南边疆历史与当代云南边疆治理

张巨成（云南大学马列部教授）

近代云南区域，与古代最大的不同之处就是，云南与我国其他区域一样，受到了外国列强的侵略、冲击、挑战、影响；在国内则深受封建专制的暴政之苦。因此，反对列强侵略、反对封建专制暴政的爱国主义斗争，就是近代云南区域史的一个重要内容和重要特征。

爱国主义在边疆区域的反应是最敏感、最强烈的。地处祖国西南边疆的云南区域，其人民具有强烈的反侵略、反暴政的民主自由意识和爱国主义精神。近代云南区域发生的一系列历史事件可以说明这一点。在云南近代史上，出现了一些在中国近代史上占有重要地位的事件、学校、人物：护国起义、云南陆军讲武堂、西南联大、一二·一运动、李根源、聂耳、艾思奇、朱培德、杨增新、唐继尧、龙云等等。我曾撰文认为，护国运动（护国首义）是云南有史以来唯一的一次改变中国历史命运的重大历史事件。[1]

云南这个区域，早在秦、汉之际就设置了郡县，以后越来多地受到了内地文化的影响。然而，这种影响由于种种因素显得很有限。在古代就有人说，元代以前，"云南未知尊孔子"。[2]这话难免片面，不可尽信，但也说明了儒家文化对云南的影响程度在元代以前是很小的。到了明朝，大规模的汉族移民运动，带来了内地的文化，使得儒家文化在云南占了主导地位。由于云南与内地交通不便，又使得云南与内地的文化交流受到了限制，再加上云南本身的环境等因素，逐渐就形成了与内地文化有着不同特点的边疆移民文化。这种边疆区域移民文化的最大特点就是儒家文化的成分较内地少。也就是说，儒家文化的根基比内地浅。我国的边疆区域，大多有这个特点。在中国近代史上，边疆区域（我们把我国的沿海地区也看做我国的陆地边疆区域，沿海陆地外面是海洋边疆）发生革命的次数之多，产生的革命人数之多与这个特点不无关系。中国的近代史还表明，在儒家文化影响受到限制的边疆区域，比较容易接受新的文化、新的思想，比较容易产生新的（近代的）国家意识、民族意识和民主思想。而在那些儒家文化根基深厚的区域，尽管也受到了民主、自由思想的冲击、挑战，但是"火烧芭蕉心不死"，大有"野火烧不尽，春风吹又生"的气概。这些也说明中国的文化、中国的历史，在它的大统之外，还有着区域的差别。因此，对中国历史、中国文化的总体研究，不能忽视这种区域的差别。

近代中国的边疆区域（包括沿海地区）发生了那么多的给中国带来生机、带来新思想、新文化，同时也带来了痛苦、灾难、矛盾、困惑的一系列重大历史事件；边疆区域，也是西方工业文明与中国的封建宗法农业文明发生冲突和交汇的前沿区域。中国近代史上的许多重大社会变动也是从边疆开始的。因此，我们必须重视对边疆区域（包括沿海地区）史的研究。这对于我们充分认识、把握近代中国的整体历史是有很大意义的，对于今天边疆区域的治理，也可以提供借鉴和论证。

文廷式认为，云南有从南面"倒挈天下之势"，云南有"高屋建瓴之势"。他说："论者每谓云南裔末，不关形要，不知云南实南倒挈天下之势。由滇入川则据长江之上游，由滇趋湘而走荆襄则可动摇北方。按：元人已用此法，非不知也……云南得失，关乎天下。"[3]《新纂云南通志》卷23《地理考》说："中国地势，起西北，汇东南，独滇居西南。凡大江以南之山，多由滇派分。论形势，有登高而呼之概焉。"卢汉在《新纂云南通志》（序二）中说："云南，古荒服地，素称僻远。然俯瞰中州，雄跨上游，有高屋建瓴之势。"章太炎在《云南首义拥护共和始末记》的《序》中说："云南之域，山有点苍耸雪之峻，川有金沙、澜沧之限，封守险阻，地方广远，而去宛平绝远，藏兵九地之下，则巨奸无所觇视，故能慎固经画，蹶起有功，比绩武昌，号曰中兴焉。"1916年《滇声报》刊载的《云南起义实录》，对云南地势做了这样的描述："云南地势之险要，冠于全国。如昭通之老鸦关，广南府之镇边关，皆有一夫当关，万夫莫敌之势。此外，鸟道崎岖，跋涉艰难，遑论袁氏众叛亲离，谁肯为战？即全北军来此，亦难飞渡。"以上这些引文都是从宏观上论述云南之地理形势。

云南的边疆地理环境有利于护国运动、战争护国在云南首先发动。

1. 云南地处边疆，远离中国的政治中心，西南与越南、老挝、缅甸接壤，西北与西藏相连，具有地缘政治优势。北洋军阀势力相距较远，在军事上无后顾之忧；境内地势险要，进则易攻，退则易守；东北面之四川，虽然被袁世凯的心腹干将陈宧接管，但四川地方军队杂乱，地广人多，北洋军无力统一全川。这些，正如程潜在《护国之役前后》一文中所说的那样："四川可以作为云南的有力屏障；东南面的广西，也是袁氏势力尚未进入的地区，该省地方实力派陆荣廷与袁氏有争夺广西的矛盾可以利用；东面的贵州，长时期与云南同属云贵总督所管辖，两省在政治、经济、文化等方面有比较深厚的历史关系。加之，辛亥革命后，唐继尧曾任贵州都督，因此唐视贵州为禁脔。民国初，云南的政治态度对贵州有较大影响。"

2. 云南是边防重地，清朝末年驻扎有 2 万多兵员，辛亥革命后仍保留下来，并没有被北洋军阀势力兼并。在护国起义前夕，云南有兵两师一旅，约 2 万人，就是这些兵员，他们不属于北洋系的军队。这支队伍的素质，大大超过北洋陆军。因其中下级军官，大多为留日士官生和讲武堂毕业生，他们接受过良好的军事教育，经过辛亥革命的洗礼和锻炼，具有较浓厚的民主革命思想，是滇军的骨干。云南《滇声报》所载《云南起义实录》中说："至于兵士，全系征兵，云南民俗强干，性质纯良。官长则热心教育，训练颇精，而士兵则坚忍刻苦，极端服从，而其最著者，虽于崇山峻岭，道路崎岖之中，亦能矫捷飞跃，不比北军之必穿革履，始能跋涉，此点即可制胜，况其团结力甚大，原具有大战斗力耶！"当时，曾有"滇军精锐，冠于全国"之说。

3. 云南军队装备精良，饷械充足。云南的地理位置是中国西南的门户，清政府素为重视，对云南的财政和军队装备"多所擘画存蓄"。程潜在《护国之役前后》一文中对此有所记述："丁振铎督滇时，始购新式快枪万余支。至锡良及李仲轩任内，又各购五响毛瑟二万五千余支，七生的（按：厘米）五大炮各三十余尊，机关枪四十架。光复时，又由蔡都督购马、步快抢二万余支，机关枪百十余架，大炮四十余尊。总计全省快枪约有八万七千余支，大炮一百尊，机关枪百六十余架，子弹存储极富。至于财政，除富滇银行基本现金三百万，中国银行六十万，以及截留两月之款三十余万外，现蔡、李二公各带来三十余万。又确由华侨捐助现金七十余万，已于一月二十三日到滇。此外，如筹饷而由内地人民捐输者亦多，加以华侨陆续捐助，则军饷一层，亦万无缺乏之虞。"程潜还说："其枪炮火力之强，超过南方各省军队。"

4. 具有边疆特色的区域文化。自秦、汉以来，云南逐渐接受中原农业文明的影响。至明代，向云南大规模移民，汉族人口大量涌入，或居住在城镇，或在山间盆地，从事农业生产。其中，有些移民是消灭元军后而进行屯田的士兵。移民带来了生产力，带来了内地文化，对云南的经济、政治、文化发展起了极大的推动作用。但由于地势险阻，交通不便，文化交流是较为有限的，久而久之，形成了其边疆区域文化的特色，与内地的文化相比，儒家文化的根基自然要浅一些。因此，在民主共和思想的冲击下，封建意识易于被冲垮。加之云南与越南、老挝、缅甸交界，其亡国惨状，激发了云南人民的爱国热情。在辛亥革命的影响下，民主共和思想深入人心，向往现代民主共和制度，希望中国能有一个好的社会制度，走向国强民富的康庄大道。

根据以上分析，可得出这样的结论：（1）在云南发动护国战争占有地利，当事人的选择是完全正确的，护国军的胜利，帝制的灭亡，这个选择是关键性的战略决策。（2）护国战争在云南首先爆发，与云南地处边疆的自然地理、人文地理有着密切的关系。（3）护国战争的胜利，是人和、地利、天时三个重要因素共同发生作用的结果。

云南是一个经济穷困的边疆省份，然而在袁世凯复辟帝制，掀起了一股历史逆流，使中国又一次处于何去何从的关键时刻，云南敢为天下先，首举义旗，打响了反袁护国战争的第一枪，把护国运动推向了高潮，并最终取得了护国战争与护国运动的胜利。云南以一省经济贫困之力，抗袁氏全国之师，在人力、物力、财力上作出了巨大的牺牲和贡献。经济比云南富裕的那些省份，如果云南不带头反对帝制，大概他们是不会问中国是"帝制"还是"民主共和"的。只要袁世凯能让他们发财致富，管他搞什么帝制还是搞什么民主共和。幸好唐继尧、蔡锷是讲政治的，特别强调政治正确，没有用商人的眼光和"GDP"的政绩观来看问题，不然袁世凯这皇帝也许就当成了，不当一二十年也会当五六年。袁世凯复辟帝制，犯了严重的政治错误。政治不正确，是政治家之大忌。

边疆民族地区各民族之所以能够历经数千年而不断繁荣兴盛，其重要原因之一就是我们的一代又一代先人创造了绵延不断的符合社会发展规律的核心价值体系，并以此为精神支柱创造了边疆民族地区各民族生生不息的精神家园。边疆少数民族文化是中华文化的重要组成部分。例如，中国大陆最大的孔子铜像在云南，中国第二大孔庙在云南，这说明以儒家文化为核心的中国传统文化在云南传统文化中居于主流地位。又如，在今天云南各民族的精神家园里，中国化的马克思主义、儒教、道教、小乘佛教、大乘佛教、喇嘛教、伊斯兰教、基督教、天主教等，在云南这块土地上共同生存发展，创造了丰富多彩、博大精深的当代云南边疆文化。云南边疆少数民族传统文化具有宝贵的包容性、多样性、创造性，为当代云南边疆治理提供了丰富、深厚的文化精神资源。

当前，我国面临的国际国内形势十分错综复杂，既处于发展的重要战略机遇期，又处于社会矛盾凸显期，社会管理领域存在的问题也不少。广大人民的根本利益、公共利益与少数人的私人利益之间的矛盾和问题更复杂、更突出，人民内部矛盾不断出现，少数人损害广大人民的根本利益、公共利益的现象不断发生，国家公共权力腐化、社会公共资源私化、贫富两极分化的现象比较严重。云南地处祖国边疆，战略地位十分重要，民族、宗教问题比较复杂。与全国一样，今天的云南存在着许多不和谐的问题，其中有些问题还非常严重。如云南的毒品问题、贫富分化问题、生态环境污染问题等，都比较严重。这些问题，对云南边疆治理提出了严峻的挑战。当代云南边疆治理，必须解决这些问题。

当代云南边疆治理，首先要要加强和改善边疆民族地区党的建设，提高党的执政能力，建立健全党委领导、政府负责、公众参与的治理体系，认真贯彻落实科学发展观，加强生态文明建设。

其次要坚持和完善民族区域自治制度，发展社会主义民主政治，落实依法治国的基本方略，积极、稳妥地进行制度、体制创新。

再次要积极推进文化的发展。要大力发展教育、文化事业；加强思想道德建设，移风易俗；积极发展公益性文化事业，防止、抵制商品经济、市场经济对公益性文化事业的冲击；积极发展文化产业。

第四要促进边疆民族地区经济的科学发展。市场经济只能解决经济关系中的部分不平等问题，实现部分的、有限的平等。市场经济同样会导致新的经济的和社会的不平等。这些新产生的经济的、社会的，甚至还有政治的不平等问题，在现代社会，主要应当由执政党、政府这些公共权力部门来解决。公共权力部门要限制资本扩张对边疆民族地区人民群众的掠夺和剥削。

第五要整肃吏治，重典反腐，荡涤污泥浊水，抑制豪强，维护和实现社会公平与正义，扶贫济困。

第六要高度重视两极分化的问题，防止出现严重的阶级分化。在改革开放的过程中，一部分人、一部分地区先富了起来，分配不公，收入差距、地区间的差距不断扩大，一部分人在改革开放的过程中成了最少受惠者。维护和促进社会公平正义，要保障那些最少受惠者的基本生活所必需的条件。要坚持社会主义社会的公平正义原则，维护分配正义，缩小贫富差距，限制、惩治少数富裕阶层对广大中下层民众的非法经济剥削和掠夺。

第七要处理好农民、农村、农业问题。要注重实现好、维护好、发展好边疆地区农民群众的根本利益。

第八要处理好新形势下的人民内部矛盾问题，加强社会建设和完善社会管理体系，提高社会管理科学化水平。要处理好党和政府同人民群众的关系，维护民族团结和保持边疆稳定，抓紧建立健全社会预警体系和应急救援、社会动员机制，提高保障公共安全和处置突发事件的能力。

注　释

1　张巨成：《护国运动与云南在近代中国历史上的地位》，收入《爱国·团结·胜利》一书，云南大学出版社 1996 年版，第 116 页。

2　《元史·张立道传》。

3　赵铁寒：《文芸阁先生全集·纯常子枝语》卷一。

殖边队与民国初年怒江
上游民族关系的新变化

赵永忠（云南大学副研究员）

　　清末民国初年，云南怒江上游的碧江、福贡、贡山等地居住着傈僳、怒、独龙、白、藏等少数民族。从公元 1730 年到公元 1913 年，维西康普、临城、桥头、吉岔、叶枝等个大土司先后对怒江上游的贡山、福贡地区实行统治。[1] 在各土司分而治之的统治下，政治上没有形成统一的机构。傈僳族及怒族的奴隶主及头人各据一寨，不相统属，特别是由于原始的血族复仇，连年械斗。这种分散统治给帝国主义造成了可乘之机。1910 年，英国占领片马。为了实现期东进的阴谋，英帝国主义不断派人诱惑怒江地区少数民族头人到片马，进行拉拢收买。正当侵略者的魔爪伸向怒江之际，云南辛亥革命爆发并取得成功，于 1911 年 9 月 6 日建立了云南都督府。之后派遣了一支由三个分队组成的殖边队进驻怒江。1915 年护国战争爆发，唐继尧撤回殖边队。殖边队在怒江的拓边虽然时间不长，但给怒江上游民族关系的发展带来了一些新的变化。

一、土司统治之下的民族关系

在清雍正七年（公元 1729 年）临西（维西）改土归流之前，统治临西、怒江上游及恩梅开江上游地区的是康普土司，但实际上并未采取什么治理措施，这些地区处于无人管束的原始状态。各民族之间以强凌弱，互相兼并。

清雍正七年（公元 1729 年），清政府将临西正式建为维西县，设立通判，实行流官统治。同时又"在旧头目中，给土千总二员，土把总五员，土目二十九员，共计三十六员，分治其地而受约束于通判"。康普土司由统辖临西退为管辖康普、叶枝、大石头一隅之地的土千总、土把总。自此之后，康普土司开始注意对怒俅边缴地区的经营，派遣亲信到怒江、俅江进行宣抚活动，收买人心，积极向边地开拓。由于各部族间以强凌弱，互相兼并，一些弱小民族不断向康普土司归附，以求得保护。远居高黎贡山西境的独龙族也相继向康普土司纳贡归附。当时康普土司署由禾娘女千总把持，她接受了贡山、独龙江边民归附，并进一步招抚了福贡北部那玛底等地的居民，然后在当地边民中委任有威望的头人充当各村寨的"伙头"、"百色"，通过他们来管理村寨事务，收缴土司岁贡。这样，怒江上游的怒族、独龙族地区从清雍正八年（公元 1730 年）起，开始真正成为土司辖区。[2]

与此同时，其他一些取得土千总、土把总封号的旧头目，也通过各种渠道积极向西部开拓，先后分管了贡山、福贡和恩梅开江上游的其他一部分地区。[3]

维西县康普等土司继管理怒江上游地区之后，从清咸丰年间开始，又先后将势力伸向高黎贡山西境恩梅开江上游的"俅夷"

地区，对这一地区实行了土司管理。康普土司主要辖区是拉打阁河以东、岔角江上游的傈族聚居区。桥头土司主要辖区在独龙江上下游，恩梅开江上游地区。叶枝土司主要辖区在拉打阁河和立玉池河沿岸地区。吉岔土司主要辖区在拉打阁河南岸及立玉池河、岔角江上游沿岸。

1905 年，夏瑚代表清政府勒令"白汉洛教案"的发动者菖蒲桶喇嘛寺停止收纳独龙江地区的贡物，并令维西叶枝王姓土千总接替康普土千总在独龙江的统治，叶枝纳西族土司拥有了对独龙江的统治权。[4]

从公元 1730 年到公元 1913 年，维西康普、临城、桥头、吉岔、叶枝等个大土司先后对怒江上游的贡山、福贡地区实行统治。[5]

由于维西各土司居住在澜沧江流域，与怒俅之间有一段距离，且道路艰险，管理不便，因此各土司就分别采取委派头人，定期巡视，组织年拜等措施，对怒俅辖区实施间接和直接管理。

对怒江辖区，主要是委任伙头，每个村或几个村选任一个，由当地能说会道，办事公道的民族头人担任，负责向每户征收岁贡，按期解交土司署，平时负责管理村寨事务。对俅江辖区主要是委派"俅管"，几个村委派一个，选择怒江辖区内有威望的民族头人担任。"俅管"又根据需要，在管辖村寨内选任若干"龙爪"（相似于伙头），通过"龙爪"管理村寨事务，收取土司岁贡。"俅管"每年到俅江一至二次，向各"龙爪"收集贡物，然后集中解交土司署。土司分别向伙头、"俅管"、"龙爪"颁发执照及铜顶小帽，以志职别。[6]

因此，在民国之前，通过本地的伙头、"俅管"与土司之间的关系，成为怒江上游民族关系中最重要的内容。土司辖区管民每年向土司交纳岁贡一次：怒江管民每户交贡银一钱，由伙头收齐后交土司署，土司署又从中抽出少量酬赏伙头；俅江管民每户交贡银二钱，一钱作"俅管"、"龙爪"的薪金，一钱交土司署。贡银均用当地的黄连、黄蜡、贝母、野牛皮等土特产品抵交。[7]

　　除了与土司之间的关系外，由蓄奴而引发的关系问题也成为傈僳族、怒族、独龙族之间不可回避的问题。在土司统治时期，蓄奴是一个普遍存在的问题。如傈僳族聚居的腊竹底村民梅阿朵，蓄养的奴隶最多时曾达40多人。[8]在20世纪初时，古泉村的傈僳族奴隶主普阿正和舍阿正兄弟二人把古泉村的怒族变为奴隶，平时分别有25个和15个左右奴隶，成为福贡仅次于梅阿朵的奴隶主。[9]在怒族和勒墨人聚居的鹿马登，1915年前，有51户230人，其中蓄奴主有11户，占总户数的21.5%，共蓄养奴隶47人，占总人口的20.4%。[10]在怒俅殖边队第一队在释放奴隶时，发现有的蓄奴主蓄养的奴隶多达七八十人之多。[11]由于傈僳族在当地各民族中较为先进，傈僳族奴隶主蓄养的主要是怒族和独龙族人，少数怒族奴隶主蓄养的奴隶又主要是独龙族人。为了争抢奴隶，傈僳族、怒族、独龙族之间产生了很深的矛盾和不断的械斗。

　　1907年群众烧毁白汉罗教堂事件之后，清政府派阿墩子（今德钦县）的弹压委员夏瑚到怒江督察。夏瑚到达贡山后，重新委派一批怒族、傈僳族村社头人为怒管、俅管、保董，分管各地，凡委任者都发给木刻委任状。各村寨又分别设置管理村寨事务之伙头，分别管理各个村落之间和村社内部的群众民刑纠纷事务。但因交通闭塞，开化较晚，各个部族之间的械斗不时发生，又没有军事设置，被新委任者，难以形成群众心目中的首领作用，发挥不了各自的职能，一切民众纠纷的调处事务，仍掌握在部落原有的酋长手中。[12]

二、殖边队进驻怒江

英军入侵片马后，李经羲派李根源率部前往片马权宜处理。1910 年 9 月底，李根源到达滇西下关新军七十六标处，标统涂定邦派第三营营长张桐带全营随李根源前往片马。李根源从瓦窑经六库、渡怒江、翻高黎贡山，于 1910 年 10 月到达片马。1911 年春节前夕，云南总督李经羲电召李根源回昆明。鉴于英军尚未撤退，李根源请示后，把所带去的七十六标第三营留驻腾越后，回昆明复云南陆军讲武堂总办。李根源返昆途中到了泸称称夏，留下王秉钧、潘万成、景绍武三名讲武堂的学生，限他们在八十天内勘察完怒江、俅江（恩梅开江）两江流域的情况。李根源调查边地状况以后，在 1911 年提出了经营中缅未定界西部地区的方案：要增设六个行政委员，地点是妥郎、沧抹、上帕、老母登、古炭河、茶山河。"各设兵百名各委员直接管带。各区每年预定特别经费二万元，传作垦植、交通、教育等专款，实报实销，十年为限……上置六委员或殖边局领之，局置总办一员，秩视知府，或由迤西（即滇西）道负责监督，所需要兵目六百九十名，临开兵额增多，裁撤三营移其枪械足资备用，其计呈进行办法十款云"。[13]

云南辛亥革命爆发并取得成功后，作为云南国民军第二师师长的李根源向云南军都督府禀呈派员"开拓怒俅"："怒江地区地处边荒，土舍居民半不开化，孤悬绝缴，内地人士足迹罕到，实为我沿边一喧藩篱，且外人眈视已非一日，若再不加经营，必皆望风皈附"。[14] 蔡锷十分支持李根源的意见，说"印公（指李根源）规模宏远，熟悉边情，将来镇抚绥缉，皆回面内响，较之率师援蜀其功尤伟"。[15]

1911 年 12 月 17 日，李根源到达下关，1912 年 2 月 1 日到达腾越。在处理完腾越与大理之间的矛盾后，李根源着手筹建殖边队。1912 年 2 月，李根源为"经营怒俅两江，抚绥各夷"，在大理成立了"筹办边务委员会"，委任原七十六标第七联队中队长任宗熙为筹办边委员长；委任第一联队中队长景绍武为筹办边务副委员长，委任何泽远为副委员长，赵嘉宾、林敬儒、杨建中、帅崇兴为委员，差遣员有赵炳麟、和文英、安万民、周宗虞、周崇铭、李赵扬、黄双全；庶务员有赵起鹤、甘如怡、苏绅、何忠良、邹习章；军医生谢济生；司书正杨程荣，副图书和发所；护兵王光春。[16] 从西防国民军第一营中拨 120 名官兵，任宗熙为第一殖边队，带一个连从维西富川向福贡进军；景绍武为第二殖边队，从兰坪兔峨向老母登进军；何泽远为第三殖边队，向菖蒲桶进军。

任宗熙率部从丽江到河西，渡过澜沧江到富川，再翻越碧罗雪山抵鹿马登（福贡县）后，又挥戈南下，于 1912 年 5 月 20 日攻占了上帕（福贡县境）。景绍武率部从丽江到剑川，经金顶、拉井、营盘到兔峨土司衙门，受到罗凤岗土司的热情招待，土司兄弟罗凤作认景绍武做义父。土司还派了几个人去做协理和通司（翻译）。翻过碧罗雪山经怒地乡（今泸水县古登乡），溯怒江而上抵老母登（福贡县境）以后进行安营扎寨。1912 年 7 月 21 日，景绍武率军到上帕与任宗熙会师。会师后又回到老母登（后来营房搬迁到知子罗），驻扎下来。何泽远率部从丽江出发，到维西，又经过岩瓦、四季多梅、翻越碧罗雪山到普拉底以后，1912 年 5 月 15 日，何泽远抵达菖蒲桶。6 月 10 日到上帕与任宗熙部分师。

为了支援这三路殖边队，李根源又推荐原丽江府的姚春魁为怒俅殖边总办，并在营盘街（兰坪县境）设置"怒俅殖边总局"，直拉领导开拓怒江地区的军事行政事宜，并增设第四殖边队，驻营盘街。[17]不久，姚春魁请示李根源后，又从即将遣散的国民军第九营中挑选剑川籍士兵五十名，在丽江补充了三十名，共计八十名士兵，由安乃民带四十名往上帕去添补任宗熙的军力，李绍勋带四十名剑川籍士兵往老母登补充了景绍武的队伍。

1913 年 10 月，驻扎在丙中洛的何泽远部发生内讧。赵翰通过贿赂姚春魁被委任为队长，何泽远不服，当其带领十多个士兵到达俅江流域时，被赵翰收买他人杀害。景绍武被害后，由杨志远任队长。[18]

1913 年 11 月，由于在里吾底、南安甲、老母登等村发生暴动，景绍武被杀。1914 年 1 月，暴动被平息后，为了进一步巩固怒江边防，继姚春魁之后，云南省都督府又先后委派了李国治、李光枢任怒俅殖边局总办。怒俅殖边总局也相继委派来接任人：第一队长任宗熙，后为李绍勋、李赵杨；第二队长为王毓锦；第三队长为张培金；第四队长徐树堂。[19]接着，云南军都督府先后在怒江地区成立了菖蒲桶（贡山）、上帕（福贡）、知子罗（碧江）等三个殖边委员公署。这样，怒江中段的贡山、福贡、碧江被殖边队控制了。

李根源的殖边队是 1912 年 5、6 月间进入怒江的。但是 7 月，云南军都督府撤了李根源陆军第二师长兼任滇西总司令的职务。1913 年 3 月，又撤了殖边总办姚春魁的职务。同年，蔡锷离开云南，唐继尧任云南军都督。1915 年袁世凯称帝时，云南组织护国军讨伐袁世凯，唐继尧就撤销殖边队编制，把殖边队调到四川作战，并提取了李根源所筹存的殖边专款，撤销各殖边机关，这样，李根源"几许心血尽作流水"。[20]

三、殖边队带来了怒江上游民族关系的新变化

虽然殖边队进驻怒江上游的时间并不长，但它还是给怒江上游的民族关系带来了一些新的变化。

殖边队进驻怒江之后，在菖蒲桶、由帕和知子罗建立了三个殖边公署，在营盘成立殖边总局，使怒江上游历史上长期分散的局面得到了初步统一。在土司统治之下，虽然从形式上有土司在统一管理，但各土千总、土把总各自为政，造成怒江上游各民族、各村寨之间长期处于分散的状态。殖边公署和殖边总局的建立，对各地实行统一的政令、采取相同的政策，初步实现了各民族、各村寨的统一。这种统一，对各民族、各村寨的发展来说，是十分重要的；对于巩固国防，抵御英帝国主义的侵略也是大有帮助的。

殖边队进驻怒江上游之后，动摇了磨些（纳西）、古宗（藏）等族土司在怒江上游的统治。在殖边队进驻之前，土司是统治怒江上游傈僳、怒、独龙等族最强大的力量。殖边队进驻以后，一方面是土司势力进行了一定的打击。如1913年农历五月，民国政府的第一任行政委员到任，首先就查办了叶枝土司的代理人和国柱，罚款白银二百两，用作修筑该县沿怒江一段山路——阿达崖路的费用。[21]被夏瑚"赶走"的西藏察瓦龙土司在殖边队进驻时期也不敢前来收取"香火钱粮"，直到1922年殖边队已撤走了几年之后才再次提出要征收"香火钱粮"的要求。

殖边队进驻之后，怒江上游傈僳、怒、独龙等族之间的关系

趋向缓和。殖边队进驻之前，由于蓄奴制度的存在，傈僳、怒等族创人做奴隶，各族之间的矛盾很深，民族关系比较紧张。殖边队进驻后，实行"开笼放雀"政策，废除了奴隶制，禁止抢人去做奴隶。如怒俅殖边队进军怒江，前后半年多，打击了蓄奴主的顽固抵抗，释放奴隶一千多人。[22] 为了打击奴隶主的对抗，采取"釜底抽薪"的办法，在武力的强制下，摧毁了傈僳族的家长奴隶制，释放了二三千名家奴（名义上为干女儿的奴隶），以削弱奴隶主的对抗。[23] 在殖边对进驻之前由于争夺奴隶，傈僳族与怒、独龙族之间，怒族与独龙族之间的矛盾很深，并因此而进行械斗。这在一定程度上改善了自傈僳族迁入以来傈僳族、怒、独龙之间的对立关系。尽管不算彻底，也使许多奴隶摆脱了沉重的枷锁。这样，怒江上游各民族之奴役和被奴役的状况有了初步的改变。傈僳族、怒族蓄奴主受到了打击，怒族、独龙族的地位有所提高。由于抢人做奴隶之类的事少了，各民族之间的关系也就缓和了。

殖边队的进驻，还加大了怒江上游各民族与祖国内地的往来。土司统治虽然打开了怒江上游各民族与外界往来的一条缝隙，但由于交通闭塞、语言不通，再加上土司统治主要是委任"俅管"、伙头等当地人进行管理，土司统下的怒江上游各民族与外界的往来是很少的。伴随着殖边队来到怒江地区的，有内地的手工业者、农民、小商贩及知识分子。他们进入后，把汉、白、纳西等族的先进生产技术带到了怒江地区，开垦了水田、梯田，教傈僳族、怒族使用牛耕，修建砖木房舍，制造手磨石碓，打制铁器，兴建学校，传授文化知识等。如在建造上帕衙门时，任宗熙从内地请来工匠，向归顺各保摊派了五十个民工（每保十天一换，自带口粮，专运石料）。[24] 在修筑兰坪与碧江的道路时，殖边队带了许多筑路工人，主要是剑川县羊岑、马登人。驿道修好后，该县府官员每年一次派老百姓进行维修。[25]进驻怒江之后，殖边队还从维西迁入五十户农民，在上帕、鹿马登、利沙底、永拉干、丙中洛等地开垦水田和梯地，挖沟开田种水稻，修建仓房，制造手磨和石碓，锻制铁器等。[26]据《纂修云南上帕沿边志》记载："自民纪元，任提调宗熙于上帕、鹿马登二处，各设汉语学堂一校，各聘教员一员，专心授汉语。经费则由公费项下开支……设治以后，仍照办理。至十一年马委员宗龙任内，添设利沙底汉语一校，并委劝学员长一员，以资劝导。嗣至十三年，复忝设姑打汉语一校，始将劝学所成立。"[27]1913年，派崔振声在知子罗开办汉语学堂，派了三十多名怒族、傈僳族青少年进校学习汉语汉文，凡进校读书的学生都取了个汉名，被取了汉名的都感到光荣，都愿意积极学习汉语。[28]

殖边队进驻怒江后，还修通了营盘街——猴子岩——知子罗的人马驿道和维西——岩瓦——四季多梅——普拉底——丙中洛的两条人马驿道，全长近三百公里。通过这两条道路，伴随着殖边队来到怒江的有内在手工业工人、农民、小商贩。手工业工作、农民和小商贩进入怒江后，把内地先进的生产技术带到了怒江，使怒江地区由锄耕进入了牛耕。[29]随着商品经济的出现和物资交流的扩大，形成了上帕、知子罗、丙中洛等三个初级市场。[30]民国十九至二十年间，由菖蒲桶行政委员会公署编纂《菖蒲桶志》记载："每年输入货数：土布约二千件，棉线约五百斤，春茶约五百筒。每年输出货物数：贝母约二千斤，黄连约五百斤，麝香约三斤，熊胆约三斤，火狐皮约二百张，麂皮约五十张，山驴皮四十张，岩羊皮五十张，黄牛皮一百张，飞鼠皮五百张，獭皮五十张。上列输入输出各货系最近数年，其十五年以前，并无如此之出产，输入货亦不多。"[31] 经济往来的不断扩大，大大加强怒江上游各民族与祖国内地的联系。

四、结语

殖边队是云南辛亥革命起义之后，为遏制英帝国主义扩大对怒江的入侵和削弱地方土司的统治权力而采取的一项重大举措。虽然前后持续的时间并不长，但殖边队进驻怒江，确实使怒江上游民族关系发生了一些新的变化，为最后取消土司制度和各民族之间健康的民族关系奠定了一定的基础；也为进一步扩大怒江上游各民族的对外交往提供了一些新的途径，推动了傈僳、怒、独龙等各民族社会向前发展。

不过，殖边队的功劳也不能高估。殖边队进驻怒江，也与当地少数民族发生了激烈冲突，特别是在平息里吾底暴动时，杀死了十余个无辜的傈僳族同胞，甚至是使用活剥人皮的酷刑。还放火烧毁一些村庄，使一些少数民族无家可归。为了减少当地少数民族对殖边队的冲击，殖边队还强迫收缴了人民的砍刀、弓箭等生产工具，这对于生产是不利的。与此同时，殖边队也没有摧毁土司在怒江上游的统治，反而是依靠归顺的土司、头人和奴隶主来统治人民，并对各族人民征收各种苛派，在一定程度上加重了人民的负担。

注　释

1　2　3　5　6　7　李道生：《维西康普、叶枝等土司管理怒江始末》，《怒江文史资料选辑》第十一辑，第 52、49—50、50—51、52、54、54—55 页。

4　高志英：《独龙族社会文化与观念嬗变研究》，云南人民出版社 2009 年版，第

330 页。

8　9　10　李道生：《福贡初期家长奴隶制调查（资料)》，《怒江文史资料选辑》第三辑，1985 年 5 月，第 61、73、80 页。

11　21　22　《独龙族简史》修订本编写组：《独龙族简史》，民族出版社 2008 年版，第 37、27、39 页。

12　14　18　28　周凡盛：《为巩固国防进驻知子罗的殖边队》，《碧江文史资料选集》1987 年 1 月，第 1—2、3、5、6 页。

13　15　20　史富相：《云南新军·李根源·殖边队》，《福贡文史资料选辑》第四辑，第 44—45、46 页。

16　《民国初殖边队进驻怒江碑文一篇》，《维西文史资料》第 3 辑，1995 年 10 月，第 177 页。

17　19　23　26　29　30　朱发德：《殖边队进驻怒江浅析》，《怒江文史资料选辑》第二十六辑论文集（二）《怒江民族史料研究》，德宏民族出版社 1997 年 9 月，第 106—107、110、111、111—112 页。

24　胡正生：《上帕官署衙门》，《怒江文史资料选辑》第八辑，1987 年 8 月，第 37 页。

25　窦桂生：《碧江社会历史散记》，《怒江文史资料选辑》第七辑，1987 年 5 月，第 158 页。

27　李世荣：《怒江州教育史概述》，《怒江文史资料选辑》第二十三辑，1995 年 9 月，第 201 页。

31　菖蒲桶行政委员公署编纂：《菖蒲桶志》，《怒江文史资料选辑》第二十一辑，1993 年 4 月，第 127—128 页。

民国初年李根源对滇西北的治理
——以《西事汇略》相关电文为中心的考察

曾黎梅（云南省社科院历史文献研究所）

　　"重九起义"爆发云南军都督府成立后，为妥善解决滇西问题，李根源以"陆军第二师师长兼国民军总统"（后改称总司令）身份西巡。"自楚雄以下之直隶厅、三十五州县举以畀之，悉听裁决，不为遥制，权专威重"，"迤西各属文武一切政令，悉出自第二司令部"[1]。自此，李根源开始了他全力自主治理滇西及滇西北地区的历程[2]。对此，前人已有较多的研究，成果可谓丰硕[3]。但检讨这些研究成果，我们发现，学者们所依据的资料，多为官方事后的记录、当事人回忆、地方文献及少量档案。实际上西事结束后，1912年7月，迤西陆防各军司令部编辑铅印了《西事汇略》一书，"记清末民初滇省迤西定乱筹边事"，其中卷八《边备》、卷九《殖边》为李根源经营滇西北的相关电文，是第一手材料。但令人颇感意外的是，不知什么原因，在有关李根源治理滇西及滇西北的研究中，参考并引用该书的成果并不多见，这在一定程度上限制了对该问题研究的深入。

　　本文详细研读《西事汇略》一书及其卷八、卷九的相关电文，就李根源治理滇西北时期的"筹滇备藏"和"经营怒俅"两大内容提出自己的看法，以期对民初云南地方政府治理滇西北及藏区的研究有所补充和裨益。

一、《西事汇略》概说

《西事汇略》，署"迤西陆防各军司令部"编，1912 年 7 月云南开智公司铅印。后人多署其编者为李根源，如 1958 年邓衍林编《云南》一书，介绍《西事汇略》说："李根源等编，民国元年（1912）铅印本，八册，记清末民初滇省迤西定乱筹边事。"[4]《云南文史资料选辑》第 15 辑收入《〈西事汇略〉部分电文》，亦署名"李根源编"。[5] 而李根源自己回忆说："是书为滇生延之、仲勤、液群暨迥楼先生纂辑，松坡题签、出资印行，都十一卷，装八本"。[6] 十一卷内容分别为："西事之平"、"永昌之变"、"永康之乱"、"榆军退伍"、"军政"、"政务"、"边备"、"殖边"、"杂录"和"解职"十个部分，其中卷六、卷七均为政务。据查阅相关资料，"延之"即缪嘉寿，云南昆明人，缪嘉铭（云台）之兄。"重九起义"后，任军都督府高级参谋，随李根源出巡迤西，任总司令部参谋长。当时迤西边陲人心惶惶，危机四伏。缪嘉寿运筹帷幄，悉获施行，使迤西三十余郡县，转危为安。李根源曾评价他说："非缪君之力不至此。""液群"应为丁润身，云南曲靖县人，曾随李根源赴大理处理迤西事务，后任临时参政院参政。"迥楼先生"即杨琼，云南邓川人，早年以拔贡入国子监肄业，以 57 岁赴日本留学，习速成师范。历任开南书院、西云书院、五华书院、经正书院山长，课经习史。辛亥革命后，任省立第二中学校长。1912 年当选为国会议员。"仲勤"

则情况不详。

　　该书是研究民国初年李根源在迤西"定乱筹边"的重要史料，书名为云南军都督蔡锷题签并出资印行，足见其受重视的程度，而时人在介绍李根源"定乱筹边"事迹时，大多称"凡一切设施，备详《西事汇略》，不具载"[7]，亦可见该书的史料价值。基于此，《中国近代史文献必备书目 1840—1919》一书将该书列为中国近代史文献的必备书目[8]。

　　对于《西事汇略》一书的整理，1981 年谢本书教授等人将书中卷一"西事之平"、卷二"永昌之变"的绝大部分电文收入《云南辛亥革命资料》，其余九卷则未收入。编者解释说："卷四'榆军退伍'，卷五'军政'，卷六至卷七'政务'，卷八'边备'，卷九'殖边'，卷十'杂录'，虽多属军民要政或国防要务档，究与起义时的军事有殊，亦不收辑。卷十一'解职'内中酬应之作未收。"[9] 同时，云南文史资料研究委员会编《云南文史资料选辑》第 15 辑，亦列有《〈西事汇略〉部分电文》，收入相关电文仅 5 通。此外，李根源《曲石文录》、李希泌编校《新编曲石文录》及曾业英编《蔡松坡集》等也有少量收入[10]。由于李根源经营滇西，事涉国防、外交、民族等敏感问题，原书编辑时，部分电文来去并未完整，"因军中枢密文件，未能遍睹，实非挂漏。"[11] 可以说，该书自编辑时起，就受到多种敏感问题的限制，因而流传未广，使用不便。

　　书中卷八为"边备"，卷九为"殖边"。"边备"又分"防务"、"备藏"两部分。"防务"篇对李根源在滇西北永北、丽江、中甸等地恢复、稳定社会治安，以及为加强对该地区的管理和控制所采取的措施等内容，有较为详细的记载。"备藏"篇占"边备"卷内容的三分之二以上，保留了李根源为防范藏乱、川乱波及滇西北，保卫我国的西南边疆，所采取的各种经营措施等重要资料，其中有较大部分内容涉及西藏叛乱形势以及滇军援藏时李根源在滇西北的前期准备工作。"殖边"分为"土司"、"怒俅"两部分。"土司"篇主要为李根源对滇西土司地区的改革和治理。"怒俅"则记载了李根源经营怒俅之始末，对李根源筹组殖边队，尤其是殖边队人员设置、官兵薪水、军饷、随行商匠、进军怒江时沿途所遭遇之情形以及李根源等人的应对措施等较为详细。"怒俅"篇还收录了第一殖边队队长任宗熙[12]的殖边日记，对当地的气候、交通、生产、生活情况，进驻怒俅的殖边队的日常工作及当地夷民对待殖边队的反应等均有记载，同时也反映了第一殖边队遭到部分少数民族抵抗、偷袭，举步维艰的进驻路程[13]。

二、李根源在滇西北积极酬滇备藏

（一）维护社会治安

　　大理反正后，由于各种原因酿成腾、榆两地冲突[14]，导致滇西及滇西北地区一度陷入混乱。永北县喇井、白地坪、华坪等地，盗风乘势而起，社会秩序混乱。李根源坐镇滇西，采取了以下措施进行治理。

　　第一，清除"匪患"，稳定社会秩序。滇西北华坪地区大量土匪"乘机坐聚，日肆杀掠"。1911 年 10 月 22 日，四川贺二麻子率领人马"数百先扑大兴街"，"后又攻华荣厂，旋即退去。顷于二十五，又据探报十八九等日，该匪在灰窝子、朗水坪、乌木河等处烧抢"。[15]22 日，华坪县暂留新军、保卫队及团丁"分兵三路攻贼巢，匪党亦以三股接仗。约三小时枪毙匪党二十余人，其余匪不支，逃窜川界，我军追抵贼巢，四面搜捕，夺获牛四十余只，羊一百余只。""生擒张洪才、何学荣、宋老二三"人。[16]但"伪大都督贺大麻子、二都督贺二麻子，伪将军李国祥、李铁匠"等仍未被擒获，华坪县境内盗抢依然严重。"近接永北厅华坪县来文，抢案十居八九。复据派往密查员报告，该两属地方，盗贼蜂起，抢劫频仍，几于徧地皆匪，无一村不被其患。"对此，李根源规定："凡在卫戍地内，如有盗匪抢劫，即为各该长官是问"。然而，华坪的社会秩序仍未得到稳定，李根源严行督饬永北华坪各营长官，迅速将其卫戍地段内的盗抢者捕拿到案。并严厉表示，如若再出现地方不靖，盗抢公行的情况，必定从严惩处各官长，决不姑息[17]。随后又派遣李鸣世率领第七联防兵，前往永北地区巡视，维护地方治安。

同时，李根源致电云南军都督蔡锷，说明迤西之楚雄、顺宁、蒙化、景东等地盗抢日益严重，大量被遣散的士兵四处潜藏，导致抢劫巨案层见叠出。提出派张文光提督率领保卫队，前往卫戍地段内周历巡阅，巡视路线经由蒙化、顺宁、景东、楚雄等地，待张文光巡视结束后，再由他亲自往"鹤、丽、剑、永北等处，巡视考察，以备筹维"[18]，以加强对这些地方的管理和控制。

第二，派兵驻防，安行旅而靖地方。在丽江石鼓桥至维西沿途地方，"峻岭丛林路径纷岐，村落鲜有，防兵又无，而奸宄最易托足，时有抢劫，往来商旅受害不浅，无处禀报，听其席卷而扬，人人视为畏途"。为此，李根源委派李学诗为维西协副将，到任后"即应拨兵驻扎"，并饬令丽江府所驻扎的西防国民军第四营，拨兵一哨"由石鼓桥头，至太平塘而止，择要分棚驻扎"[19]。以驻兵保护，明确官兵职责等方式使往来商旅免受伤害。遮放、芒市等土司地区，因地域、幅员辽阔，汉和少数民族交错杂处，常有抢劫者出没滋生事端。李根源认为"非有军队驻扎不足以资镇摄"。为此，他派聂绅文率军队巡视各土司地区，又令原驻龙陵之国民军第十四营管带李槐所部，尽数开赴遮放、芒市两土司地，"择要分扎，以防匪类而靖地方"[20]。

（二）积极"备藏"，为滇军援藏作前期准备

辛亥革命爆发后，清朝驻藏川军内部发生哄乱和哗变，达赖喇嘛在英国的支持下，派人组织藏军进攻川军，武装驱汉，川边藏区也普遍发生了武装暴乱。面对如此形势，云南军都督蔡锷和李根源对藏区安危及西南边疆的安全予以严重关切。西藏叛乱和四川局势的混乱，直接影响到了云南的社会稳定，尤其是位于滇西北地区的永北直隶厅、丽江府之中甸厅、维西厅等。对此，李根源采取了一系列措施对这一地区加强管理和防范，以防止川乱、藏乱波及云南。同时，蔡锷、李根源将云南、西藏、四川置于国家整体国防中考量，催促政府关注西藏态势，以捍卫我国西南边疆，维护国家的统一。

第一，加强滇西北地区的军事防御，防范川乱、藏乱波及云南。在永北地区，李根源将"鹤丽镇移驻永北，借资坐镇"[21]。中甸位于滇、川、藏三省交界处，李根源在给蔡锷的电报中多次强调该地的重要性，他说："藏乱日炽，川边动摇，中甸壤地毗连，防御不容或缓"，"边事紧急，交通不便，探报难期，迅确筹划，鲜当机宜，稍有疏虞，贻误实大"[22]，"不能事先预防，以为之备"[23]。因此，李根源一方面增强中甸地区的军事防御力量；另一方面，致力于改善滇西北地区的通讯情况。如"甄汰"驻

中甸的老弱兵员，增派"驻丽第五营之兵，悉数开赴中甸，填扎筹画"[24]。又令"姜协德兴率兵驰往堵御"[25]，并从大理派军队赴丽江府驻扎，以备不虞。同时，将警卫队除刘耀章中队派驻楚雄外，其余三中队均调遣到中甸、维西、永北一带防范。又因"维与中甸均居边要，而交通均患阻滞，中甸以下消息尤为隔阂"，"川藏边警频传，遇有征调策应各事，迨文报递至，已误事机"，"事关边局，实难延缓"[26]，电请军都督府于中甸、永北两地各添设电报局一所，电令丽江府官员"关于边防要件来往各电，希抄录分寄中甸厅、永北镇厅、维西协厅知照，以通声息而便筹备为要"[27]，以便"声息灵捷——及时掌握边情"。据《云南光复纪要》载，军都督府欲"筹设五路电线"，"后以财政不济，一时未全实行"，但仍将修建丽江至中甸四百余里的电线路程放在首位，还将电线续修至阿墩[28]。对从西藏逃散到云南的兵士，于"藏中地势亦颇熟习，万一有事入藏，当能得其死力，可为向导"[29]，故挑选精壮五六十名收用，以作援藏准备。后来在滇军援藏过程中，这些留用"散兵"被补为"侦探队兵"，弥补西征侦探队"于藏中情形多未熟习"的缺憾，收到了很好的效果。

四川之乡城与云南之中甸等地相连，地方险要。李根源致电驻乡城管带谭文榜："方今大局未安，边事方亟，尤望愈加整饬，力保地方治安，勿使兵士稍有滋扰，贻害地方，是为至要。藏为西南门户，滇、蜀厉害所关，蜀事尚未大定，一时恐难兼顾，但为滇力所及，自当不分畛域，共巩国防。"所需饷项，"如有不敷之处，即由本总司令酌发以资接济。此外，营头如有因饷项匮乏离散兵勇，亦即由该管带妥为收束，编练成营"，以"同襄边事"[30]。然而，李根源的担忧很快就变成现实，不久"川藏乡城魏、李两管带饷绌兵变",情势急迫,李根源"立派一哨赴永,以保厅城。尹管率全营迎头堵截,厅城近虽粗安,必资尹管镇慑。一俟周营到永即行开拔,并乞添兵飞援,如仓促无兵,可派请速发快枪二三百杆,派员解赴永城以资团械之不足"[31]。随后,又发生乡城官员被驱逐,"蒲丁村结匪过界","恐动边衅",而"川境私贩在羊拉靡等地方抗税,抗击司事,砍伤马弁"之事,被驻防兵勇枪毙四人后,"恐其勾结报复,牵动边局",军都督府命令"就近由西防第六营添拨兵驰往阿墩一带,协防川边蛮匪,倘敢过界滋扰,准其相机截击"[32]。

　　第二,及时转呈西藏叛乱消息,促使北京国民政府派滇军前往协助平定藏乱,同时为援藏西征军出师西藏做好各项前期准备工作。清末以来西藏的危迫局势,令蔡锷、李根源忧心不已。李根源说:"尚有数事戾於余心",首即为"藏事",而"西藏办事长官钟颖、陆兴祺等自印度来电求援"[33],更令他心急如焚。他将电文转呈云南军都督府,强调"藏事危急至此,川中亦不闻所以图之者。设英人起而相乘,大局何堪设想。滇处唇齿,殆难漠视。拟恳将前后转呈各电汇电中央,迅为筹处,以救危机,辛勿内外相诿,自弃藩篱"[34]。当时发往云南军都督府的"告警之书,急于星火"[35],以致滇中皇然。接到这些电文后,蔡锷据此致电袁世凯、国务院、黎元洪以及各省军都督,请求北京国民政府"迅为筹处,以救危机"[36]。但北京国民政府将藏事"电尹都督(指四川都督尹昌衡)等筹办",而令蔡锷"随时确探情形,密为筹备"[37]。随后,李根源又陆续将从滇西北地区所探西藏情形以及治理建议及时转呈蔡锷,成为蔡锷催促北京国民政府重视平定藏乱的重要依据。在蔡锷、李根源等人的努力下,国务院最终决定派遣滇军会同蜀军共同进藏平定叛乱[38]。

在滇军出征援藏过程中，李根源也做出了较大贡献。首先，进一步加强滇边防务，如由"孙统领一营两哨驻甸，李协三哨一中队兼土勇驻墩。""盐井距阿墩六站已失，民慌迁避，现派兵驻石门关，即札谷顶要隘，严防堵，民稍安。"[39] "江卡失守，阿墩紧接，当电孙统领迅饬李协驰往，督率防勇严密部署，并派得力兵员侦察确情，饬催新委弹压，飞速到差，复饬驻丽谢崑山中队先行准备。"[40]其次，将法国商人、传教士护送出境，未出境者予以保护，以防再增边事纠纷[41]。再次，积极探报西藏形势，配合西征军司令的军事指挥。一方面侦测西征滇军出维西以抵达拉萨的行军路线[42]；另一方面将从阿墩、盐井、维西等地所探得西藏叛乱局势，及时电告军都督府以及西征军司令，并令沿途地方官积极配合西征军指挥，在军饷、后勤补给方面提供支持。李根源在滇西北地区的军事布防成为西征军的先头部队，如以防军四哨及杨承禄中队出中甸取襄城，以里塘为目的地；李学诗率一哨及谢崑山一中队出阿墩取盐井、江卡诸处，以巴塘为目的地[43]。李学诗所部在到达溜筒江附近时，与西藏叛军激战，取得了滇军援藏的首个大捷。由于李根源在滇西北地区做了大量前期准备工作，西征军在出滇西北援藏过程中较为顺利。1912 年 8 月 26 日，西征军攻克盐井，随后又收复乡城，缓解了巴塘之围。

三、李根源积极经营怒俅地区

"怒俅两江与英缅昆连，原归中国版图，祇以清政府放弃职权，漠视边务，致令本地怒傈自成部落，犷狠已极，内地人士无敢深入其地。"[44]尤其辛亥革命爆发后，英国不断派兵前往怒江少数民族地区驻扎，拉拢、收买少数民族头人，企图进一步侵占我国的西北边疆。

李根源自片马事件发生以来就注意到英国对怒俅地区的侵略野心，为此，他曾借调查片马事件之机派人前往该地区考察边务[45]。坐镇迤西后，李根源上书云南军都督蔡锷，认为"怒俅者，潞江、俅江之东西岸恩梅开江内外皆是也，上通卫藏，袤长二三千里，其人獷野，不知耕作，椎埋剽劫以为生计，汉人不能至，官府尤懵焉，人方狡焉。思启封疆，而我自刘万胜、石鸿韶勘界以来，失地数千里，今不经营，实启戎心，事至而复争，争不得亦遂已，边疆几可任坐弃乎？片马其前车也"，"今经营自固藩篱、亡羊补牢，犹未为晚"[46]，应"再加经营，设官分域，开垦通商，更以军队镇之，必望风归附"，"适值腾永军事渐定，拟即授以方略，分遣前往"[47]，以经营怒俅之地。蔡锷极为重视，他回电李根源："滇边辽阔，逼处强邻，南界早经划分，尚无异议，西北境既边远，界限未清，屡勘数回，蹙地千里，皆缘视为边荒漠不置意，致启戎心，若非及早经营，不特土舍居民永沦獠狨，且外人耽视，寝撤藩篱，日紧一日，去岁片马之役以为前鉴。印公规模宏远，熟习边情，将来镇抚绥缉，使回面内向，较之率师援蜀，其功尤伟。"[48]并表示"经营怒俅，请公放手办去，省中绝不遥制"[49]。

在开发怒俅地区的设想得到云南军都督府支持后，李根源将腾冲德顺号、洪盛祥、万发、永元、升恒、寿记、明衡、贵兴祥等商号的"报效银二万七千万五百八十三两九钱一分"，"移作经营边地之用"[50]，并将"蒋仁孝报效银一万元"，"作为经营北界或改土经费"，以"逐渐兴办怒俅地方商业、实业"[51]。

1912年2月，李根源组建"筹边边务委员会"：由任宗熙担任筹办边务委员长，景绍武[52]为筹办边务副委员长，林敬儒、赵嘉宾、杨建中、帅崇兴为边务委员，后又补何泽远为边务副委员长。在此基础上，李根源抽调西防国民军官兵120名成立拓边队（后更名为殖边队），以任宗熙为第一队长，景绍武为第二队长，何泽远为第三队长，"分投怒俅各处，逐寨抚绥，考察情形"。每一殖边队都带有十名"商人、匠役"，以为筹备"边务、商业、工矿各事宜"之用[53]。4月，任宗熙率第一殖边队从维西富川向福贡进军，景绍武率第二殖边队从兰坪兔峨向老母登进军，何泽远率第三殖边队向菖蒲桶进军。殖边队组建后，李根源又在上帕筹组"怒俅边务总局"，以姚春魁担任总办一职，并兼带殖边队第四队，负责与进驻怒俅殖边队的联系和协调工作。

在殖边队进驻怒江的途中，由于缺乏沟通和联系，遭到各民族头人和群众的围攻和阻拦。任宗熙率领的第一殖边队到达禄马登地区时，"下节喃竹地、上帕、喇乌各寨，负固抗拒，聚众四五百人夜攻我军，与之相持者六七夜"[54]。任宗熙《日记》对第一殖边队进驻怒俅所遭遇的困难和艰险，有较为详细的描述[55]。由于怒俅地区恶劣的自然和交通环境，殖边队在行军途中，还饱受瘴痢、蚊虻、雨雪之苦。尽管如此，殖边队仍然取得了较好的成绩，加强了对沿边地区的管理，沿途修路以改善交通状况，"将鸟道化为夷途，可通马驮"[56]，对土地肥沃但又无人耕种的土地，电请李根源"移民居住，开垦耕种，以竟其功"[57]，据李根源回忆，他曾规定殖边队的"兵匠夫准与怒俅妇女结亲，婚时由局助洋四十元，一年中婚者多至数十人。今殖边队裁，婚者犹留，不能谓微效"[58]。经过长时期的努力，云南军都督府逐渐控制了整个怒江地区。其后，菖蒲桶、上帕、知子罗三个殖边公署建立，初步实现对这一地区的行政化管理。

总的来说，本文仅只是以《西事汇略》研究民国初年云南

地方政府经营滇西北及"筹滇治藏"的初步尝试。李根源对滇
西北地区的治理，对当地的社会发展和我国西南边疆的稳定作出
了重要贡献。尤其是在维护社会治安、稳定社会秩序、中央政府
平定藏区叛乱、滇军援藏西征的前期准备、阻止英帝国主义势力
入侵等方面，产生了重大的影响。但长期以来，由于受资料的限
制，对该问题的研究仍然存在较大的余地和深入空间。我们有必
要从基本资料入手，经合相关档案资料的补充，为清末民初中央
政府对藏区及西南边疆的治理和经营的研究尽自己的绵薄之力。

注　释

1　民国云南通志馆编：《续云南通志长编》上册，卷一，云南省志编纂委员会办公
　　室 1985 年印，第 9 页。

2　需要说明的是，在李根源经营滇西的过程中，迤西巡按使赵藩扮演了重要角色，
　　《续云南通志长编》载："根源乃锐意政事，凡应兴应革者，与赵藩昕夕筹谋，政
　　无不举。"（第 10 页）李根源也在自撰年谱中强调："举凡政务及兴革建置事宜，
　　必咨禀樾村（按：赵藩，字樾村）师行之，故政令所颁悉协人心，至今事过十七
　　载，父老子弟犹思余不置者，皆吾父吾师教也。"（李根源：《雪生年录》，文海出
　　版社 1966 年版，第 45 页。）

3　主要如，秦和平：《清末民初对滇西北地区的治理与开发》，载《中国边疆史地研
　　究》1992 年第 2 期；洪崇文：《李根源治边事迹考》，载《云南师范大学学报》
　　1999 年第 4 期；张鸣祥、陈九如：《李根源治边思想探析》，载《内江师范学院
　　学报》2009 年第 5 期；包黎：《怒俅殖边——近代云南一次意义深远的边疆开
　　发》，载《民族研究》2002 年第 5 期；王文成：《土流并治在近代云南边疆的全
　　面确立》，载《云南师范大学学报》1993 年第 4 期；王文成：《近代云南边疆民
　　族地区改土归流述论》，载《思想战线》1992 年第 6 期等。此外，滇西北各地文
　　史资料及地方文献中，也有不少资料和研究，此不赘列。

4　邓衍林编：《云南》，商务印书馆 1958 年版，第 255 页。

5　中国人民政治协商会议云南省委员会文史资料研究委员会编：《云南文史资料选
　　辑》（第十五辑），1981 年版，第 222—223 页。

6　33　46　58　李根源：《雪生年录》，文海出版社 1966 年版，第 49、50—51、50、49 页。

7　金天羽：《文懿先生剑川赵公墓碑》，载罗开玉、李兆成主编《"攻心"联与赵藩》，四川科学技术出版社 2002 年版，第 130 页。此外，如由云南省文史馆、云南省社会科学院文献研究室整理的《云南光复纪要》一书在前言中强调：然对大理与腾越永军事冲突，有所偏袒，可与《滇贤先事录》、《西事汇略》参照考核（1991 年版，第 3 页）；又如李根源在《雪生年录》一书中写道："凡西事设施"，（见《西事汇略》第 49 页）；赵藩也曾说："乃揭西事大略，皆有文电事实案据者。使全滇之人共一览之。"（《赵藩遗稿》，载《云南文史资料选辑》（纪念辛亥革命七十周年）第十五辑，第 207 页）。

8　姚左绶、周新民等编：《中国近代史文献必备书目 1840—1919》，中华书局 1996 年版。

9　11　谢本书等编：《云南辛亥革命资料》，云南人民出版社 1981 年版，第 492、492—493 页。

10　分别为 1935 年苏州铅印本，云南人民出版社 1988 年版，上海人民出版社 1984 年版。

12　任宗熙，号敏良，四川灌县人，清末附生，云南陆军讲武学校毕业，曾任陆军步兵第七十六标第三营营长。片马事件后，随李根源一同前往片马地区考察边务。民国初年被任命为筹办边务委员长，并担任第一殖边队长。

13　第一殖边队每至一地，为防止部分少数民族的偷袭，每晚均需派兵警戒，并更换警戒口令，如：警戒、攻击、占领、得胜、投诚、锐气、杀敌、大捷、追击、锐进、创业、建设、思危、改良、灭敌、坚忍、合力、同心、分防、扶绥、壮志等，可见殖边队在进驻怒江后所面临的艰难局面。

14　有关腾越和大理之间发生冲突的原因分析，可参见潘先林、张黎波：《天南电光——辛亥革命在云南》，云南人民出版社 2011 年版，第 146 页。

15　迤西陆防各军总司令部编：《西事汇略》卷八《边备》，第 1 页。

16　《西事汇略》卷八《边备》，第 2 页。

17　18　19　20《西事汇略》卷八《边备·防务》，第 4、5、3 页。

21　《致李根源赵藩等电》，载曾业英编：《蔡松坡集》，上海人民出版社 1984 年版，第 108 页。

22 23 24 25 26 27 29 30 31 32 34 《西事汇略》卷八《边备·备藏》，第12、11、7、12、14、13、5、6—7、9页。

28 赵式铭编纂：《建设篇》（三），载周钟岳总纂，蔡锷审定：《云南光复纪要》，云南省社会科学院文献研究室、云南文史研究馆编，1991年版，第49页。

35 云南文史研究馆、云南省社会科学院文献研究室编，周钟岳总纂，蔡锷审定：《云南光复纪要》，1991年版，第129页。

36 相关电文参见蔡锷：《致袁世凯等电》，载曾业英编：《蔡锷集》（一），湖南人民出版社2008年版，第608—609页；《蔡锷通电请拨兵救藏》、《蔡锷电政府西藏兵心动摇达赖举动难测请设法维持》，载《西藏研究》编辑部编：《民元藏事电稿 藏乱始末见闻记四种》，西藏人民出版社1982年版，第3、4页等。此前，蔡锷就曾致电四川都督尹昌衡，商议协力经营滇、蜀屏障——藏卫（参见蔡锷：《复尹昌衡电》，载曾业英编：《蔡松坡集》，上海人民出版社1984年版，第222页），强调"西藏为我国屏藩，内部近颇不稳，似应及早经营，免为后患。"（蔡锷：《复尹昌衡罗纶电》，载曾业英编：《蔡松坡集》，上海人民出版社1984年版，第295页。）但尹昌衡表示"藏事将独任其难"，不允许滇军过问。

37 《国务院电蔡锷滇藏接界关系殊重应随时探情筹备》，载《西藏研究》编辑部编：《民元藏事电稿 藏乱始末见闻记四种》，西藏人民出版社1982年版，第4页。

38 《国务院电蔡锷请派兵会同蜀军进藏镇抚》，载《西藏研究》编辑部编：《民元藏事电稿藏乱始末见闻记四种》，西藏人民出版社1982年版，第11页。

39 40 43 《西事汇略》卷九《边备·备藏》，第20、16、22页。

41 详细情况参见《西事汇略》卷九《殖边·怒俅》，第17—20相关电文。

42 45 47 48 51 53 54 55 56 57 《西事汇略》卷九《殖边·怒俅》，第23、17、21—22、18、26、34—38、31、27页。

44 《民国以来大事记（七）·上帕》，云南通志馆纂辑：《云南通志馆征集云南省各县大事资料》，未刊稿，藏云南省图书馆。

49 《致李根源电》，曾业英编：《蔡锷集》（一），湖南人民出版社2008年版，第629页。

50 《西事汇略》卷九《殖边·土司》，第1—2页。

52 景绍武，永昌湾甸人，云南讲武堂毕业生，片马事件后，亦曾随李根源一同前往考察片马地区。

边疆研究与考察

民国学人与"边疆"概念中国化

——以 20 世纪三四十年代为考察时段

娄贵品（云南大学人文学院讲师）

一、问题的提出

我国现代学术意义上的"边疆"概念，是西方近代"边疆"概念传入后经学术界中国化的结果。西方民族国家产生后，国与国之间有了明确的边界，一国境内邻近边界的区域就被称为该国的"边疆"。这一概念于近代传入我国。由于我国特殊的国情，其不得不经历中国化的过程。正如《中国边疆学会宣言》中所说的："考举世各国所谓边疆，大抵为一国领土与邻国领土交接之外缘地带，其政治制度，与其国家之腹地，浑然一体，并无殊异，而在中国之边疆，其含义盖有不同"[1]。黄奋生也说："边疆就是一个国家领土的边缘区域，但是中国边疆的解释，非这一意义所能包含"。[2]杨青田同样指出："'边疆'二字本是泛指一国领土内四周边境的区域而言的，可是在这里却不可这样机械地去解释"[3]。

"自民国以来，连年战乱，兵戈不息，真是'修内政之不暇，何遑边政'，当局者，虽然也许知道边疆问题的严重不容忽视，但总出之以'拖'和'敷衍'的下策，从未正视过边疆问题。"[4] 不仅政界如此，学界亦多不例外。九一八事变后，"日本的炮声把睡梦中的中国同胞惊醒了，大家不期而然地注意到边疆问题上去"[5] 全面抗战爆发后，国民政府西迁重庆。"因为与边疆更加接近的缘故，又因为要建设我们广大的后方，以配合抗战建国的需要，这个问题，遂由严重而转入迫切的阶段，以前大家不大注意的问题，现在已不能不视为眼前迫切的问题了。"[6] 因此，"抗战之顷，各科人士皆谈边疆"[7]，从而掀起了边疆研究的热潮。边疆研究热潮的掀起，促进了国人对"边疆"概念的探讨，因为这是讨论相关问题的前提。如邓珠娜姆说："欲论边疆问题，不可不先知道边疆一词的正确含义"[8]。袁同畴也说："在未讨论边疆问题之前，先必认识何谓边疆，必先对边疆下一个明确的定义。"[9] 贾湖亭说："欲明五十年来我国之边疆政策，首须阐明何谓边疆。"[10] 陶云逵也说："在未讲其他之先，我们先把'边疆''边疆社会'等概念的意义确定一下。"[11] 高长柱又说："夫欲研究边政，自应先认识边疆"[12]。朱家骅则说："在讨论边疆教育之前，首应明瞭何谓边疆。"[13] 在这样的背景下，学术界对"边疆"概念进行了非常深入的探讨，极大地丰富了"边疆"概念的涵义。

显然，20世纪三四十年代是"边疆"概念中国化的重要阶段，而"边疆"概念中国化的过程，也是国人发现和加深对我国边疆的认识的过程，理应成为中国边疆研究、中国民族学史研究和中国近代史研究中的重要课题。然而，学术界至今对这一课题鲜有涉及。已有研究中，于小秦、张晓东的《边疆定义综述》一文[14]，虽试图"通过对边疆定义的综述，展示出边疆定义演变的清晰脉络"。但对近代中国的"边疆"概念无任何涉及。韩知寒《边疆的涵义》[15]、杜文忠《边疆的概念与边疆的法律》[16]、金晓哲、林涛《边疆类型划分与研究视角》[17]、金晓哲、林涛、王茂军《边疆的空间涵义及其人文地理研究框架》[18]、周平《我国边疆概念的历史演变》[19]诸文对近代中国的"边疆"概念亦无论及。马大正、方素梅、马玉华、汪洪亮、段金生等对民国学人的边疆概念或边疆观有不同程度的涉及[20]，但都未作专门探讨。

近年来，创立中国边疆学在学术界受到较多关注。如马大正指出，20世纪80年代以来，中国边疆研究掀起第三次高潮，创立"中国边疆学"成为"肩负继承和开拓重任的中国边疆研究工作者的历史使命"[21]。林文勋教授亦指出：建立中国边疆学"既是现实的客观需要，也是学科发展的必然要求"[22]。中国边疆学无疑应以我国边疆为研究范围。问题是，我国边疆的范围如何确定呢？这又必然牵涉到"边疆"的概念如何界定，而且必须是能够反映我国历史特点的界定。已有学者依据西方近代民族国家形成后的"边疆"概念来确定我国的边疆范围，这种处理固然正确，但还有补充的必要，因为依据这一概念确定的边疆能体现各国的共性，但并不能充分反映我国的个性。如前所述，搞清楚边疆概念是探讨相关概念及相关问题的基础。所以，具有中国特色的边疆概念是中国边疆学学科建设中必须搞清楚的基本问题，也是重要问题之一，只有明确了概念，才能明确研究范围。因此，梳理和总结近代中国学人关于边疆概念的探讨的得与失，就成为中国边疆学学科建设的内在需要。

由上所述可知，"边疆"·概念中国化是我国现代学术史上一个至关重要但又缺乏深入、全面的研究的问题。本文的目的，在于尽量理清近代中国前贤如何界定"边疆"，在于搞清楚这段"界定"的历史和过程，在于重现和评估前贤在边疆概念中国化中的努力与成效。

二、民国学人的"边疆"概念

据笔者掌握的资料，1935 年至 1949 年间学术界关于"边疆"的概念有十五种。为方便考察，并利于读者思考和判断，笔者将依次叙述有关学者的看法。

（一）地理的边疆。所谓地理的边疆，是指一国领土内靠近国界的区域。持此论者较多。

杨成志认为边疆概念有广义和狭义之分，"从狭义言之，即我国领土与外国或其殖民地之领土接壤之地区"[23]。杨先生所谓狭义的边疆，实即地理意义上的边疆。张少微说："中国四境之中，除了东南滨海外，陆路边疆包含东北三省，外蒙，新疆，西藏及云南。"[24]据张先生关于我国陆路边疆范围的认定，可知其边疆概念是地理意义上的。吴文藻在讨论边政学时，也谈到地理上的边疆。只是吴先生将地理意义上的边疆等同于政治上的边疆。他说："政治上的边疆，是指一国的国界或边界言，所以亦是地理上的边疆。"[25]高长柱对边疆所下的定义为："凡国与国之间标识其领域主权之区别者曰'国防线'，接近'国防线'之领域，即边疆也。"[26]据此，吴先生认为高氏的定义"显然是政治上的边疆观"，也即地理上的边疆观。吴先生还认为胡焕庸所著国防地理与国防诸书，代表了地理上的边疆观。又说："通常称边疆为

'塞外'，'域外'，'关外'，而称内地为'中原'，'腹地'，'关内'，二者相对者言，这些称谓，亦都代表了政治及地理的观点。"[27]吴泽霖说："专就地理的立场，边疆是一个纯粹空间的（spatial）概念，凡是沿着国界的一带的区域都称为某国的边疆。"[28]胡耐安说："所谓'边境''边界''边疆国界'，与夫'边垂'（陲）'边围''疆场''疆土'，概而言之，只是地理上之部位的差别语词。但是如果连带的涉及'有人此有土'也就是此地面生物中之人的话，问题事件便不免随之发生，此单纯地理用语的'边疆'涵义里，也便得夹杂着政治的文化的来与相提并论。是以故我人今日所说的边疆问题，是'地域'的'政治'的'文化'的三者的混合问题"[29]。"地理上之部位"即是靠近边界的地方，也即地理边疆。陶云逵认为，"'边疆'一词，含义甚广"，其中一种是"一国之内毗邻政治边界之地带称之为边疆"[30]。陶先生所谓的"政治边界"，即是我们所说的国界，所以"一国之内毗邻政治边界之地带称之为边疆"，也就是我们所说的地理边疆。曹树勋说，"地理的边疆，系就地理的立场，纯粹空间的概念以立论。一国之边界，即一国之国防线，凡接近国防线之领域，即谓之边疆。"[31]卫惠林认为，"边疆的意义：可以分几方面来说"，"甲"为"地理的边疆：边是一条线，国土或海洋和别人交界的地方，可以说是□国家的边疆。"[32]芮逸夫说："地理上的边疆是一个空间的概念，凡是沿着国界的地区都是边疆"[33]。贾湖亭说："所谓地理的边疆，系指一国之国界地带而言，其着眼点在于国家的空间，一国之边界，即一国之国防线，凡接近国防线之区域，均可称为边疆。"[34]梁聚五所讨论的"边地"，实际上就是"边疆"。其中也包含了地理的意义。梁先生说，什么叫边地？一是指"在地域上，是和别的国家，或别的省份接壤的地方"[35]。和别的省份接壤固然不一定能称为边疆，但与别的国家接壤之省区则毫无疑问是地理的边疆。张汉光说："所谓边疆，习惯上是就地理的意义而言。地理的边疆，是指我国领土陆地上与他国毗邻的地带。"[36]张先生的地理边疆概念是专就陆疆而言，未涉及海疆。邓珠娜姆认为，"边疆是地理上的边地"，并有"蒙古新疆西藏等地理上的边区"[37]等语，可以推断其边疆概念具有地理意义。朱家骅认为，"国境之边界或边缘地带，谓之地理的边疆，地理的边疆兼指海疆与陆疆而言"[38]。

（二）政治的边疆。所谓政治的边疆，不包括前述部分学者将之等同于地理的边疆的看法，这里所说的政治的边疆，主要包括三种意义：一是政治制度与中原汉族地区不同的地区，二是中央政令不能畅行适用的少数民族地区，三是殖民地相对于统治帝国而言。

吴泽霖认为，"如就政治的观点讲，边疆与中枢是对立的名称"[39]。曹树勋引述吴先生的观点时也称："政治的边疆，系与中枢对称的名词，纯就政治的观点而论。"[40]前述胡耐安的边疆概念也含有政治的意义。山逸说："边疆一词，乃与行省对称，故东南沿海诸省，不得称为边疆，但川，黔，桂，陕，甘诸省□区间住有苗夷羌戎族者，本篇亦将之列入边疆范围。"[41]以上所谓的"对立"或"对称"，大致是就政治制度而言的。芮逸夫对政治边疆的定义是："政治的边疆是一个政制的概念，凡保持原始的，或沿袭旧有的政治制度的都是政治的边疆地区"[42]。所谓"原始的"或"旧有的政治制度"，是相对中原汉族地区的省县制度（古代中国为郡县制）而言的。贾湖亭认为："所谓政治上的边疆者，即在某一定区域内之政治制度，不同于中央政府或地方政府统一之体制是也。我国蒙古的盟旗制度。西藏的政教合一制度，东南各省区的土司制度，均可称为边疆政制或政治的边疆。"[43]梁聚五认为，"边地"的第二个意义是："在政治上，是保存旧的封建形态，与现代政治差得很远的地方"[44]。"旧的封建形态"，同样是以中原地区为参照标准的，保持这种政治形态的边区，可以视为政治上的边疆。张汉光说，"就政治方面说，还有所谓政治的边疆。这又包括两点意义，第一个意义是在某些边疆区域，有所谓盟旗、土司、头人、伯克、政教合一的政治制度，不同于中原的省县两级的地方制度。"[45]邓珠娜姆认为："边疆是政治上的边区"，"历来边疆的政治组织，都与内地有异，如蒙古的盟旗制度，西康的土司制度，西藏的政教合一制度，都是因地制宜，各自形成为一行政单位"[46]。朱家骅也认为，"政治制度或其组织与内地一般所行政制不同者，谓之政治的边疆"[47]。以上都是第一种意义上的政治边疆。

曹树勋谈到文化上的边疆时说："如黔之苗区，滇之夷区，桂之傜区……其服膺中央及地方之政令也甚早，不得谓为政治的边疆。"[48]贾湖亭在讨论文化的边疆时也说："如黔之苗区，滇之夷区，桂之傜区……其服膺中央与地方法令甚早，更不能谓为政治的边疆。"[49]张汉光也说，从政治方面说，政治的边疆的"第二个意义便是在某些边疆地区中央之推行于省县的政令往往不能畅行适用。"[50]可见，在他们看来，不服膺中央与地方法令的少数民族地区为政治的边疆。因此他们的政治边疆的概念属于第二种意义上的。

陶云逵认为，"一国国民移殖他邦自成一社区，其居住地实亦其国之边疆。如英法人之移民它陆，及国人之移居各洲。是有统治权之殖民地为其国之政治的边疆"[51]。这一概念属于第三种意义上的政治边疆。

（三）文化的边疆。所谓文化的边疆，主要是指居住着与中原文化不同的异文化族群的区域。赞成此说者最多。

杨成志认为，就广义言之，边疆"不特包含狭义之地区，且认凡未开发边省各地，甚或至不接近外国之省份（如贵州）亦可称为边疆。吾人于此试举教育部《边疆教育之实施范围》为例"[52]。杨先生虽未明确说明广义的边疆为何种意义上的边疆，但边疆教育意义上的边疆，即文化意义上的边疆（详后）。因此，杨先生所谓的广义边疆，可以视为文化上的边疆。《中国边疆学会宣言》认为，边疆在我国"实即指地理环境与生活文化之特殊，冠棠楚楚，列肆如林者，谓之内地，人烟稀绝，衣毡饮酪者，谓之边疆"[53]。所谓"特殊"，是相对中原而言的。卫惠林的"边疆"概念主要是文化意义上的。他说："我国边疆的含义与其说是政治的，无宁说是文化的，乃由文化的特殊性所构成的地区类型。凡是与内地纯中原文化异趣的特殊文化区域，即汉族本位文化圈以外，或与非汉族文化交错性较大的地区，我们普遍称之曰'边疆'。"[54]1945年，卫先生又说："文化的边疆：从文化的意义来看，往往有多数的民族维持一种文化，以其文化为主的中心以外的地域或社会，以区域上来说成为一大片的'带'，文化高的往往深入低的，成功犬牙形的交叉方式，不管在河流或交通要道的两旁，而其交叉成一复杂的地带，则称这个民族这个社会或这个文化的边疆。"[55]吴泽霖认为，"我国文化的边疆，区域内民族、血统、语言、文字、宗教、信仰、风俗习惯与内地迥乎不同，在政治上早已服膺中央及地方的政令，但文化上的差异为不可讳言的事实"[56]。前述胡耐安的"边疆"概念也含有文化的意义。陶云逵说，"还有一个边疆的文化问题。所以有这个问题是因为在西北西南诸边省，除为汉语人群外，还居住着若干非汉语人群。这些人群除了语言与汉语不同而外，文化其他方面，如亲族制度，政治组织，经济方式，道德，宗教，艺术以及物质方面的衣、食，住，用诸方式，亦与汉语的中原文化人群有差别。"又说："现在普通一般所谓'边疆社会''边疆民族'等，实在是指所有一切与中原汉语文化不同体系的诸非汉语社会而言。边疆社会一语的边疆一词的地理的含义，在诸人心中，实已失去其显著地位了。"[57]曹树勋认为："文化的边疆，系指国内若干语言文字、宗教信仰、风俗习惯、以及生活方式等与内地尚有不同的地区而言，可谓为'中华民族文化之边缘'如黔之苗区，滇之夷区，桂之傜区。其距离国防线也尚远，不得谓为地理的边疆，其服膺中央及地方之政令也甚早，不得谓为政治的边疆，而以其在文化上有不可讳言之差别，乃称之为文化的边疆。文化一词原出于耕作之本义。中国传统文化为农业文化，故生产技术已入于精耕农业阶段者，不算边疆，其仍留滞于游牧或耕牧阶段者，谓之边疆。"[58]李安宅认为："边疆乃对内地而言。边疆所以不与内地相同的缘故……就人为条件而论，不在部族，而在文化。"文化的分别在于："进行精耕农业者不是边疆，进行粗放游牧者才算边疆。"[59]李先生所见与曹树勋略同。中国边疆学会的"宣言"中说："何以居腹地之热、察、绥、甘、宁、青，吾国朝野辄视为边疆，盖以此为国内各民族杂居之地，未尽开发，而地理环境与生活文化有所殊异故也。"华西大学边疆研究所[60]的"缘起"上说："我国正统文化，为以农立国之文化，惟因地理之限制或人工之未尽而未至农耕阶段者，其区域吾人率以边疆目之，故国人之谈边疆者，多系指文化上之边疆，非指国界上之边疆，如东南各省，以海为界，本即国界，而吾人均不视为边疆，川、甘、康、青，地在腹心，反称之为边疆，诚以农耕牧畜之不同，乃正统文化与附从文化之所以分也"。黄奋生根据中国边疆学会与华西大学边疆研究所的界定，给我国的边疆下了一个界说，认为"中国的边疆，有两方面的意义"，"一则为文化的边疆，即未尽开发的土地，其间为游牧经济的各宗族所散居，而其习俗宗教生活语文等与农业文化不同的区域。"[61]芮逸夫说："文化上的边疆是一个复杂的概念，它是指那种语言文字、宗教信仰、生活方式、风俗习惯，大都和内地殊异的地区"。[62]贾湖亭说："所谓文化上的边疆，乃是就国内若干在语言、文字、宗教、风俗习惯与生活方式不同于汉人之宗族而言"[63]。吴文藻谈道："文化上的边疆，系指国内许多语言，风俗，信仰，以及生活方式不同的民族言"。又说："旧称边疆为'化外'，亦代表着文化的观点。所谓'化外'就是蛮荒未开化的区域。文化一词，本含有耕作的意思。中国传统文化，是农业文化，所以凡生产技术，尚未达到农耕阶段者，统称为边疆。"[64]梁聚五的"边地"概念也含有文化的意义。他认为"边地"的第三个意义即是"在经济上，文化，交通，以及生活习惯，都比较内地落后，一切尚待开发的地方。"[65]张问童说："余今所讨论者，厥为具有边疆问题的边疆。"又说："毗邻中原者，理应视为腹地，然而行政之措施，却有边政的色彩，人民之需要，亦间有异于内地者，良以其地如边陲之内蒙新疆，除汉族之外，尚有少数其他各宗支族，而此少数宗支族之文化，复与中国正统文化（或有谓中原文化汉族文化者）有先后的区别，故其行政之设施，自不能强天下一律，本着因时制宜因地制宜的原则，故有边政措施之必要。余所谓边疆问题之边疆，非地理边疆之全意，亦悉□游牧边疆所指，凡是文化步伐未齐一之各宗支族所在地，应均纳入其中。"[66]"凡是文化步伐未齐一之各宗支族所在地，应均纳入其中"，表明张先生所谓"具有边疆问题的边疆"，实际上即是文化意义上的边疆。张汉光认为："文化的边疆，系指国内某些民族在语言，风俗，一切生活方式上不同于中原汉文汉语，农耕，无固定宗教信仰的民族的居住地区而言。不过所谓的文化的不同，'不在他的程度，而在他的种类，目不识丁老死不相往来的农夫不能代表边疆，而傅食四方博古通今的喇嘛反而代表边疆；进行精耕农业的不是边疆，进行粗放游牧的才算边疆。'"[67]邓珠娜姆认为，"边疆是文化上的边缘"，"各民族的文化，无论满蒙回藏苗保等，都较内地文化为低，虽然由于历史文化的交通演进，各民族早已形成为中华民族文化上的一环，但内地文化较高，人文较盛，始终是文化中心"[68]。朱家骅也说："文化的边疆，系指语言文化具有特殊性质者而言。"[69]所谓"特殊"，是相对中原而言的。张其昀对"边疆"二字作了地理学的诠释，认为这一概念包括政治地理、自然地理和文化地理三方面意义，"就文化地理言之，中原地区操汉语，用汉文，边疆地区则有多种不同语文"[70]。可见，从地理学的角度来看，文化地理意义上的边疆，基本等同于文化边疆。

如上所述，以上各位学者的具体表述虽有不同，但基本意思是一致的，即以中原文化为参照标准，凡有异文化族群居住的省区均可视为文化的边疆。

（四）经济的边疆。所谓经济的边疆，是从经济形态方面来说的，即以中原汉族的农耕经济为参照标准，将非农业经济的地区称为经济的边疆。持此说者主要有贾湖亭。他说过："所谓经济上的边疆，系就农业经济与渔猎游牧经济之比较而言，我国长城以内农业发达，人民定居，长城以外则游牧粗放，逐水草而居，而东北及西南部分地区，或在森林游猎，或在河海垂钓，其经济形态均与'内陆'农业经济全然不同，影响所及，驯致五千年来内陆与边疆常发生'拉锯式'的冲突，盖因'边胞'向农业区域求生故也。"[71]梁聚五的"边地"概念的第四层意义也是经济层面上的，是指"在经济上，文化，交通，以及生活习惯，都比较内地落后，一切尚待开发的地方。"[72]所谓经济比内地落后，尚待开发，都是相较于农业经济而言的。前述华西大学边疆研究所的"缘起"上说："我国正统文化，为以农立国之文化，惟因地理之限制或人工之未尽而未至农耕阶段者，其区域吾人率以边疆目之"。曹树勋也说："中国传统文化为农业文化，故生产技术已入于精耕农业阶段者，不算边疆，其仍留滞于游牧或耕牧阶段者，谓之边疆。"吴文藻同样说："中国传统文化，是农业文化，所以凡生产技术，尚未达到农耕阶段者，统称为边疆。"李安宅说，如要"根据实际，加以解释"的话，"所谓边疆，只是文化上的边疆而已。""我国正统文化，是建筑在农耕基础上，而边疆也者，乃在农耕阶段以下，即其文化，乃是建筑在畜牧基础上的。以农耕文化为中心区，在其边缘上的畜牧文化区，便成为边疆了。"[73]虽然他们意在解释文化的边疆，实际上经济的边疆是基础。因此，他们关于文化的边疆的概念与经济的边疆是相通的。

（五）社会的边疆。所谓社会的边疆，是指移民在移入与本国地位平等的国家所结成的社区。持此说者主要有陶云逵。陶先生曾说："一国国民移殖他邦自成一社区，其居住地实亦其国之边疆。如英法人之移民它陆，及国人之移居各洲。是有统治权之殖民地为其国之政治的边疆，无统治权之殖民地为共和国社会之边疆。"[74]

（六）地形的边疆。所谓地形的边疆就是粗放游牧经济所赖以存在之地区。持此论者主要有李安宅。李先生说："边疆所以不与内地相同的缘故，就自然条件而言，不在方位，而在地形"。"地形的分别是什么呢?[75]河谷，平原，盆地不是边疆；高原，沙碛，茂草，森林才算边疆。而粗放游牧必据高原，沙碛，茂草，森林一类的地形；……精耕农业必据河谷，平原，盆地一类的地形。"河谷、平原、盆地之所以不是边疆，是因为它们适合于农业经济，而高原、沙碛、茂草、森林才算边疆，是因为它们不适合于农耕经济。

（七）有边疆问题的边疆。所谓有边疆问题的边疆，是指因帝国主义入侵而产生问题的地理意义上的边疆省份及其影响所及的邻近省区。持这种观点的主要有思慕。思慕在《中国边疆问题讲话》中对此作了阐述。他说："有人说，中国的四境中除了东南滨海外，陆路边疆包含东北三省、外蒙、新疆、西藏及云南、广东、广西。从表面上看来，这种说法是对的。首先，自从外蒙独立，满洲热河陷于日本，内蒙便事实上是中国北部的最前的防卫线。其次，与西藏接壤的西康，因西藏事实上沦为英的保护国，与西藏发生种种纠纷，中英藏问题便波及西康。所以我们的论究也应当把内蒙和西康包括进去。至于广东广西两省虽也与国外毗连，应置于边疆之列，但以至今还没有发生严重复杂像前述诸地域的问题，暂阙而不论（诚然，广东的海南岛已为日本所窥伺，说不定将来也会发生问题）。"[76]这里所谓的边疆问题，明显是指因外国势力介入而产生的问题。而这里所谓的边疆，则是指有这种边疆问题的地理意义上的边疆及其影响所及的邻近省区。

（八）十八行省以外皆边疆。此说是以所谓的十八行省为参照标准，其余地区均视为边疆。持此说者有主要有周昆田和朱子爽。周昆田说："我国边疆区域，习惯相沿，多以包括东三省，蒙古热河察哈尔绥远宁夏新疆青海西康西藏等地，即以内地旧有之十八行省为内地，余则以边疆目之。"[77]朱子爽也说："我国所谓边疆，习惯相沿，系以旧时十八省称为内地，其余东三省、外蒙古、热河、察哈尔、绥远、宁夏、新疆、青海、西康、西藏等地，一概都视为边疆。"[78]这里的"内地"与"本部"所指相同。这种观点受到的批评较多。如思慕批评说："通常把'本部'与'边疆'对立，而中国的本部往时是指十八行省的，说十八行省以外才是边疆，那当然不符事实，因为至少云南也是边疆。"[79]张少微的批评与思慕基本相同："中国通常把本部与边疆对立，意思是除了本部十八省之外，其余的疆域便是边疆。这种说法当然是不对的，因为在事实上至少云南亦是边疆。"[80]以上批评，依据的是地理边疆，即西方近代的边疆概念。此外，顾颉刚对"本部"或"中国本部"的概念意见最大。早在 1934 年，顾先生就在《禹贡》半月刊的《发刊词》中指出："试看我们的东邻蓄意侵略我们，造了'本部'一名来称呼我们的十八省，暗示我们边陲之地不是原有的。"[81]1939 年 1 月 1 日，顾先生在《益世报·边疆（周刊）》发表《"中国本部"一名亟应废弃》，进一步指出："中国本部"是日本侵略者为了征服中国必先攫夺满、蒙，"便硬造出'中国本部'这个名词，析出边疆于'本部'之外而，拿来骗中国人，骗世界人，使得大家以为日本人所垂涎的只是'中国本部'以外的一些地方，并不会损害了中国的根本。""西洋人接受了日本的杜造名词"，我国知识分子也上了帝国主义的当[82]。

（九）十八行省外属于地理边疆者及十八行省内属于文化边疆者皆为边疆。持此说者主要有袁同畴和吴文藻。袁先生从三个方面来理解"边疆"："就字义上讲，边疆是对内地而言的，我国的习惯，是以中部十八省为内地，那末除中部十八省以外的地方自然就是边疆了。""就地理上讲，我国除东南滨海外，其余东北，西北，西南各方面都与外国为邻，这些邻近外国的地方，都是我国的边疆。""就人文上讲，我国交通不发达，就是中部十八省中，也有不少荒僻没有开发的地方，杂居苗夷羌戎各小族，度着太古时代的生活，这些地方，通常称为边区，或亦可视为边疆。"基于以上认识，袁先生对"边疆"的界定是："1.边疆是指中部十八省以外而邻近外国的地方而言——如蒙古西藏及辽吉黑热察绥新宁青康等省是。""2.边疆又是指中部十八省中住有苗夷羌戎各小族的荒僻之区而言——如湘粤川黔云桂陕甘等省之边区是。"[83]吴先生对政治的边疆与文化的边疆作过评论，已如前述，但在赞同以上两种概念的基础上，吴先生又说："具体的说，边疆是指（一）中部十八省以外而邻近外国的地方而言，如蒙藏及辽吉黑热察绥新宁青康等省是。（二）中部十八省中住有苗夷羌戎各小族的荒僻之区而言，如陕甘湘粤桂川滇黔等省之边区是。"[84]袁先生和吴先生所阐述的"边疆"概念，明显是在综合地理边疆和文化边疆的基础上提出的。"邻近外国的地方"，也就是邻近国界的地方，属地理边疆。而所谓"荒僻没有开发"，就是教化未及，"荒僻之区"，就是文化边疆。正如吴先生所说："旧称边疆为'化外'，亦代表着文化的观点。所谓'化外'就是蛮荒未开化的区域。"[85]

　　（十）民族的边疆。所谓民族的边疆，是指有少数民族分布的区域。如杨青田说，边疆的一种概念"是指蒙回藏等各民族分布的区域而言，如蒙新青藏康及滇川黔的各一部都被称为边疆是"[86]。吴文藻说："文化上的边疆，系指国内许多语言，风俗，信仰，以及生活方式不同的民族言。所以亦是民族上的边疆。"[87]
也与此相通。梁聚五的"边地"概念的第三层意思是："在民族
上，是汉族很少，而别的民族，如满，蒙，回，藏，苗，夷各
族，反而占着多数的地方。"[88]汉族少，少数民族多的地方在我国
固然不多，但如果不强调数量对比的话，梁先生民族意义上的边
地即是民族的边疆。

（十一）无形的边疆。此说是就海外侨胞与国内边胞的关系
而言的，它认为我国的边区为有形的边疆，华侨社区为我国无形
的边疆。持此说者主要有吴文藻。吴先生在谈到边疆概念时说，
"我们可以说边区所在之地，只是我国有形的边疆，代表国防的
最前线；而侨胞所在之地，乃是我国无形的边疆，实代表了国防
的最外围。"[89]前述陶云逵有"社会之边疆"的概念，两相对比，
吴先生所说的"无形的边疆"与陶先生"社会之边疆"有不少
共同之处。

（十二）以全国地理中心，或政治中心，或政治经济文化中
心为参照标准，远离中心的地方就是边疆。以地理中心为界定标
准者，有蒋君章、张国钧、严重敏、黄奋生等，蒋君章、张国
钧、严重敏等认为，"我国领土之几何的中心为甘肃省之凉
州……则中国之边疆可分为东北、西北、西南、东南四部份"[90]。
黄奋生认为，边疆应根据全国中心点为参照来划分，而"所谓
全国中心点，应包含着地理的历史的经济的以及国防的各种要
素"。黄氏从地理、交通、历史、经济、国防诸方面论证了兰州
在全国的中心地位，"因此兰州以地理的冲要，成为中国的陆
都，是当之无愧的，我们以此为中心的兰州去分别边疆的方位，
才会得到比较的正确性。"[91]黄先生所论的交通、国防等因素，其
实均源于地理，所以基本可以与蒋君章等的概念等同。以政治中

心为界定标准者，有卫惠林，他对"政治的边疆"的界定是
"离政治中心远的地方就是边疆"[92]。以全国政治文化经济中心为
界定标准者，如 1935 年，杨青田说："现在中国普通所谓的边
疆，是特指那些距离全国政治经济文化中心地比较辽远……的边
区而言的。"[93]1937 年，杨先生总结的边疆概念之一是："以全国
政治文化经济中心地为准，距离此等中心地点较远的省区便称为
边疆。"[94]以上界定所面临的问题是，我国的政治、经济、文化、
地理中心并不一致，确如黄奋生所言："中国近百年来的物质发
展，均集中于沿海省份，所以造成了上海是全国的经济中心，国
府建都的南京，是政治的中心"[95]，文化的中心自然是北京，地
理中心则公认为甘肃的兰州（少数说是凉州）。同时，任何一个
国家都存在地理、政治、经济、文化中心，所以这种界定如果可
行的话，那么它也是举世各国均可通用的，无法充分显示我国边
疆的特点。而且，由于"远离"是个模糊概念，我们对哪些地
区属于边疆也难以得到一个清楚的认识。

（十三）地理学意义上的边疆。张其昀指出："边疆二字之
地理意义，在中华民国宪法上有明文规定，宪法第十三章为基本
国策，其中第六节为边疆地区，宪法条文为国人所共知。此就政
治地理言之，若就自然地理言之，边疆大部分位于中亚大陆，水
系属于内流区域，气候属于干燥区域。再就文化地理言之，中原
地区操汉语，用汉文，边疆地区则有多种不同语文，此即为贵会
成立之旨趣。"[96]

（十四）边疆即交通产业比较落后的边区。1935 年，杨青田
说："现在中国普通所谓的边疆，是特指那些……交通产业比较
落后的边区而言的。"[97]1937 年，杨氏又说，"边疆"的概念之一
"是指交通不便的地区而言，如称黔省为边疆是"[98]。这种概念在

当时似乎支持者不多。如前所述，称黔省为边疆主要是出于文化上的考虑。

（十五）现代文明较为落后的省区即是边疆。据杨青田所述，"边疆"的概念之一"是以国内现代文明较为落后的省区称为边疆"[99]。由于现代文明如何界定，现代文明发达的省份有哪些并不明确，所以这一概念也是较为抽象和模糊的。

如上所述，不仅总的来说，"边疆"的定义有多种，而且就学者个人或团体的认识而言，"边疆"也往往含有多重意义。如胡耐安说："今日所说的边疆问题，是'地域'的'政治'的'文化'的三者的混合问题。"[100]陶云逵的边疆含义，包括地理的边疆、政治的边疆、社会的边疆和文化的边疆[101]。曹树勋也认为："边疆，由于分判标准之不同，含有三义一曰地理的边疆，二曰政治的边疆，三曰文化的边疆。"[102]黄奋生认为，中国的边疆，有两方面的意义：一则为国界的边疆，一则为文化的边疆[103]。芮逸夫认为："所谓边疆，实含有地理的、政治的及文化上的三种意义。"[104]贾湖亭则认为，所谓"边疆"有四重含义，即地理的边疆、经济的边疆、政治的边疆与文化的边疆[105]。吴文藻也说："国人之谈边疆者，主要不出两种用意：一是政治上的边疆，一是文化上的边疆。"[106]吴先生还谈到无形的边疆和民族的边疆。李安宅的边疆概念包括文化的边疆与地形的边疆。吴泽霖的边疆概念包括地理的边疆、政治的边疆和文化的边疆。中国边疆学会的边疆概念包括地理的边疆和文化的边疆。梁聚五的"边地"概念，包含地域、政治、民族、经济等多层意义。张汉光的边疆概念有地理边疆、政治边疆和文化边疆三种意义[107]。朱家骅认为"边疆有三义：一、地理的边疆，二、政治的边疆，三、文化的边疆。"[108]邓珠娜姆也说，"实则边疆一词，在中国习语上所含之蕴义甚多，不仅是地理上的范畴，而且也是文化上政治上的单位"[109]。值得注意的是，以上各种概念之间不仅并不绝对对立，而且还存在某些内在联系。如李安宅的"边疆"概念包含地形的边疆和文化的边疆，但"文化的边疆实以地形的边疆作基础"[110]。总之，在基本接受地理边疆的前提下，民国学人鉴于这一概念不能反映和突出我国的特点，多对之作了补充和完善，从而极大地丰富了边疆的涵义。

三、民国学人在"边疆"概念中国化中的成绩

前述胡耐安说："所谓'边境''边界''边疆国界'，与夫'边垂'（陲）'边圉''疆场''疆土'，概而言之，只是地理上之部位的差别语词。但是如果连带的涉及'有人此有土'也就是此地面生物中之人的话，问题事件便不免随之发生，此单纯地理用语的'边疆'涵义里，也便得夹杂着政治的文化的来与相提并论。"按胡先生的意思，从理论上说，地理边疆只是地理上的部位，它本身不必与人发生关系，也就是不一定和民族有关。但"有人此有土"表明，我国任何地理意义上的边疆，都是中华民族的先民开拓，都有中华民族的成员活动其间，他们多数为少数民族，所以才随之产生了政治方面和文化方面的问题，我国的边疆概念也才有了政治上和文化上的意义。这就是说，单纯地理意义上的"边疆"概念并不符合我国的国情。地理意义上的边疆是每个国家都有的，但"若以政治与文化来说，可以谈边疆的国家就比较少了"。而我国是这种为数不多的国家之一[111]。我国边疆，"有仅为地理的边疆者，如东北合江、松江、安东等省是；有仅为政治的边疆者，如若干土司地界是；有仅为文化的

边疆者，如南岭一称苗岭地带是。又有三者复合兼指者，如蒙藏地方及康滇边等地是"[112]。因此，柯象峰说："在中国而言边疆之研究，盖不仅以与邻国接壤之区为限也。"[113]陶云逵也说："所谓边疆社会一词是不限于靠近边疆诸省中非汉语人群，而是指一切非汉语社会而言。"[114]换言之，我国的边疆研究不能局限于地理的边疆。芮逸夫的分析与胡先生的基本一致，不过较胡先生的更为具体。芮先生说：我国地理上的边疆"虽有不少，但不一定都有边疆民族"。不过我国"政治的边疆地区，大都是住的边疆民族"。而"文化上的边疆地区，全都是住的边疆民族"[115]。芮先生所谓的"边疆民族"，实即少数民族。显然，芮先生也认为地理的边疆不一定与少数民族发生关系。不过我国陆地边疆多不如此。吴文藻就说："边政学是从政治学与人类学同时着眼，所以边疆的定义，亦应该同时包括政治上及文化上两种意义，兼而有之，才属恰当。例如以往沿用'蒙疆'，'藏疆'，'回疆'，'苗疆'诸名称，本含有双重的意义，一面是国界上的边疆，一面是民族上的边疆。"[116]前述吴先生所谓的政治边疆也即地理边疆，也就是说，在我国，地理上的陆地边疆往往也多属于文化上的边疆。黄奋生尤其强调这一点，他在谈到地理边疆时说："在此需要注意的，就是国界的边疆，除沿海诸省的陆地边疆外，大都兼有文化边疆的性质。"[117]

需要特别说明的是，民族的边疆又基本上等于文化的边疆。前述吴文藻认为："文化上的边疆，系指国内许多语言，风俗，信仰，以及生活方式不同的民族言。所以亦是民族上的边疆。"又说："民族乃社会人类学研究的对象，故为一文化的概念。"[118]胡耐安也将"文化（人文）边疆"与"民族边疆"等同[119]。吴先生、胡先生的话给我们的启示是，从民族学或社会人类学的角度来看，文化上的边疆可以等同于民族上的边疆。这表明，就民族学的立场而言，"文化的边疆"最能体现和反映我国统一多民族国家的国情。正如胡耐安所说："所谓人文的边疆一词，在历史文物悠久与民族昌大繁众的我国，其在应用上，毋宁谓较之地理上的边疆一词，涵义尤广。"[120] 因此，文化的边疆在当时得到普遍接受，如华西大学边疆研究所的"缘起"说："国人之谈边疆者，多系指文化上之边疆，非指国界上之边疆"[121]，李安宅有一次谈到内地省份也被视为边疆时也说：之所以出现这种现象，是因为"国人之谈边疆者，多系指文化上之边疆，非国界上之边疆"[122]。

　　而民族的边疆基本上等于文化的边疆，又是由我国边疆、民族的特点决定的。因为我国边疆与民族的密切关系[123]，所以对少数民族的研究往往就是对边疆的研究，或者说研究少数民族问题就不得不研究边疆问题，研究边疆问题亦难以绕过民族问题。又因为战争使几乎所有的社会学家、民族学家、人类学家向西部边疆转移，成就了他们在我国近代边疆研究中的主力军角色。如吴文藻就说："人类学是研究边疆民族及文化的中心科学"[124]，柯象峰也说："研究员中任主角者"，"应推民族学及社会学家"[125]。他们"对于边疆问题都有深刻的研究和体验"[126]，多是当时"研究边疆问题之第一流专家"[127]。因此，我国边疆、民族的特点，恰恰是促成相关学者在"边疆"概念中国化中作出杰出贡献的重要原因之一。

　　此外，还有一点必须指出，就是国民政府吸收了"文化的边疆"或"民族的边疆"的概念，其推行边疆教育的区域，便是文化或民族上的边疆地区。国民政府《战后边疆政制建设计划纲要》称："就文化及民族之意义言……汉族文化（中原文化）未能深入之边缘地带是谓边疆。"[128]这一界定与吴文藻的意思是一致的。时任教育部长的朱家骅说："边疆教育，以文化的边疆为对象，换言之，即以教育居住于文化边疆之各族为目的"[129]。曹树勋也说：　"文化的边疆，亦即教育上所指之边疆。"[130]国民政府的相关规定也与此相一致。如1941年11月，国民政府行政院公布的《边疆青年教育与人事行政实施纲领》中规定："蒙藏及其他各地之人民其语言文化具有特殊性质者，一律施以边疆教育。"曹树勋分析说："边疆教育以文化的边疆为其范围，而文化的边疆，系指文化具有特殊性质者而言。"[131]所谓"特殊"，是相对于中原汉文化而言的。所以边疆教育的对象便是少数民族，目的在于提高少数民族的文化水准。推行边疆教育是开发与建设边疆的重要手段。曹树勋将"边疆教育"概括为"以教育为手段，开化并建设文化的边疆，达到大中华民族文化交融统一之目的者是"[132]。朱家骅也强调："文化的边疆，为教育的对象；教育飞速发展，文化的边疆日就缩小，系教育普及之日，'文化的边疆'一辞，即不复存在。"[133]

　　综上所述，民国学人的努力，不仅极大地丰富了边疆的涵义，而且还归纳出了得到普遍接受和认可的能够反映和凸显我国统一多民族国家特点的边疆概念，为国民政府推行政制建设和制定施政措施提供了可靠的依据和参考。这也是近代中华民族国家建构过程中学术与政治互动的一个成功典范。不足在于，民国学人关注的重点限于陆地边疆，对海疆则几无涉及，认识亦少。尽管如此，民国学人在"边疆"概念中国化中的显著成绩仍然是不可否认的。

　　[本论文是云南大学人文社科研究基金立项项目"近代中国的边疆学与边政学"的阶段性成果。]

注　释

1　61　91　95　103　117　121　黄奋生：《边疆屯垦人员手册》，青年出版社 1946 年 8 月再版，第 19、20、16—17、18 页。

2　黄奋生：《泛论边疆教育》，载《西北通讯》第三期，1947 年。

3　93　97　杨青田：《边疆问题之意义》，载《通俗文化》第十期，1935 年。

4　杜肇敏：《中央大学的边政学系》，载《西北通讯》第三卷第三期，1948 年。

5　6　9　83　袁同畴：《边疆问题之认识与检讨》，载《青年中国季刊》第一卷第二期，1940 年 1 月。

7　马长寿：《十年来边疆研究的回顾与展望》，载《边疆通讯》第四卷第四期，1947 年。

8　37　46　68　109　邓珠娜姆：《中国边疆之路》，出版情况不详，第 1、2、3 页。

10　34　43　49　63　71　105　贾湖亭：《论我国半世纪以来之边疆政策》，原载《建设杂志》第八卷第九期，《边疆论文集》1—4 册，国防研究院 1964 年版，第 675 页。

11　30　51　57　74　101　114　陶云逵：《边疆与边疆社会》，《云南日报》1944 年 2 月 16 日，第二版。

12　26　高长柱：《边疆问题论文集》，正中书局 1945 年 4 月初版，1948 年 1 月沪一版，第 1 页。

13　38　47　69　108　112　129　133　朱家骅：《论边疆教育（代序）》，教育部边疆教育司编：《边疆教育概况》，教育部边疆教育司印，1947 年 8 月续编，第 1、1—2 页。

14　载《和田师范专科学校学报》（汉文综合版）2006 年第 3 期。

15　载《读书》1999 年第 2 期。

16　17　载《中国边疆史地研究》2003 年第 4 期。

18　载《人文地理》2008 年第 2 期。

19　载《云南行政学院学报》2008 年第 4 期。

20　参见马大正、刘逖：《二十世纪的中国边疆研究——门发展中的边缘学科的演进历程》，黑龙江教育出版社 1997 年版，第 152—154 页；方素梅：《中华民国时期的边疆观念和治边思想》，载《中南民族大学学报（人文社会科学版）》

2008 年第 2 期；马玉华：《国民政府对西南少数民族调查之研究 1929—1948》，云南人民出版社 2006 年版；汪洪亮：《李安宅边疆思想要略》（载《西藏大学学报》2006 年第 4 期）及《民国时期的边政研究与民族学》（载《民族研究》2011 年第 4 期，第 35—36 页）；段金生：《边疆概念的认识》载国学数典论坛 http：//bbs. gxsd. com. cn/forum. php？mod ＝ viewthread&tid ＝ 251655&extra ＝ page%3D6。

21　53　马大正、刘逖：《二十世纪的中国边疆研究——一门发展中的边缘学科的演进历程》，黑龙江教育出版社 1997 年版，第 285、164 页。

22　林文勋：《关于开展中国边疆学学科建设的建议》，林文勋：《学科建设与教学改革初探》，云南大学出版社 2010 年版，第 134 页。

23　52　杨成志：《西南边疆文化建设之三个建议》，载《青年中国季刊》创刊号，1939 年 9 月 30 日。

24　80　张少微：《研究边疆社会之内容方法及步骤》，载《边政公论》第一卷第三、四期合刊，1941 年 11 月。

25　27　64　84　85　87　89　106　116　118　124　吴文藻：《边政学发凡》，载《边政公论》第一卷第五、六期合刊，1942 年 1 月。

28　39　56　吴泽霖：《边疆的社会建设》，载《边政公论》第二卷第一、二期合刊，1943 年 3 月。

29　100　胡耐安：《边疆问题与边疆社会问题》，载《边政公论》第三卷第一期，1944 年 1 月。

31　40　48　58　102　130　131　132　曹树勋编：《边疆教育新论》，正中书局 1945 年 1 月初版，1945 年 11 月沪一版，第 1、2、3、3—4、4 页。

32　55　92　111　卫惠林：《战后边疆问题》，载《清镇铎报》第十九期，1945 年。按：材料中凡字迹模糊无法辨认者，一律以□代替，下同。

33　42　62　104　115　芮逸夫：《行宪与边民》，载《边政公论》第六卷第三期，1947 年 9 月。

35　44　65　72　88　梁聚五：《西南边地概况》，载《黔灵》月刊第一卷第七期，1946 年 1 月 11 日。

36　45　67　107　张汉光：《中国边政的出路》，载《东方杂志》第四十三卷第十四号，1947 年 8 月。

41　山逸：《我们的边疆》，载《边事研究》第十一卷第五期，1940 年。

50　张汉光：《边政往何处去》，载《边政公论》第六卷第三期，1947 年 9 月。按：
　　张汉光在《中国边政的出路》一文中也表达了这一观点。

54　卫惠林：《边疆文化建设区站制度拟议》，载《边政公论》第二卷第一、二期合
　　刊，1943 年 3 月。

59　75　110　李安宅：《边疆社会工作》，中华书局 1944 年版，第 1、2 页。

60　该所成立于 1941 年，由李安宅先生创办并任所长。

66　张问童：《筹边琐记》，载《边铎月刊》第一卷第十、十一期合刊，1947 年 1 月
　　1 日。

70　96　《边疆学会成立致辞——民国四十七年六月廿九日在边疆历史语文学会成
　　立大会讲话》，张其昀：《新教育论集》第 6 册，第 98 页。

73　李安宅：《如何建设边疆文化》，载《新西康月刊》第 1 卷第 1—4 期合刊，转引
　　自汪洪亮：《李安宅边疆思想要略》，载《西藏大学学报》2006 年第 4 期，第
　　103 页。

76　79　思慕著：《中国边疆问题讲话》，生活书店 1937 年版，第 4—5 页。

77　周昆田：《三民主义之边政建设》，载《边政公论》创刊号，1941 年 8 月 10 日。

78　朱子爽编：《中国国民党边疆政策》，国民图书出版社 1944 年版，第 1 页。

81　《禹贡》半月刊第一卷第一期，1934 年 3 月 1 日。

82　昆明版《益世报·星期论评》，1939 年 1 月 1 日，第三版。

86　94　98　99　杨青田：《救亡时期的边疆政策》，载《中华月报》第五卷第一期，
　　1937 年。

90　蒋君章、张国钧、严重敏编：《中国边疆地理》，文信书局 1944 年版，第 2 页。

110　李安宅：《边疆社会工作》，中华书局 1944 年版，第 2 页。

113　125　柯象峰：《中国边疆研究计划与方法之商榷》，载《边政公论》创刊号，
　　1941 年 8 月。

119　120　胡耐安编：《边政通论》，台北商务印书馆 1960 年 9 月版，第 1 页。

122　李安宅：《实地研究与边疆》，载《边疆通讯》第一卷第一期，1942 年。

123　这一点已基本取得共识，如杨成志就说："边疆问题与民族问题之联系性，似
　　乎不能分开"（杨成志：《西南边疆文化建设之三个建议》，载《青年中国季刊》
　　创刊号，1939 年 9 月 30 日；格桑泽仁则肯定地说："盖中国边疆问题，亦即中

国民族问题。"格桑泽仁:《边人刍言·自我介绍》,西藏文化促进会 1945 年铅印本;卫惠林认为,"中国边疆问题形成的因素,第一是民族问题。"卫惠林:《论现阶段的边疆问题》,载《边政公论》第六卷第三期,1947 年 9 月)。

126 按:引文为 1947 年 4 月 19 日边政公论社召开边疆问题座谈会,会议主席周昆田对凌纯声、芮逸夫、柯象峰、马长寿、许公武、徐益棠、卫惠林、马学良、梁瓯第等出席会议的著名学者的评价。参见凌纯声等:《边疆自治与文化》,载《边政公论》第六卷第二期,1947 年 6 月 10 日。

127 杨汉先:《读边政公论〈边疆自治与文化〉后》,载《边铎月刊》第二卷第一期,1948 年 1 月 1 日。

128 乌兰少布:《中国国民党对蒙政策(1928—1949)》,内蒙古大学中共内蒙古地区党史研究所等编:《内蒙古近代史论丛》(第三辑),内蒙古人民出版社 1987 年版,第 280 页。

20世纪三四十年代的
中国边疆研究及其发展趋向

段金生(云南民族大学人文学院副教授)

民国有论者认为，我国边疆民族之研究"创始于外国之传教士、商人、领事、军事家、自然科学家"。[1]从立论的视角观察，该学者所论之边疆民族研究，实是以近代西方学理为依据的。晚清国人对边疆问题的讨论，已经蕴育着一些新的研究内容、思维及视角。但从清末民初直到20世纪20年代末，"当时谈实际的边疆问题者，每每注意于'土地'与'主权'，而边地民众之如何认识，如何开化，如何组织与训练，均不甚加以重视"，边疆问题常被国人视为外交或内政问题而不甚注意，"其时边疆学术之综合的研究，尚无人注意"。[2]时至20世纪30年代后，"政府对于边疆的建设与开发，学者对于边疆的调查与研究，渐加注意，这是一种从来未有的良好现象"。[3]这样，20世纪三四十年代逐渐发展成为了中国边疆研究的一个黄金时段。这一时期边疆研究的内容、方法与理论均有了新的突破，隐含有中国边疆研究发展的潜力与基本趋向，值得认真分析与总结。

一、边疆研究刊物与社团
不断涌现，边疆研究内容在传承中拓伸

20 世纪三四十年代中国边疆研究高潮的表现特征是多样的，但近代研究刊物及研究社团的涌现是其最直接与明显的表现内容。

20 世纪 30 年代后，边疆研究的团体不断涌现，边疆研究的刊物盛极一时，边疆研究具有了专业化特色。关于研究边疆的杂志，民国曾有论者根据性质将其分为下属五类：一、涉及边疆或民族问题的政治性刊物，如《中国青年》、《青年中国》、《时代精神》等。二、涉及边疆或民族问题的学术性刊物，如《中国文化研究所集刊》、《金陵学报》、《史地杂志》、《地理学报》、《科学》等。三、一般的普通边疆研究刊物（包括副刊），如《边事研究》、《边疆研究》、《益世报（边疆周刊）》、《贵州日报（社会研究副刊）》等。四、分区的边疆研究刊物，如《东北月刊》、《东北论坛》、《西北论坛》、《西北资源》、《回教大众》、《新西北》、《西南导报》、《西南实业通讯》、《西南边疆》等。五、边疆研究或民族学研究的专门刊物，如西南边疆研究社主办的《西南研究》、金陵大学中国文化研究所主办的《边疆研究论丛》、中央研究院历史语言研究所人类学组主办的《人类学集刊》等。[4]这些专业刊物的创办，对于边疆研究的深入发展有着巨大的推动力。

边疆研究刊物的大量涌现是与边疆研究学术团体或机构的成立密切联系的。1909 年成立的中国地学会主办的《地学杂志》，刊登了一批关于近代边界沿革及边患问题、边疆治理、古代边疆

史地等问题的研究文章，其研究视角与方法对推动中国边疆研究的深入发展做出了开拓性贡献。[5]受当时社会时局之影响，北京政府对边疆问题注意不多。"中华民国成立至第十九年（1912—1930），内战方告平息，然其时，京粤两方尚因政治意见不合而有争议；四川尚为一大小军阀割据之局面；而红军方力争地盘，自出政令；中央因谋内部之团结，注全力于整军齐政，以谋各方之协调，心目专囿于一隅，固未尝措意边疆也"。[6]而尽管政局不安，但这一时期中国的科学研究却突飞猛进，在生物学、地质学、考古学等方面均取得进步，并且各种关于边疆学术的考察团也相继出现。不过在 20 世纪 30 年以前，虽然成立的边疆学术考察团较多，但大部分注意的是自然科学的考察，较少从社会科学的角度进行研究。[7]这一时期，从社会科学的角度进行边疆研究的学术社团或机构寥若晨星。不可否认，自然科学的研究为其后边疆研究的综合发展奠定了良好的基础。

中国地学会是中国近代史上第一个有组织的科学团体，其研究涉及大量的边疆地理情况，但并非是一个以专门研究边疆为对象的社团。现有研究表明，1924 年在北京创立的筹边协会是较早专门以研究边疆为目标成立的近代学会，该会创设了季刊《边事》，同年 5 月出版了第 1 期，收录论文 20 余篇，研究内容主要涉及蒙藏地区。[8]20 世纪 30 年代以后，边疆研究社团不断涌现。1930 年，新亚细亚学会成立，并创办了《新亚细亚》月刊。1934 年，边疆政教制度研究会成立，名义上由南京国民政府蒙藏委员会、参谋部等多部委创设，但实际为蒙藏委员会下属机构，创设《边疆通讯》。同年 10 月，边事研究会成立，创设《边事研究》。[9]1935 年，上海成立了中国殖边学会；1936 年，燕京大学历史学系发起成立了边疆问题研究会；1937 年，清华大学历史系和地学系联合创立了边疆史地学会；1940 年，中国边疆文化促进会成立，设有《边疆研究》季刊；1941 年，齐鲁、华西、金陵、金陵女子四大学共同发起成立了中国边疆研究学会，并于 1942 年在重庆创立了《中国边疆》月刊；1941 年，蒙藏委员会组织相关学者成立了中国边政学会，创设了《边政公论》月刊；此外，还有众多相关大学或机构成立了边疆研究团体。[10]在 20 世纪三四十年代众多的边疆研究团体或刊物中，《新亚细亚》、《边事研究》、《边政公论》因其组织与计划完善，研究目标明确，办刊时间持续较长，刊载内容综合性强且全面，成为这一时期边疆研究各类杂志中较具代表性的刊物。同时，1934 年由禹贡学会创立的《禹贡》半月刊，虽然不直接以研究边疆为指向，但刊载了大量关于边疆民族、历史地理方面的论著，在研究理念、学人培养等方面对这一时期的边疆研究具有重要推动作用。

1930 年成立的新亚细亚学会，对边疆研究的深入发展有重要影响。由该会创立的《新亚细亚》月刊，刊登了大量关于边疆研究的论著。该刊 1930 年创刊，1937 年由于日本全面侵华被迫停刊，1944 年复刊，共出版 14 卷，78 期。新亚细亚学会是 20 世纪 30 年代较早研究边疆并有重要影响的学会，其研究视角宏大，由该会主办的《新亚细亚》月刊所刊载的研究边疆的论著有两方面的主要内容，即研究中国国内边疆问题与亚洲其他国家的历史地理。因其"具有明显的战略研究特色，因而受到了学界和政界的普遍重视"。[11]该会及《新亚细亚》刊载的研究内容及取向一定程度上是 30 年代边疆研究视角的体现。

1934 年由边事研究会创办的《边事研究》及禹贡学会创办的《禹贡》，也是这一时期边疆研究的重要学术团体及刊物。边事研究会下属的设计组曾制订了三期工作计划。第一期工作计划强调研究边疆现实、边疆与列强关系等问题；第二期工作计划的研究内容，主要包括边疆专门问题的研究（设立边疆教育、政教、产业、贸易、交通、军事、金融、边疆史地讨论会）、组织各种边疆专门问题演讲会进行演讲等；第三期工作计划以政治区划为标准设立各种讨论会研究整个问题，主要设立外蒙、内蒙、东北、新疆、西康、西藏、青海等问题讨论会。[12] 由边事研究会创办的《边事研究》，自 1934 年 12 月创刊后，直至 1942 年 3 月出版第 13 卷第 1、2 期合刊后停刊，中间大致经历了近 8 年左右的时间。据笔者初步统计，刊登论文几近 800 篇（其中包括社评、小说、同一边疆研究论著的分期刊载等），主要设有社评、边疆研究、时事论著、边疆通讯、边事辑要等栏目。其中，边疆研究与时事论著是主要部分，刊载内容主要涉及边疆自然环境、地理沿革、社会政治、经济、文化、军事、边疆国际关系等方面。其内容与边疆研究会设计组的计划大致吻合，其重视边疆国际关系方面的研究也与《新亚细亚》关注亚洲其他国家的视角相似。

　　1934 年成立的禹贡学会及其创办的《禹贡》半月刊，虽然存在时间较短，亦非专以边疆为研究旨趣，但其对边疆研究具有不可替代的推动作用。禹贡学会之成立，系以"研究中国地理沿革史为目的"。[13]《禹贡》半月刊从 1934 年创刊到 1937 年抗战停刊，共发行了 7 卷 82 期（包括 10 个专号）。其研究范围随着时局演变，逐步扩大到边疆民族、边疆地理等边疆问题上，并先后编辑了《东北研究专号》、《西北研究专号》、《康藏专号》《南洋研究专号》、《察绥专号》、《后套水利调查专号》等涉及边疆史地研究的专栏。[14] 由于禹贡学会组织较为系统，其主要发起人顾颉刚等的个人社会与学术影响较大，该会关于边疆研究的成果具有一定系统性，故其重视边疆研究的趋向对推动边疆研究高潮的形成起到了重要作用。

持续至 40 年代，30 年代逐步兴起的边疆研究高潮仍方兴未艾，并在研究的深度上有了突破。1941 年由中国边政学会创办的《边政公论》杂志，直到 1948 年停刊，先后出版 7 卷，刊发了一大批边疆研究者关于边疆研究的学术成果，成为 40 年代边疆研究刊物中最具代表的刊物。《边政公论》杂志共设有论著、译述、书评、边地通讯、边政资料等栏目，研究内容涉及边疆地区的政治、经济、社会、宗教、民族、史地等问题，但其研究的突出特点是对边疆研究方法与理论有了深入探讨。[15]

在 20 世纪三四十年代，边疆研究的杂志及机构众多，但研究的系统与完整性存在较大差距，学会计划研究或杂志刊载的主要内容大致包括在上述层面中。以 1932 年创刊的《殖边月刊》、1934 年创刊的《边铎》、1936 年创刊的《边疆半月刊》等边疆研究杂志为例分析。《殖边月刊》认为国家危急，而"救国之要，莫若殖边"，"乃创办殖边社于上海"，呼吁国人"开发边荒，以致富庶；辅助政府，使趋健全；集散漫之力为集团，其效自大"。[16]《边铎》强调其旨趣主要包括"宣达中央德意"、"阐扬本党之主义"、"领导反帝运动"、"揭橥边民痛苦"、"记载边疆实况"等，以实现"整个国家民族政治上经济上最后之自由与解放"。[17]《边疆半月刊》强调其主要刊载关于"阐明民族整一性之重要"、"唤起国人注意边疆之开发"、"记载边疆最近消息与实况"、"介绍国外人士研究我边疆之材料"等方面的研究论著。[18]《殖边月刊》主要关注的是边疆地区的殖民事业；《边铎》强调政治性，进而关注边疆实况；《边疆半月刊》较之《边事研究》，强调了"阐明民族整一性之重要"。上述刊物据笔者所及，刊行时间均较短暂。《边铎》仅见第 1 卷第 1、2、3 期及第 2 卷第 1、2 期等 5 期，均属 1934 年；《殖边月刊》从第 1 卷第 1 期到第 3 卷第 4 期，时间跨越了 1932 年至 1935 年，共刊发了 24 期；《边疆半月刊》从第 1 卷第 1 期到第 3 卷第 7 - 9 期合刊，时间跨越了 1936 年至 1937 年，共刊发 24 期。它们与《新亚细亚》、《边事研究》、《边政公论》等刊物的持续时间、社会影响相比，自不可同日而语。这种情况的出现一方面是这一时期国人关注边疆热情的表现，另一方面也是民国政局动荡、学术研究的持续进行存在着较多困难因素影响的结果。

　　上述可知，20 世纪三四十年代的边疆研究，一方面既继承了中国古代历史研究中关注边疆政治、民族风俗等层面的内容；同时，受时代之影响，其研究内容有了明显拓伸，开始明确地以民族国家的视角考虑边疆国际政治、经济、外交等问题，与这一时期中国由传统王朝国家向民族国家构筑的社会转型保持了一致性。

二、西学影响下的边疆研究方法与理论

　　伴随着西力东渐，西学在近代中国的传播质效超越了以往。大批来华传教士和留洋的中国学者不断翻译介绍西方的近代学理，促使传统中国学术研究的方法与理论不断发生变化或转型。作为传统史学研究范畴内的边疆史地研究也相应地发生着转变，这一变化在 20 世纪三四十年代的边疆研究方法与理论上具有不同体现。大体而言，30 年代中国边疆研究在理论与方法上处于探索阶段，还未提出相对完整的边疆研究理论与方法，直至 40

代才有了较明确的学科方法与理论。

20 世纪 30 年代的中国边疆研究规模宏大，但大部分研究成果尚处于对边疆地区概况的介绍阶段，研究的深度有待提高。这一时期的边疆研究内容涉及边疆的政治、自然环境、军事、社会等多方面，但以普通概述为主。20 世纪 30 年代初就有学者对当时边疆研究中存在深度不够的问题进行了较充分的阐述。该学者明确指出当时国内众多的关于边疆研究的丛书和刊物，如果认真审察它们的内容，"大都是人云亦云，辗转抄袭，并且虚造事实来充塞篇幅"；而"许多考察团到边地去考察，他们到了边地，仅调抄了地方政府的旧卷，并没有作实际的考察工夫，这种旧卷，既不是科学的，拿时间来讲，概是清末民初的东西，并且内中充满了'概''略'等字样，纯是一种无根据的估量"。该论者坦言道，上述情况的丛书和刊物只能唤起一般民众注意边疆的意识，但不能把它们当作研究边事的材料。[19]直到 20 世纪 30 年代后期，上述状况依然存在。1937 年，有研究边疆问题的学者在论述自己的著作时亦言："中国近年关于边疆问题的新书，已出了不少，现在这本小册也有一大部分靠他们做参考资料。可是，笔者认为遗憾的地方，第一……对于边疆问题的因果关系，未作充分的严正的剖析；第二，有一部分著作又嫌芜杂，虽可供给我们以相当的材料，但是未能给我们以一个明了的观念"，承认其自己的研究成果也是"通俗的东西"，很多边疆研究内容仅是"梗概"。[20]

当然，这一时期，受人类学、民族学等西方学科理论发展的影响，民国学者已经开始认识到西方的民族理论、民族调查方法等在边疆研究中的重要作用，并有所实践。早在 1928 年，中山大学语言历史研究所就先后组织相关学者到滇川桂等省区进行人类学调查。到了 30 年代，尤其是抗战后，"边疆考察团"风起云涌。政府行为的主要有教育部组织的拉卜楞藏族巡回施教团、四川省政府建设厅组成的西北垦区调查队和西南垦区调查队等；[21]学术界主要是中央研究院社会科学研究所民族学组先后组织的对东北、华北、华东、华南、西南等省区的民族调查。[22]而受中央研究院及其他学术机构倡导民族学的影响，部分青年学人开始在国外研习民族学，国外许多关于西方民族学的权威论著也不断被译介传入国内。但在 20 世纪 20 年代末及 30 年代初，这些"纯粹的学术之著作，与实际的边疆问题，并未发生如何关系，于边疆问题之解决，仍未有丝毫裨益"，其影响范围较受局限。[23]

九一八事变后，边疆问题的重要性成为国人普遍认识，而随着滇、桂等省发生了不少民族问题，国人"乃知中国之边疆问题，民族的因子实居其重心"，故而边疆各省竞设学校、广训师资，开展民族研究工作，对于边疆民族研究有相当贡献。这一时期，民族学家一方面撰述通俗性文字以引起一般人之兴趣，一方面发表学术性研究论著以奠定民族学研究的基础。[24]人类学、民族学等相关学科理论在这一时期先后被系统地引入中国，并在边疆或民族调查中进行了实践。学者们在边疆问题的具体研究中自觉或不自觉地开始运用这些理论或方法，但尚未形成较系统的独立的边疆研究方法与理论。1940 年就有学者指出，边疆问题的重要已基本成为共识，但"边区问题的中心及内容究竟是什么"的问题尚需要进一步讨论，必须重视边疆问题实际与方法问题的探讨。[25]可以说，此论即是对 30 年代边疆研究方法与理论缺失的检讨。当然，在 30 年代关于边疆研究的相关论著中，已经逐步开始运用了民族学、人类学、社会学、地缘政治学等相关学科的理论与方法，为 40 年代边疆研究学者提出专门以边疆研究为具体对象的方法与理论奠定了坚实基础，显现了三四十代中国边疆研究方法与理论的一种线性发展历程。

　　20 世纪 40 年代，关于边疆研究的方法与理论有了根本突破，大量学者发表研究论著，探讨边疆研究的方法与理论问题。1941 年，作为 40 年代最有影响的边疆研究刊物《边政公论》在发刊词中明确指出，"边疆问题的重要性和边疆建设要求的迫切，已为举国人士所公认"，"于边疆建设的步骤和方法，则尚未能与目前的需要相配合，而待讨论的地方正多"，"研究边疆亟须方法的训练和眼光的培养，已是无可疑议"。[26]上述认识一定程度上体现了 40 年代中国边疆研究存在的问题及需要进一步深入研究的导向。同时，这一时期的学者还认识到"我国边疆之研究，已较英法俄日等国人士落后数十年，故吾人对于我国本身之边疆状况，其认识程度且不逮远甚"。[27]在 30 年代边疆研究的基础上进一步加强边疆研究的深度，日趋迫切。在这一背景下，40 年代一批学者发表了大量关于边疆研究方法与理论的论著，系统地从学理层面对边疆研究的方法、途径等进行了阐述。柯象峰、张少微、林耀华、李景汉、吴文藻等学者，是其中较为凸显者。

　　柯象峰撰写了《中国边疆研究计划与方法之商榷》一文，认为举凡自然科学及社会科学的学者均应属于中国边疆研究的社团，但研究社团中的主角应是民族学家及社会学家；边疆研究中，人文研究重于自然研究，而人文学科中民族社会的研究又重于其他方面。此缘于他认为增强边疆民众精神文化的内向是维护边疆领土完整的重要途径。并罗列了具体的研究方法步骤。[28]张少微认为边疆社会的研究内容包括地理环境、种族、人口、语

言、家庭、经济、政治、宗教、教育、道德、消闲、医药卫生、
社会性传说、社会性禁忌、国际关系等 15 个方面。研究方法上，
至少有图书法、问卷法、人格分析法、摄影法、观察法、访问
法、社会个案法、语言法、征集法、购置法、地境法、测验法、
量度法、地图法、清丈法、抄录法、绘制法、统计法等 18 种方
法可以运用。张氏还制定了中国边疆社会的研究步骤，主要分为
初步观察、收集资料、训练人员、组织团体、研究方式、统计整
理等 6 步。[29]林耀华的《边疆研究的途径》、李景汉的《边疆社会
调查研究应行注意之点》等文，均对中国边疆研究的方法与途
径问题进行了认真探讨。他们关于边疆研究方法的探讨，多借鉴
了西方民族学、社会学、人类学的学科方法。虽在具体方法、步
骤的讨论中存有差异，但本质是近代学理意义上的边疆研究方法
的构建。

　　20 世纪 40 年代的民国学者们一方面重视边疆研究方法的探
讨，另一方面也重视边疆研究的学科理论建设。民国有学者已指
出，"民国以前，中国有筹边政的策论文章，而无研究边政的专
门学问"。中国古代并未出现关于边疆研究的专门学问。而"九
一八后，国内大学有不少设立边政学系，而却无边政学的科目。
抗战以还，中央政治学校边疆学校特设边政专修科，蒙藏委员会
亦专开蒙藏政治训练班，于是'边政史'，'边政研究'，'边疆
政治'，'边疆政策'，这一类科目名称，始出现于课程类"。[30]此
语表明，加强边疆研究的学科建设已经成为当时研究边疆学者们
的重要认识。这一时期关于边疆学科理论的探讨，以吴文藻最为
典型。

　　吴文藻较系统地提出了边政学理论，对于边疆研究的学科建
设具有筚路蓝缕的性质。吴氏认为，边政具有广义与狭义之分：

边疆政治，系边政之广义；边疆行政，系边政之狭义。边疆政治可以包括边疆行政，但边疆行政不能包括边疆政治；边疆行政可以视为边疆政治之一部门，以研究边疆政治为主要对象。至于边疆政策，是根据边疆政治原理推演出来的，必须凭借边疆行政机构始能见诸实施，地位介于边疆政治与边疆行政之间。广义上的边疆政策可视为边疆政治之一部门，狭义上它可包括在边疆行政范围之内。而研究边政学的观点主要是政治学与人类学两种。二者中人类学观点为主，政治学观点为副。吴氏如此看法，是因为他认为"边政与乡政是吾国现阶段上中央政治的核心问题"，而边疆民族是边疆政治的关键，这是必须从人类学的视角来研究边政的主要原因。吴氏认为人类学所谓的边政，系指狭义的边疆行政而言；政治学所谓的边政，指广义的边疆政治而言。为了体现贯通人类学与政治学的原则，吴氏关于边政学理论的阐述中采用边政的广义概念，即边政学就是研究边疆政治的专门学问，而边疆民族与边疆政治息息相关，故边政学也可表述为研究关于边疆民族政治思想、事实、制度及行政的学科。[31]吴文藻的边政学理论，虽然系从人类学的视角进行构筑的，但对于当时边疆史地研究的学科建设却具有重要的理论推动作用。

20世纪三四十年代学者们关于中国边疆研究方法与理论的讨论，是最早利用西方相关学科理论结合中国边疆社会实际进行的探索，所论不可避免地带有了一些时代色彩，以及当时边疆认识、民族观念方面的一些局限性，但均是前辈学者基于当时的客观事实的认真考察。他们关于中国边疆研究方法与理论的诸多见解，在今天看来亦不过时，仅时代学理及国策的表述等不尽相同，对于今天构建当代中国边疆研究的理论与方法仍具有重要借鉴意义。

三、边疆研究的特点与发展趋向

　　20 世纪三四十年代的中国边疆研究，在研究内容、方法及理论的外延与内涵方面较之中国传统边疆研究均有了明显进步，并形成了鲜明的时代特征。这些内容及特征体现了近代中国边疆研究的发展大势，同时也是诸多因素综合作用的结果。

　　20 世纪三四十年代的中国边疆研究，是"致用"与"致知"双重需求的产物，有着明显的时代特色。毋庸置疑，20 世纪三四十年代中国边疆研究高潮发轫的一个重要原因是边疆危机的加深，这迫使着有经国济世传统的中国学人们探索解决边疆现实问题、中华民族的出路与前途的方法，与暴日侵逼、边疆危机严重的社会背景有着直接联系。关于此点，民国研究边疆问题的学者们在其著作中均有论述。"我国边疆辽阔，人类寥落，且其边界均与列强接壤。有清末季，内政失修，外侮纷乘，藩篱尽撤，并有危及本土之趋势。'九一八'事变发生，满洲沦陷；'七七'抗战继起、内蒙又陷敌手；近来敌人侵占越南，断绝我滇越国际路线，复煽惑泰国，乘我抗战紧张之时，藉口民族自决，诱骗我边民，策动侵略，为其张目，更在西北煽动蒙回自主独立，意图分化我之团结，而我国人多注意内地各省之战事发展，殊不知敌人窥伺边疆野心之阴毒，并不亚于侵凌内地也。现西北西南边疆各地，已为吾国长期抗战之根据地，故其重要性愈益明显，吾人更应有密切注意之必要"。[32]许多研究机构及刊物的成立与兴办，均与此背景有关。如边事研究会的成立目的是"研究边事问题，唤起国人注意边事，促进政府开发边疆，以期巩固国防、复兴中华民族为宗旨"。[33]《边事研究》、《边铎》的发刊词中均有相同意思的表达。这一时期其他相关的边疆研究论著中，亦多有作者呼吁国人关注边疆问题，加强边疆研究，指出边疆对国家发展、民族强盛具有重要作用。正是在这样的呼声下，三四十年代的边疆研究逐渐引起国人的普遍重视。换言之，中国的边疆研究具有明显的"致用"色彩。

20 世纪三四十年代兴起的边疆研究高潮，除了社会政治形势的"致用"需求外，也是西方学理传入后"致知"的客观要求。边疆研究，"经世致用之大端也"，而正当"我国边疆学运动渐渐消沉之际（道咸西北边疆史地学派后，边疆研究的高潮有所回落——引者注），外国学者正群起为更大努之力"。1858 年，英国在上海成立皇家亚洲学会华北分会（The North China Branch of The Royal Asintic Society），刊行学报为 *Journal of The North China Branch of The Royal Asintic Society*；1872 年，英国在香港组织中国评论社（Society of China Review），刊行 *China Review*；1890 年，法国人在巴黎刊行通报（To'ung Pao）。1898 年，德国人柏林刊行东方语言学会会刊（Mitteiungen des seminars fur Orientalische spranchen）；1900 年，法国人在越南河仙刊行远东博古学会会刊（Bulletin de L'ecol Francaise D'axtreme – Orient）；1905 年，日本组织东洋协会学术调查部，刊行东洋学报；1906 年，日本南满洲铁道株式会社组织学术调查部，编辑东北及朝鲜的历史地理研究报告。"此诸种刊物中之文字虽不尽囿于我国边疆问题，然就大体言之，皆直接牵涉我国边疆问题者也"。[34] 这些研究经过列强"政府及学术团体之奖掖与提倡，其中亦不乏高明之作"[35]。直至 20 世纪 30 年代，"吾人苟欲认识自己边疆问题，已不得不借材于外国"，民国学界视此"岂非大可耻之事乎？"[36] 同时，西方细致的学科理论的传入也开拓了学人们的思维。缘此，重视从学术"致知"的角度加强边疆研究成为了近代中国边疆研究发展的必然趋势。

20 世纪三四十年代的中国边疆研究，具有政府组织与推动的明显时代特征。"边疆问题，就是中国的存亡问题"。[37]在国人普遍重视边疆研究的情况下，国民政府对此也十分重视，积极推动或组织边疆研究团体的成立。1933 年，蒙藏委员会、参谋本部、内政部、外交部等中央部委共同组建了边疆政教制度研究会，以研究边疆地区的政教制度为目标。而《边事研究》、《边铎》等杂志也与国民政府关系密切，甚至可以说就是由政府资助创办的。边事研究会的常务理事冷融（蒙藏委员会委员）、赵丕廉（曾任蒙藏委员会副委员长）、白云梯（曾任蒙藏委员会委员长、副委员长）等均系蒙藏委员会重要领导。《边铎》创刊词明确宣称"国民政府承总理之遗教，受本党之领导，无日不努力于边疆各地民族之团结与夫本党民族政策之施行。故党务方面，中央组织部特设蒙藏一科，以期推行主义于边徼，政府方面，于处理边疆日常政务之蒙藏委员会外，行政院复添设边疆政教制度委员会，关于边地政情，多所探讨，参谋本部更有边务组之设立，罗致边事专家，以研究安边御侮巩固国防诸要政"。[38]其"宣达中央德意"等办刊旨趣，基本是国民政府边疆与民族政策的宣传，明显系由国民政府支持创办。

20 世纪三四十年代，也有 1935 年成立的中国边殖学会，1936 年燕京大学历史系顾颉刚与冯家昇等发起成立的边疆问题会，清华大学历史系与地学系 1937 年创办的边疆史地学会等研究团体，但受政府影响或推动的迹象亦十分凸显。虽然这种以政府力量来筹组边疆研究团体的行为隐藏着一定的负面效果，但这种以政府力量促成边疆研究团体力量的壮大，毕竟对中国边疆研究具有客观推动效应。

20 世纪三四十年代的中国边疆研究，呈现了逐渐突破传统史学窠臼，向独立学科发展的一种基本趋势。传统的边疆研究，属于史学研究的范畴；而随着中国学术的近代转型，学科分化趋细，近代中国边疆研究也出现了重要转变。有学者在论及西北边疆史地研究时曾言："如果从学科门类来看，当时的边疆研究属于历史学和历史地理学这样一个范畴。这些都是中国的传统学问……那时的边疆研究不是借用新兴的学科，而是借助中国传统的史学工具来研究边疆问题的。"[39]西北边疆史地研究虽已呈现出关注边界、国外事务的倾向，在研究内容与研究视野有了较大发展，但仍属于传统研究范畴。20 世纪三四十年代的中国边疆研究，受西方学理及时代思潮的影响更深，其研究内容、方法、理念等均有了本质突破。在研究内容上，主要围绕边疆地区的自然环境、政治、经济、文化、军事、国防、人口、民族等问题展开学术探索。在具体的研究方法上，除了传统的实证、文献资料外，大量运用了民族学、人类学、政治学、社会学、行政学等学科的理论与方法，并明显具有了西方专业化研究的特点。这一时期，经过前期的积累及西学传播后国人学术思维、视野近代化的影响，中国的边疆研究已经不再局限于传统史学研究的藩篱，学者们开始尝试架构边疆研究自身的方法与理论。吴文藻、柯象峰、张少微等学者的观点颇具代表性，是中国边疆研究走向独立学科进程的重要表现内容。而这一时期大批关于边疆研究的团体与杂志的创办，促使了边疆研究向着更专业的方向发展，在可预见的将来，逐步发展成为一门专门的学科。

20 世纪三四十年代的中国边疆研究，在研究理念上呈现出跨学科的多维视角。近代中国边疆问题复杂，已经不仅是传统中国内部的中原王朝与周边少数民族政权关系的演变发展了，而且具备了近代民族国家的主权与领土争端内容。传统的较单一的史学实证记载研究方法已经无法因应这一新的变化情况。近代中国的学术经历了复杂的转型，边疆研究作为中国学术研究的重要组成部分，一方面既有突破史学学科藩篱的趋向，另一方面在具体的研究过程中也必然借鉴和运用了西方传入的各种方法以深入研究探讨中国的边疆问题。以这一时期研究边疆的学术社团而论，除了史学研究者外，凌纯声、柯象峰、李安宅、吴文藻、张少微、李景汉等重视边疆研究方法与理论的学者均分别属于民族学、人类学、社会学等学科。这表现了中国边疆研究进入各学科交叉综合运用的基本趋势。

　　总之，20 世纪三四十年代的中国边疆研究，其研究内容、方法、理论等是传统学术向近代学术转变过程的反映。中国有借学术言政治的传统，学术研究与社会政治联系密切，中国的边疆研究亦不例外，具有为现实政治服务的功能。这一时期的边疆研究，虽然具有一些缺失，但对于促进中国学术发展、国家对边疆社会事务的治理等起到了不可替代的重要作用。正如民国有论者所言："我们研究边疆问题，还是一个拓荒者。我们虽不敢说我们是第一次的探险队，可是这里的结晶品，即好比许多坚苦卓绝的工程师，煞费了全部的精力，刚刚从深山里掘出的几块矿苗。虽然这些矿苗里，可以炼出金子，也可以炼出银子，甚至于铜铁铅锌，也不免掺杂其间。因为在这拓荒的时代，拓荒者第一步只在搜寻广大的矿苗，至于这矿苗内铁的提炼，或不免有疏忽的地方。"[40] 他们的研究成果，对于今天的中国边疆研究的深入发展仍具重要意义。

注　释

1　2　4　6　7　21　23　24　35　徐益棠：《十年来中国边疆民族研究之回顾与前瞻》，《边政公论》第一卷第五、六期合刊，1942 年。

3　言心哲：《边疆社会调查与边疆社会改造》，《边政公论》第一卷第五、六合期，1942 年。

5　刘迤：《中国地学会》，《中国边疆史地研究》1991 年第 2 期。

8　10　房建昌：《简述民国年间有关边疆的机构与刊物》，《中国边疆史地研究》1997 年第 2 期。

9　12　33　边事研究会：《边事研究会总章》，《边事研究》创刊号，1934 年。

11　叶罗娜：《新亚细亚学会与〈新亚细亚〉月刊》，《赤峰学院学报》2007 年第 1 期。

13　马大正：《略论禹贡学会的学术组织工作》，《中国边疆史地研究》1992 年第 1 期。

14　王记录、林琳：《〈禹贡〉半月刊对中国史学近代化的影响》，《史学史研究》2010 年第 1 期。

15　参见段金生：《20 世纪 40 年代中国边疆研究的方法与理论——以〈边政公论〉为中心》，《北方民族大学学报》2010 年第 6 期。

16　汪扬：《敬告国人》，《殖边月刊》创刊号，1932 年。

17　38　边铎半月刊社：《创刊词》，《边铎》创刊号，1934 年。

18　边疆半月刊社：《发刊辞》，《边疆半月刊》创刊号，1936 年。

19　陈祥麟：《研究边事的基本问题》，《边事研究》创刊号，1934 年。

20　思慕：《中国边疆问题讲话·编者的话》，上海引擎出版社 1937 年版。

22　王建民：《中国民族学史》上卷，云南教育出版社 1997 年版，第 168—185 页。

25　姜蕴刚：《边区问题之理论与实际·序》，西南边政协会出版 1940 年版，第 1 页。

26　边政公论社：《发刊词》，《边政公论》第一卷第一期，1941 年。

27　28　柯象峰：《中国边疆研究计划与方法之商榷》，《边政公论》第一卷第 1 期，1941 年

29　张少微：《研究边疆社会之内容方法及步骤》，《边政公论》第一卷第三、四期

合刊。

30　31　吴文藻：《边政学发凡》，《边政公论》第一卷，第五、六期合刊，1942 年。

32　西尊：《边疆与国防》，广东省地方行政干部委员会编印，1942 年，第 1 页。

34　36　《禹贡》学会：《〈禹贡〉学会研究边疆计划书》，《史学史研究》1981 年第 1 期。

37　边事研究会：《发刊词》，《边事研究》创刊号，1934 年。

39　王利平等：《20 世纪上半叶的中国边疆和边政研究——李绍明先生访谈录》，《西南民族大学学报》2009 年第 12 期。

40　新亚细亚月刊社：《第二卷的本刊》，《新亚细亚》第一卷第 6 期，1931 年。

从《东方杂志》看
民国学人对西南边疆问题的认识[1]

王振刚（云南大学人文学院讲师）

商务印书馆出版的《东方杂志》，是中国近现代期刊史上影响较大、持续时间最长、涉猎领域较为广泛的大型综合性杂志，它创刊于 1904 年 3 月，终刊于 1948 年 12 月，历时 45 年，共计出版正刊 44 卷 800 余号（期）。它以自由主义为其价值理念，声称"以阐明学术为主旨；所刊各文，见解力求客观，议论务期平允。注重新知之介绍，然力避武断，期无悖研究之精神，内容则人文自然，中外新书，兼收并録"。[2]它紧随时代脉搏，忠实地记录了我国近现代发展的历史轨迹，具有重要的史料与学术价值，是近现代史研究领域中一份厚重的文化遗产。学术界对《东方杂志》相关问题的研究自 20 世纪 60 年代以来日渐增多，特别是改革开放以来的 30 余年中相关研究取得了较大进展，但细细看来，成果主要体现在对《东方杂志》思想文化内容、政治主张、乡村建设、史料价值、编辑群体以及新闻出版等领域的研究上，[3]对于边疆（海疆和陆疆）问题的研究因诸多原因目前还涉足不深，见之于文的成果仅有刘永文、张廷芳《〈东方杂志〉与中国西藏》、刘永文《近代传媒与中国西藏》、郭渊《从〈东方杂志〉看晚清政府对东沙岛的主权交涉》、李中平、刘亦明·《九一八事变前后〈东方杂志〉对中日关系问题的分析》等数篇。[4]而对于西南边疆问题的研究也仅有刘永文、张廷芳《〈东方杂志〉与中国西藏》、刘永文《近代传媒与中国西藏》两文[5]，前文以《东方杂志》为个案，后文以《神州日报》、《时报》、《东方杂志》为个案，论述了晚清报刊与中国西藏的关系，阐明了西藏是中国主权不可分割的一部分。遗憾的是文章仅限于对晚清西藏问题的论述，几乎没有涉及民国时期的西藏问题。有鉴于此，本文以《东方杂志》所载西南边疆相关问题为基础，对民国学人认识西南边疆问题进行考察。

一

1. 学人对西南边疆战略国防问题的认识

民国伊始，西南边疆便遭到了英人对西藏、西康的阴谋侵略，支持十三世达赖和西藏地方政府脱离中央，策划西姆拉会议，制造康藏划界纠纷；其次便是处心积虑地蚕食滇西边地，制造班洪事件；再次就是日寇对西南的入侵与环形围攻，等等。面对这样的形势，西南边疆战略国防价值显得益为重要，从诸多学人形象而贴切的表述中，我们可以看到，西藏为我国领土，西南屏障，土地面积广袤，可以与东北相伯仲，"地处西南，东俯川滇，北倚青、新，西南二面与印度、缅甸接壤，于亚洲大陆地居首都，有高屋建瓴之势"，"右扼英国向吾国东南侵略之咽喉，左控青海、宁夏之背肘，在国防上、军事上与吾国本部有密切之关系",关系我国西南国防至大且巨。[6]喜马拉雅山为西藏的屏蔽,西藏又为四川的屏蔽,这是舆地学家所共识,也是军事家所熟悉的,无西藏则无四川,无四川则无滇、黔、陕、甘诸省,"蚁穴之细。可以溃全堤。鸿室之毁。必先由户牖",此西藏国防战略重大,不可不察。[7]对于西康,时人认为,西康雄踞扬子江上游,地处滇、川、青、藏与英印之间(东邻川省,西接西藏,南界滇云,北枕青海,西南毗邻英印),地势险要,横断山脉、金沙江、澜沧江等高山大川阻塞围绕其间,以军事价值而论,康省有屏障川、青、兼援滇、藏,具有控扼西南半壁安危枢纽的战略价值。[8]在康藏划界问题上建议最为紧要的国防必争地乃为昌都,因昌都位于西康中部,"居澜沧江之上流,北连青海,南入云南,东通四川,西赴拉萨,川滇青藏之交通孔道,而横断山脉之第一重镇也;在军事上襟带青滇,退可守,进可援,诚西康之门户,边防之锁钥;若昌都不属康,一旦藏边遭外寇,康亦难以自固矣"。[9]对于云南,时人认为,滇边问题,绝非局部问题,而是关系全国,地处形胜的片马、江心坡被侵占,使得滇省无险可守,英人可以实现缅印与滇、康连为一气,奠定了进一步侵略川、滇、康的基地,进而威胁整个西南,甚至可以从扬子江上游渐次推进威胁整个长江流域,等等。[10]另外,贵州形势,"扼江粤之上流,接连滇、桂,界达川、湘,为整个西南之重心"。[11]广西地处西南边疆,形势天成,近代以来久为法帝国主义所垂涎。抗战时期,"不仅是华南以至全中国抗战的重要根据地,而且是抗战大后方云贵的屏蔽了"[12]等。随着抗战形势的发展,西南边疆的地位一天天引起了人们的重视,沦陷区以及沿海各省的居民潮水似的涌向西南,国府西迁重庆,西南已成为抗战的根据地,民族复兴的凭借。因此,学人对西南边疆战略国防问题的认识益越来越重视与深化。他们从地缘政治互动的宏大视角认识到了西南边疆（尤其康、藏、滇、桂）对中国战略国防问题的价值，并以形象真切的语言表而述之，警示政府与国人为念。

2. 学人对西藏、西康问题的认识

民国时期西藏、西康问题主要表现为英帝国主义侵藏、康藏纠纷以及西康建省等问题。英人侵藏主要体现为支持达赖及西藏地方政府脱离中国，策划西姆拉会议以期实现侵略西藏、肢解中国的险恶用心。对此问题的认识及解决之道，时人的文章中亦有鲜明的论述。从中藏历史发展演变关系及帝国主义侵藏阴谋与策略看，认为帝国主义侵略西藏的缘由及经过是处心积虑、蓄谋已久的，方法与手段是文、武、政、经交互为用的，西藏遭遇的丧权失地与种种磨难，是由帝国主义殖民政策强加的。近代以还，英国积极谋求侵藏，尽管有面临俄国南进压力，但满足其贪欲，实现对中国西部康、藏利益的最大化乃是其本质所在。[13]对于十三世达赖喇嘛在处理西藏与中央和英印关系中的所作作为，学人给予了中肯的评价，肯定了他是一位英敏稳健的达赖，尽管做过一些有违中央"治边大略"的违逆之事，但最终在保持西藏不被英人所侵吞方面，还是有所作为的。[14]在康藏划界问题上，冷亮认为："康藏划界问题为整个西藏问题之核心，整个西藏问题之得解决，康藏划界问题当然解决，康藏划界问题之得解决，整个西藏问题或较易解决，此两问题实互为因果。"[15]对中藏关系问题的认识，体现了学人对西藏问题的核心价值所在，冷亮从中藏关系演变的角度回溯了清代统治西藏的历史，得出西藏为中国领土，中国对西藏拥有绝对主权。进入民国，姻缘诸多因素，中藏关系处在了畸形状态下，西方列强为了染指西藏，其政治家与学者戴着有色眼镜对中藏关系杜撰了种种歪理邪说，譬如称西藏为喇嘛王国、中国宗主权下之属国或者为半独立国一类。针对此种情况，作者进一步解释了宗主权与主权之间的异同，认为列强制造中国为西藏宗主国一词，是为其侵藏所铺设的阴谋诡辩。进而考察了中外各方确定中藏关系的意见，驳斥了种种谬误，提出了维护国家主权之完整解决藏事的原则：西藏应承认为中国领土，五族共同建国，中央与地方权限划分，应依据三民主义建国原则，遵照总理建国大纲规定，"建国大纲十七条载'在此时期中央与省之权限采均权制度，凡事务有全国一致之性质者，划归中央，有因地制宜之性质者，划归地方，不偏于中央集权，或地方分权'云"。认为具有全国性的一致事务有四端：外交应归中央主持、军事应归中央训练与指挥、交通应归中央设施、重要官吏应归中央任命，以上四项为国家主权之所在。[16]对于解决西藏问题的方法，学人认为根本策略有七：一是充实国力，整顿武备，以实现边疆自卫能力；二是应实施政教分离制度，达赖、班禅管理宗教，中央委任官吏行政地方；三是政府应尊孙中山先生"化汉满蒙回藏五大民族为中华民族"之遗教，应用教育力量混合之；四是治藏之道，当因地制宜，因人设治；五是今后政府治藏，应自下层着手，充实西藏，建设西藏；奖励内地人民前赴西藏经商，盖内地茶叶、绸缎，皆为藏人所乐用，而西藏所出产羊毛、金矿，亦为内地所需要；且西藏与内地的通商，可以化除汉藏隔阂，联络民族感情；六是设立西藏邮政、电讯，开辟航空路线，以通内地与西藏消息，今日我国东西航空路线，已自上海至成都，只需派员前往西康西藏两地，各开一飞机场，即可由成都展至拉萨；七是西藏所以与内地隔绝关系者，乃系因山岭梗阻，交通不便，消息隔阂所致，故为统治西藏，强固边防，汉藏通商，均富以建筑铁道为第一要义。[17]等等。

西康建省始于 1906 年清政府筹划的川滇边区，1925 年北京政府设立为西康特别行政区，1939 年 1 月，重庆国民政府批准，西康省政府正式成立。西康建省是晚清政府应对英帝国主义侵藏的重要策略之一，清末川滇边务大臣赵尔丰在西康实施大规模改土归流、开辟交通、发展文教的一系列举措，使得西康建省雏形渐备。民国以还，康藏划界问题纠纷不断，西康地方与中央之间貌合神离，中外势力相互交织、错综复杂，极大地影响了西康建省工作的完成。从《东方杂志》所载的诸多文章中我们可以看出，学人对西康建省问题的认识也颇有见地，基本上指出了西康建省问题的要图所在，至于西康迟迟未曾正式建省的原因，学人认为与康藏纠纷不断、川省内乱不已、川康藏交通困难等诸多问题有极大关系，"西康建省决不是一个单纯的制度问题。更改省界，以求调整汉藏间的关系，而作为进行建设工作的基础，是当前最急切的问题。这一点解决之后，必须注意脚踏实地地开发富源，提高文化，强固边防"。[18]同时，对于西康建省的实现，适时收复被藏方侵占的土地亦至关重要，中央及康省当局，还须倾全力于康省政治的设施、经济的改善、教育的兴办、铁道公路的修筑、农业的改进、民团的编练、矿产的开发、汉番感情的调和及各重要政务的处理。[19]另外，西康边防国防的胜利完成，还应以获得中央的支持赞助与邻省的合作为先决条件，西康本不能离开国家民族有机的关联而孤独存在。西康建省从缘起到成功经历了百转千回；[20]等等。

西藏、西康问题是民国时期西南最为复杂、重要与持久的边患问题。由于自身战略地位的重要，帝国主义的垂涎欲滴，康、藏地方势力的纠纷不断，中央与地方势力的貌合神离以及地方势力内部之间派系倾轧，无疑都影响并滞缓了康、藏问题的解决与稳固。从晚清赵尔丰在川滇边区卓有成效的大规模改土归流，到民国时期三次康藏纠纷，再到 20 世纪 30 年代初刘氏叔侄的川康大战，直至抗战爆发，国府西迁重庆，1939 年元旦西康正式建省，各种内外矛盾错综复杂、相互交织，使得康、藏问题的解决变得异常艰难。详阅《东方杂志》所载的相关文章，主旨上可以看出，学人们从历史事实、学术视角及爱国主义立场出发，阐述了中藏历史关系，西藏主权为中国所独有的事实铁证；戳穿了帝国主义（尤其是英人）侵略西藏、制造康藏纠纷、阻止西康建省的种种阴谋；提出了诸多解决西藏、西康问题的切要之论，捍卫了西藏为中国领土的舆论声音。尽管有些认识不无瑕疵。

3. 学人对帝国主义侵滇及滇边界务问题的认识

云南地处祖国西南边陲，自晚清以还，英亡缅甸，法据安南，西南边事急不容缓。顷刻之间，云南处在了英法帝国主义的夹攻之中，形势甚为险恶，英人对滇西边地的不断蚕食，法人对云南经济的掌控，等等。无疑都是民国时期云南边疆危机的集中体现，当然也是学人们关注的重点所在。英人侵滇有其政治（与俄法对峙、与缅甸毗邻）和经济（贯通扬子江富庶之区、滇藏矿藏丰富）的诸多背景，对于英人侵略滇边的过去和现在情形，学人提出了诸多的救济方案：建立新省（在滇西地区设立新省）、移民实边、改土归流、倡导教育、发展交通、启迪民智等诸多安边固圉之策。[21] 认为班洪（侵占滇边矿产）事件的起因与本质，实属英帝殖民政策所致，症结在于滇缅界务未定。事件发生以来，旅京云南同乡会、旅沪云南同乡会纷纷发起保卫国土的呼号，建言献策，请愿政府，督促中央及地方政府迅速划定境界，筹划系统永久解决办法，力保边圉主权的稳固，显然迫在眉睫了。[22]片马与江心坡所处位置险要，乃云南国防形胜所在，处于沟通英属印缅与中国西南各省的关节点，滇边问题不仅仅是滇省的局部问题，而是全国问题。[23]对于法帝国主义侵滇，学人考察了中法有关滇越铁路的修筑、运营及相关合约的鉴定或修正情形，认为法国利用滇越铁路为手段侵略滇、桂，以交通、商务、金融垄断为核心的经济侵略是其本质所在，对此国民政府应尽快与法国修订滇越铁路专约的权利与义务，据理力争，争取最大的正当权利，同时建议政府自己修筑昆钦（昆明至钦县）铁路能够与法控滇越铁路竞争。滇越铁路对我云南边地有着经济和国防危害的双重影响，我们必须尽早尽力谋划修订之，争取收回更多的权力。[24]

　　有关滇缅界务问题，刘曼仙认为滇省在我国地理上占有重要的地位，针对英人在滇西边地的蚕食侵吞，政府应在勘界、殖边、提倡国防教育、灌输边疆知识、进行实地测验（由政府设立全国边防研究会，召集精熟边防史地人员分别研究，并遣使或着该省省政府派员实地测量，使有明确标准，以备交涉时有所依据）、史实研究、据理力争、重勘国界等方面有所作为。[25]在滇缅划界问题上，学人认为英人的阴谋狡诈，我方人员的颟顸无知，是造成中英交涉中我方屡屡失败丧权失地的重要原因。[26]华企云在《重勘滇缅南段界务的认识》一文中也表达了相同的观点，他希望重勘滇缅南段未定界务时一定要去实地调查，尽量利用最新发明的工具，"把滇缅南段的一丘一壑，一村一寨，都要调查个详详细细，作为将来交涉上惟一的有力证据"。[27]班洪事件发生以后，国内反英舆论与民气一度高涨，随着中英与日本侵华之间矛盾的深化，中英矛盾已开始缓和，且相互协调性升温，从东序

《中缅划界纠纷解决》一文中可以看出，"滇缅路南段中英划界换文，业于 6 月 18 日在重庆签字。按中英滇缅南段界线，久悬未决，民国二十年冬，发生缅方派员探查炉房矿区事件，我外交部当即商得英方同意，合组共同勘界委员会，前往实地勘察，以谋根本解决……历年以来，我外交部与英方，本和洽妥协之精神，进行交涉，终获圆满解决，于 18 日签订换文。我方历年所争持之班洪区域，猛角及猛董西部之猛卡、拱弄、拱勇、蚕回各乡，以及永广、猛梭、西盟等区，均经划归我方，共计面积将近二千平方公里"，而炉房矿产由中英两国共同投资开采。[28]缅甸于 1948 年 1 月脱离英国独立后，王永康对滇缅勘界问题进行了回顾与展望，追溯了滇缅勘界问题的由来及其流变，对滇缅北段勘界进行了展望，认为值缅甸独立之时，考虑滇缅未定界区，"在历史上与我国有密切之政治关系，在种族上又与我滇西边胞山头人同，其全部主权，不宜分割。缅甸现已独立，万象更新，盼中缅人士不久即能会同作合理之解决"。[29]等等。

　　总之，学人认为帝国主义侵滇，本质上是其殖民政策使然，同时，也是列强争夺资源控制与竞争态势的需要。云南战略地位的重要，而长期以来，我们政府忽视对边疆地区的经略与重视，致使边地发展迟缓，弊病丛生，给了敌人以可乘之机。近代以还，我们自己边疆科学的研究远远落后于西人对我们的研究，进而屡屡造成滇边界务及勘界问题的失误，致使丧权失地不断。对于滇西边患的救济，学人提出了诸多针砭时弊、补苴弥缝的方策。抗战胜利后，值缅甸独立时，学人希望中缅两国能够在尊重历史及事实的基础上重勘滇缅北段未定界地区，以便能把英人强取豪夺之区重归于我。另外，对法帝国主义以滇越铁路为手段，对我西南边疆进行的经济侵略行为，学人也有所关注。

4. 学人对西南边疆移民殖边、经济开发与交通建设问题的认识

移民殖边与交通建设也是历代统治者最为常用的边疆经略措施之一，只是因时代和条件的不同各有侧重罢了。民国时期，日寇自北而南，自东而西的侵华大战略，使得中国政治核心被迫转移西南，更是人为地加速了西南移民殖边与交通建设的进程。对于国难声中的殖边问题，王成祖认为殖边问题的解决对于国难缓解与补苴是大有帮助的。殖边事业着着推进对于缓解内地人口过密、生活困苦，增强边地垦殖、富源开发、疆场稳固，加强内地与边疆的沟通与交流、民族与文化融合，培养边民国家观念、杜绝外患、向心祖国都是意义重大的。殖边事业的实施，细而言之，殖边工作应以开发边疆地带的富源、促进边疆与内地的关系、强固边疆地带的防务为旨归，具体可从移民开荒、改良交通、增益商业、提高文化、加强边地驻军等项着手，推进方法应由政府倡导，中央与地方政府互相联络，使得一切计划可以彼此协助。殖边事业的管理应注重由专家调查设计指导，人民可以组织强有力的团体扶助推进，吸引内地人民到边疆去，鼓励志愿投身边疆的人民，要制订详实的计划，分步次第进行。在比较全国边地自然与人文条件之后，认为殖边西南地区（云南、贵州、广西）最为适宜，条件最好，成功希望最大。[30]对于西南（广西、云南、贵州、四川）的垦荒问题，他认为"在抗战时期，对外联络的方面，西南的重要，固然未必胜于西北。讲到供给作战的人力物力，充实后方的生产机构，收容战区的避难人民，西南的重要，无疑远在西北之上。一般的目光既然转移到西南，垦荒不过是关于开发西南的许多新计划之一"。[31]此外，学人对清代封闭

边疆（特别是西藏）的治策给予了批评，呼吁现任政府应大力移民实边，垦殖西藏，方是"安边固藏"的最好方法。[32]等等。

　　对于西南边疆的经济开发问题，学人认为现代战争，不仅是人力的搏斗，也是物质力的竞赛，我们这次进行的战争是革命的战争、长期的战争，所以一定要经济动员，以经济抗战与军事抗战相配合，才能最终战胜强敌，奠定建国的基础。[33]从《东方杂志》的诸多文章中可以看到，学人们的研究指明了西南边疆农、林、矿产等资源的分布情况与特点，各地经济开发的概况，尤其对民族抗战复兴地四川的农林工矿事业发展与复兴给予了很高的希望；高度评价了新广西的经济建设成就，赞誉了其无愧于"全国模范省"的殊荣；对于贵州矿产资源的分布、储量、产量、采冶等情况进行了详实分析、统计与考察。诸如此类的研究，对于国人明了西南边疆资源储量与可开发潜力，增强抗战信心都是颇有价值的。[34]此外，学人认为西南人口稀疏，资源物产丰富，值东南沿海厂矿企业大规模搬迁西南之际，西南民众应充分的利用好西南所蕴藏的丰富资源以及由战区迁来的工厂与技术人才，进而建立起工业化的基础。使得地尽其力，物尽其用，人尽其才，开发西南也就成了当前我们最迫切的任务。[35]因此，改善交通，加速开发矿产，改良农产，发展工业，振兴商业，调整出口贸易等，诸如此类的西南经济开发已变得亟待而重要。

　　抗战时期西南内外交通线的建设与完善也是学人重点关注的问题之一。"自从抗战发生以来，我们感觉到军用品的供给，是一件最紧要的事，我们前方所用的军火和军械，大部都靠外国输入，而现在沿海一带，已被残暴的敌人封锁了，那么打通国际路线，却是目前的急务，国际路线可以分为西北和西南两部"，而西南国际路线和西南交通的建设，显得尤为重要。[36]王伯群在

《抗战建国与西南交通》一文中认为，交通的重要性对于国家犹如人体健康需要血脉通畅、血液循环不息一样重要。交通事业的发达有助于文化传播、经贸的繁荣、生产的增值、国家的统一，对于战时作用更为显著，兵贵神速，古今中外兵法上所不易的道理。中央决定把西南各省作为民族复兴的根据地，也就是国防的最后根据地，中央高度重视西南的地位，那么，西南交通建设的急需改进就显得更为迫切了，只有西南对内对外交通建设得以改进与完善，国防最后根据地的基础才算打定。根据中央政府铁路计划，自从民国二十六年起，预备在五年内，把西南铁道网完成，西南铁道网是以贵州为中心点的西南交通线（川黔、滇黔、湘黔、黔桂），这一计划实现将对今后抗战建国任务完成具有重要的意义。[37]蔡次薛在《开发西南与交通建设》一文中认为，抗战时期西南的战略地位非常重要，积极开发西南，建设西南将对抗战建国与民族复兴至为关键，而交通建设是开发西南的先决条件（交通建设是西南工业化的重要条件，同时也是开发西南的中心问题），西南交通建设的途径主要应为：强化交通的统制机构、积极建设重要的交通干线（铁路、公路、水路、电信、航空）、利用固有的交通工具（人力、蓄力、帆船、肩舆、木筏等）。总之，西南各省特殊地理条件对于一切交通工具尤感迫切的需要，政府应努力从事交通建设，将铁路、公路的重要干线次第完成，注意水道的疏通和航空线的增辟，电信网的布置与人力、蓄力等的广泛利用，使深山峡谷，崇山峻岭之西南变为舟车辐辏，熙熙攘攘，往来不绝，"不但在军事上可收动员迅速与军需品大量运输的效果，而且在内地文化水准的提高上，政治权利的推动上，均可得到圆满的收获"，尤以在经济上所得的利益更多（开发富源、增加生产、促进对外贸易、调整经济关系）。[38]

等等。

如上所述，逐渐形成的国难，尽管症候复杂，绝不是一种病原能概括，一种方法能治疗，但一直以来我们的殖边没有做好，的确是造成国难极为重要的原因之一。抗战爆发以来，随着北部、东部国土大片沦丧，作为抗战复兴基地的西南，移民殖边与经济开发问题就显得尤为重要。面对日寇的钳形包围之势，经济封锁窒息之策，西南边疆的内外交通建设与完善已成为抗战建国、民族复兴与西南开发建设中的中心与重心问题，正如时人张公权先生所言："今日之军事经济重心，显然已转移至平汉粤汉两线以西，在此未经前人开发之广大区域中，尤以西南交通建设之困难与复杂，较西北为甚。"[39]

5. 学人对西南边疆民族与宗教问题的认识

中国自古以来就是个多民族国家，民族问题也是历代统治者最为棘手且不可回避的问题，民国时期，作为民族集聚地的西南边疆，民族问题更是学人们不能不关注的边疆问题之一。然而，通过《东方杂志》相关文章的考察发现，学人们对苗族的认识较历史上已有重大进步。从作者实地考察（调查）并参考相关资料基础上写成的文章中，我们几乎能看到民国时期贵州及西南苗民的社会生活、风俗习惯、文化景观、文字语言、道德观念、艺术思想、宗教信仰、职业与教育等情形。尽管囿于个人智识与时代观念所限，有的文章不免有错讹谬误之处，甚至有歧视性的民族称谓用语，但内容主旨上却是益于新知传播与民族团结的。譬如，于曙峦认为，苗人与汉人同为中国人，汉苗之间，尤其是汉人对苗人应放弃歧视与凌辱的陋习，应帮助苗民谋划教育，匡危扶倾，去其鄙陋，增益新知。[40]曹经沅批评了前人研究苗民以讹传讹的歧视性的错误观点与方法，赞誉了苗民自强、刻苦、勇敢、诚挚的固有美德。并表达自己撰写文章的目的是在于提出贵州苗民问题，"使国人对于苗民得一比较明白概念，扫除过去错误之观感，对于称谓，改'犬'旁为'人'旁，以示平等而正视听，并详述其生活苦窳，迷信尚深，智识缺乏，以期引起国人之同情心理，发生研究之兴趣，检讨适当之政策，俾其'自强'、'刻苦'、'勇敢'、'诚挚'诸种美德，发扬而广大之"。[41]吴泽霖认为，贵州短裙黑苗，"没有文字，智识也非常闭塞，离开现代式的生活实在太远，为了文化程度的悬殊，他们当然会受着汉人的蔑视。又因历史上汉苗间曾有过继续不断地冲突摩擦，二族之间，多少还存在着疑忌隔离的态度"。[42]针对这样的情形，政府当局应"一方面提高苗民的教育程度，一方面应设法消除汉苗间的隔膜"，把数百万的苗胞转化为一支极有力量的生力军，使其在抗战建国的过程中，负起特殊的责任。[43]陈国钧认为，起初苗民先祖本是与华夏交融与共的，由于中原政治统治策略及长期所处地理环境破碎分割的缘故，才使苗民的文化生活渐趋落伍于内地汉人。现今，随着抗战炮声的提高，为苗区主人翁的苗民，不能再任其浑浑噩噩了，政府和社会人士应当注意苗区的团结，促进苗区文化、生活、利益的改善，解除其苦痛。如第五次全国代表大会宣言第8条所述："一切施政纲领，以尽先为当地土著人民谋利益为前提。"[44]等等。对于广西徭民情形，学人认为，徭民的生产虽然落后，生活虽然艰苦，教育和文化程度虽然均没有汉人那样进步，但事实上他们并没有我们平时所想象的那样野蛮。而且，"他们现正逐渐采取汉人的长处，以补他们的短处，将来政府当局如能积极设法帮助他们增加生产，促进他们的教育，则同化徭民实非难事"。[45]等等。

对于抗战中的西南民族问题，黄文华认为抗战以来，言民族复兴者，都推西南是民族复兴根据地。要实现这一目标，就必须使西南诸民族得到开发，培养其大中华民族意识，使其做到一心一意、同心同德，在一条战线上同仇敌忾、御侮抗敌。要做到这些，就必须放弃歧视西南民族的做法，消弭汉蛮间的隔阂，以民族平等待之，奖励研究蛮族研究者，入蛮区服务者，悬赏研究蛮族各问题者，设西南民族研究会，鼓励支持学者深入西南调查研究，以资政府参考。[46]对于国防建设与边疆民族关系问题，学人认为政府当局不仅要重视物质的国防建设，更要重视心理的国防建设，应努力培养边疆民族国家意识、民族意识，养成其先国家后个人意识。更应急于重视民族学研究对于国防建设的贡献，期望政府今后对于边疆民族、地理、物产的研究工作加以大力赞助，使得有冒险精神，具有爱国热忱的青年，有为国宣劳的机会。"同时政府宜设立主管机关，组织大规模之边疆清查团，集中人才，通盘筹划，分组调查，限期完成，作为报告，以备参详"。[47]等等。

对于宗教问题的认识，从《东方杂志》相关文章的论述中可以看出，学人们对藏传佛教研究与认识显然占有着突出的地位。藏传佛教由来、发展、演变、影响、派系划分及特点、达赖班禅世系、喇嘛一般情形、西藏三大寺概况、政教制度的结合与演变等，都是学人研究与重点关注的方面。对于佛教在藏区盛行的原因及影响，学人认为自然环境的促成和社会风气的驱使是佛教盛行的势所必然之因；佛教的影响遍及"一切政治、教育、经济、军事、艺术，以及语言、文字、风俗、习惯，等等，都贯入佛教的意义，带了不少的佛教色彩，就是饮食起居，也充分的表现着佛教的精神，总之他们一切事务的创作，全是为着佛教而造作，我们可以大胆的说一句，假使拿去了西藏的佛教，那么西藏社会，便什么也谈不上"。[48]从西藏宗教与政治的关系角度看，中央治藏政策的制定和实施绝对不可忽视宗教的因素。[49]对于西南边疆的原始宗教的认识，学人们也有所论述，但意义不大。有关西人在西南边疆传教事业问题，学人们虽然没有做过多的集中论述，但基本上却表达了这样的认识：西人传教士们往往打着在边疆游历、考察、献身慈善事业、某国地理学会会员等名义，明目张胆地测绘地图，刺探情报，充当侵华政策的急先锋，加之有特殊条约的保护，地方官不但不加以禁止，且为保护，支持乌拉，等等；当然，另一方面，也有部分学人对传教士在边地传教的坚韧、执著精神表示了钦佩，对比自身，我们对边疆的了解、经营与边胞福利的推进，无不感到汗颜。[50]传教士在我国边疆事业的着实推进，无不刺激着国人努力直追、奋勇向前的步伐。

　　综论上文，囿于时代与智识所限，学人们对西南边疆未定民族（除汉、满、蒙、回、藏之外的国人）尚不能作出十分清楚的划分与正确认识，蔑视、歧视、同化少数民族的言论还时常此起彼伏；但另一方面处于抗战建国与开发西南边疆地区的需要，一些进步学人也意识到了这一错误观念的危害，并积极主张应给予汉、苗、徭、夷等民族平等地位，增强团结，培养其大中华民族意识、国家意识。同时认为，解决好西南民族地区的开发问题对于抗战建国与民族复兴意义重大，政府应重视民族学在边疆问题研究中的价值，应鼓励与资助边疆研究团体和学人深入西南边疆从事调查及科学研究，当仁不让地承担起发展边疆科学研究的责任；我国边疆科学研究落后，我们在认识边疆、研究边疆问题的过程中时常参考西人著述的耻辱情形应当尽快改变；宗教问题、民族问题与边疆问题往往相互交织在一起，决定了政府在

"治边理疆"过程中必须因地制宜，统筹规划，而不能简单化、鲁莽化，尤其中央治藏政策更不可忽视宗教因素。总之，学人对西南民族、宗教问题的研究对于警示国人对西南边疆问题复杂性的认识是大有助益的。

二

纵观前文五个方面的述论，我们可以看出民国时期西南边疆危机主要表现为：英帝国主义谋求藏、康、滇西边地并制造康藏纠纷、滇缅界务问题，进而想贯通康、藏、川、滇与整个长江流域经济贸易的独霸权，实现其在华利益与竞争态势的最大化；法帝国主义以安南为基地，以滇越铁路为手段，以经济侵略为中心，实施对我滇、桂的贸易垄断、金融控制为鹄的；随着1937年日寇的全面侵华，东部国土大部沦陷，国民政府西迁重庆，西南地区历史性的成为抗战建国与民族复兴的根据地，而日寇封锁中国国际交通线与窒息中国抗战力量的战略，无时无刻不在威胁着西南边疆的安全。然而，究其原因，帝国主义的殖民政策实为其根源所在，但长久以来我国政府对边疆地区治理的失策，边疆科学研究的缺失，执行西南边疆未定民族政策的含混不清，忽视西南边疆资源开发、交通建设、教育实施以及近代化工业进程的推进，无不使我们在抵御外来侵略方面在在堪虞。

民国学人对西南边疆问题的相关述论，总体勾画出了西南边疆问题的大致轮廓，甚至对某些问题认识得还相当细致与深刻，譬如：西南边疆战略国防问题、帝国主义侵藏问题、西康建省问题、滇边界务问题、交通建设问题、民族与宗教问题等等。但同时，笔者认为学人对西南边疆问题的认识也不乏错讹与遗漏之处，譬如，方秋苇在《达赖转世与班禅返藏》一文中论述清朝驻藏大臣与达赖、班禅共治西藏模式时竟说道："驻藏大臣是西藏最高权力的统治者。清廷把西藏当作殖民地统治的这种情形，前后有百多年了。"[51]把西藏与中央的关系看成殖民地与宗主国的关系显然是谬误的，把清政府对西藏地区"因俗而治"的施政措施类比作西方殖民者的殖民统治，显然缺乏对两者之间本质的认识，混为一谈了。尽管其主旨上也是从维护中国对西藏领土安全、反对西藏地方政府独立及英人侵藏的立场出发的。另外，对于西南边疆重要的教育问题，学人缺乏足够的重视，几乎没有专门与专业的文章进行系统的论述；有之，也仅仅表现为其他主旨文章中的捎带提及。[52]对于法帝国主义侵略（经济侵略）西南边疆问题论述略显薄弱。对于日寇南进政策实施后（也就是太平洋战争爆发后），迂回包抄切断我西南陆路国际交通线造成的危机之势，缺乏相关的论述。从抗战胜利后至1948年底终刊这一段时间内，对于有关西南边疆问题的认识，可能由于外患渐消、内战重起、复原潮流东向回迁之故，相关西南边疆问题论述的文章稀疏难见，重视度大大降低。

总而言之，《东方杂志》所载相关西南边疆问题的研究，尽管反映的只是一小部分学人对此问题的论述，但却代表着国人对西南边疆问题的主流认识。在这些人当中华企云、冷亮、刘曼仙、王成祖、蒋星德、王伯群、蔡次薛、吴泽霖、陈国钧等都是西南边疆问题研究的优秀代表，他们中的很多人不只是以《东方杂志》为园地，而且还在《西南边疆》、《边政公论》、《边事研究》等其他一些刊物上撰文呐喊，书写着他们对中国边疆问题的真知灼见。[53]他们的研究很大程度上影响着政府与国人对中国（西南）边疆问题的认识。另外，作为大型综合性杂志《东方杂志》来说，自创刊之日起就注重对边疆问题的关注，实属难能可贵。从杂志所载西南边疆问题的相关论述来看，尽管有些文章并非出自专业学人之手，存在着这样或那样的不足甚至讹误，但其主旨无不以"经世致用、匡正时弊"为鹄的。对此我们不应求全责备。在今天看来，学人们对民国时期西南边疆问题的认识与研究，提出的诸多"治边理疆，安边固圉"之策，尽管深深地打着那个时代的烙印，但有些仍不失借鉴的价值所在。

注　释

1　民国时期西南边疆的范围尽管有诸多不同之论，但按时人的认知大致可分为三种意义的边疆：一是习惯地理意义上的西南边疆，与邻国有陆路接壤的边界省区（西藏、西康、云南、广西等地区）；二是政治意义上的西南边疆，与省县体制相异的地区或者省县体制无法畅行适用的局部地区，主要是土司制、政教合一、部落制盛行或残存的地区（主要为康、藏、滇、桂、川、黔等地区）；三是文化意义上的西南边疆，与中原汉文化相异的地区（主要为西南少数民族地区）。三者混而言之，民国时期西南边疆范围主要可包含为康、藏、滇、桂、川、黔等六省区。本文所述民国学人对西南边疆问题的认识，大体上也不出以上范围。

2　王云五：《复刊辞》，1943 年第 39 卷第 1 号。

3　具体参见，陆小宁：《迷途中的文化探索——论〈新青年〉与〈东方杂志〉的东西文化论争》，《中州学刊》2000 年第 3 期；丁文：《营造一时之"国论"——〈东方杂志〉的舆论理想》，《云梦学刊》2009 年第 1 期；肖高华：《1922 年知识界的制宪讨论——以〈东方杂志〉"宪法研究号"为中心的考察》，《湖南大学学报》2008 年第 6 期；李斯颐：《30 年代〈东方杂志〉政治倾向的成因》，《新闻与传播研究》1990 年第 3 期；王欣瑞：《从〈东方杂志〉解读民国乡村建设思想》，《西北大学学报》2008 年第 6 期；张欣：《〈东方杂志〉史料性和学术性研究》，《河南图书馆学刊》2008 年第 6 期；张凤英：《论〈东方杂志〉的文献价值》，《湘潭大学社会学报》2001 年第 3 期；李静：《杜亚泉与〈东方杂志〉》，《青海社会科学》2007 年第 4 期；范岱年：《胡愈之和〈东方杂志〉》，《出版史料》2007 年第 1 期；李明山《五四时期关于杂志编辑的一场争论——〈东方杂志〉对〈新潮〉杂志罗家伦批评的回应》，《山西师大学报》2003 年第 2 期；等等。

4　刘永文、张廷芳：《〈东方杂志〉与中国西藏》，《西藏研究》2006 年第 4 期；刘永文：《近代传媒与中国西藏》，《西藏大学学报》2006 年第 2 期；郭渊：《从〈东方杂志〉看晚清政府对东沙岛的主权交涉》，《浙江海洋学院学报》2008 年第 4 期；李中平 刘亦明：《九一八事变前后〈东方杂志〉对中日关系问题的分析》，《云梦学刊》2008 年第 3 期。

5　目前在中国期刊网上可查到的文章。

6　冷亮：《西藏问题之真相及其解决方法》，1934 年第 31 卷第 9 号；冷亮：《国人对于藏情应有之基础智识》，1937 年第 34 卷第 13 号。

7　内外时报《英兵入藏论》（上、下），1912 年第 9 卷第 1 号。

8　19　王冀曾：《中央何不收复全康》，1934 年第 31 卷第 7 号。

9　15　冷亮：《康藏划界问题之研究》，1935 年第 32 卷第 9 号。

10　蒋星德：《岌岌可危的滇边问题与救济方案》，1929 年第 26 卷第 8 号；刘曼仙：《滇缅界务之史的考察及其应付方法》，1934 年第 31 卷第 9 号；陈泽溥：《片马与江心坡志要》，1934 年第 31 卷第 24 号。

11　41　曹经沅：《贵州之苗民问题》，1936 年第 33 卷第 22 号。

12　蔡次薛：《新广西的经济建设》，1940 年第 37 卷第 2 号。

13　大山：《班禅入觐与西藏告警》，1924 年第 24 卷第 11 号；米田实：《英帝国主义与西藏政策》，1928 年第 25 卷第 22 号。

14　17　冷亮：《西藏问题之真相及其解决方法》，1934 年第 31 卷第 9 号。

16　冷亮：《中藏关系论》，1941 年第 38 卷第 4 号。

18　王成祖：《西康建省》，1934 年第 31 卷第 23 号。

20　镜如：《新西康省府诞生》，1939 年第 36 卷第 3 号；贺觉非：《西康建省之前夕》，1939 年第 36 卷第 4 号。

21　蒋星德：《岌岌可危的滇边问题与救济方案》，1929 年第 26 卷第 8 号。

22　市隐：《英人侵略滇边》《班洪事件之归趋——滇人奋起呼号保卫疆土》，1934 年第 31 卷第 6 号、9 号。

23　陈泽溥：《片马与江心坡志要》，1934 年第 31 卷第 24 号。

24　育干：《中法越南专约的签订》，1930 年第 27 卷第 15 号；楼桐孙：《论中法越南专约》，第 27 卷第 17 号；王基朝：《中法越南商约问题》，1935 年第 32 卷第 7 号；万湘澄：《滇越铁路与其专约的修订问题》，1936 年第 33 卷第 4 号。

25　刘曼仙：《滇缅界务之史的考察及其应付方法》，1934 年第 31 卷第 9 号。

26　作舟：《滇边划界问题》，1935 年第 32 卷第 10 号；李培栋：《滇缅勘界协史》，1917 年第 14 卷第 7 号。

27　华企云：《重勘滇缅南段界务的认识》，1935 年第 32 卷第 11 号。

28　东序：《中缅划界纠纷解决》，1941 年第 38 卷第 14 号。

29　王永康：《滇缅勘界之回顾与展望》，1948 年第 44 卷第 3 号。

30　王成祖：《国难声中之殖边问题》，1936 年第 33 卷第 1 号。

31　王成祖：《抗战期中推进西南垦荒之商榷》，1938 年第 35 卷第 15 号。

32　蒋星德：《蒙藏问题与蒙藏会议》，1930 年第 27 卷第 6 号。

33　李朋：《四川的桐油与国营》，1940 年第 37 卷第 4 号。

34　田倬之：《未开发的宝藏——峨马雷屏》，1937 年第 24 卷第 8 号；贺益文：《现阶段的四川建设事业》，1938 年第 35 卷第 14 号；蔡次薛：《新广西的经济建设》，1940 年第 37 卷第 2 号；李朋：《四川的桐油与国营》，第 37 卷第 4 号；陈励途：《都江堰的水利工程》，1941 年第 38 卷第 12 号；余大猷：《贵州的煤矿》，1943 年第 39 卷第 17 号；钱珍：《贵州的铁矿》，第 39 卷第 20 号；余大猷：《贵州之汞矿》，1944 年第 40 卷第 24 号；钱珍：《贵州之硫矿与硝矿》，第 40 卷第 24 号；李寅恭：《川省林业刍议》，1938 年第 35 卷第 7 号；李寅恭：《四川林业副产之一斑》，1939 年第 36 卷第 13 号；钱珍：《贵州之铜矿与锡矿》，1946 年第 42 卷第 9 号；余大猷：《贵州之铅矿与锌矿》，第 42 卷第 18 号。

35　38　39　蔡次薛：《开发西南与交通建设》，1940 年第 37 卷第 3 号。

36　37　王伯群：《抗战建国与西南交通》，1938 年第 35 卷第 16 号。

40　于曙峦：《贵州苗族杂谭》，《贵州苗族杂谭（续）》，1923 年第 20 卷第 13 号、14 号。

42　43　吴泽霖：《贵州短裙黑苗的概况》，1939 年第 36 卷第 16 号。

44　陈国钧：《到苗区去》，1940 年第 37 卷第 16 号。

45　蔡树邦：《广西贺县徭民生活的现状》，1934 年第 31 卷第 19 号；张震道：《广西徭民的婚姻生活》，1935 年第 32 卷第 10 号。

46　黄文华：《抗战中的西南民族问题》，1938 年第 35 卷第 21 号。

47 刘咸：《国防建设与边疆民族》，1935 年第 32 卷第 9 号。

48 阴景元：《西藏佛教的检讨》，1936 年第 33 卷第 2 号。

49 冷亮：《西藏宗教与政治之关系》，1941 年第 38 卷第 14 号；谭英华：《喇嘛教与元代政治》，1946 年第 42 卷第 4 号。

50 内外时报《边藏最近之闻见》，1912 年第 8 卷第 12 号；汪懋祖：《从历史上探讨云南土族的系统》《云南传教事业》，1947 年第 43 卷第 5 号、11 号。

51 方秋苇：《达赖转世与班禅返藏》，1937 年第 34 卷第 7 号。此外，这一文章中有诸多论述错讹之处，具体可参考冷亮先生在《国人对于藏情应有之基础智识》一文中给予的罗列、纠正与廓清。

52 从专注于西南边疆教育问题角度论述的文章仅见于欧元怀《三年来贵州教育改进之趋势》一文。刊于 1943 年第 39 卷第 11 号。其余论述相关西南边疆教育的问题，散见于其他主旨的文章之中，缺乏专注系统的研究。

53 民国时期，是中国现代学术由形成逐步走向规范的时期，边疆危机的特殊时代背景，使得诸多学人的志业转向了边疆问题的研究，他们大都怀有深厚的民族主义与爱国主义情结，以"学术济世"的精神投身到边疆问题的研究之中，提出了拯救边疆民族危机的一系列现代理念："大中华民族意识"、"民族平等观"、"科学教育观"等等，毋庸置疑，他们的研究很大程度上促使了自近代以来国人共同体"大中华民族意识"的觉醒和强化，加快了"现代民族国家"进程的步伐；此外，惠及于此，民族平等、民族团结意识也在不断的进步之中。这一时期学人对边疆问题的研究，尽管有诸多的不足之处，但却为后来的边疆与民族研究奠定了基础，积累了经验、培养了人才。因而，从这个意义上来说，他们已出色地完成了时代赋予的使命。对于参与这一历史进程《东方杂志》边疆研究的优秀学人来说，显然无愧于这样的赞誉。

战时曾昭抡西康科学考察及成果研究

戴美政（云南师范大学西南联大研究所）

抗战时期，出于抗战建国的时代需要和倡导理论与实际结合的学风，西南联大教授、著名化学家曾昭抡尤其注重推进科学考察，由他率团进行的西康考察和大凉山彝区考察，就是两次成果显著影响深远的西部科学考察活动，曾昭抡在考察中表现出的无畏精神和严谨态度，代表了中国科学工作者的优良作风，影响了当时的中国科学界，也给青年一代树立了学习榜样。而其以考察报告和报纸连载形式出版的科学考察记，则又是颇具科学价值和社会意义的综合性考察成果，就是今天来看，也不乏现实启示作用。限于篇幅，本文主要探讨曾昭抡率团对西康省考察的若干问题。

一、1939 年西康科学考察

抗日战争特殊的环境促使中国科学界离开正常的科研环境，把研究的视野转向广阔的大自然。这不仅是战时大后方经济建设的急需，也是科研转向的时代要求。它使战时设备仪器药品奇缺的艰难状况得到一定的弥补，也开创了科学家走出书斋实验室，将理论与实际结合为抗日建国服务的良好风尚。抗战期间，科学考察蔚然成风，由科学学会组织的考察就有多起。1939 年 7 月至 10 月，曾昭抡率"中华自然科学社西康科学考察团"对西康省进行的考察，就是时间较长、经历曲折、影响深远的一次考察活动。

中华自然科学社是中国现代重要的科学团体之一，由赵宗燠、李秀峰、郑集、苏吉兴等人发起，1927 年 9 月 9 日成立于南京，当时意在发展中国西部科学事业，故称"华西自然科学社"。1928 年 7 月，在中央大学举行第一届年会时改名为"中华自然科学社"，当时仅有社员 26 人，1935 年有社员 320 人。[1] 以后稳步发展，成为继中国科学社、中华学艺社、中国科学化运动协会之后，又一个综合性科学团体。在中华自然科学社存续的20 余年中，曾昭抡大约在 1938 年加入该社，并未因晚到而有所松懈，他先后担任该社《科学世界》的专栏撰稿人、社内理事和学术部主任，对推进该社科学事业出力颇多，深为该社社员钦佩。

1. 筹备工作费尽周折

1938 年 11 月 13 日，在重庆举行的中华自然科学社年会上，社友们讨论了"为尽科学团体报国之责任，应从事边境科学考察工作"的议题，最后决定组织"中华自然科学社西南及西北考察团"，到两地进行科学考察。并且推定该社赞助社员教育部长陈立夫、西康省建设厅长叶秀峰、国立编译馆原馆长辛树帜，以及社长杜长明，社友胡焕庸、曾昭抡、屈柏传、江志道等人任筹备委员负责筹备。同年 11 月 27 日，该社举行第十二届理事会第一次社务会议，为求考察工作易于实现，决定先筹备西康考察，杜长明为筹备会召集人。以后数月中，该社几次开会商讨具体事宜，1939 年 3 月 24 日举行第四次社务会议，推定该社理事朱炳海、谢立惠为西康科学考察团筹备委员，并议决成立西康科学考察团筹备处隶属于筹委会，推定社友胡焕庸为主任，朱炳海为秘书。1939 年 3 月，中华自然科学社在《社闻》通告考察团组织办法，公开征求考察团员。等到当年 4 月底报名截止时，却是"报名参加者寥寥无几，"于是只好采取专函敦聘办法，征集考察团员。7 月 2 日，举行第八次社务会议，筹备处根据各方社员回函，通过了考察团员名单。此时筹备事务取得实质性进展，考察经费获得解决，教育部津贴 3000 元，西康省建设厅补助 7000 元。可是，"惟因事出仓促，觅人殊感困难"[2]，当最后确定团员名单时，情况又有变化，已报名者因公务、私事、生病等原因中途退出不少。在此情形下，曾昭抡挺身而出自愿率考察团前往，中央大学农学院教授朱健人等社友，也积极报名参加。筹备半年余之久的考察团终于组建起来了。[3]

中华自然科学社西康科学考察团正式组建后有成员 10 人（不包括技工和中途加入的人员），特聘西康省建设厅长叶秀峰为名誉团长，曾昭抡任团长，朱炳海为总干事，考察团分四个考察组，地理气象组朱炳海（组长，中央大学地理系教授）、王庭芳、严钦尚，农林畜牧组朱健人（组长，中央大学农学院教授）、杨衔晋（中国科学社生物研究所研究员）、严忠，药物组谢息南（组长，重庆国立艺术专科学校）、冯鸿臣，工程组曾昭抡（组长）、陈笺熙（四川大学应用化学处）。[4]他们均为中华自然科学社社友。除曾昭抡外，都在重庆、成都等地的高校或学术机关任职。关于考察团成员数，曾昭抡说全团有 12 人，[5] 可能包括技工周子林，另一人是谁待考。

2. 从昆明经重庆、成都到雅安

因为考察团预定从重庆出发，远在昆明的曾昭抡就得提前动身。1939 年 7 月 8 日清晨 7 时余，曾昭抡乘坐中国航空公司飞机从昆明前往重庆。抗战时期，昆明到重庆没有直达公路，乘汽车前往要绕道贵阳，前后要花费六天半时间。因此，经济条件较好的，到重庆往往选择乘飞机。曾昭抡出发这天还算顺利，两个半小时后，飞机平安降落在重庆珊瑚坝机场。曾昭抡到达重庆后，同朱炳海等人就去联系汽车，经多天奔走，又托了军界熟人，才包租到四川省公路局的一辆汽车。[6]

7 月 22 日午后，曾昭抡、朱炳海、王庭芳、严钦尚、谢息南、冯鸿臣等 6 人，终于在沙坪坝中央大学集合上路了。这是一辆破旧的福特汽车，路上不断抛锚，450 公里路走了 3 天，在 25 日傍晚才到达成都。在成都又奔走等候了 6 天，才包租到一辆木炭汽车前往旧县。1939 年 8 月 1 日清晨，曾昭抡和王、严、谢、冯等人，还有成都约齐的杨衔晋、陈篯熙，以及请来的技工周子林等 8 人先行上路，朱炳海则暂留下来等候西北方向来的团员。当天傍晚，曾昭抡等人到达旧县。第二天没有西去的汽车，他们乘船从水路到了新津县，这里也没有汽车，他们住了一晚，第三天只好坐"洋车"去邛崃。所谓洋车，就是人力车，曾昭抡一行连行李，共包租了 15 辆洋车，天黑时到了邛崃县。在邛崃也找不到汽车，还是坐洋车，8 月 4 日晚抵达雅安。这样，从成都到雅安 152.5 公里路，他们用去 4 天时间。从雅安启程，考察团的工作算是正式开始。[7]朱炳海在成都等候的数天中，原约定的考察团员均未能成行，又聘中央大学教授朱健人任农林组长，严忠为农林组团员。8月7日下午，朱炳海等人抵达雅安，9日从雅安出发，随后赶到康定与曾昭抡等人会合。[8]

3. 考察路线及经历简况

西康科学考察团的考察分组进行，因此所走的路线也不完全相同。曾昭抡对此作了说明："考察的路线，最后一共分成四路，第一路由雅安直赴西昌；第二路经康定、九龙、木里，到云南省北部的丽江；第三路到九龙后，向西北去，经五须，到雅砻江边，归途经折多山回康定；第四路在九龙县境内兜一小圈后，归途经雅江返康定。"[9]工程组走的是第二条路线。曾昭抡从昆明出发到成都，再从成都到雅安、康定、九龙、木里、丽江、鹤庆、邓川、大理，再返昆明。从昆明出发算起再回到昆明，曾昭抡此行全程共3220公里。这期间除了乘飞机、坐汽车、坐人力车和乘滑竿外，实际步行500余公里，骑马近700公里。同为工程组的陈笃熙，是在成都回合后一起出发的。不过，后来陈笃熙未与曾昭抡同路，到九龙后，考察团路线作了调整，陈笃熙改随其他组行动。最后与曾昭抡同路考察的是杨衔晋、冯鸿臣两人。

曾昭抡等人走的第二条路线，其历程可谓艰险万分，很多时候过的几乎是野人生活。曾昭抡事后回忆说："我们差不多步行过川康大道的全程（九百里），我们穿过向来视为神秘的木里土司，我们趟过了夏季从来没有人敢过个贡嘎河。我们爬过贡嘎山，渡过金沙江、'蚂蝗沟'，上过玉龙雪山。我们越过海拔四千八百多米的高峰，穿过几十里长的大森林，走过几十里远的大草原，经过一百多里没有人烟的境域。我们曾经一个月没有见过街子，若干天没有见过汉人。黑夜骑马，涉水渡河，蛮家借宿，林间打野，是我们日常生活的一部分。帐篷和炊具，是我们行李的重要部分；吃的用的，全都要带着走。我们曾经好几天没有吃过米饭，好些天缺乏医药。我们曾经干吃过青稞粉，还吃过狗吃剩下来的火腿。说旅行'苦'，在这些地方，根本不能成为问题，因为在这些地方，成为问题的，不是苦和乐，更不是干净和肮脏，而是死和活。"[10]

4. 从雅安到康定

1939 年 8 月 6 日上午 9 时，曾昭抡率领考察团由雅安启程。从雅安到康定，有南、北两条路，南路从雅安启程，经荥经、汉源、泸定等县，到达康定，北路经天全县到泸定，再与南路会合。动身这天，雅安会合的考察团成员王庭芳、严钦尚暂留雅安，等候朱炳海等人来到再走。随曾昭抡出发走南路的团员是谢息南、冯鸿臣、杨衔晋、陈笺熙、周子林等 5 人。他们雇了 3 乘滑竿和 4 名挑夫运输行李和考察仪器，全体团员全程都是步行。九天半的艰苦跋涉，途中先后在麻柳场、黄泥堡、汉源、宜东、化林坪、冷碛、大亨坝等处住宿，其中在汉源县休息了两天。同行的团员，植物组的杨衔晋，药物组的谢息南、冯鸿臣三人，一面走一面采集标本，比曾昭抡他们晚到康定一天；工程组的曾昭抡、陈笺熙，主要是测量里程、海拔高度，观察地貌等。同以往考察一样，每到一处，曾昭抡都要详细记录与考察有关的一切，无论条件如何，从不间断。

1939 年 8 月 15 日，曾昭抡到达西康省首府康定县城，受到省建设厅长叶秀峰的周到接待。康定城建在高山环抱中一条很窄的河谷上，南北长而东西窄，海拔 2570 米，周围山峰雄峙，险峻异常。曾昭抡描述说："郭达山、跑马山和子耳坡三座高山，逼促紧凑，将康定城挤成一条蜿蜒狭长市街。澄清碧绿的'贯城河水'，以极大的流速，由南到北，直穿城的中心而过。它那奔流的绿水，震耳的涛声，层出的白沫，骨露的傲石，令这极西的都市，充满了荒野里的美丽风景。"[11]考察团在这里停留了9天，曾昭抡抓紧时间了解西康省建省7个多月来的变化，包括地理气候、历史民族、政治经济、军事文化、教育宗教等多方面情况，均作了详尽记录。省府张秘书长和建设厅长叶秀峰让曾昭抡查看了有关西康建设的档案资料。8月17日，朱炳海等人抵达康定，至此，全团人员到齐。8月19日，西康省政府和省建设厅分别宴请考察团全体成员。[12]

8月22日上午，全团参观西康省水电厂。当日下午，国民党省党部和建设厅在该党部设茶话会，向西康科学考察团介绍本省情况，同时陈列出许多统计资料、图表报告、标本和照片等。管理中英庚款董事会组织的"川康科学考察团"此时恰好已到康定，该团也参加了这次会议。会上，叶秀峰简略介绍了西康省建设概况和计划，省党部陆委员报告该党部成立和工作，接着由省建设厅所属的交通、农牧、工矿三科主管人员，分别详述西康各方面现况和建设计划。接着，曾昭抡和川康考察团团长，均作了答谢演说。通过这次茶话会，曾昭抡说"我们对与西康省一般情形和目前建设概况，得着一个很好的概念。"[13]在康定的最后几天，他们到数十里外的高山上采集标本，并参观了金盖坪金矿。该矿开工不久，据说产金量属西康最多。曾昭抡详细记下了采金全过程和矿工的悲惨生活，对深受鸦片毒害的矿工寄予深深的同情。[14]

5. 从康定到九龙

从康定再往西北或西南走，被称为"出关"。至少要准备四样东西，即乌拉、藏洋、粮食、行装。"乌拉"在藏语中指当差的牛马，赶牛马的被称为"乌拉娃"。在草地旅行，人总是骑马，行李和货物用牦牛或者马来托运。乌拉和牛马并不一直走到底，而是每到一站就要交接，由该站准备的牛马和乌拉接替，因此费用是分站付给的。因为藏区不用钞票，付费一般要用藏洋。草地上没有旅馆饭店，因此要准备粮食和行李。雇佣牛马被称为"支乌拉"，那是件很麻烦的事情。曾昭抡在省建设厅、康定县曹县长和当地热心人士的帮助下，终于雇到 12 匹马、18 头牦牛，以及赶牛马的乌拉娃。准备了一个月的食物，包括 600 余斤米、70 斤盐、73 斤面、50 斤腊肉，以及其他生活必需品，就准备出发了。[15]

1939 年 8 月 25 日上午 11 时余，曾昭抡押着行李标本动身，从康定来到距十多公里远的新榆林宫。其他团员因要采集标本，已于前一天动身了。[16]所谓新榆林宫，不过是只有几户人家的村子。这里有一家吴家旅馆，对曾昭抡他们接待得非常周到，他们一住就是 5 天。一是他们雇佣的乌拉还未到齐，留了几位同伴在康定等候，再到这里会合。二是因榆林宫一向是植物学家的圣地，外国植物学家曾在这里采到不少植物新种。这样，8 月 26 日至 28 日，曾昭抡等人先后到老榆林宫、喇嘛沟山、北海子等处采集标本，最后一天回来时迷了路，很晚才回到住处。虽然如此，收获却是丰富的。这段行程中，因地理组工作特殊，测量地形较费时间，常常是先走一两天；而工程、植物、药物三组，则多在一起行动。在民族地区考察，通事（翻译）就少不了，曾昭抡找了一位年轻的殷通事随行。

8 月 29 日是个阴雨天，他们从榆林宫出发，晚间先后在高岩窝、牛厂、旧岩窝等处住宿，这些地方都是荒郊野岭，虽有帐篷，但雨天中衣被几乎全被淋湿了。9 月 1 日晚，他们抵达梭坡。梭坡是个高原村子，海拔约 3800 米，房屋非常分散。他们住进一个喇嘛庙，冷风从窗外吹进来，夜间难以入睡，但比野地自然好多了。第二天，曾昭抡带着团员准备去爬贡嘎山。贡嘎山（今称贡嘎山）在康定南面约 100 公里处，海拔约 8400 米，高耸入云，险峻万分。"贡嘎"是藏语的音译，即"锅盖"之义。曾昭抡说："贡嘎的最高处，是三座彼此相连的主峰，这三峰的形状，约略全是尖耸的圆锥形。藏文对这山的名称，既是由象形而来。"[17]贡嘎山是康藏民族中的圣山，许多人千里而来，对它跪拜祈祷，希望得到神佛保佑。在曾昭抡等人来到此地之前，只有外国探险家攀登过贡嘎山，但还未到过主峰。而中国人却还未攀登过，因此曾昭抡也想攀登。9 月 2 日，曾昭抡带着团员和乌拉出发，走了 69 华里，来到贡嘎河边的喇嘛庙，试图渡过贡嘎河，再去登山。他们几经试探，终于渡过了夏天从未有人渡过的激流汹涌的贡嘎河。上山根本没有路，他们在雨雾中沿着一条乱石沟往上爬，最终以失败告终。后来又遇到坏天气，他们又去攀登喇嘛庙附近的一座高山，这回爬到海拔 4800 米的高度，最后还是失望而回。登山虽然失败，但夏天渡过贡嘎河还是令曾昭抡自豪的，甚至当地人也很佩服。[18]他们回到梭坡时，已是 9 月 5 日，在这里息了一晚，第二天继续赶路。

9 月 6 日—8 日，曾昭抡等人用了两天时间，从梭坡经木居城子、四大牛厂等地赶到九龙县。途中时而涉溪流，时而穿森林，时而走草地，还翻过了康定、九龙两县分界处的瓦灰山，路途艰难不用说，高原天气更是阴晴难测，刚才还是白云蓝天，转眼就会风雨大作。8 日晚上，他们冒着大雨抵达九龙县城，与先到的地理组会合。[19]九龙距康定 180 多公里，是西康西部的一座小县城，位于蛇皮河东岸，东西狭窄，南北稍宽，但也不足三里。全城一万多人口中，汉、藏、彝族是主要民族。曾昭抡说，九龙县不像一座县城，田地和房屋混在一起，分不清城内城外。没有城墙，也没有正式商店，只有一家邮寄代办所附设在县政府收发室内。这里原是大黄等药材的产地，但县城附近树木都砍光了，曾昭抡他们来到后在县城附近也没有找到什么药材。[20]虽然没有商店，但吃的却买得到。县里送来许多食物，他们买了只羊宰杀，大家吃了个够。

按原计划，西康考察团到九龙之后，就往南部步行详细考察，再循原路折回康定。而且省建设厅还想要他们从九龙到稻城、理化去考察。可是到了九龙之后，因那条路线没有乌拉可雇，还有江河难渡，土匪出没等，就打消了去稻城的念头。后来，曾昭抡听说一向神秘的木里可以进去，便临时改变计划到木里去考察。于是，全团人分成三组，分三个方向进行考察。第一组由朱炳海率地理组，往九龙县中部兜一个大圈，回到九龙后再经雅江回康定；第二组由谢息南、陈笺熙，带着技工周子林、殷通事，由九龙县西北转西南，再往北到木居城子，经康定返程。这样，就可多了解一些向来不为人知的九龙县的情况了；第三组是曾昭抡、杨衔晋、冯鸿臣，还有半途雇来当助手的藏族青年何心发，一起前往木里。九龙县王昭文县长对此行十分热心，特意派了一名邮差带着公文先走一天，通知沿途接应，并赶到木里告知土司。王县长尽其所知，对曾昭抡谈了九龙县情、九龙与木里的关系，以及途中和到木里后要注意的习俗礼节等。这样，在九龙县城逗留了 4 天，考察团将行李、粮食、药品、用具等重新分派后，就分别上路了。[21]

6. 从九龙到木里

1939 年 9 月 12 日，曾昭抢一行雇了 8 匹马和 3 位乌拉娃，托着行李用具等，骑马从九龙出发。因为王县长派人事先通知，每过一村几乎都有保甲长照应，换乌拉和马匹也都还顺利，只是马匹时多时少，马匹少时，就得多雇乌拉背东西。有时还有热心的保长派人护送。10 天当中，除了险峻之处步行外，他们都是骑马按马站走的，先后经过阿拉洪喇嘛庙、石埂、奔奔冲、猛东山喇嘛寺、麦地龙、娃多衙门、拉昌沟牛厂、木里前山等地，这些地方是云南经商马帮所走之路，全程 310 公里，攀高山、穿森林、过深谷、探激流，途中乘溜索过了雅砻江。9 月 20 日，他们来到木里土司辖地。[22]

木里土司原属盐源县，位于西康省东南部，是县境内六处土司中最大的土司。曾昭抢说，这里居住的少数民族，原属吐蕃民族系统，支系繁多，语言复杂，但不是平时所说的康巴藏人，而是称为"西番人"（即今天普米族）。西番人信奉喇嘛教，土司在当地既是喇嘛教主，又是政治首领，地位至高无上。当地人不习惯称"土司"而称"大喇嘛"。[23]木里长期闭关自守，与外界绝少来往，充满神秘色彩。木里城建在高山上，海拔 2700 多米，房屋依山而建，坐西面东，呈阶梯状分布，多为喇嘛庙或喇嘛住宅。山石砌成的城墙将房屋包围起来，房屋之中有一条南北向的窄路是街道，约有 300 米长。城边梯地种有荞麦，城下的里塘河波涛滚滚。曾昭抢初到这里，一时就有了"荒山中忽然来了这么一所富丽堂皇的城市"的印象。[24]木里城平时冷寂安静，经常听到的只是喇嘛们的诵经声。城内不许女性居住，一般人在城内不许骑马，连马铃也要摘下，免得惊扰圣城的静穆。

9月21日上午，曾昭抡带了砖茶、火柴、蜡烛等礼物，由翻译己队长引领，到木里衙门去拜会大喇嘛。土司下面两位主官也是喇嘛，分别叫做"甲撒"和"厂脚"，也就是秘书和副官长，他们是土司衙门的实权人物，都有汉文姓名，分别称为李秘书、韩副官长。曾昭抡先见过他们。在李、韩两位喇嘛引领下，曾昭抡拜见了木里土司也就是大喇嘛。大喇嘛不过20来岁，又高又胖，汉文名字叫"项松典"。在大喇嘛面前，翻译己队长说话都是低头细语的。曾昭抡只想在木里逗留一天，大喇嘛也就未多挽留，双方客气了一番，会见便结束。[25]

7. 从木里进云南

9月22日早晨9时半，他们离开木里向永宁进发。韩副官长派了一个班士兵护送，而且破例让他们在城里骑着马，很威风地出了城。士兵都是木里土司的武装，曾昭抡说，韩副官长等人"希望我们出去以后，告诉人家，木里是和别处一样的中国地方；并且希望我们对中央，替他们说一些好话"[26]。

从木里到云南的永宁，沿途经过新岭、吴脚、瓦拉米等村子，全程大约有125公里路，曾昭抡他们走了三天，9月24日傍晚，到达云南境内的永宁（今宁浪县）。进入云南之后，地形逐渐平缓，天气也晴朗起来。从康定到永宁的一个月中，曾昭抡等人"几乎不断地旅行，一共走了一千多里的路。中间虽然经过九龙县城和木里衙门两处比较大些的地方，但始终未曾看见街子，商店和摊子，真是久违了。到了永宁，方才又看见市面"。来到永宁，大家都饿极了，放下行李就到街上找吃的。[27]

他们在永宁休整了两天，9月26日中午又上路了。从永宁到丽江，有两条路线，分别称为"上路"和"下路"，两路距离差不多。曾昭抡决定走上路，因为上路海拔较高，"可以希望采到更多的标本，看到更好的风景。"[28] 一般情况下，从永宁动身，第一日宿毛牛皮，第二日宿派台，第三日从派台动身走15公里，就要过金沙江，随后宿妥良锉、鸣音、黑水河，这些地方都是村子，第六日抵达丽江县城，全程共265公里。从永宁出来后天气不好，路面太坏。曾昭抡他们在三家村休息了一天，10月3日去爬玉龙雪山，因此前后走了8天，10月4日才到丽江县。[29] 在丽江停留一晚，10月6日动身到鹤庆。10月8日—11日，先后在松桂、北衙、邓川住宿，12日到达大理，13日从大理乘车到一平浪，步行到禄丰，再乘车到昆明。随曾昭抡到昆明的杨衔晋、冯鸿臣等人，10月20日乘汽车经贵阳，10月26日回到重庆。[30]

8. 各组考察预定完成

考察团其他各组，也基本按计划路线行动完成考察任务。从7月22日考察团从重庆出发，到最后一组团员10月27日回到重庆，前后历经三个多月，各组行程总计不少于4000公里，不包括重复行程和曾昭抡昆明到重庆的700公里路程。[31] 这样，中华自然科学社西康科学考察团经过三个多月的艰苦工作，多方考察了西康省东部地区的地形、气象、森林、畜牧、植物、矿产、民族、社会、交通等各方面状况，最后提交了有价值的书面考察报告，为进一步了解该省和开发建设提供了宝贵的第一手资料。

1939年，西康建省之后，金沙江以西地区仍在西藏地方政府管辖之下，约占全省面积的三分之二，考察团当时还难以进入。西康省管辖的只是金沙江以东地区，即宁、雅、康三属的38 个县及金汤、宁东两个设治局。[32]曾昭抡说："在宁、雅两属的境地里，除却盐源县境内几处土司辖地以外，大部分仍然是内地风光。物产比较丰富，人口也比较稠密。大部分地方，要不是全由汉人居住，至少也有很多成分的汉人，因此风俗习惯，大体和内地没有多少区别。到了康属地界，一过康定往西，景象便完全不同。人民大部分是西藏民族，风俗等等和内地完全两样。就天然形势来说，那些地区，海拔很高，大部分是山地，因此物产也和内地大有区别。自来谈游西康的都是指到那一带而言。我们这次考察，去康定时，途中经过雅安、荥经、汉源三县，算是走过雅属的一半。在康属因为地域广阔，时间局促，只走过泸定、康定、九龙三县。不过我们很有理由相信，我们已经看饱了'关外'景色，只有宁属地区，虽然曾经穿过盐源县境的木里土司区域，可是那些地方比较特殊，不足以代表宁属的情形。"[33]曾昭抡这番话，表明他对这次西康考察成绩的肯定。

二、西康科学考察报告书与西康日记

1. 中华自然科学社西康科学考察报告书

西康科学考察团返回后，各组团员分工写出报告，最后汇编成《中华自然科学社西康科学考察报告书》，1941 年印行。报告书由陈立夫题写书名，叶秀峰题字，西康省政府主席刘文辉、考察团长曾昭抡分别作序。全书 15 万字，包括全团各组考察路线图、地理气象组报告（朱炳海）、荥经县矿产调查报告（孙博明）、农林组报告（朱健人、杨衔晋）、工程组报告（曾昭抡、陈笺熙)、附件（曾昭抡、朱炳海）等部分。每部分又分为几个专题，如地理气象组报告包括：康西的自然环境、康省资源鸟瞰、九龙县之民族与社会等；农林组报告包括：宁属植病所见、康南森林概况；工程组报告包括：康滇交通问题、入康途中所见工业、天全硫化铁矿调查报告及照片等。1941 年正值抗战最艰难时期，印制费用上涨，更多的考察资料无法付印，朱炳海、曾昭抡等便将所测绘的地形图、路线图共 51 幅，晒出 10 份分送有关机关；所摄 200 余张照片，也设法找上海方面的刊物发表。从编辑过程来看，该报告书是朱炳海在中央大学汇编成书的。曾昭抡既是考察团长，要考虑全书体例内容，所有报告也要看过。因此，这份考察报告书的主编应该是朱炳海和曾昭抡。

从西康回昆明后，曾昭抡非常忙碌，直到半年后才清理考察出发前收起的东西。1940 年 3 月 11 日，他的日记说："九时半至十时，清理东西，自西康返后，迄今已半年。今日始得将书物等，完全清好。"同年 7 月 7 日记述："今晨六时余醒，七时三刻起身。八至十一，写《西康日记》。十二时半至三时半，为'西康科学考察团报告'写论文。"所以忙碌，原因之一就是抓紧写《西康日记》，以供香港《大公报》连载。在他 1940 年日记中，很多天都记载了赶写《西康日记》之事。至于日记所说为西康考察报告写论文，即指《康滇交通问题》等文章了。

西康科学考察报告书共收入曾昭抡撰写的《曾团长序》、《康滇交通问题》、《入川途中几种工业》，以及《西康日记·引言》，共 4 篇文稿。在《曾团长序》中，曾昭抡概述了抗战以来国人组织考察团考察西康的简况，介绍了本团考察经过及其重点，说明本团的考察路线、考察内容和考察重点，实与国民参政会川康视察团、中英庚款川康科学考察团有许多不同。并称本书所载内容"纯以确有科学价值的专门论著为限"，并非旅行记录。《入川途中几种工业》一文，则分别介绍了重庆鱼洞溪黑药厂、内江椑木镇酒精厂的生产，及荥经县古城村的砂锅制造等情形，对这些产品的生产工艺的叙述颇为详尽。《康滇交通问题》阐述了西康省对外交通概况、康滇交通概况、考察团工程组经过途中详情及修筑公路可能性等三方面问题，应为这次考察最有价值的文献之一。全篇对修筑从康定起，经九龙、木里、永宁、丽江，最后到下关的公路的设想，逐段作了详细的探讨，提出了公路设计时可行性较大的建议路线，并附上各条路线各站点间的里程高度表，标注得十分清楚明白。曾昭抡说："抗战军兴以后，中央及有关各省，对于发展西南交通网，极为注意。广州失守年余，继以法国挫败，滇越路闭，我国国际交通路线，主要地只可依赖滇缅一条孔道。因此云南对川康两省的交通，尤形重要。以西康省言，最近几年的发展，完全偏重经过西昌的东路交通。此路诚然重要，但因此而忽略自滇西直达康定与巴安的中路及西路交通线，甚至任其日就衰颓荒废，实属过嫌偏枯殊为不当。是项路线，若能发展得法，内可控制康藏，对外则可经康青路，接上西北干线，成为国防交通的辅助线，关系尤属重大。"可见，曾昭抡对西康科学考察在政治、经济，以及国防上的战略意义有深刻独到的理解，才会在考察中那样不畏艰险。

2. 西康日记

有关西康考察最完备的记录，堪称曾昭抡的长篇旅行记《西康日记》。1939 年 11 月至 1941 年 2 月，在香港《大公报》断续连载 240 期左右，前后持续一年余，创下了中国近代报纸长篇连载的纪录。《西康日记》成稿时约 15 编，总计约 40 万字。

各编题目分别为：引言、昆蓉途中、成雅道上、雅康大道、康定及其附近——西康风俗概述、由榆林宫到梭坡、贡嘎纪行、由梭坡到九龙、九龙见闻、九龙木里途中、神秘的木里、木里永宁途中、永宁杂写、永宁丽江途中、从丽江到昆明。经多方查询，该报所载《西康日记》的大多数篇章均已查获拍成照片，否则难以写成本文。

《西康日记》对考察沿途所到之处的各方面状况，如地理气候、历史文化、政治经济、道路交通、宗教民族、风俗习惯、市场物价等，都有详尽记述，哪怕是小到仅有两户人家的乡村都未遗漏。其观察之细致，记述之完全，在中国现代考察记中，恐无出其右者。许多文字都是作者在马背上边走边记录，到了驻地再整理誊写的，都来自现场真实观察和及时了解。[34] 考察结束回昆明后，曾昭抡上课之余，及时将考察记录整理成文逐篇发表。可以说，从自然科学和社会科学许多学科的眼光来看，曾昭抡的《西康日记》都是研究该地区问题的绝好资料，任何对西康问题感兴趣的人士，都可能从中找到自己需要的东西，哪怕是研究民族服饰这样很具体的问题。

《西康日记》在香港《大公报》连载后，颇得读者好评。曾昭抡夫人俞大絪的胞姐俞大缜回忆："抗战期间，在香港的一些太太小姐都争着要看曾昭抡写的大凉山、小凉山的游记。"[35]《西康日记》不仅感动一般读者，而且引起专业人士的关注。1940 年 4 月 4 日，联大物理系教授朱物华找到曾昭抡说，他有一位友人最近派到成都任副邮务长，读了《西康日记》之后，"有意开辟由西康通西藏及由巴安径去印度萨地亚之邮政路线"[36]。曾昭抡十分高兴，随后跟这位热心者谈得很投机。为此他记述道："自拙著《西康日记》，在香港

《大公报》发表后，邮政局代表，特来相访，谈后告我以成都邮局拟以可能范围内，试辟此条交通线。此事如果做到，我国国际交通线，又可多有一条。"[37] 那么，这位副邮务长是谁呢？笔者多方查找终于得知，他就是当时知名的邮运史学家楼祖诒，当时在成都任邮政局副邮务长。所著《中国邮驿制度概略》（1929）、《中国邮驿发达史》（1940），均为该领域的开山之作。在与曾昭抡交谈之后不久，楼祖诒即因公务从成都前往康定。返回之后，1943 年 6 月，他在《旅行杂志》（第 1 卷第 6 期）发表《西康行——一个相当危险的旅程报告》一文。该文说到从成都进入康定的几条路线时，从雅安到康定的南北两条路线，楼祖诒走的是南路。他特别指出，"此路参考曾昭抡先生记载，全程九百零五华里"。该篇"编者按"说："本文作者系邮政局副邮务长，因公务旅行西康回来，除报告其公务以外，作此游记，以交通实情报告于全国同胞之前。"仅此一例，足以说明遵循科学考察原则撰写的曾昭抡游记，对政治经济活动的重要参考作用。因为他所去之处，多为交通情形不甚明了之地，难怪考察中曾昭抡要那样认真测量里程了。楼祖诒是位很有远见的专业学者，他的这篇《西康行》不仅肯定了曾昭抡西康考察的作用，而且还引用西方地理政治学家雷资尔的观点论述说："国家政治生活必须受大地环境之约束……今日之康藏，其现实与将来趋势，断无法超出地理之自然环境，与其社会环境。"这与曾昭抡所说的"边疆工作，可以帮助国家巩固边陲，捍御外侮"[38] 确为同一问题的不种表述，有异曲同工之妙。

三、科学考察思想及作品特色

1. 爱国主义为核心的科学考察思想

曾昭抡热爱野外考察和长途旅行，出于对祖国大好河山的热爱和强烈的爱国精神驱使。他有关科学考察的思想，集中体现在1942年7月发表的《边疆工作及其意义》一文中。[39]这篇文章发表于两次川康考察活动之后，可认为是他有关科学考察的学术总结和理性思考。

文章开篇，他对于许多外国人士在中国土地上肆意进行探险、测绘、采集、传教等活动极为感慨，对中国积弱积贫的状况痛心疾首，对抗战以来中国人开始重视边疆工作感到欣慰。他说："自从清末门户洞开以后，外国人在我国边疆区域，先后不断地做了半世纪以上的工作。有的作科学探险，有的测绘地图，有的采集标本，有的宣传教义，有的采访风俗人情。有的甚至长期居住，别有企图。做了几十年的梦以后，最近我们自己，方才觉悟起来，知道以前不闻不问的态度，与国家大有不利。抗战五年以来，上自政府，下自学术界，以及一般民众，对于边地情形，莫不感觉兴趣。其中不畏艰阻，深入边地，切实做实际工作者，固属大有人在。"但是，欣慰之余曾昭抡也不免忧虑，对那些大谈边疆工作而没有实际行动的人提出批评。"我们对于边疆工作，迄今并为超脱谈论的时期。大部分的人，对边事兴趣诚然有，可是并不肯实际下功夫去做。我们仍然只是'谈'边疆问题，而不是实地去'做'边疆工作。这样只动嘴，只动笔，而不动脚的办法，究竟会对边疆问题，有多少贡献，很可怀疑"。

为此曾昭抡大声疾呼，边疆问题做得太迟了，就会有失去效力的危险。

那么，对于边疆工作首先要做什么呢？首先，曾昭抡认为，"我国边地，是科学探险的良好对象。中国西北西南两个角上，地区辽阔，人烟稀少。其中有一片无际的沙漠，有肥沃的盆地，有世界上少有的高峰。关于此等区域的自然地理，以及物产情形，记载素欠完全，现今仅有的一点，全是西洋人探险队成绩。"他以瑞典人斯文赫定由新疆如西藏探险测绘，英国人斯坦因盗走敦煌文物的史实为例。

呼吁国人"只有认清弱点，今后加倍努力"，立即奋起去做边疆工作，再不能任凭外国人去考察中国的宝贵资源了。曾昭抡热爱祖国的山河，他说中国许多壮美的高山，在世界上都是绝无仅有的。西康的贡嘎山，比日本的富士山好多了。一般国民没有科学考察的条件，可以"藉这种爬山运动以锻炼身体，增进国民健康，也是一件应该提倡的事"。其次，边疆工作的重要方面，"是科学材料的收集"，"所谓'科学材料'，包括有地理（地形等）、地质、矿产、动物、植物等项"，许多地区，国人对那里"知道的还很少，大可值得作详细的考察"。曾昭抡特别重视对西藏地区的考察，强调要改变当时国人对西藏"几乎一无所知"的状况。再次，"边疆工作的另一方面，是调查当地的民族、风俗习惯，以及社会组织等情形"。曾昭抡强调，"这里所谓调查，是实地调查的意思"。现在有关这方面的文字记载，确属不少。"可是其中真正原著甚少，大部分乃是东抄西袭，或由道听途说而来，非欠新颖，即是重复。更坏的习惯，是许多人喜欢故炫神奇，以求增加兴趣，不顾事实真相。因此其所记载，往往殊不可靠"。"这些缺点，乃是以后做边疆工作以及写文章者，所应切戒。"这些论述，不仅显示了曾昭抡对于科学考察的求实精神，更体现出他对民族问题非常严谨的政治态度。而且，他还有更深刻的认识，他说："最后我们应该说，边疆工作，可以帮助国家巩固边陲，捍御外侮。对这方面，我们自己向来忽略；我们的敌人（日本），却是格外精明。过去敌人在华北以及西北对于蒙回两族挑拨离间的事实，大致已为一般读者所熟知。即如最近滇边战事，敌人亦利用了一部分摆夷，在战事发生以前，他们早派有一批大学毕业生（男女都有），冒充中国学生，来到滇边各处土司，充当私人秘书。后来我方失利，怒江以西失陷，他们将假面目揭去，有少数土司便自然倒向敌人怀抱里去。这种工作，我们现在才觉悟，知道应该做。"篇末，曾昭抡号召说："边疆工作，需要强健的身体，勇往直前的精神，中国青年们，不要放弃这种伟大的责任！"

曾昭抡的这些论述，表明他对于科学考察，并非是普通的爱好与追求。而是对边疆工作的战略意义有深刻独到的理解，因为这是关乎"巩固边陲，捍御外侮"的重大事情。中国是一个统一的多民族国家，民族问题是中国现代最重要的问题之一，曾昭抡将民族调查作为科学考察要事，并且克服重重困难，多次深入民族地区考察。仅此而论，曾昭抡无疑是中国现代科学家中最具个性特点、成果突出的非专业民族工作者。他有关边疆工作的思想超越了时代，至今都有不可磨灭的独特价值和启示作用。

此外，曾昭抡热衷于旅行考察，个人爱好也是不可忽视的因素。缘何如此，最早可追溯到他的童年时期。曾昭抡的家乡湘乡，地处湖南中部丘陵地带，地貌复杂，地势起伏，绝大部分是丘岗和山地。在连绵分布的丘岗之间，就是成片田地，或称为小平原。农家房舍就坐落在丘岗下或田地边。自小生活在这些小天地中的人们，四面都被丘岗包围着。他们要到外面去，只有沿着丘岗间的小路走出去。可是当走了一段山路，所到之处，仍然还是与自己周围环境无多少差别的田舍。再往外走，也还是一样。在这种环境中，虽可找到大自然中的乐趣，但又是相当封闭的。这种环境对于童年时好奇心强的人来说，就特别具有诱惑力。他们总想突破这些小天地的限制，去探索外部世界的奥秘。对于这点，曾昭抡自己说得很明白："也许因为自己在乡下长大的关系，虽然一生以职业所在，不得不长年住在城里。总觉得在乡下接近大自然，心神要怡旷得多。"[40]这就是曾昭抡为什么特别喜爱大自然，特别喜爱旅行的原因之一，它表明，童年经历有时对人的一生也有重要影响。

2. 游记文学主张及作品特色

抗战时期，同曾昭抡科学考察思想紧密相关的是其游记文学思想。1941 年 7 月，他发表的《谈游记文学》一文，[41]就清楚地阐述了抗战游记文学主张。

首先，曾昭抡谈论了战时游记类作品风行的情况。他说，抗战以来最受欢迎的作品就是游记。"生活在二十世纪的人们，大都爱好写实的作品，报纸杂志上特派通讯员的报告，获得读者最多。其次便是描写社会生态的小说。""游记近年来在中国受到一般人士的注意，始于丁文江先生对于《徐霞客游记》的介绍……范长江先生所著的《中国的西北角》，是一部获得广大读众的新时代游记，一度在全国风行一时。西安事变前夕绥远战事，吸引了许多记者到那极北的地区。他们回来以后所写的报告，当时也很受欢迎。"曾昭抡的《绥行日记》与范长江的《中国的西北角》，几乎同时在天津《大公报》连载。这里，他不便明说《绥行日记》也受读者欢迎。

　　其次，曾昭抡认为，战时环境的变迁促使游记作品兴盛，而读者的好奇心也使这类作品备受欢迎。"'七七'抗战的爆发，和初期军事的失利，令许多青年和中年人，不得不抛弃故乡，流浪异地，从海岸线深入大后方。此项非常的境遇，使他们获得宝贵的资料，写成不可多得的游记。""内容方面，有的偏重风景的描写，有的注重风俗的素描，有的注重政治经济，有的从科学工业着眼。无论怎样写，这些增长见闻的记载，在到处受到欢迎。""本来人类是充满好奇心的动物。凡是含有新奇记载的作品，无论在平时或者在战时，都能迎合人们的胃口。""荒诞的故事和神话，插在游记当中，在今日和在从前一般，仍然能引起一般读众对它的兴趣。虽说他们未必会确信这种作品的内容。但是从近代文化的眼光看来，写文章的不应该这样故意将人引入迷途，读文章的对此也应该知所选择。真实的作品，永远是最好的作品，特别对于游记是这样。"曾昭抡强调，真实性永远是游记作品的最高原则。如何做到真实呢？曾昭抡提出："最低限度可以做到的事，是自己对自己真实，不去捏造事实，也不妄事夸大。另外对于有些记载，最好先经过一番推敲，方才着笔，也可以免去许多不必要的错误和笑话……如果可能的话，应该找一位专家谈一谈，如此便可避免许多可笑的反科学的记载。《马可字罗行记》，是一部力求真实的有名游记，大可供我们仿效。"

　　游记内容选择与形式安排，关乎作品的生命与活力。对此，曾昭抡阐述得较为具体："内容多变换，是另外一种重要原则。文章无论写得怎样精彩，要是千篇一律，都是描写同类的事，读者就会厌倦……单调的科学叙述，诚然没有多少人要看。纯粹的咬文嚼字，也不见得很受欢迎。过分地偏重政治，会损失许多读者。但是关于政治问题的探讨，有少量插得里面，却可增加兴趣。纯粹的风景描写，不但不容易写好，而且也不容易吸收读众。风俗的叙述，社会问题的讨论，夹在里面，立刻可使游记[写]得有生气。富有天才的写作家，往往将各种不同性质不同的材料，放在各段里。这样的编在一起，就和吃西菜一般……特别显得味好。比方说，第一段可以描写风景，第二段可以讲点风俗习惯，第三段可以讨论社会政治问题。"曾昭抡重视风景描写，他说："对于一般写游记的人，风景最不容易描写得生动……描写风景的时候，描写名胜、城市或者其他固定的目标，比较不容易。最难的是在于沿途情景的素描。对于这二方面，就是有名的徐霞客游记，也嫌过分简略。"此外，曾昭抡还谈到，游记中穿插故事也能吸引读者。

3. 有关红军长征的记述

读了曾昭抡的游记文学主张，就可能更好地解读《西康日记》等作品的丰富内涵，对这位科学家的思想境界就可能会有更深的了解。这里，曾昭抡不过是借用"文学"这个名词，进而来阐述有关游记作品的思想罢了。文学可以虚构和夸张，但曾昭抡所写的游记恰恰就是严格写实的。曾昭抡游记的最大特点，就是用化学家观察实验现象的求实眼光，来看待外部世界的。因此，真实性成为他遵循的最高原则。他的考察报告或游记的共同特点，均是按旅行时间和沿途所到地点的顺序而记述的。比如，《西康日记》第三编"雅康大道"的部分内容，就按考察路线依次写了"泸定"、"泸定桥"、"往大亨坝途中"、"大亨坝"、"往瓦斯湾途中"、"瓦斯湾"等小节[42]其中，对泸定和泸定桥曾昭抡写道："泸定县城，满露着红军过后的遗迹。这座本来不大的县城，经过一次焚毁，到现在四年多还未能恢复。"在记述了泸定县城历史和地理面貌后曾昭抢说："在县城西端，东西横跨这河上的大铁索桥，名为'泸定桥'。桥的东端，现在还留着有'古泸定桥'四个大字的一块横匾。这桥富有历史上的意义。现存的桥是前清康熙四十年建造的。民国二十四年，红军从此过大渡河，守军原想把桥毁断，防止红军过河，后来桥被红军抢去，未能成功，只烧去一小部分，所以至今这座古迹，仍然存留着……这座古老伟大的铁索桥，东西长三十一丈，宽九尺。托着桥身的一共有九条粗的铁链。铁链上面，铺着两层木板（上面一层直的，下面一层横的），作为桥面。此处河流险恶，站在桥上往下一望，形势很是雄伟。"而在第四编"康定及其附近——西康风俗概述"中，开篇就记述了红军长征的壮举和西康人民对红军的好感："随着新时代的发展，西康也逃不了新潮流的冲击。红军二万五千里的长征，足迹两度穿过西康省。民国二十四年的夏天，他们大批人马由贵州入云南，到昆明附近，折向北去，渡金沙江北行，在泸定过大渡河，续向北行，翻过大雪山，经毛儿盖，穿青海草原，进入甘肃，造成历史上有名的长征。在这事以后，二十五年，贺龙、萧克的部下，复由云南经丽江北行，直趋巴安，东折自理化，再向北行，经甘孜入青海。虽然红军因被国军追击，在西康境内滞留的时间很短，但是他们对本地人所留下的印象，非常的深。尤其是后一次，因为所走的是大道，康人对他们的回忆，更加感动。我们这次走过西康，在好几处地方，和不同的人谈话，结果他们（不论是汉人或者康人）全说，西康人民，对于红军，毫无恶感，有的反而有好感。详细研究此事，我们得到结论，红军所以受人欢迎的理由，主要的是在他们政治手腕的高超。比方由丽江到巴安理化这条路，要算西康旅行当中比较地艰难的一条；而他们大批军队通过，毫无困难。据说他们预先用政治方法，把沿途的喇嘛全联络好了，到处喇嘛们替他们备好军米（我们不要忘记，米在西康是非常难得的东西）。到了任何地方，他们对当地百姓，故意给予小惠。不但秋毫无犯，买物给价；甚至打死一条野狗，也故意找来一位康人，给钱偿价。这样一来，本地百姓，当然是歌功颂德。"[43]曾昭抡还记述，有些西康人怕红军，将家中粮食物品寄存到喇嘛庙中，结果还不免损失。而那些把东西丢在家里的，无论人是否在家，"事后人财均毫无损失，几千年来康人对于喇嘛的极端信仰，这番第一次略为发生一点动摇"[44]。曾昭抡撰写《西康日记》时候，不属任何党派，算得上是位自由主义知识分子，他是严格按照科学考察的方法来记载所见所闻一切的。正因为如此，他有关红军的种种记述，更显得真实可信。仅此而论，这些文字对中国革命而言，就是极珍贵的历史文献了。当然，他对某些纪律较好的国民党部队，如李报水所率的第 16 军也有客观记述，认为李氏留爱于民，以致西康人向中央请愿，挽留李氏驻康。[45]

　　由于长期写作形成的习惯，曾昭抡游记擅长记述，文风朴实，抒情绝少。他善于用准确自然的语言，将观察对象的全貌描述出来，使人如临其境，如睹其物，如听其声。其游记具有中国近代文人笔记的某些特点，兼文兼白，语句简练，叙述流畅。一句话中常有几处停顿，反映作者思维的活泼与行文的节奏感，具有较好的可读性和较强的吸引力。不过，作品之长可能也是其短。由于他是严格按照旅行顺序来记录行程见闻的，篇章多少有些冗长，有时剪裁也不够精当。某些重要叙述可能会淹没在普通话语中，若不仔细阅读，就可能将关键内容读漏。这些，自然不能苛求。

总之，曾昭抡的科学考察记作品，全面反映了20世纪30至40年代中国民族边疆地区的自然环境、人文景观、经济生活、民族风情等多方面情况，是战时自然状况和社会面貌的真实写照，表现了作者忧国忧民的情怀和希望改变落后中国的愿望，对中华民族复兴寄予了光明的希望。具有不可磨灭的思想价值和科学价值，在文学上也很有特色。

边疆与中国现代社会研究是个综合性的大题目，包含若干专题研究，本文据笔者《曾昭抡评传》的第16章"战时科学考察及成果"删改写成，不过涉及专题研究无人涉及的子课题而已，算是对综合研究大题目做点贡献。

注　释

1　曾昭抡：《中国科学会社概述》，《科学》第20卷第10期，1936年10月。该社情况还可参见沈其明、杨浪明：《中华自然科学社简史》，《中国科技史料》1982年第2期。

2　3　4　5　《本考察团之筹备经过》，《中华自然科学社西康科学考察团报告书》，1941年。部分考察团成员简况，见于曾昭抡1940年日记"通讯录"。

6　9　31　33《西康日记》（1），香港《大公报》1939年11月22日。序号"（1）"，表示报纸分日刊载的内容。

7　《西康日记》（4—7），香港《大公报》1939年11月25—28日。

8　《西康日记》（1—29），香港《大公报》1939年11月22—12月。

10　《西康日记》（3），香港《大公报》1939年11月24日。

11　《西康日记》（63），香港《大公报》1940年2月29日。

12　《本考察团之筹备经过》，《中华自然科学社西康科学考察团报告书》，1941年。

13　《西康日记》（68），香港《大公报》1940年3月16日。

14　《西康日记》（92—97），香港《大公报》1940年5月17日—6月2日。

15　《西康日记》（90—110），香港《大公报》1940年5月14日—6月26日。

16　《西康日记》（90—99），香港《大公报》1940年5月14日—6月4日。

17　《西康日记》(126)，香港《大公报》1940 年 7 月 24 日。

18　《西康日记》(127–137)，香港《大公报》1940 年 7 月 25 日—8 月 5 日。

19　《西康日记》(138–151)，香港《大公报》1940 年 8 月 7 日—8 月 22 日。

20　《西康日记》(153–158)，香港《大公报》1940 年 8 月 24 日—8 月 29 日。

21　《西康日记》(169–170)，香港《大公报》1940 年 9 月 12—13 日。

22　《九龙木里途中》，《西康日记》(171～205)，香港《大公报》1940 年 9 月 14
日—11 月 14 日。

23　《西康日记》(206–208)，香港《大公报》1940 年 11 月 14—15 日、19 日。

24　《西康日记》(209)，香港《大公报》1940 年 11 月 20 日。

25　《西康日记》(211、212～214)，香港《大公报》1940 年 11 月 22、26—28 日。

26　《西康日记》(207)，香港《大公报》1940 年 11 月 15 日。

27　《永宁杂写》，《西康日记》(229)，香港《大公报》1941 年 2 月 16 日。

28　34　《西康日记》(235)，香港《大公报》1941 年 2 月 26 日。

29　《西康日记》(236)，香港《大公报》1941 年 2 月 27 日。

30　朱炳海：《本考察团之筹备经过》，《中华自然科学社西康科学考察团报告书》，
1941 年。

32　中华人民共和国成立后，1955 年撤销西康省建制，其政务由四川省人民委员会
接管。

35　俞大缜：《化学家曾昭抡二三事》，《中国科技史料》1981 年第 1 期。

36　曾昭抡日记，1940 年 4 月 4 日。

37　《康滇交通问题》，《中华自然科学社西康科学考察报告书》，1941 年印行。

38　曾昭抡：《边疆工作及其意义》，《中国边疆》第 1 卷第 5、6、7 期合刊，1942 年
7 月 30 日。

39　《中国边疆》（重庆）第 1 卷第 5、6、7 期合刊，1942 年 7 月 30 日。

40　曾昭抡：《今日美国》(3)，《时与文》第 1 卷第 12 期，1947 年 5 月 30 日。

41　曾昭抡：《谈游记文学》，《读书通讯》第 27 期，1941 年 7 月 16 日。

42　《西康日记》(56)，香港《大公报》，1940 年 2 月 21 日。

43　44　45　《西康日记》(67)，香港《大公报》，1940 年 3 月 5 日。

20 世纪 30 年代西北考察家
的历史想象和国家建构

袁文伟（西安邮电学院）

一、缘起

20 世纪 30 年代，国人对国家形势非常担忧。戴季陶就认为：“日本、苏俄都是积极图谋侵略中国，日本是以辽东湾、胶州湾两点，北向作弧形的包围中国；苏俄是以外蒙、新疆两处进迫中国，中国已在日俄包围的下面。我们必须将西北各省充实建设起来，才能够和他们抵抗，中国方有出路，方有生机。”[1]一般人也都认为中日战争迟早会爆发，而且“在战争中，我国沿海，将不免迅速地在敌人铁蹄蹂躏之下，而在铁道中心的交通区域就是战争最激烈的地方。以中国的军备和武力说，在战略上暂时必退守西北，以为根据，从而伺机恢复国土，再兴邦国”，因而“应择定西北为国防中心，用全副的政治力量，军事实力，作最后的决胜”[2]。但此时西北的形势也不容乐观。英、日、苏三国均有所图。对于苏联，虽也有人认为它与日本不同，对中国并无领土野心，不以武力侵略[3]，但仍有人深怀戒心，认为从历史上看，俄国对中国向来具有很大的野心，对中国的西北一直有所图谋。

1930 年，苏联完成土西铁路，对新疆形成弧形包围之势，更加深了国人的警惕。以致在中苏于 1932 年恢复因中东路事件而中断的外交关系、两国关系逐步改善的条件下，仍有人认为"俄人割裂西北的野心，愈加显著"[4]。1931 年 5 月，国民党第三届中央执行委员会临时全体会议通过的实业建设程序提案，也作出了大致相同的判断："自苏俄环绕新疆境外铁路完成，及其与西伯利亚铁路接轨以后，对华侵略势成常山之蛇，西北形势更属危急。"[5]

另一个值得忧虑的外患是已殖民印缅、进而窥伺中国的英国。曾养甫就认为英国"以印度北与新疆接界，也无日不在摩拳擦掌张牙露爪打我们的主意"[6]。居正也对西北的国防形势深表忧虑。他于 1933 年 1 月 23 日在国府纪念周的演讲中就指出：蒙古、新疆已在苏联的掌控之中，至于西藏，更是岌岌可危，"一年来康藏纠纷，传闻某帝国主义者，从中嗾使，想打通康藏，作其殖民地。我们若不放大眼光，速筹守在四边之策，从此康藏两地，甚至四川云南，及邻近各省，也恐难免要步东三省的后尘了。"[7]此外，日本强占东北后，也曾派出许多浪人，分赴察哈尔、绥远、宁夏、新疆等省，挑拨利诱，企图蛊惑该四省内的蒙古人另行组织一个大蒙古帝国，以遂其并吞满蒙的诡计。[8]

在英、日、苏三个大国的压逼下，西北局势险象环生，加之西北交通闭塞，经济落后，种族复杂，政局动荡，更使西北岌岌可危。因此，时人均认为西北局势较诸东北、东南更为严峻，因为东北、东南交通便利，"外人虽有野心，我们尚易知道，各国同时经营，也易于互相牵制，独至西北方面，交通梗塞，音闻难通，他人猛烈侵略，已成包围之势……这真是当前急切重要再没有的事。"[9]邵元冲也曾说过："东南之危，一强敌欲逞其独占侵略而已，其势虽迫，而问题尚单纯。西北之危，则至少有两个以上之强国，在互逞其掠夺之势，其严重性同于东南，而情况之复杂尤为过之。加以民智之低下，交通之阻塞，种族之复杂，政治之不良，维持之力稍弛，滔天之乱即作。"[10]面对内忧外患，抗战前 10 年，国人对西北开发的紧迫性有着深切的认识。1929 年 12 月 5 日，戴季陶在接见赴西北工作人员时就讲："环顾全国情况，尤以西北建设为最重要，实在关系我们国民革命的前途"，[11]曾养甫亦有同感，他在为《中央周报》1931 年新年增刊撰写的一篇文章中也"以为就国内区域言最需要建设的地方，莫过于西北"，[12]呼吁政府及早着力筹划。九一八事变爆发后，东北旋告沦陷，华北随即陷入危机，而东南亦警号频传，西北的战略地位愈益彰显，特别是一二八事变的爆发，首善之区的南京受到直接威胁，更进一步提升了西北的战略地位。当时的中国，只有西南、西北两块后方基地可供选择，但西南自民国以来一直处于军阀割据与混战中，"中央政令，犹不通行，故暂作别论，至于西北数省，则中央政令完全贯彻，其官其民，莫不仰望中央以为之主持"。[13]故国民政府于 1932 年 1 月 30 日宣布迁都洛阳，3 月 5 日举行的国民党四届二中全会，更决议以洛阳为行都，以长安为西京，并成立西京筹备委员会，准备"用西北作最后的长期的抵抗根据，打破自建立民国以来最严重最危急的国难"。[14]这一决议的通过，标志着西北作为长期抗日和民族复兴基地地位的正式确立，对抗战前 10 年的西北开发有着深远的影响。以此为契机，开发西北遂成为一股潮流，西北开发的重要性也随之被强调到极致。1934 年 4 月，宋子文在视察西北时提出："西北建设，不是一个地方问题，而是整个国家的问题"，"是我中华民国的生命线"。[15]致力于西北开发问题的马鹤天也断言："以已往而言，西北为中华民族发源之地，以将来言，西北为中华民族最后奋斗之场。惟有开发西北，是中国前途一线生机，是中华民族唯一出路。"[16]

许多来自内地大都会的知识分子，便是在救亡图存的民族主义的激励下，纷纷奔赴中国西北考察游历。在他们的旅行记述中，西北地区被表述为中华民族精神价值的家园，同时，通过再现铭刻着中华民族独特记忆的历史叙述，西北不仅仅是一个广袤的地理空间，而且成为凝聚民族集体情感的象征空间，在多元文化的对撞下完成了国家建构和民族认同。

二、地狱？天堂？——历史想象中的西北愿景

近代国人所谓西北，其范围不一，包罗甚广，内涵与外延变化也较大。不同的作者都从各自的角度对于西北区域的认定做出不同的判断，其间差异甚大。1936 年以后，"近来始公认以绥、陕、甘、宁、青、新六省为西北之范围"[17]，这种说法得到了普遍的认同，渐渐地被人们所认可。

在 20 世纪初的中国人的心目中，西北是偏僻荒凉、阴森险恶的意象，1906 年，裴景福自广州戍边伊犁，途经陇西，举目四望，是人烟断绝，不见草木，塞山负雪，寒威逼人，并哀鸿断雁而无之。即使到了二三十年代，在考察家的笔下，西北的形象仍然是僵化和落后的。在青海、甘肃、新疆的一些饭店和旅社的墙壁上贴上了"莫谈国是，莫论军情"的纸条，一些人由于出言不慎，以致失踪者屡见不鲜。范长江游历青海后，总结青海的政局时说："青海的政治军事财政皆脱了正轨，本来是公的行

动，转化为私的经营。一切对人对事的关联，都根据这个私经营来出发。在私集团上来训练军队，来发展经济，来对付异民族，来教育青年。"同样，马鹤天在《甘青藏边区考察记》一书中也发出了这样的感叹："青海之党政军亦可谓集于马子香（马步芳的字）一人之手，无论何机关，亦可谓由渠一人主持。"[18]青海如此，西北其他四省莫不如此。宁夏马鸿逵以"土皇帝"自居；盛世才视新疆为独立王国；陕西、甘肃地方大员都在努力地加紧经营"自己的事业"，做着搜刮钱财的罪恶行当，一旦地皮刮尽，行囊鼓鼓，则不顾一切扬长而去，真是"一宦财丰万户屠"。西北之所以如此黑暗，考察家认为"地方性太浓，有许多事体还不能跳出家族、乡里、宗教及派别的范围"。此论颇为中肯。依靠着家族、派别的统治，必然意味着上层建筑的腐朽，必然意味着对经济的摧残和压制，也就注定了西北经济徘徊不前。[19]

因此，西北经济落后，社会封闭，政治黑暗，人民穷困，在当时被国人称为"人间地狱"。西北地区之所以给人们留下了这种糟糕的印象，自有政治、经济与文化等方面的原因，大自然的接踵打击不可忽视。西北从 1928 年后，进入了一个自然灾害频仍时期，李文海教授在其主编的《中国近代十大灾荒》一书中，对于西北这一次灾荒有深刻的描述："1928 年由西北开始的全国性灾荒，均是旱、水、雹、风、虫、疫并发的巨灾，至少席卷了 25 个省份，尤其以西北、华北的旱荒最为严重。旱荒以陕西为中心，遍及甘肃、山西、绥远、河北、察哈尔、热河、河南 8 省，并波及山东、苏北、皖北、湖北、湖南、四川、广西的一部或大部，形成了一个面积广袤的旱荒区，旱情在时间上更是旷日持久，从 1928 年一直延续到 1930 年。"[20]天灾使西北人民流离失所，生活苦不堪言，据不完全统计 1928 年西北灾荒造成了近 5000 万的灾民[21]，死亡人数也突破了 1000 万[22]。其中，陕西 1930 年比 1928 年人口减少了 100 多万；而宁夏和甘肃固原地区仅仅 1929 年灾民约 457 万人，死亡 200 万人。[23]

除去灾荒频繁外，西北军阀之间的混战，也使得社会经济更加破败。正如当时的陕西护党救国运动在它的通电中称："地丁田粮，因国家之正赋，及时完纳，亦人民之义务，惟陕西现在，民有饥馑之灾，家有盒藏之储，冯氏宜如何体恤民艰，豁除积欠，乃竟预征念一年之粮，又复严刑拷打，横征暴敛有如此，是冯氏水狱蛇牛，预征钱粮者其罪。"[24]而陕西的另一个救灾团体则在声讨冯玉祥的呈文中写道："冯逆霸占西北，横征暴敛，苛税百出，地丁预征至廿四年。杂捐增至八百余种。"[25]据时人的不完全统计，当时西北各省人民所要交纳的大捐税就不下 50 余种，而各种小捐税或各种地方的土捐税则不计其数。西北人民如有稍事抵抗，就即为刀下之鬼。

到了 1930 年前后，随着大批的考察家的进入，西北的悲惨景象被进一步描述，这里处处是饥寒交迫，民不聊生。这里的人民衣"则冬不能御寒，夏不能蔽体，甚至终年无裹身者，比比皆是"，食"非用树皮充饥，即用草根糊口"，"大多数以草屋茅舍，为栖身之所"。[26]贫穷苦难的生活把人民推向了绝路，忆古思今，考察家们不禁发出了如此的责问："黄河自白云中来，向白云中去，黄土高原上的沟渠犹存，我们的先民胼手胝足，在这里立下中华文化的基础。随手拾起一块黄土来尝尝，那下面掺和着我们列祖列宗的血汗，今天这个高原上的生活是简单而艰苦的，羊群吃的草地不茂盛了，白面粉是一种珍馐，一对对大而天真的眼睛，在无邪的脸上望着你，下身常常没有裤子穿，是孩子们应得的生活吗?"[27]

　　吊诡的是，在西北"人间地狱"论的同时，也有一种貌似人间天堂的"世外桃源"论的出现。此种论调把西北描述成"人间天堂"，实际上是基于民族危机严重的形势下，荒凉广袤的西北反而会成为民族复兴的基地，具有不可替代的国防意义。1929年10月，戴季陶在中央军官学校演讲时就说，"大家总以为西北是贫穷寒苦不过的地方，其实何尝如此，譬如新疆是无尽藏的财富之区，陕西、甘肃也是有将来开发不尽的财富"。[28]邵元冲也曾说，西北决不像过去一般人想象的那样穷苦，"现在西北所缺乏的，只是近代生活需要的工业品，而不是天然的原料，天然的原料，在西北可说是遍地都很丰富"。[29]就矿产而言，"凡新式国家，工业社会所需要之原料品，西北各省，莫不异常丰富"[30]，而陕西的石油，甘肃新疆的金、银，宁夏的盐，绥远的石炭及铁等，都极有丰富的蕴藏，年产总额可达3400余万元。[31]林竞在《西北丛编》自序中说"西北天府，乃全国未来之生产泉源"，为此疾呼西北"犹如美玉素笺，任吾刻画，理想世界，黄金政治，均可随日而收功，非同内地之烦杂也"[32]。

　　西北地区资源的丰富，是所有西北考察家的共同认识。据第四次中国矿业纪要记载，仅陕西煤的储量就达71950万公吨，占全国总储量的29%。就农产而言，亦十分丰富。单陕、甘、宁、青、新五省"每年产棉有二万四千八百余万斤，几占全国棉产总额之四分之一；产麻有五千四百余万斤，占全国麻产总额之五分之一，产药材有三千九百余万斤，占全国药材总产额之四分之一强，其他农家用品如麦及高粱等产额，亦颇可观"。就畜牧而言，西北的出产更为可观。五省"有羊一千八百五十六万余头，有牛一百四十八万余头，两者合计，几占全国牛羊总数之五分之三"[33]，羊毛年产可达 420000 担。[34]老舍在《西北归来》一文中说："那里有煤，有粮，有马，有毛，有金，有银，有水利，有肥美的土地……从富源上说，西北是块宝地。"

除却自然资源的优势，连民风的剽悍和地形的复杂险要也成为考察家赞不绝口的重要因素，也不复提起教育的落后和交通的不便，似乎在国家危亡的紧要关头，这些原本属于缺点的东西在重新审视之后恰恰变成优点。孙慕迦说"西北疆域广袤，合陕、甘、察、绥、宁、青、新、康、藏等省，占全国面积二分之一。区内民族健强，性情纯厚，可训成劲旅；蕴藏丰富足资开发；地势坚险可为屏障，故在国防立场观之，其重要诚不亚于东北也"[35]。林鹏侠认为"我国自鸦片战争以还，国势日渐消弱，民气日成颓丧，割地赔款，藩篱尽撤。忧时有识之士，知清廷之不足以御外侮也，乃不惜杀身流血，群起革命……而彰往察来，深信吾中华民族必可复兴，西北又适为复兴之根据地"。其理由在于"西北险要过于东南，大抵扼天然之形胜，高屋建瓴，进退可据，不宁足以避敌之威胁，且当欧亚孔道，有事则可西联欧陆，得物质供给之可能。就产物言，除利于农牧外，国防工业之所需，无不具足。仅延长石油，闻有一万万吨以上之储量，宁可不惊？余如五金、煤、硝、盐、磺之属，几无在不有。如政府奖励人民，急行开采，而统制于上，督促其成，因而利之，以推广教育，振兴交通实业，发达生产，充实国防军备，安见区区失地，无收复之望乎？"[36]居正亦认为，"现在东北边陲已失，我们这时对于西北边疆的蒙古新疆西藏等处的情形不可再抱从前的态度，蹈袭歧误政策了"[37]看法相同的还有张人鉴，他说"倘西北开发之后，地藏尽出，人口日众，地方组织周密，军备充实，交通建设完备，则国防不固而自固矣"。[38]

综上所述，20 世纪 30 年代前后所形成的西北旅行书写再现了两种大异其趣的西北意象，不管是地狱还是天堂，其实都是真实的再现，只是所谓悲惨的"人间地狱"的想象指称的是西北的历史和现在，而天堂般"世外桃源"的描述，则是诉求于西北地区未来的一种美丽的愿景。重要的是，西北本身并不具备实现这一愿景的潜力，在基于具备民族救亡意识的考察家的介入下，西北被建构为中国复兴和统一的精神象征，具有时间和空间的双重意蕴，有效开发这一片广袤的土地，成为内地应当承担的义不容辞的道义责任。西北从"人间地狱"转换到"美丽新世界"的历程，反映的是以反帝救亡为旨归的知识分子的爱国心路历程。

三、回家？离家？——民族危亡中的国家建构

西北是中国的西北，内地的考察家表面上远离家乡，体验旅行的苦乐，实际上在精神上把西北视为中国传统的再现，是中华辉煌历史的发源地，来到西北实际上是回到了中华民族的精神家园，那种在民族忧患和国家破碎的情形下感受到的巨大的悲伤感和痛苦感，终于以"回家"的形式予以消解。他们的旅行文本所表达的正是对西北大好河山的热爱，对悠久历史的溯源，在时空的双重追问中完成国家和民族的重新建构。因此，在考察家的历史记述中，西北的地理空间通过历史时间的整合，将神话、历史与记忆等一同纳入到中华民族的共同体中，实现边陲和内地的紧密联系，从而也进一步建构出国家疆域的时空连续性。

考察家们跋涉于崎岖的山径之间，感受到的是"道旁奇花野草，红黄相间，时有野鸟飞鸣其间，河流急湍，声如音韵，山

路崎岖，几疑无路。有桥横陈，蹊径别辟，山色水声，鸟语花香，风景之佳，不减江南，直如重游黄山，不知身在西北荒野区也"。蠕动于茫茫的大草原上，这里"沿途青草满滩，百花盛开，其色或黄或白，或紫或蓝，其形或垂如钟，或细如缨，或分散如星，或贴地如钉，无论山上草原，遍铺青草，满布艳花，真所谓锦绣山河。人行滩中，花拂衣巾，无异一大公园，此种奇景，非亲至草地者，绝难梦想，此种风味，亦非亲至西北者，不易赏得。人皆知行草地之苦，而不知此中之乐无穷也"。[39] 当赵敏求走完艰苦的历程后，他充满感情地写道："在西北，一切都是男性的、英雄的，那是一个属于慷慨悲歌的壮士的天下。我欢喜那在空中叱咤的狂风，那极目无垠的沙漠，那满顶白雪的峻岭，那滚滚翻腾的黄河。"[40]

这种对自然的赞美，不单是出于风景的优美，而是对这一种强大的自然的力量的由衷的崇拜，也是对国家的力量的崇拜。曾几何时，西北被视为化外之地，遥远偏僻，荒寒贫苦，固守着与传统儒家迥异的异域价值观，西出阳关后就没有家的感觉，长久以来，人们把出塞看做是华夏文明和蛮荒世界的分水岭，具有很强的象征意义。但是，一切都随着民族危机的日益严重而根本地改变了，西北不再是蛮荒之地，却是有着迷人风景的壮丽的河山，也不再是异域文明，而是中国古代辉煌历史的发源地。

地理空间塑造国家疆域，历史记忆唤醒国家认同。考察家在把自然国家化的同时，又把赞美的目光投向深邃的历史，被赋予独特文化意义和感情内涵的历史记忆被再次唤醒，承载着新的民族主义的时代关怀。曾养甫说，秦皇、汉武、唐宗的"发扬武力，都以西北为其发祥的根据地……考中国文化演进的历史，实由西北而渐趋于东南，中国古代文化，其策源地皆在西北……可见西北为中国最古的圣地"[41]。何应钦也指出："秦晋山地及关中平原，为中华文化策源地……我们为研究与发扬我民族固有文化起见，更要开发西北。"[42]而周振鹤在所撰写的《青海》的前言中，引用时下流行的"中国民族西来说"论调，强调青海是中华始祖最先定居的开发的故土，"若祖宗只来路，弗敢忘也！然则青海之于中国，实居荒古史之第一页矣"[43]。就连保守的翁文灏也认为，新疆地区素为西北要地，"河源玉石，远古传流，汉唐各朝，史绩尤著"，实在是并非新近归附的边远绝域，而是中国早已有之的立国奥区。[44]

邵元冲等人有关西北为中华民族发源地的论述，并非一般意义上的古史考辨，而是企图藉由中华民族过去的光荣激发国人的对自强梦想的追寻，反映了强烈的民族意识和国家情感。与邵元冲同时拜谒祭奠黄陵的国民党中央监察委员张继说："西北为吾民族光荣历史之所在，吾人不能任其荒弃，必极力作建设之首创，以唤起国人认清中华民族过去确有光荣伟绩之精神，俾人人发挥其自信力。基于此种民族之自信力，国家方可永存于世界。"[45]蒋经国更是在《伟大的西北》中喊道："西北，你这个伟大而庄严的名字！西北，你这个中华民族的古老的故乡！我们祖先的坟墓，我们祖先留下的灿烂的文化遗产都在那里蕴藏着。但是久违了，中华民族的子孙，已经久违了这祖先的故乡，遗忘了我们无穷尽的文化宝藏，更忘记了留在西北的同胞。但是，今天中华民族正处在激变的时代里，敌人想从四面八方来统治我们。为了解救自身的苦处，为了创造今后新的幸福的生活，我们已经自觉地起来反抗敌人，自觉地起来从事建国工作。这个时候，我们又记起我们祖先流血流汗的地方，那里丰腴的物产，坚强淳朴的人民，灿烂的文化，都是我们抗战建国重要的力量！今天，我们要建设新的中国，非但要建设新的东南，同时要建设新的西北，为西北同胞谋幸福的生活。所以，我们应当说，有志的青年，应当回到我们这古老的故乡去！有志的青年，应当到西北去！"[46]

20 世纪 30 年代的考察家们，通过到西北去，到那古老的"故乡"去的沉痛呐喊，实现了漂泊无依的旅者的心灵皈依，也由此找到了中华民族的精神家园。在这个广袤神秘的大地上，压抑的国家意识得以张扬，破碎的文化传承得以保存，边疆西北成为贯通历史和未来，连接屈辱与光荣的一个复杂图景。

四、自我？他者？——多元族群中的文化认同

在西北考察家的视野里，这是一片具有同内地一样的文化特质的土地，虽然在长途跋涉中会遇到很多的迥异于日常经验的事物和人群，可是强烈的民族情感仍然使得考察家的历史叙述充满了中华民族的共同意识形态。刘文海在西行途中，"忽见一年约六十岁老人，极似欧美乡农，圆眼樺鼻，黄发蓝睛，皮肤白皙，身著中国式粗布衣裤，不袜而履，携一二十岁左右少年，黑发青面，两目炯炯，仿佛出自拉丁民族支派"。[47]张恨水也有过这样的奇特经历，1934 年，他在走过"令人头痛的华家岭"时，在投宿时候遇到"头上扎花布，身上披了大围巾，还有络腮胡子"的一群"印度人"，而且他们说着流利的甘肃话，十分奇怪，一打听才知道是青海的"缠回"，由土耳其朝天才回来。[48]像这样在1930 年西北游记中具有异域风情屡见不鲜的"缠回"、"汉回"、"土人"等族群称号，反映了 20 世纪初期以降，在由西方引进的现代民族学知识的影响下，这些人群也逐渐被建构为具有共同

语言、血统、文化特质，并在历史中延续存在的"民族"。另一方面，20 世纪 30 年代旅行西北的知识分子，也往往透过"民族"的概念，来辨识、理解与再现西北地区的人群，虽然其议论其实多有未当。诸如新疆有"缠头回民、蒙古族、哈萨克、葱岭一带之零碎民族、汉回、汉民"等。[49]青海"全省估计百万人中，包含汉、回、蒙、藏、土诸族"[50]。

　　然而在这些民族的内部，因为文化的差异，彼此也有在称呼上的不同，甚至含有轻视的意味。不和谐的民族关系可能带来的危险不能不引起考察家的忧虑。在西北比较发达的汉族和回族对藏、蒙古等少数民族无论在称呼上，还是在民族贸易上，都存在很大的歧视和欺骗。例如"青海回族与汉族自称为'中原人'，意思是'文化民族'，而称藏人为'番子'，蒙古人为'鞑子'"。[51]在商业交易上，蒙、藏百姓也常常被汉、回商人欺骗，蒙、藏百姓如果向他们买粮食，他们就拿出一些酒肉招待，待蒙、藏百姓喝得酩酊大醉之时，则将草或者树枝、泥土之类装入粮食口袋，蒙、藏百姓回家之后，发现上当，也无可奈何，"因为商业经济的大权，尽在汉回两族手中"。范长江认为，"这样不平等的民族关系，无组织的贸易关系，对于一个国家的前途，绝对不会有好的影响"[52]一些考察家也提出融洽民族关系的方法，他们认为，在边疆少数民族聚集的地方，"生计、教育，宜兼筹并顾，一方生活安裕，一方知识增进，方为治本之法"。[53]尽管在生活习俗、宗教信仰、文化形态甚至在体貌特征上有着鲜明的差异，面对强烈冲击的内地汉族知识分子仍然试图将这一片异质的地理空间建构成多元一体的中华民族的共同体，使得生活在西北的人们不再是同一民族"内部的他者"，而是和内地一样的有文化归属感的"自我"。林鹏侠就认为"汉人中国人，回民亦中国人，中华民国由五族构成，有何民族之争"[54]？

实际上，对于国家归属意识挑战最大的并非自古生活在西北的各个民族之间的竞争，而是来自外国的传教士和探险家的外族的"他者"。范长江在旅途中遇到一英籍传教士，他对西北各省情形，无论是民族与宗教、道路交通，"尤了如指掌"。对于天主教神父包揽词讼，操纵金融，林鹏侠更是怒火中烧，"嗟夫！嗟夫！此岂基督博爱之精神耶？外人固视吾国人为俎上肉，往往假传教名，实行其政治侵略之手段，原不足怪！独怪吾民引狼入室，且动假外力以为私斗"[55]。马鹤天亦发现"日本政治侦探，年来秘密往来于西北各地者，亦踵相接。绥远、宁夏无论矣，甘肃西路，亦时有所闻。最近闻有日人乔装蒙古喇嘛，至青海循化一带"[56]。

在黄河后套地区，天主教会的势力之大，令人瞠目结舌。这里的农民，不入天主教不准种地，"一般农民只知有天主堂，而不知有政府，只知有神父，而不知有官吏"。传教士还创办学校，言称中国之所以穷，是由于实业不发达，是由于大家"懒"，为"高等民族"侵略"落后民族"找借口。对此，范长江提出："教会（无论何教）绝对不能在'宣扬教义'一事之外，以教会或教士资格作其他经济、政治、文化等活动"，应"限制外国人在中国内地自由传教"。[57]可惜，考察家的良法美意在当时只能是美好的愿望而已。

20世纪30年代日本侵略日亟，面对如此阢陧局面，前往西北地区旅行考察的知识分子，苦心焦思、汲汲以求者，一为开发西北地区，俾厚植国力，抗御外敌；二是阐述西北与中国自古以来的深厚渊源及紧密联系，以证成中国对于这片疆土的主权正当性。正如顾执中所云，"国际匪贼九一八的铁蹄声，坚定了国人开发西北的决心"，因此"东北须以死力收回，西北须以死力固守"。[58]而同时，考察家不断阐述着西北悠久的历史，真实意味是透过过去与现在的时间连续性，来建构出中国国家疆域的空间连续性。而这些边陲之地，也正是在这样的努力下，被转化为贮藏着无数国人历史记忆的文化图景——一个联系着国家共同体与其地理疆域的民族家园。

1935 年，高良佐随侍国民党中央执行委员邵元冲赴陕西祭谒黄陵，并赴甘、青、宁、绥等省视察游历，便对所经各地的古今沿革详加论述。抵达甘肃省会兰州后，先对兰州的沿革建置细究来历："兰州，周初西羌地，秦汉俱为陇西郡……唐以后始有兰州之称。"接着又说"甘肃据全国中心，而兰州又为甘肃中心，秦汉以来河西雄郡，金城为最，盖地界戎夏之间，系天下之安危也"。[59]张恨水对此也高度认同，认为："兰州在汉朝的时候，已经归入中华版图的了。"[60]

陈赓雅的《西北视察记》，对宁夏的历史变迁，同样费墨不少："宁夏，古雍州地。汉武帝驱逐匈奴，收河南北，立朔方郡，开渠屯田，生聚教训，遂蔚为西北一大都会……宋初，为元昊所窃据，称兴庆府。元改宁夏路，明置宁夏卫，清置宁夏道……民国多因其旧，称宁夏府，属于甘肃……十八年一月，颁布宁夏建省命令。"[61]

至于陕、甘、宁之外，地势尤属僻远的青、新二省，旅行西北的内地知识分子更是穷究文献，极力铺陈其与中国历史的固有联系。1927 年，马鹤天赴青海考察，便参证《西宁府新志》，对西宁地区的沿革递嬗，论述綦详："西宁古西羌所居，谓之湟中。汉武帝逐诸羌，筑令居塞。宣帝时，赵充国伐先零诸羌，以其地开屯田，置破羌县，属金城郡……民国后，改为道，十五年道废，改为行政区，所属有七县。"[62]至于林竞、李烛尘、谢晓钟等人旅游新疆时，也不惮辞费，对这块神秘的西域故地多有论列。[63]

20世纪30年代西北旅行者这种将地理历史化的书写策略，目的当然并非是对过往的风俗旧物加以赞美，而是一种通过"疆域的历史化和历史的疆域化"的双向互动，达成塑造国家和民族共同意识的独特作用。

在对西部疆域的地理、历史以及殊异于内地的人群、宗教和信仰进行了一番记忆的仪式后，原来西出阳关的文化区分便会变得模糊，此时此刻，文化中的歧义与隔阂不复存在，只有共同的文明和一致的"诗意空间"。"他者"变成"自我"，内地与边疆拥有共同的历史记忆和疆域空间，少数民族与汉族也变得亲密无间了。恰如顾颉刚所说："回、汉感情并臻融洽，地方公务达到合作地步，可喜也。"[64]参加伊犁新年年会的李烛尘也说："一堂十四族，欢舞庆升平。"[65]

总而言之，30年代的知识分子在艰难的西北旅行中，极力建构着一套基于民族危机的国家认同和文化共识，业已出版发行的各种文本就是这种精神的具体体现。但是，考察家们还是遭遇到一些棘手的问题，即在这个长期以来由多个民族组成的异质空间里，要寻找一个共同的象征空间，必须解决怎样把"他者"——远离内地的族群，转化为易于接受的"自我"——即是通常意义上的"同胞"。这只能借助于中华民族的分析框架，打通内地与边疆、时间与空间、历史和现在的脉络，从而完成忧国忧民的庄严使命。

注　释

1　11　28　戴季陶：《开发西北工作之起点》，见戴季陶等：《西北》，新亚细亚学会出版 1932 年版，第 36、35、6—7 页。

2　赵简子：《西北与国防》，《边疆半月刊》创刊号，1936 年 8 月。

3　《西北建设之根本问题》，《大公报》，1934 年 5 月 10 日，第 3 版（人民出版社 1983 年影印）。

4　8　李庆麟：《屯垦青海与开辟西北》，《革命文献》第 88 辑，（台北）中央文物供应社 1981 年版，第 78 页。

5　《实业建设程序提案》，《革命文献》第 26 辑，第 183 页。

6　9　12　41　曾养甫：《建设西北为本党今后重要问题》，《革命文献》第 88 辑，第 26、24、24—25 页。

7　37　居正：《东北沦陷中的西北边陲问题》，《革命文献》第 88 辑，第 69 页。

10　邵元冲：《西北建设之前提》，《革命文献》第 88 辑，第 158 页。

13　《应尽先注意西北建设》，天津《大公报》，1933 年 8 月 1 日，第 2 版（人民出版社 1983 年影印）。

14　汪精卫：《在洛阳举行国难会议的意义》，《革命文献》第 36 辑，第 1749 页。

15　宋子文：《西北建设问题》，《革命文献》第 88 辑，第 102 页。

16　马鹤天：《开发西北与中国之前途》，《西北问题季刊》第 1 卷第 3 期。

17　《论编撰西北年鉴》，《西北向导》第 17 期，大安株式会社 1984 年版，第 1 页。

18　39　53　56　马鹤天：《甘青藏边区考察记》，甘肃人民出版社 2003 年版，第 147、20、137—138、22、30 页。

19　裴景福：《河海昆仑录》，甘肃人民出版社 2002 年版，第 208 页。

20　22　李文海编：《中国近代十大灾荒》，上海人民出版社 1994 年版，第 169 页。

21　邓云特：《中国救荒史》，商务印书馆 1937 年版，第 44 页。

23　袁林：《西北灾荒记》，甘肃人民出版社 1994 年版，第 71 页。

24　25　朱天国：《西北最近十年来史料》，沈云龙编：《近代中国史料丛刊三编》（第 592 辑），文海出版社 1990 年版，第 26、27 页。

26　顾执中、陆诒：《到青海去》，商务印书馆 1934 年版，第 261—262 页。

27　40　赵敏求：《跃进中的西北》，新中国文化出版社 1946 年版，第 189、2 页。

29　邵元冲：《西北之实际与建设》，《革命文献》第 88 辑，第 240 页。

30　42　何应钦：《开发西北为我国当前要政》，《革命文献》第 88 辑，第 34、

35 页。

31　向金声：《西北资源的调查》，《建国月刊》第 14 卷第 2 期，1936 年 2 月。

32　林竞：《西北丛编·自序》，西安市档案馆编：《民国开发西北》，2003 年内部印刷，第 397—398 页。

33　刘汝：《开发西北之先决问题》，周宪文：《东北与西北》，《新中华杂志》第 1 卷第 11 期。

34　《建设委员会公报》，第 17 期。沈云龙主编：《近代中国史料丛刊续辑》第 57 辑第 567 册，文海出版社 1966 年版，第 221—222 页。

35　林鹏侠：《西北行·孙序》，甘肃人民出版社 2002 年版。

36　林鹏侠：《西北行·自序一》，甘肃人民出版社 2002 年版。

38　张人鉴：《开发西北实业计划》（1933 年 10 月），西安市档案馆编：《民国开发西北》，2003 年内部印刷，第 30 页。

43　周振鹤：《青海》，《禹贡半月刊》第 1 卷第 10 期（1934 年 7 月 16 日）。

44　翁文灏：《序》，收入黄汲清：《天山之麓》，卷首，1。

45　王衍祜：《西北游记》，第 26—27 页。

46　蒋经国：《伟大的西北》，宁夏人民出版社 2001 年版，第 35 页。

47　刘文海：《西行见闻记》，甘肃人民出版社 2003 年版，第 64 页。

48　60　张恨水、李孤帆：《西游小记·西行杂记》，甘肃人民出版社 2003 年版，第 82、90 页。

49　刘文海：《西行见闻记》，甘肃人民出版社 2003 年版，第 80 页。

50　59　高良佐：《西北随轺记》，甘肃人民出版社 2003 年版，第 86、42 页。

51　52　范长江：《中国的西北角》，第 95、175 页。

54　55　林鹏侠：《西北行》，甘肃人民出版社 2002 年版，第 61、206 页。

57　范长江：《中国的西北角》，第 215 页。

58　顾执中：《西行记》，甘肃人民出版社 2003 年版，第 5—7 页。

61　陈赓雅：《西北视察记》，甘肃人民出版社 2002 年版，第 74 页。

62　侯鸿鉴、马鹤天：《西北漫游记·西北考察记》，甘肃人民出版社 2003 年版，第 169 页。

63　参见林竞：《蒙新甘宁考察记》，甘肃人民出版社 2003 年版，第 177—244 页；李烛尘：《西北历程》，甘肃人民出版社 2003 年版，第 50—103 页；谢晓钟：

《新疆游记》，甘肃人民出版社 2003 年版。

64　顾颉刚：《西北考察日记》，甘肃人民出版社 2002 年版，第 201 页。

65　李烛尘：《西北历程》，甘肃人民出版社 2003 年版，第 138 页。

认识他者与改造自我：民国
时期国人的甘肃观与旅外学生之应对

尚季芳（西北师范大学副教授）

民国时期，在国人的眼中，甘肃具有双重性。一部分人认为甘肃乃西北边防重镇，无论从历史和现实考量，都不容忽视，应加大建设；然则另一部分人认为甘肃僻处西北，政局动荡、民生凋敝，受现代化的浸染甚少，是一蛮荒固陋之区，对甘肃偏见甚深。对此旅外学生深受刺激，他们不遗余力发表言论，对一些谬论予以抨击，并揭露甘肃社会的一些真实情境，希望国人对甘肃以同情之理解；也鞭策故土民众振作起来，建设一个不被人轻视的"新甘肃"。

一、国中之"异乡"

相较于东南沿海，民国甘肃的发展仍是缓慢的。由于天灾人祸纷至沓来，社会动荡不安，民不聊生。加之交通闭塞，现代化通讯和媒体的缺乏，且跨出封闭世界的"先进人士"较少，大多数全国性事件偏离了甘肃等诸种因素的影响，甘肃渐有一种边缘化的态势，以致外界对甘肃的了解相当有限。部分国人对甘肃的印象模糊，大体停留在一种想象的观念之中。

1933 年 10 月，上海《时代日报》的《玫瑰花》栏目，载有《租妻》一则，对甘肃人简直视作禽兽，尽污蔑之能事。其言曰："甘省多男少女，故男女之事颇阔略……有兄弟数人合娶一妻者，或轮夕而宿，或白昼有事，辄悬一裙于房门，即地回避，生子则长者与兄，以次而及诸弟，其有不能娶而盼子者，则僦他人妻，立券书期，限或二年或三年，或以得子为限……"[1] 显然，这种描述与本原事实极不相符，是外地人对甘肃的不了解道听途说，还是误会挖苦，都不得而知，但是，报纸上不负责任刊登这样的文字，内中暗含偏见却是不争的事实。

1941 年 1 月，《文化新闻》杂志上刊登有该报特派旅行记者赵琦的《秦陇风光》一文，其中有这样的记载，"因为温度和高度的关系……经历秦安通渭这些陇南最贫苦的地方……孩子们最喜欢太阳，因为有了太阳，他们才能离开了炕，出来活跃，因为他们或她们是没有见过裤子的。"[2] 记载中多有不实之处，引起了旅外甘人的批评。

斯时，动辄对西北、甘肃出言污蔑，以鄙夷不屑之情视之者不在少数。有人说西北"野蛮"、"落后"、"不开化"；[3] 有人认为"陕甘的女子粗笨"；[4] 有人说甘肃"男女皆面目粗陋，益以衣服龌龊（胸前垢腻发光彩，头发虱结，黑鞋白袜变为白鞋黑袜），屋宇恶臭，使人作呕，但彼等宴如也"，[5] "甘人敦厚纯朴，而乏敏活精神，尤其是小孩之举动，极为笨拙"；[6] 等等言辞，不一而足，上述认识颇能代表当时一部分人对甘肃的体认。

更甚者，有人把甘肃人全部想象成回族。何昌之在一篇文章里，记述了他亲身经历的一件事情，"'甘肃全是回教？'一位广东学生，因为汽车与我们同学 L 在车站上闲谈，他很惊异的赞扬 L 的'汉话程度'很好，L 答以'我们根本就说的汉话。'他说：'你们不是都不吃猪肉吗？''我们怎么不吃？……我们甘肃大多数民众还是汉人，至于回教同胞除极少一部分外，也都说的汉话。'L 这样的回答他。"[7]可见，这位广东学生观念中的甘肃人都是回族，都不吃猪肉，都不会说汉话，如此认识令人啼笑皆非。

上述近乎诬蔑西北和甘肃的言论深深刺痛着旅外学人的心。含初在《我主张一部分的排外运动》一文里，写道："我记得我在北京的时候，有几位河南同学向我说：'你们陕西的钱真好赚，我们省里的无赖、光棍、土匪在本省站不住脚的，这几年都跑到你们陕西当了大人，当了老爷了。'旁边又有位同学说：'现在要是想做官弄钱，还是要到陕西甘肃那些僻背的地方去。'我听了这些话，不由我一阵一阵的心痛。"[8]说者无意，听者有心，对一个关心桑梓的学生来说，外人的不友好言辞使他思绪万千，思忖怎样改变家乡的落后面貌，造福桑梓，已经慢慢的在他心中萌芽。

二、见之于行事

近代西北开发，外来人参与之事甚多，贡献颇大。林则徐发配新疆，积极兴修水利，开垦土地；左宗棠收复新疆、创办兰州二局、设置贡院和植树造林，拉开西北近代化的序幕；清末新政升允、彭英甲聘用一些外国人设计修建黄河铁桥，开办官铜厂和洋蜡胰子厂等新式工厂；抗战时期大量战区的技术人才涌入西北，给西北的发展带来前所未有的良机，掀起了近代西北开发史上的一次高潮。

不过，外来人建设西北并非都如上述人物，以发展民生和巩固边疆为旨趣。在这当中，有一批则是借开发西北之名，行个人升官发财之实。时人对此现象多所指责。刘文海考察了甘肃后指出"肯来甘肃者多属次等人才"，此辈来甘意图不纯，"行装未卸前即已决定剥削主义，只期及早东旋安享"，[9]"因此有些人一下飞机，一下汽车就有点悔不当初，三日京兆，随时都想打退堂鼓。一年半载以后，到过千佛洞，游过塔尔寺，吃过醉瓜，真是到西北观光一趟，带了一些特产，一两袭轻裘，就鸣鼓收兵了"。[10]像这种抱刮地皮思想，存五日京兆之心者绝非开发建设甘肃之人，其所带给甘肃的是祸患而非福利，以致"甘肃政局，可谓暗无天日，较诸满清时代，殆有过之而无不及"。[11]

有一些来甘肃者，从心底里就看不起甘肃人。30年代初，中央给甘肃派了一位厅长，看到兰州的一切落后，尤其没有大工业，只靠手工业维持生活，而知识阶层个个老实本分，惟命是从。因此他在一个集会上说："再过几年火车如果通到兰州以后，你们甘肃人不但没有饭吃，而且吃屎也没有……"[12]

一位南方人士"拿手纸来！"故事更将此人对甘肃的蔑视心理发挥到了极致，"笔者由酒泉出发，因起身过晚，汽车未能赶到站口，于是在东距酒泉五十里处之马营镇住宿，该地无旅社，我们便住在一处小学校内。这样，当然既无茶房招待，又无阔饭馆可供'大餐'，于是同车的某机关副机理在发牢骚了：'他妈的……西北……这样坏的地方：风又大，土又多……吃……住……真是他妈的……接着他便向那位校长用其极威严的强调喊：'拿水来！'这还不要紧，最有意思的是第二天早晨向那位校长大喊特喊的'拿手纸来！'"[13]

一幅题名《渔人得利》的漫画，反映了到甘肃来的"大员"刮地皮的丑恶嘴脸：[14]

漫画反映的是抗战胜利后，一批外地人搜刮完毕，凯旋东归的事实。第一幅图是外地"长官来了"，甘肃民众异常兴奋，打起了"欢迎甘民救星××长"，盼望能为甘肃带来福音；第二幅图表明地方污吏迅速向这位"大员"靠拢，巴结谄媚，美其名曰："各靠一腿"；第三幅图是地方污吏内讧不断，而远道而来的"大员"则敲骨吸髓，盘剥殆尽，所谓"你打我刮"是也；第四幅图"满载而归"，表明"大员"刮得盆满钵满，坐上"××长复员专车"一走了之，地方污吏这才清醒。

像以上诸人的行为举止，怎能说是建设甘肃的人才呢？鉴此，甘肃人建议中央政府"要想地方治理得好，还是多利用本地人，可得事半功倍之效"[15]，衡诸抗战胜利后的具体事实，此话不无道理。抗战胜利后，甘肃经济一度陷入了低谷，个中原因是本省缺乏支持企业持续发展的技术人才。甘肃省建设厅厅长张心一惋惜地谈到这一问题，"最近许多厂非停工不可，与主持人的复员大有关系。中国的人材，根本不够用，中央调去这些技术人员，也是不得已，可是甘肃吃了大亏。我们前几年再三叮咛，请这些技术人员，每人提拔几个本省人，传授他们的技能，到他们离开甘肃的时候，这些人继承他们的工作，差不多都没有办到，原因不能细说。"[16]为何不能细说？张氏的话语里隐含着潜台词，即外省人没有培养本省人才。追溯根由，这些所谓的外省"人才"从心底里就看不起甘肃人，其本身也无长远在此扎根的想法，不想也不愿培育技术上的后继者。

近代来甘肃的外来人鱼龙混杂，相当一部分颟顸敷衍，给西北的开发事业抹上了阴影。以致甘肃人攻击说这些人都是在

"在东南不能立脚的失业份子，想藉开发西北的美名去达到那升官发财的希望，于是便高唱'西北是西北人的西北'，甚有高唱'封闭西北'之说"。[17] 这种激愤之语实乃外地人的傲满与偏见所致。

三、不要轻视甘肃

为着消除外人对甘肃的负面印象，旅外学人在自己有限的能力内，积极组织同乡会，并且"以联络感情，砥砺品学，促进桑梓文化建设为宗旨"[18]创办杂志，力图将桑梓的真实图景告诸外人，诚如陇南留平同学会组织发起的《陇南卯铃》中说："本刊的最大使命，一方为唤起地方人士，振作奋发；一方我们要将地方的情况，藉此达于外，把新兴的思想，藉此输于内，为一种传达知识的机器。"[19]

此时旅外学生组织同乡会、同学会者不在少数。诸如旅京甘肃同学会、甘肃旅沪同学会、甘肃旅渝同学会、陇南留平同学会和旅京天水县省外留学总会等。创办的杂志也为数较多，如《陇铎》、《陇钟》、《陇风》、《陇衡》、《泾涛》、《陇南卯铃》、《拓荒》、《天水县省外留学总会季刊》、《新陇》和《西北评论》等。

凭藉上述杂志，旅外学人大量撰文驳斥外人前述对甘肃的一面之词，效果彰显。对《租妻》一文，作者"我"满含激愤，以针锋相对的语调写道："此等陋俗，在东南所谓文明各省，有无不得而知，而在一切落后的甘肃，则绝无其事。退一百步说：纵令有之，亦不应大事宣传，贻人笑柄；遑论杜撰造谣，淆乱听闻，纯系污蔑西北人格，以逞一时快意？"作者又理性告诫外

人，西北很重要，不要轻视他，如果继续存一种鄙视的心理，
"这种情形，小之，可说是个人方面，自贬人格；大之，十足的
表现着中国人自己拆台子的劣根性。吾人为个人计，为国家计，
均不应有此心理和态度。否则天天讲开发西北，恐怕离题要远
哩。朋友！牢牢记着：西北在今天的边防上，政治上，以及经济
上，军事上，均有十二分的重要性；在社会上，历史上，也有相
当的价值。不要轻视他！不敢轻视他！不暇轻视他。"[20]

　　《秦陇风光》一文亦引来了反驳之声，旅外学生小备正言指
出："凡是有头脑的人，总会可以想到，孩子能够出来自动活
跃，那个孩子，无疑意的是相当大的了，难道真的会没有见过裤
子吗？况且记者先生，绝不是兰秦道上的第一个行路人，难道孩
子的父母和成千上万的旅客，乃至记者，亦没有穿裤子吗？假若
旅客和孩子的父母，以及赵先生，是穿裤子的，那么就不能说
'他们或她们是没有见过裤子'的了。"[21]

　　针对外地人谈论甘肃总要提到十七八岁的"大姑娘不穿裤
子"这一谬论，旅外学生忿然不平，指出甘肃冬天天气寒冷，
就是小孩子和乞丐也都穿裤子，那里会有十七八岁的大姑娘不穿
裤子的道理？假定有此等事情，平心思之，亦不过为饥寒所迫，
不值得大惊小怪，如果那些"人云亦云的混沌先生们，遂以为
这是甘肃文化落后的特征，津津然以为茶余酒后谈笑之资"则
是无聊至极。作者又举嘉陵江裸体纤夫的例子，"天下事无独有
偶，我在嘉陵江滨，居然也看见了不少的船夫，不论他们的年纪
大小，也不论船上和岸旁有多少男女人家，他们全都是不顾一切
的赤条条的不穿裤子，这是嘉陵江上的一幕风光，难道这还比那
些在西北所发见的情形会来得高明吗"[22]？这种类比虽说有种牵
强，但也稍稍缓解了旅外学生心中的愁与恨。

因着桑梓情结，旅外学生真诚地希望外人不要有意或无意讽刺挖苦甘肃，诚然甘肃"缺少摩天楼，缺少抽水马桶，没有跳舞厅，没有柏油路"，"但是那里并不像一般人所想象的那样荒凉"，因为"那里有无数可爱的良民，那里有无尽的抗战资源，那里有中国古文化的遗迹，那里有中国旧道德的食库；并且敦厚的风俗，诚朴的民性，只要你在哪里待过一个较长的时间，你才会觉得它的可爱，它的伟大"。[23]若为一个真国民，就不应放言荒诞，视同胞如化外，而应真切地关心甘肃地区的现实情况，对甘肃的匪患、自然灾害和民生等问题进行切实了解，都来救济甘肃乃至西北，"切实的援助西北，不应当嬉笑怒骂的藐视西北！"[24]

旅外学人对外人污蔑性言论的驳斥，是每一个爱惜桑梓的人产生的本能反应。他们严厉抨击这些不负责任的言论，力图给甘肃正名，希望外人能够正确认识甘肃，客观评价甘肃，积极帮助甘肃开发，应该说这一系列努力为改变甘肃的负面形象所起作用甚大。

四、建设一个新甘肃

事实上，旅外学人知晓要改变甘肃在外人心目中的形象，光靠言语上的理论还不足以变成现实。要树立新的面貌，必须从自身做起，刷新政治、革除陋俗、发展教育、眼光向外才是根本之道。因是之故，旅外学人潜心调查研究甘肃社会问题，为家乡的变革献言献策。《陇风》发刊词就直陈："陇风愿为甘肃青年的喉舌，对于沉睡的乡人要大声的呼唤，对于恶势力的压制，我们决不顾虑。"[25]他们渴求无论是当权者还是民众都振作起来，建设一个光明的新甘肃。

　　甘肃被外人冠以"落后"、"野蛮"、"未开化"、"愚昧"等名词，旅外学生认为与本土人的不求上进有关。一位旅外学人这样说道："这并不是我讨厌人家说西北坏，同时我还要痛恨西北人为什么不争口气！为什么自个不努力！为什么不奋斗呢？更其时为什么不把古先人所遗给我们的文化，不发扬呢？我讨厌，我讨厌自个不努力干，不实干，不硬干！现在被人家给我们带了这些丑名词，真是羞耻极了！"他殷切期望西北人"大家共同努力！互相奋勉！要实干！快干！硬干！继续不断的勇往直前的干去！再勿自私自利了！大家一齐起来干使西北一切光明！再勿蹈前辙了！现在自新！绝不要叫别人看不起！"[26]

　　怎样才能使外地人看得起甘肃呢？旅外学人首先将目光放在当权者身上，因为当政者的理念和行为对改造甘肃社会至关重要。1933 年，甘肃省主席邵力子在地方军阀夹击，财力困窘的情况下，黯然离甘。民众对继任者朱绍良抱有极大热望，旅外学生也借机陈言，切望朱氏能在甘肃干出一番事业，因为"甘肃为西北数省中心，可以遥控新藏，近制青宁，治乱兴衰，关系整个西北，故以地位责任言，甘省主席，实较西北任何省分为重大"。为此，治理甘肃，必须注意以下三件事情，"本中央开发西北，巩固边疆之至意，用革命精神，快干，硬干，实干，为国家固边圉，为甘民除痛苦，建立伟大之事业，勿存作官之心理，以副中央之倚畀与信赖，甘民之盼望与希冀，此其一"；其二，"一面裁军剿匪，一面实施救济，先求民生之安定，社会秩序之恢复，然后再从教育交通……入手，为根本之改进"；其三，坚决禁绝鸦片，鸦片毒害甚于兵匪，种植吸食至烈，令人心痛，"故今日为甘肃人民生死存亡计，实不能不彻底禁烟，希望朱氏去甘，痛下决心，严厉禁绝，以强种族而裕民生"。[27]事实证明，朱绍良不负众望，在主政甘肃期间，在整顿吏治，废除苛捐杂税，打击地方军阀势力，禁绝鸦片等方面作出了一些贡献，甘肃渐纳入了国民政府的统治轨道。

对于普通民众，旅外学人提倡其积极监督政府和官员，尽一个公民应有的权利，要知道"所谓官者，乃是人民的公仆，并非是我们人民的上司父母，他的权势由大众付与的，他若作的对，大家应当赞赏，他若作的不对，大众应当来惩罚"。[28]对于那些认真负责，为大众利益努力之官员，要诚心拥护，对不称职的官吏，要监督他们实施庶政，乃至将其驱逐出境。

旅外学人将建设新甘肃的重任放在了青年人的身上，青年才是甘肃的希望。针对甘肃青年普遍拥有的"县太爷思想"（即做官思想），旅外学人宋文明晓之以理，动之以情，"我无意从心教育人，因为我只是一个刚刚廿八岁的青年，阅历未深，经验不足，不够资格摆起一副说教者的面孔，但我热爱甘肃，热爱家乡，使我不能不说出我心中想说的话"，因为"今后的甘肃命运，不决定于多数优秀青年的想作县长，而决定于大批的工程师，专家和学者。只有甘肃的优秀青年，都作了工程师，专家和学者，甘肃才有前途，个人亦才有前途"。[29]何昌之给甘肃青年还提出了几点具体建议：第一，不要妄自尊大，亦不要妄自菲薄；第二，减轻家乡观念，多事远游，以增见闻而广学识；第三，虚心接受外来文化；第四，头脑冷静，对事多加分析；第五，认清现代与思考将来，"总之，内地人对甘肃的隔阂，原因固多，但无可讳言的我们甘肃本身也有相当的'不如人家'，这在我们青年觉得是一种很大的惭愧"。[30]

在督促故土官员和民众梦醒之余，旅外学生毕业后争取机会报效桑梓，他们抱着远大之目光、入地狱之决心、创造之作风、诚实之方法努力为故乡服务。[31]如赵元贞担任甘肃省建设厅长、教育厅长时，调查甘肃矿产资源、兴办实业、创办学校，培养了一批有作为的学生；张心一担任甘肃省建设厅厅长之职时，为甘肃水利和农业的发展贡献尤多。部分在国内其他地方任职的甘肃人，也时常关注故乡的发展，如田炯锦任监察委员、考试部部长之时，经常撰文为家乡的发展鼓与呼。

总之，要建设一个新甘肃，甘肃人应当迎难而上，拿出更多的精力和勇气，以人力补环境之恶劣，"无论求学作事，在现状下，欧美人用一分力，东南的同胞应用十分力，我们甘肃人应百分的努力，方可望站在水平线上"，[32]此论堪称至理。

五、余论

民国时期，遍布北京、上海、南京和重庆等地的旅外学生，作为跨出省门的一批青年，受新思潮的浸染，看到家乡与外界存在的诸多差距，以及部分国人对甘肃的偏见，毅然将改造桑梓作为己任。因为"我们都是一些由家乡人民的血汗供给来到外边上大学的学生，在家乡数千万苦难的人民中，我们独能享到受高等教育的权利，这在我们本身的确是一个最大的幸福。姑不论父兄对我们抱有若何的期望，只就我们本身的责任来说，我们应该如何去报答他们对我们的造育之恩？地方的进步与文化的发达与否？是与受过高等教育的地方青年有着极大的关系，设若大学青年都能够为促进地方的建设而努力，都能够以自己所获得的知能运用于为人民谋福利的工作上，则何愁家乡不走上进步之道！"[33]

为着家乡走上"进步之道"，旅外学生积极组织同乡会、创办杂志，亲身参与故土改造，深受甘肃民众支持和欢迎。《陇铎》杂志在西北拥有大量的读者群，特别在甘肃读者人数更多，编辑自豪地说："发行网密布省内各县，设有代销处的，有三十余县。每一县的民教馆，参议会，县立中学，均有赠阅，可以说省内所有的知识份子，都是本刊的读者……我们的基本订户，经常在五百份以上。这样方使这份薄薄的刊物，负起沟通省内外文化的使命。我们发行数字，在兰州压倒一切杂志，在各县因为分配份数的限制，普遍的不够供给。各代销处的回信，多是：'到后一抢而空，下次务请增一倍。'但为了册数和普遍分配的苦楚，往往不能满足各方的要求。"[34] 显然，这些杂志成了家乡人与旅外学人沟通交流的最好平台，成为反映地方事务，传播外界讯息的最佳阵地。

事实上，家乡父老也将改造桑梓的使命寄托在旅外人士身上，"希望旅京的同乡，向政府极力建议，速派大员整理一切，同时将此痛苦情形，向东南人士多多宣传，使知西北人民之痛苦"。[35]双方常内外结合，在某些问题上达成一致，如驱逐不良官吏出境，反对政府征收烟亩罚款，呼吁废除苛捐杂税等方面，均取得了成效。

不过，由于旅外学生处于建言地位，他们的某些思想不一定是救甘之良方，带有明显的书生论政意味。且某些言论不被当政者采纳，相反还受到打压，其杂志和人身时常受威胁。斯时在甘肃掌握军政大权者多为外省人，本省"人才极行缺乏，不能操纵地方政权，致政权旁落他方人掌握中"。[36]来甘肃游历的范长江亦不无感慨地说："在这里，甘肃的知识分子，遭遇到一个特殊的难关，即是甘肃的军事政治久已脱离了甘肃本地人的掌握，政治上支配甘肃的，十九是来自六盘山以东的力量。因而第一、第二乃至第三第四等的位置，亦大半为东来的朋友们所占有。"[37]甚至在兰州还出现了一种"排内"的说法，就是外省人排挤本省人，认为本省人一个个呆头呆脑，毫无用处。

鉴此，旅外学生毕业后能进入省内工作者为少数，大多数徘徊于省门之外，即便在省内工作者，也左右掣肘，不敢放开手脚，致使改造桑梓的成效大打折扣。即便如此，以今天的后见之明来审视，民国时期旅外学人热爱桑梓的情怀人所共鉴，值得赞许。

注　释

1　20　24　《不要轻视西北!》，《西北公论》第 1 卷第 8 期，1933 年 12 月，第 3 页。

2　21　小备：《荒谬的记载》，《陇铎》第 2 卷第 6、7 期，1941 年 6 月 15 日，第 28 页。

3　26　王光儒：《谁说西北是野蛮落后"未开化?"》，《西北评论》第 1 卷第 5 期，1934 年 9 月 15 日，第 45、47 页。

4　三娘：《阅过"女人的性格"之反感》，《西北评论》第 2 卷第 2 期，1935 年 2 月，第 154—155 页。

5　《甘肃印象》，陈重生：《西行艳异记》，上海时报出版 1940 年版，第 594 页。

6　《宁夏印象》，陈重生：《西行艳异记》，上海时报出版 1940 年版，第 597 页。

7　13　23　30　何昌之：《内地人心目中的甘肃和甘肃青年应有的觉悟》，《陇铎》第 2 期，1939 年 11 月 15 日，第 16、17—18 页。

8　含初：《我主张一部分的排外运动》，《共进》第 8 号，1922 年 1 月 25 日。

9　11　36　刘文海著，李正宇点校：《西行见闻记》，甘肃人民出版社 2003 年版，第 39 页。

10　高山：《谈谈人才问题》，《大夏月刊》第 2 期，1948 年 4 月 1 日，第 4 页。

12　韶英：《秦陇蜀杂记（续）》，《西北晨钟》第 2 卷第 4、5 期合刊，1941 年 8 月 25 日，第 32、33 页。

14　《渔人得利》，《陇铎》新 1 号，1947 年 2 月 15 日，第 8 页。

16　张心一：《六年来甘肃生产建设（上）》，《和平日报》1946 年 12 月 31 日，第

2 版。

17　金鉴：《开发西北的人与财问题》，《边疆》第 4 期，1936 年 10 月，第 2 页。

18　《甘肃旅渝同学会简章草案》，《陇铎》第 2 期，1939 年 11 月 15 日，第 27 页。

19　《开场白》，《陇南卯铃》创刊号，1932 年 10 月 25 日，第 1 页。

22　窦宗默：《杂谈》，《陇铎》第 2 期，1939 年 11 月 15 日，第 26 页。

25　《陇风·发刊词》，《陇风》创刊号，1947 年 4 月 20 日，第 1 页。

27　《希望于朱绍良主席者》，《西北公论》第 1 卷第 2 期，1933 年 6 月 1 日，第 3—4 页。

28　张得善：《怎样才能把西北军政拉到轨道上呢?》，《西北公论》创刊号，1933 年 5 月 1 日，第 5—6 页。

29　宋文明：《葬送"县太爷思想"》，《大夏月刊》创刊号，1948 年 1 月 25 日，第 5 页。

31　陈筮泰：《敬勖本夏毕业同学》，《陇铎》第 8 期，1940 年 5 月 15 日，第 3—4 页。

32　田炯锦：《甘肃智识分子之进修与责任》，《陇铎》第 8 期，1940 年 5 月 15 日，第 10 页。

33　《复刊的几句话》，《陇衡》第 5 期，1948 年 10 月 15 日，第 2 页。

34　本社：《艰苦中奋斗，正义中成长》，《陇铎》新 10 号，1948 年 5 月，第 6 页。

35　义夫：《甘民三害》，《西北公论》创刊号，1933 年 5 月 1 日，第 18 页。

37　范长江：《中国的西北角》，新华出版社 1980 年版，第 61 页。

边疆政治与军事

20 世纪五六十年代我国
边疆与少数民族地区的禁烟禁毒

齐　磊（兰州商学院）

胡金野（兰州商学院）

鸦片烟毒的肆虐一直以来不仅对中国社会的政治、经济运行发展带来了许多负面影响，也是引发近代中国出现诸多严重社会问题的罪魁祸首。如何在边疆与民族地区这样一个特殊的地域进行禁烟禁毒活动，达到既取得禁烟禁毒活动的成功，又妥善处理好与各边疆及少数民族的关系，维护民族地区的稳定，这是历史上一直没有解决好的一个棘手问题。中国共产党在新中国成立前后，在其政权已经控制的民族区域进行的禁烟禁毒活动，不仅为全面解决鸦片烟毒在旧中国的长期存在进行了一些有益的实践与探索，也为中国共产党在全国人民面前树立了一个新型政党处理历史遗留问题的全新形象。

一、新中国成立之初边疆与少数民族地区的禁烟禁毒

中国共产党对鸦片烟毒历来持禁绝态度。从历史上看，中国共产党自土地革命战争时期建立根据地，有了自己的政权起，就开始进行禁烟禁毒活动；抗战八年在陕甘宁边区、华北和华中各抗日根据地的禁烟禁毒斗争更是有声有色，成果显著；解放战争时期，伴随新解放区的不断出现，禁烟禁毒随即成为各民主政权的重要工作开展起来，而这些新解放区的禁烟禁毒活动很多就是在边疆与民族地区开展的。

中华人民共和国成立前，中共在边疆与民族地区的禁烟禁毒活动，不仅是中国共产党禁毒斗争的重要组成部分，也成为新中国成立后共产党领导的边疆与民族地区禁烟禁毒运动的先声，为新中国成立后中国共产党在边疆与民族地区进行大规模的禁烟禁毒运动进行了局部的区域实践，也为处理边疆与民族地区烟毒问题的政策与策略的形成提供了依据。

新中国成立后，1950 年 2 月 24 日中央人民政府政务院颁布了《关于严禁鸦片烟毒的通令》，全国上下积极响应，于 1950—1952 年开展了新中国的第一场大规模禁毒运动。由于一些边疆及少数民族地区地处偏远，或没有进行土地改革、社会治安还不稳定，或牵涉到民族关系、民族矛盾等原因，致使边疆与少数民族地区在这场禁毒运动中的参与情况各不相同，各地取得禁烟禁毒的成绩也有所不一。

民族地区参与禁毒运动大体可分为以下几种情况：

第一种情况：与汉区同步进行，即 1950 年就开始了禁烟毒活动，经过三年的禁止，烟毒问题基本解决。从各省地方志的记

载中粗略统计，大约有 20 多个少数民族聚居地（1 个州，23 个县和旗）与汉区一起参加了 1950—1952 年的全国禁毒运动，经过了三年的不懈努力，尤其是 1952 年 8—10 月的大禁毒，这些少数民族地区取得了禁烟禁毒的决定性成果，使历史上流行泛滥的鸦片烟毒问题基本解决。

与全国同步参加 1950—1952 年大禁毒的少数民族州县

省区名	州县名	省区名	州县名
湖北省	恩施土家族苗族自治州	四川省	彭水苗族土家族自治县
广东省	昌江黎族自治县	四川省	秀山土家族苗族自治县
广东省	连南瑶族自治县	四川省	马边彝族自治县汉区
湖南省	新晃侗族自治县	四川省	北川羌族自治县
湖南省	芷江侗族自治县	广　西	富川瑶族自治县
湖南省	靖州苗族侗族自治县	广　西	恭城瑶族自治县
湖南省	江华瑶族自治县	贵州省	沿河土家族自治县
湖南省	通道侗族自治县	贵州省	三都水族自治县
四川省	石柱土家族自治县	贵州省	玉屏侗族自治县
内蒙古	莫力达瓦达斡尔族自治旗	青海省	同仁县
宁夏区	惠农县	青海省	循化撒拉族自治县
宁夏区	中卫县	青海省	互助土族自治县
河北省	宽城满族自治县		

资料来源：相关地方志。

第二种情况：参加 1950—1952 年的禁毒运动较晚，但禁毒取得胜利，烟毒问题基本解决。这类情况主要有浙江的景宁县；湖北的长阳县、五峰县；湖南的麻阳县；吉林的长白县；广西的隆林县、龙胜县；辽宁的桓仁县、本溪县、阜新县；青海的湟源县、贵德县等。上述各县由于解放初就立即开展禁烟禁毒运动的条件还不十分成熟，故而都是在 1952 年 5 月以后按照中央、大区和省上的部署，才开展了声势浩大的禁烟禁毒运动，也基本解决了鸦片烟毒在当地流行的问题。

第三种情况：参与了 1950—1952 年的禁毒运动，但进行的不彻底，或只是进行了宣传活动，并未采取实质性禁毒措施，为以后多次进行的禁烟禁毒作了初步的尝试或舆论准备。这类情况比较典型的如广东乳源瑶族自治县；贵州的关岭县、紫云县、道真县、松桃县；宁夏的同心县、宁朔县、灵武县、海原县、隆德县；青海的玉树州、乐都县、同德县等均属于这类情况。

第四种情况：在 1950—1952 年的禁毒运动中，虽经查禁，烟毒泛滥被控制，但并没有从根本上禁绝，而是将禁烟禁毒工作日常化，依靠公安机关的高压、狠抓，保证了鸦片烟毒案件的较低发案率。如吉林的延边朝鲜族自治州；辽宁的宽甸县；贵州的威宁县；广西的融水县、环江县、都安县、三江县、罗城县、巴马县等少数民族县均属此类。

除了上述少数民族地区外，还有一些边疆省区，主要是边远的陆疆省区，如黑龙江、吉林、辽宁、内蒙古、甘肃、新疆、云南、广西等省区，也都于 1950—1952 年不同程度地响应中央禁毒的通令，或早或晚地开始了禁烟工作。

如 1950 年 3 月 20 日，甘肃省人民政府发布《禁烟禁毒报告》，各级政府组织工作组，宣传党的政策，发动群众禁绝烟毒。1951 年 2 月 16 日，西北军政委员会颁布《西北区禁烟禁毒暂行办法》，对查禁烟毒工作做了具体规定。是年春，全省成立了各级禁烟禁毒委员会及禁烟小组。至 1951 年，全省累计铲除烟苗 14.7653 万亩。经过两年的禁烟工作，有力地制止了鸦片在省境汉族地区的大规模种植[1]。

1950 年 4 月，西北军政委员会公布了《西北区查缉违禁物及走私物品暂行办法》。当年在迪化市、和田专区和伊犁地区进行的禁毒斗争中，重点打击制、贩毒分子，开设烟馆的业主及一贯或大宗藏毒者。对吸毒者进行改造，对麻烟问题，结合"土改"运动处理[2]。禁烟取得一定成果。

云南省人民政府于 1950 年 6 月 27 日、8 月 28 日、12 月 13 日及 1951 年 8 月，连续发布指示、布告和通告，各市、县人民政府、专员公署也结合当地实际，发布了禁毒布告，厉行禁毒。1950 年 12 月 9 日，云南省禁烟委员会成立。12 月 22 日，云南省农民协会筹备委员会向全省农民发出了禁烟禁毒号召书。截止 1950 年 12 月底，昆明市、12 个专员公署和 79 个县成立了禁烟禁毒委员会，在反革命暴乱基本平息、着手进行民主改革的地区，开展禁毒工作，初步改变了云南历史上所形成的贩毒分子无惧于法、公开贩卖，把毒品作为"商品"进行交易的局面，制止了烟土的公开、半公开流行[3]。

广西省人民政府于 1950 年春开展了禁毒斗争，并根据中央指示精神，结合本省实际于 1950 年 11 月 5、19 日颁布了《广西省禁烟禁毒实施办法》和《对匪占区少数民族种鸦片问题处理的指示》等禁绝烟毒的办法和措施，大张旗鼓进行禁毒，并取得初步成效[4]。

在东北地区，1950 年东北人民政府颁布《东北区禁烟毒实施办法》，辽宁省各地加强了禁毒斗争。一些市、县公安局破获制毒、运毒、贩毒案件，收缴毒品，并设立了强制禁毒戒烟所。1952 年 5 月 3 日，东北人民政府颁发《关于根绝烟毒处理贩毒分子的决定》，辽宁各地在烟毒流害严重的地区大张旗鼓地开展了群众性肃毒运动。吉林省在 1952 年的大禁毒中，更是行动迅速战果频频。

1950 年 2 月 24 日，中央人民政府《关于严禁鸦片烟毒的通令》颁布，进一步推动了内蒙古地区的禁毒工作。1951 年 3 月 18 日，内蒙古自治区人民政府通令各盟市旗县，结合春耕深入宣传禁毒政策，抓好禁种罂粟工作。5 月 14 日，内蒙古自治区人民政府颁布《禁止鸦片烟毒实施办法》，总结了自治区几年禁毒的基本经验。响应中央人民政府号召，1950 年 3 月归绥（今呼和浩特）市人民政府颁布《禁烟戒毒具体办法》，在全市禁止种植、制贩、吸食鸦片。1951 年 12 月 30 日，归绥市政府在人民体育场召开禁毒动员大会，当场烧毁鸦片 2000 余两，公开处理一批制贩毒分子，在全市掀起禁毒新高潮。

1952 年 4 月 15 日，中共中央发布《关于肃清毒品流行的指示》，公安部部署在全国开展一次声势浩大的以打击制毒、贩毒、运毒要犯、惯犯、现行犯为重点的禁毒运动。内蒙古公安部和绥远省公安厅根据中央精神，分别决定禁毒运动集中在中东部的克什克腾旗经棚街、巴林左旗林东镇、乌兰浩特市以及绥远的归绥市、包头市、萨拉齐镇、察素齐镇、土默特旗等共 28 个重点城镇中进行。经过三次战役，截止 1953 年底，仅包头全市共侦破毒品案件 1889 起，打击处理制贩运毒分子 1724 人，10330 名吸毒人员戒除毒瘾[5]。肃毒工作取得了巨大胜利。

二、1952 年后边疆与少数民族地区的禁烟禁毒

由于 1950 年政务院《关于严禁鸦片烟毒的通令》中提出：

"在某些少数民族地区如有种烟者，应斟酌当地实际情况，采
取慎重措施，有步骤地进行禁种。"因此 1950—1952 年全国
性的禁烟禁毒运动结束后，还有相当一部分边疆与少数民族
地区由于其民族问题的复杂性，或者由于地处偏远，刚刚解
放等各种因素，未能参加 1950—1952 年开展的那场全国范围
内的禁毒运动，或是虽曾参加了但并未能完成彻底根除毒祸
的目标。边疆与部分少数民族地区种烟吸毒问题作为一个历
史遗留问题就显得尤为突出，这无形之中对已经进行了禁烟
运动，且基本上禁绝毒祸的绝大部分汉区和部分少数民族地
区是一个压力和考验。因为在一些多民族杂居的地区，或者
在汉族与少数民族交界的地区，禁烟禁毒的大好局面如何保
持？如何不受边疆与少数民族地区烟毒的影响或诱惑？这就
把对边疆与少数民族地区的禁烟禁毒提到了议事日程上。为
此，1952 年中共中央《关于肃清毒品流行的指示》第五条指
出："关于种毒问题，目前主要发生在边疆少数民族地区，
应在今后工作中逐步解决。"1952 年政务院《严禁鸦片烟毒
的通令》第四条明确指示："在已经禁种的地方，绝对不准
再种，违者依法制裁，在某些少数民族地区，如有种烟者，
应斟酌当地实际情况，有步骤地实行禁种，或劝导农民自动
不种，并解决其改种其他作物的困难。"中央人民政府政务院
于 1952 年 12 月 12 日颁布了《关于推行戒烟、禁种鸦片和收缴
农村存毒的工作指示》，除对戒除吸食鸦片、严禁汉族地区种
烟、收缴农村存毒等工作做了明确详细的指示外，还对少数民族
地区禁烟禁毒问题也作了明确规定，即"在少数民族地区，禁
种、戒烟和收缴存毒等工作一律暂不进行。哪里可以进行，应该
采用什么办法，在什么时候进行，由各大区公安部加以研究决

定，报中央公安部批准后实施之"。[6]但是，各大区公安部在汉族地区禁烟禁毒工作取得根本胜利的鼓舞下，很快拟订出了在本地区少数民族聚居区或者在边疆少数民族地区展开禁烟禁毒工作的计划，经上报中央公安部批准，迅速在边疆与少数民族聚居区推行禁烟禁毒运动。于是，从1953年开始，边疆与少数民族地区的禁烟禁毒运动逐步展开。

据不完全统计，自1953年始，全国有一些地（州）、市、县相继开展了禁毒运动或继续进行禁毒活动，而有的地方，鉴于当地毒品泛滥的严重性，这种禁毒斗争还不止一次地进行着。（见下表）

1952年全国大规模禁毒运动结束后部分县市开始或继续进行禁毒活动简表

时间	陆续开始（或继续）禁烟的省（地县）名
1953年	贵州贵定、望谟、毕节、石阡；陕西淳化、泾阳、子长；甘肃临潭、酒泉、临夏、康乐、广河、和政、东乡、永靖、积石山；新疆哈密、迪化；湖南遂宁；山东博兴；江苏射阳；河北平泉；广东南澳；河南舞阳；云南泸西
1954年	甘肃庆阳①、临夏、康乐、广河、和政、东乡、永靖、积石山、徽县、康县、卓尼、舟曲、夏河、碌曲、玛曲、迭部、临潭；贵州绥阳、石阡；云南泸水、红河；广西临桂；河南夏邑；陕西府谷；新疆哈密；宁夏隆德；湖南古丈、吉首、龙山、永顺、凤凰、泸溪、保靖、花垣；四川马尔康、阿坝、若尔盖；四川凉山、美姑、昭觉、金阳、甘洛、布拖、雷波、普格、喜德、越西、会理、盐源、德昌、木里、西昌、汶川
1955年	福建南平；陕西延川；云南梁河②；四川芦花
1956年	云南泸西、梁河②、潞西③；安徽灵璧
1957年	云南镇康、大理州、临沧、梁河②；湖南永顺；广西乐业；辽宁朝阳；河北怀安、阳原；河南西峡；甘肃张掖；新疆哈密；山西岚县④

续　表

时间	陆续开始（或继续）禁烟的省（地县）名
1958 年	贵州望谟、绥阳、石阡、晴隆、贞丰、湄潭、安顺、黔东南、凯里、开阳、雷山、黄平、岑巩、剑河、锦屏、平坝、黎平、道真、黔西、镇远、安龙、天柱、榕江、纳雍、松桃、桐梓、丹寨、施秉、台江、从江、水城、赫章、金沙、怀仁、瓮安、六安；云南盐津、宣威、路南、勐海、永善、泸西、耿马、砚山、丽江、富源、会泽、马关、宁蒗、彝良、昌宁、禄劝、鲁甸、保山、楚雄、昭通、文山、思茅、西双版纳州、曲靖；河北万全、宣化、尚义、沽源、商都（现属内蒙古）、张北、崇礼、康保、围场、隆化、承德；四川会东、通江、凉山和西昌⑤、冕宁、宁南县彝区、名山；山西天镇、永和、文水；甘肃武都、文县、岷县；安徽亳州、太和；河南淮阳、浚县；重庆开县；新疆奇台；湖南古丈、吉首、龙山、永顺、凤凰、泸溪、保靖、花垣
1962 年	贵州丹寨、三穗
1963 年	贵州息烽、思南、黔西、大方、织金、金沙、纳雍、威宁、赫章；黑龙江佳木斯、克东；辽宁凌源；四川名山

资料来源：

（1）全国地方志。

（2）《文史精华》编辑部编：《近代中国烟毒写真》（下），河北人民出版社 1997 年版，第 638 页。

①甘肃庆阳地区的禁毒运动是在 1954—1955 年进行的。

②1955、1956、1957 年云南省梁河县三次开展禁种罂粟活动。

③云南潞西县于 1956—1958 年开展禁毒斗争。

④山西岚县于 1957—1965 年进行禁毒运动。

⑤四川凉山和西昌于 1958 年 5 月—1959 年再次开展肃毒运动。

对上表进行分析后可以看出，在 1953 年至 1963 年期间才开始或继续进行禁毒工作的 20 个省区的 174 个地、市、县中，属于少数民族地区（自治区与聚居区）的有 107 个地、县，属于边疆省区县的大约有 31 个地、市、县，只有 35 个属于山区或偏远地区。（见下表）

少数民族自治区
贵州贵定、望谟、晴隆、贞丰、黔东南、道真、松桃、丹寨、黎平、黄平、榕江、凯里、天柱、锦屏、从江、剑河、瓮安、雷山、台江、镇远、施秉、安龙、岑巩、三穗、威宁；云南泸西、红河、泸水、梁河、潞西、大理州、西双版纳、马关、文山、禄劝、楚雄、勐海、宁蒗、耿马
砚山；四川凉山、美姑、昭觉、金阳、甘洛、布拖、雷波、普格、喜德、越西、会理、盐源、德昌、木里、西昌、宁南彝区、冕宁、会东；甘肃临夏、康乐、广河、和政、东乡、永靖、积石山、卓尼、舟曲、夏河、碌曲、玛曲、迭部、临潭；宁夏隆德；广西临桂、乐业；河北围场；湖南永顺、古丈、吉首、龙山、凤凰、泸溪、保靖、花垣

少数民族聚居区
贵州毕节、石阡、绥阳、湄潭、纳雍、黔西、赫章、金沙、桐梓、安顺、平坝、开阳、水城、怀仁、六安；大方、织金、息烽、思南；四川名山、开县、通江；河北平泉

边疆省区
云南临沧、镇康、宣威、会泽、曲靖、盐津、保山、永善、昭通、鲁甸、丽江、富源、彝良、路南、昌宁、思茅；甘肃酒泉、庆阳、徽县、康县、张掖、武都、文县、岷县；新疆哈密、迪化、奇台；辽宁朝阳、凌源；黑龙江佳木斯、克东

偏远地区或山区
河北万全、宣化、尚义、沽源、商都（现属内蒙古）、张北、崇礼、康保、隆化、承德、怀安、阳原；山西天镇、永和、文水、岚县；河南淮阳、浚县、舞阳、夏邑、西峡；湖南遂宁；山东博兴；江苏射阳；广东南澳、安徽灵璧、亳州、太和；福建南平；陕西淳化、泾阳、子长、府谷、延川

资料来源：各省地方志。

　　鉴于文章篇幅所限，本文仅选取其中有代表性的省市区，如云南的边疆地区、甘肃的甘南藏区，以及四川的甘孜地区等，以点带面，对1953年以后在边疆与少数民族地区开始的禁毒运动的情况进行分述。

　　云南省经过1950年、1952年的两次禁毒运动，虽取得了历史性胜利，但是，由于两次运动对内地民间存烟尚未彻底收缴，边疆少数民族地区的种毒问题亦未根本解决，加之受境外毒品渗透的影响，以及肃毒运动结束后，一些地方打击毒品犯罪的工作有所放松，因此，1954年后，烟毒活动又有所抬头。这一切引起了省委、省政府和公安部的高度重视。在1957年12月召开的中共云南省第一次党员代表大会第二次会议上，省公安厅代表曾向大会作了《关于禁止烟毒问题》的专题发言，提出严厉打击贩运烟毒，彻底禁种罂粟，积极收缴存烟，大力开展禁吸，深入开展禁毒宣传等项措施，受到与会人员的重视。在1958年2月26日召开的省、地、县公、检、法三级"三长"会议上，把禁毒列为1958年政法工作的主要任务之一。1958年3月以后，云南全省又一次开展了群众性肃毒运动，再次掀起禁毒高潮，较为彻底地解决了边疆民族地区和内地边缘结合部地区的禁种鸦片问题。截至10月底统计，共铲除烟苗16.8万余亩，除西盟县和沧源县靠近中缅未定界地区延迟到1961年以外，全省基本实现了禁种。在收缴大量民间存毒和烟具时，全省共缴获烟毒39.2万两。共依法打击处理毒犯3680名，取缔烟馆2743个。除年老病弱者外，90%以上的瘾民戒断了毒癖。1961年，最后一个种毒地区——西盟佤族地区也实现了禁种，云南贻害百年的烟毒问题，终于基本解决[7]。

　　甘肃烟毒产源之一的甘南，号称甘肃的"金三角"，是以藏族为主体的少数民族聚居区。在共和国建立初的4年，甘南平均每年种植罂粟38000多亩，占总耕地面积的17%，年总产鸦片15000多公斤[8]。1953年上半年，西北局和中共甘肃省委对甘南禁烟提出"坚决禁种，慎重稳进，逐步根除"的方针。广泛发动群众铲除烟苗。1954年6月15日，甘南禁烟委员会正式成立。甘南藏族自治区人民政府随即发布公告，宣布在甘南全区全面禁烟禁毒。1955年，甘南藏族自治区（州）颁布了《关于禁烟禁毒的暂行办法》，各县认真贯彻实施。到1956年底，全县累计铲烟38.5万多亩，根除零星散种烟苗14万余株，共查获鸦片12000多公斤，焚烧鸦片213公斤，上缴海洛因15公斤[9]。到1958年，全州戒除烟瘾的烟民计2411名，吸食毒品的现象在州内基本绝迹[10]。至此，甘南基本上消除了历史遗留下来的种植、加工、贩卖、吸食鸦片的丑恶现象，获得了禁烟运动的胜利。

自1950年甘孜地区就在人民政府的领导下开始了严禁烟毒的活动。1952年5月15日，西康省（民国17年建立，位于我国的西南部，东接四川，西邻西藏，北与青海接壤，南界云南省和印度——引者注）藏族自治区人民政府公安处发布《烟毒收缴办法（草案）》和《贩卖、运销、制造毒品者登记办法（草案）》，康定、泸定、丹巴三县掀起禁种、禁贩、禁制造、禁开烟馆的群众热潮，关外各县亦大力宣传吸烟的危害和人民政府严禁烟毒的政策。通过与民族、宗教上层人士协商订立公约，保证再不贩烟。1954年后，对继续贩卖烟毒的予以没收，对量大者依法关押教育，取缔公路沿线城镇的烟馆[11]。1959年，经过民主改革，社会制度发生根本变化，公安机关重点在康定、泸定、丹巴、九龙、稻城等县开展禁毒工作，号召自动交出毒品，对举报寺庙及上层、地富私存的毒品一律收缴，严禁毒品，基本上根绝烟毒。

总之，边疆与少数民族地区的禁烟禁毒工作，在民主改革的保证下，始终坚持谨慎、缓进的原则，经过十多年努力，终于完成，从而实现了在中国大陆基本禁绝鸦片烟毒的巨大胜利，使新中国成为世界著名的"无毒国"。

三、边疆与少数民族地区禁烟禁毒的经验总结与教训

通过新中国成立后十多年在边疆与少数民族地区的禁烟禁毒工作实践，中国共产党积累了一些在这些地区进行禁烟禁毒的经验，为成功治理社会问题打下了较好的基础。

第一，充分考虑边疆与少数民族地区烟毒问题的特殊性与复杂性，区别对待。中央人民政府在 1950—1952 年的全国大禁毒中，因为考虑到边疆与少数民族地区的烟毒问题所具有的特殊性与复杂性，并没有让这些地区与全国多数地区同步开展禁毒运动。而是采取了区别对待的政策。

长期以来，少数民族群众，尤其是边疆少数民族多数居住在边远的山区或半山区。这些地区土地比较贫瘠，生产条件恶劣，粮食生产受自然条件的限制很大，但是很适合耕作粗放的鸦片生长。同时种植鸦片的收入要远高于粮食，这就使少数民族地区群众在当地大量种植鸦片，用于换取他们必需的生产、生活资料。这种状况一直延续到新中国成立后。如解放前夕，凉山的彝族区鸦片种植户占各县总户数的 60 %—80 %；阿坝藏族自治州的懋功、靖化、黑水、马尔康等地种植鸦片者占用 90 % 以上的土地[12]。种植鸦片已成为当地群众主要的经济来源。

鸦片成为少数民族地区主要经济来源的同时，也给当地的人

民带来了巨大的灾难。近代以来当地的统治者将鸦片作为维护统治地位的经济命脉，他们强迫农民种烟，并以鸦片税的形式对百姓横征暴敛，加重了当地民众的负担。种植鸦片占用了大片的耕地，造成烟多粮少的状况，阻碍了经济的发展。部分群众沾染上了烟毒，造成了劳动力的缺乏。因此，鸦片是造成少数民族地区落后的重要原因。从少数民族地区的长远利益考虑，只有开展禁烟禁毒运动，彻底禁绝烟毒，同时让群众种植适宜的替代农作物，使这些地区的经济走上正常的发展轨道，才能从根本上解决当地的贫困状况。

禁烟禁毒也关系到少数民族地区的民族关系尤其是少数民族与汉族之间的关系。近代以来，少数民族地区的汉民统治者对烟毒采取时禁时纵的政策，不时动用武力去铲除烟苗，而对少数民族群众的生计置之不理。这样统治者的禁令不但无法推行，反而造成当地少数民族群众对汉民统治者的不信任，加深了少数民族与汉族之间的隔阂和对立。因此，禁烟禁毒与当地群众的生计以及民族关系错综复杂地交织在一起，若不充分考虑民族关系，若不采取稳妥的处理方法，后果不堪设想。

第二，制定"慎重稳进"的禁烟禁毒总方针。由于顾及到边疆与少数民族地区烟毒问题与当地群众的生计问题和民族问题交织在一起，中央人民政府紧紧围绕民族团结的大局，在禁烟禁毒问题上制定了"慎重稳进"的总方针。

新中国成立之初，中央人民政府对少数民族地区包括禁烟禁毒在内的各项工作十分重视，在事关少数民族地区的改革问题上要求一切以维护民族团结和发展少数民族地区事业为前提。1950年9月，周恩来谈及少数民族地区的内部社会改革工作时表示："中央人民政府力求促进少数民族地区的卫生事业、教育事业和经济事业，而对于各民族内部的社会改革工作，却采取完全依靠各民族自觉自愿的原则，反对在这方面采取强迫命令的手段。"[13]周恩来的讲话指出，中央对少数民族地区包括禁烟禁毒在内的社会改革必须考虑当地的实际情况，采取群众自觉自愿的原则，不能采取行政命令的方式来进行，这为本地区的禁烟禁毒工作确立了基本原则。以此同时，在烟毒泛滥最严重的西南地区主持工作的邓小平，1950 年 7 月也针对西南少数民族的改革提出："所有少数民族内部的改革，都要由少数民族内部的力量来进行。改革是需要的，不搞改革，少数民族的贫困就不能消灭，不消灭贫困，就不能消灭落后，但是这个改革必须等到少数民族内部的条件具备了以后才能进行。现在我们民族工作的中心任务是搞好团结，消除隔阂。"[14]邓小平的讲话为少数民族地区的禁烟禁毒工作提供了指导性意见。正是在第一代领导人处理民族问题的指示下，根据中央人民政府提出的基本原则，中国政府对少数民族地区的禁烟禁毒工作采取了更加谨慎、更加和缓的政策，逐渐形成了"慎重稳进"的总方针。

　　1950 年 2 月，政务院颁布法令指出："在某些少数民族地区如有种烟者，应斟酌当地实际情况，采取慎重措施，有步骤地进行禁种。"[15]初步提出少数民族地区禁种工作应采取慎重的方针。1952 年 5 月，中央人民政府进一步规定，在少数民族地区，"有步骤地进行禁种，或劝导农民自动不种，并解决其改种其他作物的困难"[16]1952 年 12 月，中央确定了少数民族地区的禁毒工作必须采取"慎重稳进"的方针，要求在少数民族地区开展禁毒工作，"哪里可以进行，应该采用什么办法，在什么时候进行，由各大区公安部加以研究确定，报中央公安部批准后实施之。"[17]在考虑少数民族地区的实际情况的基础上，"慎重稳进"的禁烟禁毒总方针逐步形成。

"慎重稳进"的出发点，就是为了搞好民族团结，维护国家的统一。如在云南省，这个边疆少数民族地区，1954年以前，侧重于限制、查禁鸦片流入内地，截断毒品销路，禁种采取正面引导，逐步替代的方法。1954年后，随着边疆地区社会秩序日益安定，少数民族干部成长，民主改革逐步进行，爱国民族上层人士和大多数少数民族群众有了禁种罂粟的要求。在此基础上，人民政府因势利导，进一步进行充分的宣传动员，并给予发放救济、贷款，无偿提供籽种、农具，帮助少数民族农户学耕作技术，进行多方面的扶持，先坝区、后山区，有步骤地进行改种粮食和经济作物，逐步实现了禁种。1958年，在部分禁种尚不彻底和少数禁种后又出现复种的地区，发动群众，予以铲除，进一步解决了边沿民族地区禁种罂粟所遗留的问题[18]。

第三，团结少数民族上层人士展开工作。从运动的领导方式来看，边疆与少数民族地区的禁烟禁毒运动是在当地党和政府领导下，贯彻中央政府的民族政策，团结少数民族的上层人士开展工作的，这是运动取得胜利的重要原因。在团结少数民族上层人士问题上，邓小平在新中国成立初期曾有过精辟的论述，他指出少数民族地区所有的工作"一定要他们赞成，要大多数人赞成特别是上层分子赞成，上层分子不赞成就不做，上层分子赞成才算数。为什么？因为在少数民族地区，由于历史的、政治的、经济的特点，上层分子作用特别大"。同时，他强调"现在一切事情都要经过他们上层，要对上层分子多做工作，多商量问题，搞好团结，一步一步引导和帮助他们前进。如果上层这一关过不好，一切都要落空"[19]。少数民族上层人士在当地的特殊作用和人民政府在当地的工作基础薄弱，是团结少数民族上层人士的主要原因。少数民族上层人士控制着当地的鸦片种植和鸦片交易，在经济上占有广大的土地和大量的奴隶，在政治上拥有特权，对当地具有极大的控制力。因此，禁种首先涉及到少数民族上层的切身利益，操之过急，很容易引起恐慌和动乱，甚至造成民族之间的误解，加深矛盾。由于历史原因，部分少数民族与汉族存在着严重的隔阂和对立。在当地开展禁种工作时，新生的人民政权的各项工作基础一般都比较薄弱，若不团结少数民族上层，禁毒工作难以开展。人民政府主要通过给少数民族上层人士看得见的实际利益来团结他们，如建立民族区域自治政权，使禁毒工作能够通过符合民族特点的政权形式来组织实施；让部分少数民族地区的领袖参与政府的领导工作；召开民族代表大会，与少数民族上层协商当地的禁种工作。这样，通过团结少数民族上层人士，保障了禁烟禁毒运动的顺利进行。在一些边疆少数民族地区，如新疆，在推动禁毒工作健康发展的同时，为确保边疆的稳定，根据《惩治毒犯条例》，结合迪化（今乌鲁木齐）市的实际情况，1953 年 8 月 14 日，禁烟禁毒办公室对制贩、运毒品者的惩处做了一些具体规定。其中，提到"少数民族的管制批准权在市委。民族宗教上层人士贩运毒，属于 1951 年 1 月以前的一律不追究。若有贮存大量毒品，与统战部门联系，劝其自动交出，免于处罚……"[20]稳定了边疆的社会秩序。

第四，采取"正面代替，逐步削弱"政策，集中解决边疆少数民族地区种植毒品问题。种植鸦片是少数民族地区，尤其是边疆少数民族地区落后的重要原因。从全国来看，种植鸦片主要发生在西南、西北的少数民族地区，尤其是边疆少数民族地区。据统计，新中国成立初期，全国种植鸦片面积有 2000 万亩，而西南地区的罂粟种植面积达到 1545 万亩，约占全区耕地面积的

9.4 ％。[21]边疆少数民族地区大量种植鸦片占用了大片的耕地，造成烟多粮少的状况，部分地区曾经因缺粮造成严重的饥荒。种烟除了使少数民族地区本身受害，还祸及汉民区。少数民族群众为了换取必需的生产、生活资料，常常将鸦片运至内地及汉民区，这便造成了汉民区烟毒的泛滥。因此，集中解决边疆少数民族的种烟问题，也就基本截断了全国烟毒的源头，能够对全国的禁烟禁毒起到重大的作用。因此，在运动中，当地政府集中解决种植鸦片问题，寻找其他作物替代鸦片，实施"正面代替，逐步削弱"的具体政策，使这些少数民族地区的经济走上正确的发展道路，同时也从源头上杜绝贩毒、吸毒活动，这也是运动取得成功的重要原因之一。

"正面代替，逐步削弱"政策的具体做法是：在边疆少数民族地区通过发放贷款，拨粮救济，解决籽种和传授生产技术，有计划、有步骤地积极扶植少数民族群众发展生产，改种粮食棉花等经济作物，特别注意那些当地条件许可、群众会种易学、获利较大的作物，给予农具、种子、贷款及技术上的具体指导，让他们从切身体验中感到种植鸦片无利可图，自觉自愿地转向农业生产[22]。如为帮助边疆少数民族改种粮食及其他作物，并解决停种罂粟后生产、生活上所发生的困难，各级人民政府拨出大批籽种、粮食及贷款、救济款。仅 1951 年 8 月，云南省农业部门一次下拨禁毒籽种基金人民币 38.7 亿余元（旧币），救济大米 45 万余公斤[23]。1953—1954 年，党中央和国务院共向普遍种植鸦片、生产力落后、民族内部阶级分化不明显、不划阶级、不分土地互助合作运动直接过渡到社会主义的云南景颇族、佤族等地区，投入了直接过渡费达 4450 万元，人均扶持 74.1 元。云南地方财政也在这些地区投入了大量的财力。如果没有中央和地方如此巨大的投入，要在这些地区实现禁毒，是难以想象的事情[24]。大力扶助边疆少数民族地区发展生产，把"正面代替"落到实处。使边疆少数民族地区烟毒普遍泛滥的势头受到了很大的削弱。实践证明，这项政策较好地适应了少数民族地区，尤其是边疆少数民族地区烟毒问题的复杂性，对少数民族地区的禁烟禁毒运动起到极大的促进作用，为全国的禁烟禁毒工作做出贡献。

第五，宽严相济，区别对待，严把政策关。禁烟禁毒实行种、吸从宽，制、贩从严；过去从宽，今后从严；坦白从宽，抗拒从严；多数从宽，少数从严；严厉惩办与教育改造相结合的政策。如在广西，对少数民族种烟、贩毒者，采取慎重特殊的政策有步骤地逐步禁除。少数民族贩烟者除依法收缴毒品、禁止外运外，暂不逮捕，留等运动后期教育改造；《广西省禁烟禁毒实施办法》明确规定：少数民族种烟者，"应结合宣传民族政策，教育其自动铲除，改种农作物，如有个别专以种烟毒为生，铲除烟苗后严重影响其生活者，可酌情予以救济；重犯者仍依法给予适当处分"。这样既有严刑峻法，又有区别对待的做法，严厉打击了制毒贩毒者，争取了胁从、偶犯以及为数众多的吸毒烟民，充分体现了宽严结合、教育面大、打击面小的精神，在禁毒救人政策的感召下，众多吸毒烟民纷纷戒除了恶习，走上了新生的道路[25]。

由于采取了以上措施，边疆与少数民族地区用了十多年左右的时间禁绝了危害当地百余年的烟毒。烟毒的肃清，使少数民族群众走上了正常的经济发展道路，改善了民族关系，巩固了新生的人民政权，为边疆与少数民族地区政治、经济、文化、社会等各项事业的发展和进步创造了良好的社会环境。

中国共产党在边疆与少数民族地区的禁烟运动，在取得历史性成就的同时，也出现过一些偏差和失误。如云南省在 1958 年的禁毒运动中，在"左"的思想指导下，在不断的"反右倾"的政治空气中，一些干部忽视了烟毒问题的历史性、群众性、民族性和长期性，企图在一个早上就一劳永逸地把烟毒问题彻底解决掉，因而提出了一些不切实际的高指标，继而在工作中搞一刀切、强迫命令，有的甚至对群众非刑逼供逼死人命。仅镇雄、弥勒等 4 县就有 13 人自杀身亡，造成了不良后果。再是收缴的烟土上缴后，返回的款项被一平二调，用作发展地方经济的许诺未能兑现，对主动交出存烟的群众奖励，也没有办到。这些教训是值得后人引以为戒的[26]。

注　释

1　甘肃省地方史志编纂委员会编纂：《甘肃省志》公安志第五卷，甘肃文化出版社 1995 年版，第 437—438 页。

2　新疆维吾尔自治区地方志编纂委员会：《新疆通志》第 20 卷，新疆人民出版社 2004 年版，第 395—396 页。

3　云南省地方志编纂委员会：《云南省志卷五十六公安志》，云南人民出版社 1996 年版，第 323—324 页。

4　25　银延辉主编：《广西禁毒研究文集》，广西民族出版社 2001 年版，第 129、134 页。

5　内蒙古自治区公安厅编：《内蒙古自治区志》公安志（上），中国人民公安大学出版社 2008 年版，第 793—798 页。

6　《关于推行戒烟、禁种鸦片和在农村收缴存毒工作的指示》，1952 年 12 月 12 日。

7　23　24　26　中共云南省委党史研究室、中共云南省公安厅委员会编：《建国以来云南的禁毒斗争》，云南民族出版社 1997 年版，第 131—134、10、550—551、135—136 页。

8　9　10　甘南藏族自治州地方史志编纂委员会编：《甘南州志》（下），民族出版社 1999 年版，第 1276、1277、1279 页。

11　甘孜州志编纂委员会：《甘孜州志》（上），四川人民出版社 1997 年版，第652—653 页。

12　马维纲：《禁娼禁毒——建国初期的历史回顾》，警官教育出版社 1993 年版，第198 页。

13　周恩来：《周恩来选集》，人民出版社 1984 年版，第 40 页。

14　邓小平：《邓小平文选》，人民出版社 1989 年版，第 164、168 页。

15　《关于严禁鸦片烟毒的通令》，人民日报，1950 年 2 月 25 日。

16　《为查禁鸦片烟毒的通令》，诸羽：《割除毒瘤——共和国首次禁毒禁娼述实》，中央文献出版社 1999 年版，第 46 页。

17　《关于推行戒烟、禁种鸦片和收缴农村存毒的工作指示》，洛湃：《戒毒禁毒手册》，华南理工大学出版社 1995 年版，第 99 页。

18　云南省地方志编纂委员会：《云南省志卷五十六公安志》，云南人民出版社 1996年版，第 325 页。

20　新疆维吾尔自治区地方志编纂委员会：《新疆通志·公安志》，新疆人民出版社2004 年版，第 396 页。

21　马模贞：《毒品在中国》，北京出版社 1993 年版，第 114 页。

22　张文孙：《在禁毒斗争中正确地处理民族问题》，《中共党史研究》1999 年第5 期。

驻藏大臣与抗英斗争
——以文硕为中心的考察

高中华（中共中央党校副教授）

　　清政府设驻藏大臣，始于康熙四十八年（1709 年）。至清末，共派出 140 多位驻藏大臣。驻藏大臣分办事大臣（正职）、帮办大臣（副职）。宣统三年（1911），曾裁撤帮办大臣，设左、右参赞各一人。驻藏大臣，是清王朝派驻西藏的最高行政长官，代表清中央王朝行使国家主权。它与藏传佛教的两大领袖达赖、班禅的地位相等，又负有监督、指导西藏地方事务的一系列权力，这些权力和责任则是地方僧俗官员所不能及的。清政府所派驻藏大臣在西藏任职时间，长短不一，有连任两任、三任者，也有授命后未赴到任者。有的驻藏大臣为维护祖国统一、抵御外来侵略、巩固边疆做出了贡献，光绪年间的驻藏大臣文硕，就是其中一位。文硕是西藏近代史上第一个领导西藏军民抗击英国侵略者的驻藏大臣，为抵抗外国侵略、保卫西南边疆做出了历史性的贡献，并影响了西藏近代史的历史走向。

一

　　文硕，费莫氏，字俶南，满洲正蓝旗人，后抬旗入镶红旗[1]。咸丰六年，任户部员外郎。十年（1860），总理各国衙门设立，文硕考取章京，后举荐至内阁学士，兼礼部侍郎。光绪十一年十一月二十二日（1885年12月27日），清政府赏副都统衔，命其接任色楞额为驻藏办事大臣[2]。至光绪十四年一月二十一日（1885—1888年3月3日），撤职。

　　文硕赴藏期间，西南边疆已危机四伏，英帝国主义正积极筹备以武力入侵西藏。英国早就对中国西藏怀有侵略野心。早在19世纪70年代以前，英国多次派人潜入西藏搜集情报，并提出"通商"的要求，但都遭到清政府的拒绝。光绪二年（1876），中英签订《烟台条约》，英国公使威妥玛胁迫清政府在专条中规定：英国可于光绪三年（1877）派员由四川、青海、新疆进入西藏，也可由印度直接进入西藏"探访路程"，这一规定，为英人进藏活动提供了合法化的依据。此后，进藏英人越来越多，大多从事间谍情报活动，为入侵西藏做各种前期准备。面对英军入侵，西藏地方政府和广大僧侣群众群起反对。四川总督丁宝桢在奏报朝廷时指出，西藏人民"闻英人入境，哗然，聚兵阻拦，情势汹汹"[3]。

　　光绪十一年（1885）夏，英国政府决定派英属印度孟加拉省财务部长马考蕾带领考察团"入藏"。马考蕾先来北京，经过交涉，清政府同意发给入藏护照。次年初，马考蕾在大吉岭组织了一个"商务考察团"，率领卫队约印兵300余人，由锡金进抵西藏的康霸宗（宗为地方建制，相当于县），要求带兵入藏，遭到当地宗本（地方长官）和群众的反对。马考蕾百般威胁，扬言要带兵 3000 人入藏。当地官民不惧外敌，坚不放行，并表示："如果外国之人胆敢入藏，无论由藏属上下南北何路而来，即用善言温谕，斟酌劝导。若能听从转回，则可。不然，小的闻藏僧俗大众，纵有男尽女绝之忧，惟当复仇抵御，永远力阻，别无所思。"[4]西藏各地寺院僧俗头目也表示，英国人到来，先"用善言设法温语劝导，若能听从转回，即毋庸议，若果逞兵恶占之时，小的西藏僧俗群众番民人等，待至男绝女尽，情愿复仇力阻。"[5]清政府责令驻藏大臣色楞额等，为马考蕾进藏进行"开导"，但颇感棘手，没有成效。

在这种情况下，清政府深怕引起争端，要求马考蕾"考察团"停止入藏，并答应以承认英国对缅甸领土的兼并作为交换条件。英国接受清政府的建议，于六月二十二日，中英签订了《中英缅甸条约》，停止派员入藏，其中第四款写道："烟台条约另议专条派员入藏一事，现因中国察看情形，诸多窒碍，英国允即停止。至英国欲在藏印边界议办通商，应由中国体察情形，设法劝导，振兴商务，如果可行，再行妥议章程。倘多窒碍难行，英国亦不催问。"作为交换条件，英国同意废止原来签订的《中英烟台条约》中"英人入藏"一条，实际上英国侵藏的隐患仍未消除。四川总督丁宝桢上奏朝廷，指出英人侵略西藏的隐患，总理衙门也承认，实乃"深谋远虑"之言。前几任驻藏大臣如景纹、恩麟等多持消极态度。当不丹、哲孟雄[6]、尼泊尔受到英国侵略，向驻藏大臣求救，景纹、恩麟等竟置之不理，将这些藩属国拒之于千里之外。面对英人侵藏之举，接受任命的文硕决心保卫西藏边界，捍卫民族利益。文硕上书光绪帝生父、醇亲王奕譞，陈述预筹西藏事宜，并请总理衙门调派熟练人员，一同带往西藏委派使用。他还上奏清政府称，对于英人入藏游历，应事先做好预防。

光绪十三年（1887）七月，文硕途经四川成都。进藏之前，文硕做了一系列积极准备。首先，他在政治上，整肃吏治，以调和藏汉关系。他命令门房家丁，凡有西藏方面有人来访必以礼相待，"不可稍涉简慢"。他认为，要按照乾隆年间制定的规制，与达赖喇嘛、班禅额尔德尼"体统平行，即与同官无异，谊贵和衷，礼崇相敬。所以优待其使者，即所以致敬其师之义"[7]。同时，文硕上奏参撤西藏粮员候补知县刘钧，"在藏数年之久，自恃小有才华，把持公事，声名狼藉。不洽与舆情，挟制上司，意图盘踞"[8]后将其撤职。其次，在军事上，文硕积极寻求四川总督丁宝桢的支持，在四川选将、抽兵、运筹军火，加强西藏防范，以防御英军。文硕致函四川总督丁宝桢，请调派四川候补知县嵇志文、秀荫、黔彭营把总萧占先、刘家霖四员一同进藏，差委使用。前三人曾在西藏当差，熟习当地情形，刘家霖则"年富力强，情殷报效"。为筹备边防，还请丁宝桢在巴塘、里塘地方驻师三千，添备兵勇一千名，以备调用。为了补足军饷，还向丁宝桢预借了光绪十三、十四两年的丰裕折色银5200两，除扣减外，实支银3421两。为长久之计，文硕认为应开导藏人，允许在藏、印边界通商。为保护藏民与内地通商，还一并颁发了严禁包揽客货、骚扰塘站的告示。

对此，清政府仍漠然置之，称"现在并无战事，防勇本不必过多"[9]。十月十日，文硕上奏，筹办川藏边防大纲，其中包括开导藏人与英通商，应以僧化僧，请调喇嘛根噶札勒参进藏开导，在印藏交界之大吉岭开办通商等。并请调派喇嘛赴藏，筹防，清政府不准，以免滋生事端。清政府认为，中英既已签约，

"藏务已就安谧"，文硕"惟当于抚绥、开导等事，平心静气，筹措得宜"，这样，就"可潜消隐患"，并反复叮嘱，务必"懔之、慎之"[10]。清政府的消极外交方针，为文硕入藏后处理西藏事务设置了种种障碍。

二

光绪十三年（1887）二月，文硕抵达西藏。当时，英人占领哲孟雄的大吉岭和噶伦堡后，即设法与西藏通商。文硕主动提出，允许以大吉岭为埠口通商，其理由是：大吉岭是哲孟雄的地方，也就是西藏的地方。英人提出在印藏交界地方通商，实为借机蒙混，以图不断扩大地盘。文硕指出，英人所称在印、藏地方，乃意存蒙混。所以提出"如果开办通商，详细约章，内须声明议在哲孟雄部之大吉岭地方，作为通商埠口，以此为断，不得再向内移。"[11]并认为，大吉岭早已成为藏、印通商的中心，如果允许英人在此通商，就会达到"安边"的目的，"诚以英人志在扩充商务，目前似尚无他图"，"今拒其游历入藏者，所以防之于腹地，而番俗不致惊疑；许其通商界外者，所以导之于边臣，而外情转可帖服。""然则通商互市，亦安边之权术也。"[12]文硕十分清楚，此时的"通商"，亦不仅仅是单纯的经济问题，而是牵涉到中英双方利益的政治问题。十月初七日，文硕致函总理衙门，要求提防英军，称"以洋人性情阴鸷，行事深险，藏人屡鉴他处前车，深恐自蹈覆辙，再恐碍及佛门教法，故极难开导。此时若一应允，日久难保不致有伤地脉，甚且碍及佛门教法。此其处心积虑隐衷也，虽属番愚偏见，顾洋人贪得无厌之心，亦实有难以揣测者"。他主张："迁就洋人不可太甚，开导藏人不宜过急。"[13]总理衙门不过是一个秉承皇帝旨意行事的外交机构。在清政府软弱外交政策的指导下，文硕之言，被认为是不明事理。

《中英缅甸条约》签订后，英国政府虽然同意停止派员入藏和边界通商，不过是暂时"表面"上暂时放弃了入藏计划，但也引起了英国国内商人的极大不满，国内商会和资产阶级强烈攻击英国的外交政策。在资产阶级的压力和强烈要求下，英国政府开始寻找其他借口蓄谋侵入西藏。其实，早在道光十五年（1835），英国租借哲孟雄大吉岭后，即在该地"设立洋官"，并驻英兵 200 名，修路建屋，组织贸易市场，作为入侵西藏的基地，俨然英国辖境。同治四年（1865），英军侵占不丹的噶伦堡以后，英人开始不断扩大侵略基地。为此，文硕奏报朝廷，英人"越界"，屡次开设市面，新建铺房，修路造桥，种种恃强恶霸，横肆异常。[14]

自入藏的要求遭到拒绝后，马考蕾便在大吉岭"招雇游民作向导"，私自越界深入西藏之隆吐山探路，并加宽、填平隆吐至捻纳的一段道路。西藏地方当局几次派人前往阻止，英人不但不听，反而在郭布修筑驿站，妄图久据。在这种情况下，西藏地方政府不得不在热纳的隆吐山口建卡设防，实行自卫。这个地方"不但非印度所属地境，且距大吉岭甚远"，是中国领土的一部分。西藏地方政府在自己的领土内建卡设防，是中国主权内的事情，是抵御外侮的必要措施。但英军却反诬这是"越界戍守"，借机向总理衙门提出抗议，胡说藏兵在隆吐山设卡是越界，侵占了哲孟雄历属的地方，并限令藏军于光绪十四年（1888）一月底之前撤出隆吐山。早从光绪十二年（1886）11 月起，英驻华公使华尔身多次向总理衙门提出要求，请令驻藏大臣转饬藏军不可妄为。光绪十三年（1887）5月，华尔身再次向总理衙门发出照会，其中威胁道："藏兵距守锡金地方，中国朝廷似有漠然之势，唯有刻即派兵驱逐出境。"与此同时，英军在大吉岭调兵遣将，作武装进攻西藏的战争准备。清政府对英使的无理要挟，不敢拒驳，反而采取妥协退让的方针，不仅不问是非曲直，还责令文硕"现在事机紧迫，隆吐山之卡，无论在藏界之外，抑在藏界之内，既为哲孟雄属境，即可借此撤回，不得任听仍前梗阻，致开兵衅，自取祸殃"。要求"将隆吐山之兵，速即查撤"[15]。

面对清王朝的妥协方针，西藏地方政府首领噶厦、三大寺僧俗官员均表示拒不撤兵、撤卡。他们多次向文硕投递"公禀"，用大量确凿事实痛驳英人"越界戍守"的滥言，指出："隆吐山为藏中门户，倘一退让，势若开门揖盗，自古至今，可有以疆域门户让人之理乎？"[16]表示了坚强的抗英决心，说："纵有男尽女绝之忧，惟有实力禁阻，复仇抵御，绝不容忍，毫无三思翻改，亦无一语变更。"[17]噶厦提出严正要求："请总理各国事务衙门照会该英使，令将向所侵占藏南哲孟雄（锡金）、布鲁克巴（不丹）各部落之地，一概退出，撤毁铁索桥，以正疆界，方为正办。"[18]面对西藏僧俗官员的抗敌立场，文硕为之感动，表示予以支持。文硕多次向总理衙门陈述自己的意见，驳斥英人威胁撤卡的无理要求、他就隆吐山设卡一事奏称，"今考地图，热纳（即日纳）实在隆吐山南，正与哲孟雄、布鲁克巴三角接壤交界处。据此，则唐古持（即西藏）未曾越界，更为可信。此而欲以英人前此潜修道路之捻纳山凭空牵混（英人诬指日纳为捻纳），藏'番'安能心服？今以其疆域门户让人，藏'番'又安能从事？抑且无理可说。此令撤卡之所以尤难威迫也。"[19]他指出："此则边境门攸关，并非边外通商可比。藏'番'不允其所求，尤为情理所必致。"[20]他在分析了强令撤卡的危害后，认为："夫以英使无理托词，而欲威胁藏'番'以撤卡，藏'番'安肯心服就范，甚或铤而走险。岂非敌情未冶，边患先滋，徒失三百年藩服之心。转伤朝廷政体，而益烦西顾之虞乎？夫致英人之借端构衅，与激藏'番'之铤而走险，同一棘手，非策顾势不得已。二者相衡，则藏'番'之变，较英人之来，其得失是非，判然远矣。"[21]文硕的这些主张，对西藏抗英斗争起了积极的指导作用。文硕建议，清政府立即调兵备饷，速作"预筹自锥之计"，以防英人的突然进攻。面对西藏的紧迫形势，昏聩无能的清政府不仅不听取文硕的合理建议，还全然不顾英国鲸吞西藏的严酷事实，一味执行妥协屈服的外交政策，只知命令文硕立即限期撤兵。

在西藏僧俗爱国精神的鼓舞下，文硕极受感动，他对清政府的妥协外交方针采取了抵制态度，不仅同情西藏人民反英自卫的正义立场，而且还支持西藏军民的抗英斗争。在文硕向朝政府所上的奏折中，大胆地谴责英人不轨之举，褒扬西藏僧俗军民的爱国之举，转述了西藏人民反对外国侵略的决心，"男丁死尽，即剩女流，情愿复仇抵御，别无所思，系属实情，大众屡立誓词甘结"[22]。他还引证了英帝国主义的侵华事实，来说明英国的侵华意图，指出隆吐山一带，自古就属于我国西藏领土的一部分，藏军设卡戍守完全属于正义行动。他最后指出，如果强迫西藏人民撤出隆吐山，不仅无法使西藏人民心悦诚服，而且还会影响西藏人民与祖国的关系，酿成更大的错误，那就会"徒失三百年藩服之心，转伤朝廷政体，而益烦四顾之虞乎"[23]。他建议清政府积极为西藏筹钱筹兵，作好战争准备。

但清政府唯恐文硕之举影响与英人议和，遂于光绪十四年正月二十一日（1888 年 3 月 3 日）召文硕来京，命伊犁副都统长庚为驻藏办事大臣[24]。不几日，清政府命帮办大臣升泰（光绪十二年十月授命后，未到任）立即赴任西藏，并要求藏人先行撤卡，边界问题自会辨别清楚。鉴于升泰不能马上到西藏，清政府令文硕在升泰未到任之前，仍负责西藏事务。二月初一日，清政府颁谕，"目下事机紧迫，无论隆吐属藏属哲，现在总以撤卡为第一要义"。在清政府看来，土地归属已无关紧要，远逊于与英国议和之事。下令文硕迅速撤卡，"即令印兵已到，强弱势殊，藏中番兵不可与之（英印军队）接仗，至我兵驻藏无几，尤宜严加约束，毋得稍有干涉，致生枝节，将来难以转圜"。[25]四川总督刘秉璋也接连催促文硕令西藏军民从隆吐山撤兵。为敦促文硕尽快撤卡，清政府于初八日下令将其革职，称"文硕自抵藏后，于开导藏番事宜，并不懔遵谕旨，切实妥办，识见乖谬，不顾大局，已降旨撤令来京，兹复擅将未奉明旨之奏稿密电各件竟行移咨都察院，意在耸动言官，纷纷渎奏，以遂其忿争挟制之私，殊属胆大妄为。此风断不可长，文硕著即行革职"[26]文硕接旨后，遂即摘去翎顶，移居行馆，等候升泰到任。对文硕因违背清政府旨意抗英而遭革职，西藏军民对此表示不满，并严重影响了西藏军民的抗敌情绪。

三

英国政府在利用英使进行外交讹诈的同时，还调兵遣将，为入侵西藏进行部署。至光绪十三年（1887）底，英国已在中国西藏边境集结军队 2000 余名。当英国政府看到外交讹诈不成，藏人坚不撤卡，遂决定武装进攻。光绪十四年二月（1888 年 3

月 20 日），约四五百名英军突然猛攻隆吐山西藏守军，发动了第一次侵藏战争。此时，文硕已被革职，仍积极支持西藏军民的抗英斗争。西藏军民英勇抗击，多次打退英军，"伤毙英兵约 100 余名"。[27]藏兵初战获胜的消息传来，文硕为之欣喜，将此消息立即上报朝政府，称英人向来多诈，已令该呼图克图饬令仔琫倍加谨慎，勿恃小胜而骄，并于该仔琫略加奖励，以示绥柔。[28]同时，文硕督促西藏地方政府派遣高级将领赴前线指挥，并亲授应战对策，"大概与英人角胜，利用以柔克刚之法"，"接仗之法，利用埋伏，不宜显露；队用星散，不宜聚齐；攻利中路截击，不宜迎面对敌。时利昏夜冲袭，势利交手接仗，宜进不宜退。""至我军驻扎，总利散住帐房，断不可聚集营寨之内，以免开花洋饱，陡然轰击。""彼人马皆需口粮，若我设法截其粮路，再将我之口粮军火，慎密收藏，使彼孤军深入，无可抢劫得食，因饿而死，亦一法也。"[29]这种"不取坚硬接仗之法"，分散伏击，利用黑暗昏夜中途拦击、堵截、烧毁英军军需粮道等战略措施，都具有很强的实用性，但也没有得到很好的执行。不久，文硕上奏朝廷，称"续接边报，隆团山驻卡仔琫以英兵滋扰，退守卓玛依村，现有依附英人颇当喇嘛之弟康萨卓尼尔来信，愿从中讲和，藏番游移观望，颇有迳向英人商办，不欲我与闻之意"[30]。文硕虽已革职，仍时刻关注前线战局，并力促清政府支持西藏僧民的抗英斗争，以免增加西藏地方政府对中央的离心倾向。

英军不甘失败，复集结军队，于四天后发动大举进攻。面对英军使用的新式武器，藏兵使用的则是弓箭刀矛和火枪等旧式武器，武器相差悬殊，加之备战不力，藏军失利，损失惨重。英军相继侵占隆吐山、纳汤（即那塘）、对邦，藏军退守捻纳等地。

西藏军民虽然初战失利，但抗敌之志毫无动摇，他们庄严宣誓，誓不与英人共天地。噶厦和达赖表示，绝不屈服于外敌入侵，遂积极筹械备饷，动员西藏各地增兵前线，从波密、西康等地先后调来藏族军队约一万余人，集结于亚东附近各地，寻机反攻，力图挽回战局。

清政府仍坚持妥协外交方针，对西藏军民的抗英斗争处处牵制。当清政府获知隆吐山失守的消息后，不但不设法支援藏族军民，反而申斥文硕"识见乖谬，不顾大局"[31]。清政府为尽快实现西南边陲"相安无事"，决定将文硕撤职召回。清政府称，"文硕办理此事，终始不明机括，于撤卡一节，不但不竭力开导，反代为晓辩力争"，"一旦兵败卡毁，束手无策，乃欲藉通商为转圜，而于藏番自行商办又不拦阻，种种乖谬，深堪痛恨！"[32]为尽快与英军求得和解，清政府还特派税务大臣、英国人赫德之弟赫政"协助"升泰与英人谈判议和，升泰一反文硕之所为，忠实执行清政府妥协外交方针，他不仅"亲赴两敌之中，先解战争，再勘界址"，还命令进驻仁进岗一带的西藏部队万余人后撤两站，"江孜守备及统领'番'军噶布伦严束藏兵不准妄动"[33]。由于清政府力图以和平方式尽快解决中英双方冲突，遂多方压制西藏僧俗民众武力抗争的激烈情绪。不久，清政府与英国签订了《藏印条约》及《藏印续约》，逼迫西藏地方在不情愿中"对外开放"实行通商，在很大程度上损害了西藏的地方利益，并直接影响了西藏地方政府与清中央政府的关系。与此期间，僧俗军民发动了两次反攻，但均遭失败，被迫退至仁进岗，防御捻都拉。英军发动进攻，占领了亚东、朗热等地，西藏近代史上第一次抗英战争以藏军的失败而告终。

五月二十六日，升泰抵藏，即与文硕交接印章，文硕正式卸任。六月初五日，文硕离藏返京，结束了短暂的驻藏生涯。对文硕去职，达赖喇嘛认为，清朝中央政府不知用人，无足依赖，遂谋联俄。

文硕革职后不久，第一次抗英斗争以失败告终，成为中英关系的转折点，西藏僧俗军民对清朝中央政府的离心倾向也从此增强，成为清中央政府与西藏地方政府的一个转折点，故史书称，"文硕一人关系（西藏）存亡"。[34]文硕的去留，在一定程度上，不仅关系着西藏的存亡，影响着近代西藏的历史走向，也关系着中英关系，尤其影响着近代中国西南边疆的历史走向。虽然驻藏大臣文硕因不执行清王朝的妥协外交政策被撤职查办，但他领导西藏僧俗民众开展的保卫边疆、反击英国侵略的英勇斗争精神，则一直鼓励着西藏人民继续开展着反英斗争。

注　释

1　西藏学汉文文献汇刻第二编，吴丰培、曾国庆编撰：《清代驻藏大臣传略》，记为"镶红旗人"，西藏人民出版社 1988 年版，第 212 页。西藏学汉文文献汇刻第三编，吴丰培编辑：《清代藏事奏稿》记为"正蓝旗人"，中国藏学出版社 1994 年版，第 539 页。同一种文献前后有异，大概原为"镶红旗人"，后因官职提升，"抬旗"入"正蓝旗人"。

2　《清德宗实录》（光绪朝），中华书局 1987 版（下同），第 220 卷，第 7 页。

3　《清德宗实录》，第 112 卷，第 2 页。

4　吴丰培辑《清季筹藏奏牍》，商务印书馆发行（下同），第 1 册，《文硕奏牍》，第 2 卷，第 7 页。李烨、王哲卿等：《清代藏事奏牍》，中国藏学出版社 1994 年版，第 579 页。

5　14　《文硕奏牍》，第 2 卷，第 16—17、7 页。

6　哲孟雄是藏语称谓，尼泊尔则称其为锡金。

7　8　《清代藏事奏牍》，第 560、571 页。

9　10　《清德宗实录》，第 230 卷，第 12—13 页。顾祖成、王观容、琼华等编：

《清实录藏族史料》第 9 卷，西藏人民出版社 1982 年版（下同），第 4480—
4481 页。

11 12 《文硕奏牍》：第 1 卷，第 29—30、31—33 页。

13 16 《文硕奏牍》：第 3 卷，第 14—15、38 页。

15 18 19 20 21 22 23 《文硕奏牍》：第 4 卷，第 21、4、15、16、7、12—
17 页。

17 牙含章：《达赖喇嘛传》，人民出版社 1984 年版，第 121 页。

24 《清德宗实录》：第 251 卷，第 9 页。《清实录藏族史料》第 9 卷，第 4491 页。

25 26 《清德宗实录》：第 252 卷，第 3—4、8—9 页。

27 朱绣：《西藏六十年大事记》，青海人民出版社 1996 年版，第 52 页。

28 《清德宗实录》第 253 卷，第 13 页。

29 《文硕奏牍》第 5 卷，第 12 页。

30 32 《清德宗实录》第 284 卷，第 2、4 页。

31 《文硕奏牍》第 7 卷，第 25—26 页。

33 吴丰培辑：《清季筹藏奏牍》，《刘秉璋奏牍》，第 2 页。

34 《清季筹藏奏牍》跋语。

20世纪30年代中期的
川西北及康北红色政权研究

田利军（四川师范大学历史文化与旅游学院）

1935年4月下旬中国工农红军第四方面军进入松潘和茂县东部地区。5月15日红四方面军突破国民党军的土门封锁线并先后占领了松潘南部、茂县和理番县全境以及汶川大部分地区，松理茂赤区建立。6月5日红四方面军占领抚边，8日攻取懋功。6月14日红军第一、四方面军在达维会师。7月初红一、四方面军各部相继占领了丹巴、梭磨、卓克基、松岗、党坝及其以南地区，松理茂赤区扩大到了大小金川流域。此时红军控制了镇江关以南，北川以西，夹金山以北，大小金川流域在内的约3万多平方公里，近30万人口的广大地区，川西北苏区正式形成。

8月底9月初红一、四方面军就战略行动方向问题发生分裂。9月11日毛泽东、周恩来率红军第一方面军主力继续北上到达甘肃俄界，张国焘、徐向前率红军第四方面军撤离松潘、茂县、汶川大举南下，10月中下旬红四方面军进行了绥崇丹懋战役，重新占领抚边、懋功、崇化以及绥靖、丹巴、绰斯甲地区。川西北苏区尚有包括绰斯甲、懋功、卓克基、松岗、党坝、丹巴等在内的广大地区。这就是总面积两万平方公里，藏回汉三个民族 15 万人的大小金川根据地。[1]

1935 年 10 月 24 日，红四方面军以"打到成都吃大米"为口号，以取得天全、芦山、名山、雅州、邛州、大邑广大根据地为目的发动了天芦名雅邛大战役。至 11 月下旬红军虽重创川军刘湘、刘文辉、邓锡侯、杨森各部及部分国民党中央军但自身伤亡很大，仅名山百丈关及其附近一战红军死伤万人以上，随后红军被迫向康北地区撤退。1936 年 2 月 11 日，红四方面军发布《康（定）、道（孚）、炉（霍）战役计划》并分别于 3 月 1 日攻占道孚、3 月 15 日占领炉霍、甘孜。到 4 月上旬，东起懋功，西至甘孜，南达瞻化、泰宁，北靠草地的康北苏区形成。

红军在川西北苏区和康北苏区都建立了各级苏维埃政权并进行了土地革命，特别引人注目的是红军根据藏、羌、回各民族的特点和聚居的区域实际建立了民族区域自治政权并在民族区域自治政权管辖范围内的汉族聚居区推行汉人自治的政策。

一、中共地方党组织与格勒得沙、波巴依得瓦革命党

毛泽东在《古田会议决议》中强调："红军决不是单纯地打仗，它除了打仗消灭敌人军事力量之外，还要负担宣传群众、组织群众、武装群众、帮助群众建立革命政权以至于建立共产党的组织等项重大的任务。"[2]中国苏维埃革命时期各根据地一般是先有红军中的中共党组织再有地方中共党组织，再有地方苏维埃政权和地方革命武装。

红四方面军进入川西北及康北以后也是由红军中的中共党组织通过方面军政治部、各军、师、团政治部具体组织中共地方党

组织，宣传发动群众建立地方革命政权和革命武装，组织领导各族人民实行土地革命，保卫建设苏区，大力支援红军战争。

（一）中共川西北及康北的地方党组织

20 世纪 30 年代中期，中共在川西北及康北先后设立了 5 个省级组织和 16 个县级组织。

1. 中共省级党组织

中共在川西北及康北建立的省级组织有中共西北特委及川陕、川康、川西、金川 4 个省委。

（1）中共川陕省委 1933 年成立于通江县城，1935 年 5 月进驻茂县，6 月移驻理藩县薛城、杂谷脑，1935 年 7 月下旬被中共川康省委取代。省委设书记、副书记、秘书长各 1 人，委员 8 人。机构有组织部、宣传部、妇女部，各设部长 1 人。中共川陕省委在川西北期间下辖中共茂县、汶川、理番、松潘县委及茂县西一区、黑水特一区特委。担任中共川陕省委书记的先后有袁克福、周光坦、周纯全。中共川陕省委具体领导茂县、理番、汶川等县的中共地方党组织，组织召开了茂县第一次工农兵代表大会，成立了茂县、理番、汶川县区乡苏维埃政府，包括成立了茂县回民苏维埃政府。

（2）中共西北特委[3]1935 年 5 月 8 日成立于茂县，事前未请示中共中央，事后未获中央批准，红一、四方面军会师后无形消失。特委内设政治局，张国焘、陈昌浩等 7 人为常委。特委指导红四方面军中共党组织及红四方面军控制区域的中共地方党组织。1935 年 6 月 5 日作出了《关于党在番人中的工作决议》，具体指导红四方面军在川西北根据地的各项工作并发动红四方面军及地方中共党组织为迎接红一方面军筹集了大批物资。

（3）中共川康省委 1935 年 7 月下旬成立于卓克基，省委先后驻卓克基、大藏寺、查理寺、中阿坝等地。1935 年 11 月红四方面军南下后改为四川省委或川西省委[4]。1936 年 4 月，红四方面军进入康北后重建川康省委[5]。川康省委初辖松潘、汶川、理番、懋功县委和茂县西一区、黑水特一区、卓克基特区特委。1935 年 8 月中旬，川康省委组建了阿坝特区委。1936 年 4 月后，川康省委辖道孚、炉霍、甘孜、瞻化、泰宁、雅江县委。省委设书记 1 人、副书记 2 人、委员 8 人。下设组织、宣传、妇女、青年、军事等部，各设部长一人。省委书记初为周纯全。川康省委重建后邵式平、吴永康、李维海先后担任省委书记。1935 年 8 月 21 日，川康省委制定发布了《关于赤化川陕甘与通过草地时地方党的工作指示》，要求各级地方党组织努力争取番民群众，建立群众政权，组织番民武装和番民革命党、筹集粮食，宣传动员各族群众等。重建后的川康省委组织领导成立了康北各县的波巴政府直至 1936 年 5 月 1 日建立了波巴依得瓦中央政府。同时，川康省委还组织了波巴依得瓦革命党。

（4）中共四川省委（川西省委）1935 年 11 月成立于芦山县城，1936 年 4 月后被重建的川康省委取代，辖金汤、芦山、天全、宝兴等县委。设组织部、宣传部、共青团等部门。省委书记为傅钟。主要在夹金山以南地区开展工作。

（5）中共金川省委或大金省委 1935 年 10 月成立于绥靖，1936 年 7 月红四方面军北上后无形消失。金川省委负责北起阿坝、南至大炮山、东抵巴朗山、西至杜柯河的大小金川流域的各项根据地工作。省委辖绥靖、崇化、丹巴、懋功、绰斯甲、卓克基、抚边、党坝、阿坝 9 个县委或特委。省委设书记、副书记各

1 人，委员 10 人。下设组织、宣传、妇女、军事、裁判、经济、财务、内务、民族事务等部，各设部长 1 人。省委书记为邵式平。金川省委建立后迅速建立健全根据地的党政军组织，先后组建了格勒得沙共和国中央政府、格勒得沙革命军、格勒得沙革命党。金川省委还领导了大小金川流域的土地革命、经济建设，还多次打击了敌对的土司武装，大力筹粮支援红军等。1936 年 2 月，金川省委召开全省党代表大会，根据瓦窑堡会议建立抗日民族统一战线策略的精神调整了各县政策，会议作出了《关于目前形势和金川党的任务》、《关于民族工作》等决议。金川省委注意吸收工农贫苦群众中的积极分子入党，在金川赤区先后发展党员 500 余人。[4] 81 一批藏族青年，如孟特尔、桑吉悦西（天宝）等加入了中国共产党。

2. 中共县级党组织

中共在川西北先后建立了 8 个县委，即中共茂县、松潘、汶川、理番、懋功、绥靖、崇化、抚边县委；在康北建立了 8 个县委或分县委，即丹巴、金汤、道孚、炉霍、甘孜、瞻化、泰宁、雅江县委。其中，1935 年 5 月成立的茂县县委是中共在川西北建立的第一个县级地方党组织；中共道孚中心县委下辖道孚和泰宁两个分县委。县委一般设组织、宣传、妇女三部，有书记、副书记、委员数人。中共各县县委均领导着数量不同的区委。

中共在川西北因工作之需还设立了相当于县级地方党组织的特委。它们主要有中共茂县西一区特委、黑水特区特委、卓克基特委、阿坝特委、党坝特委、绰斯甲特委等。中共茂县西一区特委是中共川陕省委在川西北组织的第一个特委。卓克基特委于 1935 年 7 月成立于卓克基，它先后隶属于川陕省委、川康省委和金川省委，它领导组建了马尔康、党坝、卓克基、梭磨这四土的地方苏维埃政权，开展了巩固后方的各项工作。中共阿坝特委于 1936 年 8 月由川康省委建立，成立地点为查理寺，后移驻中阿坝。中共阿坝特委组建了阿坝人民政府，按照抗日民族统一战线的策略对阿坝大土官、大喇嘛做了大量统战工作，争取了许多躲避的藏民返家[6]。中共绰斯甲特委于 1935 年 10 月在绰斯甲周山建立，又称绰斯甲道委，隶属于金川省委，1936 年 3 月改置为绰斯甲县委。

中共在川西北及康北建立的县级地方组织的特点是：第一，具有不稳定性。一般随红军的到来而建立随红军的撤离而自动消失；第二，具有较强的急功近利的目的性。地方党组织的第一目标是建立地方苏维埃政权和地方革命武装，然后再通过政权发动群众进行土地革命、进行扩红，支援红军战争，通过地方武装保卫所控制区域，通过政权和武装来筹集粮食，保证红军所需；第三，党组织的领导层多为军人而非工农。红军长征期间，中共在川西北及康北民众中发展党员不多，遍及各地的中共地方党组织的领导一般都是来自红军中的党员。即使是出自藏羌回民众的一般也是先参加红军再入的党，如藏族的桑吉悦西、净多·孟特尔，羌族的袁大祥，等等。

红四方面军在川西北及康北除了普遍建立中共党组织的同时还广泛建立了少年共产党即共产主义青年团组织。少共组织同中共组织，分省委县委区委，组织机构同中共党组织。这是把各民族青年青年引向革命的重要组织。它也随川西北及康北中共党组织的建立而建立，随其消失而暂时不复存在。

（二）格勒得沙、波巴依得瓦革命党

格勒得沙革命党是 1935 年底在中共金川省委的领导下组建的藏族历史上第一个革命政党。格勒得沙革命党中央党部设在绥靖，内设组织、宣传、青年等部，由藏族积极分子担任各部部长，孟特尔担任临时中央党部部长。中央党部以下分设省县党部及支党部和分支党部。支党部设正副支党部长各一人，同时设组织、宣传、妇女、工会、政权、军事、青年等委员 9 人组成支党部委员会。该委员会的委员由全体党员大会选举产生。分支党部为最基层组织，农村寨子、工场、街道、兵营、学校有 5 个以上党员者可组织分支党部。分支党部设分支党部长一人负责分支党部的工作。分支党部人数较多时可设分支党部委员会和划分党小组。各级党组织的负责人一律称党部长。

1936 年 1 月 1 日格勒得沙革命党制定公布了《格勒得沙革命党党章》，明确规定了格勒得沙革命党的党员条件、入党程序和各级组织机构。《格勒得沙革命党党章》还提出了藏族人民要独立、自由、平等，废除土司制度，信教自由，喇嘛不得干涉政治，反对汉官军阀国民党，打到强占康藏的英国和一切帝国主义，建立格勒得沙共和国革命政府、格勒得沙革命军、自卫军，格勒、格巴、回回一律平等，没收汉官军阀地主土司的土地分给格勒得沙，设立格勒得沙学校，以格勒得沙官话为格勒得沙国语等 12 大主张。[7]

在中共金川省委的领导下格勒得沙革命党在绥靖、崇化、丹巴地区发展党员 300 人。他们主要是地方政权、革命军中领导成员和骨干。

波巴依得瓦革命党是 1936 年 4 月在中共川康省委的领导下

组建的藏族历史上的第二个革命政党。波巴革命党中央党部建在
道孚，后又在炉霍、甘孜、瞻化、泰宁、雅江建立了波巴革命党
的地方组织。

1936 年 4 月 18 日波巴革命党制定公布了《波巴依得瓦革命
党党纲》，提出打到汉官、军阀、英日帝国主义，没收其金厂、
药山、土地、财产分给波巴依得瓦，建立波巴依得瓦共和国独立
政府和波巴独立军，废除等级制度，信教自由，保护妇女，解放
奴隶，取消苛捐杂税，土地分给波巴依得瓦耕种等 10 大主张。[8]

波巴革命党的工作主要是在各级波巴政府和波巴自卫军中进
行。在波巴政府中有波巴革命党的代表，在波巴自卫军中设立了
波巴革命党党政工作委员会，各县自卫军中设立了分会，普遍建
立了自卫军中的党代表制度。

波巴革命党由于存在的时间只有几个月，党员人数少，时隔
久远，其各级组织及领导人情况已不可考，"但在道孚、炉霍、
甘孜、雅江、瞻化等地的调查中，都证实波巴革命党在当地建立
了组织，发展了党员"[9]。1936 年 4 月 15 日发布的《道孚波巴依
得瓦第一次代表大会所通过的几个条例》中提到，参加波巴依
得瓦第一次代表大会的 123 名代表中有 26 个波巴革命党党员，7
个波巴青年团团员。[10]

格勒得沙革命党和波巴革命党实际上是中共党组织的"克
隆"或者翻版。其中央、地方和基层组织机构同中共相似。党
纲、党章所体现的奋斗目标正是中国共产党的主张。中共党员净
多·孟特尔为格勒得沙革命党临时中央党部部长，中共大金省委
宣传部长董少瑜为格勒得沙革命党顾问。中共之外有少共，格勒
得沙革命党和波巴革命党也一样建立了格勒得沙青年党和波巴青
年团。两者的组织结构同中国共产主义青年团。

所不同的是中国共产党是格勒得沙革命党和波巴革命党的领导者，格勒得沙革命党和波巴革命党则是"一种广泛的群众组织，这种组织是少数民族中穷苦群众和小资产阶级知识分子联合战线的具体形式"[11]。《格勒得沙革命党党章》第四条指出："本党为本民族独立自由平等，只有在中国共产党的领导之下才能保证胜利。因此，本党完全接受中国共产党的领导。"[12]

共产党怎么领导革命党？《西北特区委员会关于党在番人中的工作决议》强调：共产党必须在番人革命党内建立自己的党团来加强对番人革命党的领导。中共应当在斗争中宣传共产党的主张，在实际行动中树立中国共产党的领导威信，吸收牧民娃子工人贫农加入共产党。如此看来，中共是通过革命党中的党团来领导革命党的，格勒得沙革命党和波巴依得瓦革命党实际上是中共在藏族民众中的外围组织。

1936年7月，红四方面军离开康北和川西北，波巴依得瓦革命党和格勒得沙革命党及其领导下的青年团不复存在。其中格勒得沙革命党中央党部及大部分党员随红军北上后停止了党组织的活动。

二、各级苏维埃地方政权与格勒得沙共和国、波巴依得瓦共和国

从1935年4月开始至1936年8月，红四方面军在川西北及康北滞留时间近一年半，建立了一系列政权，形成了一个庞大的政权体系。这个政权体系包括一个大区级政权，5个省级政权，17个县级政权，38个区级政权，140个乡级政权，至少181个村级政权。[13]

（一）大区级政权——中华苏维埃共和国西北联邦政府

1935 年 5 月 30 日，中华苏维埃共和国西北联邦政府在茂县成立。成立大会选出张国焘为西北联邦政府主席、熊国炳、刘伯承为副主席，周纯全为人民委员会委员长，选出了西北联邦政府执行委员 49 人。

以张国焘为首的红四方面军为什么要建立西北联邦政府？

徐向前在《西进岷江迎接中央红军》一文中也说：在江油附近召开的红四方面军高级干部会议上"张国焘讲了撤出川陕根据地，是为了迎接中央红军北上。两军会合后，要在川西北创造根据地，赤化川、康、陕、甘、青等省。为打破蒋介石的合围部署，方面军下一步应首先占领北川、茂县、理县、松潘一带地区，背靠西康作立脚点。他还提出，那带是少数民族杂居地区，应成立苏维埃西北联邦政府，以利开展工作。"14

西北联邦政府的建立事前未经中央同意，事后中央亦没有批准。1935 年 6 月，红军第一、四方面军会师后，面向红军中高级干部的刊物《前进报》刊登了时为中共中央宣传部长凯丰的文章《番民工作中的几个问题》对建立"西北苏维埃联邦共和国"的口号进行了批评。张国焘非常生气，7 月 8 日《川陕省委关于联邦政府问题致中央电》进行了答辩，说：西北联邦政府"是在两大主力未会合以前适应客观环境的需要成立起来的。在理论上，在组织上都是正确的，事实上现在已团结了广大的群众在联邦政府的旗帜下而斗争。"15 8 月初，中共中央召开的沙窝会议又对西北联邦政府进行了批评。由于中共中央的批评，西北联邦政府便在无形中取消了。

1935 年 10 月，张国焘建立第二中央后不久，决定恢复建立西北联邦政府。11 月 18 日，中华苏维埃共和国西北联邦政府和格勒得沙共和国及其中央政府在绥靖城隍庙召开的"番人代表大会"上宣告成立。西北联邦政府下属格勒得沙共和国和波巴依得瓦共和国两个省级政权及茂县回民苏维埃、绥靖回民苏维埃两个县级政权。

联邦政府机关在绥靖尹家大房子，设土地、粮食、劳动、财政经济、少数民族、裁判、教育、内务、军事各部和秘书处、保卫局。各部下设若干科并配备了相应的工作人员。重建的西北联邦政府增加了回民马显文和番民南卡为副主席[16]，但实际负责人为周纯全。[17]

西北联邦政府内均建有中共的党团组织，政府各部主要人员的任命都须通过党团会议的决定。西北联邦政府发布了《关于地方政权的组织与工作决定》、《土地条例》等一些重要的规定，成立了红军干部和少数民族干部组成的条例起草委员会，成立了回民委员会，派参加了红军的回族阿訇肖福祯主持工作。

西北联邦政府的重大问题要通过召开部长联席会议来讨论决定并付诸实施。西北联邦政府曾在绥靖城隍庙召开部长联席会议，有些会议还有格勒得沙共和国中央政府主席、副主席克基、孟兴发等参加，会议内容涉及粮食问题、春耕问题等。[18]

西北联邦政府主要以金川流域为中心开展地方工作，1936年 7 月联邦政府机构随红四方面军北上而消失。

（二）省级政权

20 世纪 30 年代中期，红军在川西北及康北建立的省级政权有川陕省苏维埃政府、川康革命委员会、四川省苏维埃政府、格勒得沙共和国中央政府、波巴人民共和国中央政府。

1. 川陕省苏维埃政府 1933 年 2 月成立于通江县城，1935 年 5 月，进驻茂县凤仪镇，后移理藩县薛城、杂谷脑。1935 年 7 月被川康革命委员会取代。川陕苏维埃的最高权力机关是川陕省苏维埃代表大会。代表大会之下设川陕省监察委员会和省执行委员会。省执行委员会常委会设主席 1 人，副主席 2 人。省执行委员会之下设置了省军区指挥部、省政治保卫局、省革命法庭以及财政、经济、外交、交通、土地、劳动、粮食、文化教育、内务委员会。川陕省苏维埃主席熊国柄，副主席余洪远、祝义亭。[19] 川陕苏维埃政府在川西北下辖茂县、松潘、汶川、理番、懋功、崇化苏维埃政府及黑水特一区番民革命政府。川陕苏维埃政府的主要工作是建立基层苏维埃政权，发动各族民众进行土地革命、筹集粮食、扩大红军、支援红军战争等。川陕苏维埃政府曾先后建立了 7 个县级、20 个区级、60 余个乡级、200 多个村级苏维埃政权。[20]

2. 川康革命委员会 1935 年 7 月成立于卓克基，先后驻卓克基、大藏寺、查理寺、中阿坝等地。1935 年 10 月川康革命委员会无形消失，部分成员参加了西北联邦政府的工作。川康革命委员会机构及所辖各县苏维埃同川陕省苏维埃政府，工作开展同川陕苏维埃政府。

3. 四川省苏维埃政府 1936 年 1 月在庐山县城建立，1936 年 4 月红四方面军建立康北苏区后消失。四川省苏维埃政府设有省军区指挥部、保卫局、粮食局、财经委员会、土地委员会、农工银行等部门。省苏维埃政府主席熊国柄。省苏维埃政府下辖金汤、天全、芦山、名山、雅州等苏维埃政府，开展工作与川陕苏维埃政府相同，重点是配合支持红四方面军进行的天芦名雅邛大战役。

4. 格勒得沙共和国中央政府 1935 年 11 月 18 日在绥靖成立。中央政府机构设于原绥靖屯署内。1936 年 7 月红四方面军北上后格勒得沙共和国中央政府消失。中央政府设内务、财政、土地、粮食、教育、裁判、军事、妇女等部以及民族、宗教等职能部门或负责人。中央政府下辖绰斯甲特区、卓克基特区、党坝特区以及绥靖、崇化、懋功、抚边 8 个县级革命政府和阿坝人民政府。中央政府主席克基，副主席杨海山、孟兴发、马显文。前 3 人为藏族，马显文为回族。格勒得沙共和国中央政府确定了格勒得沙共和国国歌，宣布以嘉绒语为国语，组建了格勒得沙革命军，进行了土地革命，动员躲避的藏族群众返家，为红军筹粮，支援红军战争等。

5. 波巴人民共和国中央政府 1936 年 5 月 5 日波巴人民共和国中央政府成立于甘孜，驻甘孜孔萨土司官寨。1936 年 7 月红四方面军北上后波巴人民共和国中央政府无形消失。中央政府设民政、农业、畜牧、军事、外交、司法、民族、财政、宗教等 9 个部，每部设正副部长一人，另设一中央政治检查处。波巴全国人民第一次代表大会[21]选举多德为主席，达吉、孔萨土司为副主席，均为藏族。德格土司大头人夏克刀登任军事部长，康区富商帮达多吉任财政部长[22]。红四方面军派出邵式平为党代表、刘绍文为顾问，帮助和领导波巴中央政府的工作。波巴中央政府下辖道孚、泰宁、炉霍、甘孜、瞻化、雅江 6 个波巴依得瓦县级政权。波巴共和国中央政府宣布加入中华苏维埃共和国西北联邦政府，组建了中央波巴自卫军，动员躲避的藏族群众返家，为红军筹粮，支援红军战争等。

（三）县级政权

红四方面军在川西北及康北先后建立了 17 个县级政权。县级政权可分为两类：第一类是指苏维埃政权和本质上为苏维埃政权而名称叫革命政府的政权，主要是格勒得沙共和国所属的革命政权，它推行的是苏维埃的阶级政策；第二类是波巴依得瓦人民政府，它实行的是抗日民族统一战线的政策。

1. 苏维埃政府

1935 年 11 月，格勒得沙共和国中央政府建立前红四方面军在川西北除黑水特一区称番民革命政府外普遍将所建立的政权称为苏维埃政府。这些苏维埃县级政权是茂县、松潘、汶川、理藩县、懋功、崇化、丹巴、金汤苏维埃政府。

茂县苏维埃政府是川西北建立的第一个苏维埃政权，懋功县苏维埃政府于 1935 年 7 月改隶川康革命委员会后更名为懋功县革命委员会。县级苏维埃政府的建立一般是在中共县级党组织的领导下召开县工农兵代表大会选举产生，最典型的是茂县。

1935 年 5 月 30 日，茂县工农兵代表大会在茂县县城召开，到会的有红四方面军和各村、场（镇）选出的苏维埃代表 1000 余人。在此之前，中共茂县县委组织召开了预备会议，到会代表进行登记，填写简历表格。然后就县苏维埃组成人选、当前的工作任务等进行了协商讨论。代表大会宣传了共产党和红军的政策，讨论了穷人怎样才有饭吃、有衣穿、有政权等问题，徐向前等在会上讲了话。最后，会议通过了《茂县第一次工农兵代表大会决议案》，宣告中华苏维埃共和国川陕省茂县苏维埃政府成立。[23]

　　其他县，如理藩县、黑水特一区等都是通过召开工农兵代表大会选举成立苏维埃政府，但有的县则是在中共县委或红四方面军政治部的直接领导下通过指派的方式成立了苏维埃政府的，如懋功、崇化、松潘县等。汶川县先由中共县委指定了临时的苏维埃政府主席，准备召开全县工农兵代表大会，但由于种种原因会议未能举行但汶川县苏维埃政府仍然成立了。

　　值得注意的是红四方面军在川西北回民聚居区域建立了茂县、绥靖回民苏维埃政府。

　　茂县回民苏维埃政府建立于 1935 年 5 月，政府机构设在茂县县城。茂县回民苏维埃政府隶属于西北联邦政府回番夷少数民族委员会，统管茂县境内的回民事务。

　　绥靖回民苏维埃政府成立于 1935 年 12 月初，机构设在绥靖县城清真寺。绥靖回民苏维埃政府隶属于西北联邦政府回民委员会，并受西北联邦政府民族部领导，管理绥靖及其附近的回民事务。绥靖回民苏维埃政府参与建立了回民独立连的工作。

　　县级苏维埃政府机构一般设有主席、副主席、秘书和土地、经济、粮食、裁判、内务、交通、宣传、妇女等委员，城内的苏维埃还有劳工委员。

　　1935 年 11 月格勒得沙共和国建立后除已经失去了的茂县、松潘、汶川、理番等县苏维埃区域外，红四方面军控制的绰斯甲、绥靖、丹巴、金汤、崇化、懋功、抚边、卓克基、党坝相继将已建立的苏维埃政权改名为革命政府[24]。其机构、人员、政策同苏维埃政府。

2. 波巴依得瓦人民政府

　　波巴中央人民政府下辖道孚、泰宁、炉霍、瞻化、甘孜、雅江波巴依得瓦[25]政府。波巴依得瓦人民政府都在1936年5月以前建立，早于波巴中央政府。

波巴中央政府所属的县级波巴政府中最典型的是道孚县波巴政府。

在红四方面军政治部及地方中共党组织的领导下，1936年4月15日道孚县召开了波巴依得瓦第一次代表大会，正式成立了道孚县波巴政府。这次代表大会共有代表123人参加。其中波巴革命党代表26人，波巴青年团代表7人。其余代表来自红军及中共党组织。大会发表了藏文的大会宣言和道孚波巴依得瓦政府成立宣言。

大会通过热烈讨论通过了12项决议，内容涉及土地问题、喇嘛和喇嘛寺问题、波巴依得瓦独立军问题、粮食问题、交通问题、商业问题、税收问题等。

其一，关于土地问题共有13项规定。主要内容是没收汉官、天主教堂的土地及官地、差地、学地分给波巴回汉无地或少地的人民。土地分给谁即归谁所有，买卖、典当、出租一律自由。

其二，关于喇嘛和喇嘛寺庙的暂行规定共有10条。主要内容是保护喇嘛和喇嘛寺及经书佛像；喇嘛寺土地不没收但可出租；信教自由，喇嘛不得干涉政府行政，喇嘛个人有参政权利，有经商、出外念经等自由；喇嘛寺及喇嘛枪支由政府登记后凭使用证使用；法律面前僧俗一律平等，喇嘛犯法由政府处理；喇嘛寺堪布由喇嘛寺全体喇嘛公推，经当地政府呈请中央政府批准授职。

其三，关于粮食问题共有3条7款。主要内容是废除汉官、军阀无偿征收粮食税的办法；红军初到时所吃不在家的群众的粮食，未给价和未给借据者，由各区政府清查确实后报特区政府补发执据，以后在粮税中扣还。红军和无粮群众的吃用由群众共同商议，依照存粮多少，筹出一部分平价卖出。[26]

道孚县波巴政府及各县波巴政府的机构设置同苏维埃县级政权机构，有主席一人，副主席两人，下有财政部、内务部、裁判部、军事部，等等。

经代表大会的推选张得喜、荣中、觉洛等 12 人担任政府委员。其中汉族两人，其余均为藏族。藏族的觉洛和荣中分别为政府主席、副主席，汉族的张得喜也被推选为政府副主席。同时，道孚县委书记钟荣清担任了政府顾问[27]。

1935 年 5 月 1 日召开的波巴人民共和国第一次全国人民代表大会通过的《波巴独立政府组织大纲》规定，由县所辖各区每寨推选一人组成全县波巴代表大会，选举 9 人—13 人组成县波巴政府，内设正副主席各一人，分民政部、农业部、畜牧部、司法部、军事部。每部设部长一人，任期半年。[28]但由于战争环境，至红二、四方面军北上为止，县级波巴政府并未按组织大纲改造完毕。

红军北上后，各县苏维埃政府、格勒得沙各县革命政府、各县波巴依得瓦政府无形中瓦解。

（四）基层政权

据笔者统计，红四方面军在川西北及康北先后建立了 38 个区级政权，140 个乡级政权，至少 181 个村（寨）级政权。

同县级政权一样，区乡村级政权也分为两类：第一类是指苏维埃政权和名称叫革命政府实质为苏维埃政权的格勒得沙共和国所属的政权；第二类是波巴依得瓦人民政府所属区乡村政权。

区乡基层苏维埃政权大多是由红军建立的，因为区乡政权同红军筹粮、土地革命、扩红有着紧密的联系。红军每到一地首先建立乡政权，在此基础上往下发展产生无数村级苏维埃，往上则产生区苏维埃政权并由区乡推选代表召开县工农兵代表会议，成立县苏维埃政府。再由县苏维埃政府政府领导区乡村政权。这种政权体系的切入点和核心在区或乡。

红军每占领一个区域首先向各族民众宣传苏维埃是工农兵代表会议，是工农劳苦大众自己的政府，要推翻汉官、国民党及军阀的反动统治，过上好日子就必须建立苏维埃来领导革命。红军还宣传："苏维埃要穷人当委员！""不让一个发财人混进苏维埃！"[29]与此同时，红军调查了解当地的社会情况、阶级状况，物色人选。在这些准备妥当后，红军提出区或乡苏维埃主席、委员的候选人名单，召集群众大会产生区乡苏维埃政府。随后在区乡苏维埃的组织下产生若干村级苏维埃。如，在马尔康地区"在红军帮助下成立的苏维埃，其组成人员均以藏族为主，由红军推荐，经过民主协商，选举产生。成立苏维埃组织的地方召开了藏民大会"。脚木足、松岗、本真等地召开了人数众多的群众大会。[30]党坝在红军的直接帮助下建立了第一个红色政权——党坝一乡苏维埃政府。[31]

区乡村苏维埃政权机构一般设有主席、秘书或文书，其他委员若干。委员的多少及其分工区乡村不同。区乡分工明确，人数较多，一般都有土地委员、粮食委员、财经委员、妇女委员等。村级苏维埃大多只有主席和文书，委员人数少且分工不明确。

笔者以瓦钵梁子区苏维埃政府的建立为例。

瓦钵梁子地处黑水，与茂县相邻，同汉区接近，藏民比较开化。红军到后，一经宣传就得到了藏民的响应，于是建立了瓦钵梁子区苏维埃政府。成仿吾在《长征回忆录》中有如下记述：

　　因为我们在藏民中的影响已经扩大，我们和藏民的关系已经改善，我们就广泛地宣传，号召藏民起来反对汉官、军阀的压迫，组织藏民自己的人民革命政府，这一宣传得到了广大藏民的拥护。我们就开始召开各地藏民大会，成立藏族人民政府，在这一地区前后组织了六个乡的藏民人民政府，都是经过民主方式，选出了代表及主席。这些代表和主席当选后，都感到很荣耀，努力作好各项工作，很积极地帮助红军。最后工作队召集了六个乡人民政府的代表会，成立了瓦钵梁子区藏民革命政府。[32]

　　成仿吾的回忆说明 1935 年 7 月黑水瓦钵梁子地区建立的苏维埃政权是藏族民众自己的政权，得到了藏族民众的拥护。政权的建设过程是先建立乡苏维埃政权，成立乡苏维埃代表会，再成立区级苏维埃政权。

　　瓦钵梁子区苏维埃下辖 6 个乡苏维埃，即小瓜子乡、俄苏梁子乡、瓦钵寨乡、瓦岗寨乡、色尔古乡、维古陆军寨乡苏维埃政府。各乡按自然村寨设立了村（寨）苏维埃政权。乡苏维埃政权由主席、副主席及委员 3 至 7 人组成。有的乡政府还有 3 至 4 个公务员协助苏维埃政府开展工作。各乡政府办公地点的房上都插了一面镰刀斧头的红旗。各苏维埃成员都有证书。

　　瓦钵梁子区苏维埃政府由主席、副主席及委员 7 人组成。主席是一个 30 多岁的红军代表，副主席及委员都是当地藏民。[33]

　　波巴人民共和国所属的道孚等 6 县下辖 6 个区政府和 25 个乡政府，村（寨）政权数量不详。

　　按照《波巴独立政府组织大纲》的规定，波巴政府最基层的政权组织是全体寨民大会。寨民大会推选一人为寨首。乡人民会议由全乡每家推一人组成。乡人民会议推选 3 至 5 人组织乡波巴政府。乡波巴政府设主席一人，委员 2 至 4 人，任期 3 个月。

区波巴政府由区每家一人组成的全体人民会议或每寨代表一人组成的代表大会选举委员 5 至 7 人组成。区波巴政府设主席一人，委员 4 至 6 人，任期半年。[34]

红军北上后，各级苏维埃基层政权及波巴区乡政府无形中瓦解。

三、民族区域自治的最早实践

川西北及康北是中国藏羌回少数民族聚居区。红四方面军在川西北及康北活动有一年有余，最引人注目的是建立了许许多多的富有中国少数民族特色的红色苏维埃政权，特别是格勒得沙共和国和波巴共和国。这在中国新民主主义革命时期根据地红色政权建设的历史上是绝无仅有的。怎样看待这些少数民族苏维埃政权的历史作用？怎样认识格勒得沙共和国和波巴共和国？这确实值得我们认真研究。

客观地说，红四方面军在川西北主张的是民族自决的政策。这可从红四方面军发布的文件，格勒得沙革命党、波巴革命党的政纲中看出来。

红四方面军进入川西北后的 1935 年 5 月，《中华苏维埃共和国西北联邦政府通电》就强调："大会上出席了许多充满革命热情的回、番、藏、蒙、苗、夷民族的代表，一致严肃地宣布：誓以最大的努力，在共产党领导之下实行民族自决。"[35]1935 年 5 月 20 日，《中华苏维埃西北联邦临时政府回、番、夷少数民族委员会布告》第 3 条提出："回番夷少数民族建立自己全族——地方——区——乡各级的人民革命政府，自己管事，实行民族自决。"[36]1935 年 6 月《中华苏维埃共和国西北联邦政府致全世界通电》重申："本政府誓在共产国际、中国共产党中央委员会领导之下，实行民族自决。"[37]1935 年 8 月 21 日，《川康省委关于赤化川陕甘与通过草地时地方党的工作指示》，再次重申："反对汉官国民党军阀的压迫，反对帝国主义的侵略，民族自决，这是在番民中的主要口号。"[38]

《格勒得沙革命党党章》规定："建立格勒得沙共和国革命政府，格勒自决，格勒管理格勒自己的事。"[39]《波巴依得瓦革命党党纲》也规定："番人独立，建立波巴依得瓦共和国独立政府，波巴坐自己的江山。"[40]《波巴第一次全国人民代表大会宣言》强调："我们的旗帜是'波巴独立'，我们当前的任务是'兴番灭蒋'。"[41]

民族自决权思想最早发源于欧洲资产阶级革命时期。其特点是将民族问题与"普遍人权"相联系，鼓动民族独立、自决。最初它体现的是上升时期资产阶级的革命思想。然而，第一次世界大战后召开的巴黎和会打着"民族自决"的幌子，卑鄙地对殖民地进行厚颜无耻的分赃。20 世纪 30 年代以血统因素强调民族至上的法西斯主义崛起，再次把人类卷入大战。

列宁于 1902 年第一次"承认国内各民族的自决权"[42]。1914 年列宁在《论民族自决权》一文中指出："所谓民族自决，就是民族脱离外族集体的国家分立，就是组织独立的民族国家。"[43]在这里列宁强调了"脱离权"，但他的目的不是肢解俄国。1916 年初，他在《社会主义革命和民族自决权》中声明"民族自决权从政治意义上讲，只是一种独立权，即在政治上同压迫民族只有分离的权利"，它"并不等于分离、分散，成立小国家的要求"[44]列宁始终牢牢抓住"反对民族压迫"这一条，所以俄国没有肢解。[45]1920 年苏俄内战结束后，俄共关于民族自决权的解释发生了根本性改变。尽管 1924、1936、1977 年颁行的苏联宪法，都郑重地写入了"自由退出"苏联的自决权，但实际上"分立（离）"在苏联是"反革命的企图"。斯大林撰文指出："分立问题是依具体的国际条件，是依革命利益而决定的"，"坚决地驳斥边疆各地与俄罗斯分立的要求"，使边疆与俄国分立是"反革命的企图"。[46]

　　在列宁和斯大林时代，民族自决权理论是同民族国家理论、联邦制理论紧密相连的。民族国家理论主张"分离"，并建立单一的民族国家。联邦制理论主张把一个个单一的民族国家组成联邦，从而避免国家分裂。1918 年 1 月，列宁就当时成立的俄罗斯联邦解释道："我们目前实行和将要实行的联邦制，正是把俄国各民族最牢固地联合成一个统一的、民主的和集中的苏维埃国家的最可靠的步骤。"[47]这里不难看出，"民族自决"承认"自由分离"，"联邦制"要求"联合统一"，两者是矛盾的。但列宁、斯大林试图将两者辩证地统一到一起，他们将一个个人为制造的"独立"的单一制民族共和国"联邦"成了"苏维埃社会主义共和国联盟"。历史证明，这是失败的，苏联最终没有逃脱解体的命运。

　　20 世纪 30 年代及其以前，中国共产党完全接受了列宁的民族自决权理论、民族国家理论和联邦制理论。中共"三大"通过的党纲草案、"六大"通过的政治决议案，都写上了"承认民族自决权"这一条。1931 年 11 月、1934 年 1 月颁布的《中华苏维埃共和国宪法大纲》第十四条，不仅承认了"中国境内少数民族自决权"，而且还明确规定："蒙、回、藏、苗、黎、高丽人等，凡是居住中国地域内的，他们有完全自决权：加入或脱离中国苏维埃联邦。"[48]这显然是把汉族等同于中华民族，等同于中国，而把中国各少数民族排斥在中华民族之外，把汉族与少数民族关系等同于那时俄罗斯与非俄罗斯少数民族关系的错误。

对此错误，毛泽东为首的中国共产党人在 20 世纪 30 年代后期做了深刻的反省。毛泽东在《中国革命与中国共产党》一文中总结中国社会状况及中华民族融合发展的历史后明确指出："中国是一个由多数民族结合而成的拥有广大人口的国家。""中华民族的各族人民都反对外来民族的压迫，都要用反抗的手段解除这种压迫。他们赞成平等的联合，而不赞成互相压迫。"[49]毛泽东代表中国共产党人所做的这个结论，从根本上否定了那种单一民族国家的理论，确认了中华民族不仅包括汉族，也包括中国境内的各少数民族，中国是一个多民族的共同体，在对外关系包括反抗外来压迫中只有一个民族、那就是中华民族，在对内关系中尊重各民族的差异、谋求各民族的平等联合与共同发展。

当然，20 世纪 30 年代前半期的中共并不是要鼓励中国各少数民族"分离"，而是在反抗国民党反动派和各民族上层统治阶级压迫与剥削的前提下建立中国苏维埃联邦，统一中国。中共"二大"《宣言》在表述中国共产党的任务和目前的奋斗目标时，第四项写道："蒙古、西藏、回疆三部实行自治，成为民主自治邦"；紧接着，第五项写道："用自由联邦制，统一中国本部、蒙古、西藏、回疆，建立中华联邦共和国。"[50]中华苏维埃共和国两次全国代表大会通过的《中华苏维埃共和国宪法大纲》第十四条都提出了"中国苏维埃联邦"的目标。毛泽东在中华苏维埃共和国第二次全国苏维埃代表大会的报告中强调："争取一切被压迫的少数民族寰（环）绕于苏维埃的周围，增加反帝国主义与反国民党的革命力量，是苏维埃民族政策的出发点。"[51]可见，在中共早期民族政策中"自决"、"分离"并不是目的，"联邦"、"统一"才是目标，"自决"、"分离"只是走向"联邦"、"统一"的过渡阶段而已。

必须指出的是，从中共"二大"开始，中共已经在理论上探索民族区域自治而不仅仅是建立民族国家的问题。中共"二大"宣言强调实行真正民主主义的统一："首先推翻一切军阀，由人民统一中国本部，建立一个真正民主共和国；同时依经济不同的原则，一方面免除军阀势力的膨胀，一方面又因尊重边疆人民的自主，促成蒙古、西藏、回疆三自治邦，再联合成为中华联邦共和国。"[52]1931 年 11 月和 1934 年 1 月的《中华苏维埃共和国宪法大纲》都把"民族区域自治"作为中国少数民族的重要选择，说：中国少数民族可以"加入或脱离中国苏维埃联邦，或建立自己的自治区域"。当然，这时中共关于"民族区域自治"的思想还仅仅停留在理论上，甚至可以说还仅仅是萌芽。

应该说，红军长征到达川西北及康区以前，中共及苏维埃共和国宪法大纲中的民族自决权思想、民族国家理论和联邦制理论还仅仅是照抄照搬苏俄而没有实际内容的东西，但红军长征到达川西北及康北民族地区以后，这些理论便因解决民族问题的迫切需要而受到检验、受到扬弃而有了实际的内容。

在这里笔者要强调的是中共中央同红军第四方面军在川西和康区关于民族自决、民族国家、联邦制的主张和行为是有差异的。

1935 年 8 月 5 日，沙窝中央政治局会议通过的《中央关于一、四方面军会合后的政治形势与任务的决议》指出：中共和中国苏维埃政府对少数民族的基本方针是："无条件地承认他们有民族自决权，即在政治上有随意脱离压迫民族即汉族而独立的自由权。"[53]对 1935 年 5 月 30 日红四方面军在茂县建立的中华苏维埃共和国西北联邦政府，中共中央批评道："目前建立西北苏维埃联邦政府是过早的。因为目前在少数民族中的基本方针，应首先帮助他们的独立运动，成立他们的独立国家。"[54] 中共中央还强调，中华苏维埃共和国中央政府应公开号召并帮助"蒙、回、藏等民族起来为成立他们自己的独立国家而斗争"。待他们成立独立国家后，"根据他们自愿的原则，同中华苏维埃共和国联合成立真正的民族平等与民族团结的中华苏维埃联邦。"[55]

分析中共中央沙窝政治局会议决议我们不难发现几点：第一，中共中央仍然坚持民族自决权，坚持主张中国境内的少数民族"脱离"，仍在重复过去把汉族等同于中华民族，视汉族为压迫民族，把少数民族排斥于中华民族之外的错误；第二，中共中央仍然坚持单一民族国家的错误理论，主张中国境内少数民族脱离汉族，建立蒙、回、藏等单一民族国家；第三，中共中央并没有放弃联邦制，中共中央支持少数民族建立独立国家的最终目的是要他们在"自愿"的原则下加入中华苏维埃联邦。不过，中共中央认为应该先有蒙、回、藏等民族独立国家，然后才有包括蒙、回、藏等加盟的共和国在内的中华苏维埃联邦政府。因此，中共中央不能容忍红四方面军及其领导人在没有帮助少数民族建立民族国家的时候成立所谓"中华苏维埃共和国西北联邦政府"。

中共中央之所以有上述不切实际的错误认识，根本原因在于当时中共中央只有从苏俄舶来的民族自决权理论、民族国家理论和联邦制理论而没有具体的在中国民族地区建立民族政权的经验。中国苏维埃政权及后来的中华苏维埃共和国主要建立在汉民族地区，红军长征后中央红军虽然也经过湘黔滇川民族地区并提出了相应的正确的民族政策，但那大多是为"借道"而对少数民族的风俗和权力的尊重，中共中央并没有建立相应的民族国家的实践。

这种"民族自决"、"自由脱离"中国的错误认识一直持续到20 世纪 30 年代后期毛泽东写下《中国革命与中国共产党》止。1941 年 5 月 1 日，《陕甘宁边区施政纲领》第 17 条明确指出："依据民族平等原则，实行蒙、回民族与汉族在政治、经济、文化上的平等权利，建立蒙、回民族的自治区，尊重蒙、回民族的宗教信仰与风俗习惯。"[56]这标志着中共中央最终摆脱了苏俄民族自决权理论、民族国家理论、联邦制理论的影响，确立了民族区域自治的政策。

与中央红军不同的是，20 世纪 30 年代中期，红四方面军长时间地深入川西北及康北民族地区，并进行了建立民族共和国的实践。纵观红四方面军在川西北及康北建立民族政权的过程，不难发现以下几个重要的特点。

1. 红四方面军及其领导人虽主张民族自决权，但摒弃了民族国家的理论而实行民族区域自治。

川西北及康北是藏、羌、回、汉、蒙等多民族聚居区。各民族处于杂居且相互融合的状态，很难建立单一的民族国家。针对这种状况，红四方面军及其领导人采取民族和聚居区域相结合建立民族自治政权的政策。1935 年 5 月，考虑到羌族的汉化程度及茂县汉族居住状况红四方面军在茂县县城成立茂县苏维埃政府，与此同时在茂县回民聚居区建立了茂县回民苏维埃政府；1935 年 12 月，红四方面军又在绥靖回民聚居区建立了绥靖回民苏维埃政府；1935 年 11 月 18 日，红四方面军在川西北的藏民族聚居区域建立了格勒得沙共和国，格勒得沙共和国中央政府下辖绰斯甲特区、卓克基特区、党坝特区以及绥靖、崇化、懋功、抚边 8 个县级革命政府和阿坝人民政府；1936 年 5 月 5 日，红四方面军在康北藏区建立了波巴人民共和国，波巴中央政府下辖道孚、泰宁、炉霍、甘孜、瞻化、雅江 6 个波巴依得瓦县级政权。

从红四方面军建立民族政权的实践看，没有把川西北的回民组成一个单一的民族国家，更没有把康北的藏民族县级政权并入已经存在的藏族格勒得沙共和国，而是依据川西北及康北藏民族不同的聚居特点分设了两个藏族中央政权，这体现的就是民族区域自治的思想。格勒得沙共和国中央政府中主要是藏族但也有回族、汉族。中央政府副主席马显文就是回族。道孚县波巴政府 12 名政府委员中就有汉族两人，其中张得喜被推选为政府副主席。在格勒得沙共和国和波巴共和国境内聚居的汉族、回族及其他民族实行民族区域自治制度。波巴第一次全国人民代表大会通过的政纲第 5 条规定：居住在波巴领土内的汉、回及其他民族"可以派代表参加波巴政府及组织自治区"[57]。对此，张国焘有解释，他说："党决定番人组织波巴独立政府，在某些地区，汉人密集的所在，汉人则组织自治委员会（隶属在波巴独立政府之下）。汉人不多的地方，汉人只选派代表参加波巴政府。"[58]

这说明无论是格勒得沙共和国还是波巴共和国都不是单一的藏民族国家，而是一个以藏族为主体的多民族的区域性自治政权。

2. 红四方面军及其领导人接受并实践了联邦制，确定格勒得沙共和国和波巴共和国的"独立"是在中华苏维埃共和国西北联邦政府界限内的"独立"，这种"独立"不是"脱离"中国，它的实质是"自治"。

红四方面军一进入川西北民族地区就建立了中华苏维埃共和国西北联邦政府。联邦政府建立当天张国焘就以主席的名义发布了《中华苏维埃共和国西北联邦政府成立宣言》、《中华苏维埃共和国西北联邦临时政府布告》（第一号），随后又发布了《中华苏维埃共和国西北联邦政府通电》、《中华苏维埃西北联邦政府致红军游击队电》、《中华苏维埃共和国西北联邦政府致全世界通电》等，一方面明确西北联邦政府服从共产国际、中国共产党中央委员会的领导，是中华苏维埃共和国的一部分；另一方面宣称西北联邦政府"为回、番、蒙、藏、苗等少数弱小民族解放而战，为苏维埃中国斗争到底，不胜不休"。[59]

强调西北联邦政府"是中华苏维埃共和国的一部分"，那后来建立的为联邦政府成员的格勒得沙共和国和波巴共和国自然也是中华苏维埃共和国的一部分；强调解放回、番、蒙、藏、苗等少数弱小民族"为苏维埃中国斗争到底"实际上就否定了所谓的少数民族"脱离权"。

张国焘在《我的回忆》中讲了成立西北联邦政府的两点理由：其一，帮助少数民族组织自治政府的需要。川西北、甘南、西康一带是少数民族地区，"暂时还不能组织苏维埃和实行分配土地，对于少数民族，政策的尺度更要放宽些"。他说，"我们不反对少数民族部落中的酋长头人喇嘛阿衡等，而且要帮助他们组织区域内的少数民族自治政府。这些自治政府派代表会同汉族所推举的代表，共同组织一个西北联邦政府。"其二，苏维埃革命的实际需要。张国焘认为"红一方面军离开江西以后，中华苏维埃中央政府事实上已不能行使职权"，因此应根据实际需要组织西北联邦政府。将来苏维埃中央政府能行使职权时西北联邦政府"仍是它的一部分"[60]。

张国焘所言可以让我们产生这样的结论：

其一，红四方面军在川西北建立的是民族区域自治政权。格勒得沙共和国和波巴共和国之所以以"共和国"相称，完全是受苏联加盟共和国名称的影响，其实质不过是两个民族区域自治的省级政权。

其二，少数民族自治政府不是要"自决"，从中国"脱离"出去，而是同汉族代表一起共同组成西北联邦政府而西北联邦政府直属于中华苏维埃共和国，是中国的一部分。

最后，也是最重要的是：要组织领导少数民族自治政府，使其不"脱离"中国，联邦制是最必要的选择。

基于这种认识，红四方面军一进入川西北，在还没有建立民族区域自治政权的时候就急急忙忙地建立了西北联邦政府。这显然是为下一步民族区域自治政权的建立做准备。无奈的是西北联邦政府受到了中共中央的一再批评而无形取消。1935 年 11 月 18日，格勒得沙共和国成立，此时如果没有西北联邦政府的领导，那这个政权可谓是真正"独立"了——这当然是红四方面军及其领导人所不愿意看到的，所以同一天，同一地点，中华苏维埃共和国西北联邦政府重建了。随后，格勒得沙共和国、两个回民自治政权、波巴共和国都相继加入了西北联邦政府，西北联邦政府有了实质性的内容。

可见，红四方面军及其领导人在川西北及康北建立民族区域自治的县级和省级政权的行为，虽然还没有完全摆脱苏俄模式的影响，可在中共历史上却是空前的，是中共民族区域自治思想的最早实践。

注　释

1　范永刚：《大小金川革命根据地的建立及其作用》，《川陕苏区历史研究》1990 年
　　第 2 期。

2　毛泽东《关于纠正党内的错误》（1929 年 12 月），《毛泽东选集》第一卷，人民出版社 1991 年版，第 86 页。

3　实际上是大区级党组织。

4　《张国焘关于组织格勒得沙政府和川康省委改为川西省委到周纯全等电》（1935 年 11 月 17 日），《中国工农红军第四方面军战史资料选编》（长征时期），第 443 页。

5　9　22　27　中共甘孜州党史研究室编：《红军长征在甘孜藏区》，第 200—201、216、205—206、207 页。

6　20　中共阿坝州委党史研究室、阿坝州地方志办公室编：《阿坝州志之红军长征在阿坝》，第 83、89 页。

7　12　《格勒得沙革命党党章》（1936 年 1 月 1 日），周巴主编：《红军长征过阿坝革命文化史料汇编》，第 42、44 页。

8　40　《波巴依得瓦革命党党纲》（1936 年 4 月 18 日），《中国工农红军第四方面军战史资料选编》（长征时期），第 465 页。

10　《道孚波巴依得瓦第一次代表大会所通过的几个条例》（1936 年 4 月 15 日），《中国工农红军第四方面军战史资料选编》（长征时期），第 457 页。

11　《西北特区委员会关于党在番人中的工作决议》（1935 年 6 月 5 日），周巴主编：《红军长征过阿坝革命文化史料汇编》，第 21 页。

13　这些数据是笔者根据中共阿坝州委党史工作委员会办公室编：《阿坝州党史研究资料》，1983 年，1984 年，未刊稿，第 1 期至第 12 期，中共阿坝州委党史研究室、阿坝州地方志办公室编：《阿坝州志之红军长征在阿坝》、中共甘孜州党史研究室编：《红军长征在甘孜藏区》等史料综合统计而来。

14　徐向前：《历史的回顾》，解放军出版社 1987 年版，第 412 页。

15　《川陕省委关于联邦政府问题致中央电》（1935 年 7 月 8 日），《中国工农红军第四方面军战史资料选编》（长征时期），第 84 页。

16　18　《关于"西北联邦政府"在绥靖恢复工作的情况》，中共阿坝州委党史工作委员会办公室编：《阿坝州党史研究资料》未刊稿，第 11 期，第 67 页。

17　60　张国焘：《我的回忆》下册，第 370、369 页。

19　中共通江县委党史研究室编：《通江苏维埃志》，四川人民出版社 2006 年版，第 80—81 页。

21 波巴人民共和国第一次全国代表大会于 1936 年 5 月 1 日在甘孜县城关帝庙召开。来自德格、甘孜、道孚、炉霍、瞻化、泰宁、雅江、理塘、白玉、邓柯、石渠、同普、大小金川共 16 县的代表 700 余人参加了大会。大会发布了《波巴第一次全国人民代表大会宣言》，提出了"波巴独立"和"兴番灭蒋"。通过了《波巴独立政府组织大纲》、《波巴人民共和国国家政治检查处暂行条例草案》，明确波巴人民共和国的前途是加入中华苏维埃共和国西北联邦政府。

23 29 中共阿坝州委党史工作委员会办公室编：《阿坝州党史研究资料》未刊稿，第 5 期，第 41、39、40 页。

24 1935 年 8 月的中共中央沙窝政治局会议指出："一般的组织工农民主专政苏维埃是不适当的。"该根据少数民族中阶级分化的程度来确定政权形式。在斗争的开始阶段"可以采取人民共和国及人民革命政府的形式"，在阶级斗争深入的阶段才可以组织苏维埃政府。见《中央关于一、四方面军会合后的政治形势与任务的决议》（1935 年 8 月 5 日），载中共阿坝州委党史研究室、阿坝州地方志办公室编：《阿坝州志之红军长征在阿坝》，第 290 页。

25 "依得瓦"为藏文译音，意即"地方"。

26 《道孚波巴依得瓦第一次代表大会所通过的几个条例》（1936 年 4 月 15 日），《中国工农红军第四方面军战史资料选编》（长征时期），第 457—458 页。

28 34 《波巴独立政府组织大纲》（1936 年 5 月），《中国工农红军第四方面军战史资料选编》（长征时期），第 476 页。

30 31 中共阿坝州委党史工作委员会办公室编：《阿坝州党史研究资料》未刊稿，第 8 期，第 24、36 页。

32 成仿吾：《长征回忆录》人民出版社 2006 年版，第 89 页。

33 中共阿坝州委党史工作委员会办公室编：《阿坝州党史研究资料》未刊稿，第 10 期，第 42、43 页。

35 《中华苏维埃共和国西北联邦政府通电》（1935 年 5 月），《中国工农红军第四方面军战史资料选编》（长征时期），第 30 页。

36 《中华苏维埃西北联邦临时政府回、番、夷少数民族委员会布告》（1935 年 5 月 20 日），中共阿坝州委党史研究室、阿坝州地方志办公室编：《阿坝州志之红军长征在阿坝》，第 315 页。

37 59 《中华苏维埃共和国西北联邦政府致全世界通电》（1935 年 6 月），《中国工农红军第四方面军战史资料选编》（长征时期），第42、30页。

38　《川康省委关于赤化川陕甘与通过草地时地方党的工作指示（节录）》（1935年8月21日 查理寺），周巴主编：《红军长征过阿坝革命文化史料汇编》，第27页。

39　《格勒得沙革命党党章》（1936年1月1日），中共阿坝州委党史研究室、阿坝州地方志办公室编：《阿坝州志之红军长征在阿坝》，第275页。

41　57　《波巴第一次全国人民代表大会宣言》（1936年5月），《中国工农红军第四方面军战史资料选编》（长征时期），第474、473页。

42　45　潘志平：《中国的民族区域自治制度与苏维埃型民族共和国联邦制》，《西北民族研究》1997年第1期。

43　列宁：《关于民族问题的批评意见——论民族自决权》，外国文书籍出版局1955年版，第47页。

44　47　《列宁论民族问题和民族殖民地问题》，人民出版社1960年版，第246、454页。

46　斯大林：《马克思主义与民族、殖民地问题》，人民出版社1953年版，第134页。

48　厦门大学法律系、福建省档案馆选编：《中华苏维埃共和国法律文件选编》，江西人民出版社1982年版，第9、13页。

49　毛泽东：《中国革命与中国共产党》，《毛泽东选集》第二卷，人民出版社1991年版，第622、623页。

50　52　中央档案馆编：《中国共产党第二次至第六次代表大会文件汇编》，人民出版社1981年版，第46、47、12、13页。

51　江西省档案馆、中共江西省党校党史教研室编：《中央革命根据地史料选编》上册，江西人民出版社1982年版，第332—333页。

53　54　55　《中央关于一、四方面军会合后的政治形势与任务的决议》（1935年8月5日中央政治局通过，沙窝会议），中共阿坝州委党史研究室、阿坝州地方志办公室编：《阿坝州志之红军长征在阿坝》，第290、290—291、291页。

56　韩延龙、常兆儒编：《中国新民主主义革命时期根据地法制文献选编》第一卷，中国社会科学出版社1981年版，第36页。

58　《张国焘在"中央局"会议上作关于少数民族的策略路线的报告》（1936 年 4
　　月 29 日），这里的"中央局"是指张国焘另立的"中央"，《中国工农红军第四
　　方面军战史资料选编》（长征时期），第 469 页。

云南党组织的政治宣传
与农民阶级社会心态变迁

贺良林（红河学院副教授）

　　大革命失败后，中国共产党认识到"土地革命问题是中国的资产阶级民权革命中的中心问题"[1]，并对土地革命形势作出乐观估计，认为"虽农民革命运动有暂时的失败与紊乱，但在最近期间不仅客观上有新的提高的可能，而且这种重新高涨是不可免的。共产党所领导的农民组织之捣毁，农村中的白色恐怖之盛行，随之而经济压迫之增加等等，都只是加紧农村中的阶级矛盾阶级斗争，必然准备着新的革命爆发，比前次的规模和力量更要超越"[2]。中共云南党组也认识到：在军阀、地主等多种反革命势力的侵略、剥削和压迫之下，"农民急切要找到出路，他们的革命情绪非常高涨"[3]。然而，当中共云南党组织动员工农武装暴动之时，却发现：农民阶级的生活虽然日益贫困化，但是其落后的社会心态，致使贫困与革命并非是一种逻辑必然。因此，中国共产党如何运用一整套灵活的政治宣传技术有效地作用于农民社会心态，改变其传统的价值观念，促使其立场转变，才是土地革命成功的关键和前提。

一、土地革命初期云南农民阶级社会心态

社会心理学认为，社会心态"是一定社会环境如政治、经济、舆论习俗、传统、信仰和价值体系影响下，人类群体、民族、团体及个人在意识行为上的反映和表现"[4]。由定义可知，社会心态与其他社会意识一样，具有一定的稳定性，因为社会心态形成的直接决定性因素是生产关系、经济关系。生产关系、经济关系的相对稳定性决定了在此基础上产生的社会心态具有相对稳定的特性。同时，社会心态又是伴随政治、经济、文化等社会存在的变化而不断变迁的动态系统。稳定性与易变性并存，体现出社会心态的复杂性。

农民阶级是土地革命的主力军。土地革命之所以胜利，就是因为得到了农民的积极拥护和广泛参与。但若仅限于此，就将复杂、艰难的土地革命进程简单化了。不可否认，地主剥削、军阀掠夺、官僚压迫等，使得近代中国农民的困苦已到了无以复加的程度。但白色恐怖笼罩之下的云南农民，特别是地处边疆的云南，却以一种复杂的社会心态踏入土地革命的进程。

1. 两千多年的封建统治下形成的心理定式，使云南农民对革命心存畏惧

尽管现实中的贫富分化和贫富差距，使云南农民也产生心理上的不平衡，但他们并未意识到剥削与贫困的必然联系，所以不可能挑战现存体制。相反，他们视地主为衣食父母，害怕参加革命，将导致地主不再租地放债。马竹庵在《蒙自县八大地主发

家罪恶史》中描写道：地主将土地租给佃农，地租高而且"年年加租，动不动就拔田换佃"相威胁；每逢佃户交租之时，地主"都想尽办法，挖刮到注，从不让人，所以佃客人人痛恨"，但却不敢反对，生怕他们"夺田拔佃，丢了饭碗"[5]。如此心态下，农民怎敢得罪地主，更不用说斗争地主。

农民畏惧革命，还有一种心理，即对中国共产党的前途捉摸不定。1927 年 12 月，中共云南临时省委制定的《云南农民运动计划》就指出：农民对旧统治阶级虽已完全失望，但参加革命并不坚决，他们均表示"昆明的农民嫌恶农协不能解除他们的痛苦，蒙自一带的农民怕农协办不成器"[6]。

当革命处于低潮时期，农民对革命的畏惧心理更趋严重。例如 1928 年，中共地下党员余澄清（小学教员），带领农民反对地主豪绅的摊派钱粮，被石屏"联合团"团总陈美之派来的六个团丁枪杀在课堂之上。虽然"村里的乡老、学生和余澄清的家属，都知道是四阎王派来的"，但是都"不敢声张，只好默默地掩埋了余澄清同志的尸体，让生者无限哀伤，死者含恨九泉！"[7]

当然，土地革命初期，云南农民也曾多次反对地主，发动暴力斗争。但这些斗争都不是以推翻地主阶级统治为目的，多数"是为了土司横征暴敛，欺压妇女，激起了群众一时的愤怒，所以纠合起来，把土司官杀掉，就算报了仇，出了怒气，并不能作出有利于人民的长久打算。"[8]

2. 云南农民对革命缺乏清醒认识，有着盲从参与的心态

大革命以来，"革命"已经成为中国现实的客观要求，广大民众的普遍呼声。但"为什么革命，怎样革命"却不为多数人

了解，尤其是对文化落后的云南农民来说更是知之甚少。他们参加革命，不能排除盲从心理的影响。在盲从心理的影响下，很多农民对革命持游移的态度。

土地革命伊始，云南党组织就注意到这一情况。1928年的中共云南省第一次代表大会决议案中指出："目前农村的组织的困难问题，就是感觉农民同志文化太低，他们习染了旧的风俗习惯，难安于无产阶级的组织。"[9]"难安于组织"有两层含义：一是在白色恐怖下农民不愿意入党，二是部分农民党员在入党之时对党和革命缺乏必要的认识。

农民党员尚是如此，普通民众就更不用说了。1928年12月，中共云南临时省委给中央的总报告中说：云南农民运动在大革命时期就已经开始了。昆明、嵩明、宜良等地区成立了县农协，很多农民参加。"但是，自（一九二八年）一月十三日省政府清共捕人后……所有的群众组织都瓦解了，甚至昆明农民同志都退却完了。"退却的原因就是白色恐怖笼罩时"农民比较畏缩"、"胆子较小"[10]。

1928年10月，阿加邑秋收暴动中，这种盲从、游移的心态表现得更明显。阿加邑秋收暴动是中共云南第一次代表大会作出的决定。本次暴动，计划"组织周围几个村庄的2000余农民一起行动"。通过党组织发动，群众都热烈接受。但是，由于"敌情的变化，使部分群众产生畏缩心理；又遇暴动之夜天下大雨，山洪暴发，路有阻隔"，导致10月31日，集结到阿加邑的群众仅250余人。"部分前来参加暴动者看到人少，便对起义失去信心自行回家，最后剩下的农民武装不足百人。"[11]盲从、游移的革命心态，是导致阿加邑秋收暴动失败的原因之一。

3. 云南农民的民族观念强于阶级观念

云南是一片神奇古老的土地，一块民族众多的区域。在全国 56 个民族中，云南就有 26 个。远古以来，他们有的居密林、循山脉，有的顺河谷、处坝区。由于历史和自然条件以及民风习俗等多方面原因，各民族有很大差异，民族之间的种族界限保持森严。"他们都愿意本民族的人在一起居住，不愿意同别个民族混居。同时在交换上，非不得已时，不愿意同别个民族多来往，本民族对别民族完全不信任"[12]。

民族界限继而引发民族仇视，"常常因为很细微的事端，民族与民族发生械斗，彼此打得头破血流，甚至于打死了很多的人"[13]。长期以来，械斗在云南各地十分盛行，几成为云南地域社会的一大独特景观。械斗主要在宗族之间进行，有时在村落之间展开，姓族之间有时也会发生，1927—1935 年，弥勒县虹溪区的姜、王两姓族之间的械斗几乎没有停止过。

旧式的械斗显然有别于阶级斗争，有碍于以阶级斗争为理念的革命行动。

上述表明，土地革命到来之际，云南农民首先用传统的定式心态应对这一社会变动，虽然其中包含一定理性成分。但是在云南党组织看来，农民畏惧革命且缺被剥削意识、敢于斗争但无阶级观念，已经构成了土地革命的巨大障碍，不解决这个矛盾，土地革命将无法顺利进行。

二、云南党组织的政治宣传

面对农民的消极反应，中国共产党欲将党的意志转化为现实能力，必须要在农村进行政治宣传，颠覆农民传统的定势心态，强化农民的革命意识，唤醒农民的阶级意识，使农民认识到自身痛苦的根源，认识到对地主豪绅的斗争必要性。

云南党组织十分重视对农民的政治宣传工作。1927 年 12 月，云南特委在昆明召开扩大会议指出："我们目前的任务就是发展工人、农民的组织，积极去武装他们，准备暴动的力量，而不是立即暴动。""暴动虽然不能立即实现，但在农民运动中，应该即刻提出'乡村政权归农民协会'，'铲除土豪劣绅'，'取消苛捐杂税'，'减租减息'，'农民武装自卫'的口号去发动农民的斗争，团结农民于农民协会之下，很快地促进土地革命之发展。在佃农贫农中，更要根本地提出'耕者有其田'的口号去宣传。"要把农民"尽量吸收在农民协会之下，变成革命的力量"[14]。会议通过的《云南农民运动计划》中再次强调："云南农运，目前最迫切的是组织和宣传。"[15]

那么，如何进行政治宣传呢？云南党组织在具体实践中运用了许多行之有效的方法。

1. 强化党员干部的思想政治教育，并由他们影响普通农民

鉴于广大农民接受教育的难度比较大，云南党组织首先培训农民干部，然后由他们进行政治宣传，影响普通农民。例如，1928 年 1 月初，为了进一步贯彻中央"八·七"会议精神，统一全党思想，云南省临委在昆明举办党员培训班，参加学习的有三十多人。培训班结束后，学员被分配到迤南等地的工矿、农村开展工作。8 月初，中共云南党组织为提高工农干部的政治素

质，在蒙自查尼皮开办了一期工农干部训练班，参加学习的有十
七人，并从中选拔了农民干部四人。通过这次培训，中共云南临
委认识到：工农的训练不同于学生的学习，决定"由十二月起，
在工农中经常的办三五人的短期训练班，用谈话讨论的方式"[16]。

各级党支部也注重加强自身建设。如1931年墨江农民暴动
前夕，中共墨江工委的主要领导人熊文和、陈家麟、魏秉礼等
"经常在墨江县城附近的山上开秘会议进行学习，准备'建立共
产、建立工农红军、打倒地主'，并广泛地深入到农村进行宣
传，宣传要'组织共产'、'以后不分你我，大家种田大家吃，
好好的组织干革命'。"[17]为了更好的组织暴动，1930年冬，中共
墨江工委在卜左墩头寨子开办训练班，发放总结性文件《告穷
人书》，要求训练后到农村广泛宣传。

强化党员干部的培训，为党员干部开导普通农民奠定了思想
基础。

2. 深入农民日常生活，每位党员都成为政治宣传者

经过集中培训，云南党员干部的理论水平得以普遍提高。在
深入农村开展工作时，为了培养并形成农民的正确的阶级观、民
族观、革命观，政治宣传成为每位党员干部的日常工作之一。例
如，1928年春，吴澄被派到蒙自，为了工作方便，她"学会了
简单的苗家语言，在饮食起居劳动方面，与苗族农民打成一片，
和他们建立了感情"[18]。党员张乃猷到文山工作，他与当地苗族
认亲戚，筹办学校，并利用家访动员苗族子女上学之机，"在苗
族群众中宣传共产党的民族政策，宣传民族平等，指出，苗族要
过好日子，只有团结起来，推翻军阀田主……通过串联，与一些
苦大仇深的群众交朋友，经过两三个月的工作，培养了一批骨

干"[19]。党员魏秉礼遇见布读族老佃农陈阿元挑着谷子到地主家去交租，魏秉礼对其宣传革命思想，说："你们成不得，不消交谷子啦！挑回去，这是你们自己种出来的。"陈家麟也经常对人说："在江西……正在干革命。地方上有些恶霸，他们剥削我们，要我们给他们送钱，非取消他们我们不能过好日子。"[20]

党员干部的言传身教，使农民的被剥削意识、阶级意识越来越强。

3. 结合边疆民族特点，以多种宣传形式启发农民的阶级觉悟

创办报刊杂志、印刷革命书籍。大革命初期，中共云南临委创办的报刊杂志有多种：《简报》（周刊），注重政治的分析及评论；《小世界》（周刊），主要刊载小品文；《工农兵》（三日刊），注重工农兵斗争消息、指引工农兵出路。由于白色恐怖以及印刷费用等影响，1928 年底，《简报》、《小世界》均以停刊，但又新出《斗争》（半月刊）、《文艺月刊》。发行的刊物在云南省产生相当影响，对启发农民的阶级觉悟大为有益。另外，《列宁主义概论》、《无产阶级之战术及战略》也在云南得以翻印。

印发通俗易懂的宣传品。1928 年，中共云南省特委书记赵祎传为了更好地宣传和开展革命工作，把马列主义同农村、工矿的具体实际相结合，用顺口溜的形式和群众通俗易懂、生动贴切的语言编写出《农民四字经》[21]。《农民四字经》共 922 句，文中以形象生动的话语描写了农民的贫困生活，痛斥了地主阶级、贪官污吏的罪恶，揭露了农民贫困的总根源，唤醒苦难的民众不要奢望帝国主义、封建主义，只有在中国共产党的领导下才会给人

民带来幸福生活。为了宣传共产党的政治主张，消除民族间的隔阂，团结起来推翻国民党反动派统治，王德三搜集了云南人民反抗统治阶级的大量资料，总结了云南党组织的工作经验和血的教训，于1930年写成《苗夷三字经》[22]。《苗夷三字经》共六章，反映了云南人民千百年来受压迫受剥削的道理，指出了各民族人民争取翻身解放的道路和方法。《农民四字经》和《苗夷三字经》，在云南各族群众中广为流传，对发动农民革命起了很大的作用。

创作革命歌曲、诗词。云南革命先烈，如李鑫、杜涛、王德三等，均为知识分子，都能够写出脍炙人口的诗词。尤其是王德三，在其短暂的生命中，用手中的笔创作了一些揭露旧社会的黑暗、启发人民觉悟、抒发革命豪情壮志的诗词和歌词，如《吊祖武和琴仙两同志》、《我们》、《土地大革命》、《过年调》、《起来干革命》等[23]，在云南省工人、农民、少数民族及士兵中广为流传，为云南工农革命产生深远的积极影响。

创办学校，提高农民的整体文化水平和思想素质。大革命时期和土地革命初期，为改变云南农民文化水平落后的面貌，部分党员在云南农村兴建或者以教师身份加入到学校之中。1927年底，文山党支部"在洒戛竜小学校内办起了农民夜校，以《工农识字课本》为基本教材，边教农民识字，边向他们宣传革命道理，还教他们唱进步歌曲……开始报名参加夜校学习的只有十来人，后来越办越热火，夜校学员发展到一百多人。党支部又通过这批骨干深入到贫苦农民中进行宣传，帮助农民找苦根，号召农民联合起来，推翻军阀田主，自己起来当家作主。"[24]

公开表演文艺节目。"洒戛竜小学组织劳动童子团编排文艺节目，由教师带领到周围的乐西、大龙、体者等壮族村寨进行巡回演出，所到之处受到少数民族群众的欢迎。"[25] 1930 年春节，中共墨江工委领带下的"学术研究会"在街上表演话剧《一群秋狗》，"其中'吹牛拍马'一节，表演得最精彩，对贪官污吏、土豪劣绅给予了尖刻的讽刺和揶揄"[26]。

书写标语，分发传单。1929 年，李国定以教师身份在马关八寨发展党组织，成立宣传队，"利用赶街天，把印有'打倒帝国主义！'、'打到土豪劣绅！'、'农民兄弟团结起来，分田分地，抗租抗捐，抗兵抗粮！'等革命传单，巧妙地分发到卖柴群众的柴捆里，买米群众的口袋里，卖菜群众的箩筐里；并经常趁夜里把传单标语贴到街上和村寨附近的道路旁。"[27] 1930 年陆良暴动时，"出现有打倒土豪劣绅，取消苛捐杂税，成立苏维埃等标语口号。"[28]

三、云南党组织政治宣传的绩效

云南党组织运用一整套灵活的政治宣传技术，多渠道、多方式地进行政治宣传，有效地作用于农民社会心态，促使其传统的价值观念改变，并以崭新的心态踏入土地革命征程。主要表现为：

1. 对中国共产党的认同度增加

中国共产党的政治主张，通过云南党组织的政治宣传，被农民阶级所了解、认同，农民入党的积极性增加。据《云南临委对于云南工作及政治状况报告》显示：截至 1927 年 12 月，云南省党员人数为 198 人，其中农民占全省党员人数的 10%。14 个党支部都集中在昆明及周边县城。[29] 而 1928 年 8 月统计的结果为：

全省党员人数为 556 人，其中农民 268 人，所占比例为 48%；全省党支部近 80 个，其中农村党支部 32 个，所占比例为 40%。[30]

2. 参加农会的积极性高涨

1928 年 5 月，党派黄明俊同志以教师职业为掩护，到蒙自县查尼皮村开展工作。不久成立了一个党支部，经过这个支部的努力，党又加派了一些同志到查尼皮村附近的山区工作，三个月内，"以查尼皮村为中心，农协会发展到二三十个村，拥有农协会员八百余人，成立农协会十多个。"[31]1929 年，马关八寨党支部的政治宣传，"推动了八寨农民运动的迅速发展，这时发动的面扩大到几十个村寨，人数达万数。"[32]在墨江，自 1929 年以来建立起农会的地方近三十个，"大多数是以自然村为单位，也有少数的两三个村为一个单位的"。至 1930 年下半年，"大约拥有三千人以上会员"[33]。

3. 武装斗争此起彼伏

通过云南党组织的政治宣传，农民认识到自身受剥削受压迫的根源，革命的积极性增强。在云南党组织的领导下，各地工农武装暴动此起彼伏。如 1928 年 1 月，以蒙自小东山农民为主体的"小东山暴动"，是中国共产党在云南领导的第一次武装斗争。1928 年 10 月 31 日的阿加邑秋收暴动，则是云南党组织"第一次用土地革命的口号号召农民，在暴动的政策下领导农民的第一次斗争。"[34]1929 年至 1930 年间，马关县八寨地区发动多次武装暴动，1930 年 7 月陆良武装暴动，1931 年发生了墨江农民起义。虽然这些斗争，由于各种原因而多数遭到失败，但每次斗争都给予云南反动当局强大的震撼，在一定程度上打击了地主的嚣张气焰，更重要的还是教育了广大农民，革命的理论宣传启发了农民的阶级觉悟。

不可否认的是，"当时整个党处于幼年时期，而云南党远处边地，更为幼稚。中央右而云南亦右，中央左而云南亦左。因云南党建立较晚，主要受的是左倾盲动的影响。"[35]在左倾盲动思想的影响下，云南党组织"以城市为工作中心"的倾向依然存在。虽然有效地对农民进行了政治宣传，促使农民传统心态的转变，但云南党组织领导的武装斗争中，并未完全将农民发动组织起来，结果给了国民党反动派可乘之机，导致云南党组织在1930年遭以严重破坏，云南土地革命陷入低潮。

注　释

1　《中共党史教学参考资料》（一），人民出版社1979年版，第95页。

2　中央档案馆《中共中央文件选集》，中共中央党校出版社1989年版，第294—295页。

3　6　9　10　14　15　16　19　22　24　29　30　32　34　中共云南省委党史资料征集委员会：《云南地下党早期革命活动》，云南民族出版1989年版，第176、222、259、171—172、177、270、552、352—370、550、167、301—303、569、264页。

4　居阅时：《论社会心态对北洋历史进程的影响》，《史学月刊》2002年第4期，第49页。

5　31　中共蒙自县委党史资料征集领导小组办公室：《中共蒙自县党史资料》第2辑，1989年，第96—98、142页。

7　云南省历史研究所：《云南现代史研究资料》第十一辑，云南人民出版社1982年版，第4页。

8　云南文史资料委员会：《云南文史资料选辑》第十一辑，1980年版，第111页。

11　中共云南省委党史研究室：《中共云南地方史》第一卷，云南人民出版社2001

年版，第 120—121 页。

12　13　25　27　中共云南省委党史研究室：《新民主主义革命时期党在云南的少数
　　民族工作》，云南民族出版社 1994 年版，第 50、312、317 页。

17　20　26　33　35　云南省历史研究所：《云南现代史研究资料》第六辑，云南人
　　民出版社 1981 年版，第 71、64、63、20 页。

18　云南文史资料研究委员会：《云南文史资料选辑》第十四辑，1981 年版，第
　　154 页。

21　云南省历史研究所：《云南现代史研究资料》第七辑，1981 年，第 1—20 页。

23　中共云南省党史资料征集委员会：《王德三遗文选编》，云南民族出版社 1987 年
　　版，第 167—181 页。

28　云南省历史研究所：《云南现代史研究资料》第五辑，1981 年版，第 38 页。

从流域到高地：清末以来
西南与华中、华南的区域关系

张轲风（云南大学讲师）

　　本文是针对民国时期大区范围认识及其变化的探讨。所谓大区，是指可涵盖多个自然地理单元或一级政区的大区域表达，其往往是以方位词标定地理范围，或以河流、山脉为坐标点而命名，或以特定坐标中心、特定范围为基础，如江南、岭南、华北、华南、华中、西北、东北、西南、东南，等等。依笔者看来，大区最显著的特征是：它具有一定的区域"自在"性，属于人们心目中逐渐形成的一种"习惯"区域认识，而不同于地文区、行政区等依据特殊原则而"划"出的区域。当然，各种区划对大区认识及其形成具有重要影响。从历史阶段来看，社会各界对大区的界定和认识各有侧重，或各具语境，往往不尽一致，甚至歧乱纷呈。

　　复原历史阶段下的大区范围认识具有重要意义。当下很多学术成果以现代大区认识为框架展开区域史或区域历史地理研究，除简短的区域界定外，很少深入挖掘各时期大区范围变化的特征及其内涵，如此就容易割裂历史区域的完整性，可谓削足适履。

本文将以西南大区为考察中心，论述民国时期西南与华中、华南在大区范围认识上从早期交错到逐步分离的变化过程，希图为学界开展的区域史、区域历史地理研究提供另一种思路。

一、华北、华中、华南：清末以来的流域分区

清末以来，以内地十八省为范围，体现出一种明确的习惯分区意识，即分十八省范围为北部、中部、南部三个大区。这一分区自北向南以阴山——燕山、秦岭——淮河、南岭为地理界限。各大区内均有大河贯穿，北部为黄河流域，中部为长江流域，南部为珠江流域。因此，本文暂称之为"流域分区"。

1902 年，欧榘甲倡导革命，认为可"因河流、江流、海流，分为北、中、南三大部分"，阴山以南，黄河以北为北部；黄河以南，扬子江以北为中部；扬子江南岸，南洋北岸为南部，针对清政府宣告自立。[1]1905 年，刘师培编制的《中国地理教科书》明确体现出流域分区意识。刘氏将我国分为本部、藩属两大部，本部又分为内地十八省与关东三省、西域三大区。内地十八省内则依据流域，将京、直、鲁、晋、豫、陕、甘七省区纳入黄河流域；以苏、浙、皖、赣、鄂、湘、川、黔八省为长江流域；闽、粤、桂、滇四省为珠江流域。[2]进入民国，以黄河流域、长江流域、珠江流域为北、中、南三大区的意见甚为多见。[3]

20 世纪 30 年代以后，华北、华中、华南概念开始频繁使用，这些区域概念均是近代以来才出现的外来词汇。张利民通过研究"华北"的区域界定指出："'华北'用于区域专用话语，是在近代西方在华势力扩大之后，从英语'North China'衍生出来的，也与日语'北支那'有关。"张氏认为，历史时期的"华

北"、"华南"概念，实际上是以西岳华山为参照的局部范围言说，而一直到清代中叶以前，"'华北'一词并没有形成人们认同且具有地域概念的名词。"[4]同时，这些大区概念也体现出西方人对我国疆域别具用心的看法。在西人看来，华北、华中、华南直接对应流域分区中的北部、中部、南部而定名，特别发挥了"华"与"非华"的区别，隐含着将"内地十八省"之外的地区排除在中国之外的意图。例如，美国学者斯坦普说："中国本部包括三大流域——黄河流域、长江流域及西江流域，这种基本的地理分区颇好，因其能符合华北、华中及华南的人文分区也。"而认为将蒙、满、藏等地纳入"中国"，"显系一种错误"。[5]民国时人也指出："在我国，本无所谓'华北'、'华中'、'华南'名词之分。但自九一八以后，邻邦时文论著对所谓'华北'、'华南'、'华中'等名词，特别予以发挥。一若我国南北景象，迥不相侔。究其实际，不过别具用心而已。"[6]

日军侵华期间，先后组织华北方面军、华中派遣军、华南方面军，分驻上海、天津、广州，对我国展开三线侵略。随着华北、华中、华南大区概念的频繁使用，人们对其本身蕴涵的"险恶"意图多习焉不察，其也逐渐取代原本的北部、中部、南部概念，渐获地理学界的承认。正如任美锷指出："习惯上，华北、华中和华南就是分别以秦岭和南岭为分界的。"[7]胡云就华中区指出："华中区界于秦岭、淮河与南岭之间……包有我国最重要、最庞大并且也最完整的长江水系，所以习惯上华中区也称为长江流域区。它包括了四川、湖北、湖南、江西、安徽、江苏、浙江七省和上海直辖市。"[8]这些意见均是受传统分区影响，结合自然地理分异特点而做出的界定。

华北、华中、华南的流域分区，体现了以自然地势为基础的经济地理东西向联系的特点。1943 年，齐植璐强调："中国的分水岭，除横断山脉外，都是东西走向的，阴山、秦岭、南岭三大山系将中国本部沿纬度横分为四段，即内蒙草原、黄河流域、长江流域和粤江流域，由于这些纵断（东西向）山脉的阻隔，各流域间很少天然的通道相互沟通"，以此为基础，齐氏亦将"中国本部"划分为长江流域区、粤江流域区和黄河流域区，与"松花江、辽河流域之东北"并称为"中国四大经济单元"。齐氏又指出沿流域形成的"中国的经济区，都是纵断（东西向）发展的"：

　　由于此种自然地势的影响，中国在经济地理上，也表现着一个主要的特征：即各区域经济的发展，除东北地区外，其趋势大都是东西走向，并且和江河的流域一致的。海口和河流就是构成每个经济区的心脏和动脉，农产品和工业品的对流，输出品和输入品的吐纳，水产品和林产品、畜产品的交换，以及劳力的移动，资本的流通，都依循着这国内海口和河流所构成的循环系统而进行。因之在同一流域之中，从农村而城市内，从内地而沿海，从高地而平原乃由其盈亏相济，有无相通的依存关系，而构成一个不可分割的经济单元。[9]

　　民国时期东西向联系的经济地理格局与近代陆权向海权的变革相一致，内地经济沿流域向沿海地区靠拢，沿海则向内地辐射，形成"港口—腹地"模式。尽管民国时期的铁路交通（尤其是纵贯南北的平汉路、汉粤路）对这一东西向经济格局有所冲击，但始终不能取代以流域形成的东西向经济发展格局。

二、清末以来"四隅"分区的呈现

"四隅"（西北、西南、东北、东南）分区在清以前已有体现，但不明确。是否属于大区专名，尚难判定。清末以来，"四隅"分区则有了较明确的地域指向。笔者曾就《中国近代期刊篇目汇录》所列篇目中出现的四隅概念进行统计：1857—1899年间，四隅概念出现次数均在 4 次（含）以下；1900—1911 年间，"西北"猛增至 36 次，其他概念出现次数在 5—13 次之间，较此前有明显上升；1912—1918 年间，"西南"、"西北"均在 30 次以上，"东南"、"东北"也有小幅增加。[10]随着东三省沦陷，"东北"一词被使用频率的上升趋势很快，大后方建设也使"西南"、"西北"二词保持着高使用率。1935 年，张其昀说："近年来通俗的论文，常常提到东北、西北、东南等名词"[11]，这反映了民国时期以四隅概念划分中国的显著特点。

传统认识，过多强调了以中原为坐标中心认识方位，尤其是将全国政治中心转移看作是中心坐标系变化的决定因素。对于中国文化的"一点四方"区域格局体系来说，其对历史早期的影响是非常明显的，但笔者认为，至少在明清时期，以政治中心为坐标参照点的意识已有所淡化，而是以"内地"为整体范围，基本上按照地理坐标（几何中心），进行"四隅"方位（西南、西北、东南、东北）的认定。元代以后，首都多建在北京，陕西大致处于北京的西南方向；江浙则大致处于北京正南方向。但陕西仍属习惯认识的"西北"核心区，江浙则依旧属"东南"。清末，于右任先生就社会风潮云："东北也，西北也，西南也，烽火惊心，危乎殆哉。"接着具体解释："外患之不已，而政府偏欲酿内乱。天津盐风潮，甘肃烟风潮，湘粤之路风潮，推原其故，无一非政府处置不善之所致。"[12] 这里存在一个对应关系，即以天津属"东北"，以甘肃属"西北"，以湘、粤属"西南"，体现出这一大区认识是在一定范围内做出的，而不是以政治中心（北京）为坐标点确立的，否则"天津"属于"东北"一点则无法成立。

　　民初"四隅"分区有时体现出由省界主义在"联省"基础上形成的大区政治特征。目前多数论著仅言"省"政治，少有论及数省联合形成的大区政治。大区政治是民国初年突出的地域政治特征，它体现为以省为基本单元，实现政治军事的小区域联合，进而形成以两个或两个以上小区域联合的大区政治单元。一般来说，民初时期常用"四隅"概念来表述这些大区。早启其端者，莫若 1900 年由湖广、两广、两江总督及山东巡抚联合发起的"东南互保"运动。[13] 1913 年，反对袁世凯称帝的二次革命，由于主要发生在苏、皖、赣、湘、粤等省，当时习惯上又称为"二次东南革命"。[14] 某文评价 1923 年的地域政治格局则说："大政变发生后，反对方面拥有实力而足使人注意的，除直系内部的吴佩孚外，东北有奉系，西南有孙文系，东南有安福系。"该文作者所论的"东南"，是指苏、浙、赣、闽、皖的"东南五省"[15]，"西南"则显然以广东为主体。1924 年，时人将第二次直奉战争划分为东南、东北两大战区。[16] 1929 年 1 月，国民政府设立准政区性质的东北政务委员会于沈阳；[17] 民初西南各省联合对抗北洋政府，内部以"省"为基本单元，进而形成川、滇、黔三省以滇系军阀为主导，桂、粤、湘由桂系军阀所主导的地域政治格局，又以滇、桂二系为基础实现联合，形成"西南六省"为整体的大区政治联盟。[18] 1932—1936 年间，广州存在以胡汉民为核心的西南政务委员会，同样具有准政区性质。[19]

1932 年，某篇文章针对广州"西南政府"对抗中央行为而发议论说："以前的中国常不免剖分为南、北两大区域……如今的局面似乎可以分做四块了。东北一块已经在别人的咽喉里；西北据说尚在开发，东南快被灾、匪和其他类似的东西蛀空了，只有西南似乎比较还完整；西南的亟亟于脱离南京的羁绊，也许为的是求自给自足，少一分连累，即多为中国留一分干净土罢。"[20] 还有一首名为《西北和西南》的诗，也体现了与上述引文同样的"四隅"表达："东北破碎了，希望西北的开发／东南颓废了，希望西南的兴奋／……"[21] 上述事例都是"四隅"分区存在于民国时期的真实写照。

"四隅"概念有时候也是在"内地"范围内使用的大区概念，或可称为"内方区"概念。如 1941 年出版的《中国地理读本》指出："这些区域（沿海、沿河、平原地区——笔者注）都是全国人口集中的中心地区，一向被称为中国的本部或内部，我们经常所说的华北、华中、西北、西南等等就是根据这点来的。其实在地理的位置，并非在中国真正的北部、中央、西北与西南地区。"[22] 可见，不仅西南等"四隅"概念长期属于内方区概念，我们习惯上常说的南、北，以及华中、华南、华北等概念也属于内方区概念。民国学者已提出以中国疆域的几何中心来重新界定方位大区的思路：甘肃武威是中国疆域内真正的几何中心，以此为中心建立坐标，我们目前的西北、西南、东南等大区范围均须重新调整。[23]

以上论述反映出，民国时期的"四隅"概念，不再是地域泛称或方位表达，而是具有较明确地域指向的大区概念，且呈现出较强的政治话语性，尤其是与近代以来军阀政治的地域格局如影随形。而流域分区则体现出以自然地势为基础的区域经济地理格局。可见，"四隅"分区与流域分区是在不同的分区意识下产生或表现的，在空间特点上，华北、华中、华南将三大流域划分为东西向的三大条状板块，"四隅"概念则指向了四方区域。而且，它们同具"内方区"属性，即多以清代以来"内地"为整体范围进行分区。如此，两种分区认识下的大区范围必然呈现出交错、叠合的态势。本文以下，即立意于"西南"而言。

三、西南与华中、华南的范围交错

在空间范围表达上，西南与华中、华南往往存在着明显的交错、叠合现象，尤其是在20世纪40年代前，这种倾向就更为显著，这些大区概念甚至很少并列使用。如谢国度指出：

我国地理习惯区域之划分，常与政治区域之划分，微有不同。政治区域概及全国二十八省，一地方，六直辖市，二行政区，分为中部地方、南部地方、北部地方、东北地方、漠南北地方及西部地方等六部。中部地方包括江苏至四川等九省市，南部地方包括福建至云南等五省，北部地方包括河北至甘肃等十一省市，东北地方包括辽宁至热河等五省区，漠南北地方包括察、绥、宁、蒙四省区，西部地方包括新、青、康、藏四省区。而习惯区域则有东北、华北、华中、华南、西北、西南诸多称。东北、华北、华中、华南诸地或在政治区分上，犹可与上列之东北、北部、中部、南部四"地方"所包括之省区相浑合，至若西南与西北两地域，如以与上述各"地方"之省区相对照，则不能丝丝如窍。[24]

民国时期，华中、华南地域范围广大，依谢氏的看法，所谓

"中部地方"是包括苏、浙、皖、赣、鄂、湘、川及宁、渝等九省市；"南部地方"则指闽、粤、桂、黔、滇五省。而华北、华中、华南与北部、中部、南部所指称的地域范围可"相浑合"。而民国前期的"西南"范围，可包括滇、黔、川、桂、湘、粤六省，西南六省说在 1936 年前的西南界定意见中，占总比30%。有时，甚至湖北也可视为西南的一部分。[25]正所谓西南与华中、华南等地"不能丝丝如窍"，存在明显的交错、叠合关系。

　　就"华南"与"西南"的交错而言，民国前期的"华南"，往往指滇、黔、滇、粤、闽五省。如葛绥成认为，"南部地方"包括福建、广东、广西、云南、贵州五省，作者认为这个地域范围"关系颇密"，除福建属于闽江水系外，"余则都属于粤江流域"[26]。金喻界定"华南"说："若分中国本部为华北、华中、华南的时候，则华南通常就是指南岭以南之地。所谓南岭，是在扬子江的南面，西从云贵高原起，东至海岸所连续着的许多山脉之总称。所以华南和华中的境界，不甚明确，但根据一般的说法，则称福建、广东、广西、贵州、云南五省之地为华南。"[27]个别情形下，"华南五省"范围甚至可与"西南"基本重叠。1911年广西同盟会支部创办的《南风报》，是《南报》的继续，所谓"南风"之"南"，"狭义而言，是指中国的西南，即两广、云南和贵州，尤其是指两广。"[28]全面抗战前存在的西南政务委员会，大致即以闽、粤、桂、滇、黔五省为主体管辖范围。[29]而罗鸿诏《华北与华南》一文，虽名为"华北与华南"，但全文中"华南"只出现 2 次，余皆以"西南"一词代之，以指称 1932—1936 年间西南政务委员会的管辖范围。[30]谢国度甚至认为，"狭义的西南仅指两广、云贵"。[31]

民国前期，"华中"与"西南"的范围交错也很明显。当时的华中，多数时候是指苏、浙、皖、赣、鄂、湘、川七省。甚至抗战时期，亦有多人主张"华中七省"说。如李宗文即指出："华中是农产物资最丰富、工商业最发达的地方，就敌人（指日伪）惯常所用的范围来说，包括苏、浙、皖、赣、湘、鄂、川七省，现在其中六省都已成为战区。"[32]此外还有冯和法《敌人统制华中贸易批判》一文也持这种看法。[33]

由此可见，抗战以前的民国，西南与华中、华南范围的交错态势是非常明显的。将四川与长江中下游省份纳入同一大区单元（中部、华中），云贵与粤桂闽纳入同一大区（南部、华南），既体现了大河流域区之间在地域联系上的紧密程度，也反映了川、滇、黔、桂等内陆省份沿水系向沿海靠拢的经济地理格局。

四、西南与华中、华南的"分家"

抗战时期，西南与华中、华南在空间范围上大致实现了分离。这主要是在三个背景下实现的：

首先，全面抗战前夕，国民政府针对西南大后方战略方针的制定，更加突出了国防建设的核心主旨。[34]前文述及，西南与华中、华南在地域范围上的交错，主要体现了我国各区域经济发展的东西向联系格局。然就抗战背景下的国防地理而言，情形则相反。1943 年，齐植璐指出："由于前述自然地势的影响，中国在国防地理上，则表现为一个刚刚和经济地理相反的特征，即我们国防线的形成，应该是横断的，南北走向的。"[35]影响"西南"范围演变的地理界线，主要是我国第二阶梯与第三阶梯的地理分界线：大兴安岭——太行山——巫山——雪峰山一线，大致呈南北走向。此线以东以平原、盆地、丘陵为主，以西则多为山地，地理条件更为复杂，平均海拔较高。此线以东至大别山、幕阜山岭、武功诸山，经大庾岭，至云开、十万二大山一线，又构成了护卫"西南"的东缘地理界线。[36]幕阜山—云开大山线又大致与国民政府确立的"粤汉铁路"防御线相吻合，[37]这个包括湘、桂二省的地理区域构成了护卫西南高地（云贵川）的缓冲地带。国防战略下的地理分区，体现了由东西向的流域分区向南北向的地理分区转向的特点，尤其是突出"西南"高地为国防地理建设之要义。

　　基于地形的国防考虑，江今鸾强调了川、滇、黔三省自成一体的"高地"特点："四川、云南、贵州三省位于我国西南部，在地理上自成一个单元，普通称为西南高地，有时将云、贵两省分开，称为云贵高原，四川则称作四川盆地。因为四川、云南、贵州三省在内地各省中，地形特高。长江流域从宜昌以下，西江流域从广西以东，地形很少有高于一千公尺以上的。"[38]张有龄则据地形原则，界定"西南"范围包括川、滇、黔三省以及"西康之一角"。[39]

　　其次，20世纪三四十年代，我国兴起了区域地理研究的思潮。20年代前，我国现代地理学"尚在幻稚时代，无可言者"。[40]李旭旦指出："我国地理学之进步最速时期，在1930—1937年。"区域地理研究则成为人们极为关注的问题。[41]而在抗战国防建设思路下的地理区划则是区域地理研究的基本思路。如丁骕指出："我们尤其要从国防的眼光用地理学的方法，去做一切国防建设的设计。无论是政治建设、经济建设、社会建设，应该在'国防为先'的目标之下通盘筹划的，什么人应该负起这种责任呢？应该是'地理学家'……我们需要许多能综合一切现象的研究的地理学家去担负这种设计的工作。"[42]丁氏强调了"地理设计"在国防建设中的重要性，这一思路与确立"西南"核心建设区域的思路是相始终的，体现了"西南"范围的人为界定因素。任美锷则提出："要划分经济区域，必先由国家和区域的观点，加以通盘的筹算，而这综合的区位工作，自须借重于地理工程师。"[43]当时的地理学家确实承担了这一任务。地理学家翁文灏出任国民政府经济部长，具体拟订了西南、西北大后方战时经济建设方案[44]，确立了由沿海转入内地的发展思路；又如黄汲清等人提出"西南"建设规划，从国防地理认识出发，划分"西南"为中心区与外卫区。[45]

1938 年，张其昀在自然地理区划上首次使用华南、华中、华北概念，大体延续了以流域分区的传统思路，同时兼顾地形原则，将云、贵二省独立划分为"云贵区"，而没有纳入"华南区"，这与流域分区有明显差别。所谓"华南区"，张氏又名"岭南区"，包括粤、桂、闽三省，与今天认定的"华南"大致相同。[46]张氏的区划方案对后世影响较大，为多种地理论著所继承。[47]

再者，抗战以来，随着日寇逐渐内侵，我国出现了日伪区、国统区等政治区域的实际划分。原本流域分区下的华北（冀鲁豫晋陕甘）、华中（苏浙皖赣鄂湘川）、华南（闽粤桂滇黔），因地形、国防战略等缘故，其流域上游地区均属于国民政府可控制范围，华北的陕、甘，是西北大后方的主体部分；华中的四川，则是西南大后方的抗战核心根据地；华南的滇、黔，则是西南大后方重要抗战根据地。三大流域的中下游地区，或为战区，或为日伪统治的沦陷区。日本侵略者扶持汉奸，在沦陷区内组织了以华北、华中、华南命名的政治、经济等日伪机构。1938 年 3 月，伪政权华中维新政府成立于上海，实际管辖范围为江苏、浙江、安徽三省及南京、上海二市。[48] 1940 年，北平的伪中华民国临时政府改组为华北政务委员会，其实际管辖范围仅为河北、山西、山东、河南四省及北平、天津二市[49]；成为与国统区并行存在的政治区域单元。尽管，日伪所使用的"华中"概念，与此前流域分区下的华中范围相同，均指华中七省（苏浙皖赣湘鄂川）[50]，意在扩大对华侵略。但依抗战形势的实际发展，日伪统治只有在 1944 年底才拓展到鄂、湘、桂等省，其地域范围受政治态势影响较大，所谓的华中、华南，实际上并不能包括川、滇、黔三省。例如，1940 年汪伪国民政府农矿部对华中、华南省份进行调查，其范围即华中五省两市（苏浙皖鄂赣，南京、汉口）及华南一省（粤），显然系敌占区而言。[51] 因此，受到政治分野影响，抗战后期又形成了排除四川在外的"华中六省"说。[52] 与之相应，由于抗战后期湖南、广东等省的全面沦陷，所谓大后方的"西南"也不再包括这些省份在内。这一政治分野也成为重定大区的基础。

上述背景，为我国地理区划的重新认识、区域范围界定产生了综合影响。人们从抗战条件下的国防经济建设思路入手，不再单一强调传统流域分区的东西向联系特点，而是更多地参考地形、气候等自然地理因素，结合抗战以来的政治、军事实际发展态势，对西南、华中、华南等区域范围进行重新界定。

就"华中"范围而言，抗战以来对"华中"的界定，已很少笼统指称长江流域各省，其不仅不包括长江上游的四川省，且长江下游地区也多脱离"华中"范围，而以"华东"一词涵盖之。黄汲清指出："所谓华中者，江浙两省因太偏东且亦无重要煤铁矿藏不与焉，四川、贵州另成地理单位亦不与焉，故华中以鄂湘赣三省为主体，而安徽省煤铁尚富，自应置之于华中'集团'。"[53]黄秉维则从地形特点入手，强调华中四省"北止淮阳，南限南岭，西抵巴巫"，具有"崇由外包"、"盆地四布"、"长江中贯"的地理特点，可谓自成一个自然地理单元。[54]抗战后期的"华中四省"（鄂湘赣皖）说成为重要的"华中"范围意见。[55]就"华南"范围而言，抗战以来的"华南"则多以广东、广西、福建等省，较少有以"华南"涵盖云南、贵州者。[56]

　　20世纪40年代初，抗大政治文化教育科研究室编辑的《中国地理读本》在自然区划之外，将我国明确界定为西北、华北、华中、华南、西南、西部、外蒙、东北八个综合大区，其中华中区除包括苏、浙、皖、赣、鄂、湘等省外，纳入了河南，而没有纳入四川；华南区则包括闽、粤、桂三省；西南区则包括云南、贵州、四川、西康四省。[57]

　　20世纪40年代以后，与民国前期相比，有两点变化是非常明确的：首先，西南、华中、华南由过去在不同分区认识下出现的区域概念，已演变为经常并行使用的区域概念；其次，在并行使用状态下，西南与华中、华南空间范围界定呈现出明显分离之势，一般认识上，华中的湖南，华南的广东、广西，已不再纳入西南；而西南的四川基本脱离华中区，云南、贵州也很少纳入华南区。这为我国现代大区的界定和认识奠定了基础。直到新中国成立初期，中央政府设置六大行政区（华北、东北、西北、西南、华东、中南），基本确立了现代大区的区域观。

五、结语

　　本文认为，西南与华中、华南原本是"四隅"分区和流域分区两种区域认识的产物。民国时期的"四隅"（东北、西北、西南、东南）概念，不再是地域泛称或方位表达，而是具有较明确地域指向的大区概念，并呈现出大区政治内涵和较强的政治话语性。流域分区则以黄河流域为北部或华北；以长江流域区为中部或华中；以珠江流域区为南部或华南。华北、华中、华南将我国"内地"划分为三大条状板块，是基于三大流域东西向联系的区域表达，体现出以自然地势为基础的区域经济地理格局。

　　20世纪40年代以前，西南在范围上与华中、华南的交错叠合状态明显，而且属于很少并列使用的、不同的区域概念体系。抗战以来，国防地理取代经济地理成为战略大区区划的首要考虑，尤其是太行山——巫山——雪峰山一线，作为第一阶梯与第二阶梯分界线，成为界定西南、西北大后方战略区的重要依据。加之，随着抗战形势发展，此线以东多为战区或沦陷区，此线以西则为国统区，实际形成了政治空间的分割状态。

　　在大区区划认识上，这导致了两点变化：首先，西南、华中、华南由过去在不同分区认识下出现的大区概念，演变为时常并行使用的区域概念；其次，在并行使用状态下，西南与华中、华南空间范围界定呈现出明显的分离之势。一般认识上，属于华中的湖南，华南的广东、广西，已不再归入西南范围；同时，西南的四川也基本脱离华中区，而云南、贵州也很少再纳入华南区。这为我国现代大区的界定和认识奠定了重要基础。

注　释

1　欧榘甲：《新广东》（1902），张枬、王忍之编：《辛亥革命前十年间时论选集》第1卷上册，三联书店1960年版，第310页。

2　刘师培编：《中国地理教科书》第1分册，国学保存会1905年版，第4页。

3　中国生计调查会编:《秘密生涯:中国无职业人生活问题》,世界书局 1920 年版;
吴美继:《中国人文地理》,中山书局 1929 年版,第 2—4 页。

4　张利民:《"华北"考》,《史学月刊》2006 年第 4 期;张利民:《论华北区域的空
间界定与演变》,《天津社会科学》2006 年第 5 期;张利民:《区域史研究中的空
间范围界定》,《学术月刊》2006 年第 3 期。

5　斯坦普(L. D. Stamp)原著,冯绳武译:《中国地理》,出版地不详,1944 年版,
第 2、3 页;法/Andre Siegfried 演讲,班文茗译:《中国之经济地理》,《桂潮》
1934 年第 5、6 期合刊。

6　未署名:《经济开发中华北棉产的现况》,《商业月刊》1936 年第 12 期。

7　任美锷主编:《中国自然地理纲要》,商务印书馆 1992 年版,第 10 页。

8　袁著、胡云编:《初中中国地理讲话》,浙江人民出版社 1957 年版,第 94 页。

9　35　36　齐植璐:《由地理观点论西北、西南之经济依存关系》,《新经济》1943
年第 5 期。

10　上海图书馆编:《中国近代期刊篇目汇录》(共 3 卷 6 册),上海人民出版社
1965—1984 年版。

11　张其昀:《中国地理的鸟瞰》,《独立评论》1935 年第 167 号。

12　于右任:《如此政府何》(1911. 6. 17),氏著:《于右任先生文集》,台北国史馆
1978 年版,第 144 页。

13　《清史稿》卷 437《张之洞传》,中华书局 1977 年版,第 12379—12380 页。

14　张勋:《为唐继尧等反对帝制陈述对待办法密电》(1915. 12. 28),载中国第二历
史档案馆、云南省档案馆编:《中华民国史档案资料丛刊·护国运动》,江苏古
籍出版社 1988 年版,第 504 页。

15　朔一:《东南各省的和平运动》,《东方杂志》1923 年第 15 号。

16　参见大山:《东南大战及其前途》、佚名:《东南战局中两方兵力之调查》、佚名:
《东北战局中两方兵力之调查》,均载《东方杂志》1924 年第 17 号。

17　刘国铭主编:《中华民国国民政府军政职官人物志》,春秋出版社 1989 年版,第
365 页。

18　谢本书、冯祖贻主编:《西南军阀史》第 1 卷,贵州人民出版社 1991 年版,第
2 页。

19　《国民政府西南政务委员会组织条例》,《广东省政府公报》1932 年第 181 期;

陈红民：《胡汉民、西南政权与广东实力派（1932—1936）》，《浙江大学学报》
2007 年第 1 期。

20　未署名：《西南问题》，《华年》1932 年第 22 期。

21　含凉：《西北和西南》，《珊瑚》1933 年第 1 期。

22　抗大政治文化教育科研究室编：《中国地理读本》第 1 分册，华北新华书店 1941
年版，第 35 页。

23　张其昀：《中国地理的鸟瞰》，《独立评论》1935 年第 167 号；蒋君章：《中国边
疆地理》，文信书局 1944 年版，第 1—2 页；陈正祥：《西北区域地理》，商务印
书馆 1946 年版，第 1 页。

24　31　谢国度：《西南——我国之抗战根据地》，《明德月刊》1939 年第 1 期。

25　张轲风：《历史时期"西南"区域观及其范围演变》，《云南师范大学学报》（哲
社科版）2010 年第 5 期。

26　葛绥成编：《新编高中本国地理》中册，中华书局 1937 年版，第 1 页。

27　金喻：《日本觊觎中之华南之资源》，《民族公论》1939 年第 4 期。

28　彭继良：《谈〈南风报〉的特点》，《广西文史资料选辑》第 34 辑，第 197 页。

29　张宪文、方庆秋、黄美真主编：《中华民国史大辞典》"西南执行部"与"西南
政务委员会"条，江苏古籍出版社 2001 年版，第 655 页。

30　罗鸿诏：《华北与华南》，《中国新论》1936 年第 6 期。

32　50　李宗文：《敌我"华中物资争夺战"》，《时代精神》1939 年第 5 期。

33　冯和法：《敌人统制华中贸易批判》，《贸易月刊》1941 年第 9 期。

34　1935 年 7 月，蒋介石设想："对倭应以长江以南与平汉线以西地区为主要线，以
洛阳、襄樊、荆宜、常德为最后之线，而以川、黔、陕三省为核心，甘、滇为
后方。"见陈布雷：《蒋介石先生年表》，传记文学社 1987 年版，第 31 页。

37　1938 年，蒋介石具体指示："若武汉失守，即以巴蜀为最后根据地，北固陕甘，
南控滇、黔、桂诸省，而将重兵扼守平汉、粤汉两铁路以西，责置相当兵力于
浙、闽、赣诸省，稳扎稳打，以消耗敌人。"见程契生编：《蒋委员长抗战言论
集》，生活书店 1939 年版，第 180 页。

38　江今鸢：《地理与国防》，正中书局 1941 年版，第 6 页。

39　张有龄：《西北与西南农田水利之展望》，《中农月刊》1941 年第 7 期。

40　王金绂编：《新编中华地理分志》，求知社 1924 年版，第 14 页。

41　李旭旦：《近代人生地理学之发达及其在我国之展望》，出版地不详，1942 年版，第 27—33 页。

42　丁骕：《地理学国防地理及地理设计》，《世界学生》1942 年第 6 期。

43　任美锷著：《建设地理新论》，重庆：商务印书馆 1946 年版，第 11 页。

44　李新总编，韩信夫、姜克夫主编：《中华民国史大事记》第 4 册（1937—1943），中国文史出版社 1997 年版，第 237 页。

45　黄汲清：《西南煤田之分布与工业中心》，《新经济》1939 年第 7 期。

46　张其昀编：《钟山本国地理》（上册），钟山书局 1938 年版，第 1—10 页。

47　袁著、胡云编：《初中中国地理讲话》，浙江人民出版社 1957 年版；抗大政治文化教育科研究室编：《中国地理读本》，华北新华书店 1941—1942 年版；任美锷：《中国地理大纲》，正中书局 1944 年版。

48　张宪文、方庆秋、黄美真主编：《中华民国史大辞典》“华中维新政府成立宣言”、“华中维新政府组织机构”诸条，江苏古籍出版社 2001 年版，第 704 页。

49　傅林祥、郑宝恒：《中国行政区划通史（中华民国卷）》，复旦大学出版社 2007 年版，第 24 页。

51　董立：《关于华中、华南的农产物状况》，《大学之道》1943 年第 10 – 12 合期。

52　潘英夫：《华中矿产开发现状》，《建设季刊》1945 年第 2 期；未署名：《华中棉产改进的过去与远景》，《新世界月刊》1946 年 6 月号；朱琛：《华中棉花增产状况及其展望》，《申报月刊》1944 年第 4 号。

53　黄汲清：《华中四省煤铁资源与重要工业中心》，《经济建设季刊》1944 年第 2 期。

54　黄秉维：《华中地势概要》，《经济建设季刊》1944 年第 2 期。

55　施雅风：《华中水理概要》，《经济建设季刊》1944 年第 2 期；未署名：《华中四省与其他各省稻产比较》，《农业建设》1937 年第 2 期；受之：《国防与华中谷米》，《农报》1937 年第 9 期；郝景盛：《华中森林概况》，《经济建设季刊》1944 年第 2 期；陈恩凤：《华中四省之土壤及其利用》，《经济建设季刊》1944 年第 2 期。

56　林焕平：《华南在中日战争中的意义》，《半月文摘》1938 年第 8 期；曾丽勋：《华南蔗糖区域之气候》，《科学世界》1938 年第 6、7 期合刊；管怀琮译：《华南之化学工业》，《企业周刊》1943 年第 25 期；王节尧：《华南国道设施之要点》,《南大工程》1948 年第 2 期。

57　抗大政治文化教育科研究室编:《中国地理读本》（第 1 分册），华北新华书店
　　1941 年版。

现代云南历史发展的
边缘性与前沿性（1919—1949）

王文成（云南省社会科学院研究员）

李　石（云南大学中国经济史研究所硕士研究生）

　　从元代建立行省制度以来，云南始终是中国的一个边疆省。在相当长的历史上，"边疆"一词在很大程度上意味着边缘、边远、陌生、蛮荒、落后。云南似乎也不例外。但近代以来，世界形势及国际关系格局发生急剧变化，经济全球化进程逐步加快，东西方文明相互交融碰撞，甚至历史上彼此从未感知到对方存在的国家和民族，也不可避免地直接发生了面对面的交流。近现代中国历史上的边疆是否边远、陌生？蛮荒、落后？是否可能从边缘走到时代的前沿？从全球史、边疆史的角度，深入研究、回答这一系列问题，对深化中国近现代史的研究，丰富和完善我们对边疆的认识，进一步探究边疆的未来发展，均有重要的意义。笔者不揣浅陋，仅从 1919—1949 年间的中国现代史上，选取其中位于中国西南一隅的云南，就现代云南历史发展进程中所体现的边缘性与前沿性，作一简要探讨。以期抛砖引玉，对深化中国现代史、边疆史的研究有所裨益。

一、云南在中国现代史上的边缘性

云南位于北纬 21°8′32″—29°15′8″，东经 97°31′39″—106°11′47″之间。从自然地理位置来看，云南在全球空间中的位置，与其他任何地区一样，并无中心与边缘之别。然而，云南作为中国西南的一个省，无论政区地理的区位，人口数量占全国的比例，经济社会发展总量在全中国的份额，以及经济社会发展的人均水平，在中国现代史上都具有较为突出的边缘性特点。

云南省首先是一个政区概念。元代创立行省制度，并于至元十三年（1276）正式建云南行省。此后经元、明、清、民国至今，云南一直是中国西南边疆的一个省级政区。1919—1949 年之间的中国现代史上，同样也不例外。也就是说，从地缘政治的角度看，云南首先是中国的一部分，但同时又与中国以外的国家毗邻。除未定界、存在边界争议的地区尚未明确国与国之间共同认可的边界外，从云南往邻国方向跨出国界，同时也就跨出了省界。跨出这条国界与省界相重叠的边界后，该地既不是云南省的政区，也不属于中国版图。因此，云南是一个中国国界与云南省界部分重叠、具有边疆区位特征的省，是一个位于中国政区版图边缘的省级政区。这显然是现代中国历史上，云南边缘性特征的重要标志之一。

更进一步，在幅员广阔的现代中国范围内，云南与中国政治、经济、文化中心的距离也比较遥远。加之从内地入滇山川阻隔，云南与内地、与政治经济文化中心之间交通、通讯条件较差，人口、物资、信息流动所经里程较长，日程耗时较多，双方之间联系与交流的成本较高，效率较低。这同样构成了现代云南历史发展边缘性特征的重要内容。尽管民国政府首都有北京、南京及陪都重庆之别，中国共产党建立的中央政府先后驻瑞金、延安，但距云南省会昆明的距离均较为遥远。即使离昆明最近的国民政府陪都重庆，与昆明之间也有相当距离。民国时期，从昆明至重庆通常取道贵阳，经贵阳达于重庆。其中，从昆明至贵阳计704.7公里，须20日；从贵阳到重庆，还有543公里，计程15日。普通人流、物流及邮件递送，从昆明到重庆单程全程1247公里，须35日方能到达[1]。而从昆明往西经腾冲入缅甸八莫，当时里程也不过1172.5公里，所须日程为33天。而从昆明往南，经滇越铁路云南段至河口出境，却只有465公里[2]。乘滇越铁路火车只有2天的日程。1938年沿滇越铁路至昆明，从越南海防上车，"一日可到牢该（老街），二日可到开远，三日便可上'云南府'。假如搭'米希林（Micheline）'快车，那更便了，只要一日夜（二十四小时），就可经行全线。"[3]相应地，云南省会昆明离上海、武昌、西安、广州等中心城市的里程和距离，显然更为遥远。

　　不仅如此，在中国现代史上，云南人口占全国的比重很低。具有可比性的经济社会发展指标占全国的份额不高，人均水平与全国平均水平也有很大差距。云南同样处于全国经济社会发展层级的末端，属于较落后、欠发达的边缘省份。

　　尽管1919—1949年间云南与全中国可比口径的统计数据缺乏，我们很难找到直接属于这30年间系统、可靠的数据指标[4]。但距1949年不远，4年后的1953年，中华人民共和国实行了第一次现代意义上的人口普查，并在统计资料中已能提供经反复核校的相关统计数据。因此，这里权且依据2010年出版的《新中国60年统计资料汇编》（以下简称《汇编》，数据来源除首次注明外，不再重复标注），选取其中 1953 年反映云南与全国经济社会发展水平可比指标，通过必要的验证和修订，并以之为参照，对云南在中国现代经济社会发展史上的边缘地位，作一些初步的估算、分析。

首先，《汇编》中 1953 年云南人口普查总数为 17472737 人，全国（不包含港、澳、台等地）总人口为 58796 万人。云南人口仅占全国人口的 2.94%。

从现代云南历史发展的情况来看，1919 年至 1949 年间云南政区与 1953 年的实际辖区没有发生太大的变化，人口统计的空间范围应基本相同。诚然，抗日战争时期大量内地人口迁入云南，全省人口绝对数在 1937—1945 年间曾因人口迁入有较大增长。有学者指出，"战前云南人口为 1200 万人，抗战爆发后骤然增加了 100 多万人"[5]。张肖梅在《云南经济》中列有 1934 年 12 月云南地方政府人口统计数的峰值为 12042157 人[6]。抗战时期云南人口的总数，如果包含入滇人口数、未计入的军队人口及边远地区少数民族人口，减去战争时期死亡人口数，虽不排除达到甚至超过 1953 年人口普查数 1700 万的可能（统计数 1200 万、漏计数 300 万、入滇数 200 万），但所占全国人口数的比重，却不会比 3% 高出很多。因为全国人口若以 4 亿 5 千万计，云南人口占全国人口的比例提高 1%，在全国总数不变的前提下，云南人口须增加 450 万；以 1953 年普查数 5 亿 9 千万计，则须增加 590 万。

而 1945 年抗战胜利至 1949 年云南解放前夕，不少迁入云南的人口回迁内地，国民政府在云南的驻军减少，云南人口总量还有所减少。此后 1949—1953 年云南解放前后，既有包括解放军野战军、支援边疆、开展边疆民族工作的人口在内的南下人口入滇，也有部分原驻滇国民政府军队撤出，云南人口有增有减，总体估计基本持平。因此，综合 1919 年至抗战前的情况、抗战时期人口迁入云南及 1945—1953 年的各种情况来看，现代史上 30 年间云南的平均人口数，似与 1953 年普查数不会有太大差距，甚至不一定能够达到 1700 万，占全国总人口的比例也难以超过 3%。

不仅如此，这一推论的可靠性及其与 1949 年前云南人口数的关系，还可以从此后云南人口普查数据得到验证。1964 年第二次人口普查，云南人口占全国人口总数的 2.8%；1982 年人口普查，云南人口占全国人口总数比例才超过 3%，达到 3.2%。直至 2011 年第六次全国人口普查，云南人口 4596.62 万，占全国 133972.49 万人的 3.43%[7]。也就是说，1949 年后云南人口增幅高于全国水平，占全国人口总数的比重，历经 30 年方才超过 3%。相比之下，1949 年前 30 年云南人口平均数，在战争环境、卫生条件都不可相提并论的条件下，不太可能超过全国的 3%。甚至抗战时期包括迁入云南的人口数在内，云南总人口占全国总人口（含沦陷区）的比例，按 3% 计算也不会十分离谱。

基于以上分析，把 1953 年云南人口普查数视为 1919—1949 年间云南较为稳定的人口平均值，用 1953 年数据说明 1919—1949 年间云南人口占全国人口的比重不到 3%，应该没有太大的问题。只是云南人口不到全国人口的 3% 的估计，却意味着云南人口占全国人口的比例，已处于一个较低的水平，甚至在一定程度上决定着云南经济社会发展水平，低于全国总体水平。云南处于全国生产力布局及经济社会发展的边缘。

以具有可比性的 1953 年人口普查数为基础，我们同时可获得 1953 年云南与全国同口径可比的有人口总数、国内生产总值

（地区生产总值）、粮食产量等 14 项可比指标。以这 14 项指标可制成下图：

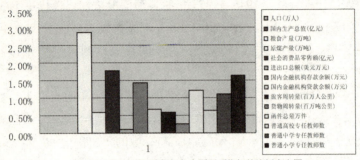

1953 年云南 14 项可比指标与全国同项指标的比例直方图

通过上图的比较我们发现，在这 14 个同一年份的统计指标中，云南占全国比例最高的还是人口数（2.94%）。除人口外，云南粮食产量占全国粮食总产量的比重位居第二，占全国粮食总产量的 2.87%。而其他 12 项指标占比都在 2% 以下。其中最低的是云南进出口商品总额占全国进出口商品总额的比，仅为 0.1%。

这里有必要对人口数之外、分别位于最高和最低的粮食产量与进出口贸易额两组数据，与 1919—1949 年间云南经济社会发展情况的关系作一简要分析。就云南粮食产量来说，近代以来农业生产在云南经济生活中占据着十分重要的地位，尽管不少年份仍需从省外、国外输入粮食，但清末民初云南地方政府曾采取一系列措施，努力恢复发展云南农业，并取得了一定成效。30 年代后，云南地方政府进一步通过清丈耕地、加强积谷、垦荒、组织合作生产、推广农业技术、引进优良品种、加强水利建设等措施，逐步改善云南粮食供给，粮食产量和供求矛盾得到缓解。自

1935 年云南从越南进口粮食逐年减少，1936 年"更因丰稔，米价大跌，外米进口无利可图"，1937、1938 年连续两年进口"越米"的记载已从海关记录中消失[8]。1939 年虽然仍为丰年，只因人口骤增，才出现粮食不足的情况[9]。因此，抗日战争时期，大量内迁人口进入云南，远征军及盟军进入云南，粮食需求激增，云南仍能够挖掘潜力，在已不可能从境外输入粮食的情况下，保证了基本的粮食供给[10]。这从一个侧面说明，抗战时期及解放之际，云南粮食生产能力，应当与 1200 万至 1700 万人口最基本的粮食消费需求相差不大。因此，抗战结束后第八年的 1953 年，统计数据中出现了云南粮食产量占全国总产量的 2.87%，略低于云南人口占全国人口的比例，但高于其他 12 项指标占全国比重的情况。这既是 30 年现代史上云南农业艰难发展的结果，也意味着现代史上云南粮食产量及其所反映的农业产生水平仍略低于全国的情况。

再就进出口贸易额的统计数据来说，1919—1949 年间云南对外贸易曾有相当程度的发展，而 1949—1953 年间在新中国建立之初，由于面对复杂的国际形势、周边形势及边疆形势，云南商品进出口贸易受到国际国内种种因素制约，占全国的比重下降。1953 年的商品进出口数量及其占全国的比重明显偏低，不能反映现代史上云南所处的地位。据杨端六等先生整理、统计，1919—1928 年间云南进出口商品总值占全国的比重都能保持在 1% 以上，最高的 1925 年曾达到全国总量的 2.1%[11]。抗日战争时期，特别是上海、广州相继沦陷后，1938 年云南一度成为国民政府对外联系的主要通道，经由云南进出口的商品总量激增，占全国进出口贸易的比重达到 3.53%，甚至成为国民政府掌握的进出口贸易的主要组成部分。据海关统计，1935—1940 年间云南境内蒙自、思茅、腾越三关进出口直接贸易货值（以国币万元为计算单位）及其占全国的比重如下表[12]：

年份	全国（万元）	蒙自（万元）	思茅（万元）	腾越（万元）	三关合计	三关/全国
1934	157471.23	2123.94	82.46	434.54	2640.94	1.68%
1935	150099.32	2358.78	102.70	462.01	2923.49	1.95%
1936	165131.41	3178.01	127.16	496.76	3801.93	2.30%
1937	179500.37	4379.09	88.93	472.08	4940.09	2.75%
1938	165723.12	5218.29	53.77	579.57	5851.64	3.53%
1939	237337.70	5686.81	72.32	708.37	6467.50	2.73%
1940	402043.59	8130.53	261.48	1257.68	9649.69	2.40%

可是，此后日军相继占领越南、缅甸，滇越铁路、滇缅公路中断，经由云南进出口的贸易已不可能达到1940年前的水平。而抗战胜利后云南进出口贸易占全国的比重也难以恢复到1938年水平。据国民政府中央银行统计，1946、1947年位于云南的腾冲、昆明海关进出口贸易货值占全国的比重如下表[13]：

关别	1946 年		1947 年	
	进口额占全国（%）	出口额占全国（%）	进口额占全国（%）	出口额占全国（%）
昆明	0.87	0.12	0.06	0.15
腾冲	0.19	0.13	0.42	0.14

由此观之，尽管1953年统计数据中云南进出口贸易额占全国的比重明显偏低，但综合1919—1949年间的情况看，除因抗

战因素影响外，云南战前、战后进出口贸易额占全国的比重应该
远高于 0.1%，但 30 年的平均水平一般情况下似乎仍难超
过 3%。

通过上述分析我们看到，1953 年的 14 组统计数据，不仅为
我们提供了 1953 年云南与全国具有可比性的指标，而且除进出
口额 1 项指标明显偏低外，估计其余 13 项指标总体上能够相对
接近地量化反映 1919—1949 年间云南经济社会发展情况及其在
全国总额中所占的比重。更重要的是，这 14 项指标还向我们表
明，现代中国历史上，14 项指标所反映的云南经济社会发展总
量，在全国总量中的份额很难超过 3%。

更进一步，从 14 项指标的人均情况来看，由于人口数量占
全国人口的比例最高，意味着云南其余 13 项指标的人均水平，
比全国人均水平更低。我们同样以这 14 组数据求出全国人均数
和云南人均数，可制成下图：

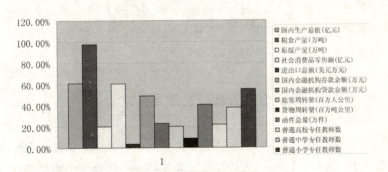

1953年云南13项可比指标人均水平与全国同项指标人均水平比例直方图

从图中可清晰地看出，以全国人均水平为100%计，1953 年
云南人均粮食产量接近全国水平，相当于全国人均粮食产量的
97.44%，但国内产值人均占有量仅为全国的 61.37%，人均普

通小学教师数为全国的 55%，人均社会消费品零售额相当于全国人均水平的 60%。更严重的是，除以上 4 项指标云南人均数超过全国人均数的 50% 外，其余 9 项人均指标，连全国平均水平的一半都不到。其中，可用于反映地区文化教育发展水平的人均中学专任教师人数只有全国的 37%，高校教师数只有全国的 27%。显然，除了西南联大等内地高校及高校教师入滇期间比例较高外，其余时期云南的文化教育水平估计很难达到全国平均水平的一半。

至此我们看到，尽管从自然地理的位置来看，云南与全球其他任何地区一样，不存在中心与边缘之别。可是，在现代中国的政区地理上，云南作为一个边疆省份，具有地处中国政区边缘的区位特点。而从生产力布局及相应的经济、社会、文化发展状况来说，云南在现代中国历史发展中的区位偏远，包括人口数在内的 14 项指标占全国总量的比重一般难以超过 3%，人均水平没有 1 项达到全国平均水平，9 项甚至不到全国人均水平的 50%。云南在全国生产力布局和经济社会发展中的边缘性特征也十分突出。

二、现代云南历史发展的前沿性

然而，在短短 30 年的中国现代史上，地处西南边陲，总人口不到全国人口 3%，人均经济社会发展水平远低于全国平均水平，处于全国政治、经济、社会、文化发展边缘的云南，又在很多方面，站在了现代中国历史发展的前沿。

（一）云南各族人民以实际行动弘扬爱国主义精神，与全国各族各界爱国者一道，站在了捍卫国家主权和中华民族尊严的前沿

20 世纪 30 年代发生的班洪事件就是一个典型的捍卫国家主权的例子。1933 年 10 月，驻缅英军在中缅边境南段未定界内，出兵侵犯阿佤山北部，占领了茂隆厂炉房等地。班洪、班老爱国上层率先奋起抗击，佤族首领胡玉山、胡忠汉组织开展了武装抗英。在全国人民的声援和当地政府的支持下，李占贤（希哲）等人还组建了 2 千余人的"西南边防民众义勇军"，先后歼敌 60 多人，武装收复了炉房矿厂等地，班洪抗英斗争取得了全面胜利，为 1960 年中缅友好划界，收回班洪奠定了基础[14]。

在中国现代史上，从 1931 年的九一八事变到 1945 年 8 月 15 日日本宣布投降的 14 年中，抗击日本侵略成为整个中华民族最重大的爱国主义行动。而云南在抗日战争中同样与全国所有爱国者一道，站在了捍卫国家主权和中华民族尊严的前沿。无论在东北、华北，还是华中、滇西，云南各族儿女，全线出击，义无反顾地投身于抗日战争。

东北沦陷后，与杨靖宇齐名的云南大理白族将军周保中，作为东北抗日联军创建人和杰出领导人，身先士卒，与侵华日军展开了艰苦卓绝的斗争。毛泽东曾称赞说："保中同志在东北十四年抗日救国斗争中写下了可歌可泣的诗篇。"[15]抗日战争全面爆发后，地处大后方的云南，不仅对前方给予物质上的支持，而且先后编组了 60 军、58 军、新 3 军三个军，和护国运动中进入两广的滇军老三军，一共 4 个军直接投入抗日前线。在著名的台儿庄战役中，60 军奋勇当先，取得了重大战绩。滇军在血战中条山、转战湘鄂

赣的战斗中，发挥了重要作用。朱德曾说："抗战军兴，滇省输送20 万军队于前线，输送物资，贡献于国家民族者尤多。"[16]

1942 年日军占领东南亚后，从缅甸侵入滇西，滇西抗战爆发。中国抗日战争的第二条战线开辟，云南从抗战后方变成了抗日前线。中国军民在滇西快速阻止了日军的进攻，滇西沦陷区各族民众自发组织敌后抗战，与潜入敌后的正规军开辟滇西敌后游击战场[17]。1944 年滇西人民与远征军一道发起反攻，全歼入侵日军，滇西成为了中国第一片从日军占领下解放出来的国土。

（二）云南各族人民追求进步，与全国各地的先进分子一道，站在了选择在中国共产党领导下建立新中国的前沿

从辛亥革命到护国运动，云南人民在中国民主共和史上，都做出了敢为天下先的重要贡献。现代以来，云南各族人民继承和发扬了革命精神，继续追求进步，与全国各族先进分子一道，站在了选择在中国共产党领导下建立新中国的前沿。

在新文化运动中，龚自知等人在云南昆明创办了《尚志》杂志，并在 1919 年 2 月 15 日的《尚志》杂志上，全文转载李大钊的文章《布尔什维主义之胜利》，开始在云南传播马克思主义。[18]1921 年省立一中杨青田组织大同学会，研究社会主义学说，建立了第一个社会主义研究小组。1926 年 5 月，王德三、李鑫等一批云南籍中共党员，受党组织安排返回云南，开始了筹建中共云南地方党组织的工作。11 月 7 日，李鑫主持召开党员大会，建立了云南省第一个中共党组织——中共云南特别支部[19]。从中共云南地方党组织建立的情况来看，最早在云南建党的人主

要是云南籍中共党员。云南各族民众中的先进分子，与全国的先进分子一道，站在时代前沿，共同接受了马克思主义。

抗日战争时期，云南各族人民中的先进分子，在中国共产党的领导下，掀起了声势浩大的抗日救亡运动。他们努力团结各界民主人士，使昆明成为抗战中闻名全国的"民主堡垒"。抗战胜利后，1945年"一二·一运动"爆发，各界民主人士明确提出并以血的代价开辟停止内战、保障人民民主权利、建立联合政府的民主政治发展道路[20]。

解放战争时期，云南各族人民拿起武器，开展武装斗争，直接参与建立新中国。至1949年7月，滇桂黔边区党委给滇西地委的指示信中指出："仅思普、滇东南地区，半年来，被我领导的武装先后占领的县城达24座，连自发或投机武装占领的在内有47座。"[21]边纵领导的云南武装斗争已取得了局部的胜利。

不仅如此，在中共统战工作的指引下，1948年10月属于滇军系统的国民革命军第60军在长春起义；1949年12月9日卢汉又率部在昆明起义。滇军主力部队，也先后做出了接受中国共产党的领导，走上建立新中国的道路。云南各族人民通过多次自主选择，与全国各族各界进步力量站到了一起，走到了在中国共产党领导下建立新中国的历史前沿。

（三）云南各族人民放眼世界，立足实际，艰苦探索，走到了发展边疆特色经济的前沿

如前所述，现代史上云南经济人均发展水平低于全国，但这并不意味着云南经济发展毫无成就可言。反之，云南各族人民不甘落后，大胆探索，不固步自封，不照搬照抄，而是立足云南自

身特点，抓住东西方文明交流、经济全球化展开、抗战时期企业内迁、生产力布局转移等契机，通过学习借鉴、吸收消化、改进、创新现代科技成果，在多方面成功地迈出了探索发展云南特色经济的步伐。诸如兴建民营寸轨的个碧石铁路、修筑滇缅公路，广泛兴修水利，开发山区，增加粮食供给，引种橡胶、咖啡、葡萄等，都取得了明显成效。抗日战争中迁滇的内地企业，不仅在云南建立了海口、马街、茨坝、安宁四大工业区，而且创造出中国第一根电线、第一架望远镜、第一辆组装汽车、第一炉电力炼制的钢水等许多"中国第一"[22]。而现代史上发展边疆特色经济最具代表性的，当数云南精炼大锡的产销和美洲烟草的引种。

　　云南被誉为有色金属王国，境内包括大锡在内的有色金属矿产资源丰富。但由于生产技术、经营管理等方面的原因，始终未能达到国际市场精锡、精铜出口要求，在国际贸易中长期以廉价的初级产品出口为主，利润甚微。1920 年，曾留学美国，先后就读于堪萨斯州西南大学、伊利诺大学、明尼苏达大学矿冶系的云南昆明人缪云台回国后，任云南个旧锡务公司经理，聘请美国和英国的专家来滇工作，首先从技术上解决了冶炼难题，炼出纯度达到99.99%的精锡。同时，个旧锡务公司加强内部管理，改变市场营销策略，打破了对外贸易壁垒，使得云南大锡直接进入伦敦五金交易市场交易。1935 年底，直接销往英国伦敦的锡产品占到了个旧锡务公司总产量的64%，销往美国纽约的占到了15%。从 1933 年到 1938 年，炼锡公司实现了每盈利 40 万元的业绩[23]，使云南传统矿冶业走到了现代化、国际化的前沿。

　　在美洲烟草引种方面，云南大理人徐天骝 1927 年留法回国后，1941 年出任云南省烟草改进所业务副所长兼第二植区（昆

明、晋宁、玉溪、江川等地）主任。在南洋烟草公司于 1939 年
1940 年先后两度在昆明和蒙自试种烤烟均未获成功，英美烟草
公司也认为云南土壤、气候及其社会经济情况没有必要进一步试
种的情况下，他经过多番努力，从美国引进的"大金元"烤烟
籽种在云南试种成功。此后，经不断改良并大面积推广，使云南
在 20 世纪 40 年代末便跻身"烤烟大省"行列，为后来云南烟
草走在全国前列奠定了坚实的基础[24]。

（四）云南人才辈出，在思想、文化、科技、教育
等很多领域走到了全国乃至世界前沿；一批独具慧眼的
非云南籍人才关注云南，研究云南，在云南成就了他们
站立世界前沿的学术地位

在云南现代史上，一大批云南本土人才站到了中国乃至世界
的前列，他们中比较具有代表性的有：出生于云南腾冲、成长为
中国著名的马克思主义哲学家、教育家的艾思奇（1910—
1966）；土生土长于云南玉溪，创作了《义勇军进行曲》的音乐
家聂耳（1912—1935）；云南广南人，被誉为"狂飙诗人"的柯
仲平（1902—1964）；云南昭通人，著名的国学专家、教育家姜
亮夫（1902—1995）；云南弥勒人，中国现代史上进入国际数学
界前沿的著名学者熊庆来（1893—1969）……

同时，云南自然与生态的多样性、民族的多样性、文化的多
样性，吸引了一批批省外专家的眼光。他们关注云南，来到云
南，研究云南，在云南这片土地上成就了他们在全国乃至世界的
前沿地位。其中最具典型意义的当数以西南联大为代表的全国各
类高层次人才云集云南，直接在云南做出不可磨灭的贡献，同时

开创了中国教育史、科技史、文化史、思想史的新纪元。除抗战时期迁入云南的学者外，文学家艾芜只身穿越云南，写就了不朽的名作《南行记》；地质学家丁文江（1887—1936）深入云南，研究云南彝族语言，成为第一个用现代方法研究彝族语言文字的专家。民族学家杨成志（1902—1991），在 20 世纪 20 年代只身一人深入云南民族地区开展民族学调查，出版了《云南民族调查报告》，成就了他在中国民族研究中的领先地位。著名植物学家蔡希陶（1911—1981）于 1932 年进入云南考察，采集植物标本上万种，1938 年在滇创办云南农林植物研究所。在他把毕生精力奉献给了云南植物研究的同时，他也在云南取得了令世界植物学界瞩目的成就。

（五）云南各界与国际正义力量友好协作，站在了伸张正义、追求世界和平发展、谋求睦邻友好的前沿

云南作为现代中国的一个省，在现代中国遭受外来侵略之际，始终站在反侵略的正义立场上，努力抗击外来侵略。太平洋战争爆发后，抗日战争已不仅仅是中国一国的反侵略战争，而是世界反法西斯盟国共同伸张正义、战胜邪恶的战场。在太平洋战争中，特别是盟军进入云南共同抗日的情况下，云南各界发扬国际主义精神，克服各种困难，对国际反法西斯友军给予了大力支持。其中，1941 年底美军大量进驻云南各空军基地后，云南人民为保证美军两万多人的特殊供给而竭尽全力。"据《盟军日用小计》所载：每天供应他们肉牛 40 头，生猪 60 头，鸡 1000 只，鸡蛋 60000 个，面粉 150 袋，蔬菜 12000 斤，4 年内，云南人民供给美军肉猪 8.76 万头，牛 5.84 万头，鸡 146 万只，鸡蛋约

8760 万个，面粉越 21.9 万袋，蔬菜越 1752 万斤"[25]。

不仅如此，中国远征军、中国驻印军与盟军合作，分别从云南和印度向占据滇西、缅北的日军全面发起反攻。两支军队东西夹击，成功歼灭缅北日军，1945 年 3 月 8 日攻克腊戍，30 日与英军会师于乔梅[26]。中、美、英三方联合奋战，把缅甸北部从日本法西斯的占领下解放出来，在国际反法西斯战场上伸张正义，为维护世界和平做出了重要贡献。

而日本宣布投降后，"1945 年 8 月 17 日，盟军统帅部发布第一号令：台湾及北纬 16 度以北法属印度支那境内的日本高级指挥官以及所有陆海空军和辅助部队向中国政府投降"[27]。中国方面接受日本投降的地区分为 16 个受降区，第一区就是由卢汉统辖的滇军改编为第一方面军，跨出国门，进入越南境内接受日本投降。经过认真筹备，"第一方面军于 9 月 28 日在越南河内举行了庄严的受降仪式，日军第 38 军司令土桥勇逸等代表在越南的 3 万多日军向中国军队投降"[28]。

从解放缅北到入越受降，特别是云南军民出境完成反法西斯侵略的军事行动后，随即撤回国境，是中国历史上两次以维护世界和平为目的的出境军事行动，在中华民族伸张正义、追求和平、维护与周边国家和地区的睦邻友好关系史上，写下了重要篇章。

三、关于现代云南历史发展边缘性与前沿性的思考

边缘与前沿，逻辑上是一对矛盾体。但在现代云南历史上，却同时体现出前述种种边缘性和前沿性并存的特点。为什么现代中国史上，云南曾出现边缘性与前沿性并存的现象？是什么力

量，如何使处于边缘的云南，在现代历史发展中与全国进步力量、先进力量一道走到时代的前沿？这种边缘性与前沿性并存，是否是云南特有的现象，抑或是现代中国边疆乃至现代中国各区域发展中的共同现象？这或许是云南现代史、现代边疆史、中国现代史研究中有必要进一步深入研究的课题。对于最后一个问题，显然非本文所能陈说，只能在此提出以待来者。而前两个问题，我们基于对云南现代历史发展的考察，初步形成以下看法。

（一）云南政区区位的边缘性特征，为云南开展对外友好合作提供了便利，同时使云南与全国其他边疆地区一道，站在了率先抗击外来侵略的前沿

云南政区区位的边缘性特征，使其远离全国的政治乃至经济、文化中心。制度安排的优先效应，经济文化发展的聚集效应，通常难以在边缘区发挥应有的作用。甚至从中心到边缘的扩散和辐射，也须承担较为高昂的机会成本。从某种程度上来说，这也是导致历史上云南发展落后于全国平均水平的重要原因之一。但另一方面，也正是由于这种政区区位的边缘性特征，又使之具有了连接周边、沟通中外，发挥桥梁作用的潜力。因此，在和平时期，云南客观上具备了成为中国与国际社会和平发展、交流合作重要窗口的条件。而在殖民主义、法西斯主义侵略中国的历史条件下，云南又易于成为抗击外来侵略的前沿阵地。也正是因为这种政区区位的边缘性特征，赋予了云南各族人民须同时率先担负起积极开展对外交往、维护周边睦邻友好关系，坚决捍卫国家主权和中华民族尊严双重使命。因此，云南政区的区位特征，在很大程度上构成了云南在中国现代史上边缘性与前沿性并

存的客观条件。

（二）云南内部的差异性和多样性，为云南从边缘走到前沿的提供了一系列有利条件

在云南省内，无论自然地理、生态环境，经济社会发展水平，以及民族族别和民族文化，都具有十分突出的差异性、多样性特征。从 6740 米到 76 米的海拔落差，动物王国、植物王国、有色金属王国的美誉，多层次、立体式的社会经济发育程度，人口 5 千人以上的 26 个民族，甚至不同地区、不同支系的同一民族所创造的多元文化……共同构成了丰富而多样的云南。从云南内部来说，这种差异性与多样性，为内部相互之间通过交流、合作，谋求发展提供了潜在的机遇。而从云南与外部世界的关系来说，内部差异性和多样性，还为云南面向全国、面向世界，广泛接纳多样性的优秀文明成果，提供了多种可供选择的土壤。甚至优秀的文明成果与云南多样性的结合，还有利于在云南培育出、创造出更加优秀的文明成果。不仅如此，这种长期而广泛存在的差异性和多样性，还使云南在面对复杂多样的世界时，在从边缘走向前沿的转换过程中，具有了较强的适应性和包容性。

（三）各族人民爱国团结、自强不息，是身处边缘但奋力与全国进步力量一道，走到时代前沿的内在动力

在长期以来的历史发展中，云南各族人民交错杂居，相互学习、相互支持，形成了团结互助、共同维护国家主权的优良传统。云南现代史上的危急时刻，各民族团结一心，众志成城，担负起了守卫国门、抗击外来侵略的使命。除上文提到的 20 世纪

30 年代的佤族人民的班洪抗英事件外，还有无数各民族同胞，在捍卫国家主权和民族尊严时表现出了英勇顽强的精神。1942 年滇西沦陷后，6 月 1 日，李根源即发出《告滇西父老书》，号召云南各族人民积极参加抗战，云南各地方少数民族首领、地方士绅纷纷自愿请缨，在各地建立了抗战游击队，汇成了滇西各民族共同团结抗战的和弦[29]。

云南山川纵横，生态脆弱，交通不便，信息不灵，使经济社会发展面临着一系列显而易见的困难。这也是云南总体上处于经济社会发展末端的重要因素。然而，云南各族人民却并未自甘落后，而是立足自身实际，自强不息，努力突破自然地理的局限，不断拓宽眼界，积极追求进步，千方百计挖掘云南多样性的优势，探索符合云南特点的发展路径。正是在这样的精神支撑下，云南各族人民在现代史上勇敢地走向世界，学习先进思想、先进技术、先进文化，发现优势，甚至化劣势为优势，反过来促进云南发展，在发展边疆特色经济、弘扬民族文化等诸多领域，取得了令人瞩目的成就，走到了时代的前沿。

（四）中心区、核心区对边缘区的关注、支援与引领，为云南走到时代前沿提供了强有力的支持

边缘与中心是相互区别又紧密联系的两个方面。双方的区别不仅意味着区位的差异，而且意味着发展水平上的落差、发展进程中的互补。同样，两者之间的联系也不仅仅是"唇亡齿寒"的地缘政治依存，而且包含着中心区对边缘区的先导、引领与支持。因此，从五四运动、云南建党、抗日民族统一战线的建立和发展，到一二·一运动、60 军长春起义、卢汉昆明起义、云南

解放，无不得到了中共中央的关心、支持与引领。国民政府直接
指挥下的远征军入缅，中国共产党也先后在《新华日报》、《解
放日报》上发表社论，声援远征军入缅抗日[30]。在抗日战争中，
国民政府也加强了在云南的建设，包括海外华侨在内的各族各界
同胞全力支持云南抗战，对云南坚持抗战、加快发展产生了重要
影响。特别是内地企业、学校迁滇，在保存了中国现代化精华的
同时，客观上成为一次规模浩大的全面援滇，使云南经济社会发
展水平发生了前所未有的跨越。而远征军从入缅作战到胜利反
攻，既得到了云南人民的全力支持，也从更高层次上全面提升了
在云南抗击外来侵略的军事实力。滇缅之地开辟了远征军伸张正
义的战场，远征军在滇缅战场上用生命和鲜血铸就了捍卫中华民
族尊严的丰碑。

（五）扩大云南开放程度，加强与外部的交流与合
作，是云南立足边缘，追求进步、走向前沿的重要途径

如果说政区区位的边缘性、内部的差异性是现代云南从边缘
走到前沿的基础，各族人民爱国团结、自强不息是现代云南走向
前沿的动力，云南以外的中心区、前沿区的支持为走到前沿创造
了条件的话，如果缺乏云南与外部的良性互动，从边缘走到前沿
仍旧只能是潜在的可能，或者是良好的愿望。而从现代云南历史
发展的情况来看，扩大云南的开放程度，加强与外部的交流与合
作，则是使潜在的可能和良好的愿望变成现实最重要的有效途径
之一。通过云南与外部的交流合作，克服边缘区位本身及边缘区
位所带来的种种制约，降低人口（人才）、信息、技术、资金、
物资流动的成本，使云南能够更充分地接触到最先进的现代文明

成果，在逐步加速推进的经济全球化进程中，发现并抓住新的机遇，在具有潜在优势的领域，从边缘走到前沿。1919—1949年的中国现代史上，云南正是通过扩大对内、对外开放，引进、吸收、消化先进明文成果甚至物种种质资源，创造了新的文明成果；全国各地各类人才来到云南，了解、发现了云南，研究、开发云南，成就了更大的事业；云南人带着追求进步、爱国团结、自强不息的精神，面向世界，甚至走出云南，吸收、接受先进文化，并以自己的创新成果，贡献于世界文明。从扩大开放的意义上看，中心地区、前沿地区对云南的支援，不仅仅是直接与云南分享现代文明成果，同时也打开了云南与中心区、前沿地区交流合作的闸门，降低、克服或者承担了双向交流的成本，具有了为云南提供发展机遇的意义。

　　显然，云南所处的地理位置，与全球任何地区一样，本无中心与边缘之别。但云南作为中国境内一个省级行政区域，从元代建立云南行省以来一直位于中国政区的西南边缘。在1919—1949年的中国现代史上，云南省省会仍旧远离全国政治、经济、文化中心，与内地的联系面临着路途遥远、成本高昂等等困难。不仅如此，从可比的经济社会发展指标来看，中国现代史上云南人口、经济总量等指标占全国的比重不超过3%，人均水平甚至普遍低于全国的50%。云南不仅政区区位处于全国政区边缘，经济社会状况也处于全国发展的边缘。然而，在现代中国历史上，地处边缘的区位特点，客观上又使云南走到捍卫中华民族尊严和国家主权的前沿。不仅如此，云南各族人民不甘落后，追求进步，大胆探索，在内地的支持和帮助下，扩大开放，加强与国内外的交流与合作，抓住经济全球化以及东西方文化交流碰撞的机遇，发现优势，转化劣势，与全国进步力量一道，在多方面走到了中国现代史的前沿，为探索中华民族伟大复兴之路，谋求世界和平与睦邻友好，做出了应有的贡献。

注　释

1　2　《续云南通志长编》中册，1043—1045、1000 页。

3　胡嘉：《旅行杂志》第 13 卷第 6 号，第 9 页。

4　以民国时期的人口统计为例，云南省档案馆编印的《云南省档案史料丛编·近代云南人口史料》中，引《云南行政纪实》1932 年全省总人口为 11795486 丁口，《1932 年云南省户口调查表》人口数却为 11568922 人（第 79、54 页）。第 98 页收录《1940 年云南省属乡镇保甲户口统计表》，全省总人口为 10125173 人，比 1932 年不增反减。又如《1947 年上半年度全国户口统计总表》，所记 1947 年全国总户数为 86262337 户，而人口数却只有 61006285 人，但户均人数又为 5.34 人。其中，云南省有人户 1745104 户，人口为 9171449 人，户均人口数为 5.36 人，且"云南除石屏等三十县系较旧资料外，均系为三十五年一月数"（第 161、163、162.2 页）。而同书第 160 页收录的《1947 年度云南全省人口统计报告表》中，云南全省总计户数则为 1240962 户，人口数更降至 6639317 人。张肖梅在《云南经济》中指出："云南人口，素称一千七百万，但据民国二十一年云南全省户口统计报告书所载，实仅 11795486 人"，"与平日所称总数相较，相差颇巨。""在户口调查尚未十分完善以前，其数字之准确程度，实无法加以判断，不过藉以略大概而已。"见该书第 1 章第 1 节，第 A29 页。云南省档案馆编，1987 年 3 月。

5　10　22　孙代兴、吴宝璋主编：《云南抗日战争史》（增订本），第 239、239—246、226 页。云南大学出版社 2005 年版。

6　张肖梅：《云南经济》，第 5 章第 2 节，第 E5 页。中国国民经济研究所 1942 年版。

7　国家统计局：《第二次全国人口普查结果的几项主要统计数字》（1964），http://www.stats.gov.cn/tjgb/rkpcgb/qgrkpcgb/t20020404_16768.html；《关于一九八二年人口普查主要数字的公报》，http://www.stats.gov.cn/tjgb/rkpcgb/qgrkpcgb/t20020404_16769.html；《2010 年第六次全国人口普查主要数据公报》（初步汇总数）第 2 号，2011 年 4 月 19 日。http://www.stats.gov.cn/tjgb/rkpcgb/qgrkpcgb/

t20110429_ 402722510. html。

8　参见王文成：《清末民初云南农业政策述论》，《云南社会科学》1995 年第 6 期。

9　张肖梅：《云南经济》第 16 章第 3 节，《粮食》，第 6 页。

11　杨端六、侯厚培等：《六十五年来中国国际贸易统计》，国立"中央研究院"社会科学研究所专刊第 4 号，1931 年。

12　上海总税务司署统计科编：《海关中外贸易统计年刊》，1935—1940 年。

13　中央银行经济研究处编：《对外贸易之分析》，第 115 页，《战前战后我国对外贸易关别百分数比较表》，1948 年 11 月。

14　18　云南近代史编写组：《云南近代史》，云南人民出版社 1993 年版，第 101—111、345 页。

15　中共中央党史研究室：《中共党史资料》第 25 辑，中共党史资料出版社，第 105 页。

16　《朱德致龙云的信》，《云南图书馆》杂志 1981 年第 3、4 期合刊，第 1—2 页。

17　参见王文成：《太平洋战争中的滇西游击战场》，载中共《纪念抗日战争胜利五十周年学术讨论会文集》，中卷《砥柱中流》。中央党史出版社 1996 年版。

19　中共云南地方组织史编纂办公室：《中共云南地方组织史简编》，云南人民出版社 1992 年版，第 9 页。

20　参见云南省委党史资料征集委员会等编：中国共产党历史资料丛书《一二·一运动》，中共党史出版社 1988 年版，第 124—135 页。

21　滇桂黔边区党委：《给滇西地委的指示信件》，1949 年 7 月 23 日。云南省博物馆。

23　参见缪云台：《缪云台回忆录》，第 37—40 页。中国文史出版社 1994 年版。

24　参见徐天骥：《十年来之云南美烟事业发展纪实》，1949 年。

25　邹硕儒：《云南人民支援抗战简况》，载《云南文史资料选辑》第 6 辑，第 44 页。

26　参见方国瑜：《抗日战争滇西战事篇》，第 111—131 页。云南大学出版社 1994 年版。

27　中国第二历史档案馆：《第二次世界大战中国战区受降纪实》，中共党史资料出版社 1989 年版，第 138 页。

28　中国第二历史档案馆：《第二次世界大战中国战区受降纪实》，第 138 页。

29　参见王文成：《滇西抗战中的边疆民族关系》，《云南学术探索》1995 年第 5 期。

30　参见《新华日报》1942 年 2 月 10 日、1943 年 2 月 1 日《社论》；《解放日报》
　　1942 年 5 月 7 日《社论》。

解放战争末期
国民党残军从西南边境撤逃国外研究
——以逃越国军为中心的考察

洪小夏（上海师范大学教授）

一、国民党残军撤逃国外概述

1949 年 10 月 1 日中华人民共和国成立之时，中国华东一部、华南大部、西南全部尚未解放；国民党军队尚余 100 多万，其中桂系白崇禧集团、粤军余汉谋集团、中央军胡宗南集团及宋希濂集团基本完整，具有一定的战斗力。但随后几个月，战局发展很快。10 月中旬，随着广州和闽南漳厦地区的解放，解放战争的主战场转移到广西和西南地区。

1949 年 9 月，新疆和平解放，极少数不愿起义的人逃到印度，辗转赴台。1949 年 12 月中旬，广西战役结束，国民党华中白崇禧集团 5 个兵团 15 万余人（原有 20 余万人，其第七、四十八军主力在湖南黄土铺战役损失巨大）和华南余汉谋集团 4 个军余部 4 万多人（其主力在广东战役损失过半）合计 20 万人马，17 万余人被歼灭，2 万余人逃出国境到越南。12 月下旬，成都战役结束，胡宗南集团 6 个兵团 32 万人马，近 5 个兵团起

边疆政治与军事　　　　　　　417

义，1个兵团被歼，残部2万余人逃至西康。1950年2月上旬，滇南战役结束，国民党中央军第八兵团汤尧部2.7万余人被歼，残部数千人分路逃出国境到缅甸、老挝和越南。4月上旬西昌战役结束，胡宗南集团1.2万余人，1万余人被歼，1000余人逃到中缅边境，少数人逃到西藏。5月，广东海南岛战役和浙江舟山群岛战役结束，8月广东万山群岛战役结束，守岛的国民党部队小部被歼，大部撤往台湾。10月昌都战役结束，藏军主力被消灭，促使西藏地区于翌年获得和平解放。[1]至此，中国大陆全境解放，沿海岛屿除浙东中南部和福建大部之外，也基本解放。

国民党军队撤离大陆，一般通过两种途径：一是海运，即乘船从海上撤退。除了1949年从青岛、上海、浙江、福建、广东等地沿海港口先期撤往台湾的军队30余万人之外，还有1950年5月撤离浙江舟山群岛的约12万守军和海南岛守军主力6万多人，[2]以及先后从其他岛屿撤出的少数部队；通过海运途径撤往台湾的国民党军队共计50余万人。二是空运，即乘飞机从空中撤离。主要是技术兵种、高级将领以及他们的眷属等，层次较高，人数较少；从总人数统计视角看，基本可以忽略不计。此外，还有一条过去不受重视，因此研究较少的特殊途径：先从陆路逃出国境线，在中国的邻国滞留一段时间，再辗转乘坐轮船、飞机撤到台湾。符合相关政治和地理条件的外国，有与中国西南边陲接壤的巴基斯坦、印度、缅甸、老挝、越南5国。[3]实际被国民党残军"借道"的外国，主要是越南、缅甸和印度3国（短期途经巴基斯坦、老挝），通过这条渠道撤退的总人数接近5万。[4]

逃到越南的国民党军人数最多，共3万余人。是本文的重点研究对象，详见下节，此处不赘述。

逃到缅甸的国民党军，主要是来自滇南战役的残部，共仅数千人。主要有三股：（1）国民党第八军二三七师七〇九团团长李国辉部 1000 余人，1950 年 1 月中旬滇南战役后期，作为前锋逃往滇西，2 月中旬途经江城县（隶属思茅地区，今思茅市），盘踞在车里（今景洪）、佛海（今勐海）、勐混、南峤（今勐遮）一带。与二十六军九十三师叶植南部会合，2 月 24 日遭到解放军滇桂黔边纵 42 团的打击，从勐龙镇（今属勐腊县）勐宋村一带出境到缅北，3 月驻扎缅北大其力地区。（2）国民党第二十六军九十三师师长叶植南率师直属部队和该师二七八团 1000 余人，1950 年 1 月中旬从建水开始向西南方向撤退，渡过元江，2 月初先从江城县边境巴卡一带出境到老挝，后在老挝境内西移，在滇西南的易武县重新入境，在中国境内西移至车里，与李国辉部会合；然后继续西移，2 月 15 日到南峤。17 日遭到解放军二野十三军的打击，在南峤县城乌龟山被歼一部，残部从打洛等地分散逃缅，叶植南率亲信等于 18 日从旧笋（今西定）乡曼皮一带出境，出境部队约 1000 余人，到达缅北木枧。2 月下旬，九十三师二七八团团长罗伯刚、副团长谭忠率 800 余人又回窜云南，从打洛入境，遭解放军打击后再次从打洛附近窜回缅北。（3）在滇南战役担任掩护主力空运台湾任务的国民党第二十六军一六一师，师长梁天荣率四八二团主力和四八一、四八三团残部共 1000 余人，在二十六军主力南撤入越后，转道向西撤退，于 1950 年 3 月到达车里、南峤一带，从打洛附近出境到缅北。到达缅北的上述三部，汇集陆续从云南外逃的土匪游杂武装、逃亡地主、难民、流亡学生等，发展到 1 万余人。1950 年夏，台湾当局派原第八军军长李弥（化名董家仇）去缅甸担任总指挥，统一整编为"云南人民反共救国军"，下辖第二十六军（辖一九三、一六一两个师），吕国铨任军长；主要活动于缅北大其力、邦桑、景栋等地，李弥总部设在缅泰边境的孟帕亚，曾打败缅甸政府军的围剿（1950 年 8 月）。1950 年 10 月中国人民志愿军入朝后，他们频繁发动对滇西镇康、耿马、临沧、双江、沧源、西盟、澜沧、孟连、勐海等地的骚扰战，曾一度攻占沧源、孟连、澜沧等县城。1951 年夏遭到解放军云南边防部队两次重点打击后，被迫将总部从孟帕亚移往西南方向、离中缅边境更远的孟萨。开办"反共抗俄大学"，修建机场，接受台湾空运军官、特务 700 余人，扩军整训，同年 9 月将该部改称为"东南亚自由人民反共联军"。1952 年又窜扰滇西镇康、龙陵、腾冲等县。1953 年 1 月发展到最高峰，兵力达 1.85 万人，成为缅北的不安定因素。在中华人民共和国政府的支持下，缅甸政府于 1953 年夏向联合国控诉国民党军队侵占缅甸领土。同年秋联合国在泰国曼谷召开中（台湾政权）美泰缅四国军事会议。会议期间，缅甸政府军发动对国民党游击队的空中轰炸和地面进攻，给台湾当局和会议施加压力。会议最后达成协议：台湾当局必须将留缅国军撤走数千人。台湾当局被迫于 1953 年 11 月至 1954 年 6 月将李弥总指挥部和第二十六军主力共 6700 余人撤回台湾。另有 3000 余游杂部队回云南投诚；剩余约 6000 人于 1954 年秋再次改称"云南人民反共志愿军"和"滇南人民反共救国军第一军"，后将后者合并于前者，柳元麟任总指挥。1958 年曾分路窜扰滇西南孟连、勐腊等县；1959 年曾窜扰滇西沧源县等。1960 年在台湾空运特种兵数百人和大量武器装备的情况下，该"志愿军"兵力回升至 9400 余人。1960 年底至 1961 年初，在缅甸政府军和中国人民解放军应邀越境进行勘界警卫作战的双重打击下，留缅国军主力 4400 余人，被迫于 1960 年末从缅甸撤到泰国，再于 1961 年 3 至 4 月从泰国撤往台湾。剩余残军约 5000 人滞留在缅、泰、老交界地区，成为"金三角"地区一支独特的武装。1962 年后一度回到缅北，窜扰滇西潞西、镇康、沧源、孟连等县边境地区，遭解放军打击；1966 年后又返回金三角地区。从此停止对中国大陆的窜扰，[5]与台湾也失去联系，后来逐渐转化为平民。今天老一代多已离世，子孙们仍在繁衍，在缅东北以及泰国清莱、清迈等地形成一些特殊的"中国村"。

除此之外，滇西缅北还有一股国民党残军。原隶属川湘鄂边区宋希濂部的第一二四军余部，1949 年 12 月从川南突围到西昌，奉胡宗南命固守西昌之南的会理。1950 年 3 月下旬西昌战役期间会理作战失利，一二四军残部 4 个警卫营 1000 余人，在军长顾葆裕率领下，南渡金沙江，进入滇西北，经宾川、邓川、保山、龙陵、潞西，先后跨越澜沧江、怒江，抵达畹町、瑞丽间的中缅边境地区，化整为零，开展游击战。[6]

逃到印度的国民党军，主要来自新疆，人数很少，但情况很复杂。1949 年 9 月下旬新疆和平解放之前，新疆国民党守军分为两派：新疆省警备总司令陶峙岳为首的多数官兵"主和"；但也有一些军官"主战"。国民党驻新疆三个整编师（即原来的军）约 8 万人，仅一个师长（新疆警备副总司令、南疆警备司令兼整编四十三师师长赵锡光）主和，两个师长主战，整编骑兵第一师师长（原骑兵第五军军长）马呈祥（马步芳亲戚）、整编七十八师师长叶成（黄埔三期毕业，陈诚亲戚，胡宗南亲信）和整七十八师一七九旅旅长罗恕人（胡宗南亲信，据说是军统新疆负责人，是马、叶、罗三人中的出谋划策者），都是主战派的头领。经陶峙岳反复谈话做工作达半月之久，他们仍不愿参加起义。为了不影响新疆和平解放的大局，减少阻力，陶峙岳决定将他们"礼送出境"，为他们办理了出国护照，提供护送部队和路费，优惠折价收购他们的私人物品（兑换黄金 800 余两）。9
月 24 日，马呈祥、罗恕人、叶成（25 日出发，后与马、罗等会
合）、张五美（整骑一师参谋长）、马次伯（整骑一师政工处
长）、刘汉东（迪化市警察局长）、伊敏（新疆省政府副主席）、
艾沙（新疆省政府秘书长）、王曾善（新疆省政府民政厅长）、
刘为（国民党新疆省党部书记长）、周昆田（行政院蒙藏委员会
副委员长）、胡恩钧（国民党中央宣传委员会委员）、马恕基
（卫生处长）、马国义（立法委员、回文会理事长）、杨常青（回
文会常务理事）等人，以及军官们的副官、警卫员、家属等共
20 余人，在整骑一师一个排约 60 人的护送下，离开迪化（今乌
鲁木齐）市郊，前往印度。途经焉耆时，当地驻军整编四十二
师一二八旅旅长钟祖荫等加入（钟已在起义通电上签名，但未
参与起义，而是外逃了）。途经南疆阿克苏（阿克苏县长林兴智
等加入）、喀什、疏勒、英吉沙，在蒲城出境，先到巴基斯坦控
制的克什米尔地区，再转到印控克什米尔地区，最后经印度
赴台。[7]

　　本文因篇幅所限，下面仅研究人数最多的逃越国军，其出
境、滞留越南及回台的完整详情，并作相关理论分析。本文主要
资料依据是台湾出版的相关档案资料和亲历者的口述资料及有关
论著，大陆出版的相关人士的回忆资料和战史著作等。

二、国民党残军逃越概况

　　逃到越南的国民党残军共 3 万余人，分六批先后出境。各批
基本情况如下：

　　1. 华中第一兵团黄杰部。这是逃越国军的主力。黄杰在驻

湖南的原国民党军第一兵团司令陈明仁随程潜起义后，于1949年8月6日被迁到广州的国民政府行政院任命为湖南省政府主席，兼湖南绥靖总司令和第一兵团司令官。第一兵团初辖第十四、七十一和一〇〇军，后改辖第十四、七十一和九十七军，隶属华中军政长官公署长官白崇禧指挥。8月中旬以后，在解放军的强大压力下，黄杰兵团从湘南邵阳地区南撤至广西全县，再从桂北一路向西南方向后撤，先后滞留桂林、柳州、宾阳、南宁等地。10月，白崇禧决定华中部队主力南逃，向钦州湾方向撤退，准备转运海南岛。黄杰则主张向西撤退，经滇黔边界撤往云南，与在川康的胡宗南互为呼应。结果先行向南的桂系第三、十、十一3个兵团尚未到达钦州，主力便被解放军消灭。殿后的黄杰兵团被解放军紧紧尾追，也不断损兵折将。12月上旬在南宁之南的吴村圩，得知云南卢汉宣布起义，打破了第一兵团前往云南的计划；按照白崇禧指示到广西左右江地区打游击，黄杰认为也困难重重；最后决定按照东南军政长官公署长官陈诚的建议，向中越边境转移，"假道入越，转回台湾"。于是黄杰一边指挥部队集结于镇南关东南的隘店（今爱店）地区，一边与法国驻越南高级专员接洽。12月12日与法军驻谅山边防军负责人康士登（Auriale）上校签署协议。法方同意国民党军入境，分为500人一组，在指定地点交出武器，予以封存，再徒手由法国人护送至海防码头，乘船返台，待离境时再交还武器。12月13日上午开始，黄杰率第一兵团残部1.4万余人，由隘店出境，当日经岷马屯，黄昏集结于靠近中越边界的越北禄平。随同第一兵团入越的，还有鲁道源第十一兵团直属部队500余人，国防部第五突击总队（总队长谢智）及第一突击总队一部共2000余人，华中长官公署及华中补给区司令部200余人，以及部分家眷、地主、流亡学生等，共约 1.8 万人，后被集中软禁于越南北圻蒙阳。

2. 桂系徐启明第十兵团第四十六军谭何易部。原是防守广西的南路军，作战失利后原拟撤往钦州，撤退海南岛；被解放军围歼后，残部第一八八师 1900 余人，1949 年 12 月中旬在上思地区，本拟随黄杰兵团入越。但因黄杰兵团入越后，解放军已经封锁了爱店地区，谭何易部只好北上，也与峙马屯法军谅山指挥所联系，经法方同意，仿照黄杰兵团的方式，于 12 月 14 日从广西龙州水口关之南的蒙包进入越南。这一路还混杂了张淦第三兵团第七军军直 200 余人，共 2000 余人。

3. 华中军政长官公署白崇禧所辖其他兵团残部及广西地方部队等。包括担任后卫的第三兵团张湘泽一二六军及第十兵团四十六军一八八师五六三团残部共 200 余人，张淦第三兵团第四十八军一七六师残部 800 余人，国防部第三突击总队（总队长王殿魁）及第二突击总队一部共约 1000 人，以及桂西师管区司令李绳武及所属各补充团、各县自卫队、广西省政府警卫大队等共 3000 余人，原守备南宁、此时在龙州接领新兵的第十兵团五十六军秦国祥三三〇师黄义光九八九团 1000 余人，还有龙州行政专员公署专员伍宗骏、广西绥靖公署龙州军政督导团团长肖兆鹏、监察院监察委员王瓒斌等军政官员，龙州地主、难民、学生等 800 余人，总共近 8000 人，在 12 月 14 日下午之后才陆续抵达龙州。因单位太多太杂，报请白崇禧批准整编部队，由一二六军军长张湘泽统一指挥，将作战部队各部残兵整编成新一七六师，仍由原四十八军一七六师师长邓善宏任师长；将省保安团、省府警卫大队等地方部队等合编成一个师，由龙州行政专员伍宗骏任师长；12 月 19 日从水口关进入越南。在高平和谅山地区遭到越盟游击队与法军的攻击，12 月 24 日依附于反政府武装越南国民党建国军武鸿卿部，改称"越南救国军"，原拟在越南扎根打游击；后武鸿卿被法越当局逮捕，这批国军只得另找"靠山"。1950 年 1 月 6 日，与法军谅山指挥所达成协议，停火缴械，与上一批谭何易部一起被集中于北圻莱姆法郎集中营。

4. 驻滇的国民党中央军第二十六军彭佐熙部。该部 1950 年 1 月在滇南战役中原计划由蒙自机场空运海南岛海口，后因机场被解放军控制，仅小部登机，主力在蒙自、个旧地区被解放军消灭。该军一九三师、三六八师及九十三师二七七团等残部共 3000 余人，在二十六军副军长兼一九三师师长吕维英等指挥下突围。1950 年 1 月 19 日到达滇南金平县南部边境勐拉乡，20 日开始由边关小镇那发（今金水河镇）跨过界河出境，逃到越南莱州省边界小镇勐梭。

5. 国民党华中第十七兵团刘嘉树部。下辖第一〇〇、一〇三两个军，和黄杰兵团一起作为防守广西的北路军，原计划从桂林进军独山、都匀，支援贵州防守。但尚未到达目的地，贵阳已经失守，该兵团只得奉命沿滇黔边界向西转移。1949 年 12 月上旬从广西百色之西北逃入黔西南册亨、安龙一带；又奉白崇禧命进入滇东，本拟前往昆明；结果卢汉起义，滇东地方部队响应，包围不愿起义的第一〇三军二三四师部分队伍，将其一个团强迫缴械，致使十七兵团直属部队和一〇三军多数部队溃散、投诚。刘嘉树见势不妙，带兵团部少数随从逃跑，返回桂西北旧州原兵团部。该兵团前锋第一〇〇军先期离开桂林，到达独山以南时，发现解放军正大举南下，赶紧西逃；12 月上旬和中旬先后渡过红水河和南盘江，被贵州起义军队拒绝入黔，只得转回桂西北，与兵团司令刘嘉树会合于滇桂边界的旧州。全兵团仅余 7000 余人（主要是一〇〇军杜鼎部），决定转向西南，向滇南第二十六军靠拢；在滇桂边区艰苦行军半个月，经西隆（今隆林）、西林，穿越滇桂边界，于 12 月 28 日抵达云南富宁县境内的普梅（今普阳）。接到白崇禧自海口发来的电报，命该部进入越南，保存实力。该部遂再次穿越滇桂边界南下，于 1950 年 1 月 1 日到达广西百南并滞留该地，1 月 7 日接受白崇禧从海口给予的空投补给后，10 日经平孟隘南下，沿废弃多年不用的公路入越。进入越南后，即与越共武装作战。15 日又收到白崇禧电报，说驻越法军对国军不友好，已对先期入越的黄杰兵团等实行缴械，命刘嘉树率第一〇〇军回国，与在广西十万大山打游击的前广西全边对汛督办兼龙（州）靖（西）清剿指挥官姚槐中将联络，返回十万大山打游击。刘嘉树遂率第一〇〇军北返平孟隘，1 月 20 日晨刚进入中国境内，便与解放军交火。从俘虏的解放军口中得知国军回国的情报已被解放军知晓，解放军第四十五军、三十八军主力正分别从东和北两面向龙州、靖西之间包抄过来。该部赶紧在平孟隘东转，沿边境小道急速南下；1 月 24 日，在龙邦隘入越，穿过越南突出部沿河谷向东南疾行；29 日到达水口关，再次回到中国，然后继续沿国境线南进；拟在凭祥以南跨越公路，东转进入十万大山。2 月 1 日晨 8 时，该部在水口关东南10 公里处，与解放军四十五军一三四师遭遇。刘嘉树率部且战且走，突围南行，当夜宿营那堪。2 日下午，在水口关以南的平而关附近，被解放军第四十五军和刚刚赶到的三十八军四面包围。战至 2 月 5 日，刘嘉树下令分散突围，到十万大山集结。第一〇〇军十九师师长卫轶青，率该师残部 1000 余人向西突围，于当日回窜越南。战至 2 月 7 日，中将兵团司令官刘嘉树、少将兵团副参谋长刘忍波、少将兵团参谋处长刘玉衡，第一〇〇军少将参谋长刘庸元，一九七师少将师长曾祥斌、上校副师长蔡亚锷，十九师上校副师长王文义以下 6000 余人被俘，500 余人被击毙。第一〇〇军军长杜鼎率一九七师残部向东南方向突围，经明江越过公路，会合当地土匪冯海山部，于 3 月初进入十万大山，与姚槐合兵一处；收容逃出的一〇〇军散兵，开展游击战。5 月解放军进入十万大山剿匪，该部由姚槐率领西逃，进入越南。至此，国民党第十七兵团广西战役后逃入越南的残部 7000余人，回窜广西边境，在平而关一带被歼 6000 余人，残兵 1800余人，1950 年 2 月（卫轶青部）和 5 月（杜鼎、姚槐部）分两批逃进越南。后被集中于中圻金兰港。

6. 由贵州省保安团 1949 年 10 月升级改编的第十九兵团一〇一军二七二师。该军隶属贵州省绥靖公署，1949 年 12 月原已宣布起义，1950 年 3 月又大部哗变。其第二七二师师长余启佑，纠集其他叛军，组建"反共抗俄自救军"，盘踞在黔西北毕节地区。8 月遭解放军围剿，逃到黔西南兴义西部；10 月再遭打击，逃往广西，盘踞桂西北隆林地区。1951 年 4 月上旬，解放军滇桂黔三省部队合围剿匪，余启佑率领 3500 余人，被迫南逃。该部于 4 月上旬离开隆林，转至西林；4 月中旬又被迫离开西林，逃进云南广南县境内，意图经滇东南逃往越南。4 月下旬一度占领麻栗坡县铁厂街（今铁厂镇），与解放军大战一场，半数被歼，残部分数路进入今属麻栗坡县董干镇和今富宁县孟梅、普梅一带的中越边境地区。在渡中越界河（当时名普梅河，今名南利河）进入越南时，又遭越盟游击队的攻击，师长余启佑在慌乱中掉进河里淹死。残部 1000 余人，在副师长张亚龙指挥下，于 4 月下旬，经麻栗坡县普弄、小卡、马崩、马林等村寨附近出境，分别到达越南北部普棒、麻那等村镇。

除以上六批成建制的国民党军之外，还有一些散兵游勇，以及云南、广西的地主、土匪、难民等，陆续逃出国境，进入越南后，也被越南当局送往关押上述国军的集中营。[8]

三、逃越国军在越滞留概况

上述国民党军队在越南滞留三年半。根据居留地，笔者将之分为早期、中期、后期三个时期；其中早期内又可以分为前、后两个小阶段。

（一）早期：北圻和中圻（1949 年 12 月—1950 年 8 月）

1. 前阶段：北圻蒙阳、莱姆法郎（1949 年 12 月—1950 年 2 月）

黄杰兵团等 1949 年 12 月 13 日从隘店入越后，解放军约 3 万追兵赶到中越边界，封锁了该地。中华人民共和国政务院总理兼外交部长周恩来，指责法国既然对中国内战保持中立，就不应允许国民党军队入境。法国政府十分惶恐，赶紧从巴黎致电法越当局，按照国际公法的惯例，对入境的国民党军解除武装，予以软禁。于是驻越法军不再提送国民党军去海防港、转运台湾的事情。将黄杰部从谅山附近的禄平，先行转运到靠近海边的先安，再转移到距海防不远的鸿基，脱离中越边境地区。中将兵团司令黄杰先被软禁于河内，一周后移居海防市附近的煤矿小镇宫门，与部下分离。第一兵团官兵约 1.8 万人（包括随行的湘桂地方团队、警察、流亡学生、难民和家眷等），被集中囚禁在宫门以北废弃的煤矿蒙阳。桂系其他部队，12 月 14 日和 19 日从水口关等地入越的第三、十、十一、十七兵团残部，以及两广地方团队等，共 1 万余人，被集中囚禁在宫门以西的另一煤矿区莱姆法郎。

蒙阳集中营生活条件十分恶劣。该地是一个废弃的煤矿坑，四面高山，中间形成盆地，面积狭窄，每日只有正午才能见到太阳；瘴气弥漫，杂草丛生，瓦砾遍地，无水无电无房舍，国民党残军用仅存的被单麻袋、竹枝野草搭成低矮小棚，挤住其间。吃饭由法方供应，每人每天主食大约半斤，副食量少质差；汲海水煮饭，苦涩难以下咽。雨季道路泥泞，蚊蝇鼠蛇肆虐，卫生条件极差；缺乏淡水和御寒、更换的衣服，洗澡洗衣条件基本没有。缺医少药，半饥半饱，营养不良，导致被囚官兵死亡率较高。莱姆法郎在鸿基煤矿区内，地面就是露天煤矿，燃料掘地可取；地形开阔，自然条件稍好；但衣食住行供应情况，和蒙阳一样糟糕。后经黄杰一再交涉，法军才提供部分刀斧工具；国军官兵们又自己动手，将废铁轨磨成砍刀，用罐头铁皮做成锯子，砍草伐木，搭盖房屋。1950 年 1 月，新营房基本完工，居住条件略有改善；同时法方也对其他供应条件稍作改善。

1950 年 2 月上旬，留越国民党残军统一整编。在蒙阳成立"留越国军第一管训处"，张用斌少将担任处长；在莱姆法郎成立第二管训处，王佐文少将担任处长；两处之上成立"留越国军管训总处"，由原第一兵团司令部组成，黄杰任管训总处司令官；同时成立整编委员会，由一二六军中将军长张湘泽和第一兵团少将参谋长何竹本负责。还组织了点验和考试两个委员会，对蒙阳和莱姆法郎两个营区的人员进行点验和考选。经过点验，两个集中营，共有战斗员兵 17440 人，编为 8 个总队，每个管训处辖 4 个总队；编余的非战斗员兵 4968 人，编为 2 个总队；难民972 人，编为 1 个义民大队，直属总管理处；另有眷属 1693 人、学生 307 人、文职人员 386 人；两个集中营共有 25766 人。编组标准按照陆军师的建制，管训处相当于师，总队相当于团，大队相当于营，中队相当于连。每个总队下辖 3 至 4 个大队，每个大队下辖 3 个中队。对将近 5000 编余人员，举行甄别考试，录取学员 3019 人，组织预备干部训练班，编为 6 个军官大队；原第一兵团司令黄杰兼任预干班主任，原第十四军军长成刚中将、一二六军军长张湘泽中将、第一兵团参谋长何竹本少将担任副主任，第一兵团政治部主任谢惕乾少将任教育长。至 3 月上旬，编组工作完成，北圻两个营区的所有军民，都被纳入组织，战斗人员和非战斗人员分别编组，便于管理。

法国在北圻经营的鸿基煤矿、在南圻经营的广利橡胶园，先后到集中营来招工；合计征召了约 2000 人到煤矿工作、1000 余人到橡胶园工作，基本上是义民大队的平民、没有考上预干班的编余军官和没有选入战斗部队的编余士兵。

2. 后阶段：增加中圻金兰湾（1950 年 3 月—8 月）

1950 年 1 月 20 日滇南战役后从云南金平县进入北越莱州省的国民党第二十六军彭佐熙部官兵约 4000 人，1 月 25 日与法方取得联系并达成协议，26 日进驻莱州，30 日被解除武装。2 月 1 日，分批步行，由莱州向河内以西集结；2 月 26 日在河内车运或继续步行至海防，再从海防港船运至越南中部的金兰湾；至 3 月中旬，全部抵达金兰港，被软禁于集中营。金兰湾是第二次世界大战时的一个军事要地，日军曾把该港口当做补给站，建有仓库，美军占领时在海滩上建造了一个大飞机场；此时闲置，海湾宽阔，可停船舶。国民党残军就住在港湾废弃的仓库、机场房屋中，不足之处，搭建帐篷和各种茅屋。台湾指示在越国军统由黄杰指挥，于是黄杰指定在金兰湾集中营成立"留越国军第三管训处"，由第二十六军军长彭佐熙任处长，仿照北圻集中营的方式，将所部改编为总队、大队、中队，接受黄杰管训总处的统一领导。

经过整编，此时全部留越国军共计33079人（其中包括难民、学生1279人，眷属1693人）。后来北圻集中营国军官兵向南圻富国岛转移时，预干班有2个大队运到了金兰湾。第二十六军自己在整编时，已将编余军官编为1个大队，隶属于预干班；后黄杰命令将此军官大队和北圻运来的预干班2个大队合并，改为预干班第二总队（富国岛剩下的预干班4个军官大队则合编为预干班第一总队）。加上预干班这两个大队，金兰湾集中营的总人数达到6000余名。

（二）中期：南圻（富国岛）和中圻（金兰湾）（1950年8月—1952年5月）

为避免受胡志明领导的越盟反政府武装与法越当局的战争影响，法越当局于1950年3月决定，将位于北圻的蒙阳和莱姆法郎两处集中营的中国军民转移到越南南方富国岛集中关押。南下先遣队由第一管训处4个总队各抽一个大队组成，共计1529人，于3月16日离开宫门码头，乘船南下，前往富国岛。此后法国不断派出船舶，转运北圻两处集中营的中国军民到富国岛，共分为23批，历时达半年之久，至同年8月才全部转移完毕。其中预干班两个大队的学员被运到中圻金兰湾，高级将领数十人则被送到西贡附近的头顿市，临时安顿。

富国岛位于中南半岛最南端，靠近柬埔寨，面积约600平方公里，岛上有机场。居民 8000 余人，其中华侨约占十分之一。地处热带，不分寒暑，一片翠绿，风景优美；土质主要是沙土，不适宜种植水稻和小麦，农作物主要是红薯和土豆，经济作物有胡椒，岛民的主要收入是渔业和水产。留越国军到了富国岛，分驻位于南端的介多和位于西南的港口城市阳东（也是该岛政府所在地）两地，第一管训处和总管训处驻阳东，第二管训处和预干班驻介多。国民党残军到了此岛，首先是就地取材，建房修路；然后是开荒种地，改善生活。8 月全部人员到齐，10 月营房全部盖竣。国军高级将领 42 人住在与富国岛隔海相望、属于柬埔寨的濒海小镇白马，由成刚中将负责。黄杰本人则常住西贡，便于对外交涉联络。

至此，留越国军就集中于南坼富国岛和中坼金兰湾两处集中营。1951 年 4 月入越的国民党第十九兵团二七二师 1000 余人，7 月被直接送抵富国岛。岛上营房内由中国军人自行管理，法军仅控制岛内外交通，不允许中国军人自由离岛。中国军人在富国岛居住的近两年时间里，营房不断修补、翻修、新盖，花费了不少时间。法国供应中国官兵每人每天大米 17 两（老秤），肉 3.2 两、鱼 6.4 两，以及油盐等，另每人每日发越币 1 元。食、住、行条件都好于北坼集中营。唯服装供应无人问津，使经常上山伐木、施工的国军官兵衣不遮体。

（三）后期：富国岛（南坼）（1952 年 5 月—1953 年 6 月）

由于富国岛和金兰湾两地距离遥远，不便于管理。应黄杰的要求，1952 年 3 月，金兰湾国军 6000 余人开始转移至富国岛，至 5 月份全部运完；留越国军至此全部集中一地。6 月，进行第三次整编，将所有留越国军统一编组为总队、大队、中队，力求兵力均等，编组合理。此次整编后的编余军官，按照台湾当局的规定，与预干班一起，合编为军官团，由黄杰兼任团长。在第二次整编后至第三次整编前，陆续增加的部队，主要有两部分：一是余启佐部下第二七二师 1000 余人；二是陆续从广西、广东、云南逃出的反共游击队员和难民，共计 1000 余人；均被遣送到富国岛。第三次整编的结果，国民党残军总数共达 35000 余人。此后，还有不愿做工从煤矿和橡胶园归来的人，以及从中国滇黔桂出境的新难民和游杂部队，被法越当局收容后遣送来富国岛。最后返台前留越国军总人数达 37000 余人（包含平民）。[9]

四、留越国军在越处境和返台之路

留越国军和台湾当局的联系，开始完全中断。1950 年 4 月，已经在台"复职"的蒋介石给黄杰写了一封信，是留越国军和台湾的第一次联系；台湾当局驻西贡领事馆的人也前来慰问，并带来了蒋介石专门汇来的 2 万元美金慰问金。1950 年 10 月，蒋介石又派战略顾问林蔚上将等人带着蒋致黄杰和留越全体国军官兵的信到越南慰问；黄杰陪着慰问者视察了富国岛和金兰湾两处集中营。林蔚等人还带来了服装、医药、书刊及文体用品，尤其是带给每人一套草绿色军便装、两套白色运动衣，为官兵们解除了衣不遮体的燃眉之急。以后台湾当局每月汇拨 60 万越币，使留越官兵每人每月可发越币约 30 元，用于购买日常用品。1951 年 12 月，台湾当局又再次筹措 3 万多套军装运到越南。以上措施均受到留越官兵的格外欢迎。但官兵们最为关心的获得自由或返回台湾问题，则迟迟未能解决。

　　法军最初在北圻的蒙阳等集中营，四周敷设铁丝网，进出道口配置岗哨，严禁被囚国军自由出入、离开营区；中国官兵所带手表、钢笔、钱币、手电筒等，均被没收；法兵经常进入营区巡逻、搜身，被囚官兵丧失了人身自由和人格尊严；启运回台的诉求也被置之不理，引起国军官兵极大的不满。1951 年 12 月 25 日圣诞节即西历的大年初一，在富国岛和金兰湾两处集中营曾同时爆发了国军官兵争取自由的绝食抗议行动。金兰湾集中营率先成立了该营区的"争取自由委员会"，发布要求取消软禁、争取自由的文告。消息传到富国岛，得到广泛拥护，成立了金兰湾和富国岛阳东、介多 3 个营区统一的"中华民国留越国军争取自由委员会"，印制了各种文告，还谱写了一支"争自由之歌"。圣诞节当天，富国岛军民绝食一日；阳东营区的官兵除静默绝食外，还冲出营区，跑去包围隔河相望的法军营区，呐喊示威。法军人少势单，惊慌失措，被迫在法军营房升起青天白日的中华民国国旗，以安抚国军官兵情绪。绝食发起者金兰湾官兵做了充分准备，绝食三天，全体露宿沙滩，连军营里难民中的老人和小孩，都参加了绝食。这次圣诞节绝食运动，震动了法越当局，集中营部分生活条件随后得到改善，但国军争取自由的问题仍无法解决。

　　留越国军在越南的处境好坏以及他们能否返台，与国际形势和法国外交政策密切相关。不论是 1949 年 12 月至 1950 年 12 月法国驻北圻高级专员比容和北圻司令亚历山大负责时期，还是 1950 年 12 月至 1951 年 12 月驻印度支那法军总司令兼印支高级专员塔西尼（Tassigny）将军主政时期，都坚持对国军留越官兵实施软禁政策，任何抗议也无济于事。因为在这批国民党官兵滞留越南初期，法越当局在与胡志明领导的越盟游击队的作战中节节败退；而中共武装则在国共内战中表现出强大的作战能力。法国非常害怕中共军队介入越南战事，甚至直接出兵惩罚法越当局；故处处小心，唯恐给中华人民共和国提供了干预越南政局的借口。最初在遭到周恩来抗议后，巴黎的法国政府就指示驻越法军对留越国军采取敌视态度，严加管束。此外，利用这些劳动力为法国公司赚钱，或者万一战事不利，可武装这批军人为法军做抵抗越盟武装炮灰的想法，也是法越当局扣留他们的次要原因。

1950 年底至 1952 年初塔西尼将军主政时期，法国进一步考虑政治和军事的大局。法国在第二次世界大战中损失惨重，至 1950 年尚未完全恢复元气，故不希望共产党国家和反共国家两大阵营爆发冲突，酿成第三次世界大战，再次殃及法国；因此宣布对中国的国共内战采取严守中立的立场。从这一基本外交立场出发，法国既不愿意接受留越国军参加反胡志明的越南内战，也不愿意将这 3 万国军"放虎归山"，增加台湾的军事力量，招致中共不满；故对滞越国军坚持软禁，宁愿每年花 300 万美元养着他们，也要扣住不放。当然也不虐待他们，给予他们在富国岛内活动的自由。塔西尼曾宣称要软禁留越国军直至越战结束为止。[10]

1952 年 1 月，坚持上述立场的塔西尼将军病故，继任的高级专员高芝埃和法军远东总司令萨兰将军处事比较灵活。在巴黎分管此事的法国联邦事务部部长黎都诺（Letourneau）比较务实，认为不必由法越当局扣留、供养这批中国军人，故对留越国军主张释放运台；只是认为需要寻找一个恰当的方式和合适的国际机构出面办理，以避免法国政府决策的前后矛盾。此时，留越国军回台的希望大大增加了。

台湾当局不同意将此事交由国际机构办理，主张由中法两国直接协商。经过黄杰，黎都诺，台湾当局驻法"公使"段茂澜、驻西贡"总领事"尹凤藻等的多方活动，事情大有进展。

1952 年 6 月，台湾当局成立了"留越国军处理小组"，由"国防部"次长徐培根上将主持，"外交部"司长袁子健协助，积极与法国协商。法国外交部也拟定了解决方案；为防止国会和政府中的亲共力量干扰，决定乘夏天法国国会休假的机会，快速办理此事。7 月，法国外交部发出致台湾当局驻巴黎外交机构的正式文书，说明法国方面的基本态度是：（1）愿意放弃原定提交国际机构处理的意见。（2）首批遣送病患官兵。由国际红十字会组织医务团负责甄别；甄别合格人员，允许其自由选择愿往之地。（3）"首批遣送后，如不引起中共的危险反映，则继续办理全体遣运"。（4）请绝对保密，以免节外生枝。

台湾当局收到法国外交部文书后，对法国所说首批释放后，要视中共态度才能决定是否全体释放的原则，表示不满。并指出第二点组织红十字会医务团甄别病患官兵，与第四点保密要求相矛盾；建议委托红十字会越南分会在西贡就地遴选医务团成员，"以资迅速并保机密"。国际红十字会同意由西贡分会负责遣送病患事宜。10 月，黄杰秘密回台，联络交通工具，并参加国民党七大。但台湾的运费和船团筹措还未解决，尚需时日。11 月黄杰返回越南，加紧准备工作。1953 年 2 月，法方同意第一批遣送 5000 人回台，其中除病患外，还允许搭载 3000 名健壮员兵。

但此时台湾当局却另有想法。希望这 3 万国军"留越待机"，与法军合作，共同抗击胡志明领导的越盟武装。如能导致反共国家和共产党国家之间的第三次世界大战爆发更好；否则，至少能保留这邻近中国的一块战略基地，以便日后国民党反攻大陆时可以捷足先登。于是借口法国只愿意遣返病患，对全部遣返缺乏诚意为名，不表态，也不积极筹措经费和船舶；致使接运第一批 5000 名遣返者的船队始终渺无音讯，更不积极筹措全体遣返 3 万多人所需花费的运费（预算 2000 万元）和回台后的安置费（预算 6000 万元）以及运输工具。于是，这批国军的命运在"留越"和"运台"两者之间继续左右摇摆。法方多次通过黄杰等人催问中方何时派船来接。中方则始终坚持法国必须先同意全部遣返才肯派船来。双方在拖宕中渡过了旱季，迎来了雨季，富国岛上国军官兵们的心情日益烦躁不安。

1953 年 4 月下旬，法国表态同意全部遣返滞留越南的 3 万多名国军官兵。美国承诺由美国提供运输工具，帮助运送留越国军回台。台湾当局最后终于作出决定，将这批国军接回台湾。5 月下旬，启运工程终于开始。5 月 23 日，第一批 3 艘船舶抵达越南，次日即满载 4500 余名官兵启航。至 6 月 28 日，3 万余国民党官兵和眷属、难民、学生，共分为 7 批，全部乘船离开越南，抵达台湾高雄，结束了在越南三年半的囚徒生活。[11]其间，共有 814 人埋骨越南，1000 多名小孩在越南诞生。[12]

五、结语

1949 年 10 月中华人民共和国的成立并未终结解放战争。国民党在大陆残存的最后军队如何借助西南邻国"通道"撤逃台湾，情况十分复杂；其研究属于军事史和外交史交叉的学科领域；而滞越国军是其中典型的个案之一。

3 万多国民党残军滞留越南，是国共内战的结果。他们的命运不能完全由自己决定，而受到中共实力、法国、美国和台湾当局态度等多方面的影响。滞越国民党残军中基本无台籍人士，他们中的大多数人对遥远的台湾应该并无归宿感。但作为人民解放军的手下败将，他们不敢轻易返回大陆；作为法国人的阶下囚，他们又急于获取自由；万般无奈之下，台湾是他们唯一、合法的可去之处（因为他们的上司、指挥机关在那里）。尽管如此，仍有 1000 多人宁愿留在越南当地，也拒绝前往台湾。从国民党残军羁居越南三年多、最终得以赴台的曲折过程，折射了新中国成立之后，法国对华政策、美国对国共两党政策、新中国的实力和国际地位、台湾的政治经济状况和台湾当局反攻大陆的军事战略构想、越南国内越盟和法越当局的战局发展变化等各种因素博弈的微妙关系，值得我们深思和研究。

注　释

1　本段及上段的叙述和数据，综合以下资料撰述：军事科学院军事历史研究部编：《中国人民解放军全国解放战争史》第 5 卷，军事科学出版社 1997 年版，第六章、第七章相关内容；该书编委会：《当代中国军队的军事工作》上册，中国社会科学出版社 1989 年版，第二编"发展解放战争的伟大胜利"相关内容；《国民革命军战役史第五部——戡乱》第 7 册，台湾"国防部"史政编译局 1989 年编印，第 219 页。

2　林桶法：《1949 大撤退》，台北联经出版事业股份有限公司 2009 年版，第 338 页。

3　从地理角度看，与中国西南接壤的除这 5 国外，还有阿富汗。但阿中边界很短（几十公里），可忽略不计。另与中国西藏接壤的还有尼泊尔、锡金、不丹 3 国，均国土狭小，回旋余地不足；又是纯内陆国家，无海港；加之位于"世界屋脊"，行走困难；因此国民党军未选择这 3 国，故也忽略不计。此外中国的西北、东北还与苏联、蒙古、朝鲜 3 国接壤，因均是社会主义国家，所以国民党军队也不会从这 3 国借道，故不计。

4　国民党战史说："西南仅五万余人，撤入滇、越"。《国民革命军战役史第五部——戡乱》第 8 册，第 1 页。笔者认为"五万余人"稍有夸大，实际借外国"通道"撤出的国民党军队为 4 万余人，不到 5 万。

5　本段至此综合以下资料撰述：《当代中国军队的军事工作》上册，第 369—379 页；《国民革命军战役史第五部——戡乱》第 7 册，第 206—209 页；曹天戈（第八军军长）：《蒋军残余流窜云南被歼的经过》，全国政协文史委编：《文史资料选辑》第 55 辑，文史资料出版社 1965 年初版、1981 年重印，第 178—190 页；王永春：《滇南大追击》，军事科学出版社 1992 年版，第 136—151 页；赵勇民、解柏伟：《蒋介石梦断金三角》，华文出版社 1993 年版，第 15—21 页；中共西双版纳州委党史研究室：《中国共产党西双版纳历史》第一卷，云南人民出版社 2010 年版，第 94—105 页；洪小夏在西双版纳勐海县打洛镇、勐腊县勐宋村等地的田野调查，2011 年 11 月 12—13 日。其中 20 世纪 50 年代和 20 世纪 60 年代两批留缅国军撤台人数，参见黄翔瑜编：《富国岛留越国军史料汇编》1《入越交涉》（以下简称《入越交涉》）之"导言"，国史馆 2006 年版，第Ⅻ页。

6　守会理的国民党军，除顾葆裕的一二四军残部之外，还有原宋希濂集团的第二军七十六师张桐森部 1000 余人，从参加进攻宁南、会理的起义部队里反水出来，与顾葆裕合兵一处。会理失守后，一说：七十六师和一二四军一起北撤，到达德昌后分兵，一二四军转向西南去滇西，七十六师主力北撤至西昌［最后应在甘相营（今喜德）和西昌守军主力一起被消灭］。二说七十六师和一二四军一起逃滇西。但台湾资料里没有提到七十六师的下落，故本处从第一说，参见《国民革命军战役史第五部——戡乱》第 7 册，第 208、218 页；李犹龙遗稿：《胡宗南部逃窜西昌和覆灭实录》，全国政协文史委编：《文史资料选辑》第 50 辑，文史资料出版社 1964 年初版、1981 年重印，第 105—156 页。

7　本段综合以下材料撰述：《陶峙岳自述》，湖南人民出版社 1985 年版，第 95—116 页；包尔汗：《新疆和平解放经过》，梁客浔：《新疆和平起义的前前后后》，马平林：《起义前后的喀什地区》，载全国政协等合编：《解放战争中的西北战场——原国民党将领的回忆》，中国文史出版社 1992 年版，第 622—627、628—642、647—650 页；马得勋：《骑兵第五军军长马呈祥在新疆解放前夕出走国外的经过》，李兴标：《马呈祥离新疆出国前的活动片段》，载全国政协文史委编：《文史资料存稿选编》第 11 卷，中国文史出版社 2002 年版，第 208—211、212—214 页；袁德金、刘振华：《西北解放战争纪实》，人民出版社 2003 年版，第 671 页；

《张治中回忆录》下册，文史资料出版社 1985 年版，第 588—593 页。按照这些
资料，从新疆经印度到台湾只有数十人。但台湾有资料说新疆"有数百人经印度
中东来台"[郑为元（曾任台湾"国防部长"）：《组织改革的权力、实力、与情
感》，（台北）《军事史评论》总第 12 期（2005 年 6 月），第 69 页]，恐有夸大。
因为其中伊敏、艾沙等文人后来就在印度和土耳其活动，鼓吹建立"东土耳其斯
坦共和国"，未去台湾，到台湾的只有马、叶、罗等军官及他们的随从数十人。
经印度回到台湾的如有"数百人"，可能有新疆起义部队中后来反水逃出国外的
其他人。可能还包括了西昌战役后的残军。据说胡宗南部参谋长罗列，在西昌战
役失败后逃到西藏，再经印度，辗转回到台湾。参见《国民革命军战役史第五
部——戡乱》第 7 册，第 219 页。另一说罗列从西昌逃到四川，然后经重庆、宜
昌、长沙、广州、香港，回到台湾。参见李犹龙上引回忆文章和陈宇《梦落月
城》，黄河出版社 1993 年版，第 302 页。罗列已经去世，他身前曾接受过台湾国
史馆采访做口述历史，但未发表，记录稿据闻存台北国民党党史馆。据当年采访
过罗列做口述史的国史馆撰修卓遵宏先生说，罗列好像是通过四川、湖南、广东
这条线回台湾的。不知前述《戡乱》书说罗列经印度回台的材料出处。

8　本节综合以下资料撰述：黄杰：《海外羁情》（三），台北《传记文学》第 10 卷
第 4 期（1967 年 4 月）；《国军撤越及处理经过辑要》（1949 年 12 月 11 日起 1950
年 7 月 1 日止），黄翔瑜编：《入越交涉》，第 31—33 页；《入越交涉·编序》，第
XI 页；《国民革命军战役史第五部——戡乱》第六册，第 409—425 页；《国民革
命军战役史第五部——戡乱》第七册，第 202—209 页；《石鉴辉先生口述访谈
录》，黄翔瑜访谈记录：《留越军民访谈录》（一），国史馆 2007 年版，第 6—18
页。张文鸿：《桂系部队在粤桂边境的覆灭》，全国政协文史委编：《文史资料选
辑》第 55 辑，文史资料出版社 1965 年初版、1981 年重印，第 136—137 页；刘
国举：《第二十六军在滇南覆灭见闻》，全国政协文史委编：《文史资料存稿选编》
第 11 册，第 507—512 页；该书编审委员会：《中国人民解放军陆军第五十四集团
军军史·平而关围歼战斗》，解放军文艺出版社 1992 年版，第 662—667 页；军事
科学院军事历史研究部编：《中国人民解放军全国解放战争史》第 5 卷，第 420—
422、491 页；胡兴义：《铁厂战斗》，麻栗坡县政协文史资料研究委员会编：《麻
栗坡文史资料选辑》第二辑，内部印刷，无出版时间，第 5—13 页；洪小夏在金
平县金水河镇、金水河村的田野调查，在富宁县木央镇、木杠村、普阳村的田野

调查，在麻栗坡县董干镇、马崩村的田野调查，2011 年 11 月 7—11 日。

9　本节综合下述资料撰述：黄杰：《海外羁情》（四）（五）（六），台北《传记文学》第 10 卷第 5 期（1967 年 5 月）、第 6 期（1967 年 6 月），第 11 卷第 1 期（1967 年 7 月）；《国军撤越及处理经过辑要》（1949 年 12 月 11 日起 1950 年 7 月 1 日止），《入越交涉》，第 34—40 页；《国防部第五厅签呈》（1950 年 11 月 1 日），《入越交涉》，第 194—196 页。

10　以上 4 段综合下述资料撰述：黄杰：《海外羁情》（五）（六），台北《传记文学》第 10 卷第 6 期、第 11 卷第 1 期；《国防部第五厅签呈》（1950 年 11 月 1 日），《军情局长毛人凤致国防部电》（1950 年 11 月 29 日），《入越交涉》，第 194—196、198 页。

11　以上 6 段综合以下资料撰述：黄杰：《海外羁情》（七）（八）（九）（十），台北《传记文学》第 11 卷第 2 期至第 5 期（1967 年 8—11 月）；黄翔瑜编：《富国岛留越国军史料汇编 2·孤岛生活》、《富国岛留越国军史料汇编 3·运台编拨》的相关内容，国史馆 2007 年版。

12　于衡：《柳暗花明又一村》，台北《传记文学》第 24 卷第 1 期（1974 年 1 月），第 79—80 页。

唐继尧时期云南侨务论略

陈　俊（云南大学人文学院历史系副教授）

唐继尧（1883—1927），字蓂赓，云南会泽人，曾深刻影响过民国初期的云南政局，对其一生功过是非，史家评价不一，本文无意多加评论，而就学界甚少注意的该时期侨务问题，拙文拟作分析探讨，略加评析，以求教方家。

一、唐继尧时期的云南侨务

1912 年 1 月 1 日，中华民国成立。民国政府承袭了晚清政权对华侨奉行的"血统主义"原则，视华侨为国民，采取保护华侨的政策。而响应武昌起义成立的云南军政府，尊奉中央政令，重视侨务，兹述于下。

1. 吸收华侨参政议政

民国元年（1912）九月，临时大总统公布了《省议会议员选举法》，该法对于滇侨并无特别规定，于是滇军都督向国务院请求道："查侨缅滇人，旅居国外；三迤土司，远在边徼，与滇关系密切。如概以普通法绳之，其选举权未免有名无实，特拟定《侨缅滇人暨沿边土司选举代表简章》，电饬沿边各地方官，转饬滇侨及各土司照分配名额选举。俟正式省议会召集时，同时令饬到会，予以代表名称，准其在会陈述意见，不加表决，以示与议员有别"，为华侨代表争取参政权。随即，国务院电复称："原电经参议院议决，可由都督设法遴选数人，给与委任状，以行政官厅特派员名义令其到会陈述意见"，[1]亦即同意了滇军都督所请。于是，滇侨参与进了滇省的政治生活之中。自民国元年至民国十三年，云南共选举了四届议员，每届议会中均有旅缅滇侨代表充任特派员议政。可见华侨始终参与了滇省政务的讨论和管理。华侨取得参政权反映了华侨在地方政府政治生活中的特殊地位与作用，标志着华侨由封建时代的"贱民"成了享有人民基本权利的国民，社会地位得到显著提高。而该时期内，蔡锷、唐继尧先后任云南都督，华侨社会地位的提高体现了地方最高当局对华侨的重视。

2. 设领护侨

云南军政府除给予华侨参政权外，还积极保护旅居国外的滇侨，如在越南设领事一事就作了长期的努力。越南与云南毗邻，在"滇越路未成之前，滇省全持此为通海必经之道。自滇越路开车，交通尤形便利，……就中海防、河内，我侨胞之移往者日多，徒以无领事之保护，致使行旅侨商受无量之痛苦。所谓'华侨身税'也，所谓'护照费'也，所谓'过境税'也，或为仅限于华侨与越人之苛捐，而等我于己国之越民；或虽为中西侨民之所共同负担，而对华税率特重，旅越华侨剥受切肤，历请依约设领，以图救济"。然而，设领之事"迭经京部滇省往返咨商，酌拟应付方法，久无善策……民国三年，河内总督沙河来滇游历，省政府乘友谊正洽之际，将此案提出质问，沙河仍坚持前议，并作更进一步之要求，声言请我政府承认在越华侨身税以为交换条件等语"，"嗣后，旅越侨胞屡次呼吁，本省政府亦迭经交涉，而法人借词推展，狡为应付"²，仍是不了了之。但省政府未放弃努力，1921年，在美国华盛顿召开的太平洋会议上，云南外交司向中国政府递交提案，要求中国代表团在太平洋会议上提出取消旅越华侨人头税，给予华侨平等待遇的要求。提案中指出："按照约章成案，前清李大臣原奏，及出使英法义（应为"意"）比薛大臣咨呈总署原文，与法外部议除旅越华侨身税，至为详明，乃在彼竟违背条约规定，将我侨民区分等级抽收身税，于吾侨之经济人格均关重要。"³可是华盛顿会议后，越南华侨的命运并没有任何改观。直到1930年5月16日，中法两国在南京签订了《规定越南及中国边省关系专约》，两国就中国在越南设领，越南华侨待遇以及中国商品假道越南出口的通过税等方面做了明确的规定。⁴然而，由于各种原因，迟至1936年，中国才真正在越南的西贡与河内设置领事员。时隔云南地方政府之请已二十余年，但毕竟是持续不断努力的结果，正如《云南杂志选辑》上所云，"夫安南华侨，既因滇督之奏而设领事矣……"⁵由此过程可看出云南最高当局为保护在外滇侨而作出的持续努力。

3. 求取募捐支援革命运动

云南地方政府在采取措施改善华侨政治待遇，保障海内外华侨权益的同时，在历次政治运动中，也求取华侨的支持。

　　如民国四年（1915），袁世凯窃国称帝，唐继尧、蔡锷在云南发起了护国运动。为加强与海外侨胞的联系，云南都督府军政部外交司兼管部分侨务工作，从组织上保障侨务活动的开展。为赢得海外侨胞的理解和募捐支持，解决财力困难，唐继尧先后向海外侨胞致电。在第一封电文中说："诸父老昆弟，侨居海外，眷念祖国。山川深阻，不能自致，用特沥陈起义实情，请赐明教……"，[6]将护国起义的原因、意义等公诸于广大侨胞，获取理解和同情。在第二封电文中则进一步号召说："惟是义师既起，饷需浩繁，滇黔瘠区，库储无几，民生困敝之秋，复不忍再加负担，重累吾民。素仰我海外父老、昆弟，眷怀祖国，高义薄云，是以率同滇黔全体士民，南面顶礼，电饬援助……如蒙解囊相助，或随时径汇滇垣经收，或汇数集港，候派员领解。倘得源济无缺，士饱马腾，拯同胞于陷溺之中，复共和于危亡之际，则贵埠义声，铄古今、震中外矣。专此布恳，敬请袗鉴。"[7]明确希望海外侨胞予以援助。同时，还恳请美洲华侨筹饷，如在 1916 年 1 月上旬发出的《请充护国军美洲筹饷代表文》中说："……惟是首义区域，军用繁多，负担特重，非广呼将伯，厚集饷糈，无以收士饱马腾之效。素审侨美诸同胞，高义干云，热心爱国，知危必救，有同捐乘之弦高，见义勇为，肯让输财之卜式，闻兹义举，定予维持。用特敦请先生充任护国军美洲筹饷代表，窃盼登高呼应，慨投义金，集腋成裘，共襄义举。他日横磨十万，直度潇沱，组练三千，克摧强敌，竟共和之全绩，还乐利于民生，皆仁人之赐也！惟诸君实图利之。为此照会。"至 1916 年秋，共募得 12.8 万余元。[8]对此结果，唐继尧在《为滇军署布告收到华侨助饷数及姓名清单一事所作的说明》的电文中指出："……惟滇省以著名瘠苦之区，不自量力为义所驱，供莫大之牺牲，膺非常之艰巨，指天画地，罗掘皆穷。幸赖南洋各处华侨关心祖国，同倡义捐，借资挹注……虽各方汇寄为数无多……则是役也，虽各省起义将士之功，抑我华侨捐资仗义之所赐也……"，可见，华侨对护国运动的支持很大。1917 年 9 月，孙中山领导的护法运动爆发，唐继尧为解决粮饷军需困难，再度向南洋华侨募捐，并委派徐印进为宣慰专使，到南洋各地宣布慰问，筹募资金，又以讲武堂华侨学生名义向南洋华侨致信说："……徐专使到时，务乞优礼招待，以答滇中厚情，并望互相劝勉，慨助饷需，钜万盈千，集成巨额，俾前敌款项，赖以不匮，不使滇中将帅致叹于点石无方，聚米乏术……"，将信广泛寄至南洋各商埠会馆，求取募捐支持。[9]

4. 引资兴滇

在地方开发建设方面，军政府仍对华侨寄予厚望。如唐继尧为解决创设云南航空学校的经费，于 1918 年 2 月特致函美洲国民党员大商业家说："……窃观欧战以来，飞机效用最广，各国争相讲求。吾滇亦经筹议，只以厄于经费人材，骤难着手。前嘱董泽君留学之余，从事调查。昨军次毕节得董君书，拟先集热心侨商捐资，筹设云南航空学校……"，[10]即求取美洲华侨的资金支持，用于创设航校培养军事人材，增强地方武备。

旅居海外的华侨中不乏拥有巨资的工商业者，他们具有爱国爱乡的优良传统，除倾资资助云南的护国、护法运动，创办航校外，还愿为家乡的教育事业作贡献。如留学生董泽、杨克嵘、张邦翰等学成归来后，积极筹资奔走，为创建东陆大学作出了人力、财力贡献。

二、唐继尧时期政府重视侨务的原因

民国成立后云南地方政府之所以比较重视侨务工作，并为此制定了相应的政策，采取过必要的措施，取得了一定的成效，是有其历史必然性的。

首先，云南地方政府重视侨务，是当时形势发展的要求，是历史发展的必然结果。广大华侨长期以来身处异域，寄人篱下，备受歧视，孤立无援，因而期盼祖国强盛，以作侨胞的强大靠山，为此他们全力支持国内的民主主义革命，贡献了大量的人力、物力和财力。如在护国、护法运动中捐出巨资支援即可说明。华侨对革命的贡献巨大，正如孙中山所说："华侨为革命之母。"而蔡锷、唐继尧青年时即在海外求学，成为"侨生"，不仅了解华侨处境的艰难，而且在日求学期间，就参加了有云南和部分缅甸华侨参加的云南同盟会支部，[11]能够深刻体会到华侨与祖国革命和建设不可分离的关系，所以在他们成为地方最高长官后，也将华侨视为革命和建设的主要依靠力量之一。因而也就有了唐继尧等地方长官爱侨护侨，求取华侨支持之举措。

其次，民国建立后，云南服从中央政令，境内政治形势相对稳定统一，更有可能重视及顾及侨务，制定相关的侨务政策，并大力贯彻实施。况且，云南因毗连中南半岛，两地人民情感、文化之联系沟通频繁，旅居贸易各地之华侨众多，作为一个地方政府，它必须在某种程度上表现出维护滇侨的一面，所以它不遗余力地加强侨务工作，提高海外华侨的政治地位，维护侨民的海外权益。

三、对唐继尧时期侨务的评价

　　综上所述，近代以来，随着民族国家观念的传播以及中国本身民族危机的加剧，海外华侨的民族主义思潮逐渐形成，华侨在政治、文化和民族意义上对祖国有了更为强烈的认同，他们日益关心思念祖国，虽留居海外，但子民的身份不变，忠诚的观念如故，这种情感和行动就滇省而言，体现在对云南护国、护法运动的人、财、物力支援和参与。另外，祖籍国（地）政府也将华侨视为公民，尽力提高其政治待遇，维护好各项权益。当华侨需要支援和帮助时，总是竭尽所能，去扶危解困，爱侨护侨，做好有关工作，构成了华侨与祖籍地政府双边的良性互动关系。

　　民国创立之初，在革命运动的时代背景下，云南地方政府一方面号召海外华侨捐资输物，支援革命；另一方面，又鼓励华侨投资兴矿，开发地方，发展科教，并为提高华侨的政治地位作持续努力，此时虽无侨务工作之名，却有侨务工作之实。综观整个民国时期，侨务机构设置不断完善，侨务措施日趋务实，收到了一些成效，其侨务政策和实践可称道之处甚多，而在1913—1927年唐继尧执掌滇政的14年间，吸收华侨参政议政、努力设领护侨以及号召华侨捐资革命、引资兴滇等作为，无不在提高华侨政治地位的同时，也因势利导，推进了当时社会经济的发展，尤其为在越滇侨设置领事所作的持续努力，利用个人声望号召华侨捐资革命及创办学校等方面，唐继尧都起到了积极的作用，其筚路蓝缕的首倡之功，是不应该被历史忘记的。

注　释

1　2　6　7　云南省志编纂委员会办公室：《续云南通志长编》1985 年版，第 1067、103、1212、1212—1213 页。

3　《中法越南商约问题及修改各商约草案和意见》，中国第二历史档案馆馆藏档案，第 567 页。

4　王铁崖：《中外交约章汇编》，三联书店出版社 1962 年版，第 806—809 页。

5　《云南杂志选辑》，科学出版社 1958 年版，第 185 页。

8　11　本书：《云南近代史》，云南人民出版社 1993 年版，第 260、197 页。

9　10　云南省档案馆：《云南档案史料》1985 年版第 8 期，第 1 页。

朱德与云南辛亥革命研究四题

——纪念辛亥革命 100 周年

吴宝璋（云南师范大学教授）

朱德是中华人民共和国的开国领袖，是开国时中共中央五大书记中进过军事学校受过严格军事训练的唯一一人。他所进过的军校即云南陆军讲武堂，是清末民初中国著名的三大军校（另两所为保定军校和东北讲武堂）之一。云南辛亥前革命力量的积蓄和培植就在云南陆军讲武堂。

朱德是中国人民解放军的缔造者之一，是中国工农红军、八路军、中国人民解放军的总司令，中华人民共和国十大元帅之首，世界著名的军事家。他的军事实践的起点是从云南辛亥"重九"起义开始的。

30 年前，笔者发表《朱德同志在云南》[1]一文，此后一直关注有关朱德在云南的研究及其相关论著。长期以来，研究和介绍朱德的著作已有许多，比如，《伟大的道路——朱德的生平和时代》、《朱德自述》、《朱德传》、《朱德画传》、《朱德年谱》等等，还有相关数量与朱德有关的读物。其中，《伟大的道路——朱德的生平和时代》[2]是美国友人艾格妮丝·史沫特莱 60 多年前对朱德的访谈记录。它和《西行漫记》一样，是当时向世界介绍中国革命史的著名作品，也是长期以来，人们了解朱德新中国建立以前的生平事迹的最重要的作品。当然，由于当时主客观条件的限制，包括访谈的记忆及记录等原因，书中有关人物的名称、地名等都存在一些难以避免的舛误。此外，学术界关于朱德与云南陆军讲武堂、朱德与云南辛亥革命等方面的研究还不够深入，许多问题，或语焉不详，或众说不一。

值此辛亥革命百年之际，谨将上述若干问题，进行梳理考辨，撰成此文，以作纪念。

一、入学讲武堂

报考云南讲武堂是朱德入学讲武堂的前奏，他经历了两次报考、落榜和录取的曲折。其间，涉及以下几个问题。

（一）与朱德一起来昆报考讲武堂的好友有几人？他们是谁？

1909 年，云南创办陆军讲武堂。朱德偕好友从四川跋山涉水，吃尽云南苦，历时 70 多天，来到昆明报考。一起来昆的好友是一人还是两人？他们是谁？对此有不同的说法。

一种说法是："1909 年 1 月下旬，朱德和敬镕、吴绍伯等从成都乘小船，沿着长江上游的支流岷江，顺江而下"，到了叙府（今宜宾）后，3 人徒步到昆明，报考讲武堂。结果，"敬镕和吴绍伯考取了"，朱德落榜了。[3]按照此说，和朱德一起到昆报考讲武堂的好友有两人，即敬镕和吴绍伯。当然，《伟大的道路》

说与朱德一起乘船、徒步到云南的还有一人："此外还有一个旅客愿意分担船资——他是去昆明某一个法国人家寻求厨师的职业的"；"一九〇九年二月底，在离开成都十一个星期之后，三个赶路人来到一个山岗上，远远望去，在一片细长条的平原上，在海拔六千英尺、翠玉般的滇池北面，已可看到当时被称为云南府的古老的昆明城"；"那天晚上到了昆明，厨师别了两名青年，径直到法国人的厨房去寻求生路"。[4]

绝大多数书籍说，与朱德到昆报考的好友只有一人，但是这个人的名字却不一样。一说：秦昆；另一说：敬镕。

关于两人说，实际上多了一个吴绍伯。此说出自《青年朱德》。经查，吴绍伯确有其人，他是朱德私塾时期的好友。然而，他在高等师范毕业后，就已到云南，进入那里新设的讲武堂。[5]这样，我们就可以排除吴绍伯与朱德一起赴滇报考讲武堂。

剩下来的，与朱德一起到云南报考的好友就是秦昆，或者敬镕。经查考，只有《伟大的道路》说的是秦昆，[6]其他作品一般都称之为敬镕。[7]云南陆军讲武堂负责人李根源收存于《曲石文录》中的《云南承华圃陆军讲武堂同人录》丙班学生名籍（339人）中有敬镕，而没有秦昆。在敬镕的名字后面注有："道镕（号），云南昭通大关厅，实则四川南部县籍。"[8]据此，笔者认为：秦昆与敬镕，当系一人。1909年，朱德与敬镕一同到昆明报考讲武堂，敬镕经在昆的朋友的指点，得知当时讲武堂只招收云南籍的青年，于是将籍贯改为云南昭通大关厅，因而被录取，而朱德填报的是四川籍贯，所以落榜。

敬镕（即秦昆），是朱德1907年在成都就读师范学堂附设体育学堂期间结交的朋友，他是读书人家的子弟。朱德回家乡仪陇县小学堂教体育时，与他一直保持书信联系。后来，正是他写信邀朱德到成都，再一起到昆明报考云南陆军讲武堂。现在还可以知道的敬镕的事迹是：他在讲武堂毕业后，历任滇军初中级军职。1927 年任国民革命军第 16 军 47 师 131 团上校参谋长，曾奉军长范石生命令在湖南海城寻找转战于此的南昌起义军朱德部，并接洽朱德部暂编为该军第 47 师第 140 团与军需补给事宜。[9]

（二）朱德第二次报考讲武堂为何被录取了？

朱德第一次报考前落榜后，盘缠告罄。为了解决眼前吃饭问题，他只好先投军当兵。朱德当兵不久，因为有文化，升任连队文书。又过了两三个星期云南讲武堂再次招生（补招），于是，他第二次报名并被录取。为何第二次报考会被录取呢？这里最关键的原因有两个：

第一，朱德找到了第一次落榜的原因。"秦昆带着几分不安地解释说，他深怕不能录取，在最后一瞬间报了假籍贯"。为什么秦昆会带着几分不安来解释呢？因为他在报假籍贯时没将情况告诉朱德，所以朱德按原籍贯报名因而落榜。落榜后朱德一直很纳闷，甚至百思不得其解：考试成绩应该说没有问题呀？问题出在哪里呢？朱德找不到原因。现在秦昆一解释，朱德就明白了。所以，朱德说："这给了我一次教训"，"我决定以后也不能照实事办了"。[10]

第二，知道了第一次落榜的原因后，朱德就采取了相应的办法：报名时换掉旧名字（朱建德。朱德原名朱代珍，1905 年考秀才时改为朱建德），"改用朱德报了名"；最重要的是"籍贯下面填上了云南某地"（临安府蒙自县）[11]

考试是没有问题的，朱德被录取了。

关于这次补招的原因，以及朱德为何填"蒙自"籍贯，李希泌（李根源的儿子）在回忆文章中这样说："当年朱总曾先后报考两次，第一次未被录取。后来，朱总知道丙班学生优先录取云南开广一带（今文山、蒙自一带）的青年，目的是为了对付法帝国主义者。所以朱总第二次即以临安府蒙自县籍报考，结果被录取了。"[12]《朱德画传》写道："适逢滇越铁路通车，云南政府希望多招收一些云南籍学生，以备将来边陲护卫之用。朱德打听到云南蒙自无人报考，就以蒙自籍应试。最终，朱德考入讲武堂丙班步兵科。"[13]这里，如将"适逢滇越铁路通车"改为"滇越铁路将要通车"，"云南籍"改为"迤南籍"更为贴切。因为滇越铁路云南段是 1910 年 4 月 1 日才通车的，而"云南籍"也缺乏针对性。

（三）朱德入讲武堂是李经羲破格录取的吗？

关于朱德报考讲武堂被录取的情况，应该说是比较清楚的。然而，近来又冒出一种新的说法：李经羲破格录取朱德。为说明问题现将其相关文字抄录如下：

"朱德早年家贫，来报考讲武堂时，因无路费，就迈开双脚，从四川仪陇跋山涉水来到昆明。那天讲武堂报考时间已过，门卫不让进，朱德便与门卫大声辩解，适逢李经羲正在讲武堂巡视，闻其声派人前来查看。当知道此人是从四川步行来昆求学时，料其将来必有大作为，遂当场决定，破格录取。因为讲武堂不招收外省籍学员，朱德就以云南蒙自籍学员的身份考入丙班，第二年又以优异的成绩被选入特别班。若干年后，朱德还多次提起此事，李经羲慧眼识人才，成就了年轻有为的朱德"[14]。

上述这段文字，可以说是一段奇文。其奇有四：一是逻辑不通。李经羲已经"当场决定，破格录取"，后面又来一个"朱德就以云南蒙自籍学员的身份考入丙班"。二是移花接木。我们知道，朱德进入讲武堂在关键时，是得益于李根源的帮助（这在下文还要讲到），因此他们结下了半个世纪的师生情谊。而现在却是李经羲慧眼识人才，成就了年轻有为的朱德。三是语意不详，让人摸不着头脑。该文小标题还冠以李经羲"结识朱德受益多"，然而到底受到何益，未有言明，是朱德抓到李经羲未杀？还是朱德对蔡锷、李根源将李经羲礼送出境表示理解、认可？总之，让人读后摸不着头脑。四是来源不明的"发掘整理"。该书以民国总理"档案"为名；封面上印着宣传性的文字"发掘梳理文献史料；爬罗剔抉，刮垢磨光"；前言中说"把民国政府总理的一些重要事件重新梳理，把历史人物的真实面貌予以揭示"。应该说，该书所披露的上述文字是人们前所未闻的，其重要性也是不言而喻的。然而，这些文献史料是从哪里发掘来的，出自什么档案，作者均未作交代，因此，人们也就不能不对其产生怀疑。

二、讲武堂中的优秀生

进入讲武堂后，朱德努力学习，成为优秀学生，与朱培德并称讲武堂中的"模范二朱"；同时，他还很快就加入同盟会，成为革命党人中的骨干分子。这里，仅谈一谈相关的几个问题。

（一）入学后朱德的籍贯又发生了什么问题？怎么解决的？

1909 年 9 月 28 日（农历八月十五，中秋节），云南讲武堂举行开学典礼。朱德在 11 月入学，大约晚了 1 个月左右。

"朱总入校以后，他的籍贯发生了问题。我（李希泌）父亲认为朱总是不远千里来投考讲武堂的有志青年，主张准许他改回四川原籍，就不要深究了。今天看到的云南陆军讲武堂同人录上，朱德的名字下仍记有'云南临安府蒙自县，实则四川岳池县籍也'等字样。"[15]这段文字比较简约，但事情的关键点是很清楚的。

可以想见，朱德入学讲武堂后，有的教官听到这个云南临安府蒙自县的学员却说着一口浓重的四川话，于是朱德假冒籍贯的事就暴露出来了，而这按照规定，要取消学籍。面对这一情况，朱德很着急，第一次报考落榜，现在录取了又要被取消学籍，于是他为自己进行申辩，但无济于事。这时，担任讲武堂监督的李根源出现了，或者说这件事情到了李根源那里。

为什么李根源会认为朱德是"不远千里来投考讲武堂的有志青年，主张准许他改回四川原籍，就不要深究了"？当然，这个话对提出取消朱德学籍的教官来讲，已经够了。但是，这里有一个很重要的因素没有言明：李根源当时是同盟会云南支部负责人，要在云南开展革命活动，他需要物色、罗致有志青年，而眼前的朱德正是这样的有志青年。也正因为李根源负有云南同盟会负责人的使命，所以他将讲武堂校址颇费心机地选在明代沐英的驻军之地，房屋也命名为"思沐小墅"，滇越铁路通车时组织学员参观通车典礼进行爱国思想教育，学员拉练后又带到黑龙潭薛尔望墓进行反清教育。

（二）朱德何时从讲武堂毕业？

关于这一问题，说法颇多，莫衷一是。总的来看主要有三种说法，年份都在 1911 年，主要是月份不同。

7 月说。《朱德与范石生》说："一九一一年七月，云南陆军讲武堂特别班第一批一百多名学员毕业了。朱德等十八人被分配到蔡锷指挥的新军第三十七协第七十四标第二营左队。"[16]

8 月说。《云南辛亥革命史》："1911 年 6 月，由于李根源、张开儒的力争，李鸿祥以教练处提调的身份积极支持，由李经羲批准，将丙班学生 200 人作为到军中接受实地训练的'入伍生'，分配到 19 镇所属的步兵、骑兵、炮兵、工兵各部队中，编入连排里进行实习性训练。8 月，又将特别班学生，分配到新军 19 镇各部去担任见习军官。云南讲武堂开办以来所培训的800 多名在职军官或见习军官，就被革命党人有计划地渗入到云南新军和巡防军去了"。[17]采用 8 月说的，还有《朱德画传》："1911 年 8 月，下令特别班学生提前毕业。朱德被分配到蔡锷部下，在第三十七协第七十四标第二营左队以见习资格当副目（相当于副班长）。几天后，又当了司务长。"[18]朱和平："1911 年8 月，爷爷从讲武堂特别班毕业，被分配到新军第十九镇第三十七协协统（相当于旅长）蔡锷所辖的第七十四标第二营左队（相当于连），以见习生资格当副目（相当于副班长）。"[19]

10 月说。《云南陆军讲武堂将帅录》：朱德"1910 年入该堂特别班续学，1911 年 10 月毕业"。该书中将讲武堂丙班学员毕业时间均作 1911 年 10 月。[20]特别班与丙班是有区分的，其毕业时间也不一样。因此，此说显得比较模糊。

比对上述三说，笔者倾向于 8 月说。经查，素庵、适生《云南陆军讲武堂的概况》也持此说："1911 年，云南革命党人积极策划准备起义，为了在新军中扎下根子，6 月将丙班学生田钟谷等 200 余人，分发在云南陆军 19 镇的各个步、骑、炮、工标中去入伍，派这些学生深入到标营中去和士兵生活在一起，向士兵进行宣传革命思想工作。8月，将特别班学生董鸿勋等百余人分发到各个标营中去见习，见习军官和入伍生与部队中的革命党人，如73标的黄毓英，74标的梅治逸等互相紧密连系，协同进行工作。这样，部队中的士兵就被革命党人所掌握，给辛亥重九光复打下了稳固的基础。"[21]作者素庵，即李文汉的别号，别字星槎，他是云南陆军讲武堂丙班步兵科学生，所写的回忆录是当年亲身经历，应该说是比较可信的。

（三）蔡锷是讲武堂的兼职教官吗？

《伟大的道路》中谈到云贵总督李经羲信任的人有3个："一个是讲武堂总监；一个是蔡松坡——通常以蔡锷闻名，他是新军第三十七协协统，并兼任讲武堂教官；一个是不久为总督见疑的三十几岁的军官，名叫罗佩金，是四川步兵标的标统"。但该书校注说：据讲武堂同人录，蔡锷未兼过讲武堂教官；罗佩金曾兼任讲武堂教官。[22]

经查，李根源《曲石文录》收存的《云南承华圃陆军讲武堂同人录》教职员名籍[23]中确实没有蔡锷，而有罗佩金。但从这个"同人录"来看，对罗佩金也未注明"兼职教官"。因此笔者认为，兼职教官不一定都列入此"同人录"中，仅根据这个"同人录"就说蔡锷未兼过讲武堂教官，似觉武断。

《云南陆军讲武堂将帅录》介绍蔡锷时，明确指出"他是云南陆军讲武堂兼职教官"，文中还进一步解释：蔡锷"多次到云南陆军讲武堂授课，讲授《曾胡治兵语录》等课程，被后世人认为是云南陆军讲武堂兼职教官"。[24]应该说，这一说法是客观的。

《曾胡治兵语录》，蔡锷写于 1911 年夏，当时蔡应李经羲征召到云南任新军第 37 协协统（旅长）。该书是蔡履职前根据第 19 镇统制（师长）钟麟同命令而编写的，目的是作为训练军队的“精神讲话”。书中辑录清代将领曾国藩、胡林翼两人的治兵语录，加上蔡锷自己的按语，进行点评和阐发。该书后来被称为“中国十大兵书”之一。原书 12 章，后来蒋介石增辑 1 章，称为《增补曾胡治兵语录》，作为黄埔军校教材。抗日战争中，1943 年八路军《军政杂志》曾出版此书，1945 年八路军山东军区又重印出版。

当时，蔡锷的 37 协司令部，和讲武堂毗邻。朱德作为讲武堂的优秀学生是为蔡锷所熟知的。朱德在课余时间常向蔡锷请教问题，还借阅了孟德斯鸠的《法意》和介绍有关华盛顿、彼得大帝、日本明治维新的书籍，以及国内资产阶级共和派主张武力推翻清政府的秘密报刊。[25] 朱德对蔡锷很崇拜，讲武堂毕业后分配到蔡锷 37 协下面，不久就跟随他参加了辛亥“重九”起义。

三、在“重九”起义中

如果说朱德在云南陆军讲武堂中学习到扎实的军事理论，并成为一名坚定的革命者；那么辛亥“重九”起义就是他作为世界著名军事家的军事实践的起点。

（一）追逃兵，火线上被蔡锷任命为连长

1911 年 10 月 10 日，武昌起义爆发。之后，云南同盟会骨干秘密计划，在 10 月 30 日（农历九月初九）午夜起义。起义由蔡锷、李根源任正副总指挥，分别率领巫家坝南校场 74 标

（还有炮标、马标等）、北校场的 73 标同时行动。这天傍晚，北校场新军在准备起义的过程中，被保皇派连长唐元良发现而将其击毙，起义从而提前进行。云贵总督李经羲得知北校场起义消息，打电话给他最信任的蔡锷率部来镇压，蔡锷回答：马上就到。就这样，通过清朝在云南的最高统治者将北校场提前行动的消息传递给南校场的起义新军。

巫家坝南校场新军在蔡锷的指挥下，晚上 9 时开始行动，向省城进军。队伍走出军营不远，朱德所在连队的连长是个帝制派，带着两个排逃跑。朱德指挥另一个排随后紧追，包围了他们，追回了大部分。[26]《伟大的道路》中这一描述，毕竟过于简略，但是它记录了朱德追逃兵这一历史的瞬间。

怎么追？试想，以一排兵力包围两个排，当时双方都有枪，枪里都有子弹，靠动武解决问题，这是不可想像的。可以解释的是，帝制派连长能带着大家逃跑，其唯一的说法是上峰要带我们去造反，这是要灭"九族"的。而朱德平时就在士兵中做革命宣传工作，这时他主要也是唯一能做的事就是紧急地进行宣传号召：清朝自从吴三桂打开山海关入主中原，扬州十日，嘉定三屠，杀害了我无数汉族同胞；鸦片战争以来，在帝国主义列强侵略下，清政府丧权辱国，已成为一个卖国政府，不推翻它，国家就要灭亡，中华民族就没有希望。今天我们的行动就是要推翻清王朝，而不是它灭我们的"九族"。好男儿建功立业就在今夕。于是受帝制派连长蛊惑的士兵纷纷站到朱德一边。

朱德集合好追回来的部队，向正好路过身旁的蔡锷报告，并请求分配战斗任务。蔡锷当即任命他为该连的连长，并率部攻打总督衙门。

（二）攻打总督府，智勇双全，初露锋芒

过去许多书都写道朱德以连长之职率部攻打总督衙门，初露锋芒，立下战功。然而怎么攻打，都语焉不详。

近年来出版的《朱德自述》为我们提供了较为具体的情况。

朱德在 1911 年 8 月从讲武堂毕业，分配到 37 协 74 标下，先任副目（副班长），没几天又当司务长。"当司务长就做士兵运动"，"我当司务长一个月，士兵就运动到手上来了"。"碰上打人的官长我们就对士兵表同情，士兵就高兴；再帮他们写写家信，多上上课，感情好一点，士兵便听话了。运动的结果，只有卫队、巡防营、新兵在官僚一方面，看是靠不住的了。我们的任务是运动制台李经羲的卫队和这一个团，其他部队不归我"。[27]

武昌首义发生后，"谁都想云南（起义）是必然的。这时，李经羲可靠的军官已不多，那里面运动可以说完全是成熟了"。李经羲也加强防范，"在总督衙门里修筑了防御工事，调了机关枪二连，辎重营一营，工队（应为卫队——笔者注）一营"；"官兵一部分自觉得也靠不住了。他们要开始屠杀人了。秘密计划都被偷出来，是机关枪营营长李凤株（应为李凤楼——笔者注）"[28]。

攻入昆明城后，朱德说"这时天还没有亮，四面城墙都被我们占领了，正在围攻府衙门。他们集结一部部队，已退到城中间的五华山上去。因为我事先已与卫队通好，有联系，所以我去攻打制台府。只一冲，卫队就交枪了。制台也跑了，不见了"。[29]

在《辛亥回忆》中，朱德写道："攻打制台府我是参加了的。卫队营和我们曾有秘密联系。过去我曾奉命在他们中间进行过一些活动，现在这些卫队很快就缴了械"。[30]

在《辛亥革命回忆》中，朱德写道："天将黎明的时候，起义部队已经占领所有的城门。接着，我就参加了攻打总督衙门的战斗。在攻打总督衙门的时候，因为卫队营和我们有秘密联系，我自己过去也曾经奉命在卫队营中间进行过一些革命活动，因此，当起义军攻打总督衙门的时候，这些卫队很快就缴了械。"[31]

上述情况说明，一、"重九"起义之前，同盟会分配朱德已在部队中"做士兵运动"，特别是后来朱德的任务就是运动制台李经羲的卫队，并且做好了工作。二、由于朱德事先已与制台卫队通好，有联系，所以他被分配去攻打制台府。三、只一冲，卫队就交枪了。由于工作在先，因此进攻总督衙门时，有战斗，但经过朱德喊话，总督衙门里的卫队听见，就交了枪。这就是朱德生平第一次军事行动"初露锋芒"。它表现出朱德重视思想工作，将工作做在前面；重视军事行动与政治攻势相结合，不是蛮干，这就是智勇双全。

（三）朱德生擒总督李经羲了吗

关于这个问题，《伟大的道路》，以及朱德自己写的自述和回忆文章中虽未明确回答，但却都提到起义军生擒了李经羲这件事。

有不少书籍则明确地说朱德率士兵生擒李经羲：

《青年朱德》说：在四吉堆一个姓萧的巡捕家抓到李经羲，"四吉堆是昆明城郊的一个村镇"。[32]这里作者把四吉堆说成是城郊的一个村镇是错误的。四吉堆在昆明城内，是位于五华山东南麓的一个地片。

《朱德与范石生》："为了迅速缉拿李经羲，朱德马上命令士兵从（总督衙门）后门出去四处搜捕。功夫不大，就在总督府东北面的四集堆一个名叫肖呆保的巡捕家里，把李经羲查获了"。[33]

朱和平在"听爷爷奶奶讲过去的事"中写道："'重九'起义那天，爷爷代替了临阵脱逃的区队长，在黑夜里率部参加攻打云南（应为云贵——笔者注）总督衙门的战斗，并活捉了到处藏匿的总督"[34]。

《朱德画传》写道："第二天晚上，起义军攻克五华山和军械局，第十九镇统制钟麟同被击毙，总参议靳云鹏化装逃走。李经羲藏匿在四集堆一个姓萧的巡捕那里，被朱德搜获，后由蔡锷遣送出境"。[35]这里"遣送出境"应改为"礼送出境"。

综上所述，朱德生擒总督李经羲当是可信的。

1961 年朱德在《辛亥革命杂咏》（八首）的第三首专门写道："生擒总督李经羲，丧失人心莫敢支；只要投降即免死，出滇礼送亦宜之"。不仅写了生擒李经羲这件事，还发表了自己对将李经羲"礼送出境"的看法。蔡锷、李根源对李经羲"礼送出境"，学术界多有批评，认为这是他们革命不彻底的表现。而朱德认为"只要投降即免死，出滇礼送亦宜之"，这就打破了过去旧军队杀俘的旧观念。后来朱德上井冈山与毛泽东组建工农红军，提出"三大纪律八项注意"，这是无产阶级新型军队与旧军队相区别的一个标志。其中有对俘虏"不许打骂不许搜腰包"。可以说，对李经羲"礼送出境"的理解是朱德关于无产阶级新型军队对待俘虏政策的思想萌芽。

四、朱德对辛亥革命的评价

（一）朱德关于辛亥革命的论著和诗作

朱德关于辛亥革命的论著和诗作主要有：

1. 《辛亥回忆》，1942 年 10 月 10 日发表于延安《解放日报》。

2. 《辛亥革命回忆》，1961 年 10 月 10 日发表于《人民日报》，1988 年收入人民出版社出版的《朱德选集》。

3. 《辛亥革命杂咏》（八首），1961 年撰写发表，1986 年收入人民文学出版社出版的《朱德诗词选》。

（二）朱德著作关于云南辛亥革命论述的主要之点

1. 云南是辛亥起义后首先响应的省份之一。

2. 孙中山关心云南革命，云南成为策动革命运动的重要省份之一，是辛亥初年一个重要革命根据地。

3. 辛亥革命前云南革命力量的积蓄和培植与云南陆军讲武堂紧密相连；由于集中了一批留日士官生中的革命党人，云南讲武堂成为革命力量的重要据点；又由于讲武堂培养了大批革命骨干，所以讲武堂成为革命力量的熔炉。

4. 蔡锷是辛亥前后云南革命运动和起义的掌舵人。

5. 云南辛亥革命后呈现出一种新的面貌。

6. 由于辛亥革命打下的基础，所以当袁世凯复辟帝制时，云南发出倒袁的第一声怒吼，在民国初年大放异彩。

（三）朱德对辛亥革命的论述堪称评价云南辛亥革命的指南之论

朱德在云南陆军讲武堂求学时，是优秀学员、坚定的革命党人的骨干；在辛亥昆明“重九”起义中，追逃兵，火线上晋升连长，攻打总督府，智勇双全，初露锋芒，生擒总督李经羲；辛亥革命之后，当袁世凯复辟帝制又参加护国战争，战功卓著，晋升为少将旅长，被誉为"护国名将"。

1922 年，朱德加入了中国共产党，完成了由旧民主主义革命战士向无产阶级革命家的转变。抗日战争以后，朱德根据自己的亲身经历，尊重历史，实事求是，用历史唯物主义的观点，站在中国资产阶级旧民主革命向新民主主义革命发展转变的历史高度，对全国辛亥各省起义进行分析比较，从而做出对云南辛亥革命高屋建瓴的评价，具有权威性。

可以说，朱德关于云南辛亥革命的论述是评价云南辛亥革命的指南之论。

注　释

1　吴宝璋：《朱德同志在云南》，载《昆明师范学院学报》（哲社版）1981 年第 1 期。

2　4　5　6　10　11　22　26　　［美］艾格妮丝·史沫特莱：《伟大的道路——朱德的生平和时代》，三联书店 1979 年版，第 95—97、93、86、95、99、98、112。

3　32　谢储生：《青年朱德》，广东教育出版社 1995 年版，第 63、97 页。

7　比如：郭军宁：《朱德与范石生》，华文出版社 2001 年版；朱和平：《永久的记忆·和爷爷朱德奶奶康克清一起生活的日子》，当代中国出版社 2004 年版，第 23、98 页。

8　23　李根源著，李希泌编校：《新编曲石文录》，云南人民出版社 1988 年版，第 147、156—157 页。

9　20　24　陈予欢编：《云南陆军讲武堂将帅录》，广州出版社 2011 年版，第 251、67、328、272 页。

12　18　25　35　中共中央文献研究室朱德研究组编：《朱德画传（1886—1976）》，四川人民出版社 2006 年版，第 26—27、30、32 页。

13　15　李希泌：《我的父亲李根源》，载李根源著，李希泌编校：《新编曲石文录》，云南人民出版社 1988 年版。

14　宋国涛：《民国总理档案》，人民日报出版社 2011 年版，第 139 页。

16　33　郭军宁：《朱德与范石生》，华文出版社 2001 年版，第 72、90 页。

17　云南省历史学会、云南省中国近代史研究会编：《云南辛亥革命史》，云南大学
　　出版社 1991 年版，第 87 页。

19　34　朱和平：《永久的记忆·和爷爷朱德奶奶康克清一起生活的日子》，当代中
　　国出版社 2004 年版，第 100 页。

21　素庵、适生：《云南陆军讲武堂的概况》，载《云南贵州辛亥革命资料》，科学出
　　版社 1959 年版。

27　28　29 中央文献研究室二部编：《朱德自述》，解放军文艺出版社 2007 年版，第
　　45—46、47、48 页。

30　朱德：《辛亥回忆》，《解放日报》1942 年 10 月 10 日。

31　朱德：《辛亥革命回忆》，《人民日报》1961 年 10 月 10 日。

胡汉民与云南河口起义

范德伟（红河学院教授）

1908 年 4 月 30 日（农历戊申年，光绪三十四年四月一日）同盟会在云南河口发动了震惊中外的起义，起义军的领导人主要有三人，即黄明堂、关仁甫、王和顺。黄兴也曾一度现身河口，但不到 3 天即离开。起义军占领河口后，分兵北上，进抵蛮耗、白河桥一线，终因饷弹不继等原因，于 5 月 26 日（四月二十七日）放弃河口而退越南。

河口起义在辛亥革命的历史上占有重要的地位。孙中山、黄兴等中国同盟会的领导人对之均有很高的评价。孙中山认其为"此为予第八次之失败也"[1]，并将河口起义与其他潮州黄冈之役、惠州之役、钦廉之役、镇南关之役、钦廉上思之役一起并称，说："丁未、戊申两岁之间，举事六次，前仆后继，意气弥历，革命党之志节与能力，逐渐为国人所重。"[2]黄兴则直言："河口一役，感动军界，以致复有安庆之役。"[3]史学研究者则视这次起义为同盟会起义由依赖会党而转向清军的拐点，称："以河口起义为契机，革命派策划武装起义的活动重点，开始转向正式军队、特别是新军"；"这种把策划武装起义的运动重点转移到正式军队，特别是新军方面来，在辛亥革命准备时期内，无疑是一个重要的进步。"[4]

这次起义，除了在前方领导的黄明堂、关仁甫、王和顺等人，还有一位极其重要、关乎全局成败的领导人，他就是胡汉民。那时的胡汉民，是孙中山授命的代表。对于河口起义的将士而言，他的命令等同于孙中山的命令。国民党党史专家冯自由和邹鲁，都曾在他们的著作[5]中肯定了胡汉民的作用。邹鲁认为，胡汉民是进取云南的"主其事"者，他是这样说的："云南之举义。注重河口，以图蒙自，进取云南。以胡汉民驻安南主其事。军事则委黄明堂、关仁甫、张德卿统之。"[6]但目前的学术界对此认识并不够，有的皇皇巨著在讲河口起义时对胡汉民只字未提，如章开沅、林增平等辛亥革命史专家编写的权威著作《辛亥革命史》，在记述河口起义时就未提到胡汉民[7]。有的学者也没有重视胡汉民"主其事"的事实，认为"河口起义的最高指挥者应该是黄兴。起义爆发后中山先生就委任黄兴为云南国民军总司令，节制各路党军。胡汉民依然负责后勤与统筹；黄明堂、王和顺只是前敌指挥"[8]。那么，胡汉民对河口起义发挥过什么样的作用呢？笔者依据各种史料，拟从以下几方面来论述胡汉民与河口起义的史实：受命主持桂滇起义；催促发动河口起义；通过接济款项、请派黄兴督军等方案倾力推动河口革命军进兵；致力起义后勤保障、宣传报道及各种善后工作；反思起义失败原因而向孙中山进言改变依赖会党策略。这是第一次比较全面系统地解读河口起义中的胡汉民，希望能够尽量还原胡汉民在当时的历史地位，以有助于认识他所发挥的作用。其中对一些细节，如黎仲实、关仁甫在起义前被拘等，也进行了考证。

一、受命主持桂滇两省起义

胡汉民（1879—1936），原名胡衍鸿，字展堂，出生于广东番禺，1905 年 9 月加入同盟会，孙中山任其为同盟会本部秘书，从此成为孙中山的得力助手。随后，他主编中国同盟会机关报《民报》，以"汉民"为笔名发表过一系列笔锋犀利的文章，成为同盟会内极具影响力的人物。

1907 年春，鉴于从越南进入两广、云南边境交通的便利，又在一定程度上获得法国的默许与支持，受日本政府驱逐的孙中山，携胡汉民、黎仲实等同盟会领导人，来到法国殖民地越南（时人多称为安南），于河内甘必达街（越南独立后改称陈兴道街）61 号设立革命军之总机关部，积极策动华侨力量，准备发动以广西为中心，粤、滇为两翼的起义。时孙中山化名高达生，胡汉民化名陈同。为加强领导起义的力量，孙中山又函招黄兴（字克强）前来。孙中山的计划，是"当合广、韶、惠、潮、钦廉诸军，以连为一气"[9]，强调"起义须惠、潮、钦、廉同时发动。以便牵制清军"[10]但部署尚未完成，各地起义已接连发动，次第有了潮州黄冈之役，邓子瑜惠州七女湖之役，王和顺钦州、防城之役，黄明堂镇南关（今友谊关）之役，均遭失败。

镇南关起义失败后，法国当局迫于清政府的外交压力，于1908 年 1 月勒令孙中山离开越南。为完成既定之战略任务，孙中山"至是乃将经营粤桂滇三省军事付托黄克强、胡汉民二人代理"[11]，转赴新加坡。但孙中山仍旧计划在桂滇两省的同时起义，以形成对两省清军的牵制。2 月 8 日，他在一封信函中流露出对此布置的十足信心，称自己虽然"离开河内重过沦落天涯的亡命生活，但留黄兴及胡氏兄弟，委以当地及广西一带的策划事宜。黄兴君更为奋发，已进入某地点。尤以云南军着着准备，照其预定计划开展工作。"[12]孙中山所说的胡氏兄弟，就是胡汉民、胡毅生两兄弟。黄兴进入的"某地点"是指钦州，而在云南边境准备起义的，是黄明堂（亦称黄八）、关仁甫（亦名关辅臣、关汉臣）、王和顺（亦名张德卿）等人，"明堂等将镇南关之役退至安南燕子大山之众。潜师于边界者百余人。其散布于车路一带。装为苦力者二百余人"[13]。这是河口起义的基干队伍。

从前引孙中山信函可以判断，黄兴在2月初已经离开河内去准备攻击钦州。从此，留守河内的胡汉民，受孙中山所委托，已成为统筹桂、滇两省起义的总负责人。

二、催促发动河口起义

1908年3月27日（农历戊申年二月二十五日），黄兴率200余人进攻钦州发动起义，在钦廉、上思、防城地区转战40多天，多次以少胜多，并由此而享誉海内外。[14]但准备攻击河口的黄明堂却迟迟未举。胡汉民对此颇为不满。4月24日，他向孙中山报告说："黄八之件。据其同行者，皆云事已急切，而黄八时上时落，恋色贪财，阻误不细。渠于二十复上，再求助百四十元。然查其人则正以收山兄弟已无伙食，而安南人之允借金者不能践约，营盘中人要求伙食，黄八更无以应，亦不敢再向吾等饶舌。弟以其事之真相及如何供给调度，非得亲信可靠有用之人上不可。仲实适归来，其所得诸经验者不少，因使其于今晨带一千元上，戒以必事发动，方给伙食，事发若有所为，则径直往为照料因粮筹款之事。张翼书以黎上，伊亦应允，如河口果能起事，伊亦往为办外交云。"[15]

　　从这份报告来判断，黄明堂未按计划发动，主要原因在于缺乏饷粮，以致连要求 140 元也颇困难。胡汉民对黄明堂迟迟不发动感到气愤，也不怎么相信"恋色贪财"的黄明堂说的话，认为得有"亲信可靠有用之人"亲往河口，以了解"其事之真相及如何供给调度"。恰好黎仲实从黄兴军营中回河内报告军情，胡汉民立即将赴河口任务交给黎仲实，让他带 1000 元作为发动起义的费用，并让他转告黄明堂等人："必事发动，方给伙食，事发若有所为，则径直往为照料因粮筹款之事。"据冯自由记载，此前胡汉民已派黎仲实、高德亮、饶章甫、麦香泉、梁恩、陈二华等 8 人，前往河口对岸之越南老街设立革命机关，"预备起义后办理民政及因粮事宜"。[16]但黎仲实当时在黄兴军中，分身乏术，到 4 月 24 日才赶往老街。

　　就在黎仲实赶到老街的当天，已潜入河口运动清军防营的关仁甫，"闻河口半鹅村骆管带家，有银三千两，适由蒙自解到，因思倘得此银助饷，于事可大有为。乃设计于二十四日夜由老街出发，与马大等率十一人，直破此村，果尽俘获"。关仁甫有此 3000 两银子做起义经费，遂向防军许诺，"凡绝清投降，携械至新坡者，即与银一元"。[17]清军士兵们听说有钱，都跃跃欲试。

　　不过，关仁甫抢掠骆管带家的事，使清政府名正言顺地照会法方，要求协助缉匪，引渡要犯关汉臣。在此之前，清政府在河口的最高职位官员、即对汛副督办王镇邦（王玉藩），已侦知有革命党在老街活动。他"通知法国副领事杜邦（Dupon）说，有革命党藏在法属越南地方"，要求取缔。他怕法方拖延，"连革命党藏匿所在的地名都指出了"。但越南总督派驻当地的专员爱墨里克（Emmerich）奉到法国政府要求"严守中立"的命令，没有采取任何行动。[18]现在，面对刑事案件，法方没有理由拒绝，乃查禁老街革命机关所在地，缉拿黎仲实等8人，并继续搜查，将关仁甫、翟西铭二人缉捕。还好，法方在审知关仁甫即将举事后，对于王镇邦的引渡要求，决定投机取巧，以所抓的是关仁甫，不能证明是王镇邦所求之关汉臣为名，"讵不引渡"[19]。在当地华商各店户联名保释下，法方于4月28日将关仁甫、翟西铭释放。不过，为了向清政府表态，法方仍旧扣留黎仲实等8人不放，直到5月初才按国际法例将他们遣送香港。

黎仲实与关仁甫被捕的时间，冯自由的记载有误。他说，黎仲实等8人在三月（阳历4月）中旬被法方拘押，关仁甫在三月二十三日（阳历4月24日）始至老街，亦被拘禁。[20]关仁甫的记忆也有误，他说自己于三月十四日（4月14日）赴滇时，"黎颂实等八人因法兵搜检，得革命文件，被拘押出境赴港"[21]。但查前引胡汉民的报告可知，黎仲实此前在黄兴军中，于4月18日由钦州返河内，4月24日方去老街。而黎仲实等8人被法方拘押，在胡汉民5月8日给孙中山的报告中，是说被清谍"诬以劫案"而请法方拘留的，[22]故时间应该在4月25日至26日。

河口的局势已经越来越紧张。王镇邦不但侦知老街革命党机关所在，他还得到其部下守备熊通、营管带黄体良（亦作黄元祯）等人通款革命党的密报。他密陈上级，并欲告老请辞以图回避。当上级发来将黄体良调省之信时，老街方面又传来关仁甫被拘的消息。与革命党有联系的军警闻讯，极度恐慌，因为他们准备响应起义的所有情况，均在关仁甫掌握中。熊通、黄体良担心事泄，"决意速举"。胡汉民得知此严重情况，再次急催黄明堂等人迅速发动起义。[23]

三、想方设法推动河口革命军进兵

关仁甫获释后，急忙去找已转移他处藏匿的黄明堂、王和顺等人商议，也要求立即起义。1908 年 4 月 30 日凌晨，起义的枪声打响。由于河口军警多响应，到下午，革命军已占领河口城区和周围炮台。革命军"于河口成立云贵都督府，及总司令部"，关仁甫说是由自己与黄明堂王、顺分任都督和总司令[24]，但黄明堂又用南军都督名义发布安民告示[25]，如此则可以判断云贵都督名义就由关仁甫自己用。革命军还开始就地筹款。由于仓促间难以建立其统治，又急需军费，所谓筹款，就是宣传与强迫并用的募捐。关仁甫回忆：河口商民"踊跃捐输，亦仅得一千七百余元。"[26]胡汉民则称："收复河口，即就地征收义捐，得银三千五百元。"[27]而据海关河口分关主任记载："革命党发布了安定人心的布告，但是并没有完全履行他们的诺言。他们用强力筹巨款，商人们当然要抱怨了。"[28]于是，不少商民都逃往老街。

起义的顺利颇使革命军兴奋。黄明堂、关仁甫等人即行论功行赏，兑现承诺。据胡汉民报告，用于行赏的"花红"计达4800 元。花红一发，革命军很快就感觉拮据了。河口起义能够发动，得益于关仁甫攫取骆管带家 3000 两银。3000 两银，折合约 4000 元[29]，加上黎仲实带来的 1000 元，所募得的 1700 余元，也只有 6700 余元，而论功行赏就花去 4800 元，所余已不足 2000元。即使是按照胡汉民所说募集到 3500 元，总数有 8500 元，扣除花红之费，所余也只有 3700 元。这点钱，按"每人每日至少须发伙食三毛"计算，要维持总数已达 3000 人的革命军，估计也就够 3 天，以致不得不规定"其得河口后来降者即皆不给赏，但发伙食而已"[30]。黄明堂等立即请胡汉民按照当初所说办理因粮筹款事宜，并要求"预发军饷三万金"[31]。

此时，胡汉民既惊喜又焦急。他知道，如果革命军占领河口后，能够抛开各种顾虑而迅速进兵，可直上蒙自、文山（开化），进逼昆明而下全省。胡汉民得到的情报，"蒙自、开化藏枪各数千（藏置为招募新军之用），而守兵各不过两三营，合其附近可取救援之兵亦不过各得两千人而止。以我朝起之锐气，攻彼腐败之营兵，且又有会党相通之妙用，一可敌十，何况彼力之尚有不如我耶"。且他已与"底波洋行私约，如得蒙自，伊有洋行在彼，军用亦可任取，艮班大班私语□□养云；若有占领蒙自消息，请党人告我，我有大好意相酬"。因此，胡汉民认为"大抵若得蒙自，弟在河内亦可尽力运动，使得种种之裨助。"[32]可是，黄明堂等人更关心的是军饷不继，对进兵迟疑不决。胡汉民气愤异常，后来提到此事，还颇有怨言，说："本来占领河口后，蒙自方面没有敌人，而且岑春煊的三千支枪藏在蒙自，我们如果能够乘其不备占领蒙自，并可增加军器。而且到了蒙自以后，我们事先和滇越铁路公司也接洽过，铁路线可以给我们应用，军用品也可以运送便利。可是他们竟迟迟不进，坐失良机。"[33]

为推动河口革命军进兵攻占，胡汉民一方面连电向孙中山告急，一方面在河内华侨中筹款。越南华侨在此前的历次起义中已多有捐助，致胡汉民也有"河内同志力竭于前"的感叹。但在他说明情况后，河内华侨在还是"捐款千余"，孙中山也回电称"三日有款"，胡汉民即拿着电报去找前日才刚捐过2000元的梁成泰之子梁秋，"约以无论何时星款到立即归还"，借到3000元。[34]胡汉民在河内所筹借到的上述款项，总计有6000多元，此前已让黎仲实带 1000 元，继又于 5 月 1 日和 3 日，分两次让甄吉廷、黄龙生各带 2200 元急送前方，以催动进兵。[35]

在得到甄吉廷送来的款项后，5 月 2 日（农历四月三日），同样对大军集结河口饷食会成为大问题感到担忧的关仁甫，主张"分军就食"，"率众数百人，配九响枪四百支，出发红河以绕攻蒙自"[36]。红河沿岸本是关仁甫过去领导三点会时的活动基地，闻关仁甫率大军来，蛰伏的余部纷纷响应，"清兵闻关某之名，皆纷纷来降"[37]，但从 5 月 7 日（四月初八日）进抵蛮耗后，遭到清军西路统领贺宗章等部拦截，遂败退。

5 月 4 日（农历四月五日），黄龙生带的款项来到，王和顺率大军 1500 人[38]沿铁路北上。王和顺沿途收黄茂兰、胡华甫、王玉珠等部降军而据南溪，5 月 6 日，推进到距河口 78 公里的白河桥。得知清开化镇总兵白金柱部先锋 4 营进抵八寨，王和顺分兵去袭占古林箐。[39]"德卿攻古林镇之师，虽有枪六百，然号令颇不统一。德有统带全军之名，未能实践。又与之同军者多新手，战不甚得力，因而古林镇未破"。王和顺遇此挫折，"以粮缺而复返（德卿将兵初七日复返河口）"[40]，与留守河口的黄明堂商议。

坐镇河内的胡汉民对黄明堂、王和顺的做法颇为不满，但因自己拿不出许诺过的款项，只有再想其他办法。5 月 4 日，胡汉民接到黄兴从先安的来电，大喜过望，转而希望黄兴去推动已消极怠战的起义军，便致电孙中山建议："今为补救之法，唯有速令克强出统其军，更使知军事同志，助之指挥，庶可进战。"[41]孙中山"令克到即上滇督师"[42]。同时，他向孙中山详细报告面临的困难与夺取云南的希望，表示"现在我兵已三千余人。每日用银，粮食一项亦几及千元"，且降者日众，饷食日增，"必有大款方堪接济"，"若得十万金，分半为粮食之用，分半为子弹之补充，则大军所至，势如破竹，攻城略地，无后顾之虑。""若因饷绌之故，使来者闻知，不肯踊跃来附，岂不可惜"[43]。

黄兴于 5 月 4 日率部属从钦州退入越南先安，接到胡汉民转来的孙中山电报，感到很突然。毕竟，钦廉善后工作还需要处理。谭人凤记述："时克强尚在粤边，士卒相依为命，不令行。各将领有家眷在海防，海防同志刘歧山以危言吓之，声称不顾大局，扣留克强，必先杀其家眷；克强始得出而驰赴。"[44]黄兴于 5 月 5 日晚从海防连夜乘火车到河内，向胡汉民了解情况后，即于 5 月 7 日晨赶往河口。

黄兴到河口时，是带着满腔热情的。胡汉民向孙中山的报告称，黄兴"精神完足，殊无鞍马之劳"，自己已将河口起义"各将士才干及进展之近情备细告知"。胡汉民是否真把河口起义面临的危机情况详细告诉黄兴，是值得怀疑的。因为把详细情况告诉黄兴是情理之中的事，可以说是不值一提。可他在向孙中山的报告中特别提出，似乎有些此地无银三百两的意味。从后文判断，黄兴从他那里得到的可能只是令人鼓舞的好消息，以致黄兴有"云南敌兵若不能为我患，则或取广西之兵自救。宜于其间更谋出一路于归顺，以牵制之"的设想。如果黄兴真知道河口进兵之难，很难想象他还会有"敌兵不能为我患"的设想。而且，胡汉民也不必再把王和顺临行前的豪言，有些画蛇添足般地放在此，说王和顺曾谓"此行攻战之事必克，以我力充足，而敌势脆弱，又有会党相通，其士卒莫为彼虏用命也"[45]。

黄兴到河口后，才发现情况并非如胡汉民所言。他"见军事进行多疲玩不振，而屯兵不进，尤误戎机，乃力催黄明堂赶速添兵，沿铁路进攻昆明"[46]。当时黄明堂等人亟盼的是得到粮饷接济。胡汉民两次接济，才催动关仁甫、王和顺相继率军北进。从关仁甫回忆说曾得到黄兴派人送来的 600 元[47]来判断，黄兴应该从胡汉民处得到一笔钱，但充其量胡汉民把所余之款全部给他，也只有千余元。这造成一种不切实际之事实，即黄兴仅凭一纸孙中山命令督军的电文，在没有解除黄明堂南军都督职位的情况下，不得不去争取整个起义的指挥权。结果是黄兴在河口，既不能统率将领，也不能指挥士卒，"克兄乃如客矣"[48]。于是出现了一幕由胡汉民讲述的闹剧："克强上去的时候，就督促他们开到前方去，他们的开军队真是妙不可言：第一天开前去，第二天又退回来，第三天开前去，第四天又退回了。开的时候烧许多的纸钱，不晓得又是犯了什么神，一定要开回来。他们并且贪而无厌的要求再发一个月的饷，我就说：'饷不是已经发了吗？至于旧饷，现在还不补发。要是到了蒙自，还怕没有饷械吗？你们放心前进吧！'我们说得口都干了，他们还是不听话。"[49]显然，没有粮饷保障，河口的革命军已经丧失进取心。黄兴见催兵北进不成，又要求加强河口在防御。但因"其人亦不受黄八之指挥，故于河口之设防，抑复疏慢"[50]。黄兴在激愤之下，想去召集随自己退越南的钦州队伍前来督战，乃于 5 月 9 日赶回河内，与胡汉民商榷，胡汉民责其"轻离军次"[51]，他又赶往河口，于 5 月 11 日在老街被法方扣留。

胡汉民闻黄兴被拘，急派河内粤侨会馆帮长杨寿捧等与法方交涉。此时法方已连遭清政府抗议，对革命党的态度已从中立暗助，转向支持清政府维持旧有秩序。法方做出几个对革命党颇为不利的决定：一是在革命军占领河口后即禁发密电，并在明电中限发疑与起义通款之信息；二于 5 月 12 日下令将甄吉亭、黄龙生等在河内与河口间往来担负交通任务的人驱逐出境。胡汉民在

5 月 13 日给孙中山的报告中，谈及这两方面，颇显无奈与苦恼，称："前一事使吉亭、龙生他去，则夺为之爪牙，后一事禁密电，限制明电，则扪我之喉舌，加以来款艰涩，军事迟进，办事困难，实无可言喻。"[52]法方在拘押黄兴时，是误以为他是日本人，当时法方在越南"最防日本"，在审知黄兴的真实身份后，下逐客令让其出境，并做出第三个对革命党不利的决定，即在铁路、码头等戒严检查。这一来，使胡汉民所购定的军械，亦不能输送。[53]而国内外闻讯欲从海防赶往河口的革命党人，如谭人凤、黄嵩南等人，亦被截留。[54]

至此，河口起义军依赖越南的后勤运输，终为法国人所截断。冯自由记载："河内机关部虽曾派侨商黄隆生、甄吉亭等数人解送米粮，然其后亦为法官禁止通过，遂有绝粮之虞。"[55]此前胡汉民一直切盼孙中山的巨款。孙中山在新加坡绞尽脑汁想方设法去筹款，"卒不如愿"，[56]以致有"吾党财政之困难，真为十余年来所未有"的感叹[57]。而此时，即使有款项，估计也很难接济河口了。从 5 月 13 日胡汉民给孙中山提交第二份报告之后，直至 5 月 26 日革命军放弃河口，胡汉民在爪牙被夺、喉舌被扪的情况下，亦难与外界联络。

四、致力善后工作

河口革命军既与河内失去联系，已知道难有饷械接济，且法方戒严，也断了动摇者逃跑的路。于是，面对清军西路贺宗章、中路王正雅、东路白金柱所统领之 70 余营大军[58]，王和顺等人竟奋力厮杀，支撑了近 20 日，最后选择"移师桂边，再作后图"，黄、关、王等首领离开部队潜往河内，"而使部将何护廷马大等率领余众东向"。[59]何伍（何护廷）等率部在中越边境转战数月，与清军及法军均有过交战，使清政府与法政府均感到难堪，且有部分溃散的革命军把他们的武器转交给越南的革命者，"法人于是大忌中国革命党"[60]，一方面派大军围剿转战越边的革命军部队，一方面又四处搜捕革命党领导人及溃散士兵。

从黄兴入钦州统军，胡汉民已经成为居河内统筹、调度之总负责人。他在给孙中山的报告中曾说："弟此次一人独当要职，自河口克服以来，笔舌不停，而策应为谋，又皆出于一人，体质孱弱，尤恐不胜，差幸以喜奋愉快之故，振起精神，尚能勉强从事耳。"[61]面对日益不利的形势，胡汉民知道，自己如果被法方拘押，革命党在河内就真成为群龙无首之状。因此，他遣送家人，匿居不出，只与少数可靠党员接触，密遣他们安排各种善后事宜。胡汉民自己回忆："余此时之任务，乃在收残败之局。党员之因此被拘者，必须营救之；即诸散卒无所归者，亦必设法资遣。余决不能为法警所侦获，使一切无人负责，乃先遣家人行，只身匿居黄隆生洋服装店楼上，两月不下楼，使干练可靠之党员，为余奔走料理。"[62]胡汉民主要致力于营救被法方拘押的革命党人。他说："后来我终于设了种种方法把东京来的谭人凤、倪映典、黎仲实一批人和在河口失败退下的工人统统弄出来送到安全之地，我的心事才掉了一半。"[63]而对于在越边转战的革命军，法方觉得不堪其扰，同意当地华侨土豪梁正礼（绰号疤头梁）出面调停，在革命军卸械后，由法官送给旅费后保护出境，送往南洋安置。[64]到 6 月底，胡汉民见各事俱就绪，方潜往香港。回顾在湿热天气下匿居的这段时间，他称："此数月经过之烦闷，乃为余生平所未遇。余向不吸纸烟，既屏居，不常与人通，又局蹐小楼，寝食于斯，两月余有如监狱，只能以纸烟消遣，由此年始，至今不能戒。"[65]

五、对起义的反思与总结

综上所述，可以看出胡汉民实际上起到了河口起义总指挥的作用。他在河内受孙中山委派主持大局，"事前负责策划，事后为之接应"。[66]他代表孙中山给前方起义军发号施令，并及时将前方情况通报孙中山。在黄兴以"中华国民军南路军"名义转战钦廉上思时，胡汉民在河内已使用"南军大营"的名义致函策反广西军队统领陆荣廷、陈炳焜等人。河口革命军黄明堂使用"南军都督"名义，关仁甫用"云贵都督"名义，王和顺称"云贵军总司令"[67]，以名义而言均在"南军大营"之下。为策应起义，胡汉民实际上还直接担当了后勤保障和宣传报道的重任，一方面竭力购械募款，一方面向各地通报起义进展，争取舆论支持。限于当时的条件，他所发电文已没有档案可查，但他在5月8日和13日两次致函孙中山的报告书，成为研究河口起义最原始的文献。他所募借到的款项虽然不多，约有6000元，先后让黎仲实、甄吉亭、黄龙生三次送往前方的达5400元，所剩无几的余款还要购械购粮、营救被拘押革命者。在河口起义之前，国内外的报刊舆论对革命军历次起义少有赞誉，但在河口起义中，除了同盟会自己的报刊，如《中兴日报》、《云南》杂志等赞扬革命军，其他许多地方的报刊也多倾向与同情革命军，致有中国海关洋员观察所得之"越南的舆论本来就赞成革命党"[68]的感受。

还需要特别指出的是，河口起义失败后，胡汉民就在深思失败的原因。这从他后来对河口革命军的严厉批评中可以看出来。尽管这些批评有片面之处，如他认为黄兴离是起义失败的重要原因，便值得商榷。[69]但这支主要由会党和投降军警组成的革命军队伍，确实存在无款即不发动、无款即不进兵、无款即不听指挥等行为。从中，胡汉民看到致命的缺陷。在河口起义发动后，他曾致电孙中山谈及起义军，"谓就其素质与动机，恐无甚奢之希望，因此次以河口变军为主力。此军队实未受革党主义之陶熔，其变而来归，虽然受党人运动，但只因其乏饷与内部之不安而煽动之；其军官向来腐败，尤难立变其素质，而使之勇猛进行。"[70]到香港时，他与赵声（赵伯先）商谈了这些问题，赵声认为："以后举事，民军简直不可用，非运动新军不可。民军太无战斗力，太无训练。"这与胡汉民可谓英雄所见略同。[71]胡汉民到了新加坡，汪精卫论及未能募集巨款资助河口的事，胡汉民即说："河口失败，决不能以军费不给为解，其初已呈弱点；及克强被逐出境后，该军更无勇气前进，纵得多金，亦无益事矣。"在同孙中山计划今后的革命方略时，胡汉民便提出不再依赖会党而当策动新军的问题，说明会党首领"难用"，部属也是乌合之众"不足恃"，今后"当注全力于正式军队"。孙中山表示："会党性质我固知之，其战斗自不如正式军队，然军队中人辄患持重，故不能不以会党发难。"胡汉民说："余察军队中标统（团长）以上官，往往持重，其部队未有革命之思想，则更无怪其然；军队运动，宜加注重于连排长以下。"孙中山接受了胡汉民的建议，"于是密下数令于党员之负有任务者"。[72]从此开始注重策动新军。学术界认为，"革命军事进行的方针，由运用会党而转向新军，实由于河口之役失败的经验。"[73]这是同盟会革命的一个转折点，即由依赖会党而转向新军。胡汉民悄然促成的这一转折，3 年后演成了全国新军的大革命——辛亥革命。

注　释

1　孙中山：《有志竟成》，朱正编：《革命尚未成功——孙中山自述》，湖南出版社 1991 年版，第 65 页。

2　孙中山：《中国革命史》，朱正编：《革命尚未成功——孙中山自述》，第 94 页。

3　黄兴：《广州三月二十九革命之前因后果——民国元年在南京黄花岗周年纪念会演讲词》，近代史学会编：《辛亥革命资料丛刊》第 4 册，上海人民出版社 1957 年版，第 167 页。

4　金冲及、胡绳武：《辛亥革命史稿》第二卷，《中国同盟会》，上海人民出版社 1985 年版，第 323 页。

5　冯自由著有《中华民国开国前革命史》、《革命逸史》等著作；邹鲁著有《中国国民党史稿》等著作。

6　10　13　56　邹鲁：《中国国民党史稿》第 3 篇，商务印书馆 1945 年版，第 745、718、745、746 页。

7　章开沅、林增平主编：《辛亥革命史》中册，人民出版社 1980 年版，第 255—258 页记述河口起义，但未提到胡汉民。

8　唐湘雨、姚顺东：《再议黄兴与近代粤、桂、滇边起义》，《学术论坛》2007 年第 8 期。

9　《致张永福函》，1907 年 6 月 5 日，广东省社科院历史研究室、中国社会科学院近代史研究所中华民国史研究室等合编：《孙中山全集》第 1 卷，中华书局 1981 年版，第 404 页。

11　《丁未广西镇南关革命军实录》，冯自由：《革命逸史》第 5 集，第 124 页。

12　《复池亨吉函》1908 年 2 月 8 日，《孙中山全集》第 1 卷，第 359 页。

14　可参见毛注青编著：《黄兴年谱》，湖南人民出版社 1980 年版，第 79—80 页。

15　《胡汉民致孙总理报告钦军解散及滇桂军务书》，此书作于 1908 年 4 月 24 日，冯自由：《革命逸史》第 5 集，第 138 页。疑原文标点有误，笔者略有更改。原文标点为"黄八之件据其同行者皆云事已急切，而黄八时上时落恋色贪财阻误不细，渠于二十复上，再求助百四十元，然查其人则正以收山兄弟已无伙食，而安南人之允借金者，不能践约，营盘中人要求伙食黄八更无以应，亦不敢再向吾等饶舌，弟以其事之真相及如何供给调度，非得亲信可靠有用之人，上不可，仲实适归来，其所得诸经验者不少，因使其于今晨带一千元，上戒以必事发动，方给伙食，事发若有所为，则径直往为照料，因粮筹款之事张翼书以黎上伊亦应允，如河口果能起事，伊亦往为办外交云。"

16　冯自由：《中国革命运动二十六年组织史》，商务印书馆 1948 年版，第 159 页。冯自由：《革命逸史》第 5 集，第 141 页将"饶章甫"为"姚章甫"，"梁恩"为"梁思"，孰对孰误，待考。另，冯自由说黎仲实等人成立老街革命机关的时间是"三月中旬"以前。

17　见关仁甫述：《革命回顾录》，中国人民政治协商会议全国委员会文史资料研究委员会编：《辛亥革命回忆录》第 7 集，中华书局 1962 年版，第 245—246 页。

18　1908 年 5 月 1 日蒙自分关河口分关主任额尔德（F. W. K. Otte）致裴式楷第 1号函（自越南老街发），中国近代经济史资料丛刊编辑委员会主编：《中国海关与辛亥革命》，中华书局 1983 年版，第 256 页。

19　关仁甫述：《革命回顾录》，《辛亥革命回忆录.》第 7 集，第 245 页。"华商各店户联名保释"事，见于冯自由：《革命逸史》第 5 集，第 141 页，关仁甫回忆未提及。

20　25　39　46　55　59　64　《戊申云南河口革命军实录》，冯自由：《革命逸史》第 5 集，第 141、142、143、145—146、146、146—147 页。

21　24　26　36　47　关仁甫述：《革命回顾录》，《辛亥革命回忆录》第 7 集，第245、247、247—248、248 页。

22　23　27　30　32　34　35　42　43　45　61　《胡汉民之报告书》，冯自由：《革命逸史》第 5 集，第 148、150、151—152、151、149、150—151、149—150、152—153 页。按：此报告书为胡汉民 5 月 8 日发出。孙中山接到后，曾抄录转发给池亨吉、邓泽如等人。《孙中山全集》第 1 卷第 369—373 页载有孙中山致池亨吉函，内有报告书全文，编者注称"与胡汉民原略有出入，当为孙中山所改"，故以下引用此报告书，当以冯自由《革命逸史》第 5 集第 147—153页的附录为据。

28　《1908 年 5 月 3 日额尔德致裴式楷第 2 号函（自河口发）》，《中国海关与辛亥革命》，第 257 页。

29　银两与"元"比值，是参考河口兵卒"每人每月得饷三两，折下来只得四元"之说。见特派员对镜狂呼客：《调查河口情形记》，中国科学院历史研究所第三所编：《云南杂志选辑》，科学出版社 1958 年版，第 330 页。

31 44　谭人凤：《石牌词叙录》，《近代史资料》1956 年第 3 期（总第 10 期），第 38、60 页。

33 49 63　《胡汉民讲述南洋华侨参加革命在经过》，冯自由：《革命逸史》第 5 集，第 203—204、204、207 页。

37　陈鹤龄整理：《河口起义》，《河口文史资料选辑》第 1 辑，河口县政协文史资料委员会编印 1991 年版，第 222 页。

38　中国国民党中央党史史料编纂委员会编：《国父年谱》上册，中华民国各界纪念国父诞辰筹备委员会 1985 年版，第 245 页。

40 48 50 52　《戊申胡汉民上孙总理续报告云南河口军务书》（1908 年 5 月 13 日）记载："队出三日，又以粮缺而复返（德卿将兵初七日复返河口）"。冯自由：《革命逸史》第 6 集，中华书局 1981 年版，第 194、194—195 页。

41 51 53 60 62 65 70 71 72　胡汉民：《胡汉民自传》，传记文学出版社 1982 年版，第 27、27—28、28、28—29、205、32 页。

54　黄嵩南：《赴河口参加起义被阻经过》，《辛亥革命回忆录》第 7 集，第 178—181 页。

57　孙中山：《致邓泽如黄心持函》（1908 年 5 月 29 日），《孙中山全集》第 1 卷，第 367 页。

58　贺宗章称："此次三路进攻，用兵七十余营，款费百万。"见谈者已巳居士（贺宗章）、次者未山道人（吉仙观）：《幻影谈》，方国瑜主编：《云南史料丛刊》第 12 卷，昆明：云南大学出版社 2001 年版，第 110 页。

66 73　蒋永敬编著：《民国胡展堂先生汉民年谱》，台湾商务印书馆 1981 年版，第 87、90 页。

67　很多人都以为黄明堂是南军都督，关仁甫是副都督，但综合各方资料，可以判断关仁甫也是都督。见范德伟：《戊申云南河口之役革命军都督考》一文，载于范建华主编：《云南省社科界纪念辛亥革命 100 周年文集》，云南大学出版社 2011 年版，第 290—301 页。

68　1908 年 6 月 10 日柯必达致装式楷第 7 号函，《中国海关与辛亥革命》，第 259 页。

69　参见范德伟：《黄兴与云南河口起义》，《中国国家博物馆馆刊》2011 年第 5 期。

边疆地区的"党国"化
——国民党西康地方党部的建立（1927—1939）

秦　熠（中南民族大学民族学与社会学学院讲师）

随着四邻变为列强的殖民地，晚清中国政府在与俄、英、日、法等国殖民地（或其本国）划定边界过程中，由于边疆地区多人烟稀少，开发程度较低，每每为谈判对手所趁，显露出传统边疆统治方式在新形势下的严重弱点。因此中央政府也采取了若干开发边疆、巩固边防的政策，特别是在条件允许的边疆地区开始新建行省，如新疆、台湾和东北三省。直至民国，这一过程尚在继续，至抗战前，除西藏和川边之外，其余地区已全部由中央政府划入行省范围。

西藏问题根源较复杂，其背后有英印殖民政府的直接支持，英国政府亦希望其作为一个半独立地区充当俄英和中英之间的缓冲地带；西藏地方政府则企图借助英国势力割据自立，且西藏政教合一，有民力可依。清末赵尔丰受命办理川边事务，平定地方，改土归流，并提出先在川边建立西康行省，再将藏卫收归中央直接管辖，最终仿东三省总督设立西三省总督。[1]但辛亥革命打断了清政府的整固边疆计划，西藏地方政府在革命后将中央政府势力完全驱逐出藏，西康省亦未能按计划建立，西南边事整理工作遂暂时告一段落。[2]

民国建立后，北京政府虽无力整顿西南边疆，但也利用四川军阀巩固西康边务。而南京国民政府之后亦努力试图建立西康省，以图巩固边疆，收回对藏行政主权。

南京政府是一个党治政权，尽管中央政府没有足够的实力控制地方，但通过地方党务，在其军事经济等力量之外，又增加一层组织控制力量。抗战前，在军事控制之外的西康地区，党务力量的存在就更彰显其重要性，然而国民党西康地方组织的建立，却是一波三折，直到中央政府完成西康建省计划才最终得以实现。

一、"军政"影响下的"党化"：
刘成勋时代的国民党地方组织

国民党西康地方党组织建立之始，史学界多从格桑泽仁受国民党中央指派前往西康筹建党组织开始叙述。[3]然而即使是 1924 年孙中山改组国民党后，西康以国民党名义活动的地方组织也不始于格桑泽仁。

1932 年，曾任巴安县教育科长的刘家驹[4]对西康早期党务发展有一概括介绍，将西康国民党组织的建立之始归功于前西康屯垦使刘成勋，"民国十五年刘禹九为西康屯垦使，兼管民政事宜，彼即以改善边政，解除人民痛苦为己任，开始宣传本党主义，改树党国旗；民国十六年通令西康各县长倡办县区党部，于是西康文化较优之巴安县由县长雷振华招集僧俗商学各界，演讲国民革命及三民主义，总理事略等，约有月余，举行登记者三百余人，票选执监委员，成立中国国民党西康巴安县党部，随时讲演三民主义及国民政府与满清军阀下政府之不同。不半年成绩大著，蓁莽之域倏呈党化之象。风起景从，群归青天白日之下。计先后登记者不下千人，均经填具表册，呈送重庆四川省党部审核。后因军事关系，党证未发。"[5]

1933 年，署名文斗的《西康党务应积极推进》对刘成勋的建党情况有所补充，同样称西康国民党组织建立于 1926 年刘成勋任西康屯垦使时期，不过说明"时所成立之党部，不过是县党部与各校县属区分部而已。其组织亦甚简单，而其活动范围亦有限"，而且指出党部的骨干人物为刘成勋直接派出，"其负责人物，刘氏乃利用其自己训练之西康陆军军官传习所及西康陆军军官学校之康籍学生，自回乡土，宣传三民主义，以唤起民众同情于革命政府而奉行三民主义。"[6]

1926 年初四川省代表团在国民党二全大会上报告四川党组织状况时称，"其中有吕超，原是国民党。袁祖铭、刘禹九，表面上是挂了一块国民党招牌，实际上还是军阀"[7]尽管在四川党部诸人眼中，刘成勋还是军阀[8]，但其建立的国民党组织显然是得到国民党四川地方党组织乃至中央认可了的。[9]

其后刘成勋为刘文辉所败，被迫下野，刘文辉接手川边后，刘成勋建立的地方党部由于缺乏地方当局支持，难以生存下去。"次年西康打箭炉及泸定县县长向休徵亦招集绅商军学各界组织党部，开始宣传，数月内登记者亦数千人，其中以学生尤多。然以西康全区计，除巴安、康定、泸定外，余均观望，未敢开办……十七年四月巴安县长竟敢明令解散。不数月，康泸之党务亦因遭政客嫉视，兼公费无着，相继停办。其后川康边防总指挥刘文辉占领西康，亦拟继续整顿康政，关于党务、教育、交通、行政、经济均有详切之计划。又在成都设立边政训练所，毕业各生，分发西康各县宣传党义，办理建设事宜，成绩尚佳。惟民众已成惊弓之鸟，谈虎色变，望望然不敢遽入。"[10]刘文辉对刘成勋建立的地方政权和国民党组织自然不会放心，不过西康地方政权虽经更迭，当地国民党组织应该还暂时存在并继续发展了一段时间，但国民党地方组织意味着南京国民政府势力的存在并对刘的地方控制产生实际威胁，因此巴安县长解散地方党部及康、泸两地党务被迫停办，背后应该存在刘文辉的指使。[11]

　　西康对于控制边陲具有极其重要的意义，但 1927 年前后，国民政府在当地实际无一兵一卒，国民党建立地方组织，原本也是为了扩张自己的影响范围，如果不能武力征服当地既有势力，则只能与其合作。国民党与刘成勋虽早已建立联系，但刘成勋在被驱逐至川边之前，并未积极参与国民党地方组织的建设；刘在川边的建党工作，显然是因其面临军事威胁以及财政困难局面，必须尽力争取外界援助。而国民党建党工作虽得到刘成勋的支持，但三民主义思想未被当地社会和四川军阀普遍接受，未能真正起到联络组织动员地方社会的作用，因此刘成勋一旦被击败，当地国民党组织也就丢失了其立身之所。

二、"训政"时代的直接"党化"尝试：
格桑泽仁的建党努力

　　西康作为巩固西南边疆重要节点，让国民党上层对其相当重视，尽管刘文辉尽力阻止国民党势力进入自己地盘，国民政府仍希望继续之前西康建省的计划，而国民党中央亦无法放弃在当地建立党组织的努力。然而南京国民政府自 1927 年建立之后，经过北伐、合并武汉政权，终于勉强完成了全国的暂时统一，然而由于内部矛盾又进行了多次军阀战争，直至 1930 年战事才告一段落，此间川康地区只要不直接对抗中央，国民政府方面也就暂时维持现状。1930 年西康甘孜地区发生"大白金利"事件，随即演变为第三次康藏纠纷，1931 年中央派员调解康藏矛盾，藏军在中央代表到达前继续进占西康土地，刘文辉等均主张对藏取武力解决手段，然而此过程中发生九一八事变，中央权衡之下对藏不得不取和缓政策。[12]

南京方面为经略边疆，也储备了一批人才，其中时任蒙藏委员会委员的藏族青年政治家格桑泽仁熟悉西康当地情形[13]，且不满军阀对当地的横征暴敛、因循守旧，热心于西康地方社会政治改革，国民党部分中央人物亦推重其能力与在当地的声望。表面服从中央政府的刘文辉对西康建省计划和建立地方党部虽不予配合，但也不太可能公开对抗，因此以建立"党国"为己任的国民党中央决定另辟蹊径，派格桑泽仁回到西康，利用其社会联系和影响，先创建地方党务组织。[14]

1931 年 4 月 27 日，国民党中央执行委员会第 138 次常务会议决议派格桑泽仁为西康省为党务特派员，带领西康班部分毕业生回西康开展工作。临行前，蒋介石亦委任其为总部参议，并发给无线电台一部，命其随时将康藏情况向蒋报告。[15]考虑到之前与刘文辉的矛盾，格桑泽仁决定"经由云南迤西去巴安，把公署设在该处，他还顺道与云南当局取得某些政治妥协"[16]。西康与云南存在较多关联，争取云南方面的支持也确有必要，然而避免与对西康政治影响最大的刘文辉接触却绝非明智之举。格桑泽仁在云南方面的活动也超出了办理西康党务的范围，甚至引起了国民党中央的不满，"其经过之情形，兹以西康旅京同乡会呈中央执行委员会一文证之，略云：'中央派格氏赴康组织党部，格委由滇转康，受滇主席龙云委任为滇康边区宣慰使，遂停住滇边作政治工作数月，中央命令以西康党务特派员不应兼职云南政治职务，格委即取消宣慰使名目赴巴安组党……'"17

格桑泽仁原定的工作计划是比较谨慎的，除了按照国民党中央要求的宣传党义，推行党务工作以外，亦将发展文化教育放在工作重点，"第一步拟在巴塘、康定两地，设图书馆一所，各附设学校，先由小学入手"，这些计划得到了戴季陶、朱家骅等人的支持。18

1932 年初，格桑泽仁辗转到达西康之后，虽按原定计划推行其建党工作，尽量与刘文辉所部和平相处，但因在云南受到各界欢迎，西康当时处于半无政府状态，当地下层民众对民国政治又几乎无所了解（甚至知中国帝制已废除者都不多），格桑泽仁的行动迅速超出建立地方党组织的范围，开始在抗日名义下建立地方武装。刘文辉对格桑泽仁的活动自然始终保持着高度警觉，双方很快发生冲突，文斗记述了冲突发生的大体过程："到巴经月，与驻军马团冲突，格遂将驻军枪支提缴，二十四军得讯即派兵堵截理化，格委欲同时提缴盐井驻军枪械，但盐井贡嘎喇嘛已先期缴去，因此与贡冲突，乃与藏军合作，共同出兵先将贡嘎解决，再同袭川康军……事未成功，而终于失败。"19但其实格桑泽仁在将驻军缴械后采取的夺权措施恐怕才是刘文辉无法容忍其势力存在的根本原因，这些措施包括：一、以西康各县代表组织西康省人民自治委员会，推纳噶活佛主其事；二、向中央报告西康当局恶行，通电全国声明不再服从现在当局；三、请中央派员组织省政府，并组织西康建省委员会；四、建立西康省防军司令部，组训军队，并由格桑泽仁担任建省委员会委员长及省防军司令，并请中央委任。[20]这些举措无异于公开向刘文辉宣战，国民党中央此时并没有马上吞并刘文辉的意图，得到格桑泽仁的报告后，即急电命其取消省防军司令及建省委员长名义。[21]此时尚处康藏冲突之际，刘文辉未令部下与格桑泽仁公开冲突，但康藏冲突一旦结束，实力强大的刘文辉只需稍加武力威胁，格桑泽仁即不得不离开西康。

文斗认为："格氏不从事于党务之推进，竟乃意气用事，欲徒一逞。党的使命未达，而予康民以不良之印象。……凭心论事，格氏之不从事于党务之推进，咎由自取。而立在旁边观察之，实由格氏与刘文辉之私愿，而引起者也。吾人于此并非谁人之辩获，只有站在党的立场对西康党务前途实抱无限之杞忧。但西康党务，刻下仍由格氏派人主持，其推行成绩之如何吾人未有之闻，不过以其过去之事实和现在之环境观察之，实有期盼中央整理与革兴之必要。"[22]文斗的评价相当中肯，国民党中央派遣格桑泽仁赴西康建党的时机非常合适，但格桑泽仁缺乏政治经验，仅凭一腔热血和幼稚的政治手段，企图依靠中央支持迅速将刘文辉势力从西康驱逐出去，实在属于意气用事。格桑泽仁的活动显然远远超出了国民党中央的计划范围，西康建党工作不仅不能与刘文辉发生直接冲突，反而应该设法取得其支持（起码是容忍），因刘文辉虽二度反蒋，但并未派兵与中央军发生直接交战，中原大战刚刚结束，东北又沦于日本之手，国民党中央必须有足够时间精力应付外来威胁，而不是制造新的内部冲突。

格桑泽仁在西康建党之际，国民党已建立了稳固的全国性政权，其背后有一定的实力后盾；且刘文辉已表示服从国民政府，以达到保全自己实力与地盘的目的，双方合作有一定基础。但格桑泽仁不满足于仅仅建立党组织，意图利用此机会驱逐刘文辉，建立在自己（或国民党中央）直接控制下的党政合一的西康省，对于南京政府来说，这个方向并无重大错误，但格桑泽仁手段上显得操之过急，超出了其任务范围。刘文辉对其反击之际，国民党中央既无实力，也无意向对刘加以制止（或许还有一个重要原因，即国民党中央对格氏"康人治康"的想法亦有所保留，担心其在边地形成新的割据势力，造成新的边政问题）。虽受国民党中央派遣建党，但格桑泽仁对于党组织作用的认识水平尚不如刘文辉，其实际是将建立西康党组织的看做其后建立地方政权的前奏，尽管一直有"党弱政强"或"党弱军强"的说法，但国民党地方党组织是其基层控制力量的另一重要环节，否则刘文辉之前也不会对国民党地方组织使用武力破坏手段，格桑泽仁违背中央精神，直接建立地方政权和武装，恰恰让刘文辉有了驱逐其组织的借口。

格桑泽仁事件也说明，在军阀控制地区，特别是在西康这样信息闭塞，民众文化程度和政治参与程度较低的地区，仅仅依靠没有实力保护的地方党组织，可能无法切实有效地推行"党国"化，没有"军政"作为前提，"训政"实难以着手。

三、党政合作：西康建省后的地方党部建设

不过格桑泽仁的建党失败，应该也使刘文辉看到，国民政府尚无意消灭其势力，因此中央政府也可以是其潜在的合作和依靠对象。[23]而格式建党失败，也使国民党中央不得不考虑以其他方式建党，对地方熟悉的少数民族精英固然有其优势，但建设地方党部在没有军力可依靠的必须正视地方既有控制力量的存在，利用地方军阀的政治参与，虽然会多少影响地方党组织的向心性，

但毕竟地方党组织能够建立起来，并在很大程度上将国民党中央的政策意志贯彻下去。

1933 年 10 月，二刘之战结束，刘文辉下台后被迫退守雅安，开始经营之前不太关注的川边地区。局势稳定后，刘文辉开始认真考虑此前不太重视的西康建省问题[24]。经过与国民政府的接洽，1934 年底国民政府任命西康建省委员会委员，指定刘文辉为委员长，1935 年 7 月西康建省委员会正式成立。[25]之前的1935 年 5 月，围剿红军长征的中央军已借追击红军之机进入西康境内[26]（虽然红军很快离开西康境内，中央军亦在刘的要求下撤出，但既已进入西南，中央军亦可再度轻易进入西康），而格桑泽仁事件之后不久，国民党中央的势力也进入了西康[27]。

然而鉴于之前的教训，国民党中央并没有急于再度发展西康地方组织，而此间刘文辉出于巩固政权考虑，对各方面势力加以援引，却在之后给了国民党中央发展西康地方组织的借口。

事情的缘起在于西康建省委员会（1936 年 9 月移驻康定）秘书长、青年党人杨永浚在康定积极发展青年党，中政分校将此情况反映至中央政治学校教育长陈果夫处；得此良机，陈即于1938 年派叶秀峰、周学昌等人"来康建立组织，发展党员"。[28]在迫使刘驱逐了杨永浚后，"赓即在康定建立西康省党部筹备委员会。刘文辉、周学昌、骆美轮等三人任常务委员"[29]。并开办党务人员训练班，设置康定县党部筹备小组。1939 年 1 月，西康正式建省，国民党中央也正式设立西康省党部，派冷曝东为主任委员[30]，从省党部来说，1939 年已在当地站稳脚跟，如徐益棠当年赴西康考察时，"一九二九年（八月）二十日晴……下午二时半，偕李吉辰先生往访省党部周委员学昌……二十三日……顺道访省党部戚书记长彬如。"[31]和省党部往来多次，显示党部在当地活动已正常开展。

对于县级党部建设原则，前西康县政人员训练所学员张雨湘曾撰有专文建议："成立县党部，使藏族信仰三民主义：佛教以外无信仰，佛学以外无文化，康省藏族，大抵皆然，倘令其长此以往，必遭天然之淘汰，苟操之过急，又必激起其怨怼之心。但康省为我国行省之一，藏族为构成中华民族之分子，三民主义之建设，断不能因此而废弃，是则各县县党部之成立，允宜促其早日实现。不过在未实现之先，应当郑重考虑下列各地：1. 党费问题：查党费一项，筹之于各县，则地瘠民贫，无从筹措，省款拨助，则省库空虚，补助维艰。必须于用费少而收效宏之条件下，设法成立县党部。2. 人选问题：查康省旧辖各县居民，夷多汉少，情形复杂，县指委人选，不仅服膺本党主义者，即能充任，必须兼通康情，能体会其心理者，方能施之裕如，故必由省党部开办党务人员训练班，招收高中以上毕业，曾入本党之优秀分子，入班受训，毕业后，分派各县负责。3. 推行党务问题：查康土著顽固守旧，信仰佛教甚深，外来学说主义，往往坚锢闭拒，不易接受，推行党务工作，必感十分困难，非采取特殊办法，恐无结果。如以内地之各种方式，施之于康地，决无成效可言。据上三点，本省本部县党部之成立，专负党务工作人员，不宜过多，（至多指派书记长指委各一人，雇员一人，即已足矣）而以县政府人员兼充为原则。因康省党政，有不可分离之性，必须县党部与县政府，如水乳之融和，乃能事半功倍，且可省节党费，不致虚耗公帑，而工作之推行，又能互相匡翼，互相连接，以铲除党政机关截然划分之弊。"[32]这其实反映了当时西康一般进步人士对党部作用的期待，从省党部后来的地方组织建设来看，这些建议对于此后省党部后面的社会活动可能产生了一定的积极影响，地方社会活动人士和政府官员对于地方党部建设看来并没有多少反感情绪，本次建党除手段较为稳妥之外，国民党领导全民抗战也为其增加了不少合法性。

随后各县党部的设立次第展开，各党部并进而创办县下基层组织，积极发展党员，为了防止仅仅追求党员数量，提高党员思想素质，地方党部还"决定采用每周举行'总理纪念周'一次的办法，来对党员进行思想教育"，也确实取得了一定效果。[33]使用这类的教育方式，虽有过于形式化的问题，但通过这种纪念活动，边疆地区民众政治参与意识有所提高，和中央政府的距离也有所拉近，总的来看，国民党西康党部建设及其开展的工作尚有相当积极意义。

四、余论

西康的党务建设，是国民党边疆政策的有机组成部分，表明执政党对于国家统一的重视，也为日后西南边疆的稳定提供了组织条件（更为中国抗战获得了稳固的大后方）。国民党西康省各级党部的建立和党务的推进，虽表现出一定的形式性，但这并不说明国民党中央对西康党务采取敷衍的态度，其实恰恰相反，党务的形式化，也说明了国民党对西康党务的重视，不太加以变通；但同时也说明各级党部建立之初，没有足够人员、资金和经验来完成地方组织思想动员，只能暂时建立机构组织，留待来日充实（虽然这与中央的党政军之争有很大关系，但从国民党党务的目标和制度框架来看，其努力方向，还是为达到先建立一个党治国家，然后再走向民治国家的长远目标）。

无论国民党代表那个阶层或集团的利益，一旦其执掌中央政府，它就必须承担起相应的国家责任，特别是维护主权和领土完整，既可以保护自身的安全，也可以增进政权的合法性。在西康建省的过程中，刘成勋、刘文辉都有借重中央势力保全自己的企图，但国民党也试图利用这一机会将中央势力渗入边疆、稳定西南边防。此期间，国民党为巩固边疆、扫清地方割据势力进行了逐步推进的工作，刘成勋建立西康党部，应该有多方面原因，但至少其认为孙中山领导的国民党是当时中国最重要的政党势力，积极向国民党方面靠拢，在川边复杂的形势下，他企图借助一切外界力量帮助自保，而国民党方面也应该认可了他建立地方党组织的合法性（至少没有明确反对）。刘文辉虽积极反蒋，拒斥中央势力入康，在国民党西康建党问题上有意设置障碍，但刘文辉在失去四川地盘后和国民党中央又有相互利用的一面，特别是从巩固边疆角度，二者大的利益还是基本一致的，这构成了合作建党的基础。二刘与国民党中央，大致类似于冯玉祥、阎锡山等人与中央的关系，但二刘尚有不同的一面，除了在川省军阀混战中觊觎对手和力图自保之外，他们处于中原势力难以达到的西南边陲，对于边地亦有守土保国的责任（这种义务仅就边疆军人的思想而言，并非因为刘受到多少来自外界的压力，西康这类未稳定的边地安全主要取决于守边军人的能力和责任心）。

少数民族占优势的边疆地区虽然多为割据势力占据，处于个人或集团利益与中央政府的国家一体化政策相对抗，但并非试图建立分离的国家，边疆地区的社会精英分子对于国民党三民主义理想中的民族平等、国家独立、民主自由等目标有很强烈的认同，国民党组织架构简单，开放性较强，对边疆地区的党组织发展尚有一定倾斜性，尤其是国民党领导抗战时期，其边疆组织发展较为顺利。而国民党中央在实力尚不足以对边疆采取武力统一时，对边疆多取半放任态度，但并不放弃使用宣传、建党等手段向边疆割据地区渗透。对于边疆地区，建党远比建省更有实质意义，建省是形式上为中央政府直接控制（承认其行政管辖权），而建党则是从社会关系上对该地区进行同一化，建立对中央政府乃至民族国家的认同。

蒋介石对党的组织不力、贪污腐化颇多抱怨，甚至企图通过三青团组织重建国民党，但他对党这一组织形式其实一直高度重视，在西康建党问题他的态度相当积极，很能说明他对党的看法。尽管缺乏实力，面临重重问题，特别是西藏、新疆等边地在外部势力影响下有一定分离倾向，国民党中央通过灵活的手段、渐进的立场，基本维系了国家的统一状态，这与国民党处理民族边疆问题上坚持统一政策，并采取了因地制宜的地方党务建设等具体政策有很大关系。

注　释

1　吴丰培：《赵尔丰传》，吴丰培编：《赵尔丰川边奏牍》，四川民族出版社 1984 年版，第 1—2 页。苏德毕力格认为，通过武力震慑手段"收回政权"，是清末对藏新政的一大失误（苏德毕力格：《晚清政府对新疆、蒙古和西藏政策研究》，内蒙古人民出版社 2005 年版，第 148 页），但是以当时形势而论，不借助武力震慑恐怕也确实无法收回政权。

2　1912 年西康地方势力发动叛乱，配合藏军东扩，是为第一次康藏纠纷，袁世凯政府电令尹昌衡收复川边。1915 年至 1918 年，趁西南军阀争夺地盘之际，藏军先后夺取川边大片地区，特别是第二次康藏纠纷之后，西康 33 县中，川军只占 17 县，1922 年藏军再次扰边后，川边实控地区仅为打箭炉以东地区。1925 年北京政府虽任命刘成勋为西康屯垦使，但被藏军占领地区未能收回，西康建省也被搁置（刘国武：《西康建省论》，《衡阳师范学院学报》2010 年第 2 期）。

3　是说约起于冯有志的《西康史拾遗》，认为西康党务一直无人过问，直到格桑泽仁率中央政治学校西康班毕业生回康筹建地方党部。（冯有志：《西康史拾遗》，中国人民政治协商会议甘孜藏族自治州委员会文史办公室 1987 年编印，第 44 页）其后论著未见有格氏之前西康地方建党组织之说。

4　刘家驹藏名格桑群觉，被称为"巴安三杰"之一，是著名藏族政治家，熟悉康藏情况，1929 年应格桑泽仁之邀赴南京工作，1930 年任蒙藏委员会藏事处科员和《蒙藏周报》报社藏文股主任，1931 年加入国民党，任蒙藏委员会藏事处第三科科长，1932 年出版其著作《康藏》，同年 7 月专任班禅行辕秘书长，其后参与了班禅一系列重大宗教与国事活动，在民国时期和建国后均主持和参与了康藏地方的众多政治文化建设。（其生平可参考李明忠：《刘家驹传》，中国人民政治协商会议四川省甘孜藏族自治州委员会编：《甘孜州文史资料》第 11 辑，编者 1990年版，第 73—79 页）有关西康早期国民党建党活动的文字应是自己其亲历。

5　10　刘家驹：《康藏之过去及今后之建设》，《新亚细亚》1932 年第 5 期。按文中时间顺序，康、泸两地党部建立时间应为 1928 年，但实际似应为 1927 年，因下文中称 1928 年巴安党部解散后"不数月"，两地党部即遭解散，且两地党部建立应是在刘成勋下野前在地方当局支持下建立的，因此后刘文辉对西康国民党组织明显取反对态度，更不可能容忍在其治下新建地方组织——笔者注。

6　17　19　22　文斗：《西康党务应积极推进》，《康藏前锋》1933 年第 3 期。格桑泽仁自己记述并无太大差异，只是将冲突直接起因归咎于 1932 年 2 月 26 日巴塘驻军杀害党务宣传干事戴琅琦（格桑泽仁：《康藏概况报告》，出版者不详，1932年版，第 19—21 页）。《巴塘县志》说法略有不同，称"二二六事件"格桑泽仁在其同学杨朝宗支持下提缴了驻军两营枪支（另一营在甘孜与藏军作战），其后格军为藏军所败，藏军直逼巴安，战后格桑泽仁自动离巴。（四川省巴塘县志编纂委员会编纂：《巴塘县志》，四川民族出版社 1993 年版，第 474 页）

7　中国革命博物馆党史研究室编：《四川省党部代表在国民党第二次全国代表大会上的报告》（1926 年 1 月），《党史研究资料》第 4 集，四川人民出版社 1983 年版，第 153 页。

8　孙中山对刘成勋似曾寄予相当希望，1922 年刘成勋任四川省长兼总司令，曾致信孙中山阐述自己安定四川政局的方案，孙中山回信加以鼓励，并拟派戴季陶前往四川探究"实业救川"问题。此后孙中山又专门派张左丞访问刘氏，并致有专门书信，鼓励其"救国治世"。（《孙中山全集》第 6 卷，第 580—581、603—604页）1923 年熊克武、刘成勋共同致电全国，声讨曹锟贿选，将孙中山放在致电者首位（《熊克武、刘成勋呈孙中山声讨曹锟贿选通电》，四川省文史研究馆编：《四川军阀史料》第 3 辑，四川人民出版社 1985 年版，第 376—377 页）。1924 年 10 月 29 日，刘成勋等人致电孙中山，请其入京与段祺瑞协商解决时局："上海联席会议迅转韶关大元帅钧鉴：顷者，冯、胡、孙军人京戡乱，中枢主持无人。昨见合肥及南北要人通电，推请钧座北上，与合肥协商一切。成勋等以合肥近在津沽，昨曾电促先行人京，并请电催钧座北行。兹特电陈钧座，早日启行，以奠国本。是所切祷。刘成勋、熊克武、赖星辉、石青阳、但懋辛叩艳（按：29 日）。"（《川将领促中山北上》，《申报》1924 年 11 月 2 日，转引自中国人民政治协商会议广东省中山市委员会文史委员会编：《中山文史》第 32 辑，编者 1994 年版，第 5 页）从二人的这些联系来看，刘成勋似亦将孙中山作为可信任、有全国声望的领导人，其以国民党名义创建地方组织亦属情理之中。从此前冯玉祥、阎锡山、李宗仁诸部加入国民党过程来看，由前地方军阀建立党部的模式已为国民党中央所认可，刘成勋在川西和西康建立党部只是又一次重复此过程而已。

9　另一则材料也可以看出国民党中央应该认可刘成勋所建立的地方党部的合法性，1926 年底国民党中央执行委员国民政府委员临时联席会议第六次会议决议："六、中央承认四川党部及四川特务委员会所接洽之下各路，至其他将领既就中央所任之军职，同在革命旗帜之下，宜维持和平，不可互有军事行动，如有纷争应请中央解决。"（《中国国民党中央执行委员国民政府临时联席会议第六次会议决议案》，郑自来、徐君莉主编：《武汉临时联席会议资料选编》，武汉出版社 2004 年版，第 116 页）刘成勋既在四川党部（或四川特务委员会）接洽下就任国民革命军第 23 军军长，其建立党部之事应该亦经过与四川党部（或四川特务委员会）的接洽。

11　次年刘文辉部下又在四川邛崃等地杀害国民党党务人员，破坏其地方组织，"邛崃县党部援助民众反抗驻军勒捐，竟遭军队的仇视，驻军竟擅捕枪杀县指委孙鸿图；其后成都各级党部开联席会议，讨论办法，复被军警武装解散，省指委杨全宇，李星辉，黄斗寅，叶松石等，即被压迫出走"（《四川军人破坏党务事件》，《中央周刊》1929 年 3 月 4 日第 39 期）。而刘文辉回复却称："奉鱼日电令呈复枪决孙鸿图并解散五党部联席会议一案，查孙鸿图确系共党首领率徒暴动，谨将办理经过呈复……"（《四川党务纠纷中央已予处置》，《中央周刊》1929 年 4 月 29 日第 47 期）根据四川省党务指导委员会报告，自孙鸿图一案发生后，县指委会被捣毁十余处，梁山县指委冉开先、芦山县指委周复生相继被杀，党务无法维持。（《四川党务纠纷中央已予处置》，《中央周刊》1929年4月29日第47期）时为四川省主席的刘文辉不但打算完全统一四川，甚至有染指全国政局的企图，对此次事件显然有姑息纵容乃至策划帮助的重大嫌疑，在国民党势力较强的四川，刘文辉尚且不能容忍国民党部的活动，更何况是在刚刚建立党部、工作几乎尚未开展的西康诸县。

12 黄天华：《第三次康藏纠纷再研究》，《历史教学》2009年第10期。林孝庭则认为，西藏方面试图利用此事件转移内部不满，并将汉藏边界向东推往金沙江；而刘文辉以试图利用这一"边疆危机"，向南京中央政府索要更多的经济与军事上的资源，并将自己塑造为反抗帝国主义侵略、捍卫中国边疆的英雄，使其在四川的敌手考虑攻击其会带来的舆论后果；而就国民政府而言，这场边界战争反而提供了一个契机，让原本不存在的中央影响力逐渐渗透至川康藏地区，但来自川康方面的压力和九一八事变的发生让国民政府高层决定避免介入康藏战事；但另一方面国民党中央却试图利用康藏边区不稳定的局面，建立自己的势力。（林孝庭：《战争、权力与边疆政治：对30年代青、康、藏战事之探讨》，台北《"中央研究院"近代史研究所集刊》第45期）吴彦勤认为，南京政府由于九一八事变试图尽快平息康藏问题，而刘文辉也随即准备遵照中央指示暂时结束纠纷，其原因是此时四川二刘矛盾激化，刘文辉准备川战，故就此将责任推给中央。但所达成协议引起多方面不满，国民政府将康案交刘文辉处理，适逢青藏军事冲突爆发，刘文辉抓住时机，收复失地，但随后川战爆发，刘文辉必须集中精力对付东方，1932年10月川战达成停战协议。（吴彦勤：《清末民国时期川藏关系研究》，云南人民出版社2007年版，第108—112页）由于此时刘文辉面临两方面压力，国民党中央派员前往西康建党显然是一个有利时机。

13 据格桑泽仁自述，其中学毕业后进入四川雅安军官学校，由步兵科毕业，在西康地方任职一段后赴南京及东北等地，并在东北一带考察，其后即任职于蒙藏委员会，1924年格氏即加入国民党，是第一个藏族党员。（格桑泽仁：《边人刍言》，出版者不详，1946年版，第3—4页）据说在一次中央政府与西藏地方政府的会议，格桑泽仁的翻译引起时任考试院长的戴季陶的重视，会后特别召见其询问康藏情况，并由此深得戴的赏识，在戴的推荐下，格桑泽仁任蒙藏委员会委员兼藏事处处长及蒙藏周报社副社长。其后格桑泽仁又引刘家驹等亲友到南京任职，并通过蒙藏委员会在中央政治学校内附设了一个西康班。（冯有志：《西康史拾遗》，中国人民政治协商会议甘孜藏族自治州委员会文史办公室 1987年编印，第 473—474 页）格桑泽仁等人积极宣传应整顿康政，完成西康建省计划，这些努力为其后国民党在西康建党做了舆论上的准备，储备了一批组织人才，其中刘家驹关于西康党务问题的建议对国民党中央在西康建党的决定可能发生了直接作用（刘家驹：《康藏之过去及今后之建设》，《新亚细亚》1932 年第 5 期）。

14　江沛认为，孙中山的"党治"理念是"以本党的主义治国"，但没有党对行政体系、社会结构的逐级渗透，党义难以进入社会和文化深层，"主义治国"也便如空中楼阁。而南京政府的"党国体制"合法性来源于孙中山的"党治理念"，自然要"党化"行政管理体制，并自上而下展开党组织的运作体系。1928 年国民党确立"训政"时期"以党治国"的政治体制。此后，自上而下的行政体系构建中形成了"党政双轨制"，这是中国近代行政控制体制的重大变化。（江沛、迟晓静：《中国国民党"党国"体制述评》，《安徽史学》2006 年第 1 期）刘成勋的建党工作尚在"军政"时期，国民党中央的注意力主要放在军事工作上，建党问题并非其工作重心。而刘文辉打败刘成勋后，国民政府已是名义上的全国政府，国民党的中心工作应该转向建立控制力能够深入到基层的"党国"（事实上真正将此付诸实施要等到 1930 年的中原大战结束），在国民政府军事上、行政上尚未真正控制的四川和川边地区，国民党如能建立属于自己地方组织系统，无异于在曾两次反蒋的刘文辉控制的地方军政系统之外，建立另一个自上而下的行政体系，从而逐步建立对中央政府权威的认同，将这一地区纳入中央政府的实际管理之下（国民党中央在西康地区建党，尚带有联络西藏、云南、青海等其他边疆地区的目的，在此不加赘述）。

15　18　20　格桑泽仁：《康藏概况报告》，出版者不详，1932 年版，第 13、14、24页。其后文斗这样评价格桑泽仁此行的意义："迄至念年，国府欲积极筹备西康建省，特派蒙藏委员会委员格桑泽仁，前往西康，主办党务，宣传中央德意，以先从开化边民着手，壮哉此行，责任当为重大。国防之繁荣，民众之幸福，均利赖焉。吾人欢唱骊歌之余，谅格氏必能上体中央之意旨，下负康民之雅望，必完成使命。"（文斗：《西康党务应积极推进》，《康藏前锋》1933 年第 3 期）格桑泽仁出发前，国民党中央和西康地方进步人士显然都对这次建党活动寄予了较高希望，特别是蒋介石对格桑泽仁的任命和嘱托，表明蒋对于党组织在解决西康问题上发挥作用亦充满期待，这与其平时对待党务问题态度相当不同。但值得注意的是，国民党中央并未征得刘文辉的同意，仅仅通知刘文辉"知照"（格桑泽仁：《康藏概况报告》，出版者不详，1932 年版，第 17 页）。

16　陈强立：《格桑泽仁、诺那、刘家驹》，《四川文史资料选辑》第 27 辑，第 120 页。

21　《中央执行委员会来文电》，格桑泽仁：《康藏概况报告》，出版者不详，1932 年版，第 18—19 页。

23　尽管刘文辉后来称自己长期反蒋，1938 年后又转向亲共（刘文辉：《走到人民阵营的历史道路》，生活·读书·新知三联书店 1979 年版，第 1—6 页）。但是他没有说明他在反蒋过程中为何也有多次致电蒋表示自己对其拥戴（如《刘文辉上蒋介石表示拥戴电》、《刘文辉致驻京代表表明拥护中央电》，四川省文史研究馆编：《四川军阀史料》第 4 辑，四川人民出版社 1987 年版，第 372、483 页）；而在被刘湘击败退守西康后，他为何又与蒋介石有短暂的合作。从四川军阀纷争时期来看，尽管时有一家势力独大，但其实力又从未达到能真正稳定地统一四川的程度，四川军阀混战局面恰似缩小了的北洋军阀争斗，控制省政的势力强大者多企图武力统一全川，而偏安一隅者多尽其可能援引其他力量以自保，军阀争战中控制范围和力量对比时有变化，一旦居于弱势，原先的敌人甚至也可能化为盟友。刘文辉退守西康之际，也就是国民党中央成为其可能的盟友之时。

24　1928 年 9 月国民政府下令将边地五区改为行省，西康亦包括在内，但由于四川军阀纷争，唯有西康建省命令未能执行（《一九二八年九月十七日国民政府令》，四川省档案馆、四川民族研究所合编：《近代康区档案资料选编》，四川大学出版社 1990 年版，第 50 页）。

25　《（一九三五年七月）二十四日西康建委员呈》，四川省档案馆、四川民族研究所合编：《近代康区档案资料选编》，四川大学出版社 1990 年版，第 52 页。

26　中国第二历史档案馆：《国民党军追堵红军长征档案史料选编（中央部分）》（上），档案出版社 1987 年版，第 494—495 页。

27　曾在原国民党西康省党部宣传处任职的冯有志回忆："民国二十三年（1934）国民党中央所属中央政治学校，派杨倬孙为康定分校主任，率中央政治学校附设蒙藏学校毕业生华崇俊、李春材、刘巨源、黄启光，羊化西……等十余人，到康定来建立中央政治学校康定分校。但这些人来到西康，任务是办学，虽然在学校，也发展党员但不是正式办党。"（冯有志编：《西康史拾遗》下卷，中国人民政治协商会议甘孜藏族自治州委员会文史办公室 1988 年编印，第 44 页）虽然不是正式办党，但设立中央政治学校康定分校显然是办党的序幕，刘文辉对此能够容忍，显然出于对于其处境的考虑；此外康定分校未有广泛政治活动，也是其立足的重要原因。然而中央军一旦进入西康，国民党再发展地方组织即有了安全保障。

28　29　33　冯有志编：《西康史拾遗》下卷，中国人民政治协商会议甘孜藏族自治州委员会文史办公室 1988 年编印，第 45、45、47—49 页。

30　据冯有志解释："冷是大邑县人，与刘文辉是小同乡……他的二弟冷融（杰生），追随刘文辉多年，为刘文辉同各方联系，出力甚多，国民政府定都南京后，冷即任二十四军驻京办事处处长。三弟名冷寅东（薰南）是刘文辉的保定同学，当时任川康边防军第一师师长。亦为刘之得力助手。国民党中央，因此派冷曝东为主任委员，认为他必能与冷融洽相处，对推行党务有利。"（冯有志编：《西康史拾遗》下卷，中国人民政治协商会议甘孜藏族自治州委员会文史办公室 1988 年编印，第 46 页）此外蒋介石派西康人张练庵为西康军队特别党部书记长，并面授机宜，命其帮助刘文辉维持西康内部和平（张练庵：《蒋介石派我回西康的前后》，政协全国委员会文史资料研究委员会《文史资料选辑》编辑部编：《文史资料选辑》总 110 辑，中国文史出版社 1987 年版，第 70—73 页）。虽然抗战爆发后，国民政府完全控制四川，国民党中央在建党问题上还是充分考虑到刘文辉在西康的地位，处处将之放在显要位置，对于刘的这些妥协对于西康地方组织的建立起到了重要保障作用，显然国民党中央从之前两次建党未果之中还是吸取了相当多的教训，本次建党过程显得稳重而成熟。

31　徐益棠：《西康行记》，《西南边疆》第 8 期（1940 年 3 月）。此处时间显然有误，因徐益棠提及此前红军进入西康，且此时西康党部完善，担任省党部委员的周学昌于 1939—1940 年在任，故本文写作时间应为 1939 年。

32　张雨湘：《改良西康省原辖十九县以下党政机构之我见》，《康导月刊》1939 年第 8 期。

日据时期日伪社团
对东北人民的精神控制

曲广华（哈尔滨师范大学）

1931年，日军发动九一八事变，并且很快占领整个东北，直至1945年8月投降。日本占领东北14年，此为"日据时期"。日本为了永久霸占中国东北，通过伪满政府和御用汉奸建立了各种社会团体，作为武装力量的辅助手段，从各个领域对东北人民进行精神控制，以便使东北人民成为日本殖民统治下的顺民。日伪在东北建立的社团组织分布于政治、经济、道德、文艺、电影、美术、体育等各个领域，如协和会、满洲帝国道德会、满洲文艺家协会、满洲美术协会、满洲映画协会、体育协会，等等。日本通过这些协会使其殖民思想深入到民间的各个角落。本文不能对所有的日伪团体逐一论述，只对具有代表性的政治性组织协和会、文艺性团体满洲映画协会给予剖析，以探析日本利用社团在不同领域对东北人民进行精神控制的手段与实质。

一、协和会对东北人民政治思想与行动的控制

协和会名义上是社会组织，实质上是日本侵略者控制下的宣传教化组织，发挥着"准政党"的作用。它是日本势力深入到东北民间的最大的组织机构，也是牢牢控制东北人民的精神枷锁。

（一）协和会的设立及其使命

伪满洲国政权建立后，东北人民的激烈反抗和日益扩大的武装斗争使日本侵略者深感不安。日本侵略者认为，如不解除这些反抗斗争，安定民心，"终非永久建国基础，若想解除，非独兵力所能办到，溯源非由民众协和不能彻底"，即必须辅以思想政治统治。其办法就是建立一协和组织，"以民族协和主义建国真精神，普及全国民众，彻底觉悟，联络一起，排除一切反动分子，方能足以完成新国家，巩固建国基础"。[1]因此，他们要建立一个政治思想性的民间组织，实施以宣传"建国精神"、"民族协和"为核心的思想战。于是，在日本人的操纵下，1932 年 4 月 1 日，伪满洲国成立了满洲协和党，溥仪为此发出教令指出："维建国之伟业，在官民一致励精协力，收厥精英始能兴隆国民归纳一致之法，否则百弊频生，难望民众之敬服，有鉴于斯，设法设立满洲协和党，振兴我建国之精神，庶获设施之畅达，凡我国民其各承顺斯旨，和表协同，俾可塑成王道乐土之建设"。[2]对于这个协和组织的名称，在伪满政府和日本关东军之间产生了分歧，伪满政府不同意用"党"来命名，后又经关东军内部讨论，决定将协和党改称为协和会。7 月 25 日，满洲国协和会正式

成立。

协和会的干部和职员以日本关东军高官和伪满政府的官员为核心。名誉总裁为执政溥仪，名誉顾问有关东军司令本庄繁、高级参谋板垣征四郎、总务长官驹井德三，会长是国务总理郑孝胥，理事长是实业部总长张燕卿，名誉理事是关东军参谋长桥本虎之助；中央事务局委员的构成为：事务局长谢介石，次长中野琥逸、总务处长于静远、组织处长徐绍卿、宣传处长阮振铎、审查处长阎傅钹；协和会委员会会员多数是日本人，如山口重次、小泽开策、大羽时量等。从上述协和会的干部构成来看，可以得出两个结论：其一，以关东军司令官为首的高级干部都以名誉顾问或理事的身份，成为协和会的重要成员；其二，以执政溥仪、国务总理郑孝胥为首的全满高官都是协和会的会长、理事长或理事。从协和会的要员构成就能够看出，协和会与伪满政府、关东军之间非同寻常的关系。这使协和会带上了浓厚的官方色彩和殖民组织的成分，其身份也就成为了类似政府从属机构的组织。[3]

协和会颁布了创立宣言、纲领及章程。这些文件是以关东军第四课课长片仓衷为核心起草的，皆标榜以振兴建国精神和实践王道政治为目的，充分体现了日本的殖民思想与意识。同时，这些文件也集中反映了协和会的本质及其使命，这种使命在日本的殖民文人近藤义晴撰写的《协和会之重大使命》一书中赤裸裸地阐述出来。该书曾在 1932 年秋冬的《滨江时报》上进行连载。

首先，近藤义晴阐述了协和会的宗旨和建立此会的重要性。他说："协和会之深远理想与其重大使命，由民族问题上立论为需要，盖满洲国以国内民族之协和共荣为建国之一大精神，亦即吾协和会所本之宗旨。"他解释说，吾人对满洲国之实践王道政治，日满之共存极荣，中日之亲善，东洋之和平，大亚细亚主义之能否实现，以至满洲国能否为世界之模范，而为王道乐土之先驱，无不以民族协和运动成否以为断。[4]言外之意是说，协和会运作的成败与否，与日本在中国东北的殖民统治和建立亚洲新秩序是否稳固有重大关系。

其次，近藤义晴强调用民族协和的精神谋求国民思想的统一。所谓"国民思想的统一"，实质是要把东北人民的思想意识统一到日本殖民者的殖民思想的轨道上来。他说，国民思想应"尊重礼教，而乐天命，谋民族之协和与国际之敦睦"。[5]可见，民族协和的实质是要求东北人民安于天命，以迎合日本人实现民族协和。近藤义晴多次强调满洲国民众应与日本人相互支持与提携，他说："吾人急希满洲国三千万民众，应速同情于此理，而成为满洲国之忠实爱国者，同时更为日本国家存立计，以八千万之日本国民支持之相互担当东亚和平之确立，与东洋文化之向上。"[6]其实质是谋求东北人民对日本文化的认同。近藤还用讽刺和威胁的言辞来刺激东北人民的神经，迫使东北人民接受日本人的协和。他在书中说："日本人目中国人为不可变转之劣等民族，惟有以强有力抑制之为唯一之对策，如有仍欲排斥日本人之满洲国人即是违反满洲国民族协和理想，亦即国贼也。"[7]其实，在近藤等日本人的眼里，中国人就是劣等民族。但是，他企图用蔑视的言辞激将中国人接受协和，因为，按照他的思路，接受协和就能成为优等民族。

第三，近藤义晴明确表示为增强协和的力量，把日本的军警宪特也纳入到协和的工具之中。自从日军占领东北后，东北人民的反日斗争就没有停止，日本人也深感忧虑。所以，近藤在其书中也揭示了日本军人对协和会的态度。他说本庄繁司令官对协和会有非常大的期待，"可知在满之日本军队即一兵一卒必表同情于本会，而不惜加以援助也"。[8]特别是现在，"满洲国对集团的反军与匪贼之讨伐，幸有勇敢严肃之日本军队，活跃于全满，并有宪兵警察，与之协力。在今日满洲国建设伊始，行军困难之秋，此为一绝大之援助"。[9]"吾等于兹，特将军队宪兵警察等引入协和运动议论之原因者，因彼等之立场，均为直接触及全民众者也，其中尤以关系国民之利害，感情关系深刻"。[10]这是殖民者的自我暴露，日伪的军警宪兵特务无处不在。

协和会成立后，在关东军指导下，几经改组，很快发展成为一个颇具势力的政治性教化团体，先后在各地建立了各级分会组织。仅到1938年2月，协和会分会总数就达到2917个，约100万会员。[11]随着日本侵华战争的扩大，协和会确立了战时体制。1941年4月，关东军对协和会进行了改组。这次改革的重点是实现伪满政府和协和会表里合一的"二位一体制"。根据"二位一体"的宗旨，伪满洲国中央政府的长官同时也是协和会中央本部的长官，政府的官吏同时又是协和会的会务职员。协和会以其庞大的组织体系，以建国精神作为幌子进行宣传，伪装成所谓宣德达情为民众谋利益的机关，配合日本帝国主义推行其侵略政策。

（二）协和会的活动内容

协和会作为日伪控制的教化组织，积极辅助日本帝国主义进行侵略东北的活动，涉及军事、政治、经济、文化等各个方面。在众多的活动中，最要者有三端：

1. 宣德达情是协和会工作的重中之重

"宣德达情"的机关是协和会的联合协议会。联合协议会一般由一个县的各协和分会联合成立，作为本县沟通政府和民众之间信息的桥梁。如 1936 年 12 月，协和会滨江省本部召开会议，说明县联合协议会在"宣德达情"方面的义务与责任。会议指出，根据协和会中央本部指导科的开催旨趣，确定县联合协议会的使命是"举王道政治之真髓，而期宣德达情之实践"。具体说就是各"联合协议会，应对分会各代表，将政府施政方针之真谛阐明，使各代表了解，此所谓宣德；而各分会代表，可应将真正之民意具情陈述，以供施政者之参考，此所谓达情"。[12]可见，所谓"宣德达情"的目的，一方面是日伪向民众进行思想教化宣传，使民众服膺日本的殖民统治；另一方面是日伪掌控民众的思想言行，以便随时"纠正"。

宣德达情的内容是通过散发各种宣传材料进行的。协和会在成立之初就通过出版《全满的爱国者携起手》、《满洲国民必读》、《协和会的根本精神》等十余种资料与书籍，向民众宣传建国精神，以便泯灭东北人民的民族意识。协和会从中央到地方相继创办了《协和》、《王道月刊》等刊物。据不完全统计，协和会成立后不久，散发的小册子就有 8 种，共 28 万册，传单 71 种，共 570 万张，张贴画、宣传画 16 种，共 17 万张。[13]每当日伪有重要仪式或活动时，协和会员便动员各学校机关人员，配合日伪当局进行宣传。还定期组织召开展览会、演讲会、座谈会等，通过广播、电影等手段向群众灌输"王道政治"、"民族协和"、"建国精神"等殖民思想。1937 年，协和会滨江省本部召开座谈会，为了使民众彻底了解建国意义，决定在哈尔滨市选出名士七人讲演，市署教育科放送五族儿童交欢，学生团放送建国剧，日满女学校进行展览会发传单等等。[14]他们大肆制造舆论，腐蚀和毒害东北各族人民群众。

2. 配合日伪军警讨伐东北各地的抗日武装

在日本侵略者武力镇压东北人民抗日力量的过程中，协和会是重要的帮凶。协和会为配合日军的讨伐行动，专门成立了宣抚训练班，培养所谓的"宣抚人才"。1936年起，协和会在抗联斗争比较活跃的地区派出协和会工作队，执行搜集情报、策反、招降等活动。1937年11月，滨江省协和会组成宣抚委员会，组织宣抚班对日满军警讨伐过后的地带进行宣抚。1937年下半年至1939年，日军在东边道与三江地区进行大讨伐，协和会派出特别工作班，到这两个地区进行对抗日部队和抗日团体进行策反、谋杀、逮捕以及收集情报等活动。他们散布某抗日将领已投降的谣言，扰乱军心，强迫抗日家属、亲朋写劝降书，软化抗日战士的斗志；用升官发财等手段来收买抗日队伍中的叛徒；并派出汉奸特务四处活动，千方百计地破坏抗日武装与民众的关系。[15]

3. 大肆进行反共排共政治活动

为了维护日伪政权在东北殖民统治的稳定，协和会运用各种手段积极从事反共宣传活动。1936年12月19日，满洲帝国协和会在哈尔滨举行"排共国民大会"，特别印制了传单在市内散放。传单云"共产的行为，乃是灭亡国家，破坏民众生活的蟊贼，他的政业是利用赤化世界的美名，乃是一部少数共产党干员蛊惑民众，欲获得支配权限，其主义的恶劣，不容个人保存资产，因而民众的土地财产，均在政府没收之例，以至农村穷乏，饥寒加增，甚而至于妻子共有"，"……总而言之，共产主义，乃破坏社会扰乱安宁的主义，与谋人类福祉保世界和平的日本帝国皇道精神、满洲建国精神，大相径庭，两者主义，似冰炭不能相容。幸有日德协定即成，东西两强国，相互压制第三国际共产党的暴虐，其势力不久必为坠地，凡我民众，应本日满协和精神，共同努力，歼灭共产主义，保世界之和平，此为人人应有的责任，务望同心协力排共"。[16]

1937 年 4 月，协和会滨江省本部公布的康德四年度例行事项中又增加了"排共国民大会纪念日"一项，要求国民一致排共。七七事变爆发后，日本侵华升级，协和会中央本部立即指令各省、市、县本部，于 10 月下旬，各地一律举行排共大会。随即哈尔滨市协和会确定 11 月 1 日至 7 日为全市排共运动周，并召开了排共讨论会，决定用音乐自动车为前导，散发排共传单。[17]1937 年至 1938 年间，协和会三江省特别工作部在汤原、依兰、勃利、富锦从事反共工作，扰乱共党内部，搜集情报，对共产党及抗日团体侦察，逮捕了 407 名共产党员。[18]反共已经成为协和会进行"协和"工作的重要组成部分。

二、满洲映画协会对东北人民文化生活的束缚

日本侵略者除了设立政治性的协和会外，还相继建立了一系列的文学、艺术、电影等社会团体，企图通过直观生动的艺术手段宣扬殖民主义思想文化。诸如，满洲文艺家协会（1941 年 7 月在长春建立，把日本文人和汉奸文人网罗起来，按照他们的意图创作殖民主义文艺作品和汉奸文艺作品，歌颂日本的法西斯统治）、满洲美术协会（成立于 1934 年，以国展和省展来引导和

控制作者的思想和作品)、满洲文话会(1937 年 6 月,大连的井上麟二、西村真一郎、吉野治夫等人发起成立满洲文话会,文话会以文艺为中心,在电影、戏剧、美术、音乐等多领域活动,不仅包括创作者也包括享受者在内的广泛的组织)、体育协会(1932 年 5 月成立专门管理满洲国内一切与体育有关之事项。其实施事项中的重要一项就是举办建国纪念运动大会,另一项重要活动就是与文教部共同研究制定并普及建国体操,其目的是使国内诸民族明了协和之精神)、满洲艺文联盟(1941 年 9 月,由满洲剧团协会、满洲乐团协会、满洲美术家协会以及文艺家协会联合成立了满洲艺文联盟)。这些文化团体在日伪的控制下,为殖民主义思想文化唱赞歌。在众多的艺术团体中,处于垄断地位、直接受关东军控制的团体是满洲映画协会,该会成为了日满治下殖民艺术团体的代表。

(一) 满洲映画协会的成立

伪满洲国的电影不是作为文化建设由文化艺术部门设立和主持的,而是由负有教化宣传使命的日本人操纵的,其组织机构就是"株式会社满洲映画协会"(简称"满映")。"满映"是日本关东军直接组织策划的产物。

1933 年 5 月,日本关东军参谋小林少佐最早提出建立满洲国策电影机构的意向,得到了关东军和伪满警察部门的支持。8 月,伪满国务院情报处(即伪满宣传机构弘报处前身)召开了满洲国策电影研究会第一次会议,参会者都是日本人。会议确定关东军小林参谋为研究会的委员长,成员由 10 人组成(后扩大为 25 人,其中 23 人为日本人,分属情报处、外交部宣化司、民政部警务司、统计处、军政部、文教部社教司、实业部、兴安总署、国都建设局、协和会中央本部、满洲国防空协会等）。会后，在关东军的授意下，伪满首都警察总署向伪民政部警务司提出了设立满洲电影研究会的文件。文件指出："根据目前国内情况，通过电影来使国民了解国情，并通过教育性的影片提高满洲国民的文化素质，乃是当务之急"，并要求关东军援助建立一个"能促进满洲电影健康发展的指导机构"。[19]电影国策研究会成立后，每月举行"恳谈会"和不定期的讲习会，讨论各国的电影政策和建立电影机构等问题。研究会特别注意研究世界资本主义国家的电影政策，如英、美、德、意等国的电影政策。他们总结这些国家的电影特点，一是防止外国电影占领本国市场，二是扶植本国电影的发展和促进本国电影的输出。为此，研究会提出要由国家投资兴建国营电影机构，以促进本国电影占领电影市场。至此，伪满洲国的电影国策思想已基本酝酿成熟，于是，在关东军的直接扶持下，1937 年 8 月满洲映画协会正式成立。

（二）满洲映画协会的特殊使命

满洲映画协会的特殊使命就是推行"国策"映画，垄断东北电影市场。

伪满国策电影的推出，不是想通过电影给民众以娱乐，而是利用电影这种易于为群众接受的形式，向民众灌输殖民主义思想和文化。因此，"满映"从成立伊始，就负有特殊的"国家使命"。对此，有人明确指出："满洲映画协会是发扬建国精神，宣明王道政治，提高文化水平的国策会社，其所负之使命是普及王道建国的真精神，指导国民生活明朗化而引领东方民族，共同协力建设东亚理想大陆，而负有向世界介绍满洲姿容，统制外国影片输入的使命。满洲映画协会之设立及强化其对国民的使命，实有绝对之必要性。"[20]确实，"满映"的使命非同一般。"满映"把这种使命分成两种状态：一种状态是所谓"平常无事"的时候，其使命就是宣传建国精神和王道政治；另一种状态就是"一旦有事的时候"，"满映"的"责任就更大了，就是与日本打成一气"，"借着映画，用整个的力量，实行对内对外的思想战！宣传战！以协力于国策的贯彻"。[21]可见，日本殖民者已经把电影作为了奴化中国人的宣抚工具，而且是最为有力的工具。有报纸云："建国以来，满洲国以民生治安为主眼之宣抚工作中，电影宣抚工作之实绩，最为有力。将来电影之地位，益加重要。故政府当局，对之非常致力。"[22]正因为如此，日本殖民者对电影市场进行了牢牢的控制。

"满映"完全垄断了东北区域的电影市场，包括电影演员遴选培训，电影的制作、发行、输入和管理等。"满映"是"拥有满洲电影从业员之大本营，又为满洲影片产生之策源地"。[23]"满映"的演员都要经过严格的培训，以提高其"修养"，所培训科目有语学（日语）、扮装、音乐、舞蹈等科，培训教师都是日本人，如牧野夫人（星玲子女史）、石井漠氏、神原恭男等；科目之外设有讲座，"聘政府及文化名流担任讲演"。对演员的培训实质就是利用演员（主要是华人演员）为他们的殖民统治做代言。当时著名的女明星张静之所以决然离开"满映"，投身关内的抗日洪流，就是因为她发现"满映"是一个文化侵略机关，自己"原来就是他们麻醉我们同胞的工具"后离开的。[24]所以，日本人强调的演员"修养"，只不过是要求演员们必须具备的"日满一体"、"日满亲善"的思想罢了。"满映"也是电影生产的策源地，它生产的影片分为三类：娱民、启民、时事影片。娱民影片即故事片；启民影片即文化影片，包括宣传片、教育片、纪录片；时事影片即新闻片。其中，启民影片是直接体现国策电影思想的最有力的片种，如《北支事变》、《黎明的华北》、《战斗的关东军》、《向北满进展的国道》、《跃进北满》等，其实就是记录和宣传关东军的"武功"和"战绩"的影片；而《协和青年》、《幸福之路》、《日满一如》等是宣传"日满协和"、"日满一体"的奴化影片。"满映"也输入少量的国外影片，主要是意大利和德国的影片。因为它们之间的共同点都是法西斯国家，都是积极反共的先锋。据1938年11月15日伪满"国通社"电讯，意大利亲善使节团访问伪满洲国时，"满映当局与包能基团长之间，订妥交换电影条件，最近盟邦意大利之国策电影业已运到，是故满映特别规定防共亲善映画之夕，于十五日午后六时半，假西广场满铁社员俱乐部试映"。[25] 1940年，甘粕正彦来到"满映"担任理事长后，伪满政府又把各地电影院的管理权移交给"满映"。此后，"满映"在东北各地新建了一些直营的"映画馆"。为了统一对各电影院的管理，在"满映"的策划下，由弘报处庶务科调查组主催，各省经常召集电影院业者的恳谈会。如滨江省公署，"为建国弘报事务的强化，及映画统制，并情报搜集起见"，召集哈尔滨市各大影院的业者举行恳谈会，"其所恳谈事项，为映画统制及情报搜集，其他关系事项"。[26]

　　总之，"满映"所摄制和播放的电影精神集中体现了三个方面，这也是满洲国电影的指导精神或根本精神：一是"教育人民有王道乐土的世界观"；二是"打破向来之陋习，并使人民具有积极参加五族协和新兴国家建设之心理"；三是"施与建设新国家所需要的勇敢及豪强的精神"。[27] 这三种精神是地地道道的对人们精神思想的牢牢控制，因此，满洲电影成为了为战争服务的有力工具。

三、结语

日本侵略者对东北人民的精神控制是一个庞大的系统工程。他们有机构、有政策、有组织、有法律法规，手段多元和多变，深入到社会的各个角落。本文所阐述的只是他们在组织方面实施精神控制的一隅。其他方面尚有很多措施，诸如垄断新闻出版，广泛发行出版物；举行各种纪念日活动，宣传王道政治（如"建国纪念日"、"九一八事变纪念日"、溥仪"回銮纪念日"、"访日诏书纪念日"等），宣传王道政治不放过任何一次有利于宣传的机会。他们组织的各种文化活动也都赋予政治的意义，潜移默化地施以精神捆绑。如1935年6月，哈尔滨举行第四次建国体育运动会，在运动会前进行宣传和动员。宣传中指出，"运动会之举行，已有三次历史，今又届建国三周年纪念四次运动大会。由表面看来，意义（原文如此——笔者注）与前无异，从实质观察，的确与前不同。前者国基初奠，一切均在猛进中。现在百政一新，为世界所惊叹，又兼我皇帝陛下东渡联欢，造日满亲善之现实，开东亚和平之先声。是以此次大会……实含有两皇交欢之庆祝"。[28]可见，运动会已经被赋予了政治的意义。日本的殖民宣传从内容表征来看，是多种多样的，但其实质就一条，就是使东北人民和日本"一德一心"，"养成忠良之国民"，即做忠于日本殖民者的良民，做忠于日本天皇的顺民。为达到这样目的，日本人特别谱写了"日满交欢歌"进行传唱："（一）东亚兮光明，海晏兮升平。富士山美玉龙飞，长白山丽彩风腾。长白富士相辉映，龙飞凤舞庆康宁，庆康宁，庆康宁，日满交欢若弟兄。（二）相亲兮扶助，相爱兮携提，兄弟怡怡乐耽，天潢绵绵万世纪，皇王道风云会，民族协和永弗替，永弗替，永弗替，东亚光明无尽期。"[29]这正是日本侵略者所要达到的目的，即对东北人民进行思想与文化的征服，对中华民族的心理和精神意识的征服。

注　释

1　《协和会设立沿革》，《滨江时报》，1932 年 8 月 11 日，第 2 版。

2　《执政颁布教令：满洲设协和党》，《滨江时报》，1932 年 4 月 19 日，第 3 版。

3　21　24　27　孙邦主编：《伪满史料丛书·伪满政权》，吉林人民出版社 1993 年版，第 588—589、150—151、199、151 页。

4　5　6　7　8　9　10　近藤义晴著：《协和会之重大使命》，《滨江时报》，1932 年 11 月 29 日，第 6 版、1932 年 12 月 2 日，第 6 版、1932 年 11 月 30 日，第 4 版、1932 年 12 月 14 日，第 6 版、1932 年 12 月 2 日，第 6 版、1932 年 12 月 11 日，第 6 版、1932 年 12 月 10 日，第 6 版。

11　[日] 冈部牧夫著，郑毅译：《伪满洲国史》，吉林文史出版社 1990 年版，第 128 页。

12　《协和会县联会之使命》，《滨江时报》，1936 年 12 月 13 日，第 6 版。

13　王希亮：《日本对中国东北的政治统治》，黑龙江人民出版社 1981 年版，第 188 页。

14　《协和会昨开座谈会讨论建国纪念之行事》，《滨江时报》，1937 年 2 月 17 日，第 6 版。

15　李茂杰、孙继武主编：《苦难与斗争十四年》中卷，中国大百科全书出版社 1995 年版，第 47 页。

16　《排共国民大会今日举行市民应一致同心排共》，《滨江时报》，1936 年 12 月 19 日，第 6 版。

17　《哈市民一致排共》，《滨江时报》，1937 年 11 月 6 日，第 3 版。

18　中央档案馆、中国第二历史档案馆、吉林省社会科学院合编：《伪满傀儡政权》，中华书局 1994 年版，第 653 页。

19　邦主编：伪满资料丛书《伪满文化》，吉林人民出版社 1993 年版，第 148 页。

20 陈承翰:《满洲映画协会现在与将来》,《滨江日报》,1939 年 1 月 1 日,第 8 版。

22 宣抚:《以电影为主眼 向农民开始实施》,《滨江日报》,1939 年 1 月 10 日,第 3 版。

23 《为修养演员素质 满映将开讲习会》,《滨江日报》,1939 年 6 月 21 日,第 5 版。

25 《防共亲善映画之夕 满映试映意国影片》,《滨江日报》,1938 年 11 月 19 日,第 3 版。

26 《映画业者恳谈会》,《滨江日报》,1938 年 12 月 11 日,第 3 版。

28 《建国第四次运动大会》,《滨江时报》,1935 年 6 月 2 日,第 6 版。

29 《今日举行国民庆祝大会:捧读诏书及感谢状合唱日满交欢歌》,《滨江时报》,1935 年 5 月 15 日,第 6 版。

伪满洲国"边境"战事及其因应
——张鼓峰、诺门罕事件的另一视角

刘会军（吉林大学教授）

王文锋（伪满皇宫博物院研究员）

1938 年发生的张鼓峰事件、1939 年发生的诺门罕事件是影响第二次世界大战战局发展方向的两个重要事件，长期以来，国内外学术界进行了多方面、多角度的研究，其观点认识也出现种种不同。这两个事件的矛盾和战争虽然主要是在日苏之间展开，但表面上仍是由于伪满洲国与苏联和外蒙古之间"边界"问题引起的，属于伪满洲国的"边境"事件，但迄今为止，却从无人探讨伪满洲国在此二事件中的角色的与地位，本文试以伪满洲国的因应为视角进行审视，以期引起更多的思考。

一、事件的起因、战况与结果

张鼓峰事件、诺门罕事件分别因为伪满洲国与苏、外蒙的"边界"而起，并由此导致主要是日本与苏联的战争，而伪满洲国和外蒙分别从属于日本和苏联而卷入。

张鼓峰位于中国珲春境内，属于中国领土。[1]九一八事变后，日本侵略者策动成立了伪满洲国，中苏边界成为苏"满""边界"。1932 年 9 月，日本承认满洲国，并签订了《日满议定书》，该议定书规定了"日满共同防卫"以及"日军驻屯满洲"，矛头直指苏联。苏"满""边界"矛盾的实质是苏日矛盾。1938 年 7 月 9 日，苏军派出部队在张鼓峰山顶构筑阵地，引起日本两次照会苏联，强硬要求苏方撤回部队。苏联拒绝了日本的要求，认为该行动是在苏联领土内进行的，属于苏联内政。双方发生战争。"在张鼓峰及沙草峰战场上，日军的兵力还不足七千，三十七门炮，没有坦克，而它的对方苏军兵力大约是二万人，约有一百门炮、坦克约二百三十辆。"苏联"几乎每天都出动上百架飞机"，而日军"一架飞机也没有用过"。[2]结果苏胜日败。8 月 11 日，双方实现停战，后签订停战协定，张鼓峰由苏军控制。

诺门罕位于中国内蒙巴尔虎左旗，当时亦属于伪满洲国，而外蒙[3]则坚持该地是本国领土，双方存在争议。1939 年 5 月 11 日，"按日方资料记载，外蒙古边防军数十人越过哈拉哈河进入东岸，伪'满洲国'边防军立即给予回击。按苏联方面资料记载，当天日军袭击了外蒙古边防军哨所"[4]。战争由此展开，双方投入大量兵力，经过多次激战，于 9 月 16 日签订停战协定。"在诺门坎方面，新的边境线大致是按照外蒙的主张划定的，这是必然的归宿"[5]。"诺门坎战争是日本军事史上可耻的一页。投入兵力 56000 余人，而死伤高达 17000 余人（战死 8440 人，负伤 8766 人）。尤其第二十三师团，伤亡率高达 73%。"[6]

"苏联认为，张鼓峰事件是日本军阀蓄意策划的不宣而战的反苏战争，目的是占领苏联远东地区的战略要地。""日本作为侵略者，当时自然把本国的行动诡称为'自卫'。在战后日本的著述中，对事件的性质却有多种说法。一种较为普遍的观点认为张鼓峰和诺门坎两事件‘只不过是因为国境线不明确而造成的纯粹的国境纠纷’。”“我国史学界多数人倾向于苏联的观点，把张鼓峰事件看作是日本北进的试探或北进的尝试，认为这个事件说明在大战爆发前几年日本的战略重点是北进攻苏”[7]。至于诺门罕事件，“苏联及俄罗斯学者认为，日本挑起诺门坎事件目的是为侵略外蒙古地区，进一步侵占苏联远东及西伯利亚地区。日本学者多数认为，这是因边境线解释不同而发生的大规模武装冲突，少数认为是日本要扩大侵略‘满蒙’地区，进一步侵略苏联。”而李凡则认为：“诺门坎事件不是孤立的，应该从日本侵华战争的大角度来分析。诺门坎事件爆发的真正原因是日本扩大侵华战争所需要的一种策略，而不是要进攻苏联，另外日本挑起诺门坎事件也有明显希望借此造成反苏烟幕，以换取西方国家继续推行绥靖主义政策。但是日本在诺门坎事件遭到了可耻惨败，此后被迫放弃对苏强硬政策，而且在苏德战争中不敢轻易参加对苏作战。”[8]

我们认为，第一，德意日法西斯主义的兴起，特别是九一八日本占领中国东北，并准备进一步扩大侵略所造成的战争危局是事件的宏观背景。20世纪二三十年代法西斯主义的兴起，使当时的国际关系蒙上了一层浓重的战争阴影，在欧洲，德意法西斯步步进逼，英法不断绥靖，千方百计想把战争引向社会主义苏联；而日本占领中国东北后，不断地加强战争准备，拟定了北上、南进的方针。特别是七七事变后，更加强烈地针对苏联，准备与德国对苏造成东西夹击之势。1936年，德日签订《反共产国际协定》。抗日战争全面爆发后，日本为防止苏联介入中国的抗日战争，也明显增加了对苏联的敌意。[9]1938年1月30日，日本制定《昭和13（1938）年以后战争指导计划大纲草案》明确提出"准备对苏战争","对苏关系如较现在更为急迫时，必须先发制人对其采取攻势"。[10]第二，在这种情况下，日苏关系不能不时时处在紧张之中。"据统计，1931—1936年间，边境冲突发生二千四百余次，平均每天就有一次，而大部分未曾解决。"[11]"而1935—1936年两年间，就达328件之多，是为中规模纷争时期，1937—1940年，纠纷达624次，进入大规模纷争时期。"[12]第三，"满"苏、"满"、"蒙""边界"分歧是事件的直接诱因。如前所述，张鼓峰、诺门罕都在中国境内，伪满洲国成立后，日"满"坚持属于自己，苏"蒙"则认为是他们的属地，终致冲突发生。第四，苏联为防备日本与德国东西夹击而陈兵远东，并从战略上着眼，在有争议地区大量驻军。由于紧张的国际战争局势和日本的北进政策，[13]苏联采取了先发制人的态度，先后向在日"蒙"视为自己属地的张鼓峰、诺门罕派兵，致使日本动作起来。第五，因日本采取积极的战争政策，则使双方迅速进入局部战争状态。1939年4月，日本关东军司令官植田谦吉下达"满苏边境纠纷处理纲要"，提出各地防卫司令官可以"按自己判断划定边境线"；一旦发生纠纷要"断然采取坚决果敢的行动"；甚至为了追击苏蒙军，可以"暂时进入苏联境内"；"至于对由此产生的事态进行处理和收拾局面，要'信赖上级司令部'"。[14]正是在这样方针的指导下，才使战争迅速扩大。

两场"边境"战事均以日本的惨败而告终。"这次事件，也暴露出日军装备远逊于苏军，1940年7月，日本首相近卫文麿在会见德国驻日本大使鄂图时讲：'日本要想达到诺门坎事件中苏军的技术、武装、机械化水平，至少需要两年时间。'因此，苏德战争爆发后，在德军处于有利的形势下，日本也未敢轻易参加对苏作战"[15]。张鼓峰、诺门罕战事的起因、战况和结果都制约着作为日本从属国的伪满洲国在战事中的因应。

二、战事期间的因应："抗议"、鼓气、参战

两场战事均由于日苏矛盾而起，战争双方也以日军、苏军为主，作为日本傀儡和从属的伪满洲国追随日本，在战争期间，不断提出"抗议"，并进行鼓动宣传，到诺门罕战事发生，伪满军队则直接参加了战争。

据《盛京时报》报道，1938 年 7 月 "十二日午前苏联远东军十名，不法突破满洲东部国境珲春南方四十粁国境线，越境侵入三粁余满洲国领内，占领长池西侧张鼓峰，即在该地开始军事的工事"，伪满洲国 "外务当局提出严重抗议。"[16]17 日下午 6 时 50 分，"国境防卫当局" 又对苏方发出通告，要求苏方 "迅速严令约束不法越境之苏联兵，俾得恢复原状，倘不容纳此要求，我方或取断然必要手段，亦不可知。尔时其责任一切，须归苏联侧负责"。同时，表示要考虑 "重大决意"，[17] 为日 "满" 方鼓气。表示："我现地当局，仍坚持强硬态度，务将苏联国境军队击出国境线外，恢复国境原状而后已。" 而且说 "满日在国境之势力极大，足能排击苏联军队于国境线外，故苏兵迟早必退出张鼓峰"[18]。

诺门罕事件发生后，伪满洲国也公开宣布责任在苏 "蒙"。1939 年 6 月 2 日，《盛京时报》以《我政府见解/诺门罕事件之责任/当然在苏蒙》为题，指出："今次诺门罕事件，起因于外蒙兵之不法越境，其责毕竟在于苏蒙侧。我方已亘两回，对于外蒙政府，发出抗议要求国境静谧，而苏蒙侧依然弗改态度。"[19]同时，为了烘托气氛，事件期间伪满洲国多次发表严重抗议，抗议

"国境苏联挑拨行为"。[20]虽然战争最后以日"满"军惨败而告终，但伪满洲国为了给部下鼓气，却不断宣称取得了胜利。《盛京时报》不时以《苏联飞机百五十架/越境于甘珠尔庙一带/又被我击坠四十九架》、《此次歼灭战/赫赫大战果/我国军建树勇敢殊功》、《已击落敌机五百余架》等为题进行报道。[21]7月20日至22日，伪满洲国"总理"张景惠携"民生部大臣"等到海拉尔前线"视察"，回到"新京"后对新闻记者大谈"满"日军队的英勇，"将兵壮气凌云，大有吞敌之势。当地住民目睹满日军之威力及敌方之脆弱情形，均已安心……"[22]甚至到了日军败局已定的8月，还在吹嘘"共击坠千二百余架/苏联空军重挫/我方建奇勋威震国境"。[23]8月3日，伪满洲国"皇帝"溥仪特派侍从武官曹秉森少将到齐齐哈尔市伪第三军管区司令部、治安部病院、圆部队、陆军医院等处慰问。[24]

　　诺门罕战争主要在日苏两军之间展开，但伪满军和蒙古军分别加入了日、苏方的军队参战，因此，要说清伪满洲国部队参加诺门罕战争一事，需要把日"满"军关系和苏蒙军的关系说清楚。按照1931年九一八后日本关东军制定的《满蒙问题解决方案》，伪满政府的"国防和外交由日本帝国掌管"，[25]1932年日本政府公布的《中国问题处理方针纲要》，"满蒙的对外防卫，主要由帝国负责，将该地区作为对俄对华的国防第一线。"[26]同时，伪满军队由日本人以顾问方式进行全面控制，甚至有的部队长官直接由日本人充任。而外蒙古方面，则在1934年与苏联签订了"绅士协定"规定"外蒙古受到第三国攻击时，苏联承担全面支援外蒙古义务"，1939年3月12日签订《苏蒙互助议定书》，根据条约，苏联军队进驻外蒙古。[27]也就是说，伪满洲国的军队是在日本人的指挥下与苏蒙军作战，而外蒙古军队则在苏联人指挥下对日"满"军作战。

伪满军队名义上是由伪满洲国治安部统辖，实际上是受日本战地指挥官指挥。先后参加诺门罕战役的有：伪兴安北警备军司令官指挥的乌尔部队，配属兴安骑兵第一团、第二团、第七团、第八团，担任右翼作战；由日本野村中将指挥的兴安师，配属兴安骑兵第四团、第五团、第十二团，兴安陆军学校教导团、炮兵团、迫击炮团担任左翼作战；其他参战部队还有：伪第三军管区第三教导队、炮兵营和第三汽车队等。[28]按照伪满洲国自己的说法，其"国军"是"果敢与苏联、外蒙军战争"，"树立多数之战果"。[29]但实际上，在日本人的管辖下，伪满军无论是汉族、满族还是蒙古族，都经常受到歧视和欺侮，动辄还会被处罚甚至枪毙，因此战斗力不强，并在危险时发生大量逃跑现象。如伪兴安师，经过多次战斗，伤亡惨重，"士兵们成批地带武器开了小差。少的三三两两，多的二三十个，向着阿尔山、五叉沟、白狼等地，往哲盟、昭盟一带逃走。"[30]到8月2日，"全师官兵不到200人，人心恐慌"。以至于日本指挥官不得不宣布："蒙古人不论官兵，把武器留下全部撤退（后援部队不来，官兵情绪非常不好，再坚持下去要出乱子）日本人全部剩下，最后决战，死守阵地。""兴安师在这次战争中，损失严重，大败而回。从开始4500余人到最后只剩31人。"[31]8月20日，伪军第一混成旅还发生了哗变，第一营剩余的234人打死日军军官，向蒙古军投诚，要求转送回国。[32]但即使这样，日伪方面还不断地宣传"国军"如何英勇，如何与"友军""协力攻击"等等。如《盛京时报》1939年7月13日以《国军协力友军攻击/达抵河岸扫荡残敌/乌部队果敢进军突破五千余》大字标题进行报道，说"冈本部队与满洲国军乌部队相协力，午前零时，与我酒井山县等各部队相呼应，对前面敌阵，作果敢攻击，突破五千余。午前三时，达哈尔哈河岸，与友军相协力，扫荡残敌中"。14日，又以《国军蒙古骑兵猛烈追击战/冲入敌群纵横若无人》为题，说："满洲国军之蒙古骑兵，因迄今两军战斗，殆为炮击作战，男儿未显身手，颇有髀肉复生之叹。刻下彼等士气极为紧张，以为今后即'吾人活跃之舞台！为战死之战友复仇！'移于猛烈之追击战。对于仓皇退却之敌军，铁蹄直前，冲入敌群，纵横有若无人。"[33]

最有意思的是索德那木（也称索特诺布）为团长的兴安北警备军骑兵第八团，5月中下旬，遵照日军第64联队长山县武光大佐的命令，从诺门罕出发，沿胡斯台河行进，以阻击被日军攻击的蒙军，不让其撤回到哈拉哈河西岸，结果反遭到蒙军的打击，于是急忙后撤，一直退过诺门罕一线，"直到邦库诺尔的将军庙才歇息下来"，修工事抵抗蒙军。5月29日晨，蒙军第八师装甲营突然进攻将军庙，因日军炮火攻击，"蒙军第8师装甲营随即退回胡斯台河南岸的阵地。""第8团算是没有受到什么损失，在优势的敌人面前，'安全脱离'，对日本人也算有个交代了。"[34]就是这样一支部队，竟被宣传成是"勇敢行动，以酬国民之期待，尤其国军索特部队之勇战，最值注目"[35]。

为了给伪军打气，7月28日，伪满洲国治安部又对参加战事的伪满洲国兴安北警备军、兴安骑兵第五团、独立第一自动车队、陆军兴安学校进行褒奖，分别奖励奖金10000元、3000元、2000元不等。说他们"与友邦日军共行奋战，因将暴戾之苏联、外蒙军击至国境线外，充分将国军威力发挥，功劳实非渺小"[36]。

三、表面上的虚张声势与实际上扎扎实实的备战措施

日"满"军在诺门罕战争中大败，但为了鼓舞士气，表面上却做出胜利的姿态，具体表现就是举行"凯旋"仪式、进行"战利品展览"、对战死的将士"授勋"。

伪满参战各部队撤回时，大张旗鼓地举行仪式，日"满"的"首脑"人物则欢迎其"凯旋"。9月23日，"满日共同防卫之先驱者朱榕中将麾下之精锐 OO 名，迭于哈尔滨驰驱树立赫赫之武勋，兹以停战终结，遂于二十三日午后九时五十五分许，凯旋国都新京，当日驿头出迎者，为治安部大臣、松井最高顾问、参谋次长、廖军事指挥官等治安关系者，以及在京部队长、各义勇奉公队、青年团、国妇会员等，约达数百余家"[37]。驻奉"国军"铃木支队回奉天，"时莅站出迎者，计为王司令官、吕参谋长、郑奉天市长、姜警察厅长，以及各区长、在奉各部队长、满日关系代表、国防妇人会等。铃木支队长于下车后，受出迎人等之致辞寒叙后，即行于驿前整列队伍，沿千代田通经马路湾进大西边门，经大西关，入大西城门，绕西华门，经中街而出大北门及边门，向北大营之营址。步伍堂堂，沿途受各学校之学生等摇旗欢呼声中，当即凯旋归营云。"[38]傅梦部回吉林、筑濑部回奉天也都同样举行欢迎仪式。[39]26 日，"协和会首都本部"又在"国务院"和协和俱乐部两处分别举行慰劳大会。上午 10 时"国军凯旋部队，齐集于国务院入席后，首由首都本部松木事务长致开会辞，对国旗行敬礼默祷，国歌合奏，首都本部长致感谢之辞。部队长代表致答辞，报告战斗经过。万岁三唱，松木事务长致闭会辞。共参与盛会者有主宾干部及士兵代表，各协和会、各奉公

队、各青少年团、国防妇人会、治安部分会第二国高校、大同街国民校、西安桥国民校、及关系机关等约数百人"。协和会俱乐部的慰劳大会则在当日下午 2 时举行。[40]

为了宣扬所谓的"胜利",张鼓峰事件、诺门罕事件之后,都举行了所谓的"大捷展"、"战利品展"。1938 年 7 月 28 日,"由弘报协会主办之张鼓峰大捷展览会""在新京纪念公会盛大开催,出口为关于本事变之写真、漫画及苏联使用之小枪、机关枪、连射炮以及本事变之种种战利品,陈列如山,极呈盛况。"[41]1939 年 8 月 15、16 日,首由海拉尔特务机关在海拉尔举行诺门罕事件战利品展览会,其后,又"由满洲弘报协会加盟社主办,并经军、协和会、弘报协会、省公署后援之此次诺门罕事件战利品展览会,二十一日于满洲里开幕",并决定依次在下列城市展开:21 日满洲里,22 日博克图,23 日札兰屯,25 日齐齐哈尔,26 日昂昂溪,28 日安达,再自 29 日哈尔滨;自 9 月 3 日"新京"、奉天、大连等地。主要是为了证明日"满"军之"光辉战果","暴露暴戾外蒙苏联军之弱点,如实表现日满军之赫武勋"。[42]报道比较详细的是在"新京"的展览。9 月 9 日到 13 日,在协和会首都本部、"新京"特别市公署、国务院弘报处满洲弘报协会、在京在乡军人分会等机关共同主办、后援下,在"新京"特别市北安路 302 号天理教满洲传道厅前庭开展。"凡我市民,可即前来免费入场参观"。所展"战利品"为装甲车、重轻机枪、榴弹炮、连射炮、飞机发动机及机翼尾翼及各种枪械、弹药、军用设备,等等。"每月〔日〕前往参观者,人数约五六万,极为踊跃。"[43]

1939 年 10 月 14 日,伪满洲国政府又为诺门罕战争中战死的"百十名"人员分别颁发景云章,表彰他们"于友邦日军之协力下，击破不法越境之外蒙苏联军，树青史不灭武勋"。但有意思的是，这些受勋的"国军"将士中绝大部分却是日本人，而中国人却寥寥无几。[44]

尽管表面上风风光光地虚夸"凯旋"，搞什么展览、授勋，但两大事件使日"满"深深地认识到苏联绝对是劲敌，必须倾力准备，才可能承担对苏联的进攻或防御。[45]因此，伪满洲国政府在表面上虚张声势的同时，采取了扎扎实实地防御和备战措施。

一是1939年7月25日由溥仪批准，发布《防卫令》，将"熄灯、防毒、避难、救护及关于此等之必要监视、通信、警报等一般的及交通线与其他重要设施之援护警戒等一般的警备必要事项，按防卫令所定，使防卫司令官掌管之，防卫司令官为行前项事项，得发布必要之命令"。而且有权限制集会、结社、"或大众运动"，限制报纸、文章、图书、广告、通信，等等。[46]而在这之前的7月16日，就已经发布了防空令，规定了发警报信号的方法的措施，并由伪满洲国国务总理张景惠和协和会中央本部长桥本发表谈话，把此前在兴安东、北两省及兴安南省实行的防卫及防空措施推及"全国各省"。要求"国民""对于满日共同防卫强盛威力之认识弥深，绝对信倚，举国民防卫之实……不可惑于流言蜚语，或为外蒙苏联侧虚伪宣传所乘也"。并且要"自肃自戒，慎其言动，从防卫司令官之命令，遵（尊）重关系官宪之指示，不可紊乱秩序出诸有害静谧之所为。""举国一致，全国民协力"完成"国土之防卫"。[47]从1939年开始，伪满洲国境内各地纷纷建设了防空洞。

二是为了加强对苏防御，张鼓峰事件、诺门罕事件发生后，日"满"对从1934年开始的"满"苏边境要塞建设加快速度，扩大范围。出于对苏战备的需要，在"满"苏边境修建了东宁、虎头、海拉尔、孙吴等要塞群。1938 年 12 月，日本关东军制定了《关于在国境方面国防建设的要求事项》，提出了在北满推行"国境方面国防建设"的方针。1939 年 3 月，由日本关东军和伪满洲国组成的国境建设审议委员会制定了《国境建设施策基本要纲》，经伪满政府通过，后改称《北边振兴计划》。按照伪满洲国国务院总务厅的声明，《北边振兴计划》的主要内容是准备在 3 年时间投入 10 亿元，"照应军备增强，产业开发五年计划，及开拓政策遂行，常倾注全力于交通通信之完备，及随此之输送力大增，大都市之建设，尤其电气、给水、防水、防卫诸设施之完备、农畜产之增殖、该产业之发展、物资之配给、集积施设之增备，所要粮食之充分配给、防疫设施之配给等"。声明还列举了通信航空、电气给水、开拓、劳力确保、物资调集、防空设施、保健建设、协和会及其他诸机关的结合、福祉设施等 9 个方面的具体举措。[48] 表面上看，主要是经济建设，实际上具有极强的军事性，在伪满东、北、西部的"间岛"、牡丹江、三江、黑河、兴安北、东安、北安等 7 个边境省与苏"蒙"接壤地带进行边境地区综合军事基地建设，并为此进行了一系列的区划、行政调整，一些重要的省、县由日本人出任省长、县长，直接控制政权。"日本帝国主义就是企图以第一线——前线阵地工事，第二线——军事基地，第三线——日本移民区，来建设北进为目标的基地"。"其实质是建设综合性的大军事基地，目标则是针对苏联，以及巩固对我国东北的殖民统治。"[49] 此计划施行后，不断加大对"边境"军事设施的投入，原计划各年度筑垒所耗费用的预算，1934 年是 616.6 万元，1937、1938 年是 1500 万元，1939 年至 1945 年依次达到 2000 万、3000 万、3500 万、3500

万、4500 万、11000 万、13000 万元，[50]但实际上 1939 年到 1941年就依次达到 4277 万、7800 万、8263 万元，远远超过原定计划。太平洋战争爆发后，南进成为战略重点，1942 年开始大幅度减少。[51]

　　综上所述，我们认为：（一）伪满洲国的"边境"战事主要是由于日本的积极扩张而引起，苏"蒙"越过"边境"是导致战争发生的导火线，这里面既有"满"、"蒙"边界不清的因素，但更主要的还是苏联出于战略防御的必要。（二）张鼓峰、诺门罕战事结果所呈现出的苏强日弱是日本不敢急于北上进犯苏联的重要因素，但日本并没有就此停止对苏战争的准备。（三）伪满洲国的"边境"战事只是一个表象，其实质是日本侵略政策和苏联防御政策的对抗。（四）伪满洲国作为日本的从属和附庸，追随日本参加战争、准备下一步的战争，既是日本侵略的产物，又使日本的一系列侵略政策和措施获得了推行的载体和平台，为其提供了人力、物力的支持，乃至"合法"的借口，助长了日本的侵略气焰。

注　释

1　据郭莹莹考证："1. 按照 1886 年珲春界约，边境线通过张鼓峰东侧山麓。2. 按照 1909 年由珲春边务外员同驻洋馆坪中国军队共同绘制的地图，边境线通过位子张鼓峰东侧的长池致（苏联称哈桑湖——引者注）均以东地区，走向是由南到北。3. 1911 年由俄国参谋部调查并绘制的（1：84000）地图，边境线与上述第 2条中的边境线相同。"郭莹莹：《日苏张鼓峰事件》，延边大学 2007 年硕士论文，第 22 页。又根据 1991 年《中华人民共和国和苏维埃社会主义共和国联盟关于中苏国界东段的协定》，张鼓峰仍然确定为是在中国珲春境内。

2　5　14　［日］林三郎编：《关东军和苏联远东军》，吉林人民出版社 1979 年版，第 86、124、105 页。

3　外蒙古已于 1920 年代独立，宣布成立了蒙古人民共和国，但当时未得到中华民国政府承认。

4　8　15　27　李凡：《诺门坎事件爆发原因及对日苏关系的影响》，《历史教学》2003 年第 10 期。

6　楳本舍三：《全史·关东军》，转引自解学诗：《伪满洲国史新编》人民出版社 1995 年，第 637 页。关于日本参战人数及其伤亡情况，还有一些不同说法，参见李凡：《诺门坎事件爆发原因及对日苏关系的影响》，《历史教学》2003 年第 10 期。

7　张捷：《张鼓峰事件是日本北进的试探吗？——兼论日本北进战略的畸变》，《中山大学学报》1988 年第 4 期。

9　1939 年 7 月 3 日，苏联在日本的军事情报员拉姆扎发给苏军总参谋部的电报，报告《日本陆军对时局外交的希望》，提出"尽力防止苏联积极参与这次事变挫败苏联对东亚侵略的企图这一根本方针依然不变"。李巨廉、王斯德主编：《第二次世界大战起源历史文件资料集（1937．7—1939．8)》，华东师范大学出版社出版 1985 年版，第 701 页。

10　日本防卫厅战史室编：《日本帝国主义侵华资料长编》上，四川人民出版社 1987 年版，第 415—417 页。

11　王中枢：《张鼓峰事件鸟瞰》，商务印书馆 1938 年版，第 2 页。

12　日本防卫厅编：战史丛书·关东军（1）《对苏备战诺门坎事件》，朝云新闻社 1969 年版，第 310 页。转引自张捷：《张鼓峰事件是日本北进的试探吗？——兼论日本北进战略的畸变》，《中山大学学报》1988 年第 4 期。

13　日本长期对苏战争准备苏联不可能不知道。1939 年 6 月 24 日苏联在日本的军事情报员拉姆扎发给苏军总参谋部的电报，报告日本在与德国谈判中提出最新的建议包含如下"在德国与苏联之间发生战争的情况下，日本自动参加对苏战争。根据第一点，日本的全部力量将投入反对苏联。"李巨廉、王斯德主编：《第二次世界大战起源历史文件资料集（1937．7—1939．8)》，华东师范大学出版社出版 1985 年版，第 691 页。苏联方面"应当考虑到，离太平洋海岸不远的哈桑湖地区的苏联边界，是耸立在多沼泽低地上的陡峭丘陵。在所有的丘陵之中；湖西高地和无名丘陵处于居高临下的地位。从这两个高地的顶峰可以俯瞰苏联的沿海地方、波西特湾和海参崴附近地区。如果日本侵略者在这两个高地立足，那么他们就会因此而取得两个极重要的战略据点。这将使他们有可能把与海参崴毗连的整地区置于打击之下，而且在挑起战争以后，就可以开始包围海参崴和夺取苏联滨海区的战役。"［苏］耶·马·茹科夫主编：《远东国际关系史（1840—1949)》，世界知识出版社 1959 年版，第 474 页。

16　《苏联极东军侵越我国境/占领张鼓峰要塞/并在该地开始军事的工事》、《外务当局提出严重抗议》，《盛京时报》1938 年 7 月 15 日第 2 版。

17　《对苏军侵犯国境案/国境防卫当局发出通告文/若不撤退必采取断然措置》、《苏若拒绝恢复原状/我国考虑重大决意》，《盛京时报》1938 年 7 月 20 日第 1 版。

18　《苏联侧终于萎缩/越境兵未撤退前/我方仍持强硬态度》，《盛京时报》1938 年 7 月 26 日第 1 版。

19　20　21　23　33　见《盛京时报》1939 年 6 月 2 日。《盛京时报》1939 年 6 月 7 日，第 2 版。《盛京时报》1939 年 6 月 24 日；7 月 20 日。《盛京时报》1939 年 8 月 23 日。见《盛京时报》1939 年 7 月 13、14 日。

22　《张总理偕孙大臣等亲视察国境第一线》、《敌在我满日军前完全暴露脆弱性/张总理大臣归京后对记者之感想谈》，《盛京时报》1939 年 7 月 24 日。

24　《皇帝陛下念及忠勇将士/御遣曹少将莅齐慰问》，《盛京时报》1939 年 8 月 8 日。

25　复旦大学历史系编：《日本帝国主义对外侵略史料选编》1983 年第 2 版，第 19 页。

26　关宽治、岛田俊彦：《满洲事变》中译本，第 141 页，转引自王绍中：《谈伪满国军》，见 1986 年《伪皇宫陈列馆年鉴》。

28　正珠尔扎布：《诺门罕战事回忆》，孙邦主编：《伪满军事》，吉林人民出版社 1993 年版，第 336 页。

29　王绍中：《谈伪满国军》，见 1986 年《伪皇宫陈列馆年鉴》。

30　32　34　厉春鹏等：《诺门罕战争》，吉林文史出版社 1988 年版，第 212、298、79、80 页。

31　胡克巴特尔：《诺门罕战争亲历记》，孙邦主编：《伪满军事》，吉林人民出版社 1993 年版，第 362 页。

35　《国军发挥优柔战斗能力/协助日军获大胜利》，《盛京时报》1939 年 7 月 9 日。

36 《治安部大臣褒奖兴安军奋勇攮敌》，《盛京时报》1939 年 7 月 23 日。

37 《朱榕中将麾下精锐队伍/前夕亦凯旋都门》，《盛京时报》1939 年 9 月 25 日。

38 《卫边御侮劳苦功高/铃木部队凯旋/威风堂堂使全奉天精神焕发》，《盛京时报》
    1939 年 9 月 25 日。

39 《于国境树立赫赫伟勋之吉林傅梦部队凯旋/威风堂堂受全市官民盛大之欢迎》，
    《盛京时报》1939 年 9 月 26 日；《国军筑濑部队将兵/步武堂堂凯旋奉天》，《盛
    京时报》1939 年 10 月 25 日。

40 《国军部队凯旋都门/举行感谢慰劳大会》，《盛京时报》1939 年 9 月 27 日。

41 《在京盛大开催/张鼓峰大捷展》，《盛京时报》1938 年 8 月 30 日。

42 《诺孟罕光辉战果/战利品一千余件在各地展览》，《盛京时报》1939 年 8 月
    18 日。

43 《诺门汗事件战利品展/每日参观约达数万人/苏联脆弱性暴露无遗信赖满日军
    人之武功》，《盛京时报》1939 年 9 月 14 日；《战利品展开幕/陈列卤获军械空陆
    毕集/市民参观免费入场》，《盛京时报》1939 年 9 月 20 日。

44 《盛京时报》公布的 30 人名单中，日本人竟占 17 人，而且均排在前列，《诺孟
    罕战殁将士百十名荣蒙圣旨御叙勋/击破蒙苏树青史不灭武勋》，《盛京时报》
    1939 年 10 月 15 日。

45 实际上，两大战事后，日本虽然清楚地认识到了苏联的强大，但并没有马上放
    弃进攻苏联的企图，而且即使后来决定"南进"后，也没有完全放弃进攻苏联
    的计划，只是暂时搁置而已。苏联对日本的防备也从没有放松过。参见王春良：
    《简论 1935—1945 年日本与苏联的关系》《山东师范大学学报（人文社会科学
    版）》2004 年第 1 期。

46 《政府颁布防卫令/关于西北部国境纷争实施防卫》，《盛京时报》1939 年 7 月
    26 日。

47 《关于防卫司令宣告/张总理剀切声明/确示国民自肃自戒慎于言动》，《盛京时
    报》1939 年 7 月 26 日。

48 《关于产编辑室振兴/政府阐明方针/力主民生振兴国防充实》，《盛京时报》
    1939 年 5 月 16 日。

49 51 李作权：《日伪统治时期的"北边振兴"》，见 1985 年《伪皇宫陈列馆年
    鉴》。

50 ［日］菊池实：《苏满国境关东军国境要塞遗迹群研究》，关东军国境遗迹研究会编，六一书房2001年版，第24页；转引自周艾民：《“东方马其诺防线”大揭秘》，中央编译出版社2010年版，第15页。

　　本书系云南大学《中国边疆研究丛书》成果之一，得到云南大学专门史国家重点学科建设经费资助。

云南大学 中国边疆研究丛书

林文勋 主编

边疆与中国现代社会研究

（下）

罗 群 主编

人民出版社

目　　录

边疆与中国现代社会研究（下）

边疆经济与文化

中国近现代史

边疆经济与文化

近代云南商人组织发展与嬗变的制度分析

罗　群（云南大学人文学院历史系教授）

鸦片战争以后，近代云南商人组织仍以旧式的会馆和行帮为主，但到了民国时期，旧式商人组织不断受到冲击与挑战，资本主义关系的成长与新兴工商业的发展对商人组织提出了新的制度要求，传统会馆与行帮开始了内在性变迁，组织缓慢趋新，功能逐渐转变，体现出需求诱致性制度变迁的特点。而晚清至民国政府颁布的一系列法令及其配套措施，使新式商人组织——商会成为一种内力与外力结合下强制性制度变迁的结果，起到了降低交易费用、为合作创造条件、降低政府提供工商政策的制度安排成本等作用。本文拟从制度经济学的视角探讨近代云南商人组织从会馆、行帮到商会的制度变迁，旨在为现代市场经济体制演进中的商人组织建设提供借鉴。

一

　　会馆是清代商人整合与商人组织发展的最主要的形式，主要是外来商人在某一经商地为联络乡谊、相互支持而设置的商人组织，有较浓厚的地域乡土色彩，也具有行业性质的内涵，是行业性与地域性的"二重性"的统一。会馆的建立，使单个的商人互相之间有了一个沟通和互助的场所，而且也使得他们以前各自作为个体与社会外界发生联系而转变成还可以由会馆作为一个共同的整体对外进行交往，客观上大大提高了商人和商人资本的交际和生存能力，使商人和商人资本得以通过这种组织组成自身的团队力量并且从这种力量的实现中获得自身的利益。

　　会馆组织的建构和发展，是需求诱致性制度变迁安排下的一种结果，主要表现为：首先，会馆源自于商人在文化与物质方面的共同需求：

　　1. "笃乡谊，祀神祇，联嘉会"的文化纽带需求。这种需求通常反映在同乡性质的会馆当中，参加者不分行业，凡是属于同乡范围之内的寓居商人均可成为会馆成员，多分布于商业贸易较为发展的地区，如省城昆明，商业繁盛为滇省第一，各地商人大量云集，各地区商人组织的会馆也应运而生，两广商人有吕祖庵；福建商人有火神庙和天后宫；江西商人有万寿宫；山西、陕西商人有关圣行宫；两湖商人有禹王宫；四川商人有川主宫等。另还有江南会馆、两粤会馆和本省商人建立的迤西会馆、建阳会馆等[1]。此外，大理、永昌、腾越、东川、个旧、楚雄、丽江等地，甚至地处极边的麻栗坡，由于有不少内地商客前往，城中也建有川黔、江西、湖南等会馆公所。"全省各县市镇，无处不有江西之万寿宫与两湖会馆……"[2]

同乡会馆的功能主要有两项，一是设立庙堂，祀奉、祭拜相应的神祇。祭祀神祇通常不只是一位，而是数个神祇同时祀奉。既有地方商人原乡籍习惯上公认的乡土偶像、先哲、保佑神，又有各行业的祖师爷，还有从商者一致崇奉的财神。在当时的情况下，祀奉神祇之所以成为会馆的最基本也是最重要的功能，是因为离乡背井、只身在外的寓居商人客观上需要有共同的崇拜神祇为纽带来增强他们互相之间的凝聚力，并以神祇崇拜信仰为自身的精神寄托和心理安慰，希望神祇能给予大家庇佑和保护。同乡会馆另一个最基本的功能便是重乡谊、搞互助，逢年过节聚会宴娱，联络感情等，这也就是史料中所说的"桑梓萦怀，联乡情于异地"，其目的在于使寓居在外的同乡商人间有一个互相联络和表达同乡情谊的场所，从而获得一种乡情上和人际关系上的沟通和慰藉，进而建立厝舍、义冢，对同乡中就业、病疾、丧葬等进行互相帮助。在这一功能下，会馆就以一种文化的需求、地缘的联系将分散的商人和商人资本个体联结成了有一定凝聚力的群体，并在一定程度上形成一种群体的合力。

2. 通过"利"、"义"的契合实现群体整合的需求，多表现在同业性质的会馆中。如在昆明出现的若干行业会馆，有布行、牙行会馆，还有茶叶商人设立的"芦茶会馆"、帽业的缨帽会馆、药材业的药王庙、铜器业的铜活会馆、土药业的芙蓉会馆等。商人经商的目的就在于赚取商业利润，而利润的实现，需要克服诸多障碍。同业会馆的建构，就是回应这种需求的产物。在这种会馆中，传统的乡际关系、人际关系处于一种逐渐淡漠和下降的趋势，而新兴的行业关系、经济关系则逐渐上升，会馆成为同业者共同集议有关经营和贸易的场所。为了在商品竞争中取胜，克服个体商人的势单力孤，同一行业的商人必须依靠集体的力量，实现"义"、"利"的契合需求。因此，会馆在分割商贸范围、规范经营方式、控制商品零售价格、协同行内商人利益等方面制定了许多行规。如昆明的绸缎行便规定：各帮来滇销售绸缎，市价一律不得忽高忽低，滥冲滥卖；客货定价之后必须照价而沽，不得私自减价；如有阳奉阴违，矮价松期的，听罚。[3]

其次，不论是同乡或是同业性质的会馆，均是由商人在民间自发倡导、组织和实行的。由于活动于乡土以外的其他区域的外出经商的商人群体，难免会遇到种种矛盾和困难，因而客居外乡的地方商人在一定的范围内和一定的条件下，会以合适的形式来保护自己，为自己争取一定的利益。当某一有相同联系的地方商人聚集到一定程度时，这些客居外乡的地方商人就会想到自发创立一种组织来体现自身的存在，最终形成以同乡或同业联系为纽带的商人会馆。这种特点更加突出地表现出诱致性制度变迁的特点。

最后，正是由于会馆所具有的商人组织地缘、业缘的稳固性，使其同时具有了较强的兼容性。举办义举和提供后勤服务也是会馆的重要治理职能。对遭遇困难的同行提供帮助，是会馆团结同行、增强凝聚力的重要手段，因而相当多的会馆都兴办各种善举。此外，会馆的经济功能和治理绩效往往还超出了地方社会，因为它不仅在地方社会中建构起商人群体的内部结构和纵向联系，而且也在各城市的商人团体之间建立起网络联系。从这个意义上来说，对于原来发散性的商人经营来说，它是一种诱致性制度安排下的制度创新。这种制度创新是有重要经济意义的，因为在商人内部形成了社会网络、信任和规范以及集体行动的技巧，克服了个体商人孤立无援的弊端，这是商人群体整合的一大进步。

二

行帮是商品经济有了一定发展，同业的商品生产者和经营者为约束竞争、保护自身利益而建立起来的一种工商业组织。近代云南地区商业和手工业已有行的组织。如药材行业有药王会，木器建筑行业有鲁班会，成衣行业有嫘祖会，帽行业有轩辕会等[4]云南地方文献中对行业组织除分别记录有"行"、"会"、"帮"、"铺帮"等名称外，通常又将其称为"行帮"。为维护本行帮的利益，各行帮制定有严格的行规。如对新开铺号、换字号招牌、徒工弟出铺开店、经营品种、交易范围等均订立行规，加以限制。如新开铺号时，须与同行帮的铺号相隔一定距离，规定"上七间，下八间"方准开设；对经营品种也有限制，如做牛皮生意的，不得买卖马皮；又如规定投行货物，不得背地私售等等，带有浓厚的封建垄断性。

1907年，《铁路公司全宗》曾对当时昆明行帮的数量与种类有过详细记录，如茶帮、土药帮、杂货行帮、茶业行帮、海味行帮、清酒行帮、红白纸行帮、植木行帮、川丝行帮、棉花行帮、盐铺帮、红糖行帮、洋纱行帮等共58个行帮。

行帮的变迁首先是内部因素引起的，是面对各种挑战的反应，仍然是一种渐进性诱致性制度变迁的具体体现。作为同业商人自发建立的组织，行帮以会馆为依托，一般有团结同业，提供住宿与仓储，以及对同业实施救济等作用。行帮同时在分割商贸范围、规范经营方式、控制商品价格、协调行内商人利益等方面制定了许多行规，是一种非正式制度安排。行帮不问是否同宗同乡，只问是否同门同业，已超越了血缘、地缘的囿限。这说明在商品发展的促动下，商业经营者从狭隘的血缘与地缘观念中挣脱出来，为本行业的发展而走上联合的道路，依靠行业的力量从事贸易活动。这是商人群体整合过程中的一个巨大进步。它既是商品经济的产物，反过来又促进了商业的繁荣。

当然，行帮在保障同业商人权宜的同时，又有禁锢商人开展竞争、限制商人经营方式、进行封建垄断的负面作用。清末民初滇省各行业行帮分割过于细碎，对日益扩展的商业贸易形成了明显羁绊。其中又以牙行在行帮中的行业垄断最为明显。1906 年统计的昆明 58 个行帮中，设有牙行者 22 个，有的一行之中设牙店达四五个。牙行虽掌握行情，促成交易，但垄断性极强。省内商人尤感牙行帮之压制："夫请帖纳课，专以代沽远商之货，如江帮川帮之类则可矣。今释江帮川帮不问，而惟注意于滇帮。岂滇帮商人生长本地而犹不知何人可卖，何人不可卖；何货应得何值，何货又应得何值，而必赖行中代沽，方免误国坑商耶？……从前下行售卖，百弊丛生，笔难殚述。在该行希图三四家之私利，而不顾敝帮数十家资本之折阅"[5]。为适应商业贸易发展的新局面，也有一些行帮对行规作了修改，限制有所松动。如 1906年川广帮对川广洋杂货便不强求入行。但不论行帮作多大的调整，它们仍是一种行业性组织，在同业范围内以同业者为成员，以沟通同业联系、协调同业关系、保护同业利益、统一同业业务为基本功能。这就决定了行帮组织所能容纳的新兴的资本主义因素毕竟是有限的。尤其是在清末民初，由于列强已取得了在华投资设厂的权利，加紧了资本输出和商品倾销，并纷纷抢夺中国的路权、矿权。云南商人面对外资咄咄逼人的侵略，愈感势单力孤，原有的行帮组织已不足以为恃，因而渴望打破行帮的壁垒鸿沟，联络各行力量共同与外商抗争。在此形势下，新式商人组织——商会与同业公会的应运而生便成为一种内力与外力结合下强制性制度变迁的结果。

三

近代中国经济生活中的商会，作为一种新的制度安排并非根植于中国传统社会内部，而是受洋商会的影响，从西方移植而来的。中国的第一个商会"上海商业会议公所"便是由盛宣怀于1902 年在外商商会的示范影响下仿照组建的。此后，随着资产阶级力量的壮大以及清政府靠行政手段自上而下的支持，近代商会如雨后春笋般地出现在中国大地。据不完全统计，到 1912 年，除西藏外，其余各地相继成立了商务总会，全国共有 57 个商务总会，871 个商务分会。

不同于西方商会是以地域为单位由商人自动组织起来的社会团体，作为商人代言人，商会各行其是，自定规则，自我约束，后来才能得到政府和法律的承认。而中国的商会变迁属于自上而下的强制性制度变迁。尽管商会的最大受益者和需求者是资产阶级，但由于受到外国资本侵入的制约和本国封建势力的影响，资产阶级发展及其作用还是很有限的。如果没有清政府的强制推行，单依靠工商业者的自发作用实施商会这种制度安排，即使是可能的，也会具有相当长的时滞。而强制性制度变迁的优势在于可以在较短时间内实施。设立商会的最初目的是应"商战"之需，1894 年的中日甲午战争和 1900 年的八国联军侵华战争后，面对列强疯狂的经济扩张，中国商人提出了"商战"的口号，迫切要求尽快建立商会。在这种情况下，清政府迎合民意，制定

《商会简明章程》，该"章程"共26条，对商会的性质、组织、职能、经费来源、公牍程式、自治权和成员身份作了较为简略的规定，明确商会"以保护商业开通商情为一定之宗旨"，"在各省各埠设立商会以为众商之脉络也"，在全中国强制推行，结果仅用了10年左右的时间商会就在全国各地建立起来了。

1906年，云南商务总会在昆明成立。商会设总理一人，协理一人，会董十人，帮董十人。有58个商业行帮（内含少数商帮）加入商会。下关、蒙自、腾越等地也纷纷成立了地方商会组织。从《奏设云南省垣商务总会章程》中可看出商会成立的主要目的在于：一为抵御列强的经济入侵，维护本省及国内其他省份在滇经商者"自有之权力"；二为面向整个商界，"开通商智，扶持商业"，促成"众商团结，俾无涣散倾轧之虞"。商会的主要宗旨则是：联络工商感情，研究工商学术，扩张工商事业，以巩固商权，调处工商争议，维持市面治安。商会并在诸多方面发挥积极作用，如搜集商情；打击奸商囤积米粮油豆柴炭等物资，究治欺伪行为，维护公平之交易；保护商人免遭盗、抢及其他欺凌之害；处理商人之间的纠纷；禁止无故贱卖货物，保障众商之公益；支持商人开发改进新的商品，编译有切时用之新书；鼓励商人出洋贸易及出洋考察；统一市平；等等[6]。

1916年，云南商务总会改组为云南总商会，负责人改称正、副会长，扩大为会董60人，函聘特别会董10人，并继续设置公断处。

1928年，民国政府颁布《修正商会法》及《商业同业公会法》。同年，昆明市商民协会成立。1929年，民国政府新颁布《商会法》及《工商同业公会法》，1931年2月，昆明市商会正式成立。市商会同样突破了行业和地域的界限，负责各行业间的协调工作，对当时商业的发展起了积极的推动作用。主要表现在：第一，市商会下设"商事公断委员会"，负责商务纠纷的仲裁和调解，"纯以和解息论为主旨"，"新案方面随到随办，都无积压"[7]，多能秉公办理，对维持公平竞争起保护作用；第二，为厂商牵线搭桥，促进物资的交流与销售。原来昆明商人与省内外厂商联系较少，鉴于此，第二届市商会"分头与上海厂商联系，介绍各业陆续达成协议，同时在本省各县宣传联系，逐步获得物资交流的相当成绩，产销互利，与日俱进"[8]；第三，组织同业公会。民国初年以来，昆明各行帮大多处于"散漫分歧"状况。市商会对旧有各业行会、商帮进行劝导说服，使同业公会不断增多，到抗战前，已达 85 个，[9]几乎涵括所有行业。这对强化各行业内部的合作及外部联系起积极的促进作用；第四，抵制洋货，促进国货销售。九一八事变后，市商会发起成立"昆明抗日救国会"，有三万余人参加成立大会，会后举行示威大游行，捣毁"保田"、"府上"两家日本商行。随后又掀起轰轰烈烈的抵制日货高潮，迫使日商相继全数离昆。市商会还积极筹设昆明中国国货公司；第五，举办新式商业教育，培养商业人才。1935 年，市商会开办中式簿记培训班，招收学生百余人，学时一年。1936 年将培训班改为"昆明市商业职业学校"，委任马筱春为校长，先后开办过初中部 2 个班，高中部 1 个班，补习部 18 个班，培养学生达 500 余人。这些学生后来有不少成为商界骨干。

　　1942 年 3 月，云南省社会处成立，在省社会处的推动指导下，由昆明市商会进行筹组省商会联合会工作。同年 11 月 17 日，由 64 个市、县商会派代表在昆明市商会内召开云南省商会联合会成立大会，选举产生了第一届省商会联合会。之后，又于1945 年和 1948 年召开过二次代表大会。

　　据省实业司统计，至 1938 年时，全省上报依法成立商会的计有 85 个市、县，未成立的有 20 余县。1942 年时，设有商会的计有 98 个县，未经组织成立的约有 10 余县，地处边远及尚未建县的设治区不能组织成立的计有 19 个县、区。

　　就上述商会在云南的组织与发展历程来看，近代云南商会在创立和发展过程中不仅有工商业者自我发展的推动作用，更有政府的强制促进作用。政府凭借其在政治力量对比与资源配置权力上的优势地位，在决定商会的发展方向、速度和形式上，起到了关键的作用。因此，这样的商会不具有完全的独立性和自主性，而是一个具有双重性的组织，既具有"官督"色彩，又具有"民办"色彩，可以说是一个"官督"下的商办民间团体。就"官督"而言，其主要表现在：商会是以官府谕允劝办的形式得以创办的，并获得法律上的保护。这样，商会不仅在人事与权限等方面受到清政府不同程度的制约，而且在活动内容和方式上也受到清政府的监督和限制。这种限制和监督包括商会必须由政府批准设立；由政府发给印信；由政府制定总章；政府对会员的构成、会员资格和会章制定等都加以规定，依据商会法规定的条款行使权力，等等。就民办而言，其主要表现在：商会负责人由商会会员自己推选；商会的活动经费取之于会员并用之于会员；商会的活动和内容也不完全在政府的法律控制范围内，具有相当的自治权力；虽然商会的产生必须得到政府的认可，但一旦产生就具有不可侵犯的权力，商会本身有完整的组织体系，有自己的固定机构和职能部门；等等。

　　故此，商会作为近代云南介于政府和工商企业之间的社会团体，为促进工商业的进步和发展起到上通下达、协调配合的桥梁和纽带作用，其基本功能体现于经济领域。一项制度安排只有在预期收益超过预期成本时才会被创新，同样也只有在实际收益超过实际成本时才能发展起来。商会在近代中国以及云南的迅猛发展必然是因为它产生了巨大的收益，具体表现为：

1. 降低交易成本。如果说交易现象存在于一般的社会进程中，那么，在商会组织与执行的过程中交易现象更加突出。就商会而言，一方面，商会的出现可以看做是商会的加入者商人与商会的资格认可者政府之间的交易结果；另一方面，商会的产生和发展是上述双方在保持自身利益最大化的考量之下的理性选择，是相互交易的结果。在这样的交易过程中，对商人而言，参加一个有声望的商会有助于提高他的社会地位，使他能有效地从事商业活动，节省大量的交易成本。因为商人在未入商会之前，为了树立个人的声誉和地位，往往需要花费大量的金钱和时间去搞好与同行之间以及与地方势力和官府之间的关系，要承担高昂的市场交易费用。尤其是在与政府交往过程中，商人处于弱势群体的地位。相对于孤立无援的商人而言，政府拥有无上的权威性与强制力。当政府的政策与广大商民的利益不一致时，在协调官商利益上，商会可凭借自身的力量和优势展开活动，充分发挥协调和沟通功能，使商人节省大量的时间和精力，由此降低了交易成本。

进行交易活动需要签订合同，为保证合同的执行，需要找第三者作为担保，这些都需要付出时间和费用，如合同不被执行引起纠纷，还需寻找解决的方法，寻求官方的保护，为此也要付出一定费用。而商会则为它的会员在处理这些问题时提供了方便。

商会规则中也提供了大量的市场信息，它告诉商人如何在一个地方从事商业活动，如何与地方官吏和市民搞好关系，并要求其成员保证商品的质量和标准，遵守商业道德，对市场实行监控，对不执行规则的予以处罚。有的商会还规定了服务价格，也可以起到减少成本的作用。云南商会诞生后，积极发挥中介作用，与各行业之间的联络最主要最常见的是通过大量的函件、通报、调查、交流等方法及时传递信息、互通情报，给交易双方带来极大的便利，避免了经济摩擦，加快了市场交易的速度。

2. 为合作创造条件。在某种意义上，制度是人们在社会分工与协作过程中经过多次博弈而达成的一系列契约的总和，为人们在广泛的社会分工中的合作提供了一个基本框架，保证合作顺利进行。商会作为一种制度安排，为工商企业之间的合作创造了条件，就生产标准、市场划分、销售价格和竞争手段等方面对会员进行必要的协调，甚至制定一些法规进行集团的自我约束保证生产和销售秩序，还通过各地商会的组织网络，促进地区间、行业间和企业间的经济联合。商会的成立改变了云南以往会馆、行帮自立门户的分散隔离状况，引进了近代资本主义工商团体新的组织形式和规章制度，把各行各业纳入统一的社团组织之内和有序管理的法制轨道，促进了工商企业之间的合作。

3. 对中央及地方政府而言，商会的成立为其节省了行政管理成本。这主要表现在商会所承担的职能是对政府职能部门功能的补充，承担联络工商的重要职责。此外，还规定有设立商品陈列所、工商学校或其他关系工商之公共事业事项。因而商会在日常工作中承担了大量信息搜集工作，从而为中央及地方行政部门处理各项事务提供了方便，大大节省了中央及地方行政部门的行政管理资本。

综上所述，近代云南商人组织在经历了由以地缘、业缘为主的会馆、以行业形成的行帮发展的诱致性制度变迁后，又通过政府自上而下实行强制性制度变迁，建立了商会，分散的商人不仅超越了地缘纽带的羁绊，而且也冲破了行业的园囿，改变了省内各地商人互不联系的分散孤立状态，从而使全省商人形成一个整体网络，其政治能量和社会影响均得到巨大改观。

注　　释

1　2　昆明市志编纂委员会编：《昆明市志长编》卷六，铅印本，1984 年版，第 382—384、101 页。

3　云南省地方志编纂委员会：《云南省志：商业志》，云南人民出版社 1993 年版，第 53 页。

4　田洪：《鸦片战争到辛亥革命时期云南境内的商业述略》，见云南省经济研究所编：《云南近代经济史文集》，铅印本，1988 年版，第 184 页。

5　7　8　昆明市志编纂委员会编：《昆明市志长编》卷一二，铅印本，1984 年版，第 194、481、482 页。

6　龙云、卢汉、周钟岳等：《新纂云南通志》卷一四四，"商业考二，商会"，铅印本，1948 年版，第 93 页。

9　云南省政府秘书处编纂：《云南概览：市政》，京滇公路周览筹备会云南分会，1937 年版，第 6 页。

近代云南一次失败的引进外资活动探析

郭亚非（云南师范大学历史系教授）

谢雪冰（云南师范大学副教授）

近代时期，外国对云南投资活动较少，并不似沿海内地地区，有大量的制造业、商业和金融业的投资活动。在查阅史料的时候，记载着在近代时期，云南省一次鲜为人知的失败的引进外资活动。由于投资活动时间较短，且没有任何收益，史料记载中也仅提示存在过这样一次活动，对其失败的原因也没有揭示和说明。本文主要想通过对该个案投资性质和投资失败原因的粗浅讨论，引发人们对近代外资在云南投资活动作进一步探讨。

一、近代云南的一次引进外资活动

在《续云南通志长编》（外交一、外交杂志）记载：

"吾滇区域辽阔，矿产丰富尤多，而边地蕴藏尤多，惟因财力与技术二者甚感困难，且界务纠葛，故开采不易，致使货弃于地，殊为可惜。当民国七年，唐督军继尧有鉴于此，欲借外人之技术、经验及其资本，以开发本省矿产……遂与美国人安德森订勘矿条件，由安德森介绍美国矿学专家暨资本家来滇勘矿。并拟由边地入手，借以实边，遂与美国人安德森订勘矿条件，由安德森介绍美国矿学专家暨资本家来滇勘矿。……嗣因我方发生问题，美方亦不愿继续探查，所有美国工程师等即自行归国，明兴公司即无形取消。按此次自与美人接商探矿以至明兴公司取消，历时三载有余，美方耗去二十余万元，我方虽未受损失，但原订计划未能实现，失此机会，亦甚可惜。"[1]

为了实现这次吸引外资活动，云南地方政府与美方特聘矿业家芬枢订立勘矿合同，合同主要内容十款共十一条。主要规定双方权利和义务如下：云南地方政府指定勘矿地点，允许美方勘矿人员入境勘探并提供保护，并提供勘探费一万元。美方组织相关技术人员，自备勘探仪器和设备入滇境内勘探，但勘探地区应事先报予云南地方政府，现已有云南官商开采和勘定之矿，不得前往查看，查勘情况应随时详细报告云南政府。勘查结果可以开采获利之矿，矿主权属华人，开采投资可由中美双方共同承担，分别招收商股。[2]

为了保证投资活动顺利进行，云南地方政府组建"云南明兴矿业股份有限公司"，与美国纽约东方公司协商合办。云南明兴公司制定《云南明兴矿业股份有限公司公司章程》，章程内容包括：公司宗旨及名称，矿区及权限，公司地点，公司创办时间，公司资本，股东会，董事，监察，总工程师聘请及权限，未尽事宜处理原则等十三条。主要内容有：公司是云南地方政府特许探采矿业公司。奉云南政府特许探采、经营指定两矿区内一切矿产。

公司股本拟向社会公开招收一百万元。公司股东可就股资认购方法、公司增资、扩股、红利分配方法和时间、公司解散时财产分配等事宜做出决定。股东会分设通常会和特别会两种，分别对日常事务和特殊事务进行处理。公司设董事会，处理公司所有一切股份财产事业。设监察负责公司存贮簿册之所查核一切账目和文件，并得请求公司董事报告业务进行状况。总工程师受董事会节制，管理矿业工程。

二、对此次吸进外资活动的简要分析

对史料分析，透露出以下一些信息。

第一，投资出现的背景，本文认为并不似传统观念那样，属于外国资本的侵略行为。在云南地方与外资订立合同和条款中，更无外国资本在某种特殊背景下，为谋取商业利益而设定的特殊因素。公司"订股份总额为一百万元，滇股与美股各五十万元。"中方以"政府指定甲乙两矿区为明兴公司采探矿产区域……"[3]在云南地方政府与美国矿业家芬枢订立的《勘矿合同》中规定"查勘费暂以一万元为限，由云南政府担任。查勘之后，实行开发时，此项费用应由开采之矿业家及资本家担负。若官商合办，则由云南政府及矿业家、资本家分任之。""查勘矿员于查勘旅行时，云南政府应尽力保护"[4]。从上述史料分析，该项投资应是在云南地方政府主导下，与美国资本家、矿业家合作开发云南矿产资源的一次活动，合作双方应该是一种平等投资的伙伴关系。

第二，云南地方政府指定思茅、腾冲两地为勘探区域，主要以两地区拥有丰富的矿藏资源吸引外资投资。"甲矿区在明光一带，东以龙川江为界，北西南三面均以中缅界线为界；乙矿区在耿马一带，东以格林威治东经一百度为界，北以北纬二十四度为界，西南以中缅边界为限"[5]。以现在的区域划定看，甲矿区在怒江、龙川江流域，腾冲、龙陵一带。乙矿区在澜沧江、耿马、沧源、镇源一带。这些地区在近代时期或现在都发现了蕴藏量很大的矿藏。据张肖梅所著《云南经济〈矿藏篇〉》记载：思普区内，澜沧江等地蕴藏金银铜矿，滇边著名之银厂，计为"南县北区的温崩厂、顺宁西南之涌金厂，耿马土司属地大黑山附近之悉宜厂，澜沧县为募洒厂，澜沧县西区之西监厂，孟林山南麓之茂银厂"[6]。此外，"腾冲槟榔江边的狮子山为纯银矿，据华侨李某在缅甸银矿公司化验之结果，系百分之十六点三纯银。滨滩隘也有极大的银矿与铅矿出产。据民国三年怡和铅公司土法冶炼结果，每百斤矿可化取纯银 52 两三钱。"[7] 1996 年地质勘探表明，哀牢山北段镇源金矿由大型发展为特大型。1998 年地质勘探表明，临沧大寨有铀锗矿床，其矿石品位高，埋藏较浅，冶炼条件好，共探明锗工业储量 663 吨，矿区外围锗储量 200 吨，可达特大型矿床规模，还共生有铀工业储量和 300 多万吨煤储量。[8]

正由于云南地方政府指定的勘探地区，蕴藏着大量的金属矿藏，尤以金银矿和特种矿藏为多。作为一种谋利最大化的投资行为，美方投资者正是看到了投资后巨大的商业利益，良好的投资前景，才与云南地方政府订立勘矿合同，并愿意先期垫款进行开发。

第三，为了吸引美方投资，云南地方政府给予开发公司诸多特殊的优惠条件。即上述资料表明，云南省地方政府给予云南地方和美方合资公司——云南明兴矿业股份有限公司拥有矿产开采的十三项特权。

矿产开采方面拥有十三项特权，包括："制炼、转运、销售矿区内之各种矿产。得买卖租管地亩、森林、道路、油井、煤

气。得买卖租用及保管机械厂屋及他项产业。得建筑经营管理与
销售矿产、经营有关之铁路。购运进口及使用各项炸裂药品。得
建造或收管一切桥梁。渡口、船只、船坞及飞艇。公司应需煤
炭，得于矿区内另请云南政府核准有关开采之权，并经营一切煤
炭应有事业。得经营一切光电、电力事业。得储用一切河水，经
营水道。得经营各项电话、电线事业。买卖交换其他货物。上在
事项，如有侨汇力，得转供各地方公私之用。收买、存贮或转让
与本公司营业有关系之他公司股票。"[9]

　　上述特权可以说是包揽投资所需各个方面。投资方可以开采
指定区域内所有矿藏资源，买卖土地、森林各类资源，经营投资
区域陆地、水域、渡口、桥梁相关交通事业，可以购进和使用各
类炸裂药品，可经营一切光电、电力、通信事业，可以自由转汇
所得外汇，可以通过发行公司股票募集资金。可以说，投资所需
政策全都给予。正是因这些极为有利的条件吸引，美国投资方在
"合同签字，章程亦经核定后，美方派来总工程师芬枢及探矿工
程师、地质学师，化学师及医生、翻等三十余人，并探矿机五
架，附品、物品千余驮，先后往明光、耿马等各处探查"[10]。

　　第四，这是一次地方政府吸引外资，以市场形式运作的投资
活动。

　　据史料记载：当时云南地方政府源于云南省拥有丰富自然资
源，"为欲借外人之技术、经验及其资本，以开发本省矿产。"

　　但是为了避免以多国发生外交纠纷，便成立民间公司，以外
资合作开发。"彼时，为顾及外交关系，不便以政府名义直接与
美人商定一切条件，故组织云南明兴公司。复由云南明兴公司与
美国纽约东方公司协商合办，仍沿用明兴公司名称"[11]。

　　但是，分析公司所定章程，公司为股份制、现代管理型的商

业公司。也即意味着，此次吸引外资活动，发起者虽为云南地方政府，但实际运作是商业化的企业行为。

综其以上分析，本文认为，这是一次云南近代时期，由云南省地方政府牵头，并给予诸多优惠条件，吸引外资，但以商业化运作所进行的企业投资行为。

三、该次吸引外资投资活动未果而终原因探析

此次云南省地方政府吸引外资的活动，有固地实边和借助美方技术开发当地矿藏的意图。但最后以不了了之而告终。就其原因，史料中没有具体说明，本文准备结合相关理论和史实进行探索性的讨论。

第一，云南地方政治局势不稳。我们从史料反映相关时间上推算，"当民国七年，唐督军继尧有鉴于此，欲借外人之技术、经验及其资本，以开发本省矿产……按此次自与美人接商探矿以至明兴公司取消，历时三载有余"[12]。

也就是说到民国十年左右，该项投资活动中止。史实记载同时指出投资活动中止的原因之一是："嗣因我方发生问题……"，这个应我方发生问题，本文考虑应是正值倒唐运动爆发。1921年初，入川滇军第一军军长顾品珍不满唐继尧的对外扩张，率滇军返川，进逼昆明，唐继尧被迫流落香港。主张和支持该项投资活动的云南地方政府行政长官下台，其投资活动自然受到影响。1922年3月唐继尧与滇南土匪吴学显等部相勾结，杀害顾品珍，实现"二次回滇"，重掌云南大权。此后为了笼络人心提出"废督裁兵"、"联省自治"，并向四川、贵州扩张，但毕竟时过境迁，其对云南控制力已不如之前，自然影响其施政主张。

　　主张和支持该项投资活动的唐继尧自身难保，云南地方政治局势的动荡不安，使投资活动正常进行必须具有的、和谐的、有力支持的政治环境不具备，该项投资活动中止当属情理之中。

　　第二，指定开发区域内缺乏经济投资相关的基础条件。

　　结合上述历史事件查找现代相关资料表明，近代云南地方政府吸引外资投资的区域，虽然拥有非常丰富的各类资料，但时到今日仍未开发。这就让我们必须考虑历史资料里提到该项投资活动中止的第二个信息，即"美方亦不愿继续探查，所有美国工程师等即自行归国"，美方为什么亦不愿意继续探查呢？是什么原因致使美方在即有极大利益诱惑和云南地方政府给予了特殊优惠政策的鼓励下，仍然放弃投资呢？

　　结合上述史实，本文还考虑到一个很特殊的现象，即在近代时期，首先对云南发生兴趣的是英、法两资本、帝国主义国家，两国在云南展开激烈的势力范围争夺，法帝国义对越南的侵略，在很大程度上是以侵略云南，进而侵略中国为目标的。英帝国义侵占印度、缅甸后，其战略构思是打通云南使其联接中国长江一带，形成一个英国更大的势力范围的。但在近现代云南历史发展过程中，我们可以注意到，英帝国主义的侵略仅于缅甸为止，对云南的影响主要以对外贸易活动为限，即通过缅甸转口输入英国各类机制工业品，输出云南农副土特产为品，其在云南的投资活动几乎没有。法帝国主义对云南的侵略，也主要是服务于商品输出入的金融业和运输业，即东方汇理银行和滇越铁路。我们不仅要问，外国资本和帝国主义，为什么不似在中国沿海地区和中部地区那样，进行大规模的、涉及各个方面的资本性的投资活动呢？我们似乎可以从我们论文讨论的个案，从中得到一些启示。

　　本文结合经济学相关理论讨论认为。主要由于指定开发区域内缺乏经济投资相关的基础条件所至。从相关史料我们注意到，指定开发区域是一个很大的范围。据史料记载：当时云南地方政府指定甲、乙两矿区采探矿区域。"甲矿区在明光一带，东以龙川江为界，北西南三面均以中缅界线为界；乙矿区在耿马一带，东以格林威治东经一丰度为界，北以北纬二十四度为界，西南以中缅边界为限"[13]。这二个区域不仅范围大，而且不相邻，这就为投资活动带来很多不利条件和影响。

首先，是资金不足于开发如此巨大的投资项目。当时初步拟定"股份总额为一百万元，滇股和美股各五十万元。但还规定，明兴公司以股本五十万元报效云南政府，即滇股五十万元是也。至美股五十万元，除初次勘矿用去十万元外，又交现款二十五元万为甲乙两矿区探查矿产之需"[14]。在如此巨大范围内从事探采产资源投资活动，仅以一百万元为基础，其中滇股五十万元还得报效云南地方政府，难予想象其投资活动能否可以进行。合同中虽然规定可以通过发行股票募集资金，但在云南自身缺乏现代金融机构，云南政治局势不稳的情况下，无论从国内或从国外募集都难以想象能否募集成功。

其次，投资开发缺乏近代交通运输工具和条件。我们暂不考虑这二个区域内都是崇山峻岭，更重要的是在当时根本没有近代化的交通条件和工具，采探矿产资源所需相关设备和机械，依靠当时云南落后的人背马驮的交通工具根本无法满足运输的需要。据史料记载："合同签字后，章程亦经核定，美方派来总工程师芬枢及探矿工程师、地质学师，化学师及医生、翻译等三十余人，并探矿机五架，附品、物品千余驮，先后往明光、耿马各处探查。"[15] 这还仅是探查阶段，运输各类机械设备马驮达千余匹，无法想象后续开发所需大型机械和设备如何运送到开发现场，所开采矿矿藏资源如何运输出去。

再次，缺乏开采矿藏资源所需现代化基础条件。现代化矿藏资源开发以机械设备为基础，其首要条件就是必须拥有现代化电力设备和动力装置。合同中虽然保证美方可以自行开发电力和经营，但这不仅需要更多资金投入，更是交通运输条件无法保障的瓶颈。

上述严重缺乏现代采矿业所需投资条件和基础的情况可以说是无法一一列举。

上述情况正如董孟雄导师总结洋务运动失败的原因一样。近代云南地方政府的这次吸引外资活动，主要想通过从外部移植先进的机器设备，来开采云南丰富的矿藏资源。

这种输入方式之所以可能，是因为当时世界资本主义各国近代工业已经建立。云南地方政府也正是看到这点，才"欲借外人之技术、经验及其资本，以开发本省矿产"。但是，国民经济是一个各部门综合的有机体，想要使机器生产长期人为地脱离其他部门孤立地发展是不可能的。只要是用机器生产和近代企业，就不只是在建立时要有巨量的资金、原料，更重要的是为了维持其生产而需要更大量的资金、原料投入。此外，机器生产这样的社会化生产力，不仅要求系列的配套条件，如近代的交通运输、燃料工业、采掘工业等等，而这些条件是不可能依靠移植方法解决的。

此外，我们学习马克思关于资本本性时，马克思说到一段很有名的话，即资本是疯狂的，如果有10%的利润，资本就保证到处被使用；有20%的利润，资本就活跃起来；有50%的利润，资本就铤而走险；为了100%的利润，资本就敢践踏人间的一切法律；有300%的利润，资本就敢犯任何罪行，甚至冒绞首的危险。但是，马克思还进一步说到：资本也是理智的，如果当无利可图或者获利前景不利的时候，资本也会退缩，也会放弃。

正因为上述问题，该项吸引外资活动"历时三载有余，美方耗去二十余万元"，但最后不了了之，以失败而告终。

注　释

1　2　3　4　5　9　10　11　12　13　14　15　云南省志编纂委员会办公室：《续云南通志篇》卷六十三《外交一·外交杂志》，1986 年 6 月第 1 版，第 69、70 页。

6　张肖梅：《云南经济》（矿业篇），民国三十一年版。

7　8　云南年鉴编辑部：《云南年鉴》（1996 年），云南年鉴杂志社出版 1996 年版，第 164、162 页。

金融安全问题与云南金融近代化

一、近代云南金融安全问题

（一）外部金融入侵

1. 外币入侵

英缅卢比入侵。1885 年第三次英缅战争结束后，英国实现了对缅甸的全面占领，英属印度的货币——以银为本位的卢比始在缅甸流通。1897 年腾越开关后，"缅甸卢比，亦因滇缅商务兴盛，由边疆潜流入境……又祥云、蒙化、楚雄等属之劳工，数约六七万人。冬初出境，雨季前亦携缅币返滇，故卢比之流入本省者，每年约达 80 万左右"[1]。不仅如此，"云南商人贩运茶、糖、火腿、烟土、布匹等货到康藏销售，也换回卢比，售与下关商号，转运腾冲"[2]。英属缅甸卢比流入云南后，在云南货币流通中或多或少取代云南本地货币，部分地履行了货币的职能。在滇缅贸易中，缅方对云南商帮购入缅货，"必尽换洋钱，始肯交易"[3]。因此，不仅从缅甸输入的卢比"都复运出口，以供购办缅甸洋货之用。因腾冲向来是入超口岸，全赖运出此项卢比去抵补"[4]。而且不敷之数，须向缅甸高利贷者贷款。因而，卢比取得了滇缅贸易中结算货币的资格。

法币入侵。光绪五年（1879）六月，法国刚占领越南南部不久，就迫不及待地要求把其东方汇理银行发行的货币流通于中国，清政府未予同意。中法战争以后，1889 年，蒙自开关、滇越铁路动工，随着进出口贸易的发展和法国在云南资本输出的启动，东方汇理银行发行的货币开始大量流入了云南。滇越铁路动工后，法国专门鼓铸"越南银元 7500000 元专供支发路工之用。光绪三十年（1904）至三十三年（1907）间，共有值关平银 7176394 两之越南银元运入云南"。[5]另外，据 1914 年的统计，1908 年至 1912 年 5 年间，云南全省累计从越南东京和香港两地运入印度支那银币 5049147 元，运出 18700 元，净运入 5030447 元，居运入各种银元数的首位。[6]不仅如此，东方汇理银行还发行了大量纸币（云南称"法纸"），并大量输入云南。法纸"最初流入云南是在光绪二十九年（1903），滇越铁路公司运入七万元来蒙自购料建屋"[7]。此后，"自安南东京输入之法币，每岁约二百万两。以云南全省收入约四百万两计之，而以法币二百万两之集注于云南，已占公经济收入之半数。且频年累月，有进无已"[8]。据统计，1916 年该行所发行的纸币在云南的流通额约为 15670710 法郎；1928 年约为 306859026 法郎，到 1936 年已为 200296362 法郎。[9]后来，法纸竟成为云南的主要通货，铁路沿线各县"竟以之为定价标准或记账单位"[10]这些纸币对云南社会经济的破坏是相当严重的。因为，它是不以市场需要为根据、无充分准备金而滥发的，可以无限制地套取云南的物资，掠夺云南人民。[11]

法元、卢比在云南市场上履行货币职能，意味着云南部分货币的铸币权益已为法、英在东南亚的殖民机构所攫取。因为，含库平银七钱二分的四川、云南龙元投入流通后，在云南的昆明、蒙自一带兑换实重库平七钱二分三厘二毫、含银千分之九百的越南银元，四川龙元"每元须补水四分至八分不等"，云南龙元则"每元须补水二分至四分"。[12] "卢比每枚常保持合腾平纹银四钱左右的价值，等于库平三钱八分七厘左右，较云南纹银高 23%；最高时竟涨至腾平银五钱六分，合库平五钱四分左右，较纹银高 72%，所高之数，即纹银比价的亏损，这种亏损，比上海英镑汇价的镑亏高得多"[13]。也就是说，法元、卢比与国内铸币兑换的市场价格，远远高于它实际所含白银的价值。通过货币兑换，英法殖民机构获取了巨大的铸币收益。

2. 法国银行对云南金融的操纵

近代的云南，是法国的势力范围，法国在云南开展金融活动的银行主要是东方汇理银行。东方汇理银行作为滇越铁路公司的大股东[14]，在滇越铁路通车前的 1910 年，就向云南省地方政府交涉，要求在昆明设立分支机构，遭到拒绝，只得以蒙自为跳板进入云南。1914 年，东方汇理银行据《中法续议商务专条》，在蒙自设立分行，开始占领云南金融市场，操纵云南金融。1918 年，东方汇理银行先是找借口在昆明设立办事处，履行分行职能。1932 年，依照 1930 年所订的中法关于越南、中国边省关系的新约，在昆明设立分行。[15] 这样，东方汇理银行在云南的业务中心转向了腹地，从而能更为方便地操控云南金融。

控制大锡贸易，垄断与操纵外汇市场。云锡质优，很受国际市场欢迎，但是，云南落后的金融机构适应不了锡业产销日益扩大的要求。所以有部分商人、厂东在追逐厚利的驱使下，竟对法人"询以何不来滇设立分行?"[16]东方汇理银行因而趁机与买办商人勾结，兜揽锡商，向蒙自该行办理港销大锡的跟单押汇或押汇借款。办法是：蒙自、个旧商人运锡出口时，先将大锡运到滇越铁路的蒙自碧色寨车站，托运后再将滇越铁路公司的运货提单向蒙自支行办理押汇。东方汇理银行办理大锡跟单押汇，在锡商方面，可以预先取得港销大锡的一部分售款供周转，而该行除先扣得利息和手续费外，还能得 10% 的港水长余。大锡是云南最主要的大宗出口商品，也是云南外汇的主要来源。当时蒙自海关出口商品总值占云南全省出口总值的 80% 以上，而大锡出口又占了蒙自海关出口总值的 70%—80%。[17]据统计，汇行自成立之日至 1934 年期间，一直垄断了云南出口大锡的 60% 跟单押汇业务。[18]东方汇理银行利用跟单押汇，切断了云南外汇的来源，并通过操纵法纸和外汇价格的涨跌进而操纵了云南外汇市场。据《续云南通志长编》披露，"十九年一月，越南实行金本位汇兑后，该行操纵伎俩，遂愈演愈烈。十五年六月，越币百元合滇币三百三十无，但在十八年一年间，越币一百元兑换价格由滇票四百七十元涨至九百二十元，影响所及，使滇币价值狂泻不已，又滇越铁路客货运费以越币定价，是时亦借口滇币低落，任意增收。该路又有每日向富行兑取半开现金三万元之特权，此集中之现金，亦以存款方式入东方汇理银行，库内现金集中愈多，其操纵之力亦愈大矣"[19]。以致 1929 年前后昆明市场上的一切大宗交易，每天要等到东方汇理银行定出外汇牌价后才能成交。[20]

垄断云南存放汇兑。东方汇理银行蒙自分行一成立，即在蒙、个一带开展存放汇兑业务，不久这方面的业务就被其垄断。
直到 1935 年以前，"银行之办理存放款汇兑业务，以法商东方汇
理银行为主，外商存款全部被其吸收"。例如，该行 1914 年 1 月
成立，到 6 月即贷出 60 万元，到 8 月底即增至 300 多万元。[21] 该
行成立之初，存放利息规定为：存入月息 4 厘；放出月息 8 厘，
外加该行经理"惠佣"50%，实际是月息 1 分 2 厘。除洋行外，
其他的向该行贷款，必须用实物抵押，如不按期归还贷款，即严
加追收，甚至强迫借款人定期投标拍卖抵押品。[22]

挤兑和搜运银元。第一次世界大战前后，越南殖民政府当局
与香港先后禁止银元出口，为防止白银外流，1917 年，云南省
宣布禁止银元出口。越南殖民政府当局禁止银元出口后，汇理银
行便利用滇越铁路和 1918 年来滇设立的中法实业银行搜运云南
银元。滇越铁路所收来的客货运费"除白银直接运走外，所收
获之纸币即由该行（即汇理银行蒙自支行）向蒙自富滇分行兑
现，嗣因兑换数额太多，蒙自分行无可准备，乃由总行固定数额
在省城兑换；滇越铁路每年收运费数百万，本省生产落后，无所
抵偿，以致白银出境，川流不息"[23]。此外，东方汇理银行还凭
借汇兑，吸收越银，凡是以越银向他购买外汇的，比用富滇纸币
或中国银元要低廉，所以商家也抬高市价收购越银，最后都归到
该行手中。据中国海关的不完全统计，从 1914 年至 1930 年的 16
年中，东方汇理银行蒙自分行从云南运走的银币为 14599299 元，
值我国关平银 9726312 两。这就引起云南金融市场的现金缺乏，
银根吃紧，滇币贬值。[24]

夺取财政性资金的保管汇解权。东方汇理银行蒙自分行除了
上述活动外，还利用其"五国银行团"成员国地位，夺取了云
南财政性资金的保管汇解权，保管并承汇蒙自、思茅、腾越三海

关的税款和云南全省盐课以及全省邮政收益。这些款项每年在白银 200 万两以上。其中仅盐课一项每年即达 100 多万元。[25]这些巨额无息资金存入东方汇理银行，实际上是在用中国人的钱赚中国人的钱，使它更有充足的资本开展大锡跟单押汇和信贷业务，垄断外汇，操控云南外汇市场。

（二）军阀战乱对金融的破坏

1. 唐继尧政府对云南金融的破坏。1913 年 10 月，唐继尧继蔡锷任云南都督。在 1916 年的护国战争中，军费开支骤增，但当年云南财政尚有结余。[26]护国战争结束后，唐继尧的野心膨胀，大肆扩军，为扩张地盘与川、黔军阀连年混战。1921 年春，顾品珍率领的驻川滇军回到云南，迫使唐继尧下台流寓香港。1922 年春，唐率龙云、胡若愚等部打回云南，再次主政。1925 年，又有范石生回滇之战。当驻川滇军未退回以前，战争主要在省外，云南财政上的困难尚不突出。自滇军退回，特别是唐继尧二次回滇以后，军费支出就日益膨胀，很多年份军费支出超过岁入总数，使云南财政每况愈下，濒于破产，[27]于是唐继尧就以各种手段进行搜刮，以充军饷。

利用富滇银行滥发纸币。1916 年，唐继尧政府已开始向富滇银行挪借款项 80 万元。为了使富滇银行适应军阀战争的需要，1917 年富滇银行第三次修订章程中规定：富滇银行"得依云南政府之命令，筹付款项，以供财政上之需用。但政府应即筹备的款随时归还，总期财政金融互相维持。俾达省立银行之目的"。[28]从此纸币发行额、军费支出、政府借用富行款项数都直线上升，滇币币值则直线下降。到 1926 年，唐继尧政府所欠宣行款项累计达 2940 万元，占富行发行额 3860 余万元的 76%。而滇行的自用资金仅占24%。[29]准备金如此之少，无法应付正常的兑换业务，银行挤兑停兑之风已成常态，迫使滇行不得不滥发钞票，结果造成滇币大幅度贬值，几乎成了兑不了现银的废纸，进而引发通货膨胀，物价上涨，滇票的信用一落千丈，金融呈现危机状。

利用造币厂铸造劣币牟取高额造币余利。首先是无限制地铸造银辅币。民国初年的铸币条例赋予地方政府铸造银辅币的权力，但对辅币成色与数量有严格规定。从护国战争时开始，唐继尧就令造币厂铸造银辅币，即半开银元，不久后，唐就无视数量规定，无限制地大量铸造。1918年靖国之役以后，唐继尧又打破成色的限制，半元、2角辅币的成色由8成降至7成半。到唐继尧二次回滇以后，更大量铸造半元、2角辅币。成色则由7成降至6成、5成乃至不足5成者。以劣质辅币掠夺人民，攫取巨额造币余利。其次是铸金币。第一次世界大战结束前后，国际市场上出现银贵金贱情况。1919年，云南省长公署和富滇银行以大锡在香港卖得的黄金30余万两铸造金币。按当时的金价，当10元的含金量只相当于银币8元，当5元的只相当于4元。因此，金币发行后市面上并不欢迎。唐政府乃贴出布告，强制行使，并在发放工资薪饷时硬性搭配，结果刺激了物价上涨。再次是铸造镍、铜币。唐继尧不愿铸1角银币，认为太费工时，影响造币余利的提高，却热衷于铸造1角镍币，因为铸镍币成本低，利益更大。1924年从日本购进原料，铸造1角、5分两种镍币作辅币。到1926年共铸镍币合半开银币380多万元。[30]

2. 军阀战乱对金融的直接破坏。军阀战乱不仅严重影响了云南经济发展和社会稳定，还直接破坏金融的发展和稳定。主要表现在各军阀从富滇银行强行"借款"甚至抢劫银行。1927年"二·六"政变后，胡、龙赤裸裸地以"手谕"的白条子动支举款，例如，胡若愚 1927 年 6 月 16 日至 7 月 22 日，凭"手谕"
支走富滇银行纸币 73.79 万多元，银币 10 万元。龙云则于 1927
年 12 月，凭"手谕"两次就从富行支走 700 万元去购买枪弹。
此例一开，各地驻军纷纷效仿。例如，1929 年 3 月，罗树昌在永
北独立，提走富行永北汇兑处纸币 1.21 万元；同年 5 月东川兵
变，拿走富行汇东川兑处行款 4.51 万元；同年 9 月西军独立，
下关行款被提走。[31]此类事件层出不穷，不胜枚举，直接地破坏
了金融的稳定。由于"六·一四"政变以后历时 3 年的激烈内
战，云南财政金融更加混乱不堪。到 1929 年 4 月，富滇银行
"发行额达 7000 多万元，而政府积欠已在 4000 余万"，[32]"军政
薪铜积欠至十数月之久，遂使财政金融俱陷绝境"。[33]

二、云南金融的近代化

在外部金融入侵和内乱的扰动下，近代云南的金融安全受到
严重威胁，为此，各届政府或被动、或主动地对财政金融体制进
行了建立与健全。由于唐继尧政府在这方面乏善可呈，这里不予
述及。

（一）清末民初时期

云南使用的货币，至清光绪末年，尚以银锭为主，制钱辅
之。[34]法元、卢比流入云南之前，云南流通的白银以牌坊锭为标
准。但是，在实际流通中，牌坊锭主要是 5 两锭，且仍属称量货
币，流通中需要反复分割、重铸。而无论法元还是卢比，都是成
色更加稳定、以枚计数、以元计值、更适于小用的货币。从币制
上讲，银元制度要比银两制度更为进步，流通更为方便。因此，

银元进入云南后，其取代银两的趋势日甚一日，"废两改元"已不可避免。[35]为抵制外洋银元，云贵总督奏设云南造币厂。光绪三十二年（1906），云南造币厂成立，"开铸银元，其成色、公差，一如部定，以故市面流通，人民便利"[36]。宣统元年（1911），云南省龙元局成立，开铸银币日多。不过，"……惟终清之世，丁粮仍以银两计算，折合银元征解。其余赋税，则银两，大小银元、铜元并用。至于商家收付，则仍以银两为主，通常仅搭用银币三成"。民国元年（1912）通令以银币为本位，公私收付一律改两为元……此时，银币才替代银两成为云南省的真正法货。[37]

辛亥革命后，在蔡锷任云南都督的近两年中，在财政方面注意开源节流，进行了卓有成效的整理。由于当时的金融不独立于财政，蔡锷政府对财政的整理，为云南的金融营造了较好的发展环境。"滇省内政，经此改革后，颇见进步，而前批政，多经革除，经理财务，亦日有起色。百姓对于新布政令，俱极悦服，纳税输粮，较满清时代甚为踊跃，故财政上不甚困，金融机关甚形活泼。"[38]

蔡锷督军政府直接的金融活动为开设富滇银行。云南旧有大清银行，但营业网点仅设于省垣而且大多经营不善，所以，金融机构不健全，难以调剂银根。民国建立后，蔡锷乃令财政局筹设富滇银行，并于下关、昭通、个旧各处设立分行。富滇银行除办理各类存、放款，期票贴现等业务外，还具有发行纸币的"中央银行"职能，并代表省政府执行地方金融政策、统制外汇等，"实滇省金融机关之中心也"。另外，在富滇银行章程中也规定"本银行于不妨碍营业之范围内，得依云南政府之命令，筹付款项，以供财政之需用，但政府应即筹备的款随时归还，总期财政金融互相维持，俾达省立银行之目的。"[39]富滇银行处于滇省"中央银行"的特殊地位，对它的发展起到一定的促进作用，因而在护国战争以前，富滇银行基金充足，金融信用良好。但是，为财政筹付款项的规定把金融挂到了财政上，最终成为富滇银行破产的重要原因。

除整理财政和开设银行，蔡锷政府还开始培训近代银行人才。据《申报》1912 年 9 月 23 日报道，"云南因远在极边，于银行学科素无人知，现在虽将大清银行改为云南银行"，可是，"富滇银行因乏熟于经济学之人才，管理故极腐败。财政司有鉴于此，乃呈请都督府拟于滇开办一银行学校，附于法政学校内招生肄业，其入学资格须有中学及两级师范学校之程度，以十八个月为卒业期，遂即派充银行管理员。闻已于八月朔日开学矣"。[40]

清末民初时期政府为改善云南金融状况而采取的措施，引了若干近代金融制度和做法，消除了部分金融风险，但云南离金融近代化还有很大距离，因而金融的安全问题仍然严重。

（二）龙云时期

龙云主政云南前，军阀混战，造成了空前的金融紊乱与财政危机，金融业发展为之止步不前。鉴于财政金融的严峻形势，民国十八年至抗战前夕，龙云政府对财政金融进行了大刀阔斧的改革，从而促成了云南金融的初步近代化。

整顿财政，为金融独立创造条件。龙云上台伊始就提出了"整顿本省财政十年计划"。"初则改变征收本位，以增其益，清偿前政府历年积欠，以救目前危机，是为第一期；次则整理税收，务求收支适合。以奠财政基础，并从撙节，以其所余，充实军实，而谋经济交通之基本建设是为第二期；再则谋求增加生产，扩大官营事业，以经济树财政之基，而救财政之穷是为第三期。"[41]龙云政府三期的整理财政计划，体现出近现代政府的气象。在龙云政府初期，整理财政的主要措施有：首先，统一财税征收机关，行使省政府在财政上的权威。具体做法是：对原有各自独立，截留坐支的分散的征收体制进行了改革，逐步建立健全了省级财政机构。[42]这一措施不仅从此结束民国以来由军人把持财政的不良局面，并且把征收机关的权力统一到财政厅，使在短期内税收大增，发清了积欠，使全省财政逐步趋向稳定。其次，改革税制，简化纳税手续，减轻税收负担。具体做法包括：改订税率，将征税标准分为从价与从量分别办理；建立了财政税收的稽核制度；最重要的是取消苛捐杂税，实行删繁就简。[43]龙云政府对财政的整理，使收入大增，云南财政由 1929 年的赤字 160万余元，一跃而结余数十万余元，以后接连几年有结余。[44]这是民国时期云南财政史上的一个重要转折点，使云南财政不再依赖于货币发行，为金融最终独立于财政，创造了良好的条件。

　　整理金融，改变财政金融相互拖累的局面。龙云政府为改变财政金融互相拖累与牵制的局面，专门成立了金融整理委员会，研究和实施了具体整理方案。即采取银币本位制，确定了纸币与银币之间的比例，经过两年的努力，"储集半开银币 1600 余万元，成立富滇新银行，发行新兑换券，预定分期分数将旧滇币收毁，从此以后，云南金融渐趋稳定"。1934 年，云南省政府规定："富滇新银行为本省政府之发行银行，省府授权新行，依照兑换券条例发行纸币，划一币制，管理外汇，管理白银，以安定本省金融，充实发行准备，调节市场供需，此为新行之主要业务。"[45]此后又拟定了关于改善地方金融机构的办法纲要，指出："其主要精神，全在使地方金融机构尽量发挥能力，容纳各项资产为抵押，领用一元卷及辅币卷以发展农村、扶助工矿"。[46]自此，云南金融业得到快速发展。到 1937 年，云南一地的银行业已发展到十余家，而富滇新银行除总行外，已发展分行十三处，办事处也设立了若干。1937 年以后其发展更为迅速，包括银行、信托、保险等，金融企业已达 35 家之多。[47]

收回铸币权益，严禁外币在本省市场流通。1933 年 3 月 3 日龙云手令："近日本府根据民众请求取缔外币在境内行使，并据报告，富州、广南、文山、靖边、西畴、马关及各特区一带人民一切交易多以外币为本位，以致影响生活高昂等情况。似此情况，不仅特妨碍本省金融，亦且害及民生，殊堪痛恨……兹特议决，于本年内分别步骤取缔一切外币，务达境内无外币行使之目的。各地方官应即认真奉行，如该地遇有奸商，图利行使，一经查获，即处以死刑，以昭炯戒。全省各特区长官应先用自动口气严为执行，如有阳奉阴违者，一经查出，即唯该地方官是问。"[48]口气之严足以见云南政府取缔外币之决心，在龙云政府的强令之下，不久云南"地方通货已趋划一"。[49]这样，云南金融对内信用就很快地建立起来了。

任用新式人才，支持金融改革。龙云政府促成云南金融近代化的关键举措，就是任用曾经留学美国的新式人才、实业家、理财专家缪云台为富滇新银行行长，并始终支持他进行金融改革。1932 年富滇新银行成立后，仅仅运转了一年，就由于经营者主导经营思想的失误，酿致外汇的挤兑风潮，遂使富滇新银行又陷入了对外信用的危机之中。面对本省金融的这一危难，政府主席龙云及卢汉等均深感忧虑，执意请时任云锡公司总经理的缪云台接任新行行长的职务。缪云台汲取以往的经验教训，提出了与龙、卢的"约法三章"，作为其出任该职务的前提条件。双方约法为：其一，富滇新银行不代理省金库；其二，省政府不向富滇新银行举债；其三，龙、卢两人不在富滇新银行开户头。以上约法，旨在保证财政、金融的划分，避免金融受私人干扰。在龙云和卢汉无条件接受这一约法的基础上，1934年3月，缪云台正式接任了富滇新银行行长的职务。缪云台在任期间，利用富滇银行的行政职能，采取各种改革措施，为稳定云南金融市场做出了很大贡献，基本完成了近代云南银行金融体制的现代化进程。其做法大致包括如下内容：[50]

1. 整顿新富滇银行，清理不正当经营，增加银行外汇储备。接长富滇新银行后，缪云台即宣布停业三个月进行内部的清理整顿。先是采取了断然措施，取缔了鸦片特货生意，裁撤了为做鸦片生意而开设的多个省外办事处，使富滇银行经营走上了正轨。然后，通过各种途径增加银行外汇储备，以恢复银行对外信用。针对外汇面临的困境，缪云台积极采取行动，通过迅速提高外汇储备来稳定金融大局。一是与炼锡公司接洽，将炼锡公司售锡的外汇全部购进；二是在市场上，按照市价购进外汇；三是从个旧锡商和其他出口商处购进外汇。从而使银行在之后的三个月内便将全部未付的汇票结清，汇兑业务走上正轨，恢复了银行对外的信用。至1936年6月底，该行各项存款的金额已由1933年底的148.3万余元，增至414.9万余元，即增长了1.8倍。[51]

2. 解除东方汇理银行对云南金融安全的威胁。针对法国东方汇理银行对云南金融的操纵，缪云台提出了三条措施，经过省政府讨论后实施：一是在全省范围推行跟单押汇政策，规定由富滇新银行办理大锡跟单押汇，即在其他银行不能提供高于富滇新银行的汇兑牌价时，出口行商必须向富滇新银行办理跟单押汇，将被东方汇理银行垄断了 20 年的大锡跟单押汇夺了回来。富滇新银行制定了《大锡押汇章程》，对出口商给予了一些便利，出口商得到了 50% 的外汇处理权，较之过去多得了一些利益，从而使富滇新银行的大锡跟单押汇得到了出口商的支持。二是收回东方汇理银行对云南海关、盐课、邮政收益的保管汇解权。富滇新银行采取的措施先是存巨款于上海中央银行，然后请求由新行代为汇解上项税款，在运用政治力量得到南京政府财政部的同意后，取得了关税的汇解权。之后，用同样办法又把邮局款项、盐税等财政性资金的汇解权也从汇理银行手中夺回。[52] 这一特权规定，海关、盐务稽核所、邮局收入的税收、资金，在汇解中央时，必须全部由富滇新银行汇出，对东方汇理银行来说是釜底抽薪。三是实行外汇管制。第一，宣布白银省有的政策。为了使滇币的汇值稳定，首先要使滇币不受银价涨落的影响。为此，必须规定白银省有，并限制白银在货币市场的流通。如有特殊需要必须使用硬滇币时，可以事先申请。所以，滇币非依法申请，不能兑现滇铸半开银币。第二，强调无限制的汇兑政策。即在限制白银兑现之后，只有彻底执行无限制依牌价汇兑的政策，滇币的信用才可能得以确保。第三，对外将滇币钉在英镑身上。其原因一是当时英镑的币值最稳定，二是富滇新银行外汇收入的大宗，是来自炼锡公司在伦敦五金交易市场获得的英镑收入。

上述 3 个方面的措施，彻底动摇了东方汇理银行垄断大锡跟单押汇、操控云南金融的局面，触动了其根本利益。于是，遭到了东方汇理银行千方百计的抵制。先是由法国驻昆明副领事康栋出面向外交部驻云南特派员交涉，扬言要采取行动以对。后来康栋还亲自与东方汇理银行的华人经理一道，去个旧煽动锡商与新措施作对，但遭到了锡商抵制。最后，东方汇理银行驻越南的总办亲自来到昆明，与缪云台谈判，要求用折中的办法来解决这一问题，缪云台没有让步，谈判破裂。在交涉谈判没有结果的情况下，东方汇理银行利用其操控的滇越铁路来要挟，联合滇越铁路公司抵制云南的金融整顿，通过越南总督下令让滇越铁路公司对过境越南的云南进出口货物进行留难，一种方式是借口云南货物有的不合卫生条件，不许过境；一种是放慢运输时间，把云南过境再出口的货物压下来，一拖就是一两个月。面对严峻的形势，龙云多次与缪云台商讨对策，缪云台主张无论有多大困难一定要坚持到底。云南还作了最坏的准备，不得已就恢复过去的陆路运输，由广东进出口。僵局持续了3个多月。这时正处于第二次世界大战的前夕，法国内忧外患，无力他顾。而僵局持续长久，铁路运输减少，影响了滇越铁路公司的利益。在这样的情况下，东方汇理银行和滇越铁路公司不得不让步，要求继续谈判。1935年6月，富滇新银行与东方汇理银行达成协议，东方汇理银行接受了云南金融整顿的政策，承认"不妨碍本省金融与富滇新银行所承办之一切金融政策，并赞助富滇新银行发展一切业务，安定本省金融"。富滇新银行也作了一些让步，承诺以优惠价格卖给东方汇理银行和滇越铁路公司一定的外汇。这一场表面上由富滇新银行与东方汇理银行和滇越铁路公司的较量，实质上是云南地方当局与法国殖民主义的斗争，最终云南当局获得了胜利，为云南金融赢得了一个相对稳定的局面。通过这场较量，从根本上动摇了东方汇理银行垄断外汇，操控云南金融的基础，从此，东方汇理银行在云南的影响逐渐减弱。

经过以上措施，云南金融的近代化得以基本完成，云南金融安全的威胁也得以初步解除。

三、结语

近代以来，云南的金融风险一方面来自西方列强，另一方面来自封建军阀。西方列强的金融入侵，一是利用强权将不平等条约强加于中国，攫取云南的金融权益；二是利用西方的先进金融制度，通过市场手段攫取经济利益。对于基于强权的金融入侵，只有建立独立、强大的国家才能与之相抗，龙云政府对殖民主义进行了较为强硬的抵制，因而维护了云南的部分金融权益。对于利用先进金融制度，通过市场手段的金融入侵，则唯有依靠建立近代金融制度，才能抗衡。在近代，西方先进的金融制度，相对于云南落后的金融制度更能节省交易成本，更能防范风险，因而对云南商人更具吸引力。清末以来的中央政府和云南地方政府，虽然或被动、或主动地采取了种种措施来对抗西方的金融入侵，但在金融制度完成近代化以前，云南金融安全屡屡遭受威胁。只有在龙云政府时期，云南基本完成了金融制度向近代的转型，对云南金融安全的威胁才得以初步解除。至于封建军阀对金融的侵害，只有政治的发展才能消除，因为，金融近代化的前提是政治近代化，龙云政府在很多方面都显现出近代政府的气象，因而，云南金融的近代化，在龙云政府时期得以基本完成。

注　释

1　19　《续云南通志长编·财政》（三），《金融》，第690、693页。

2　4　7　12　13　26　万湘澄：《云南对外贸易概观》，新云南丛书社1946年版，第143、144—145、187页。

3　寸开泰：《腾越乡土志·商务篇》，《腾冲县志稿》。

5　董孟雄：《辛亥革命前帝国主义对云南的经济侵略》，《学术研究》1961 年 5 期。

6　《外交部驻云南特派员公署档案》，《蒙自关税务司谭安民国二年十一月二十就日致外交特派员函》，《金银出入表及银币出入表各一份》，《云南近代货币史资料汇编》，内部印刷。

8　《中国科学院历史研究所第三所编》，云南杂志选辑，科学出版社 1958 年版。

9　《法国东方汇理银行云南省分行历史资料汇编》，第 104 页。

10　21　45　49　《云南行政纪实》第十七册《金融·富滇行之业务》，第 4 页。

11　章乃器：《中国货币金融问题》，第 39 页。

14　密汝成：《帝国主义与中国铁路》，第 140 页。

15　17　22　24　25　27　29　30　31　44　52　李珪：《云南近代经济史》，云南民族出版社，1995 年 10 月第 1 版，第 225—226、228—229、231、228、230、362—363、364、364—366、39、381—382 页。

16　《云南金融研究所. 法国东方汇理银行云南省分行历史资料汇编》，第 35 页。

18　《云南地方志编纂委员会》，《云南省志·金融志》1994 年版。

20　48　《中国人民银行云南省分行金融所》，《云南富滇银行—云南富滇新银行历史资料汇编》（上册），第 211、90 页。

23　《续云南通志长编·财政六·金融·货币》。

28　《昆明市志长编》卷 12，第 16 页。

32　《富滇新银行档案》，第 65—4—443 卷。

33　41　《云南行政纪实》第 5 册，《财政一·提要》。

34　《续云南通志长编》，第 689 页。

35　《汤国彦主编》，《云南历史货币》，云南人民出版社，1989 年版。

36　《云南近代货币史资料汇编》，第 76—77 页。

37　《中国人民银行云南省分行金融研究所编》，《云南近代货币史资料汇编》，第 103—104 页。

38　曾业英：《蔡松坡集》，上海人民出版社 1984 年版。

39　《昆明市志编委会》，《昆明现代史资料汇辑（征求意见稿）》，第 1547 页。

40　《申报》1912 年 9 月 23 日。

42　史允：《龙云政府的货币发行政策》，《云南行政学院学报》2003 年版第 3 期。

43　谢本书、龙云传：四川民族出版社，1988 年版，第 100—101 页。

46　《云南省档案馆》,《民国建设厅档案卷宗》, 第 77—9—1158 卷。

47　张肖梅:《云南经济》, 1942 年版, 第 S1—3 页。

50　缪云台:《缪云台回忆录》, 中国文史出版社, 1991 年版, 第 60—64 页。

51　《云南省志》, 第十三卷,《金融志》, 云南人民出版社, 1994 年版, 第 108 页。

论 20 世纪初云南的
国际国内贸易及其影响

程舒宁（云南大学人文学院历史系副教授）

1913—1937 年为民国建立到抗日战争爆发，此一时期的云南对外贸易指的是国际和国内贸易两个方面，它通过设在滇西和滇南的三个海关（腾越、蒙自和思茅）来进行。这段时间中国的大部分地区曾处于军阀混战和割据的独立或半独立的状况，而地处祖国边陲的云南也不例外。1915 年护国战争爆发后，云南富滇银行代替了设在昆明的中国银行发行货币，并代表省政府执行地方金融政策。这样处于独立状态的云南和东南亚、欧美国家以及祖国的沿海地区发生了较多的贸易往来，但这种贸易是在云南沦为半殖民地区和在帝国主义加紧对云南经济入侵和原料掠夺的情况下进行的，带有半殖民地经济的色彩。从 30 年代初开始，云南对外贸易额不断增长，并基本保持着出超的地位，这在中国当时的各个省份中是少有的。即使扣除了大烟在其中所占的比重，其出超地位也仍然保持着。贸易的发展同时也带动了地方民族经济和教育事业的显著发展。到 30 年代后期，云南对外贸易的通道也发生了变化，不再单纯地依靠滇越铁路为主要的贸易通道。其标志是，昆明至滇西下关的公路被修成，该路为抗战爆发后滇缅国际公路的修筑打下了基础。本文着重研究的是 1912—1937 年云南对外贸易的发展轨迹和其影响。

一、国际贸易的进行

国际贸易指的是当时云南与东南亚，南亚和欧美国家的贸易，它分为滇西和滇南两个方向来进行。滇西方向指的是通过腾越海关与英属缅、印的贸易；滇南方向指的是通过蒙自、思茅两关与泰国、法属越南、老挝以及通过越南海防与南洋和欧美国家的贸易。

1. 滇西方向的国际贸易

19 世纪 80 年代，英法殖民主义者控制了东南亚的缅甸、越南和老挝，而与这些地方山水相连的云南也随之卷入了世界资本主义市场，沦为帝国主义国家的原料供应地。为掠夺云南丰富的资源，1889 年英国把它在缅甸的铁路从仰光修到了靠近云南西部边境附近的曼德勒（瓦城）。仰光当时已成为重要的国际港口城市。由于苏伊士运河在 1869 年就开始通航，所以仰光和印度的港口城市当时与欧洲市场发生了密切联系，而云南也通过缅甸境内的铁路，与资本主义世界市场的距离拉近了。"苏伊士运河把从伦敦和巴黎到孟买的路程各自缩短了 4840 英里和 5940 英里""1907 年有来自 20 个不同国家的船只通过运河，属于英国的就有 2651 艘"，居第一位。"多年来，英国的船只占通过运河船只的 3/4"。[1]通过这条运河，英国把亚洲殖民地的原料运往欧洲，并从欧洲把它的工业品倾销到缅甸、印度。20 世纪初，云南迤西方面的国际贸易正是在这种情况下进行的。从 20 世纪早期到 30 年代，滇缅贸易的特点是云南迤西的商人把云南的土特产和四川的黄丝销往缅印，再换回那里的洋布到云南销售。直到 1934 年，云南龙云政府建立云南纺织厂后，洋布进口的状况才得到改变。1902 年，滇西重镇腾越被辟为海关，成为重要的商贾云集地。在 1910 年滇越铁路通车前，腾越海关在云南外贸中占有重要的地位。"腾越关在滇越铁路未通前，出入印缅货物，颇形畅旺，其入口洋货，日可运销川黔两省"。[2]而在云南各商帮中迤西帮的地位最为重要，其特点是"经营洋纱进口业务，并收购四川黄丝等土产原料和茶叶，为其主要牟利手段，他们的主要路线，是从昆明到缅甸的一条运输路线"。[3]滇越铁路通车后，迤西帮的商贸活动具有双向性，即在保持对缅印贸易的同时，又利用滇越铁路发展与东南亚其他国家的贸易。迤西帮又包括鹤庆帮、腾冲和喜洲三大帮，其中鹤庆福春恒为最早，腾冲洪盛祥次之，但又以喜洲永昌祥的经营规模和影响较大。福春恒 1876 年成立，"为云南经营国际贸易及民族工业较早的商号，它输出条丝和土产换进花纱和布匹，发展了中缅贸易"。[4]洪盛祥 1888 年成立，除与福春恒经营相似的货物外，它还把滇西的石磺用骡马运至腾冲后，转运缅甸八莫，经火车运至仰光出口。[5]随着贸易的扩大，洪盛祥还在思茅、佛海（西双版纳）和普洱开办了茶厂，把茶叶经缅甸运往印度。[6]迤西帮与印度的贸易除经缅甸的路线外，还通过西藏来进行。喜洲帮以永昌祥为代表。民国初年到抗战时期"为喜洲商人经商的极盛时代"。[7]永昌祥在缅甸曼德勒设有分号，它把内地的生丝销往缅甸，而生丝在缅甸有市场是适应了缅人的"民族习惯"。[8]迤西帮输出的大宗商品黄丝，"由云南腾越出口，运销印缅，在云南出口贸易中居第二位，居第一位的是大锡"。[9]从民国初年到抗战开始，经营滇西方向国际贸易的多为民间性质的商帮所为，官方参与的很少。此时，滇西方向主要为云南对外贸易的一条辅助性通道。但到 1937 年，昆明至下关的公路全线通车，这段公路建成具有重大的意义，它为 1938 年滇缅公路的全线通车打下基础。在滇越铁路被日寇切断后，滇缅公路成了云南对外贸易主要通道。

2. 滇南方向的国际贸易

滇南方向的国际贸易主要是围绕着 1899 年设立的蒙自海关来展开的，思茅海关则次之。蒙自和思茅两关之间则保持着经常的业务往来。思茅和普洱的茶叶主要通过滇越铁路来外销。自滇越铁路通车后至 1937 年抗战爆发时，蒙自海关的重要性居云南三海关之首，是官方和民间对外贸易的主要通道，它在云南的对外贸易中占有非常重要的地位。因为作为云南地方政府的主要财政来源个旧大锡，是通过经蒙自关到越南海防的滇越铁路来外销的。大锡是云南对外贸易的大宗商品，"云南历年对外贸的差额即以此项出口值弥补之"。[10]大锡经滇越铁路运往香港和新加坡。自 19 世纪末开始，新加坡已成为世界最大的锡矿冶炼中心。[11]经新加坡冶炼的大锡再销往欧美。滇越铁路通车后迤西帮也利用这条铁路把黄丝出口到东南亚国家。黄丝和羊毛占云南对外出口商品的第二位，占第三位的是皮货，第四位的是猪鬃，第五位是药材和香料，第六位是茶叶。实际上，在禁烟以前，鸦片的输出占第二位。当时海防成了国际头等的口岸。[12]在外贸的汇兑上，抗战前，云南用滇币换防汇（法币）。[13]但法国东方汇理银行在汇兑上卡云南的脖子，英法帝国主义还利用滇越铁路对云南进行商品倾销，运入大批的棉纺织品，滇南另一重要海关为思茅海关，思茅海关是云南发展与老挝和泰国贸易的主要关口。从 20 世纪初开始，云南的商帮就不断进入老挝，泰国进行贸易，带去黄丝，换回当地的山货犀牛角、鹿茸象牙等，再销往内地。[14]但与蒙自和腾越关相比，思茅关通向邻国的交通最为不便。到 30 年代，历年通过思茅海关与云南进行贸易的国家主要是缅、泰、越南、印度、新加坡和英属婆罗洲。[15]经滇越铁路外销的思茅、普洱的名茶，多运往香港和南洋，当时，"云南茶的销路以新加坡为大本营，有少数运入珠江流域和安南、缅甸"。[16]20 至 30 年代，在思茅经营茶叶生意的多为石屏人，因为石屏有个碧石铁路（指个旧、碧色寨、石屏的线路）与滇越铁路相通。"个碧石铁路又为个旧之生命线，其地位之重要当为想见，因为路线延展至石屏后，不特滇省之木材与铁矿可以藉此开发，而思茅、普洱之茶叶、山货及药材，亦可直接由本路运至碧色寨出口"。[17]石屏人在思茅附进易武揉制的茶饼运往香港后十分畅销。[18]通过滇西和滇南两个方向的国际贸易，密切了云南与东南亚和世界市场的关系，而当时南洋的许多华侨也到云南来经商、读书，并赞助云南护国运动。1917—1920 年，叶剑英元帅就是以华侨的身份从马来西亚来云南陆军讲武学堂学习的。[19]

二、与广东上海等沿海地区的贸易

云南在滇越铁路通车前，由于山川阻隔，与内地的贸易十分有限，多限于川黔地区。滇越铁路通车后，这种现象大为改观，云南通过海路与广东、上海和香港等沿海地区发生了密切的贸易关系，这在云南的进出口贸易中占有重要的地位。

1. 与广东和香港的贸易

在近代中国，广东由于最早受西方殖民入侵，因而较早卷入世界资本主义市场，其买办商人和民族资本家也较早形成。滇越铁路通车后，广商大量涌入云南，输入洋布，经营云南土特产。在昆明专门有广商的聚集地——广聚街（即金碧路），所谓"宣统二年（1910），火车通，运输便利，粤商遂大肆活动，花纱（即洋布）之权衡，竟掌于粤人。不特此也，出口之各种山货，入口之海味干果及铅铁用品，亦大半归粤商经营。粤商之势力，自民国十五年（1926）至二十五年、六年（1936—1937）间单以广聚街而论，大小商店及工厂、食馆共五十余间"。1930 年在出入云南的货物中，粤人占了十之五六。1918 年在广聚街成立的华兴公司，经营广洋杂货。[20]但在粤商入滇的同时，云南的一些商号也从广东购进洋布。在清末，"昆明的同庆丰等早已经营棉纱从广东加入昆明牟利"。迤西帮洪盛祥在广州还专门设有商号。[21]

香港从民国初年以来就一直是云南与内地、东南亚和欧美国家贸易的转运站，云南的锡和茶叶多先运到香港，然后再运到其他国家销售。而云南的富滇银行和殖边银行也一样在香港设有分行，经营港币的汇兑业务。

2. 与上海等地的贸易

上海当时由于其优越的地理位置和占有长江航运的优势而成为中国第一个重要的对外贸易口岸，也充当着云南与国内外贸易的窗口。云南与上海的贸易联系也是通过滇越铁路来进行的。滇沪贸易对云南经济的发展影响较大。云南的货物到达上海后，可沿长江而上，到达重要的商品聚散地汉口。云南经营药材的著名商号恒盛公从 20 世纪初就开始在上海和汉口建立了商号。滇帮运往上海的药材山货多托在上海棋记号。洪盛祥在上海也设有商号。[22]此外，云南商人还通过上海这个贸易窗口，买进洋货和国货回滇销售。第一次世界大战期间，中国民族工业获得较大发展。大战结束后，从上海直达海防的商轮增多。沪纱较其他洋纱有竞争力，"故销路大佳"。蒙自海关进口之"国产棉货乃与日俱增"。云南方面还注意从上海引进急需的机器设备和技术人才。1916 年，云南较大的一家染织产兴办时，其部分原料就是从上海采办的。1922 年，昆明成立了亚细亚烟草公司，其设备是从上海买的美国货，该公司还从上海、宁波和天津等地聘来技师。[23]1937 年以前，已有不少上海和浙江的商人来昆明经商，如经营云南药材的张多记和经营纺织品的申大公司。他们一方面把云南的药材运往沿海销售，另一方面又把上海的纺织品主要是洋货和绸缎、毛呢等，运来昆明销售。昆明的申大公司于 1921 年成立。[24]

在金融方面，云南地方政府一直重视同上海的贸易和金融往来，1912 年成立的云南省富滇银行在上海设有分行，[25]经营汇兑业务。当时，由于军阀割据，货币不统一，云南与上海的贸易需要申汇，申汇在云南对外贸易中的地位十分重要。历来云南对外贸易出口多是大锡，山货，药材，茶叶，售得的价款多数存在上海。进口货大部分是呢绒、绸缎、匹头和百货。进口货需要的申款，经常在昆交滇币，在申汇取申款。[26]除官方的银行外，云南的一些商号如迤西帮的福春恒，茂恒和永昌祥也办理申款的汇兑业务。[27]这反映了官方和民间与上海密切的贸易往来。

30 年代中期，云南省整理财务金融取得一定成效，外贸出超，财政转好。1932 年，龙云政府用富滇新银行取代了富滇银行。在这以后，富滇新银行"对于省外、国外为补助发展国际贸易，管理外汇，因而使出口货物激增，取得外汇之大宗来源。由于外汇之集中掌握与适当供应，因能调节市场，使汇价安定，不受外商操纵，并有多余外汇，以供新兴工业建设及购国防械品器材之需要"。[28]1934 年龙云政府成立了云南经济委员会，为扭转云南纺织业落后和棉织品严重依赖洋货的局面而筹备建立云南纺织厂和动力厂。当时的情况是："棉纱布疋为民生日用必需之品，滇省昔日织布所用之各种纱支全赖外省输入，漏卮之大，达千余万元"。[29]"政府鉴于本省纺织工业幼稚，外来棉纱疋头充斥，占入口货之重要位置……因计划办理纺织厂与织布厂"。[30]1935 年云南纺织厂和电力厂宣告成立，其全部设备是云南经济委员会委员缪云台赴上海直接向申外产家采购的，在当时"为全国最新式者"。[31]

三、对外贸易的发展对云南的影响

首先，我们应该看到：1912—1937 年云南处于半殖民地位，遭受帝国主义和军阀势力的压迫，全省各地区的经济发展极不平衡，进出口贸易所反映的总特点是云南作为半殖民地向帝国主义国家提供廉价的原料产品，遭受帝国主义的经济侵略和剥削。其次，帝国主义的侵略和剥略和剥削同时也刺激了云南人民的爱国主义和民族工业的发展。一批在经营进出口贸易中发展起来的云南民族资本家在先看到了云南与西方的差距后才走上了实业救国的道路，这在当时的历史条件下不失为一种进步的表现。他们投资于近代工业和教育，如昆明同庆丰商人王筱斋集资建立了中国最早的水力发电站（1912），使昆明成为全国最早使用电灯的城市之一。1914年，唐继尧又集资扩建，使昆明城电灯的照盏数达到蔚为壮观的20000盏的规模。再次，在贸易促进经济发展的同时，也促进了云南教育事业的发展。民国初年，云南没有近代意义上的大学，全国只有几所屈指可数的高等学府。莘莘学子求学极为不便。像熊庆来（1893—1969）这样能够出国深造的学生毕竟是少数。由于与内地的交通不便，路途遥远，求学往往要经滇越铁路至香港、上海再到内地其他方向。一般的考生只能报考公费的项目。但是考试极难。以云南考生报考1913年的北京国民政府教育部在全国设立六所高等师范学校之一的国立武昌高等师范学校为例，其难度之大、淘汰率之高、录取率之低实属罕见。据曾经担任昆明求实中学校长的李树春（1903—1983）先生回忆：考生在省内就要经过多重选拔，到了武昌后还要经过淘汰考试后最终才被录取。这样人才的培养，虽然堪比"精英教育"，但是远远跟不上当时经济发展的要求。随着经济和贸易的发展，在省内建立高等学府、培养相关人才提上了议事日程。在此背景下，唐继尧以云南锡矿为支柱，会聚了以董雨苍为代表的留学归国英才，于1923年建成了中国西南地区最早的综合大学——东陆大学。对云南教育事业与经济的发展起到了积极作用。复次，此一时期，统治云南的地方政府既有与帝国主义互相勾结，镇压掠夺人民的一面，同时也存在着矛盾和斗争，这种斗争导致了云南地方政府一方面兴办一些实业（炼锡公司、纺织厂和电厂）来与帝国义抗衡；另一方面，云南地方实力派还试图改变云南对内对外贸易通道受制于人的局面。从20年代开始，云南地方政府就一直在谋求使云南对外贸易的通道多元化，以减少对滇越铁路的过分依赖，这主要反映在为云南经济发展寻找新的出海口问题上。因为贸易发展对地方实力派的生存与发展尤为重要。当时法国利用滇越铁路对云南的进出口货物随意收取过境税并经常以停运等方式进行要挟与盘剥。1920—1921 年云南曾经拟议过修筑从昆明至广西南宁的滇邕公路。1925 年第一次滇桂战争失败后，唐继尧只得决定修筑从昆明通向滇西的汽车路。关于唐继尧发动滇桂战争、向两广扩张的原因，除了政治因素以外，当然也有经济方面的图谋。应该把滇邕公路的修筑与向两广扩张联系起来考虑。1929 年，龙云上台，龙云也有向广西方向扩张的意图，1930 年发动过第二次滇桂战争，曾把战火烧到了南宁，但最后也以失败而告终，转而继续滇西方向公路的修筑，1937 年，昆明至下关的公路通车，这为以后滇缅公路的修筑打下了坚实的基础。最后，云南资源丰富，但由于交通闭塞，与外界多处于一种隔绝的状况，滇越铁路修通后，改变了这一局面，云南对外贸易的发展，加强了与东南亚国家和祖国沿海地区的联系，从而了提高了云南的地位，护国运动和名扬中外的云南陆军讲武堂就是在这样的背景下产生发展的，根据黄埔校校长黄柏龄的估计，在 20 年代的黄埔军校中，保定军校的毕业生"占据中等水平职务的人数，约占全体工作人员的 20%，黄埔的更低一层的人员大部分由云南军校的毕业生组成，人数占全体工作人员的 60%"。[32]

　　总之，在推进云南省桥头堡战略建设、对外开放对内搞活的今天，重温 20 世纪初云南在特殊历史时期的对内对外贸易发展的这段历史是有其历史意义的，它不失为一笔精神财富而给我们留下很大的启发。

注　释

1　F. M. Sandwith：British Occupation to Egypt, *The Cambridge Modern History*
　　Vol. 12.

2　《续云南通志长编》下册，第 575 页。

3　9　16　20　21　22　23　24　25　26　27　28　29　30　31　《昆明市志长编》
　　卷十二，第 339、390、391、344、442、340、381、287、288、397、15、34、
　　411、104、165、164、167 页。

4　施次鲁："福春恒的兴起发展及其衰落"，《云南文史资料选辑》第 9 辑，第 1 页。

5　6　张竹邦：《滇缅交通与腾冲商业》，《云南文史资料选辑》第 29 辑，第 145 页。

7　杨卓然：《喜洲帮的形成和发展》，《云南文史资料选辑》第 160 辑，第 260 页。

8　扬克成：《永昌祥简史》，《云南文史资料选辑》第 9 辑，第 91 页。

10　张肖梅：《云南经济》第十章，第 18 页。

11　霍尔：《东南亚史》下册，中译本，商务印书馆 1982 年版，第 890、891 页。

12　龚自知：《法帝国主义利用滇越铁路侵略云南三十年》，《云南文史资料选辑》第
　　8 页。

13　15　17　《云南经济》，第 20、11 页；第十六章，第 16 页；第九章，第 1 页。

14　马泽如：《云南原信昌商号经营概况》，《云南文史资料选辑》第 19 辑，第 77、
　　78 页。

18　《云南原信昌商号经营概况》，《云南文史资料选辑》第 19 辑，第 73 页。

19　《叶剑英光辉的一生》第 1 页，解放军出版社 1987 年版。

32　齐锡生：《中国的军阀政治》中译本，中国人民大学出版社 1991 年版，第 39、
　　40 页。

民国初期盐与唐继尧滇系军阀的发展

赵小平（云南大学人文学院历史系副教授）

　　中国历代统治者都十分重视盐业，盐税成为国家一项重要而可靠的财政收入。尤其在近代中国，盐税不仅是清政府、北洋政府和国民政府财政收入的重要来源，而且又是举借外债、筹措军费的重要抵押品。

　　辛亥革命后，盐税收入在国家财政收入中居于首位。以1912年为例，"田赋28 953 626元，关税65 476 212元，盐税71 383 229元"[1]。当时，袁世凯政府"除举债外，实无其他大宗收入，如有之，惟余盐一项而已"[2]。所以，"上自督军、巡阅使，下至旅师营长，苟有兵符在握，地盘割据，无不将所辖区域内之盐税予取予求。在1919年至1925年间，滇、桂、川、黔等十一省截留盐税竟不下一亿一千万元"[3]。可见，盐税对这些军阀的发展有着极其重要的作用。

　　由于历史原因和地方特点，滇系军阀的发展过程与盐关系尤为密切。唐继尧对盐的控制力度与对盐款的需求，随着个人野心的膨胀而与日俱增。唐继尧首先从整顿盐务着手，进而与川盐争夺黔市场，最后直接发展到抢占四川的自流井。可以说，滇系军阀对盐的控制、掠夺，与其军事行动是相一致的，有一个由内至外的扩张过程。分析、研究这种关系，能帮助我们从经济的一个侧面具体而深入地认识滇系军阀的本质和特征。

一、盐务整顿：滇军形成期的经济举措

云南经济的发展虽然一直处于较低水平，但云南的资源却十分丰富，尤其是岩盐资源分布极广。滇盐开发历史悠久，汉代即已开采。据《汉书·地理志》记载："益州郡连然（今云南安宁县）有盐官。"史料记载，归云南驿传盐法道专理的盐井就有25个，即历史上形成的三大井区：黑井区、白井区、磨井区[4]。由此可见，滇盐很早就形成了自己独特的生产规模，以至清末即使是实力雄厚的川盐，在控制了黔岸后入滇却遇到滇盐的强烈抵制。据《清史稿》记载："光绪初丁宝桢督川，先从事黔岸……其后接办滇岸，川盐行滇，只昭通、东川两府有张窝、南广两局，谓之大滇边、小滇边。其办理较黔岸为难者，滇自有盐。"[5]

云南的盐产量位居全国十大盐产区之列，据《新纂云南通志》记载："清末云南各井场产量为额盐3418.5813万斤，溢盐1354.9064万斤，漏板溢盐523.6746万斤，共计5297.6124万斤。"盐税收入更是颇丰，仅以1915年为例，"云南财政收入为440万元"[6]，其中"盐税收入为300万元"[7]。盐税收入占当年财政收入的68.2%。故云南巡抚岑毓英说："云南省的主要财政来源即田赋和盐课。"[8]然而遗憾的是这样一项大宗收入要上交中央，在一定程度上影响了云南地方经济的发展。

在滇盐盐税上交中央的同时，云南的财政一直是以入不敷出

的形象见之于世。因此，清王朝中央及川、鄂等省的协饷拨济成了云南财政收入中不可缺少的组成部分。清末云南省每年除部库拨款及各省协济160万元外，财政支出尚有百万不足之额。历代政府都明白，云南要自给自足，惟有发展地方实业，而云南实业首推矿务、盐务。辛亥革命后，各省纷纷独立，对云南的协饷也停止，更使得云南财政处于内外交困的窘境。

云南丰厚的盐税和财政收入艰难的巨大反差，加上唐继尧军阀不断地扩军，引起军费不足。因而，整顿盐务便成了唐继尧的首要任务。总的说来，唐继尧为了补充军费、缓解财政危机，采取了以下整顿盐务的措施。

其一，在运销方面实行民制、民运、民销。唐继尧政府规定，盐商购盐不限井区，销盐不拘销岸，实行就场征税，税后任其所之的政策。这种政策大大刺激了盐的生产和运销，使盐税急剧增多。同时，鼓励商人运销边岸，"以抵制越南、缅甸私盐"[9]，大大扩展了滇盐行销区。

其二，截留正税和增加税率。截留盐税实际上是北洋政府、帝国主义和地方军阀凭借自己的实力对盐税权的争夺问题。而云南在截留盐税中尤显突出。以1923年为例，以云南为主的滇、川、粤三省"奉准截留375万元，而自行截留达2645.7万元"[10]。自行截留数为奉准截留数的七倍之多。同时，唐继尧还加重了税率。1913年北洋政府公布的统一盐税税率为"每百斤二元五角"[11]，但云南盐税税率在当年最低时为八角二分，最高时为三元八角六分；1915年则已增至最低为二元，最高为四元七角[12]。正税税率几乎增加到统一规定的两倍。

其三，增加附加税。唐继尧为增加军费相继开征附加税，名目极其繁多，如军费、教育费、筑路费、慈善费等，其增长率也

超过正税。"1917 年的全国附加税为 53.4 万元，而 1926 年达
301.2 万元"[13]，九年之间增加逾五倍之多。唐继尧更是不甘落
后，专门设有随盐附加军饷捐。史料记载："当时正税每担为三
元六角，附加军饷捐为二元。"[14]军饷捐是唐继尧滇系军阀的政治
资本，他们凭此拥兵逞强，历年征战。

其四，开通滇盐销路。唐继尧为了加大滇盐的销量，兴建了
昆明——曲靖、宣威——平彝公路。同时拟建邕滇铁路以改善运
输。交通运输的改善有利于滇盐的销量扩大，同时反过来又促进
了盐的生产。

因此，盐在云南地方经济中的重要地位与云南省情之间的矛
盾，是野心勃勃的唐继尧整顿盐务的根本原因。而唐继尧所采取
的一系列整顿措施，实质上是一种强内举措（增强滇盐的竞争
能力），它无疑为滇盐向外扩张倾销开辟了道路，更为滇系军阀
的对外用兵提供了坚实的物质基础。所以说，盐在滇系军阀的形
成过程中起了重要作用。

二、引岸之争：滇军发展期的对外扩张起点

由来已久的引岸之争，是云、贵、川三省地方经济发展中长
期存在的一个问题，其实质是川盐与滇盐争夺黔市场的斗争，对
川、滇、黔军阀的形成、发展有很大影响。滇盐在这场斗争中最
终取得了对外倾销的胜利，这不仅使云南财政收入巨增，同时在
经济上、军事上使滇系军阀逐渐控制了贵州，实现了唐继尧对外
扩张的关键性一步的胜利。

很久以来，中国就实行一种引岸制，即所谓的"行盐有引，
销盐有岸"[15]。引岸制规定：某一产区盐限定行销一定区域，越

界有禁，出境受罚。由于划定各盐场的行销范围是按各大盐区的产量、地域远近、运输便利及传统习惯等因素为根据，因此按规定："云南的滇盐只销本省，而川盐除行销四川外，还行销贵州、湖南大部分地区、湖北部分地区。"[16]由此可知，滇盐销路受到严重限制，相较之下川盐却一直占优势。以1910年为例，"全国官盐岁销量2 726.8万担，四川则达550.86万担，而云南仅为51.2万担"[17]。川盐行销量几乎占全国总销量的20%，滇盐则不到2%。这种局面对云南是极为不利的。

早在清末，云南地方势力就为扩大滇盐销路而采取过冲击固定引岸的行动，终因引岸制为中央政府支持，加之交通不便，盐井"地无舟车，全恃人力；煎无煤草，运费工本皆重"。结果，在倾销黔岸的竞争中"滇盐不仅惨败且一蹶不振"[18]。1913年，唐继尧掌握了云南大权之后，制定了许多有力措施，全面发起了对引岸制的冲击。一方面，通过增强滇盐产量、兴建公路改善运输条件及降低滇盐过境税，如"滇盐销兴义、盘县等每百斤比川盐要少数元"[19]等办法来加强自身的竞争能力；另一方面，同川盐展开针锋相对的竞争，并拉拢黔系军阀共同排挤川盐行黔。

唐继尧时期滇盐争夺贵州市场、抢占川盐行销区的斗争主要经过以下两个步骤来实现。

首先，全面占领本省行销区，把川盐完全排除于省门之外。引岸之争在云南表现为，以汪家坪和新开盐井之盐倾销东川、昭通、宣威、镇雄等云南境内的四川犍盐销岸，从而把川盐势力彻底赶出了云南。

其次，争夺贵州市场。贵州历来是川盐的主要销岸，而滇黔亦为邻省，因此滇盐的扩销一定要进占这个重要市场。早在清代，贵州临滇的兴义八属就有滇盐销售，有一定的基础。辛亥革命后，军政府公开支持"以唐有吾为黔西防统领，目的是由他来兼办滇省济黔盐务"[20]。1912 年，唐继尧与法国驻滇领事订约借款 150 万法郎时，竟然"以贵州盐务作抵"[21]，俨然一副贵州盐政主人的姿态。同年，云南政务会议议决："滇盐销黔或由公办，或由私办，或由滇黔合办，或由黔独办，由滇征课。"[22]

随着滇黔军阀势力的发展，滇黔军阀开始相互勾结，共同排挤川盐。1916 年，贵州盐隆公司刘志乾请准予运输滇盐时，积极追随唐继尧的刘显世便以"滇盐分销黔境，借谋两省公益，自属可行"为由，下令财政厅"拟简章十六条予以保证"。云贵两省都督进而一致"拟准盘兴一带仍销滇盐"[23]。

在滇盐加强倾销川岸的同时，云贵当局进一步采取限制川盐销售的做法。或设局置卡，就地征税；或对川盐课以重税。例如在 1916 年 12 月 4 日，贵州省议会即修改盐税商捐方法，"对川盐每包征银三至五元，多则达十元"。"行销贵州之盐，纳税当在川盐成本两倍以上"[24]。过境之税既重，盐价自然昂贵，竞争中不免归于劣败。

事实上，滇盐抢占贵州市场的过程，也是唐继尧滇系军阀向贵州扩张的过程。随着滇系军阀对贵州经济的控制，使黔军在与川军的斗争中始终与滇军共进退，成为了滇军控制四川的得力帮手。唐继尧迈出了对外扩张的第一步。

总的说来，滇盐在引岸之争中的胜利，既对云南财政和省民之生计关系重大，更使滇系军阀获益匪浅。它不仅使滇军的军费收入巨增，为其发展和对外扩张作了充分的经济准备；更使其军事实力大增，使黔系军阀成为其傀儡。唐继尧成功地实现了从经济入手，进而控制贵州政治的计划。

三、截留盐款：滇军进入鼎盛期的经济后盾

护国运动是云南近代史上的一件大事。护国战争的胜利，不但使唐继尧威望大增、如日中天，而且滇系军阀也开始进入了鼎盛期。然而，护国战争的胜利，离不开盐款的大力支持。同时，没有盐款的筹集，战后云南的负债更会巨大，盐款的截留无疑有利于战后经济的恢复。所以说，盐款实为滇系军阀进入鼎盛期的强大的经济后盾。

辛亥革命后，云南财政状况一度好转，主要得益于盐款。当时，云南财政收入中协饷部分断绝，面临"财政艰窘，较胜于前，而内战匪乱，外围国防，加以援蜀、援黔、援藏，先后出师，供应浩繁，所费百数十万"[25]的困境。蔡锷在致电中央时指出："前清宣统三四年预算案，云南岁出约需库钱600余万两，地方行政经费尚不在内。而本省岁入不及300万，故每年由库拨款及各省协济160余万外，尚不敷100余万。"[26]云南的财政收入似乎更加严峻。但是，据1912年至1915年云南财政收支资料显示，财政状况却大大好于清末。[27]

时　　间	收入（单位：元）	支出（单位：元）
1912 年	6393783.096	6201763.483
1913 年	7317378.637	7591010.964
1914 年	6746030.888	7471709.930
1915 年	4404994.692	4389985.766

从上表可知，民国初年，云南财政却异乎寻常地好转起来。

以 1912 年为例，"云南财政收入为 639 万余银元，约为清末岁入的两倍。收支两抵尚余 19 万元。"[28] 何以会出现这种奇迹？显然这与云南盐税有关。正如《续云南通志长编》记载："云南光复后，协饷骤停，应需军政费用全恃盐款以为挹注。"[29] 因此，云南将盐款截留不解往中央，是民国初年云南财政好转的一个关键。盐款截留，也为护国运动的发展奠定了较好的经济基础。

护国运动，云南以一省之力首先发难，其意义正如周钟岳所述："中国自共和以来，政局飘摇，屡经变动。而其中于国体最有关系者有三：其一，袁世凯之帝制自为……至于第一第二两次，则仗义兴师拥护共和皆自云南始，此天下共知。"[30] 然而，"滇以贫瘠之区，发此巨难，糈饷之出，至为艰巨"[31]。为了应急时之需，护国军政府设立筹饷局。根据《续云南通志长编》卷三记载，护国军军费先后筹到款项 950 万元，其中截留上交中央盐款 167 万元，仅次于提借中国银行的 200 万元，占总筹款额的17.6%。如果把盐款和银行借款除去，其余的筹集款实在少得可怜。因此，护国战争的胜利，既离不开云南人民的大力支持，更离不开以盐款为主的经费作为其坚实的经济后盾。可以说，盐款在护国战争中起到了举足轻重的作用。此外，盐款还缓解了战后云南的经济负担。在护国经费中，有 680 万必须偿还，导致战后云南财政赤字大增，人民负债累累，生活极端困苦。但是，167万元的盐款却无须偿还，它无疑大大减轻了云南的债务负担。同时，战后截留的盐款对经济的恢复也起了巨大作用。

从护国战争的胜利我们更应该深刻地认识到：袁世凯的失败并非全是军事上的失利，究其根本是经济上的失败所致。在护国战争爆发前，袁世凯"善后大借款"，使帝国主义控制了中国的盐税，卡住了北洋政府的财政咽喉。其结果是：一使北洋政府财政收入锐减，只能得到抵偿外债后所剩的盐余；二使全国经济处于混乱状态，各地军阀任意截留盐款，增强了地方军阀的经济实力；三使袁世凯威信尽失、民心大失，造成地方各省群起而攻之的局面，同时也导致北洋军阀内部貌合神离，内部分离倾向加剧。正是基于上述三点，看似军事上十分强大的北洋军竟节节败退，直至最后一败涂地。

纵观整个护国运动的过程，盐款的确在护国战争最终取得成功中起了巨大作用。同时，盐款也为战后云南经济的恢复作出了举足轻重的贡献。进一步讲，正是由于盐款对军费的补充，使滇军实力迅速发展，为此后控制四川奠定了基础。护国战争的胜利，换来的仅是唐继尧个人威望，使其大有振臂一挥，应者云集之势。而云南人民却为此付出了"举鼎绝膑"的惨重代价。云南截留的盐款如果用在经济建设上，一定会为云南地方经济的发展作出更巨大的贡献。

四、掠夺川盐的得与失：滇军由盛而衰的转折点

四川向来有"天府之国"之美称，而川盐无论数量或质量上在全国井盐产地中都占据领先地位；加之无论谁控制盐井，都是一本万利的事。因此，唐继尧要问鼎中原，做东大陆主人，必须先控制四川。而控制四川，当首先从控制自流井开始。在唐继尧以兵敛财、掠夺川盐过程中，当滇军占据自流井后，其势力发展到了极盛。然而，滇军一旦退出自流井，则走向了没落。可以说，滇军失去自流井的控制权，是其势力由盛而衰的转折点，这充分表明了盐对滇军发展的重要性。

对唐继尧来说，派兵抢占自流井早有预谋，是其入主四川的

第一步棋。护国战争一结束，野心勃勃的唐继尧不甘心做一省都督，试图借护国之机，首先控制贵州、四川，进而入主中原。当时唐继尧深刻认识到，以偏居一隅、经济落后的云南作为其割据称雄的基础远远不够。但是，如果把已驻扎在经济发达、便于控制的驻川滇军拒不撤回，并就地驻防筹饷，则为其野心的实现提供了可能。因而，辛亥革命后出笼的"大西南主义"中就有"暂就蜀筹备，解决财政奇绌局面"的设想。滇军将领黄毓成更坦率地说："蜀中财源大半多于自、贡两井，约计年出款几近千万金……我军听其漫无经理，将何以平蜀固滇而维大局。"[32]

　　唐继尧时期滇军在四川掠夺自流井的以兵敛财行径，大致经历了两个阶段。其中，从袁世凯死后至入川滇军改编为国军是第一阶段。这一时期，唐继尧大量增兵四川，并且密电入川滇军将领："入川滇军要长久在四川驻防，非有唐的命令，不能离川。"[33]并且，在南北和议期间，唐继尧通过讨价还价，使出省滇军被编为国军，从而正式取得了驻川的合法地位，但饷项供给却全由中央统一划拨。这样，入川滇军已无须由云南财政负担供给，迈出了以兵敛财的第一步。

　　然而合法敛财的手段并未维持多久。唐继尧"强滇弱川"政策激起四川军阀的切齿痛恨，爆发了川滇军阀之间的"刘罗之战"，使刚刚形成的合法敛财局面化为泡影。于是，不甘心失败的唐继尧于1917年借张勋复辟之机，组织"靖国军"北伐。他以"川省为义师必经之地，倘内乱未弭，则后顾多忧，故欲北伐，宜先靖蜀"为由增兵四川，开始了在滇军控制的自流井一带非法敛财的第二阶段。

　　自流井一带是四川著名的产盐区。以1915年为例，川盐税收总计673万元，而以自流井为中心的川南地区竟有576万元，占总盐税收入的 85% 以上[34]。所以，川南自流井的盐款就成了滇军志在必得的首要目标。

唐继尧进占自流井后，滇军大肆攫取盐款以充军费。当时谢汝骥以此筹款 30 万元[35]，以至犍、乐等盐井纷纷派代表告急，指责滇军"北伐是名，实则凯川殷繁"[36]。滇军非法掠夺盐款实际上早在护国战争时就已变得肆无忌惮。如在 1916 年，蔡锷从永宁提走盐款 9 万元，而涪边、滇边等处盐款尽被滇黔军提取；罗佩金任川督数月，"勒提税款逾 70 万"[37]，在他退出成都后，仍霸占自流井，"将中央所拨之盐款，则潜输滇省"[38]。此后，川、滇、黔军阀往往遁着川盐道进退，此起彼伏的战事常逐盐场而进行。护法战争中，滇黔军队乘机分占自流井、泸州、重庆等地，滇军黄毓成、顾品珍、赵又新等"擅提盐款，易置官史"。1920 年，仅顾品珍、赵又新搜刮盐款就多达二百余万。而当时四川各军总司令长兼民政长熊克武的政令已不能达于滇军辖区，而唐继尧却亲自到重庆主持五省联军会议，解决如何将川盐盐税、厘税、兵工厂归其总部主持的问题。因此，1920 年 5 月，熊克武联合刘湘等川军驱逐滇军时公布唐继尧的罪名，其中就有"竟使渝泸叙地资归滇黔，欲借联帅之公名为垄断川省盐款共同之实利"[39]。

大致说来，滇军对自流井的掠夺，主要有以下几种方式。

其一，截留盐款，以供滇军之用。自 1916 年滇军刘法坤部进驻自流井后，自流井的盐款就成了滇军的饷项来源。刘法坤到井，估计提取盐款除了其中 5% 供盐务稽核所留用外，其余全部充作滇军费用。以至于 1917 年四川都督周道刚在《告滇军官兵书》中揭露："唐（继尧）罗（佩金）枭桀……攫取川省外府之财，饱彼无厌之欲。"[40]滇军庾恩肠在向唐继尧的报告中更是毫不隐讳地说："盖略地括款，自流井一带地方富庶，筹款颇易。除士兵薪饷如数发给外，有余则卷入私囊。"[41]虽然滇军提取盐款屡被中央来电斥责，然而唐继尧依然我行我素。

其二，开征苛杂，竭力搜刮。滇军进驻自流井后，巧立名目，征收重税。"滇军驻川部队往往各就所在地方竭力搜刮款项，无人统一，亦无法统一"[42]。自贡滇军先后开征整理费、护商费等不一而足。"驻泸州滇军对自贡下运之盐每儎收800元特别军费。尽管商人已付出沉重代价，但运道仍然梗阻，每儎盐又加收800元'保险费'，当时停泊的800儎盐即付出60万元"[43]。

其三，强行抢劫，敲诈勒索。1917年9月驻自流井的顾品珍部战败退出时，明火执仗地抢劫盐务稽核所盐款，尽扫一空。同年底，滇军金汉鼎旅重新打回自流井，借口三多寨团防曾帮川军打击滇军，"全寨被罚行盐100儎，约值20万元左右"[44]。

其四，贩卖大烟，以抵盐款。自刘法坤驻井后，烟、赌特别兴旺。贩卖随军带去的大烟成为一项大宗收入。滇军估取灶户之盐，然后以高价烟土抵价。如张家山天海井"收回的烟土每两以生银七元接手，而井灶需要开支，卖出时仅六元，明知折本，莫可奈何"[45]。滇军通过这种手段从中牟取暴利。

唐继尧对自流井的掠夺，一方面，使滇军军费巨增，实力迅速发展，并控制了四川的主要经济命脉，其势力达到空前鼎盛阶段；另一方面，滇军的肆意掠夺激起了川军的反对，最终导致唐继尧战败并退出自流井，从而失去对外扩张的势头。

川盐与滇系军阀的关系，还可以从滇军一旦退出四川自流井，唐继尧不仅失去向外扩张的劲头，而且内部矛盾迅速激化来作反证。在1920年5月熊克武发动川滇大战时，滇军战败，顾品珍率滇军残部退回云南，唐继尧以兵敛财告一段落，滇系军阀内部的矛盾马上尖锐化。滇军驻川时，由于驻川滇军不但无须云南供应，还可以为云南输运川盐盐款，因此，财政来源本来奇缺但却连年征战的云南财政危机在一定程度上得到缓解。然而，驻川滇军失去自流井盐款后，一方面，云南失去了一宗额外收入；另一方面，退回云南的滇军开支更为艰难。此时的唐政府收入愈加减少，即使将解部之盐税、烟酒税、印花印、验契等五项专款留作军政费用，而滇军增兵太快，经费开支浩大，杯水车薪仍无起色。云南已无财养兵，在一定程度上，也是顾品珍率师倒唐的原因之一。唐继尧下台后虽有"二次回滇"，但已经是日暮西山了。

实际上，滇军控制自流井时期，正是唐继尧滇系军阀的极盛时期。在"靖国"旗帜下，"唐继尧俨然以川、滇、黔、鄂、豫、陕、湘、闽八省联军总司令自居"[46]，势力空前强大。而这种军事上的强大正是川盐这一经济后盾有力支持的结果。一旦失去这一支持，处于鼎盛的唐继尧立刻江河日下，一蹶不振。对川盐争夺的得与失，无疑是唐继尧军阀由盛转衰的关键。

五、结语

通过对唐继尧时期云南财政和政局、云南经济和社会的分析研究，我们发现自民国肇始起，以唐继尧为首的滇系军阀其产生、发展、鼎盛及衰落过程，自始至终与盐有着密不可分的内在联系。首先，唐继尧发家的经费主要靠盐款；其次，护国战争爆发前云南财政的一度好转也主要赖于盐款的作用。云南近代史上影响最大的护国战争胜利也同样离不开盐款的大力支持；而此后云南历史上的以兵敛财时期，更是把对盐款的掠夺作为其首要手段。这种在云南财政收入中不入账、不上报，没有既定章则的特殊财富，无疑是滇军连年征战的有力保证。

　　然而，正是这种以兵敛财的方式激起了各地人民的强烈反抗，使有着光荣传统、能征善战的滇军失去了人民的支持，最终导致了唐继尧的失败。这种以兵敛财手段的结果，只是使滇系军阀在对外扩张中实力巨增，但却并未使云南财政摆脱困境，反而把云南人民绑在了军阀混战的战车上，使财政在失去以兵敛财途径之后愈发困难，从而导致云南财政金融在 1925 年后走向全面崩溃。

注　释

1　林建曾：《试论盐务与川滇黔军阀形成发展的关系》，载《西南军阀史研究丛刊》第二辑，贵州人民出版社 1983 年版，第 61 页。

2　欧宗祐：《中国盐政小史》，商务印书馆 1931 年版，第 77 页。

3　田斌：《中国盐税与盐政》中编，第 68 页。

4　李珪：《云南近代经济史》，云南民族出版社 1995 年版，第 100 页。

5　赵尔巽：《清史稿》卷一二三，志九十八，食货四，"盐法"，中华书局标点本，第 3624 页。

6　《云南省经济综合志》编委会编：《云南省经济大事辑要》（1911—1990）1994年 9 月版，由第 3、6、8、10 页整理而得。

7　《盐政实录》第四辑，"全国盐税统计表"。

8　岑毓英：《岑襄勤公奏稿》卷四。

9　唐仁粤：《中国盐业史》——地方编，人民出版社 1997 年版，第 699 页。

10　《中国近代盐务史料选辑》第 1 卷，第 375 页。

11　孙翊刚、董庆铮：《中国赋税史》，中国财政经济出版社 1987 年版，第 327 页。

12　15　丁长清：《民国盐务史稿》．人民出版社 1990 年版，第 119、70 页。

13　贾士毅：《民国续财政史》（二），上海商务印书馆 1934 年版，第 190 页。

14　苏白仙：《云南盐务概况及其内幕》，载《云南文史资料选辑》第二十九辑，云南人民出版社 1986 年版，第 104 页。

16　丁长清、唐仁粤：《中国盐业史》近代当代编，人民出版社 1997 年版，第
　　17 页。

17　张謇：《改革盐政计划书》。

18　《清史稿·食货四》，中华书局标点本。

19　张肖梅：《贵州经济》，中国国民经济研究所 1939 年。

20　《致贵州军政府枢密院电》，1912 年 1 月 10 日，见《天南电光集》。

21　《国民公报》，1912 年 9 月 17 日。

22　《政务会议记录》，1912 年 5 月 11 日，载谢本书等编：《云南辛亥革命资料》，
　　云南人民出版社 1981 年版。

23　《铎报》，1916 年 4 月 23 日。

24　《四川盐政史》卷八。

25　29　31　《续云南通志长编》卷二，中册，第 505 页，上册，第 1223 页，卷四
　　（云南省志办 1985 年点校本）。

26　万湘澂：《云南对外贸易概观》，新云南丛书社，民国三十五年十一月二十日初
　　版，第 183 页。

27　《云南省经济综合志》编委合编：《云南省经济大事辑要》（1911—1990），
　　1994 年 9 月版，由第 3、6、8、10 页整理而得。

28　（民国）云南通史馆编：《续云南通志长编》卷二，中册，第 505 页。

30　周钟岳遗稿：《云南护国首义之历史谈》，载《云南文史资料选辑》第二辑，
　　1962 年 9 月版，第 191 页。

32　《黄毓成致云南军都督府电》，1912 年 2 月 1 日，见《云南辛亥革命史料》。

33　李天伦：《护国之役后四川的动乱局面》，载《四川文史资料选辑》第一辑，四
　　川人民出版社。

34　杜凌云等：《四川自流井盐税的掠夺战》，载《文史资料选辑》第三十三辑，北
　　京文史资料出版社。

35　《谢汝骥致蔡锷电》，1912 年 2 月 5 日，见《云南辛亥革命资料》。

36　《胡景伊致蔡锷电》，1912 年 4 月 20 日，见《民国川事纪要》。

37　39　《刘湘通电》，1917 年 4 月 19 日，见《民国川事纪要》、1920 年 11 月 7 日，
　　见《民国川事纪要》。

38　《川军第一军司令部布告》，1917 年 4 月 20 日，见《民国川事纪要》。

40　"赵又新转川督周道刚《告滇军官兵书》电"，载《云南档案史料》第四辑。

41　42　"庚恩肠建议唐继尧滇军入川电"，载《云南档案史料》第二辑。

43　钟长永等：《川滇黔军阀对自贡川盐的劫掠和控制》，载《西南军阀史研究丛刊》第二辑，贵州人民出版社 1983 年版，第 129 页。

44　45　陈凯崇等：《辛亥革命至解放前夕自贡地方驻军情况》，载《自贡文史资料选辑》第十辑。

46　谢本书：《唐继尧评传》，河南教育出版社 1984 年版。

用途、市场与产量：
个旧锡业的近代化过程

马　琦（云南大学人文学院历史系讲师）

云南个旧锡业的世界市场和外向型发展特征在中国经济近代化过程中显得尤为突出，因而备受中国经济史和地质矿产学界的广泛关注。自 20 世纪 20 年代以来，研究成果丰硕[1]，其内容包括矿业发展、生产关系、矿产分布与运销，以及矿业与城市、社会、文化等方面关系的研究。但是，迄今为止，几乎所有关于个旧锡业的研究均局限于蒙自开关以后至新中国建立之前的这 60 余年间。事实上，云南个旧锡业早在汉代就已有开采，在其后两千余年的中国传统时代中，个旧锡矿的销售无疑是以国内市场为主，并不具备外向型的发展特征。那么，这种由内而外的转变究竟发生于何时？以及因何而变？就成为经济近代化过程中思考个旧锡业发展的重要问题。

要解答这一问题，必须系统考察个旧锡业的发展历程，尤其是在清代前中期的发展。但是，现有的研究很少涉及。蒙自开关之后，有丰富、系统的海关资料可供研究，而之前的史料零碎、分散，系统整理的难度较大，故学界几乎无一例外地将个旧锡业的近代化过程定位于蒙自开关之后。在近年的研究中，笔者发现清代档案中有不少关于个旧锡业的相关记载，如《宫中档》、《内阁大库档》、《军机处档》等，而《朱批谕旨》、《清实录》、云南督抚奏折以及云南地方志中亦有类似记载，从中基本可以梳理出整个清代个旧锡业的发展情形。故笔者不揣浅陋，拟以市场和产量为中心，系统考察清代个旧锡业的发展历程，阐释其由内而外的近代化进程。

一、清代前中期个旧锡业的发展历程

个旧锡矿的记载最早见于汉代[2]，但此后很少见于史书。明正德《云南志》载："锡，蒙自个旧村出。"[3] 另据其后何孟春所言："自景泰年太监到来，取用不訾，每岁于……，个旧锡场银二百五十两"[4]。可见，迟至明代景泰年间，个旧锡矿已开始纳课。万历年间，个旧锡矿开采规模进一步扩大，锡课岁银增至1680两[5]。此时个旧锡已闻名全省，谢肇淛《滇略》中言："锡则临安者最佳，上者为芭蕉叶，扣之，声如铜铁，其白如银，作器殊良。"而铜铅诸矿"展转四方，商贾辐辏"，遂有"金临安"之称[6]。天启年间，临安府矿产仍以锡为最，但却没有锡课税的记载[7]。

清代平定三藩之乱后，康熙二十一年云贵总督蔡毓荣在《筹滇十疏》中奏请云南开矿铸钱得到中央批准，而《赋役全书》所载："蒙自、楚雄、南安、新平之银、锡等厂，……仍应照额征课"[8]。可见，蒙自银锡矿在吴三桂统治云南时期仍在开采，照例纳课。稍后所编《云南通志》载临安府矿课："铅、锡课银五百三十三两二钱六分，遇闰加银二十七两五钱八分，全征。此矿课内有新平县明直厂课银三百三十两九钱六分，因硐老山空，矿苗断绝，曾经两次题请豁免，未蒙除豁。"[9]除新平县明直银厂外，临安府年征铅、锡课银仅 202.3 两，而锡课应出自个旧锡矿。

康熙四十六年十月，户部议覆："云南贵州总督贝和诺等疏言，云南金银铜锡等矿厂，自康熙四十四年冬季起至四十五年秋季止，一年之内共收税额银八万一百五十二两零金八十四两零。应驳回，令该督据实严查加增。"[10]雍正《云南通志》载："个旧银锡厂坐落蒙自县地方。康熙四十六年总督贝和诺为题明事，每银一两抽课一钱五分，撒散三分，该课银三万三千六百一十三两七钱八分；每锡百斤抽课十斤，该课银四千两，二项共年该课银三万七千六百一十三两七钱八分，遇闰加银三十八两。"[11]可见，康熙四十四年冬至四十五年秋，个旧锡厂按 10% 抽课变价，共课银 4000 两，较康熙二十一年增长约 20 倍。自此以后，个旧锡矿每年定额矿税银 4000 两。

雍正三年正月，云贵总督高其倬奏称："会查盐铜一案，共查出盈余每年共八万五千七百两，又各府税一万二千两，又藩司解公锡票银每年二千七八百两三千两不等，……（铜斤）官本亦调剂节省，亦有盈余，锡斤亦较前积多，银矿亦稍好，凡此盈余统于奏销详悉册报。"[12]锡票银，即官府加收个旧锡的外销税。如雍正《云南通志》载："个旧锡厂锡票税银，雍正二年总督高其倬于《遵旨查奏铜觔利弊案》折内奏明：个旧锡厂锡税锡课外，各商贩锡出滇，九十斤为一块，二十四块为一合，每合例缴税银四两五钱，年收税银二千七八百、三千余两不等，原无定额。"[13]这项票税仅对滇锡出省销售而言，并不包括本省销售部分。

　　票税随锡产量和外销量的消长而变，故多寡无常。但据雍正四年云南布政使常德寿所奏："再查有个旧锡厂，除经收正课、锡票及羡余归公等项外，每年岁底核算，约赢余银二千余两。"[14]个旧锡票税已有定额。雍正六年，云贵总督鄂尔泰臣奏称："据布政使张允随开报，每年正杂钱粮、平头羡余银八千四百余两；又个旧锡厂抽收锡斤并锡票税银等项，除报部额课七千一十五两外，每年约余银五千余两。"[15]除去锡课银4000两外，每年锡票税银3015两。以此推算，雍正四年个旧锡课票税银为九千余两，雍正六年为一万二千余两。个旧锡产量猛增导致大量矿产无法及时销售。雍正九年，云南巡抚张允随奏："前因屡年个旧锡厂所抽课锡堆积至一百三万余斤，未经售销，而又无商客到滇采买，必须自行发运于浙省销售，庶课项易于清楚。"[16]销路受阻严重制约着个旧锡业的发展，但是官府关心的仅是课锡如何变价完税，与同期官府开拓铜铅市场的行为形成明显的对照[17]。

　　供大于求的状况严重影响着个旧锡业的发展。如乾隆元年，"个旧锡厂收获锡斤票税盈余银六千五百三十七两四钱零"[18]，其产销规模已明显低于雍正时期。乾隆五年，清政府决定改铸青钱，锡成为铸钱的币材之一，虽然其比例很小，但毕竟扩展了锡的用途和市场[19]。同年，云南鼓铸开始采用个旧版锡[20]。

　　销路的扩展又一次激发了个旧锡业的发展。乾隆六年，个旧锡厂抽收锡斤、票税、盈余等项银6781.476两，还有未变价课锡银1113.614两[21]。乾隆《蒙自县志》记载："个旧为蒙自一乡，户结编甲，居结瓦舍，商贾贸易者十有八九，土著无几"；"许龙树一带，旧系荒山，并无村落，初因方连硐兴旺，四方来采者不下数万人，楚居其七，江右居其三，山陕次之，别省又次之。"[22]其兴旺发达之象，应就这一时期而言。

但是，乾隆朝中期以后，由于铜产量下降，云南省被迫消减铸钱量，锡的销售再次面临困境。如乾隆三十五年，巡抚明德奏请将云南炉座从116座裁减至45座，"岁可省铜一百四十五万余斤"的同时，个旧锡厂于各局的销量也大为减少[23]。成书于乾隆五十一年的《蒙自县志》记载："乾隆三十八年抚宪李以（个旧厂）每年抽报逐渐短少，饬令照三十七年例抽报。今按年抽解银课银一千九百六十九两八钱五分二厘，每季解银四百九十二两四钱六分三厘，按季批解，高炉课十二两，解本府。"[24]乾隆三十七年个旧锡厂课银数该书不载，所谓"今"按年抽课银1969.852两，应指乾隆五十一年左右。康熙四十六年所定年额课银已不足一半，表明乾隆朝后期个旧锡矿的生产逐渐萎缩。

乾隆五十九年，清政府停止鼓铸青钱，改为铜六铅四配铸，锡不再作为币材使用[25]。锡的用途减少，个旧锡业再次面临销路困境。嘉庆七年，云南巡抚孙玉庭奏请宽免嘉庆二三两年锡票税课缺额，被户部驳回[26]。这里所言缺额，应指嘉庆二、三两年所抽云南锡矿税银不敷乾隆三十七年所定额数。嘉庆朝《钦定大清会典》记载："云南征锡价银四千两，锡票税银三千一百八十六两。"[27]该书所载数据为嘉庆十七年，锡课、锡票二税应为定额，并不能代表该年个旧锡矿产量。

道光时期的史书中沿用前朝的定额或定例[28]，无从得知当时个旧锡业的生产状况。光绪《云南通志》据案册言：个旧锡厂，"咸丰五年巡抚舒兴阿题销四年分尽收课税银五千六百四十九两零。"[29]此后，云南即陷入长达20余年的战乱之中。"军兴二十余年，人民凋敝，厂地荆榛，欲办（矿）而无资，遂生计之日窘，而滇民之疾苦愈不堪问矣。野无五谷之繁殖，市鲜百货之贸迁，村郭萧条，人烟零落，穷乡僻处几无生聚之欢，即都会要区，绝少中人之产，甚至资生无路"[30]。云南矿业全面停滞，个旧锡业亦当难于幸免。

通过以上考察，清代前中期的400余年中，个旧锡业历经了多次发展、高潮、低落、萎缩的过程，云南锡矿税课量的变化即是有力的证据。同时，上述过程也表明，锡的用途与销售是制约个旧锡业发展的关键问题。

二、清代中前期个旧锡矿的产量与市场

税课量变化在一定程度上反映矿业发展过程，但要考察个旧锡业的发展过程，还必须结合产销关系进行分析。但是，关于个旧锡矿产销量的直接记载很少，仅有两条：雍正九年，云南巡抚张允随奏报："臣查自升任藩司李卫（雍正二年二月）起，历任正署各官共存（个旧）厂锡五十二万二十斤，每锡二千二百二十斤为一票，共存锡二百三十四票；又臣到布政司（雍正五年十二月）任起至八年年底，止共存厂锡五十一万二千四百三十三斤，计二百三十票。新旧共存锡一百三万二千余斤，计四百六十五票。"[31]雍正二年二月至八年年底共计六年十个月，个旧厂积存课锡103.2万斤，如以10%的税率计算，平均每年锡产量不下于172万斤，因部分课锡已经变价归款；乾隆元年，云南"给过各商锡票七百零八张"[32]，合计外销锡157.2万斤。故必须以其他间接记载来推算其产销量。

前文考察的税课量变化是进一步分析个旧锡业产销关系的基础，根据矿税率、锡价来考察产销关系的演变。雍正四年，云南地方政府组织课锡外运销售，押运官巡检周国忠所领锡斤，"路过广西南宁府等处，见有微利，随时卖完"，而按运官建水州吏

目张元灿言所领锡九十七票，除路过广西被桂林府知府王沛闻"硬将官锡留下一万二千五百七斤零抵作土税银七百三十五两零"外，其余锡斤至杭州卖获银 14791 两[33]。按锡每票二十四块，每块重九十斤，合计 2160 斤，则广西桂林锡每百斤价银5.8767 两，浙江杭州价银 7.5076 两。另据嘉庆朝《钦定大清会典事例》记载："乾隆九年题准，贵州配铸白铅，于本省福集厂拨给，……应配点锡，就近在省城采买，每一百斤价银五两七钱八分。"[34]贵阳城中的锡斤应自云南贩运而来。贵州、广西紧邻云南，除运费外，其锡价应相差不大。

按周、张二人所运销锡斤自蒙自走广南，出剥隘达百色，然后沿水路抵达桂林。据笔者研究，这段路程正是此后各省采买滇铜的必经之路[35]，兹参照铜运运费作一分析。蒙自县城至剥隘十七站，加之个旧至蒙自县城六十里，共计十八站。云南境内铜斤陆运，乾隆九年之前为每百斤每站价银八分五厘，之后增至一钱二分九厘二毫[36]；而"自剥隘运至百色，每一百斤水脚银八分，自百色运至广西省城，每一百斤水脚银五钱九分七厘有奇，沿途杂费银九分七厘"[37]。自个旧厂至广西桂林，每铜百斤需运杂费银 2.304 两，运锡亦应相差无几，则推算云南个旧厂锡价为每百斤 3.696 两。

此外，乾隆《蒙自县志》载：个旧厂锡价，"每百斤详价四两三分六厘一毫"[38]。这应为乾隆末年个旧厂价格。道光《云南通志稿》载："（乾隆五年）定云南鼓铸青钱，配用版锡，……原案云南版锡每百斤加耗锡九斤，定厂价银一两九钱二分七厘。"[39]此为官府采购价格，远低于市场价格，但官锡变价则以市场价格为准。

如将清代雍正、乾隆两朝云南平均锡价每百斤值银 3.866 两看作为清代云南锡价，则可根据10%的矿税率推算出不同时期的锡产量，同时，按照每票锡（计2160斤，乾隆初年为2220斤，平均2190斤）税银4.5两，可推算出清代雍正至道光时期云南锡的外销量。兹列表如下：

清代个旧锡矿产销量推算表　　（单位：两/万斤）

年代或时段	锡课银	票税银	锡课票税银	推算锡产量	推算锡外销量
清康熙二十九年	202.3		5		
清康熙四十五年	4000		104		
清雍正二年		2850		139	
清雍正四年			9000		157
清雍正六年			12000		209
清乾隆元年			6537.4		114
清乾隆六年			7895.1		138
清乾隆二十五年		3186			155
清乾隆五十一年	1970			51	
清嘉庆十四年			8586.6		150
清咸丰四年			564		998

　　注：清代雍正二年之后，每产锡百斤课税10斤，其余90外销还需纳票税，共计纳税银0.5741两，对于锡课票税不分时期，即以此推算产量。

　　需要说明的是，清代雍正朝之前个旧所产的锡主要用于制造锡器和锡箔，用量有限，本省每年消费约在10万斤以下，雍正二年之后，除此10万斤之外，其余基本外销他省，均需交纳票税，故此后个旧锡矿产量当以外销量加上10万斤来自计算。

　　乾隆五年开始，鼓铸搭配个旧版锡，含量为2%。随着云南鼓铸量的增长，本省消费个旧版锡的数量亦随之增加。乾隆五年八月，云南省、临二局炉座由 36 座增至 51 座，此后东川旧局、大理局、广西局、顺宁局、东川新局相继开铸，共计铸炉 116 座。乾隆三十五年，因滇铜产额不敷，故云南巡抚明德奏请："向于六府设炉一百十六座，岁用铜二百三十余万斤，实属过多，应将东川各设炉二十五座，大理、广西各设炉十五座，临安、顺宁各设炉八座，暂为裁减，岁可省铜一百四十五万余斤。"[40]按明德所言，每炉年需铜约 2 万斤，以其配铸比例，需用锡量为 800 斤，而每百斤另加耗锡 9 斤，计正耗 872 斤，则乾隆五年云南鼓铸用锡为 4.4 万斤，乾隆三十四年为 10.1 万斤，乾隆三十五年裁炉 71 座后，每年用锡 3.9 万斤。故乾隆朝个旧厂锡产量应为外销量、本省鼓铸用量和制造锡器用量之和。

清代前中期个旧锡矿的产销量变化列表　　（单位：两/万斤）

年代或时段	产量	外销量	年代或时段	产量	外销量
清康熙二十九年	5		清乾隆六年	152.4	138
清康熙四十五年	104	94	清乾隆二十五年	175.1	155
清雍正二年	149	139	清乾隆五十一年	51	12.7
清雍正四年	167	157	清嘉庆十四年	160	150
清雍正六年	219	209	清咸丰四年	108	98

注：乾隆五十一年产量和外销量依据乾隆《蒙自县志》记载推算而来。

个旧锡矿产量波动与前述矿课量演变基本一致。康熙朝中期以来，随着云南矿业政策的开放和大量内地移民的涌入，个旧锡业迎来发展的黄金时期，个旧锡矿产量迅速冲破 100 万斤大关，然滇锡供大于求，限制了进一步发展的空间。雍正朝进一步开放了滇锡外销的限制，政府组织官锡运销江浙，商锡闻风而动，个旧锡业的销售市场从云南扩展至全国。如雍正四年，原云南布政使李卫即将其藩司任内个旧厂课锡约200票（计43.2万斤）委建水州吏目张元灿、巡检周国忠分运广西桂林、浙江杭州销售。

乾隆朝改制青钱，使个旧版锡新增了作为币材的用途。除了供本省鼓铸之外，版锡还供应川、黔二省鼓铸。乾隆十二年，"四川鼓铸照云南之例，配用版锡。"[41]乾隆三十四年，云南巡抚明德奏报："四川省委员遂宁县县丞孙晋采买点锡五万九千三百六十斤，于乾隆三十四年正月二十日全数运至云南宣威州，出滇省境。"[42]按四川省鼓铸，乾隆二十年后有炉四十座，年铸四十二卯，年需锡5.6万斤。乾隆四十六年因产铜不敷，停炉减卯，年需锡3.2万斤[43]。官购个旧版锡，每百斤加耗九斤，可知川省按年赴滇采买版锡，由个旧经蒙自、竹园、路南、曲靖、宣威出云南境，再经贵州威宁、毕节至川省永宁，水运至成都，其线路与采买滇铜、黔铅相同。乾隆九年规定，贵州鼓铸"应配点锡，就近在省城采买，每一百斤价银五两七钱八分。"[44]但贵阳并不产锡，所需锡斤可不能定贩自邻省。乾隆《毕节县志》云："雍正八年设宝黔局于城内，……乾隆十年，每年加铸十卯，共四十六卯，……每年用滇锡二万斤，自滇省之个旧厂买运供铸。"[45]乾隆二十四年，宝黔局年铸六十九卯[46]，则岁需个旧版锡为29962斤。其运输路线应与采买金钗厂铜无异，即由个旧出发，经蒙自、竹园、路南至平彝，再经滇黔大道运至贵阳。

当然，清代中期产锡省份除云南之外还有湖南、广西和广东，但这三省的产量远远落后于云南。乾隆五年改铸青钱，中央户工二局年需锡15万斤"令广东巡抚核办，均于乾隆六年为始，按年解部。"乾隆七年增至 211713 斤[47]。故广东锡矿亦乾隆五年年批准开采。但乾隆七年京锡额递增，广东锡量明显滞后，不得不采买洋锡以充京运[48]。之后，随着广东锡矿开发力度的增加，其产量逐渐满足京运之需。如乾隆十二年，两广总督策愣奏报："粤东开采锡山办解京局鼓铸一案，新安等县各锡厂自乾隆八年起至乾隆十一年年底止，共采出锡八十一万七千五百四十五斤零，又英德等县各厂乾隆十一年分采出锡一十五万五百二斤零。"合计年均产锡量约 35.5 万斤。即使如此，京运之外，粤锡亦仅能满足本地锡器、锡箔制造和鼓铸所需，无法供应他省所需。

湖南锡矿开发有悠久的历史，但清代中期的产量很小。如郴州东冲、柿竹园等处锡矿，乾隆十六年炼获上中下锡 73689 斤，十七年炼获 128340 斤，十八年 131779 斤，十九年 139368 斤，二十年 150737 斤，二十一年 131208 斤，年均 12.6 万斤[49]。乾隆三十七年，该处锡矿产量已将至 67361 斤[50]。此后又开郴州宜章县旱窝岭、猫儿坑、羊牯泡等处锡矿，乾隆四十七年产量为 46740 斤[51]。乾隆五十一年，郴州东冲、柿竹园、中兴、野鸡窝等处产锡 85046 斤，次年宜章县旱窝岭、猫儿坑、羊牯泡等处产锡 42374 斤，合计 12.7 万斤[52]。除了本省鼓铸及制造锡器、锡箔之外，亦无多余锡斤外销。

广西锡矿主要分布于南丹州。雍正五年，两广总督臣孔毓珣奏称："查勘南丹锡厂，共井矿四十余处，矿徒及住家开铺人等约有万余人。"规模很大，产量亦应不小。但在皇帝严饬之下，地方官遵旨驱散，"单身佣工者实时散去，其带有家室居住者亦俱雇夫挑运行李，陆续搬散净尽"[53]。乾隆七年广西开炉铸钱，而"贺县、南丹二处虽有锡矿，但锡质低潮，课亦无多，应请采买点锡。"[54]广西鼓铸年需铜仅 23 万斤，按配铸比例，用锡不足 1 万斤。广西锡矿 20％抽课，杨锡绂言"课亦无多"，则其产量当在 5 万斤以下，基本用于本省锡器、锡箔制造。

再看清代中期铸钱用锡量。中央户工二局所需由广东按年运京 21 万余斤，虽然广东产量或有不敷，即采买洋锡凑数，姑且不论。乾隆五年之后，各省陆续开炉鼓铸制钱，至乾隆朝中期，除了安徽、山东、河南、甘肃四省之外，其他各省均已开局铸钱。兹以乾隆朝中期铸钱量统计如下表[55]。

乾隆中期各局每年铸钱数量表[56]　　　　（单位：千文）

钱局	年份	铸钱量	钱局	年份	铸钱量
宝苏局	乾隆二十二年	95337	云南七局	乾隆三十四年	613333
宝福局	乾隆二十八年	43200	宝直局	乾隆二十八年	44040
宝浙局	乾隆五年之后	111820	宝川局	乾隆二十年之后	259000
宝南局	乾隆二十年	48000	宝黔局	乾隆二十四年之后	186250
宝武局	乾隆二十七年	106667	宝昌局	乾隆九年之后	69888
宝广局	乾隆三十一年	34560	宝桂局	乾隆十三年以后	96000
宝晋局	乾隆二十一年之后	103463	合计	乾隆三十年前后	1976225
宝陕局	乾隆二十九年	74667			

按乾隆朝青钱由铜、白铅、黑铅、锡四色配铸，其比例分别为 50％、41.5％、6.5％、2％。每文重一钱二分，则乾隆朝中期各省鼓铸年用锡 29.6 万斤。一方面，湖南、广东、广西均无余锡可供他省采购；而另一方面，个旧锡年产量产量高达 170 余万斤，除供滇、川、黔三省鼓铸及云南本省制造锡器之外，每年

有百万斤锡必须外销。故推测大部分滇锡通过商贩运至汉口、江浙等地供其他各省采买鼓铸，或运至广州供京锡凑数。

由此可见，个旧是清代中期锡矿的生产中心，供应全国的币材及锡器制造。正是由于拥有全国市场，个旧锡业的鼎盛时期持续长达80年。但乾隆朝末期，随着各省鼓铸陆续停炉，嘉庆初年虽恢复鼓铸，但不再以锡作为币材，个旧锡的销路受限，供大于求的局面再次出现，产量随之下降，生产逐步萎缩。纵观传统时期个旧锡业发展，始终受用途单一、销路狭窄的限制，即使清代中期的辉煌，亦以用途扩展、销路大开为契机。因此，个旧锡业的发展取决于用途和销路的改变。

三、晚清个旧锡业的外向型发展

清嘉道时期，当个旧锡业面临严重的销路困境之际，世界上正发生着巨大的变革。从18世纪60年代开始，工业革命在欧美国家先后发生，带来了社会生产力的巨大发展。19世纪上半叶，欧美主要国家基本完成了工业革命，在西方国家寻求商品销售市场和原料产地的过程中，经济全球化日益明显。而矿产是近代工业化的基本资源之一，机器工业时代赋予锡更为广阔的用途，如制造镀锡、焊锡及锡合金，应用于军工、机械制造、电器、化工等诸多领域，锡拥有广阔的国际市场。因此，当西方列强用武力大开中国大门后，各种工业品涌入国内市场，同时，重要矿产亦通过不同渠道被贩运至世界各国。

自咸丰初年起，云南陷入长达20余年的战乱之中，社会动荡，民生凋敝，个旧锡业处于停滞状态。同治末年，在云南全省还没完全平定之际，中央已敦促云贵督抚筹划恢复矿务[57]。光绪二年，皇帝再次谕曰："云南五金并产。据有矿山之利。自宜设法开采。至练劲军。择要扼扎。亦有备无患之计。均著刘长佑随时体察情形。奏明办理。"[58]刘长佑复奏："盖云南虽称疾苦，而五金并产，据有矿山之利，洋人觊觎已非一时，虽无显示之情，而码加理等各案，迁延反复，安知非故为挑拨，以要求于我也。"[59]故建议借款购置机器、聘请矿师，开发云南矿产，但最终未获批准。光绪九年，上谕再次敦促云南兴办矿务："云南素产五金。乃天地自然之利。该省铜政久经废弛。本应整顿规复。以资鼓铸。而利民用。此外金银铅铁各矿。亦复不少。均为外人觊觎。自宜早筹开采。以广中土之利源。即以杜他族之窥伺。实为裕国筹边至计。"[60]同年，岑毓英、唐炯提出"招商集股、并用西法"开发云南矿产，得到中央批准，并设立矿务招商局[61]。光绪十一年，云贵总督岑毓英称："蒙示云南矿务宜妥筹办法，及时开采，并铺张扬属，早为复来，以杜外人觊觎。……查云南矿务自毓英与前任巡抚唐鄂生接办以来，……是以各厂矿务遽难办有成效。然法人虽垂涎滇矿，而蒙自锡厂尤为彼所羡慕，囊岁法人涂普义为提督马如龙运军装，由越南来滇，曾买锡偷运出关，大获利益，故从中播弄，致有此数年战争。今欲伐其谋，必须自蒙自锡矿始。毓英已督饬知府全懋绩、马世麟措资筹办，颇有起色。由四川运出锡斤，数已不少"[62]。可见，光绪朝极力恢复云南矿业，不仅在于谋利，更在于保权。虽然中央重在滇铜，但东川矿厂并无起色，个旧锡业却快速恢复。

　　虽然四川仍是个旧锡矿的传统销售地，但据岑毓英所言，光绪八年法人涂普义借运军需之计偷运个旧锡斤销往安南而大获其利。可见官府禁令并未能有效拟制滇锡出口。实际上，早在云南还处于战乱之际，便有不少西方人深入云南，考察当地的贸易、市场和矿产资源，通过他们的著述，云南丰富的矿产资源被西方世界所了解[63]。

在滇南地区战乱刚平息不久的光绪三年，法国人加涅（Garnier）即深入个旧（Ko‑kien）锡矿产地进行调查，并估算该地锡矿的产量每年至少为三百万法郎以上，一半运往东京，另一半运往四川[64]。另据 1889 年蒙自海关对开关前历年个旧锡产量的评估，认为每年量为 25000 担[65]，差距不大。以平均量 27500 担计算，约合 330 万斤，比清代中期的最高年产量增加了一半以上，这应该于新销路扩展有绝大的关系。

光绪五年，从个旧、蛮耗、红河至东京出口的锡价值 1700000 法郎，其中在东京销售了几千公斤，其余转运香港。当时河内每锡一担（每担 120 斤）价值 100 法郎，则该年个旧锡矿出口为 1.7 担，大部分转运香港[66]。则当时个旧锡矿的年产量约在 3 万担以上，走私贩运至安南的个旧锡斤每年约 1.7 万担，占个旧锡产量的 56.67%，已经超过了运往四川销量。

四川有采购滇锡制造锡器的传统，且中国近代工业刚刚起步，但每年 180 万斤锡绝非国内市场所能消化，其中大部分应在重庆沿长江水道运至宜昌、汉口、上海等地出口国外。兹湖北宜昌关 1885—1903 年锡斤报关出口量列表如下。

1885—1903 年湖北宜昌关锡斤出口量列表　（单位：担）

年份	1885	1886	1887	1888	1889	1890	1891	1892	1893	1899	1902	1903
锡斤	1187	4045	2211	2439	2428	814	1597	1220	281	771	272	1087

按当时产锡之地有滇桂湘粤四省，广东可以直接出海，广西

设有北海关，湖南沿湘江而下直达江汉关，均无须绕道宜昌。四川并不产锡，唯有滇锡运往四川，经重庆沿长江水运出口，在宜昌报关。但在云南蒙自开关之后，宜昌关的锡斤出口量急剧减少，除了蒙自、红河地区因其他军事、自然、灾荒等因素影响，部分锡斤转到四川，经宜昌出口之外，其滇锡外销基本以红河水道为主。

再看光绪朝前期个旧锡矿的销售。虽然禁止云南锡斤出口，但经过红河走私的锡斤已经占据滇锡产量的半壁江山，而运往四川的不及一半。即使如此，运往四川的滇锡平均每年有 2464 担经宜昌关出口国外。与上述通过红河走私部分合计，个旧锡矿外销量占其产量的 64.88%。故笔者认为，早在蒙自开关之前的光绪朝前期，个旧锡矿产量的三分之二用于出口的，也就是说，个旧锡矿销售的主体市场已经不在国内，而是整个世界。个旧锡业完成由内而外的转型，已经具备了外向型的发展特征。

光绪十五年蒙自关正式设立，但九月底第一批个旧锡块才通关出口，自此，个旧锡斤出口由"非法"变成合法。光绪十六年，个旧锡块由蒙自报关出口 22121 担，光绪二十年增至 39355 担[67]，平均每年增长 19.48%。据光绪二十年蒙自关贸易报告言："访闻个旧锡厂之锡矿并无公司，商人同炉户交易，地方官征税八钱四分一百斤而已，外纳四分衙署书院经费焉。该处挖取矿土不过入地五尺，犹能出如是之多。除运往四川两三千担，其余尽行运至香港，又镕成另式送至上海，其锡价在蒙自不过十九两之谱。"[68]可见，此时蒙自关每年出口的锡斤已占个旧锡产量的 94.03%，运销四川的锡斤以微不足道，个旧锡业的外向型特征进一步巩固。也正是由于外销的拉动，个旧锡矿的生产规模迅速扩大，其年产量从 2.75 万担增至 4.19 万担，而锡价已从清代中期的每百斤 4 两左右增至 19 两。

个旧锡业全球化特征已较为显著，世界锡价的波动直接影响着至个旧锡业的发展。如光绪二十二年，蒙自锡块出口"今年短少"，"商人咸称，锡周年无利，及至年底折本尤多，香港跌价之故。"[69]光绪二十四年，蒙自锡"出口则有四万五千九百余担，较上年则溢四千三百余担"，缘于"上年底香港锡价至极昂，至今年仍有加无已"[70]。出口的多寡对个旧锡业的销售至关重要，如若国家锡价下跌，商人无利可图，势必减少出口，而个旧锡矿因销售不畅，产品积压，其生产规模势必缩小。反之亦然。伴随着世界市场对锡的强劲需求，个旧锡业步入快速发展时期，蒙自关锡块出口量不但递增。如光绪二十五年出口 43146 担，三十一年出口 74972 担，六年间增长了 73.76%。

光绪三十四年，滇越铁路修至蒙自。但新路伊始，试运行其间事故不断。如宣统元年五月，"由河口至蒙自一带铁路累遭倾败，由海防至老街虽云旧路，亦难免倒塌。及至九月中旬尚无火车往来，迨至十月上旬修补完备，复经开车，安然行运。"故"自经铁路公司布告，铁路道修补完竣，尽可复载货物，是时商人起运者殊形忙迫，直至西历年终至新年尚络绎不绝也。所有由壁色寨开行之列车俱满载货物，自十月中旬至十一月中旬，开行之车不下一百二十五辆，载锡报关出口。"[71]滇越铁路的修筑使个旧锡斤出口更加便捷。宣统二年，蒙自关出口锡斤猛增至 102465 担。强劲的出口势头使商人获益匪浅，同时也促使个旧锡业生产规模不但扩大，以满足市场需求。

蒙自开关与滇越铁路使滇锡出口数量剧增，全球市场上的强劲需求极大地促进了个旧锡业的发展，上述滇锡出口量的增长即是明证。当然，销量不等于产量，但销量肯定是基于产量的变化而变化。由于史料缺乏，无法得知这一时期个旧锡产量的具体情形，海关资料中蒙自关出口锡斤的数据成为反映个旧锡矿产量的基本依据。众多前辈学者依据海关资料作过统计，这在一定程度上反映了个旧锡业发展的蓬勃势头。笔者拟从锡价方面作一考察，来阐述这一时期个旧锡业的发展状况。兹仍据海关资料统计，制图如下：

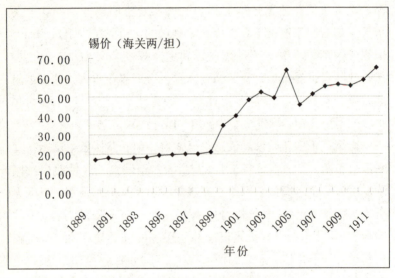

1889—1911年蒙自关锡价变化图

蒙自开关之后，个旧锡斤外销价格从1889年的每担17海关两增至1911年每担65.05海关两，增加了2.8倍，年均增长12.85%。如果没有世界市场上的强劲需求，个旧锡斤外销量价齐升的局面是不可想象的。可见，蒙自开关和滇越铁路的开通进一步增强了个旧锡业的近代化特征。

综上所论，传统时代的中国，受用途和销路的限制，个旧锡业无法得到长足的发展。清代康熙年间，个旧锡业基本以西南为其主要市场，由于锡的用途比较单一，销量有限，个旧锡业的发展基本局限于云南一隅。乾隆朝改铸青钱，锡与铜、铅一起开始作为鼓铸制钱的原料之一，其用途有所扩大，滇锡的销售市场宽展到滇黔乃至全国，产销关系的改善使个旧锡业生产规模迅速扩大，奠定了其清代中期全国锡产中心的地位。但是，嘉庆朝以后改铸黄钱，锡不再作为币材使用，供大于求的矛盾导致个旧锡业生产趋于低落。与此同时，世界上正在经历着一场以机器制造为标志的工业革命，赋予了锡更为广阔的用途。光绪朝初年，西方人通过对云南的深入考察，储量丰富而价格低廉的个旧锡矿成为他们获取的重要资源之一，个旧锡矿或通过红河水道非法贩运至安南，或通过合法渠道转运四川，再经宜昌、汉口等关出口。这一时期的个旧锡业与世界市场已经联系在一起，其产量的一半以上用于出口，而世界市场的变化又通过外销量和价格影响着个旧锡业的发展，其外向型特征已非常明显。蒙自开关及滇越铁路的修筑为个旧锡矿出口创造了便利的条件，蒙自关锡矿出口量价齐升的势头进一步刺激了个旧锡业的发展，也使个旧锡业近代化特征进一步增强。

注　释

1　如丁文江：《云南个旧附近地质矿务报告》，农业部地质调查所、国立北平研究院地质学研究所 1937 年印行；苏汝江：《云南个旧锡业调查》，国立清华大学国情普查研究所 1942 年印行；袁丕济、曹立瀛、王乃樑：《云南之锡业》，资源委员会经济研究室 1940 年油印本；陈吕范、邹启宇：《关于个旧大锡的产量和出口量问题——解放前个旧锡业研究之一》、《个旧锡业"鼎盛时期"出现的原因与状况——解放前个旧锡业研究之二》，均收入云南省历史研究所云南地方史研究室、云南大学历史系编：《云南矿冶史论文集》，云南省历史研究所 1965 年印；杨寿川：《近代滇锡出口述略》，《思想战线》1990 年第 4 期；杨昆：《地方社会史中的"国家"、"权力"与"文化"——对个旧社会（1885—1949）的人类学考察》，云南大学硕士学位论文 2002 年；王俊：《近代云南个旧锡业发展研究》，云南大学硕士学位论文 2003 年；武内房司：《近代云南锡业的展开》，日本学习院大学东洋文化研究所编：《东洋文化研究》，2003 年第 5 号；徐丽珍：《个旧锡业早期工业化研究（1889—1949）》，云南大学硕士学位论文 2006 年；吴林：《个旧城市的形成、发展、变迁》（1644—1961），云南大学硕士学位论文 2008 年；赵小平、石俊杰：《明末至民国时期个旧锡业生产关系变迁研究》，《学术探索》，2008 年第 5 期；谭刚：《个旧锡业开发与生态环境变迁（1890—1949）》，《中国历史地理论丛》，2010 年第 1 期；杨斌：《近代云南个旧锡矿地理研究（1884—1949）》，复旦大学中国历史地理研究中心硕士学位论文 2010 年，等。

2　《汉书》卷二十八上下《地理志》益州郡载："贲古，北采山出锡，西羊山出银、铅，南乌山出锡。"方国瑜先生认为个旧地属西汉贲古县，见《中国西南历史地理考释》（上册），中华书局 1987 年版，第 77 页。

3　正德《云南志》卷六《临安府·土产》，该书编于正德五年。

4　何孟春：《何文简疏议》卷八《陈革内官疏》，正德十六年八月十六日。

5　万历《云南通志》卷六《赋役志·临安府》课程。

6　谢肇淛：《滇略》卷三《产略》、卷四《俗略》。

7　天启《滇志》卷三《地理志·物产》、卷六《赋役志》。

8　蔡毓荣：《筹滇十疏》（康熙二十一年），载康熙《云南通志》卷二十九《艺文三》。

9　康熙《云南通志》卷十《田赋·临安府》，康熙二十九年编。

10　《大清圣祖皇帝实录》卷之二百三十一，康熙四十六年十月，户部议覆云南贵州总督贝和诺等疏言。

11　13　雍正《云南通志》卷十一《厂课》。

12　高其倬：《奏陈雍正元年二年两年历奉密谕暨折奏事件办理情形折》，雍正三年正月二十六日，《雍正朝汉文朱批奏折汇编》第四册，第 363 页。

14　《世宗宪皇帝朱批谕旨》卷五十四《朱批常德寿奏折》，雍正四年三月初八日，云南布政使常德寿谨奏。

15　《世宗宪皇帝朱批谕旨》卷一百二十五之七《朱批鄂尔泰奏折》，雍正六年六月十二日，云贵总督鄂尔泰：《奏为覆奏酌均公件耗羡遵旨宽裕留给以广圣恩事》。

16　张允随：《奏报借动脚价银两运销锡斤情由并交朱批折》，雍正九年九月初一日，《雍正朝汉文朱批奏折汇编》第二十一册，第135页。

17　关于雍正年间云南地方政府开拓铜铅市场的研究，参见拙文：《试论清代黔铅兴起的原因与背景》，《贵州大学学报》，2010年第3期。

18　乾隆二年七月八日，云南巡抚张允随：《题为题明事》，清代《内阁大库档案》，编号：000081342。

19　41　47　《钦定大清会典事例》（乾隆朝）卷四十四《户部·钱法》京局鼓铸："乾隆五年议准，嗣后宝泉、宝源二局鼓铸，按铜铅百斤内，用红铜五十斤，白铅四十一斤八两，黑铅六斤八两，点铜锡二斤，配搭改铸青钱，与旧铸黄钱一同行用。"

20　《大清高宗皇帝实录》卷一百三十，乾隆五年十一月，户部议覆："云南巡抚张允随疏称，滇省改铸青钱，请用板锡配铸等语。查该省点铜价贵，赴粤采买亦难。应如所请，以个旧厂板锡搭配鼓铸。"从之。

21　乾隆七年六月十九日，云南巡抚张允随《为题明事》，《明清档案》，编号：A112－106。

22　24　38　乾隆《蒙自县志》卷三《厂务》。

23　40　《大清高宗皇帝实录》卷八百六十六，乾隆三十五年八月，户部议准原任云南巡抚明德奏称。

25　《钦定大清会典事例》（嘉庆朝）卷六百八十四《工部·钱法》。

26　嘉庆七年六月十六日，户部尚书步军统领禄康：《题覆云南巡抚孙曰秉题请宽免嘉庆二三两年锡票税课缺额事》，《内阁大库档案》，编号：000011005。

27　《钦定大清会典》（嘉庆朝）卷十四《户部·广西清吏司》。

28　如道光《云南通志稿》、《滇南矿厂图略》等。

29　光绪《云南通志》卷七十三《食货志矿厂》。

30　光绪三年四月十三日，云贵总督刘长佑：《拟请借款开矿购器铸钱》，中央研究院近代史研究所编：《中国近代史资料汇编·矿务档》，1960年8月第1版，第1867号。

31　雍正九年六月初四日，云南巡抚张允随：《奏报借动脚价运销锡斤折》，《宫中档雍正朝奏折》第18辑，第311页。

32　乾隆二年七月八日，云南巡抚张允随《题为题明事》，清代《内阁大库档案》，编号：000081342。

33 《世宗宪皇帝朱批谕旨》卷一百七十四之二《朱批李卫奏折》，雍正四年十一月二十日，浙江巡抚李卫：《奏为报明臣前任经手锡厂变价归清事》。

34 37 44 《钦定大清会典事例》（嘉庆朝）卷一百七十五《户部·钱法》直省办铜铅锡。

35 参见拙文：《清代各省采买滇铜的运输问题》，《学术探索》，2010 年第 4 期。

36 乾隆九年六月十六日，云南总督张允随《为京铜运脚不敷等事》，《明清档案》，卷册号：A131－102。

39 道光《云南通志稿》卷七十七《食货志八之五·矿厂五》鼓铸。

42 ［年代不详］，署云南巡抚革职留任明德《奏报各省委员来滇办运铜锡数目及出境日期清单》，《军机处档折件》，编号：011825。按明德于乾隆三十三年二月至三十五年五月任云南巡抚，其革职留任应在乾隆三十三年之后，且所奏为乾隆三十四年之事，故定此条史料时间为乾隆三十四年。

43 嘉庆《四川通志》卷七十《食货·钱法》。

45 乾隆《毕节县志》卷四《赋役志·鼓铸》。

46 《钦定大清会典则例》（嘉庆朝）卷一百七十五《户部·钱法》直省鼓铸条。

48 户科题本：乾隆八年六月二十二日，户部尚书徐本等：《题为采锡尚容变通谨陈原委仰祈圣鉴事》，引自《清代的矿业》，第 610—618 页。

49 乾隆二十三年五月二十九日，护理湖南巡抚布政使公泰《题为天地有自然之利等事》，《内阁大库档案》，编号：000114378。

50 乾隆三十八年四月八日，湖南巡抚梁国治：《题为天地有自然之利等事》，《明清档案》，卷册号：A218－032。

51 乾隆四十九年正月二十日，署湖南巡抚舒常：《题为开采锡矿等事》，《明清档案》，卷册号：A239－047。

52 乾隆五十二年十一月十五日，湖南巡抚浦霖：《题为天地有自然之利等事》，《内阁大库档案》，编号：000139145；乾隆五十三年十月十三日，湖南巡抚浦霖《题为开采锡矿等事》，《内阁大库档案》，编号：000141266。

53 《世宗宪皇帝朱批谕旨》卷七之三，雍正五年九月二十九日，两广总督臣孔毓珣谨：《奏为南丹矿徒遵法解散事》。

54 《大清高宗皇帝实录》卷一百七十六，乾隆七年十月，户部议覆广西巡抚杨锡绂条奏鼓铸事宜。

55　杜家骥在《清中期以前的铸钱量问题——兼析所谓清代"钱荒"现象》（《史学集刊》1999 年第 1 期）一文中统计乾隆二十年左右各省铸钱量为 221. 8 万余串，资料均来源于《清朝文献通考》，其中大部分省份铸钱量与笔者所掌握资料相差甚大，故重新统计。

56　此表数据来源于《内阁大库档案》、《钦定大清会典》（乾隆朝）、《皇朝文献通考》等资料。

57　刘岳昭：《滇黔奏议》卷十《会奏查明云南铜厂实在情形请另筹拨工本以资采办折子》，同治十二年三月，《近代中国史料丛刊》第一辑，第 0503 册。

58　《大清德宗皇帝实录》卷三十二，光绪二年五月；上谕军机大臣等。

59　光绪二年五月十七日，云贵总督刘长佑《密陈滇省洋务情形并请开矿练军》，《中国近代史资料汇编·矿务档》，1960 年 8 月第 1 版，第 1865 号。

60　《大清德宗皇帝实录》卷一百六十六，光绪九年七月，上谕军机大臣等。

61　《大清德宗皇帝实录》卷一百七十一，光绪九年十月，云贵总督岑毓英等奏会议矿务。

62　光绪十一年六月十二日，云贵总督岑毓英：《函陈云南矿务情形》，《中国近代史资料汇编·矿务档》，1960 年 8 月第 1 版，第 1875 号。

63　如［法］罗伯尔：《滇南矿产图略》，1868 年；［法］劳瑟：《中国的云南省》，1880 年；［英］葛洪：《穿越 Chryse》，1882 年；等等。

64　66　佚名著，唐国莉、孟雅南译，陆韧校：THE PROVINCE YUNNAN, in The China Review, V. 9, 1880 – 81.

65　《MENGTZU TRADE REPORT, FOR THE YEAR 1889》，《中国旧海关史料（1859—1948）》第 15 册，第 573 页。

67　由蒙自报关出口的锡斤数量均来自海关总署总务厅、中国第二历史档案馆编：《中国旧海关史料》，京华出版社 2001 年版。以下不再注明。

68　《光绪二十年通商各关华洋贸易总册·蒙自关》，《中国旧海关史料》第 22 册。

69　《光绪二十二年通商各关华洋贸易总册·蒙自关》，《中国旧海关史料》第 24 册。

70　《光绪二十四年通商各关华洋贸易总册·蒙自关》，《中国旧海关史料》第 28 册。

71　《宣统元年蒙自口华洋贸易情形论略》，《中国旧海关史料》第 54 册。

试论泰国农业社会化服务体系
对云南边疆地区农业发展的启示

钱金飞（云南大学人文学院副教授）

一、泰国农业在世界上的地位

泰国是中南半岛中部的一个国家，国土面积为 51.31 万平方公里。但泰国农业在世界上却占有十分重要的位置：长期以来，泰国都是世界大米出口、橡胶出口、冻虾出口、鲔鱼罐头出口第一大国，其他农产品如玉米、木薯、水果、鲜花的出口，也都处于世界前列："稻米年产量近 3000 万吨，占全球稻米总产量的 7%—9%，年出口量在 700 万—1000 万吨之间，占世界稻米贸易总量的 25%—35%，是世界第一大稻米出口国。2008 年，泰国大米出口完成 1000 万吨，创历史最高记录。2009 年泰国大米出口量为 860 万吨。2010 年，泰国稻谷总产量 3073 万吨，大米出口 903 万吨。"[1] 泰国也是世界冷冻虾出口第一大国，2009 年出口量达 22 万多吨，占世界冷冻虾出口总量的 13.9%。[2] "泰国生产及出口鲔鱼罐头的产量及出口额皆居全球首位，在国际市场占有率高达 50% 以上"[3]。泰国还是世界第一大橡胶生产国和出口国，橡胶年产量约 250 万—300 万吨，占全球橡胶总产量三分之一。2010 年泰国橡胶总产量 305.6 万吨，出口 270 万吨。[4]泰国是世界第三大木薯生产国（仅次于尼日利亚和巴西）和第一大出口国，2010 年木薯产量 2016.9 万吨，出口 456 万吨。[5]"泰国热带水果目前已在国际市场享有很高的声誉。据泰国农业部官员介绍，目前泰国水果出口额在全球排第 17 位，热带水果出口额排第 4 位，榴莲、龙眼、红毛丹等热带水果的出口量已位居世界第一"[6]。此外，泰国的玉米、蔗糖出口居于世界第五位。[7]

二、泰国农业现代化的基本情况

在农业发展方面，泰国是如何做到在有限的土地面积上（51.31 万平方公里）取得如此辉煌的成就？我认为，这与第二次世界大战后泰国的农业现代化发展战略密不可分。和其他国家一样，泰国的农业现代化也包括了农业生产技术方面的变革、农业的专业化以及农业的社会化服务。[8]

19 世纪之前，泰国泰国的农业经济是一种自给自足的自然经济。随着 1855 年英国强迫泰国签订《鲍林条约》，西方列强打开了泰国的国门，西方廉价的工业品充斥泰国市场的同时，泰国也被纳入了资本主义世界经济体系之内，成为了西方列强的粮食供应地，其农业发展具有畸形的、单一种植的半殖民地经济特征。20 世纪后，随着世界日益被卷入世界资本主义经济市场，资本主义国家按其需要在所征服的落后国家中进行了对他们单方面有利的产业分工，反映在泰国就是对稻米、柚木和橡胶为主的少数几种初级产品的需求量不断增长，泰国也逐渐被改造成了一个依靠大米、橡胶和柚木出口的、经济上十分单一的国家。"从

1890 年到 1939 年，大米，橡胶、柚木三项农产品的出口值所占总出口值的比例为 71.3%—84%，其中大米一项所占的比例为53.5%—77%。"[9]1953 年，大米出口值占总出口值的 65%，橡胶占 13%，柚木占 2%，三项出口占了总出口额的 80%，由于当时泰国经济对少数几种农产品的生产依赖十分严重，因而有人把当时的泰国称为"纯粹的稻作国家"。[10]第二次世界大战爆发后，泰国将自己绑在了日本人的战车上，因而和其他东南亚国家相比，它所遭受的战争创伤就要小得多，泰国的稻米的种植和产量不但没有减少，相反还得到增加，年均产稻量从 1935—1939 年间的 435.3337 万吨增长到 1940—1945 年间的 494.4378 万吨。[11]由于第二次世界大战期间泰国的稻米出口受到日本的限制，因而到战争末，泰国积累起了 150 万吨左右未出口的大米。后来，泰国便以这 150 万吨大米为代价，修复了因泰国在第二次世界大战中追随日本而遭到破坏的泰英关系。此外，由于"二战"给东南亚各国的大米生产带来了巨大的损失，使这些国家在战后长期未能恢复到战前的生产水平，导致泰国的大米出口有一个有利的时机。第二次世界大战结束后国际市场对大米等原材料需求的大大增加，也为泰国的大米出口创造了良好的国际环境。50 年代以后，随着发达国家普遍摆脱战争创伤，生产和生活水平的快速提高，对肉类需求的大大增加，大大促进了世界各国饲养业的发展。饲养业的大发展，加大了对饲料原料的需求。"1956—1961年 5 年间，日本进口的泰国玉米就增加了 4 倍"[12]。这为泰国的玉米，木薯生产创造了良好的外部发展环境。

自 20 世纪 50 年代以来，泰国就开始了对自己传统农业的改造，逐步开展农业现代化。由于当时泰国存在着劳动力不足的问题，[13]因而泰国采用了资本集约的农业现代化起步方式，在起步初期首先侧重解决劳动力不足的问题，即从农业的机械化开始农业现代化起步的。到目前为止，泰国的农业现代化大致经历了三个发展阶段。第一阶段从 50 年代至 60 年代初，农业现代化虽已起步，但进展缓慢，成效不大。第二阶段从 60 年代到 80 年代，在这一阶段中，农用机械，化肥的进口量大大增加了，"绿色革命"，良种的培育与推广也已经开始了。50 年代就已经开始的大规模水利设施建设工程基本上已经完成，这大大促进了泰国灌溉事业的发展，农产品加工业开始兴起，农业社会化服务体系初步建成。第三阶段从 80 年代开始，一直到现在。在已有的基础上，农业生产和服务的现代化水平继续提高，同时注重农村开发和工农业平衡发展。

三、泰国农业的社会化服务体系

农业社会化服务体系包括：为农业生产提供生产所必需的生产资料（即产前服务）、农产品的收购、贮存、加工和销售（即产后服务），以及农业生产过程中各种生产性服务（即产中服务）。其形式主要有："以合作社为主体的社会化服务，各类企业或公司向农户提供的服务以及政府各部门所提供的服务。"[14]泰国的农业社会化服务体系也包含了这些内容。

1. 泰国政府提供的社会化服务

泰国政府提供的社会化服务包括：农业生产的总体协调与规划服务、农业科技服务、农业资金服务、农业风险保障服务、农业基础设施方面的服务。

泰国政府提供的总体协调与规划服务主要体现在有计划地进

行农业多元化发展战略之上。战后初期，泰国的种植业是一种以稻米种植为主的畸形的种植业。为了改变这种情况，泰国政府着重发展玉米、木薯、槿麻、甘蔗、棉花、烟草等作物的生产，但以此同时并没有放弃对稻米生产的重视和支持。在此过程中，泰国政府有计划地引导农民进行种植，以避免因某种作物种植面积过大而造成产品积压和价格下跌而损害农民的利益。泰国政府这种宏观方面的调控充分体现了泰国政府的总体协调与规划服务的功能。

泰国政府提供的农业科技服务主要体现在泰国政府为提高农业生产水平而进行的各种农业科技的研究与推广之上。

经过60年左右的发展，泰国政府已经建立起自己的科研体系和农业科技推广体系。目前，从事和参与农业科学研究的部门主要有7个：农业合作部、内政部、大学局、工业部、财政部、科学技术及能源部、商业部。[15]在这7个主要研究部门之中，农业合作部和大学局是两个最主要的农业科研部门，商业部主要负责农产品产销方面的调查和研究。隶属于农业合作部的农业科技厅设有7个技术和研究服务处，1个调节处，4个管理处。农业技术厅下设6个直属研究所：水稻研究所、旱地作物研究所、园艺研究所、橡胶研究所、蚕业研究所、农业工程研究所。除这6个直属所外，全国各地还设有23个研究中心，80个试验站。[16]这些研究所、研究中心和试验站分工明确、征对性强，研究项目都是根据专业化生产和农业区域化发展需要而设立的，因而研究重点突出，没有重复研究的现象。

泰国王室对于农业科研和推广也作出了突出的贡献。普密蓬国王多才多艺，尤其擅长农业技艺。他在自己的王宫内设立农业试验田、奶牛场、鱼场、果树场等，集中一大批农科人员，悉心培育新品种，然后把一批批先进的种苗和农业技术推广到各地。[17]

泰国的农业科研机构在良种培育方面取得了突出的成就。它们培育出许多适合泰国各地自然条件、质量好、产量高的新品种。如国际稻442，就是针对湄南河三角洲雨季时积水较深、一般水稻品种容易被淹死、产量低的缺点而培育的。它克服了怕淹、低产的不足，具有很高的开发价值。针对泰国东北部干旱的气候，泰国政府培育出了粳稻甲乙15，糯稻甲乙8，不但抗旱，而且高产。除了稻米品种的研发外，泰国还在玉米新品种的研发方面取得突出的成就。正如泰国国立农业大学农业生物技术研究中心主任蓬贴阿加萨塔纳库所说的那样："今天世界上热带地区种植的几乎所有玉米品种的抗霜霉病基因，都可以追溯到泰国研究人员为泰国农民研发的 Suwan – 1 号。"[18]如今，泰国决定加快有机农业的发展，在农业发展中更多地采用转基因技术和生物工程技术，2008 年泰国实施了第一个国家有机农业计划。[19]

泰国政府的农业教育体系包括农业大学教育和中等农业职业教育两个部分。20 世纪 90 年代，泰国就有 13 所农业院校，一些大学如清迈大学还设有农学系。[20]泰国中等农业职业教育有 48 所农校，分布在全国 12 个教区之中。[21]"专业设置有：种植业（如水稻、蔬菜、食用菌、花卉、果树、旱粮等），养殖业，（如家畜、家禽、蛙类、渔业养殖等），农业工程（如农机、水利电力、食品加工、农产品贮藏等），商业贸易和计算机等。"[22]此外，在广大农村地区，兴办农村教育。一些农业研究所，经常举办各种讲座，让附近地区的农民参加。

为更好地把农业科研成果推广到农业生产中去，"1967 年 10 月，泰国建立了农业推广司，标志着泰国农业推广体系的确立"[23]。随着农业的发展，泰国农业推广体系经历了多次变革，并在发展中逐步成熟和完善，到现在为止，建立起了中央和地方的 5 级农业推广体系。1976 年，泰国政府在完善农业推广战略的基础上，推出《国家农业推广方案》，该方案主要由农田灌溉设施建设、农业信贷体系发展、技术推广体系改进、农产品市场建设等具体规划组成。[24]《国家农业推广方案》实施前，农业推广机构只建设到府一级，府以下的基层组织没有推广机构。农业推广主要以技术推广为主，从事农业技术推广的人员并不多，推广人员与农户数量的比例大概在 1:4 000。《国家农业推广方案》出台后，政府对农业推广机构进行了重组，鼓励高等农业院校毕业生到基层工作，逐步充实了推广人员队伍，使推广人员与农户比例逐步提高到 1:1 000。推广机构也由府向下延伸两级，在县、区两级设置工作机构，这样推广人员就能了解农民的实际需求，方便指导生产；政府还十分重视对推广人员的培训，使他们能及时掌握新的农业技术。农业推广人员一般都被列入公务员行列，与其他行业的同级公务员享受同等待遇，免除了他们的各种后顾之忧。[25]

现在的农业推广司共有 12 个处级主机构，3 个内设机构，6 个地区办公室、73 个府农业推广办公室，792 个区农业推广机构。[26] "此外，全国有 5757 个小区（一个小区有 1000 名左右农户）每个小区都有 1 名农业推广员"[27]。农业推广司从泰国政府那里接受财政预算，预算金额因年而异。农业推广司有固定的官员和雇员为其工作。其中 60% 以上的人员都在区一级的农业推广部门工作。[28]

农业推广司工作的主要目标是：确保农业生产稳定发展和农民持续增收。工作的指导原则是：根据市场需求发展农业生产，农业推广部门为农户提供市场需求、农产品生产形势以及市场销售等信息服务，指导农民生产适销对路的农产品；注重生产效益和提高农民收入。[29]具体职责是：①向农民提出意见，使他们在作业时符合自然环境、生态学、生产技术、经济、社会、文化和政治方面的要求；②把农业知识技术从研究机构或其他技术源转移给农民，并对需要解决的田间问题作出研究；③促进农产品生产，以满足本地与国家消费、农产品加工和出口的需要；④为遭受自然灾害、严重病害和农民不能自救的地区，提供服务和给予生产性投入；⑤协同农业与合作社部以及其他部门，在农场传播关于作物生产、畜牧、渔业和林业的技术知识，协同政府和私人机构，促进农业朝有利于农民和国家的方向发展。

地区推广办公室的职责是：①协调作物生产、农业贸易与其负责地区农业研究机构的各种关系；②将技术知识转移到府和区农业推广办公室；③促进、支持和监督种子中心、园艺作物繁殖中心、养蚕推广中心、农业机械中心等附属地区办公室单位的工作。

府推广办公室的职责是：①促进作物生产、农业贸易和农民协会的发展；②对区农业推广办公室进行监督和支持；③在府内协调农业发展。

区农业推广办公室的职能是：①在田间层次进行农业推广活动；②在分区代表农业与合作社部进行工作。

农业推广人员的主要职责是帮助农民克服技术使用过程中的困难和障碍，引导农民进行科学生产。他们的主要工作有：①帮助农民了解和掌握生产信息，合理安排农业生产，培训农民掌握生产新技能；②帮助少数后进农民改进生产，力争使他们赶上所在地区农民生产的一般水平；③帮助科技成果由科研人员向农民传递，充当农民与科研人员之间的桥梁和纽带，促进新技术在农民中间的传播和扩散；④鼓励农民采用新品种或种植新作物，提高农业产出；⑤帮助农民解决农产品进入市场过程中遇到的困难，鼓励农民转变自给自足生产局面，面向农产品市场开展商品生产；⑥帮助农民提高农业经营管理水平，提高决策能力。[30]

为了指导各级农业推广人员的工作，使农业推广更为规范，泰国还颁布实施了《农业推广实施大纲》，将农业推广工作分为生产领域、服务领域两个方面，具体实施细则如下：

在生产领域内：①确定生产目标。农业生产的最终目标是提高家庭生活水平，直接目标是提高产量和收入，让农民清楚这些目标并愿意通过行动来实现这些目标；②提高资源利用率。了解本地的农业生产投入和产出状况，指导农民合理使用生产资源，提高资源使用效率，提高农业产出；③推广生产记录制度。鼓励农民对生产资料使用、产量、收入进行记录，让农民知道这些记录将有助于农产品进入市场销售，并将提高生产者的信誉度；④制订生产计划。生产计划是为下一季生产所做的打算，这将有助于农民知道要做些什么，并为之做提前准备，这将能改善农民对生产的管理。

在服务领域内：①新技术推广服务。了解农民在生产过程中遇到的困难，将农民对技术需求反馈给农业科研人员，并担当新技术向农民传递的桥梁和纽带；②市场信息服务。为农民提供及时准确的市场信息，使农民生产的产品能以最高价格销售出去；分析预测市场状况为农民确定生产计划提供参考；③借贷服务。农业银行或其他金融组织为农业生产提供借贷服务，保证农民有资金购买生产资料；指导农民用好借贷资金，农产品出售后及时偿还贷款。

经过多年实践，农业推广司认识到农民培训的必要性，特别是新技术培训、生产管理、市场和销售等方面的培训显得尤为重要。为了给农民提供培训服务，农业推广司于1983年推出了"农民培训计划"，该计划的培训课程主要有：农场管理、农业贸易、市场交换基本知识；合作组织与生产协作；生产计划制订；多样化生产与自给自足。该计划推出后，农业推广司首先对农业推广人员进行培训，然后自1989年后再由推广人员对农民进行培训。[31]

农业推广人员首先对当地农业生产中存在问题进行了解和分析，并拿出合理的改进意见，然后说服农民改变传统的思想和生产方式。由于说服工作往往都是很艰难的，因而，推广人员在当地寻找开明的农户作为示范户，说服他们采用新技术和新方法，然后在生产季节组织周围的农民来参观示范户的生产，让农民亲眼看到新技术、新方法带来的变化。政府也采取奖励措施来激励农民对新技术、新方法的使用。此外，农业推广人员还对农民进行生产效益的培训，让农民学会计算投入和产出，以及制订生产计划和作出预算。

泰国实行"培训访问体系"，基层推广员定期走访农民，对农民进行咨询、培训，帮助农民解决实际问题，反映农民的呼声，并作为政府的代表向农民传递信息，一般每月对农民培训一次。[32]

对农民的培训由各府农业推广部门组织进行，通常一轮培训为5天，共30课时，培训地点一般安排在各府下属的培训基地，采用课堂教学和田间实践相结合的方式。学习课程为：农场管理基本原则（5课时）、如何改进农业生产（3课时）、农业贸易和农产品市场销售（3课时）、生产记录和数据收集（2课时）、生产计划制订（实践课）（6课时）、农场财务管理（实践课）（6课时）、种植、养殖、水产技术（3课时）、讨论（2课时）。[33]

除由国家组织的农业推广机构外，农业研究所既是研究中心，也是推广中心。它们通过各种农训班、免费的讲座、建立示范田等方法，在农民中推广农业科技。各院校也经常免费举办各种不定期活动，向农民讲授新技术。学校规定：假期间学生必须抽出一段时间进行实地学习和技术普及工作。[34]

泰国政府的农业资金服务指的是泰国政府通过向农业投资以及制订各种信贷政策，向农业生产提供资金的服务。第二次世界大战后历届泰国政府都重视对农业的投资。60年代以来，泰国政府对水利和交通投入了大量资金。在第一个经济发展计划期间（1961—1966），政府对农业的投入占总支出的17.5%，第二个经济发展期间（1967—1971）为14.3%，第三个发展计划时期（1972—1976）为11.8%，第四个发展计划期间（1977—1981）为15.5%。[35] "泰国政府一贯重视对农业的投资，农业投资占政府投资的比重长期以来一直在14%左右。"[36]

在农业信货方面，泰国政府在1966年组建的农业和农业合作社银行（Bank for Agriculture and Agricultural Cooperatives, BAAC），是泰国金融业中支持农业发展的主要机构，为农业提供优惠利率的信贷服务。BAAC制订了稻谷抵押计划，向农民提供抵押贷款。其做法是接受农民的稻谷抵押，向农民提供低息贷款，使农民能把粮食储存到合适的上市季节，这样就保证农民在市场价格高的时候出售粮食，避免在市场行情低落的时候压价销售，从而保证农民的收入。BAAC的贷款利率是依据平均成本价而非边际成本价制定的，保持了较低的利率以减轻农民的负担。例如，BAAC在初期以3%的利率提供所抵押稻谷价值的80%的贷款。到 1991 年，BAAC 向农民提供所抵押稻谷价值的 90% 的贷款，而且是无息贷款。此外，BAAC 还支持政府的粮食储存设施建设计划，投资兴建中心粮仓。[37]

商业银行亦支持农业和农村发展，1975 年，泰国银行公布《商业银行农业信贷管理条例》，规定：商业银行必须把存款额的 13% 用于农业贷款；商业银行设在各府县的分行必须将存款额的 20% 贷给农民，其中，14% 用于农业和农村小型工业，6% 用于包括稻米加工在内的农村企业。在泰国，有 16 家商业银行执行了这一最低贷款限额规定，向农民提供贷款。除了向农民和合作社贷款，商业银行还给予粮商（如大米加工商和稻谷交易商）贷款，以解决他们在经营过程中流动资金短缺的问题。[38]

此外，泰国政府还对农业生产进行价格补贴支持，补贴范围包括化肥、灌溉用水及土地等。为鼓励使用化肥，政府对化肥消费有补贴：市场上所销售的化肥经过政府补贴（补贴交通运输费）后，使得农民可以购买到较便宜的化肥。

泰国政府还为农业的发展提供风险保障服务。农业生产中的许多不确定因素，如气候变化、国际市场上农产品价格波动，对农业生产和农民生活产生了巨大的影响。为保障农民的利益，泰国政府于 1979 年制定了各种农产品的保障价格，规定除扣除实际生产成本外，农民还有 20% 的利润。为此，泰国政府拨出巨款，建立农产品储备体系，以稳定农产品价格，保证农民收入。"除此之外，泰国政府还保险公司合作，对农户种植的作物进行投保，一旦受灾，便给予补偿，以减少农民的损失"[39]。

泰国政府提供的农业基础设施方面的服务是指泰国政府重视农业基础设施的建设，优先发展水利和交通等基础设施方面的努力。历年来泰国财政支出中平均都有 10% 用于基础设施方面的建设。水利是农业的命脉，而要进行大规模的水利建设，就必须得到政府的支持。早在 60 年代以前，泰国政府就以投资者的身份大力兴修水利。60 年代以后，泰国政府对水利和交通投入了数千亿泰铢的建设资金，兴建了一系列的水坝、扩大了灌溉面积，保证并提高了农作物的产量，促进了农业现代化的发展。

2. 合作社提供的社会化服务

合作社是劳动人民根据互助合作的原则自愿建立起来的经济组织。一般情况下，合作社提供的农业服务包括：资金服务、生产资料供应服务、农副产品的加工和销售服务、生产作业服务等。[40]

"泰国的农业合社作最初是以信用合作社的形式成立于彭世洛府。"[41] 从 1916 年到现在，无论从数量上，还是从种类上，泰国的农业合作社都有了很大的发展。20 世纪 60 年代，泰国的合作社共有 8 类：信用合作社、土地合作社、消费合作社、手工业合作社、销售合作社、服务行业合作社、联合合作社、特种形式合作社。信用合作社通过多种渠道筹集资金，然后借贷给社员用以偿还旧债；促进社员采用优良品种和促进种植业；促进社员联合购进必需品和联合出售农产品或其他产品。土地合作社是帮助社员通过获得土地所有权或者使用权以改善其经济地位的合作社。它所提供的服务有：合作社首先为社员通过购买或者分期付款的方式购买大片土地，然后将土地分给社员耕种，当社员还清购地和租地费用之后，那块土地就归租种那块土地的社员所有了。此外，有的土地合作社还代社员租赁大片土地，然后以合理的租价租给社员使用。手工业合作社提供的服务有：接受社员的生产原料，加工成成品之后进行销售；帮助社员销售生产原料或者产品；帮助社员购买原料或者生产工具。销售合作社提供的服务有：帮助社员能够以较好的价格销售自己的农产品。[42]

目前，泰国的合作社有 7 类：农业合作社、土地转让合作社、渔业合作社、消费者合作社、储蓄和信用合作社、服务合作社和信用联合合作社。[43]

泰国农业合作社共分三个层次：国家级总社、府一级联社和地区一级基层社。总社的功能有两个：一是帮助基层联社推销农产品，从国内外采购农药、肥料、机械和设备，帮助从事玉米、大米的出口；为某种特定的作物提供生产和销售方面的服务。联社的功能是帮助基层社开展农产品加工和销售业务。如水稻加工、木薯粉加工等。基层社主要从事一些具体的农业服务。如统一从工厂购进社员所需的生产生活资料，把社员生产的农产品收集起来直接销售给消费者，这样做可以减少中间环节，避免中间商的剥削。既降低成本，又提高农民的收入。基层社还为社员的生产提供低息贷款，帮助社员克服各种意想不到的天灾人祸，帮助社员采用先进的生产技术和先进的科学管理方法。如对社员使用化肥和农药进行科学指导，为社员提供优质的籽种，对社员进行各种技术培训等。土地合作社可以而社员通过分期付款的方式获得土地；可以代表集体租赁大片土地，分配给社员以供谋生；可以组织群众，兴修水利、整理土地等。

截至 2006 年 1 月，泰国共有 4137 个基层农业合作社。总的说来，农业合作社提供的服务包括了以下几个方面：借贷服务、存款服务（鼓励会员存款，这些会员存款可以用于放贷和投资，为合作社和会员创造利益）、营销服务（通过合作社的统一营销，提高会员产品的价格谈判能力，保证公平交易，最终提高会员的收益）、采购服务（合作社统一、集中采购农业生产投入品如肥料、种子、汽油等，再加上运输和合理损耗费用，出售给会员。由于是大单采购，所以价格比市场上优惠不少）。[44]

泰国的农业合作社被视为促进泰国农业、经济和社会发展的重大举措，得到了泰国各级政府的大力支持，尤其是资金方面的支持。泰国政府构建起了农业合作社金融支持系统，主要包括了农业合作社发展基金、设立农业和农业合作社银行。农业合作社发展基金主要来自国家的财政预算。2005 年，它以很优惠的年利率（根据合作社的资信状况从 1% 到 6% 不等，同期商业银行的贷款利率约为 11%）向 1318 个合作社提供了 20 亿泰铢的贷款，平均每个合作社的贷款规模在 150 万泰铢。农业和农业合作社银行是隶属于财政部的国有银行。成立两年以上、会员 100 人以上的农业合作社都可以申请贷款。2004 年，该行向 844 个农业合作社提供了 286 亿泰铢的贷款，年利率也是根据合作社的资信等级在 5.5% 至 10.5%。[45]

除了资金信贷服务外，农业和农业合作社银行也提供其他方面的服务。例如 2008 年 7 月 25 日，泰国农业与农业合作社银行开通了针对农村、农民的"金大地"网站（http：//www. pandintong. com）。网站的内容分为 12 个部分：①介绍泰国的农业理论知识以及各种国家重大农业项目；②农产品信息，包括大米、木薯、甘蔗、玉米等多种最主要农作物产品的信息发布，每日农产品期货市场信息发布等；③气候、天气以及各种地理知识介绍；④各种预警信息发布；⑤土地和水资源信息；⑥各种商品信息发布；⑦泰国特色旅游介绍；⑧地方特产专区；⑨农业研究信息；⑩与农业及农村生活有关的各种法律知识宣传；⑪农业生产成本计算程序；⑫农业、农民论坛等。[46]

3. 农商企业集团提供的社会化服务

70 年代中期，随着出口加工业的发展，泰国的农产品加工业迅速发展了，在这种情况下，由农产品出口商、主要的商业银行、工业集团、多国企业和政府进行合作，形成了一批农商企业集团。比较著名的有经营饲料、禽畜产品加工的正大集团；经营化肥、面粉和木薯粉的美都集团；经营大米和其他经济作物的顺和盛集团；经营金枪鱼雄头的尤尼科德集团；经营蓖麻油等植物油的那班集团。

这些集团都有一套垂直的产销体制，产品大部分出口，拥有相对稳定的国际市场，都采用从获得原材料到加工、冷藏、仓储到出口一条龙的生产和出口体系。现以正大集团为例来说明泰国农商企业提供的农业社会化服务。

正大集团的前身是 1930 年创立于曼谷的"正大庄菜籽行"。经过数十年的经营，现已成为东南亚最大的农工商一体化企业，是世界第三大饲料生产厂。"到 1995 年，正大集团已在东南亚、中国、日本、美国、欧洲、澳洲拥有 300 多家涉及农、牧、工、商各业的分公司……年营业额超过了 50 亿美元，已跻身世界500 家大企业行列"[47]。

正大集团为农民提供的社会化服务，基本上是围绕着饲料和养殖两方面展开的。

在围绕饲料生产所提供的服务方面，正大集团把自己培育出的 60% 的优良种子，通过 300 多家代理商销售给全国各地农民。这些优质种子气候适应性强、营养价值高，产量高，抗病力强。考虑到部分农民由于贫困很难用现金购买优质种子的实际情况，正大集团与农业和农业合作社银行协作，把公司生产的其余

40%的优质种子作为贷款直接由银行供给农民。除此之外，正大集团还向农民提供化肥、农药、机械等生产资料。农民生产出来的合格产品，由公司优价收购，这样便保证了农民的利益。

在围绕养殖业所提供的社会化服务方面，正大集团向农民提供良种、饲料、动物保健和防疫、肉品加工和销售，而农民只负责日常喂养。正大集团除了向签约农户提供小鸡外，还提供饲养规划和技术、鸡舍设备、饲料、防疫设备、财务担保和成鸡收购等。而农户只需负责日常饲养和管理。采用正大集团提供的鸡种、仔猪、优质饲料和饲养方法，小鸡经48天便可长成，一对夫妇可养2万只鸡，一个农民可以饲养1000头猪。"由于技术先进、效率很高，使得集团能够生产出大量的，成本较低的优质肉鸡，农民也因此获利甚丰。在蛋鸡饲养、肉猪饲养方面也是如此。[48]"

通过一批现代化农商企业，泰国农业现代化水平得到了较大的提高。在现代企业的信息和技术帮助下，小农户也能按市场需要来进行生产，并直接参与市场竞争，占领部分市场。这为小农经济占主导的国家如何组织现代化生产开辟了一条成功之道。另外，通过现代企业先进生产技术的运用，不但可以使劳动者的素质得到明显的提高，而且还会因为良种和先进技术的采用，提高农业现代化整体水平。

四、对云南边疆地区农业发展的启示

云南是一个农业大省，在2008年时，80%的人口都还是农业人口，全省75%的国民收入，70%的财政收入、60%的创汇收入、80%的轻工业原料都直接或者间接地来自于农业。[49]因此，农业发展对于我省经济和社会的发展，具有不言而喻的重要作用。云南省农业在全国处于怎样的地位？农业现代化发展水平如何？泰国的农业现代化可以为我省农业的发展提供怎样的借鉴，这就是接下来要探讨的问题。

（一）云南农业发展的成就、现代化发展水平以及存在的主要问题

2008 年，《致富天地》对当时云南省农业厅厅长段兴祥进行了一次采访，通过这次采访，我们可以看到云南农业在改革开放之后三十年的过程中取得了很大的成就。种植业、畜牧业和渔业的产值比 1978 年分别增加了 22.3 倍、63.6 倍和 445.3 倍。在农业总产值方面，2007 年比 1978 年增长了 34.4 倍，农民人均纯收入增长了 19.2 倍，农村贫困人口从 1985 年的 1210 万下降到了 596.5 万人，粮食播种面积和产量分别比 1978 年增长了 15% 和 79%，平均单产为 242.8 公斤/亩，是 1978 年的 1.55 倍。肉类产品、奶产品和水产品分别比 1978 年增长了 10.5 倍、27.8 倍和 28.8 倍。

云南的许多农作物，不管在种植面积还是产量，在全国都处于领先地位：烤烟产量全国第一；甘蔗的种植面积和产量居全国第二；茶叶种植面积全国第一，产量全国第二；天然橡胶种植面积全国第二，产量全国第一；鲜花种植的面积和产量全国第一；咖啡的种植面积和产量，也是全国第一，占全国总量的 98% 以上。[50]

改革开放之后的 30 年里，云南在农业现代化发展方面，也取得了较为突出的成就。在农业机械化发展方面，农业机械的总

量、总值和总动力方面，分别是 1978 年的 9 倍、24 倍和 8 倍。在农业水利化方面，全省有效灌溉面积比 1978 年增长了 68%，全省农田的有效灌溉度为 36%。在生产的专业化方面，也取得了较为突出的成就，畜牧业生产区域化分工日益明显：以昆明、大理、红河为中心的奶牛生产区，奶牛饲养量和奶产量分别占全省的 91% 和 98%；以昆明、曲靖和玉溪等地为中心的家禽生产区，禽肉和禽蛋产量分别占全省的 61% 和 76%。[51]在农业产业化发展方面，也取得了较为突出的成就，昆明的鲜花、弥勒的葡萄、普洱的茶叶、凤庆的核桃、蒙自的石榴、文山的三七、德宏的咖啡，在产业化生产发展方面，也取得了较为突出的成就，[52]到 2010 年，我省共有农业产业化经营组织 4557 家，其中龙头企业超过 2000 家。农业龙头企业带动种植基地 3804 万亩、牲畜养殖量 1126 万头、禽类养殖量 6717 万只。[53]在农业的生物化发展方面，也取得了一定的成绩，我省的有机农业在 20 世纪 90 年代中期就开始了，到 2005 年年底，全省共有 20 个有机食品生产企业，50 个认证产品。[54]

　　虽然我省农业经过改革开放三十多年的发展，在农业现代化方面取得了不小的成就，但"传统农业的本质没有发生根本性改变"[55]，仍然有许多问题亟待解决，主要有：①市场化程度较低，仍然是一种"口粮农业"。"口粮农业"下家庭消费最大化生产目标能使农户吃饱，但不能使农户整体致富，要使农户真正摆脱收入的恶性循环，家庭生产的目标应当转向，根据市场状况来调节家庭生产要素配置。"自 20 世纪 90 年代以来，云南省粮食播种面积在总耕地面积中所占比例一直维持在 70% 左右，1978—2007 年，粮食播种面积比重年均下降不足 1 个百分点，这说明农户生产的主要目的还是为了满足温饱。""2007 年，云南粮食生产连续 5 年获得丰收，创历史最高水平，人均占有粮食343 公斤，比全国人均占有粮食 375 公斤还少 32 公斤。近几年，每年都需要从省外调进大米约 25 亿公斤，才能满足市场需要。"[56] "农户倾其几乎全部生产要素，采用自己生产口粮自己消费的生产方式来取代粮食的市场交易，而把极低的现金收入用于市场交换，换取自己不能生产的非农产品和服务"[57]，这是我省许多农村地区的基本现实。改革开放 30 年以来，云南省农民年人均纯收入与全国农民年人均纯收入差距逐渐拉大，在 1978 年，二者的差距是 3 元/年，2007 年，二者的差距是 1540 元/年。[58] ②优质耕地少，单位耕地面积产量低，水利化程度低。云南省耕地中，旱地占 2/3，水田只占 1/3，旱地中大于 25 度以上陡坡地有 1120 万亩之多。耕地中稳产高产农田约占 1/3，中低产田占2/3 左右，单产仅 242 公斤。[59] 到 2007 年时，全省农田的有效灌溉度仅为 36%。[60] ③云南省农业和农村经济发展极不平衡，在云南省，原始农业、传统农业和现代农业并存。[61] ④农业科研和农业科学技术的推广还应当进一步加强。虽然"目前全省已经基本建成以省、州（市）两级科研院（所）为主体的农业科研开发体系和省、州、县、乡四级农业科技推广体系"[62]，但"由于云南省农业区域性强，很难在全省统一主要的先进技术。因此，除了应加强省级农业科研院，还要重视州、市农林科研所的作用……可是，目前多数州、市农林科研所缺乏正常的科研经费，设备老化亟须更新……全省农业科技推广工作，县、乡业务费用欠缺，村级推广员，生活待遇偏低，影响了队伍的稳定和积极性的发挥。"[63]

（二）泰国农业现代化所能够提供的借鉴

1. 增加农产品转化为商品的程度

要改变我省"口粮农业"的现状，就必须加大农产品转化为商品的程度。要做到这一点，首先必须实现粮食自给，在此基础上，依据市场为导向，调整农业生产结构，实现农业生产的多元化。泰国农业现代化之所以能够取得如此辉煌的成就，与其农业与市场（尤其是国际市场）的紧密相连有关。泰国政府重视将其农业与市场紧密联系的做法，值得我们借鉴。此外，泰国政府自第二次世界大战后就开始了多元化农业发展战略，改变其农业发展过度依靠稻米、橡胶等少数几种农产品出口的局面，其发展思路和做法值得我们借鉴。

2. 重视农业技术的研发和推广

怎样才能在减少粮食耕种面积情况下依然保证我省粮食的自给，为农业多元化发展创造条件。这一方面要加大农业科研，另一方面还要求加大农业科技的推广工作，提高单位面积产量。在重视农业科研和农业技术推广方面，如前所述，泰国有太多的经验值得我们借鉴。如良种的培育、健全的农业推广体系，推广工作的规范化和制度化、农业推广人员待遇的保证、重视对农民意见的收集和反馈，以便更好地改进农业科研工作，由农业推广人员帮助农民制订生产计划、帮助农民进行成本计算、提供市场信息方面的服务，等等。

3. 充分重视农业合作社的作用

泰国农业的合作社也可以向农民提供资金服务、生产资料供应服务、农副产品的加工和销售服务。加快我省农业合作社的发展，对于促进我省农业的市场化，有着十分重要的作用。可是，农业合作社的发展都离不开政府的支持，尤其是在合作社建设的初期，政府应该给予政策上的扶持。[64]

4. 充分重视和鼓励农商企业集团对现代农业发展的作用

我省具有不少的农商企业集团，在产、供、销一条龙服务方面，我们可以借鉴泰国农业的企业化经营模式，用现代化企业将作为小生产者的农民组织起来，向农民提供良种、化肥、生产技术，并负责收购农民们生产的合格产品，从而将更多的小农经济也纳入到市场化生产的体系之中。[65]

5. 政府应加强对农业资金、农业信息提供方面的服务

如前所述，泰国政府在农业生产的总体协调与规划服务、农业科技服务、农业资金服务、农业风险保障服务、农业基础设施方面的服务都取得了很大的成就，我们要发展现代农业，政府就必须在农业服务的社会化发展方面，多作努力。泰国政府也为我们提供了许多值得我们借鉴的经验。

注 释

1 4 5 驻泰国使馆经商参处：《泰国农业简况：2011 年》，http://th. mofcom. gov. cn/aarticle/ddgk/zhuguanbumen/201111/20111107834784. html。

2 中国冷冻食品行业网：《泰国是世界冷冻虾出口第一大国》，http://www. freeze-

food. cn　2010－8－3。

3　6　陈海军、李延云：《泰国农产品加工业考察启示》，《农业工程技术：农产品加工业》2009 年第 1 期，第 15、14 页。

7　钱金飞：《论泰国的农业现代化》，硕士论文（2000 年），第 4 页。

8　关于农业现代化概念的广义和狭义之争，可参见胡树芳：《国外农业现代化问题》，中国人民大学出版社 1983 年版，第 1 页；秦其明：《农业现代化讨论综述》，《农业经济丛刊》1980 年第 3 期，第 51 页；丁泽车：《世界农业：发展格局与趋势》，农业出版社 1991 年版，第 34 页；丁泽雾：《国外农业经济》，中国人民大学出版社 1987 年版，第 183 页；钱金飞：《论泰国的农业现代化》，硕士论文（2000 年），第 1—3 页。

9　J. C. 英格拉姆：《1850—1970 年泰国经济的变化》（英文版），美国斯坦福大学出版社，第 94 页。

10　赵文骝：《泰国的农业多种经营与农村经济评介》，《南洋问题研究》1900 年第 1期，第 43 页。

11　根据猜荣：《泰国的稻谷生产和消费问题》，载《南洋问题资料译丛》1961 年第3 期第 26 页的数据计算而来。

12　R. J. 马斯卡特：《泰国的发展战略》（英文），纽约出版社 1966 年版，第86 页。

13　1949 年对泰国中部曼谷附近阿喻陀耶府挽栈村进行的调查表明："1949 年的调查表明，单靠劳动力经营的农家，平均每个劳动人手耕种面积为 9.4 莱，但使用雇工劳动的家庭，平均每个劳动人手耕种面积为 13.4 莱"。每莱等于 2.4 亩，据此计算，泰国每个劳动人手要耕种的土地面积为 22 亩到 32 亩土地。这表明：泰国在 20 世纪 50 年代初期，确实存在着劳动力不足的问题。云南大学历史研究所民族组编：《泰国农村调查研究译文》，第 57 页。

14　40　48　宣杏云：《国外农业社会化服务》，中国人民大学出版社 1993 年版，第246、246—249、12 页。参见王绵长：《正大卜蜂集团成功之道》，《东南亚研究》1990 年第 1 期，第 1—11 页；沈渔：《泰国最大的农业企业综合体——卜蜂集团》，《世界农业》1982 年第 10 期，第 20—21 页

15　吕新业：《小规模经营国家的农业社会化服务——以日本和韩国为例》，载于《国际社会与经济》1996 年第 7 期，第 12 页。

16 23 35 王文良：《当代泰国经济》，云南大学出版社 1997 年版，第 78、63、65 页。

17 马武举：《国王与农业》，《农村、农业、农民》2004 年第 4 期，第 40 页。

18 19 方陵生编译：《传统泰国农业如何搭上生物科技快车》，《世界科学》2011 年第 3 期，第 12、13 页。

20 36 37 黄小芳：《论泰国的农业和农村发展》，《南洋问题研究》1997 年第 3 期，第 49、53 页。

21 22 晏丕振：《泰国中等农业教育发展情况》，《云南农业教育研究》1995 年第 2 期，第 40、42 页。

24 25 29 30 31 33 陈波：《泰国农业推广体系和农民培训情况介绍》，《世界农业》2009 年第 4 期，第 89、90、91、90—91 页。

26 28 34 平培元：《泰国农业推广体系》，《世界农业》1999 年第 1 期，第 53、51—53 页。

27 吴沛良、封岩：《泰菲两国农业推广的特点》，《世界农业》1995 年第 6 期，第 14 页。

32 陈向阳：《泰国如何开展农业推广工作》，《福建农业》1996 年第 9 期，第 20 页。

38 39 参见李滋仁：《泰国农村经济社会的发展》，《南洋问题研究》1990 年第 3 期，第 53、55 页；黄小芳：《论泰国的农业和农村发展》，《南洋问题研究》，1997 年第 3 期，第 54 页。

41 42 猜荣·初察：《泰国的农业合作社》，《南洋问题资料译丛》1978 年第 3 期，第 82、82—87 页。

43 44 45 汤汇：《泰国农业合作社现状及其对我国的启示》，《安徽农学通报》2007 年第 13 期，第 7、8、9 页。

46 《泰国农业与农业合作社银行开通农业知识网站》，《世界热带农业信息》2008 年第 10 期，第 10 页。

47 郑学益：《商战之魂——东南亚华人企业集团探微》，北京大学出版社 1997 年版，第 189—190 页。

49 50 51 60 62 《历史性地跨越："数"说云南农业三十年》，《致富天地》2009 年第 1 期，第 12、12—13、13 页。

52 53 蒋颖：《建设现代农业的必由之路：云南农业产业化发展综述》，《致富天地》2010 年第 2 期，第 4—6、6 页。

54　杨松等：《云南省有机农业的现状、问题与对策》，《安徽农业科学》2007 年第
　　18 期，第 5573 页。

55　57　娄锋、吴志霜：《云南农业市场化面临的主要问题及对策》，《经济研究导
　　刊》2008 年第 15 期，第 46 页。

56　58　59　63　黄仁跃：《关于云南农业发展的几个问题》，《农业教育研究》2008
　　年第 1 期，第 22、31、23 页。

61　黄兴奇：《云南农业科技工作面临的形式和任务》，《云南农业科技》2003 年第 3
　　期，第 1 页。

64　陈海军、李延云：《泰国农产品加工业考察启示》，《农业工程技术（农产品加工
　　业）》2009 年第 10 期，第 16 页。

65　陈飞天：《泰国农业企业化经营和我国创汇农业体制的创新》，《亚太经济》1990
　　年第 2 期，第 33 页。

西南联大与云南地方教育

——以师资培养与地方办学为中心的考察

闻黎明（中国社会科学院近代史研究所研究员）

一、暑期讲习讨论会

地处边疆的云南，由于自身发展的需要，历来非常重视教育。不过，因各种条件限制，云南教育事业与内地相比相对较为落后，也是不争的事实。就西南联大迁至昆明的 1938 年度而言，全省共有公私立高中、初中学校 146 所，合 524 班，在校男女学生 25691 人。当时，云南全省人口约 1152 万，中学生所占比例仅为 2.23%。相对在校学生来说，师资力量则更显得捉襟见肘。当年，全省普通中学、师范学校、中等职业学校教职员共 2139人，平均每校不过 14.7 人[1]，这对一个急待发展的边疆地区来说，差距不言自明。

深知这一不足的云南省，对西南联大的到来寄予了很大期望。学校迁昆之初，就有不少单位聘请西南联大教授发表演讲。仅以西南联大开学前为例，就有罗廷光受云南大学教育学系邀请演讲"什么是战时教育"（1938 年 4 月 4 日）[2]，邱大年受省教育会邀请演讲"教育与中华民族之复兴"（4 月 9 日）[3]，蒋梦麟受云南大学邀请演讲"大学的使命"（4 月 20 日）[4]，罗廷光受省教育会邀请演讲"各国青年训练"（4 月 23 日）[5]，邱大年受省教育会邀请演讲"现代世界的小学教育"（4 月 26 日）[6]。

5 月 4 日，西南联大正式开课，5 月 11 日《云南日报》在专题社论《谨献给联合大学》中，除对具有光荣传统的北大、清华、南开表示赞扬和钦佩外，同时提出三点希望，其中之一便是"尽可能的做一点文化的萌芽或发展工作"。[7]寄身云南的西南联大，在协助地方教育方面也有清醒的认识，于是，1938 年 7 月西南联大开课刚刚两个月，就应教育厅要求，在暑假期间协助开办了中学教师讲习讨论会。

利用暑假开办中学教师暑期讲习讨论会，是教育部对各省教育厅的要求，云南省教育厅于 1937 年暑假就曾举办过一次。这次，由于西南联大的迁昆，各个学科的专家汇聚昆明，故办理规模也随之扩大。7 月下旬，教育部聘定云南省教育厅长龚自知为全省中学教师暑期讲习讨论会主任委员，并聘请北京大学校长蒋梦麟、南开大学校长张伯苓、清华大学校长梅贻琦、云南大学校长熊庆来为委员。云南省教育厅遂选定于省立昆华高级农业职业学校为会址，并通令各中等、师范学校选送参加人员，规定 8 月 3 日起报到，7 日行开会礼，8 日开讲，31 日讲习完毕，9 月 1、2 日考试，3 日结束，4 日行闭会礼并颁发证明书。[8]

依预定日期，1938 年度中学教师暑期讲习讨论会（下简称"暑讲会"）于 8 月 7 日下午 1 时举行开会典礼。典礼由暑讲会主任龚自知主持，西南联大梅贻琦教授以委员身份出席，黄钰生教授作为张伯苓的代表参加了典礼，西南联大名誉教授、中央研究院历史语言研究所所长傅斯年也出席了大会。会上，龚自知在

致词中特别强调，云南省因抗战关系集中了不少全国著名的学术
文化机关，这使云南省的教育发展在客观上有了充实的条件，深
盼与会教职同人珍重这次难得的机会。梅贻琦在演说中，力言教
育界同人在此大时代中，应负起重大的责任。而傅斯年的发言，
则以黑格尔等人为例，用以说明中学教员亦可因教学而成为有名
的学者。

组	科	西南联大	其他学校
语文组	国文科	罗常培、朱自清、魏建功、闻一多	汪懋祖、闻在宥、罗志英
	英文科	陈福田、叶公超、吴宓、赵绍熊	
社会科学组	历史科	刘崇鋐、雷海宗、钱穆、王信忠	李永清
	地理科	张印堂、刘汉	杨楷
	教育科	邱椿、戴修瓒、秦瓒、张佛泉	倪中方、周锡夔、杨家凤、何逊江
自然科学组	数学科	江泽涵、杨武之、华罗庚、赵访熊、刘晋年、陈省身、赵淞	申又振、何鲁
	物理科	郑华炽、吴大猷、赵忠尧、周培源、霍秉权	
	化学科	曾昭抡、杨石先、黄子卿	赵雁来、杨春洲
	生物科	张景钺、彭光钦、赵以炳	严楚江、李君范

　　资料来源：《全省中学师范教员暑讲会行开会式，龚主委以次各委员
均出席，报到到会员达一百五六十人》，《云南日报》1938 年 8 月 8 日，第
4 版。

　　西南联大给予这次暑讲会的支持力度是相当大的，这一点从西南联大派出的讲阵容就可以窥知。这次暑讲会，甲项精神讲话导师共 9 人，其中西南联大有 3 人（蒋梦麟、梅贻琦、傅斯年）；乙项体育训练导师 4 人中，3 人为西南联大教授（马约翰、侯洛荀、夏翔）；丙项学术演讲也是这样，15 位导师中西南联大曙了 9 位（潘光旦、袁同礼、冯友兰、萧蘧、李景汉、吴有训、杨振声、陈序经、秦瓒）；丁项教育问题讨论的导师，8 人中西南联大也占了一半（邱椿、沈履、罗廷光、黄钰生）。[9] 而戊项各科教材教法讨论导师，西南联大参加者就更多了。详见上面，是参加此项的西南联大与其他学校的比例表。

　　上述名单中，西南联大派出者除赵淞为副教授，刘汉为助教外，其余都是声望甚高的教授，而朱自清、叶公超、刘崇鋐、江泽涵、杨石先还是西南联大各学系的主席。[10] 这个名单，在任何时候都称得上是名师云集，云南省暑讲会能请到如此众多的大师担任讲师，在云南教育史上可谓空前。

　　云南省教育厅对这次非常暑讲会非常重视，指令各中等学校必须参加。据报载，参加这次暑讲会的学校共 69 所：省立昆华中学、省立昆华女中、省立楚雄中学、省立临安中学、省立大理中学、省立曲靖中学、省立云南大学附属中学、省立云瑞初中、省立富春初中、省立石屏初中、省立蒙自初中、省立武定初中、省立宜良初中、省立沪西初中、昆明市立中学、昆明市立女中、昆明县立玉案初中、昆明县立清波初中、昆明县立日新初中、新平县立初中、华宁县立初中、大理县立初中、宣威县立初中、宜良县立初中、路南县立初中、玉溪县立初中、通海县立初中、曲靖县立初中、嵩明县立初中、澄江县立初中、开远县立初中、广通县立初中、禄丰县立初中、镇南县立初中、呈贡县立初中、安宁县立初中、安宁县立景秀初中、私立求实中学、私立南菁学校、江华私立铸民初中、省立昆华师范、省立昆华女子师范、省立昆华体育师范、省立昆华艺术师校、省立镇南师校、省立大理师校、省立宣威乡村师校、省立昆华简易乡村师校、省立玉溪简易乡村师校、昆明县立乡村师校、晋宁县立简易师校、昆阳县立简易师校、河县立简易师校、宜良县立女子简易师校、峨山县立简易师校、禄劝县立简易师校、寻甸县立简易师校、易门县立简易师校、省立昆华高级工校、省立昆华高级农校、省立昆华护士助产职校、省立庆云初级工校、省立鼎新初级商校、省立官渡初级农校、省立玉溪初级农校、省立开远初级农校、省立小龙洞制陶职校、昆明市立商业职校、私立惠滇医院高级护士职校。[11]上述各校参加暑讲会者共 155 人（内有女教师 20 人），其中语文组国文科有 45 人，英语科 18 人；社会科学组史地公民科 27 人；自然科学组算学科 26 人，理化科 15 人，生物 11 人。教育组教育科 13 人。[12]西南联大能为这么多的学校培养师资力量，无疑是对云南教育的一个重要贡献。

暑讲会的课程，安排得十分严格，除精神讲话、学术演讲、教育问题讨论全体会员必须参加外，专科讨论、演讲、体育活动等也可以参加。讲习的内容，大约教学方法及教材研究占 40%，实验及设备研究占 20%；各科之最新发展情形占 20%，特种教育现各科配合研究占 10%，特种教育各科目的实施问题研究占 10%。这个比例，说明常规教育在暑讲会中所占的分量。

由于首次合作成果显著，1939 年云南省教育厅决定继续与西南联大合办暑讲会。为了使西南联大了解云南教育概况，教育厅长龚自知于 5 月 6 日特向西南联大教育学会报告了云南的地方教育和中等教育。报告介绍了云南的人口数量与特点、山多田少的地理条件、农业结构的生产经济、闭塞的交通状况、人才的培养与欠缺、教育行政的现状。在地方教育问题上，龚自知说云南省的教育经费，因受农业生产条件限制，出现严重不足。上年度全省教育经费总额为新币 318 万余元，但全省共有 130 个县市，平均到每县只有新币 2440 余元，而这些经费除了中等教育，还包括社会教育、职业教育、义务教育，以及从业人员的薪金报酬。谈到全省的中等教育，龚自知说也存在着加强学校组织健全化、经费开支覈实化、教育人员资格标准化及任免法治化、服务专业化、待遇合理化等问题。在这些问题中，就省办中等教育而言，最重要的第一是"广罗师资专材"，第二是"励行讲习进修"。前一个问题，决定"不分本籍客籍，只要学有专长，服务热心的朋友，均由教厅令饬各学校广为罗致"。后一个问题，决定除本年暑假再办一次大规模的中等学校暑期讲习班外，还"拟与联大师范学院合作，于本年下学期，开办较为长期的中学师资进修班"。[13]

　　龚自知提出的加强云南地方中等教育的两件事，在当年都实行了，并且均得到西南联大的倾力协助。1939 年 6 月中旬，该年度暑讲会召开筹备会议，决定根据本省实际需要，将教育部规定的三组训练科目增加为国文公民、史地、数理化、英文四组，同时规定全省各公私立中等学校每校至少选送三人受训。[14]7 月 3 日，教育厅召集联席会议，决定暑讲会时间从上年的四年星期延长至六个星期，计划每个星期组织一次精神讲话，三次学术演讲，两次时事讲话。此外，分组讨论每周三次，分组演讲每周三次，分组分科演讲每周六次，体育每周四次，个别讨论每周二次。同时，还推定了各组召集人，其中西南联大朱自清被推为国文组召集人，江泽涵、黄子卿被推定为数理化组召集人，叶公超被推定为英语组召集人。[15]

这次暑讲会开始于 7 月 17 日[16]，可能由于边远地区的学员到达时间较晚，故开会典礼迟至 29 日方举行。会上，龚自知除报告说这次暑讲会共聘请讲师 98 位，还报告已报到学员 154 人，约占全省中等学校教师总数的七分之二。龚自知报告后，由省府代表宣读龙云训词，西南联大查良钊也在大会做了发言，最后由梅贻琦代表暑讲会主办方演讲。[17]

西南联大教授在暑讲会的演讲，既有配合抗战需要的内容，也有属于知识普及性的常规教育，其中不少是教授们多年的研究心得，可谓科学前沿。这些讲演因适应了社会需要，有些立即被报纸刊载。如 1938 年 8 月 24 日李景汉教授在暑讲会上所做的"国势清查问题"，就强调国情调查与现代化的关系，被《云南日报》全文刊载。

教育，从来都是建国的基础，在中国现代进程中，教育更是维系国家建设与繁荣的命脉。西南联大对云南教育最重要的贡献，便体现在师资承上启下的中等教育师资方面。教员的素质直接关系到教育的成败，而说到素质，教员自身的修养和表率无疑是最为重要。长期从事教育事业的梅贻琦，对此有着深刻认识，他在1938 年 8 月 15 日暑讲会上的"如何领导青年及教师之责任"演讲，就专门讲了这一问题。梅贻琦在一个半小时的演讲中，强调"领导青年乃现在最切要最困难而最应注意的问题"，而在抗战期间，"'领导青年'实为后方最要之工作"，学校是造就人才的地方，因此对于"领导青年"，办学者实负有最大的责任，因为"学校教育为养成青年人格的最要之关键"。但是，"学校可以成人，亦可以毁人"，这是由于"青年人大部分时间在学校，所以学校里的生活，在课室里在课室外以及学校的行政管理一切的一切，都

能影响于青年特深且大"。梅贻琦认为，教育的成败取决于教师，
"教师对于青年的影响，不在他教什么学科，或教的多少，甚或教
的好坏"，更重要的在于"如何教"、"是否认真教"。要做到这一
点，最重要的是要有"诚"和"勤"，教师做到了"诚勤"，就为
学生树立了榜样，才能够打动学生的观感，使训育得到良好效果。
在这次演讲中，梅贻琦还特别强调了教师应当正确认识自己的职
业，认识教师职业的幸福感。他说：能够担任教师，实际上是
"享有一种特殊地位、特殊机会"，虽然教师酬报往往低微，但对
他的最好评判人不是校长，不是同事，更不是视察员或厅长部长，
而是他的学生。一个教师最大的最大的快乐就是得到学生的敬仰，
"并听到他的学生告诉他说：因受了他的感化指导，他们能够成为
人，成了社会上优良的人"。[18]

二、在职教员晋修班

　　龚自知在西南联大教育学会所做报告中提到的加强云南地方
教育的第二件事，即与西南联大师范学院合办之中等学校在职教
员晋修班，着手于暑假之后。对于这次在职教员晋修班，教育部
专门发出训令，指示云南省教育厅与西南联大合作进行，其宗旨
为"促进云南省中等教育之效率，便利在职教员之进修，同时
使师范学院所授之学科与经验之相观摩，得以切合实际"。晋修
班的学员调度与待遇，规定由云南省教育厅负责，而所有教务则
由西南联大师范学院办理。中等学校在职教员晋修班的领导机构
是组织委员会，按规定由云南省教育厅长与国立西南联合大学常
务委员，及联名聘请若干委员组成。
　　参加在职教员晋修班的学员由两类组成：第一类是在云南省

立中等学校担任国文、史地、算学、理化等科的专任教员者，在职已届满二年以上志愿入班晋修者，由教育厅指调入班晋修者，在云南省县市立私立中等学校充任国文、史地、算学、理化等科专任教员且资格合于部颁修正中学师范学校章程并在职二年以上者。第二类是省立中等学校充任国文、史地、算学、理化等科之代用专任教员且在职三年以上而资格不合于检定标准者，和云南省县市立及立案之私立中学学校充国文、史地、算学、理化等科教员且在职二年以上而任用资格不合于检定标准者。以上两类，各占全班名额的二分之一，但必要时前者人员可优先入班。晋修期限为一个学年，晋修课程全部由西南联大教授担任，其各种设备亦由西南联大提供，与联大学生无异。至于所需要的特殊仪器图书及教具等设备，由云南省教育厅就省教育经费拨国币 25000 元交由西南联大负责支配。入学时间，定于 1939 年 11 月 5 日报到，6 日至 10 日履行入学手续。上述办法自公布之日起实行，并呈报教育部、省政府备案，如有未尽事宜则由教育厅与西南联合大学会商修改。[19]

　　西南联大严格执行了上述规定，再次派出多位大师担任讲师，其名单与担任课程如下表。

学科	课　程	讲　师
国文科	文字学概要	陈梦家（中国文学系教授）
	中国文学史	浦江清（中国文学系教授）
	历代文选	许维遹（中国文学系教授）
	历代诗选	罗庸（中国文学系教授）
	现代中国文学	杨振声（西南联大秘书主任、中国文学系教授）

续　表

学科	课　程	讲　师
国文科	中学国文教材教法研究	朱自清（中国文学系教授）等
	中国教育问题	蒋梦麟（西南联大常委）等
史地科	中国通史	雷海宗（历史学系教授）
	西洋通史	蔡维藩（历史学系教授）
	普通地理学	洪绂（师范学院史地系教授）
	中国地理	周廷儒（师范学院史地系教员）
	欧洲地理	洪绂
	中学史地教材法研究	雷海宗、蔡维藩主持
	中国教育问题	同前
理化科	普通物理（讲演及实验）	郑华炽（物理学系教授）
	普通化学（讲演及实验）	杨石先（化学系教授）
	高级物理	许浈阳（师范学院理化学系教授）
	高级化学	杨石先
	理化示教实验即中学理化教材教法研究	许浈阳
	中国教育问题	同上
算术科	平面及立体解析几何	张希陆（数学系教授）
	代数通论（上学期）	刘薰宇（师范学院数学系实习导师）
	几何通论（下学期）	
	整数论（上学期）	华罗庚（数学系教授）
	三角及圆（下学期）	郑之藩（数学系教授）
	中国算术教材教法研究	数学系教授主讲
	中国教育问题	同上

资料来源：《中等教师晋修班学科教授均已决定，共分文史数理四科，聘名教授当任主讲》，《云南日报》1939 年 11 月 13 日，第 4 版。[20]

据上表可知，西南联大为中等学校在职教员晋修班共派出18位教师，从人数上看似不多，但他们担任的是一学年的课程。换句话说，西南联大免去了他们一学年的授课工作，以便让他能够全力以赴担任晋修班课程。另外，参加这次晋修班的学员，共有61人[21]，平均每位讲师负担学员3人稍强。如此看来，西南联大投入的力量是相当之大。按照云南省教育厅的设想，全省的教育方针为"教育人员专业化，设学目标明显化，教育机会均等化，基层教育普及化，学校设施社会化，升学程度提高化"。[22] 而西南联大的任务，就是要协助地方落实这一教育目标，其任务可谓十分艰巨。

这次中学师资晋修班是22日正式上课的[23]，开学后的第一次讲，即由蒋梦麟做了题目为"中国新教育之目的及政策"的演讲。报载蒋梦麟"谓中国新教育之目的在救亡图存，并历引清代及民国以来之教育制度及目标，并说明政府四五年来对教育之措施，语意颇为警策动人云"。[24]

这次晋修班进行得很顺利，过程不再赘述。1940年6月8日，晋修班结束时，西南联大师范学院院长黄钰生、西南联大训导长查良钊出席了结业前的茶话会。会上，首先由查良钊带领来宾参观了史地教法的讨论和史地工作室、物理工作室，来宾们都感到成绩极为可观。参观结束后，龚自知与黄钰生分别致辞。龚自知致辞中说：云南省的中等教育已经有几十年的历史了，1928年时，中等学校在学人数不过2千余人，50几个班级，现在则今非昔比，学生人数比过去增加了七八倍，学制上也有了不少的增加。龚自知又说：虽然学生人数增加了，但质量上还不免落后，其原因就是因为师资缺乏。过去师资的来源，是出外升学毕业回来的一部分专科生，和本省自己培养的学生，数量都很有限。如今，很多文化机关搬到昆明，对全省教育不遗余力。说到这里，龚自知特别说："我们尤其感谢联大师范学院，在去年暑假间，帮助我们开办了暑期讲习会。"但是，那时因为时间太短，不能够充分晋修，因此"感到有合办晋修班的必要"，经过与黄钰生、查良钊的几度商量，"多承师范学院的帮助，才使晋修班成为事实"。龚自知认为"这次晋修班的开办，比较暑期讲习会，要切实得多，可以说是治本的办法。"尤其是学员们在进修期间，充分发挥了创作本能和研究精神，这正如蔡维藩教授所说的是"精神态度的转变"，而这种精神，"是我们今后中等教育的新纪元"，也是学员们"在晋修班期间最有意义，最有价值的收获"。当然，进修班也有不尽如人意之处，"但是我们今后仍继续办理，可以渐渐的改进，以达于完美的地步"。末了，龚自知再次向西南联大师范学院的热心帮助和合作精神表示谢意。

接着，黄子坚代表西南联大师范学院发言。他很谦虚地说："西南联大搬到云南来就好像一家人的房子被人烧了以后，搬到亲戚家里暂住是一样的道理。在亲戚家里住，总要想替主人做点事情，心理才过得去。联大搬到云南，总要替地方做点事情，心理才过得去，也才对得起地方。从学校的观点来说，就是这样，这次教厅的担负相当大，但是有一部分图书馆仪器还没有设备好，不能使同学们充分的应用，这是我们觉得抱歉一点。在晋修期间，各位学员很用功，比教学时候还忙，同时，一点也没有老师的架子，大家以学生自居，虚心学习，我以为这是一种朝气，的确使我们钦佩。至于各位教授，也很热心，能够针对学员们的需要，耐心的去共同研究。"最后，黄子坚强调，办好中等教育，既"是云南的事情，也就是国家的事情，都是我们应该做的事情"。

龚自知、黄子坚发言后，晋修班各组也进行了汇报。汇报中，大家表示这次所得甚多，极为满意，希望今后再有这样的机会。来宾代表李季伟等，在发言中也对主持人的精神和各学员的成绩交口称赞。[25]

会后，全体讲师与学员集体合影，这张照片，在今天的云南师范大学西南联大纪念馆展出着，照片上书有"云南教育厅国立西南联大合办中教晋修班国文组教职员暨毕业学员合影"的字样，只是"1940 年 6 月"后的日期，有些模糊。但是，它却是西南联大帮助云南地方教育建设的珍贵写照。

首次云南省中等学校在职教员晋修班，是西南联大落实第一届全国高级师范教育会议决议的精神，寻求与所在省市实际合作与服务的具体体现，但这毕竟是西南联大的初次尝试，虽然"结果尚称良好"，但因"事属草创，制度与内容，皆待改进"，故在总结中坦率指出"不当之处颇多"。所谓"不当之处"，是西南联大在这次实践，感觉教育部规定的课程设施不尽合理，至少有两点有待改进。第一，由于"各师范学院，各有其地方之需要，与人事上之短长"，故希望"部订课程，除最低限度者，责成各院，切实施行之外"，也应"稍留余地，以容其个别之发展"。第二，由于"师范学院有其准确之目标，与文理学院之性质，根本不同"，故建议"各系课程，似宜化零为整，不必多立名目，以乱学生进修之途径"[26]。

中学教师暑期讲习讨论会和在职教员晋修班的举办，密切了西南联大与云南教育机关的关系，师范学院在总结报告中说，由于有了这些基础，"进一步之具体事项，当不难相机实现"。一个月后，西南联大师范学院便与教育厅开始商量合办第二期晋修班。7 月 19 日，黄子坚、查良钊与龚自知等召开会议，"当经议决第二期继续办理，学员由厅征调，并由各校长保送暨自由投考三种，凡中等以上学校毕业之教师，均有应考资格"。[27] 不过，当年 9 月教育部训令，指示西南联大师范学院附设高初中教员晋修班，这样，晋修班便正式归入西南联大师范学院的体制，没有必要另行举行。

三、参与地方办学

西南联大对云南地方教育的另一个显著成绩，是参与地方办学。参与地方办学与不是以西南联大名义而是以个人身份进行的，且主要参与的是中学办学。西南联大师生参与的地方办学，涉及相当多的学校，这里仅举几个突出的例子。

1941 年秋，由西南联大江西籍毕业生邓衍林、熊德基等在江西旅滇同乡会支持下创办的天祥中学，就是突出一例。这所学校以昆明南城江西会馆为校址，以民族英雄文天祥的名字命名，先后聘请了许师谦、王树勋（王刚）、丛硕文、王大纯、朱光亚、申泮文、朱亚杰、胡正谔、彭国涛、刘匡南、项粹安、王大纯、谢光道等多位联大学生为教员。[28] 这些人中，不少后来成为中国科学院、中国工程院院士和著名专家学者。

著名英语教育家，现为北京大学教授的许渊冲，也在天祥中学担任过教员，他曾自豪地称天祥中学为"天下第一中学"。他在一篇回忆中写到：

昆明天祥中学是名符其实的天下第一中学，因为她的师资阵容强大，无论古今中外，没有一所中学能够和她相比。教国文的，有全国三届人大代表、江西大学法律系主任胡正谔教授，上海社会科学院副院长冯宝麟教授。教文史的，有中国社会科学院历史研究所副所长熊德甚教授，上海师范大学历史系主任程应镠教授，在一九三三年教过杨振宁中国古代历史的丁则良教授，以写《闻一多》、《吴晗传》闻名全国的北京大学历史系副主任许寿谔教授（后改名许师谦），曾任辽宁省委秘书长的才子李晓（后改名李曦休）。教地理的，有中国科学院池际尚院士，有北京矿业学院地质系主任邓海泉教授，北京地质学院研究生院导师王大纯教授。教物理的，有中国科学技术协会主席、为发展中国核事业作出了重大贡献的朱光亚院士，中国科技大学物理系主任黄有莘教授，中国空军气象研究所副所长谢光道教授。教化学的，有华东石油学院副院长、国际能源学会副会长朱亚杰院士，中国科学院化学部院士、南开大学元素研究所所长申泮文教授。教数学的，有国际驰名的数理逻辑学家、美国格克菲勒大学王浩教授，《人民日报》誉为"全国模范教授"、大庆石油学院的曾慕蠡教授，西南联大工学院的状元，云南大学数学系张燮教授，中国科学院严志达院士等。教英文的，则有我这个把中国古典文学五大名著译成英、法韵文、又把世界文学十大名著译成中文的北京大学教授。这样雄厚的师资力量，如果要办一个大学，也是国际第一流的；只办中学，自然是"天下第一"了！[29]

　　天祥中学的第一任校长是联大师范学院教育系毕业生邓衍林。邓衍林知人善任，以校为家，乐而忘忧，崇尚蔡元培的民主作风。第二任校长章煜然是清华大学的研究生，当时已经通过出国留学考试，但他自 1940 年至 1980 年一直在天祥中学任教，四十年如一日，令人可敬。

　　在天祥中学任教的联大学生，发扬了西南联大的优良学风。后来在云南大学中文系任教授的杨玉宾，是当年这所学校的中学生，他对朱光亚的印象非常深刻，说："朱光亚老师教我们时，年仅 21 岁，他为人老成稳重，常穿一件长衫，皮肤白皙，五官清秀，是个名副其实的'白面书生'。他讲课语言简练，重点突出，逻辑性强，明白易懂。他湖北乡音较重，如将'密度'念成'密豆'，有的调皮学生还偷偷在下面学他。他写得一手柳体好字，板书十分工整。他要求学生很严格，课堂纪律很好。他批改作业相当认真，颇有点像鲁迅所描写的藤野先生那样。同学们的物理作业本上都留下了他苍劲的钢笔字迹。"[30]

朱光亚后来成为著名的核物理学家，参与过原子弹制造，担任过中国工程院的院长。当时，他的认真精神就显示了出来。他任天祥中学初二乙班班主任时，就用科学精神进行管理。某次，学校举行运动会，其中一项为集体赛跑，每个学生跑 50 米，平均速度最快的班级获胜，速度由班主任记录。由于各班人数多少不一，其他班主任一般只能说出大致速度，只有朱光亚精确地说初二乙班几点几分几秒起跑，几分几秒跑完，平均速度几秒几厘。[31]这虽然是件小事，却反映了联大学生的一丝不苟。

有了这样的师资，天祥中学的教育自然让人刮目相看。1946年春，训导主任是程应镠请闻一多来校演讲，闻一多对联大学生心甘情愿在中学教书大加赞赏，并说老师对学生应该像父兄一样，唯恐学生考试成绩不高。教务主任许渊冲听了很受启发，于是提出"周考制"，即每周星期六上午第一堂课进行考试，国文、英文、数学、史地、理化或生物各考一题，每题限在 10 分钟内回答。这一措施对学生巩固知识起了很大作用，因此 1949年前，天祥中学的升学率一直名列昆明市前茅。[32]

创造"周考制"的许渊冲一身兼数职，他既是天祥中学教务主任，也担任英语教授和班主任工作。后任云南师范大学附属中学校长的姜为藩是当年许渊冲的学生，他回忆说："许先生从高二起就教我们外语，直到毕业。他英语水平很高，会话能力很强，上课时坚持用外语教学，无论课文还是语法知识，都用外语讲解，课文内容及复杂的句子，都用浅显易懂的语言讲给大家听，有时用两三种讲法解释一个句于。他选读了许多名篇原著，如《傲慢与偏见》，罗斯福《炉边谈话》等。凡是学过的重要课文都要求背诵，因此，整个校园书声琅琅。"[33]

天祥中学是联大学生创办中学最成功的一例，后来担任天祥校友会名誉会长的王树勋（曾任北京市政协副秘书长），在总结天祥中学成功之道时曾说这所学校具有五大特色：第一，"校务公开、教员集体治校"，第二，"教师阵容严整，学术思想自由"；第三，"教导严格认真，课业紧张"；第四，"校园生活丰富"；第五，"思想活泼，政治气氛浓厚，民主力量强大"。[34]仔细推敲这番评价，可以明显看出西南联大的影子。

位于华山西路，同样享有盛名的五华中学，也是 1942 年秋由联大同学李希泌、张澜庆、王瑶、汪篯、凌德宏、戴寅等人联大学生共同创办的。校长是联大应届历史系毕业生李希泌，潘光旦教授受邀担任董事长，联大研究生朱德熙、施子愉曾在这里任过教员。

长城中学的建立，也与联大学生刘春生分不开。刘春生是吉林省延吉人，家乡的沦陷，使这位年纪比一般同学稍大些的青年思想早熟。带着光复东北、建设国家的理想，他发出了创办长城中学的倡议。这个倡议，得到西南联大北八省同乡会（即辽宁、吉林、黑龙江、河北、河南、山东、山西、陕西八省旅昆同乡联合会）的支持，在发起人中列名的，除了王以中、吴维诚、刘伯林、方贵龄等联大学生外，还有梅贻琦、张奚若、潘光旦等教授。学校取名"长城"，本身就意味深长。北八省在历史和地理

上，多与长城相关，以"长城"为校名，一是为了培养学生
"长存邦家之志，为国干城"，同时也有纪念联大北八省同乡会
给予支持的意思。

　　长城中学的建立，也得到地方爱国父老的资助。长城中学的
校址在金马山下，这里当时是一片荒地，为在昆明行医的辽宁同
乡张春生先生所购置。张医生知道长城中学正在寻找校址，便毅
力捐赠。后来，又有一位云南省曲靖县的何非先生，亦将他在金
马山附近的一块地产，无偿捐给长城中学。[35]

　　白手起家的长城中学，在创办初期曾得到联大北八省同乡会
部分房地产收入的资助，但总的说来，经费来源仍很有限，因此
开始的一段时间，教师只供伙食，没有薪金，以后虽稍有津贴，
也很低微，但教员们并无怨言，坚持办学。主持学校的刘春生，
更是以身作则，课余时间带领同学们平山修路，开荒种地。当他
知道有的同学因家境贫寒而产生辍学念头时，便千方百计为他们
寻找工读机会，有时还把将自己的微薄津贴直接资助他们。

　　滴水之恩，当以泉相报。昆明某报，曾刊登过一篇题为
《失一春生，得一春生》的报道，写的就是刘春生的事迹。张春
生，即前面介绍过的曾捐地给长城中学的那位医生，不知何故，
他与父母关系有些紧张。刘春生知道后，便将张春生的父母接到
长城中学供养，并时时问寒问暖，如儿女一样尽孝，一时在昆明
社会传为美谈。[36]

　　1943 年 12 月开学的中国建设中学，亦为联大学生创办的一
所学校。学校法人周大奎就读联大哲学系[37]，教务主任吴德铉就
读经济系，训导主任董杰就读社会系，他们都是 1945 级学生。
先后在这所学校担任教员的，也全部是联大学生，其中有联大机
械系的魏铭让、傅乐炘、孙柏昌，经济系的刘彦林、林瑞符，社

会系的李艮、李世珍，中文系的王宾阳、汪曾祺，生物系的殷汝棠、孟庆哲，数学系的王惠等。

中国建设中学的筹备，于这年10月就开始了。为了筹集办学资金，周大奎、董杰联合其他同学，以山海云剧社名义演出了曹禺改编的话剧《家》。但是，演出不仅没有筹集到资金，反倒落了不少债。尽管如此，他们不肯死心，向李公朴求教解决办法。李公朴建议他们请体育教授马约翰帮助。马约翰遂介绍他们与云南省政府主席龙云的儿子、时任昆明警备司令龙绳武见面。龙绳武表示"联大的同学在昆明办学，培养我们云南的子弟，我很欢迎"，并答应给云南省教育厅长龚自知打招呼。但是，到教育厅备案时并不顺利，因为除了能够提出主要负责人名单外，校舍、设备、办学基金都还没有着落，故未获批准。

注册备案遇阻，但最困难的校舍问题倒出人意料地得到解决。当时，林瑞符、周大奎向中华职业教育社孙起孟求援，孙起孟考虑良久，最终说："职业学校在昆明的物质条件也十分困难，联大很多位同学在本校任教，个中情况大家是知道的，不过经我们研究，愿意支持您们办中学，凡是职校能办的，一定支持到底。"校舍问题解决后，周大奎等决定先不去教育厅备案，一切挂起牌子招生开学后再说。

中国建设中学最初的教室，是从中华职教社借来的，开学当年只招收了高中一、二两个年级，各40人左右，其中许多是从战区或沦陷区来昆明无力就读的青年。为了减轻学生经济负担，这年入学和学生一律免费，教师和工作人员，无论是校长还是校工都没有薪金，部分教材也是教师自己筹资刻印的。有一次，刘彦林为刻印新生入学试卷到商店买纸，付完钱后店员问他发票开多少钱，他哭笑不得，说："自己解囊，何云回扣？"遂携纸扬长而去。

　　一年后，中国建设中学迁到昆明北郊黄土坡，租赁了某部队腾出的土坯空营房为校舍，招生也随之扩大至 300 人，设有从初中一年级至高中三年级六个班，而且全部住校。国难当头，培养抗战建国人才，是师生们的一致信念。在这一信念下，一切因陋就简，没有课桌，便以高些的板凳做桌子，矮凳子当椅子，每条板凳要坐四五个学生。至于住的，学生们是八人一屋，每间约 10 平方米。所有电灯，为联大工学院神曲社同学义务安装，道路则是师生们利用附近一个叫马街子的电厂的炉渣动手铺垫而成。这时，开始收一点学费，但仍是全昆明最低的，而且对贫困学生还或减或免学杂费。[38]

　　中国建设中学离闹市较远，受外界干扰较少，学生们能够安心读书。教学之余，一些教师还对学生谆谆劝导，鼓励学生刻苦读书，树立正确人生观。1944 年考入这所学校的申学义，在一篇回忆中引用当年日记，记录了国文教师周韵春和他的一次谈话。谈话中，申学义请教如何才能写也文章，周韵春答："除了博览群书、精读好的作品和习作外，最好先练习写小品文，还应当体验生活，与所读的拓成一片，自有进步。"申提起一些因环境所愁闷的不愉快的事，周说："家庭环境不好，读书费用成了问题，这自然也是使人苦闷的一件事。但是这并不是没有办法的，只要你有读书的决心，可以好好地用功，请求免费公费或者做工读生。只要你是真的有志向学，人家一定愿意帮助你。而且根据事实，每每有钱子弟读不好书，而贫寒好学之士，终有成功之一日，勉之勉之。你现在应该利用机会好好地求学，至于社会上的一切令人不满意的现象，现在你还用不着管，也管不了。没有家庭乐趣，这自然是人生的遗憾。但这是无可奈何的事，只好把心胸放宽一点儿，抱着'四海之内皆兄弟也'之心情。读高中时'选读何科'要看你的兴趣而定。现在还早，现在唯一的任务是抓住机会努力用功。同时要有目的，有志气，你自然就会活泼快乐起来，因为你的生活是有意义的、有希望的；在不妨碍功课的原则下，多参加课外活动，切不要胡思乱想，浪费精神和时间。"[39]

这些朴实无华的教诲，给这位初中一年级的学生留下非常深刻的印象。在此开导下，申学义加强课后练习，数学老师布置作业只需做单数题，他却连双数题也做了，其他复习与作业也是如此。经过努力，这学期期末考试，他的总平均分名列全校第一，除了受到学校表扬、获得奖金 10 元，还批准初中毕业前免缴学杂费。这既大大减轻了家庭经济负担，也提高了这个青少年的自信心。

联大同学不仅在昆明创办了多所中学，而且还深入偏僻地区办学，其中说起位于滇南的磨黑中学，便使许多学生念念不忘。

1941 年 1 月"皖南事变"发生，事变发生后，中共南方局为了保存革命力量，避免无谓牺牲，指示在学校里比较暴露的党员和进步骨干疏散到外地。当时，西南联大转移出去的学生有100 多人[40]，其中吴子良（显钺）、董易（大成）等同学到了普洱，在磨黑中学任教，吴子良还担任了这所学校的校长。由于这层关系，不久施载宣（萧荻）、许冀闽、郑道津等同学也疏散到这里，担任了磨黑中学的教员。

疏散到磨黑的联大同学，认真执行中共关于"隐蔽精干，长期埋伏，积蓄力量，以待时机"，和勤业、勤学、勤交友的"三勤"方针。他们认真教学、传授知识、联络士绅，很快站稳了脚跟。磨黑中学的董事长，是普洱当地的大盐商张希孟，这个大土豪很有势力，但与国民党地方党部有矛盾，联大同学便对他进行统战宣传，如介绍世界形势和抗日战争形势，推荐《大众哲学》、《西行漫记》、《新华日报》等书刊。[41]这批联大同学很快赢得了学生、家长及社会的好评，使这里成为西南联大进步同学开辟的一个工作据点。

1944 年初，西南联大同学黄燕帆（黄平）、陈奕江（盛年）、钱念屺（宏）、刘波（希光）、于产（士奇）、卢福生（华泽）、秦光荣（泥）、曾庆华、曾庆铃、茅於宽等同学来到磨黑中学，接替吴子良、董易、施载宣、郑道津、许冀闽等人离去后的教职，与他们同去的还有漫画家特伟、廖瑞群夫妇。他们到磨黑后，黄燕帆化名黄知廉担任了校长，钱念屺化名钱宏担任了教务主任，陈奕江化名陈盛年担任了训导主任。

这批学习文法理工不同专业的同学，不仅组成了一个相当强的教学班子，而且还经过通力合作，取得了张希孟等当地士绅上层人物的信任和支持，把初创不久的这所山区中学，办得有声有色，名气大扬。在联大同学的努力下，磨黑中学增添了初、高中各个班次，吸引了百十里内的学子纷纷来此求学。同学们的努力，为西南联大赢得了光荣，镇上每逢盛大节日或各家的婚丧大事，老师们便奉为嘉宾，礼遇有加，而黄燕帆也被尊称为"老黄校"，成了当地的"知名人士"。[42]

联大师生除了直接创办中学外，还有不少人利用各种形式参加了云南的中学教育，如闻一多、朱自清、殷焕先、李广田等就曾分别兼任了昆华中学、五华中学等校的教员。至于应聘到各校所做的讲演，则很难做以统计。这些工作，对边疆文化建设的推动作用不言自明。

抗战前，地处边陲的云南省，文化教育相对落后。这时，随着多所大学内迁到这里，尤其是西南联大及其联大师范学院的成立，对改变云南大、中学教育面貌，起了极大的促进作用。联大毕业的学生，有的服务于后方教育事业，有的在昆明和外县举办了民办中学。以昆明一地的中等学校数量而言，战前公私立中学不过10余所，1941年增加到29所，抗战结束时更增至40余所。联大学生不仅遍布联大附中、云大附中、天祥中学、长城中学、南菁中学等名校，甚至天祥、长城、松坡等中学，从校长到教师几乎都是联大学生。[43] 这些学校的建立，又给联大师生提供了勤工俭学的机会，双方互为促进，共同造就出一批高质量的名校，从而奠定了云南总体教育的繁荣鼎盛局面。至于比比皆是的云南省、市、县各级政府中担任教育官员的联大毕业生，也是这一局面的推动力量。[44]

四、结语

西南联大在协助云南地方发展教育事业方面做了许多工作，如师资培养方面除前文介绍的中学教师暑期讲习讨论会、中等学校在职教员晋修班外，还有1941年开办的中学理化实验讲习班（培训中学教师使用理化仪器），参加教授有黄钰生、杨石先、许浈阳、曾昭抡、任之恭、许浈阳、张文裕、朱汝华、吴有训等。1942年暑假，又与省教育厅联合举办了中等学校各科在职教员讲习讨论会，学校派出黄钰生、冯友兰、潘光旦、樊际昌、查良钊、罗常培、华罗庚、杨石先、郑华炽、罗常培、罗庸、朱自清、唐兰、沈从文、王力、杨振声、余冠英、张清常、雷海宗、孙毓棠、郑天挺、邵循正等50余人担任讲师。[45] 这些工作，对云南地方师资队伍的提高，起到了不小的作用。

云南的地方教育，在抗日战争时期有了突飞猛进的发展，其原因一是主政云南 18 年的龙云非常重视教育，二是由于战时云南集聚了大批外来文化人士。1945 年暑假前，在云南省中等学校执教的外省人，将随着战争的结束大部离开云南，这一形势令教育厅长龚自知非常忧虑。9 月 20 日全国教育复员会议在重庆召开，龚自知因公务繁忙未能前往，委托中华职教社昆明分社负责人、云南省教育厅督导室主任孙起孟代表其出席。行前，龚自知嘱孙带往会议的意见，便是希望"注意今后本省中等学校之师资问题"，原因就是"本省中等学校教师，据统计无论公立或私立，外籍者占半数以上，以后复员开始，彼等均拟返还原籍，是则本省中等学校教育，将受莫大影响"。为此，龚自知希望教育部能够给云南省外籍教员物质上的帮助，他们"生活如得安定，则暂时可能留省继续服务"，从而使西南联大留在昆明的师范学院"有充分时间培育人才"。[46]云南省中等学校的外籍教员中，有相当一批来自西南联大，他们对推进云南地区抗战建国文化建设，起着相当的作用和贡献。

西南联大是在云南省政府大力支持下迁往昆明的，省政府主席龙云更是多次为西南联大排忧解难，尤其是在校舍方面，为西南联大给予了极大支持。作为高等学府的西南联大，能够直接为地方建设做出的贡献，莫过于教育事业。

注　释

1　据《二十七年度云南教育施政概况——龚厅长昨在省参议会报告》，《云南日报》1939 年 7 月 15 日，第 3 版。

2　《云大战时教育讲座，罗廷光讲战时教育，以国防为中心复兴民族终结，战时教育不仅是救国也是建国》，《云南日报》1938 年 4 月 5 日，第 4 版。

3　《昨晚学术演讲会，邱大年先生讲演，教育与中华民族之复兴》，《云南日报》
　　1938 年 4 月 10 日，第 3 版，11、12、13 日，第 4 版。邱大年的这次演讲在《云
　　南日报》上连载四天，可见云南省对演讲内容之重视。

4　《庆祝十五周年成立纪念，云大昨举行隆重典礼·蒋校委讲词》，《云南日报》
　　1938 年 4 月 21 日，第 4 版。

5　《教育会敦请罗廷光讲演》，《云南日报》1938 年 4 月 22 日，第 4 版。

6　《邱大年昨晚演讲现代小学教育之趋势》，《云南日报》1938 年 4 月 27 日，第
　　4 版。

7　《谨献给联合大学》，《云南日报》社论，1938 年 5 月 11 日，第 4 版。

8　《教厅开办中学教员讲习讨论会，蒋梦麟等为委员龚厅长任主委，并延聘名流指
　　导促进教师进修，奉派学员统限八月三日起报到》，《云南日报》1938 年 7 月 31
　　日，第 1 版。

9　11　《全省中学师范教员暑讲会行开会式，龚主委以次各委员均出席，报到到会
　　　员达一百五六十人》，《云南日报》1938 年 8 月 8 日，第 4 版。

10　西南联大成立初期，因北大、清华、南开各有各系主任，故西南联大各学系实行
　　的是系主席制度，以后方改为系主任。

12　守仁：《暑讲会给予我们的印象》，《云南日报》1938 年 9 月 4 日，第 1 版。

13　龚自知：《云南地方教育和中等教育的一个报告——五月六日在联大教育学会讲
　　演》，《云南日报》1939 年 5 月 8 日，第 3 版、第 4 版。

14　《教厅举办二十八年度中学教师暑讲讨论会，科目分国文史地理化英文四组，
　　聘专家讲学内设教务事务二部》，《云南日报》1939 年 6 月 21 日，第 4 版。

15　《教厅举办中等教师暑讲会昨开联席会，各组讲师已聘定，报到学校三十八校
　　九十九人，定十五日开学》，《云南日报》1939 年 7 月 4 日，第 4 版。

16　《暑讲会昨开讲，龚厅长出席精神训话，讲教师专业化与云南中等教育，到会
　　员一百余人情况至为热烈》，《云南日报》1939 年 7 月 18 日，第 4 版。

17　《暑期教师讲习会昨举行开会礼，到师生及来宾二百余人，龙主席勗强身体富
　　热情》，昆明《益世报》1939 年 7 月 30 日，第 4 版。

18　《梅贻琦昨在暑讲会讲领导青年与教师责任，教师影响学生客观上是在课室以
　　外，训练青年要诚勤二字才能发生效果》，《云南日报》1938 年 8 月 16 日，第
　　4 版。

19 《云南省教育厅与国立西南联合大学合办云南省中等学校在职教员晋修班办法》
（1939 年 10 月 24 日），《国立西南联合大学史料》第 1 卷，第 152—154 页；《教
厅联大合办教员进修班办法，由教厅调发各中等学校教员训练，十一月五日报
到十日前履行入学》，《云南日报》1939 年 10 月 21 日，第 4 版。

20 该表与《国立西南联合大学史料》第 1 卷中之《国立西南联合大学师范学院报
告书》（1940 年度）所附《晋修班课程表》略有出入，后者各科均设"选课"
一项，且无"高级物理学"，而有"物理学发达史上下"、"物理普通教材讨论
上下"、"物理工作室实习上下"。

21 26 《国立西南联合大学师范学院报告书》（1940 年），《国立西南联合大学史
料》第 1 卷，第 150、147 页。文中云："晋修班分国文、史地、算学、理化四
科，有学生六十一人"，但同报告另一处又称"晋修班六十二名"，姑以 61
人计。

22 《云南中学教育现状和今后实施方针，龚厅长昨在中学职教员晋修班讲》（续
二），《云南日报》1939 年 12 月 16 日，第 3 版。

23 《中等教师晋修班昨正式上课，不到学员以缺席论》，《云南日报》1939 年 11
月 23 日，第 4 版。

24 《晋修班请蒋梦麟讲中国新教育》，《云南日报》1939 年 11 月 30 日，第 4 版。
案：由于交通原因，一些偏远地区的进修人员未能及时赶到昆明，故这次中学
师资进修班推迟到 11 月 22 日正式上课。

25 以上据《教员晋修班圆满结束，昨日举行茶话会龚厅长亲临致词，谓今后教学
改进定有一番新气象》，《云南日报》1940 年 6 月 9 日，第 4 版。

27 《教厅与联大续办第二期晋修班，学员分征调保送投考三种，首期成绩优良者
给证明书》，《云南日报》1940 年 7 月 20 日，第 4 版。

28 据彭国涛：《深切怀念许师谦（寿谔）学长》，《清华校友通讯》复 16 册，第
112 页。

29 30 31 32 33 34 转引自许渊冲：《追忆逝水年华——从西南联大到巴黎大
学》，三联书店 1996 年版，第 135—136、143—144、144、141、142、143 页。

35 36 方贵龄：《忆长城，怀梦华》，《西南联大北京校友会简讯》第 30 期，2001
年 10 月印行。

37 周大奎是否是中国建设中学的校长，当时似乎并未明确。因为学校校舍由中华

职业教育社提供，故一说校长为中华职业教育社的孙起孟，周大奎为副校长；但也可能孙是名誉校长，周任校长。总之，中国建设中学的法人代表是周大奎。此说见魏铭让：《西南联大·中国建设中学——我们创办了一所特殊的学校》。

38 以上据魏铭让：《西南联大·中国建设中学——我们创办了一所特殊的学校》，《西南联大北京校友会简讯》第28期，2000年10月印行。

39 申学义：《也谈西南联大·中国建设中学》，《西南联大北京校友会简讯》第29期，2001年4月印行。与申学义谈话的国文教师周韵春是否是西南联大学生，尚未查清，但参与中国建设中学创建的魏铭让在《西南联大·中国建设中学》一文中说："所有教师全是联大同学，这是肯定的。"

40 李凌：《我所知道的战斗在西南联大的共产党人》，西南联大北京校友会编：《庆祝西南联合大学成立65周年纪念特辑》，2002年10月印行，第127页。

41 潘汝谦：《西南联大校友与磨黑中学》，云南西南联大校友会编《难忘联大岁月——国立西南联合大学在昆明建校六十周年纪念文集》，云南教育出版社1998年版，第228—229页。

42 秦泥：《从"老黄校"到"滇西王"——怀念黄平同志》，清华校友总会编《清华校友通讯》复37期，清华大学出版社1998年版，第140页。

43 刘克光：《西南联大在云南》，《研究集刊》1989年第1期。

44 申泮文：《黄钰生教泽遗爱永留西南边陲——纪念黄钰生教授诞辰100周年》，《西南联大北京校友会简讯》第23期，1998年4月印行。

45 详见杨集成：《西南联大师范学院面向中学的重要贡献》，中国人民政治协商会议云南省昆明市委员会文史资料委员会编：《昆明文史资料选辑》第25辑，第152—154页，1995年8月印行。

46 《龚厅长派孙起孟代表出席教育复员会议，将请大会注意本省师资问题》，《云南日报》1945年9月15日，第3版。

抗战时期基督教会在
西南边疆地区兴办教育活动研究

陈廷湘（四川大学教授）

一

抗日战争时期，国民党政府为了将西南地区建设成为对日战争大后方，曾对西南边疆进行广泛开发。政府各部门、教科文等民众团体都跻身其间，一度形成了开发西南边疆的热浪。基督教会在西南少数民族地区兴办战时边民教育作为当时开发边疆运动的组成部分，具有显明的特点。无论从了解基督教传教史的角度，还是从分析国民党战时边疆建设运动的成败得失的角度，都有必要对战时教会兴办边民教育的历史加以考察与研究。

基督教（包括天主教）在清末大量传入西南少数民族地区以后，始终把传教与社会服务紧密结合加以推进。其各种社会服务事业中，教育和卫生成就较为显著。抗战爆发以前，教会在云贵川少数民族地区兴办边民教育已取得一定成就。其中，基督教西南教区施教中心的云南昭通和贵州威宁等地的边民教育历时久，规模大，影响深广。相对而言，四川少数民族地区的教会教育则进展较缓慢。

抗日战争爆发后，尤其是国民政府西迁重庆以后，大西南成为抗战大后方，战略地位陡然提高，迫使国民政府把西南边地的开发迅速提上了日程。蒋介石曾明示全国："西南为抗战根据地，西北为建国根据地。"[1]基于这一认识，国民政府开始大力鼓动推进边疆开发。为适应边建需要，国民党中央组织部组建了边疆语文编译机构；官办的中国边政学会、教育界的中国边疆问题研究会等相继诞生；作为西南边疆建设重要措施的西康建省也于1939年1月完成。省主席刘文辉游说各界，鼓动强化对西南边疆的研究、建设与开发。在国民党政府的宣传、倡导和推动下，掀起了颇有声势的边疆服务热。在这一大背景下，基督教会加强了在西南边疆的传教与社会服务活动。其中进展较大，影响明显的主要是中华基督教会边疆服务部领导的边疆服务工作。

1939年夏，中华基督全国总会总干事诚静怡与总会青年委员、齐鲁大学专任院长张伯怀到达重庆。了解战时边疆建设情况后，二人决定进行基督教边疆服务的尝试。6月，诚、张向国民政府行政院递交了书面计划。此举正合上锋之意，受到行政院明令嘉许。筹备工作随即开始。1940年2月，中华基督教边疆服务委员会成立，行政院副院长孔祥熙为名誉主任，委员有蒋廷黻、黄炎培等名流。委员会下设具体工作机构——边疆服务部，张伯怀辞去齐鲁大学神学院长之职出任服务部主任。

边疆服务部成立后，先在当时川康青甘四省交界的松潘、理番一带藏民、羌民居住区设立第一服务区，稍后又在当时川康滇交界的宁属及凉山彝族聚居区设立第二服务区。[2]1944年，贵州黄平县教友李毅齐捐资3万元，服务部请朱帮兴夫妇等前往该县开展苗族区域的服务工作。[3]1945年春，服务部派张宗南前往云南寻甸，与当地基督教循道会和柿花菁自立会联合举办边疆工作人员训练班，在当地苗族中扩大传教和开展社会服务工作。[4]整个边疆服务部的活动区域先后达于云贵川康三省，但中心在川康滇交界的彝族区域和川康青甘交界的藏族羌族地区。

与历来教会的传统作法一样，边疆服务部始终重视兴办边疆的教育和卫生事业。据边疆服务委员会第四届年会记录载，该会所有经费"均系指定为教育卫生两项用途"[5]。在边疆服务部推动下，边疆教会教育在抗战时期形成了一个新的发展阶段。

二

中华基督教会边疆服务部成立后，致力组织教内外有志边疆建设的知识分子，深入彝藏羌等少数民族村寨办学。采取普通教育、成人教育、职业教育同时并举的方式，努力向边民传播现代文化科学知识。经数年艰苦经营，在穷山恶水之间留下了一批现代教育的成果。

在普通教育方面，服务部主要从两条途径开展工作，一是自办边民小学。1940 年春，川西服务区在理县佳山寨和日尔觉寨首先办起两所普通小学。次年春，西康服务区在会理小黑菁办起第一所小学。此后两区陆续兴办，至 1948 年，属边疆服务部的普小已达 12 所。

具体情况见以下一览表。[6]

校名	教职员数	学生数	班数	建校年月	备　注
佳山寨小学	2	29	6	1940 年春	该寨属理县、居民羌族
日尔觉寨小学	2	25	5	1940 年春	该寨属汶川县、居民羌族
萝卜寨小学	2	28	4	1944 年 2 月	该寨属汶川县、居民羌族
立力寨小学	2	27	2	1943 年秋	该寨属理县、居民羌族
善迁小学	2	23	2	1947 年秋	同上
朴头寨小学	2	31	2	1944 年	同上
小黑箐小学	2	25	5	1941 年 2 月	属会理县、纯彝民小学
小高山小学	1	13	3	1944 年 3 月	属盐源县、纯彝民小学
三一小学	4	76	6	1946 年 2 月	同上
四开小学	2	25	4	1945 年 7 月	属昭觉县、纯彝民小学
大石板小学	1	20	4	1947 年 3 月	属盐源县、彝汉共校
惠康小学	4	120	3	1948 年 9 月	设于西昌市内

　　上表数据是中华基督教全国总会 1948 年召开第五届年会时的统计，反映的是当年情况。边疆服务部的工作在抗战胜利后渐趋低落，抗战期中各校学生人数当较此表统计略多一些。例如小高山小学 1944 年建校时学生为 30 人，[7] 上表统计是 13 人。会理小黑管小学 1942 年在校学生 36 人，[8] 上表统计仅 25 人。由于边疆环境恶劣，基础极其薄弱，边民小学不可能按内地小学规则办理。一般是：凡有生员，不论多少都招收，也不管年龄大小都录取，因而往往三五人就分为一班。上表中一校 30 名左右的学生就分出五六个班的现象普遍存在。小黑菁小学 1942 年秋开学时

有 30 名学生，分成四个班，也就是四个年级。三年级 4 人，二年级 9 人，一年级 14 人，幼稚班 5 人。[9]在边地的各校均实行义务教育，学费、学习用品费用都不用学生缴纳。

边疆服务部实施边疆普通教育的另一途径，是参与各地政府的普教工作。1944 年夏，服务都在四川盐源县河西设立服务处。其自办学校未成之前，教员就义务为本地小学担任部分教学任务。[10]在新工作区龙溪寨，服务部同工在服务开展伊始，也义务为当地中心小学讲授高级班主要课程。[11]1943 年，四川理番县政府在九子屯二瓦寨创办示范小学，财力齐备，人力不敷。服务部就派员前往主持该校事务、负责全部教学工作。[12]该县县长重视师资培训，每年寒暑假兴办师资培训班，边疆服务部每次都派人授课。[13]此外，服务部还每年组织成都大学生暑期服务团（后又组西昌大中学生暑期服务团），深入少数民族地区开展教育、卫生服务和调查研究。该团在为边疆培养师资方面也作了重要贡献。1943 年，边疆服务部组织第三届成都大学生暑期边疆服务团，由华西大学、四川大学、金陵大学、齐鲁大学，中央大学、金陵女大、燕京大学，华西神学院等 8 校教师学生 32 人组成，其中有教授四人。该团在川西服务区组织下，与理番县政府合办全县国民教师讲习会，历时半月。由服务团教授讲课，团员参加辅导。这是少数民族地区罕有的高水平的师资培训班，"成绩颇佳"。[14]

边疆服务部实施成人教育的主要方式是在各小学附设民众学校。抗战期间，服务部创建的 12 所小学都附设一所或两所民众学校。[15]其中绝大多数为民众夜校，少量的为半日学校。民校的课程有民众读本、算术、音乐、时事等，全部由所在地小学教员讲授。除礼拜天外，每晚上课。[16]正规化程度与普通小学相去无几。

此外，各服务区还根据当地实际需要，采取环境许可的方式，开展灵活多样的成人教育活动。川西区在威州设立固定的民众图书馆，在杂谷脑则设流动图书室，把书报送到偏远村寨，供边胞阅读。[17]西康区的民众教育形式更为多样化：其一，在西昌设一活动中心，每周举行青年团契，音乐练习，时期报告，平民识字班等活动。中心设有阅报室，供来此活动者阅读书报；其二，每月向河西高草坝等地作抗战宣传，时事讲演，图书流动等；其三，组织不定期的巡回施教队，与巡回医疗队一起深入偏远村寨，传授常识性的知识[18]；其四，在西昌和河西服务处附设彝胞招待所。要求投宿彝胞戒酒，男女分住，洗手洗脸，不随地大小便等，借以改变边民落后的生活习惯。晚上，由服务部同工讲故事，教唱歌，放幻灯，传授一般生活生产知识，开发彝胞智慧。[19]

为了迅速改进边疆的生产，近期提高边民的物质生活水平，边疆服务部对职业教育也给予充分的重视，先后采取下述方式加以推进。

第一，所属各服务处利用处所周围空地进行农作物种植和家禽家畜饲养示范。西康区昭觉服务处在院内和周围空地试种苹果、葡萄、小麦和十余种蔬菜，获得成功。并以收获物招待彝胞以引起他们种植的兴趣。[20]川西区杂谷脑服务处利用所属医院的空房饲养良种鸡，培育出体大、蛋大的优良种鸡，曾在成都展览所产大蛋，产生了广泛的影响[21]。该处试种苹果也大获成功，在边民中推广后对当地生产影响颇为深远。

第二，开办农牧试验场和手工习艺所。川西区在杂谷脑设有一妇女毛织习艺所，不仅向当地妇女传授纺织技术，还为外地培养纺织工艺辅导人才。[22] "妇女们对于缝纫和编毛绒等手工都颇感兴趣"，[23]取得了新的生财之道。该区在威州设立的家畜改良场，"目的在介绍优良家畜品种，及改良本地家畜品种"。[24]起初，改良场从荷兰等国引进一批优良牛羊品种，在场内进行杂交试验，培育适合本地饲养的新种[25]。因边民经济力单薄，牛羊新种推广缓慢。抗战后期，改良场转而重点培育优良猪、鸡品种。猪、鸡更宜当地发展，因而受到了边民的热烈欢迎。[26]

西康区在成立之初曾拟与西康省宁属屯垦委员会台办一所边民实用职业学校，并附设一个二千亩地的农业实验场。[27]因适逢屯垦委员会改组未能实施计划。后西昌三一新村服务处成立，创办了一个混合农场。该场进行水田、旱地作物育种，家畜家禽繁殖和蔬菜果树种植试验。由金陵大学毕业生李士达主持工作，向边民作养殖种植业示范。[28]

第三，与地方政府，科研机构合作推广农业科学技术。西康区鉴于当地农业以小麦种植为主的实际情况，1945 年春向国内各大学农学院、中央农业试验所收集优良小麦品种 24 种，与屯垦委员会联合进行比较试验。试种后选出 5 种适宜当地种植的品种向边民推广。同时，双方还合作进行玉米、蔬菜栽培试验，均取得成功。[29]

川西区 1944 年秋对川西农业情况作全面调查，发现川西小麦腥黑粉病严重危害该区小麦生产，取得详细病害情报。次年，服务区与四川省农业改进所及汶川、理县政府合作进行防治。经过宣传和示范，使前此完全不相信腥黑粉病会严重影响生产的边民懂得了防治的重大意义，产生了防治的主动性、积极性和自行防治的能力。[30]

上述方式都还不是成体系的职业教育形态。但在当地当时的条件下，它对于传播先进的生产技术和改变落后的生产习惯，却无疑是有效的途径与措施。

三

抗战时期，基督教会在西南少数民族地区必办的边民教育一直存在到中华人民共和国建国之初。十多年的艰苦经营所取得的成就和经验值得一提。

在西康区，成绩最显著的是会理小黑箐小学。小黑箐为偏远的彝民村寨，山高路险，地广人稀。学生来自周围 8 个村寨，须行 5 至 10 里山路上学。但该校自 1941 年建校以后，长久兴盛不衰，经常保持有学生 30 人左右。该校还附设民众学校两所。茨竹箐民校设在小学内，学生来自五六里之外的村寨，每晚烛光火把，翻山越岭到校上课。民校除授文化课，还举办俱乐会、读书会，开展音乐、游艺、展览、体育运动等多种活动。学生读书兴趣浓厚，白天在山坡草地常可见到一边放牧一边读书的彝胞。大宛民校设在距小学 8 里的大宛村，常有学员 27 人左右，小学教师每晚轮流前往授课。该校彝胞学员读书积极性亦颇为高涨，当时的教师曾说"夷人热心读书，实在感人"。[31]

川西区理县佳山寨小学是该区，也是整个边疆服务部最突出的边教成果。该校建校于 1940 年，学生来源于西山寨、儒达寨、佳山寨的羌民聚居区，经常有 30 余人就读，每年均有学生毕业，十年来未曾间断。该校还附设男夜校、妇女识字班和一所幼儿园。至 1949 年，该校毕业生升入外地高一级学校就读者已有 16 名。其中，考入威州师范 4 名，松潘职业学校 3 名，眉山农业职业学校 1 名，成都高琦中学 2 名，川西医护训练班 2 名，等等。[32]

1945 年 3 月，服务部组织佳山寨学生锦城观光团，由该校三至六年级学生 9 人，妇女识字班学员 8 人组成。这是羌民历史上的一大壮举，轰动了四川省政府和社会各界。川康绥靖公署主任邓锡侯、省府主席张岳军（群）分别接见观光团学生，并赠送书包、银戒指等礼品，以示鼓励。观光团在蓉十日，先后与各高等院校、中央日报社、美国红十字会空军医院等联欢；参加儿童节庆典，各界慰问新兵大会和盟军招待会等。学生们的表现展示了他们受教育的收获，在中外人士中留下了深刻的印象。[33]

佳山寨小学对羌民社会的影响是深远的。它在当时已成为川西羌民区域吸收和传播现代文明的一个中心。解放以后，新政权的干部有相当一部分来源于此。

战时基督教在西南少数民族地区兴办的教育事业，对广大的边疆而言仍然只是几点微弱的火星，相形于现代教育更算不上有多少成就。但是，如果对照此前的边疆教育情况来看，问题就又当别论了。川康滇边地区在赵尔丰主政前尚无教育。赵氏经边以还，历代政府尽管曾大力推进现代教育于边地，但直至抗战时期仍基本是失败的。边民厌学，视读书为当差，且认为读书时间长，是最苦的差事。直到 1940 年，西康关外少数民族学生完全"系雇读而来"仍是"公开的秘密"。在道孚县，孔萨保、麻孜保是六家共雇一个，瓦日全保共雇 10 个，格西八家雇 1 个，明正保全保共雇 9 个，莫卡一寨共雇 5 个。[34]学生既源于雇请，就难免随时更替，"能一人始终其业者绝少"。因此，"数十年来边民之毕业于学校者无几"。[35]

相较之下，基督教会所办的边民学校都是另一番情景。会理小黑箐小学可算是当时最偏远的彝寨学校了，但该校自建校就不曾有雇读问题，且引起了边民读书的兴趣。茨竹箐、大宛两寨彝胞主动要求办学，小学无力另设学校，只好附设两所民众学校满足彝胞的要求。教会办学能如此顺利，原因是多方面的。就已掌握的材料来看，主要原因在于，其一，办学人员赋予为边疆献身的精神。边疆服务部本基督的仁爱之心，为边疆同胞服务而设。其成员受到宗教精神的感召和抗战救国激情的影响，绝大多数都置名利于度外，一心一意为边疆事业献身，埋首荒山野岭数年如一日者不乏其人。美籍华人李美英抗战期间赴杂谷脑参加边疆服务，与服务部医生崔毓珊结婚。至1946年，因悬念老母，决定返美探亲，已到成都又返回边疆。她在致同工的信中说："我深感到美国的家，不如杂谷脑的家，我真正的家是在中国"。[36] 小黑箐小学两教员负责本校和两所民校的全部授课工作。每晚轮流翻山越岭 16 里去民校讲授，次日又得上小学讲台，其辛苦可以想象。但是二人毫无怨意，表示办好边民教育，"是我们的责任……我们一定得格外努力"。[37] 这样的服务精神，在当地政府所办学校中是不多见的，而在教会学校中却是常事。

其二，西南少数民族地区在清末以后教育所以失败，据当时的专家总结，主要原因之一是教育与边民实际需要完全脱离。边疆服务部吸取这一教训，在按规定使用国民政府部颁教材的同时，采取了一些行之有效的措施把教育与边疆实际需要结合起来。首先，服务部设教是以医疗开道。每到一处，先行治病，显示现代医学的效能，使边民相信服务部的工作对他们有好处。在此基础上始行办学，往往能比较顺利。在施教过程中，除讲授正规教材外，加入较一般学校更多的生产、生活教育和娱乐性教育的内容。服务部各校都设手工习艺班，授以学生和当地妇女毛麻纺织技术。[38] 并利用学校空地，开办小型农技示范场，指导学生开荒地造梯田，教给边民利用土地的方法，改良耕作，试验农作物和果树良种及各类蔬菜。不仅教怎样种植，还教如何样烹食[39]，使边胞通过学习获得近期利益。娱乐性教学有音乐，运动、观看图片幻灯等，但主要内容是音乐。鉴于少数民族具有喜好唱歌跳舞的天性，边民学校把音乐放在重要地位。学生"音乐进步得特别快"，把抗战新歌传到极其偏远的山寨[40]。既提高了学生上学的兴趣，也传播了先进的文化。

其三，方法灵活，形式多样。边疆学校分班级完全以学生程度为准，只要程度一致，有几个就分几个为一级。30人左右的一校往往低至幼儿班，高到六年级各级齐全。校舍不够，就实行复式上课[41]。课时安排也不强求一律，完全根据学校覆盖面大小，学生到校情况而定。有的在上午八时至下午二时上课，有的把授课安排在上午九时至下午四时之间，尽量便利学生。另外，边校还普遍实行流动教学。夏季，分出教师到山坡草地，把放牧牛羊的学生召集起来，有三五人就行授课[42]；农忙季节，教师到地里与边胞子弟共同劳动，一边干活一边教唱新歌，讲故事，传授生产卫生知识，休息时教他们识字；冬季，教师到边胞家里，教读书识字、唱新歌、读报纸、放留声唱片[43]。不放过点点滴滴传授知识的机会。

其四，加强学校与边民之间的联系，争取全社会的支持。在创办小黑箐小学时，边疆服务部争取到彝族土司罗皓明的支持，创办过程就极其顺利。建校后，又请罗长期出任校长，对该校的稳定和发展起了重要作用。川西区杂谷脑服务处成立后，与当地羌族上层妇女官淑贞建立起友好关系，并培养她成为知识分子。服务处先后与她合办儿童生活学校[44]和善廷小学[45]，都获得了成功。西康河西服务处通过西昌边胞招待所与彝族土司沈依柱搞好关系，在创办小高山小学时，得到了沈氏的热情支持。连校舍也是沈氏所捐，学校建成举行庆典，又请沈及当地所有上层人士出席。礼毕饮鸡血酒起誓，共同为办好学校尽力。[46]

平时，各边小则抓住边民过节、学校放假等机会，到村寨与边胞共同参加庆祝活动，宣传读书好处。各地学校都与当地少数民族同胞建立起亲密的关系，教师出访，家家"待如上宾"，临行时还送给各色礼品。[47]这些活动，大大加深了边胞对学校的了解与认识，给办好学校奠定了深厚的基础。

边疆服务部采取的上述办学措放，融洽了学校与边民的关系，避免了当时政府办学所遇到的边民"视学校为陷阱，视教师为寇仇"的困境。[48]也在一定程度上培养了边民办学读书的主动性。为文化基础薄弱的少数民族同胞接受现代教育找到了一些具有实践价值的途径。

四

抗战时期，基督教会在少数民族地区兴办的教育仍然属于教会慈善活动的一部分。但是，与传统意义上的教会教育相比较，战时边疆的教会教育具有显明的特点。

办学方针战时基督教会的边疆教育事业是在边疆服务部的服务方针指导下创办的。服务部主任张伯怀曾明告教友："本部是以宗教的精神从事服务的工作……在适当地情况下，我们也愿宣传宗教，传布基督……但是我们不是宗教的侵略……在地方人民不欢迎的区域，我们可以根本不传教，我们的口号是'为服务而传教'，不是'为传教而服务。'"[49]在这一方针之下，服务部办教育基本上是为边民服务。其所创办学校受其指导和人力物力资助，但教会为了获取民心站稳脚跟，并不急于对这些学校进行控制。服务部公开表明的意图是：第一步由教会为边胞服务入手，逐步增强边民自救的能力；第二步是达到边民完全自己为自己服务的目的。因此，服务部办学尽量争取与边民领袖和当地政府合作，并逐步把办学责任的重心移向后者，使自身处于"补充、辅助"的地位[50]。

教学内容　边疆服务部所办学校都不正式设神学课，传教在课余和校外进行。教学的基本内容是国民政府部颁教材，各校只根据当地实际需要加入相当数量的手工习艺、农作物种植、家禽家畜饲养技术等内容。基本上是按文化教育与生产教育相结合的需要施教。

培养目标　战时基督教会的边民教育是"辅助性质"的，因而没有提出明确的独立的培养目标。但从教育实施情况来看，各校都是以培养有一定文化知识的边民和向外地高一级学校输送学生为目的，没有明确进出培养本教教徒的宗旨。就成就最为显著的佳山寨小学而言，从 1949 年工作总结中也可看出，他们认为最值得一提的成绩是向外地学校输送 16 名毕业生。[51]

思想教育　边疆服务部所办学校的思想教育是由该部的政治倾向所决定的。1939 年，边疆服务部开始筹备时，提出的口号是"为了祖国利益，为了人道正义，为了天国的真理"而服务边疆。[52]在抗战时期，其活动主要是响应国民政府建设大后方的号召，参加边疆的开发与建设。抗战胜利后，在国民党发动内战的危险面前，服务部刊物登出的《基督徒对时局的意见》，[53]呼吁制止内战，实现和平，改革政治、促进民主。明显地倾向要和平、要民主的人民大众一边。服务部指导的边民小学及民众学校的政治倾向与此完全一致。在抗战时期，学校主要对学生进行抗日救亡爱国的思想教育。各校在校内外办抗战壁报，宣传抗战消息，[54]讲抗日将士的战斗故事，教唱抗日歌曲。如《松花江上》、《义勇军进行曲》，等等。[55]向边民灌输抗日救国的思想，收到了较好的成效。在会理小黑箐这样偏远的村寨，彝胞也热切关心国事，每逢边校宣读的抗战消息时讲到中国军队胜利，听者就鼓掌欢呼；讲到中国军队失利，即忧形于色。[56]

上述情况表明，抗日战争时期基督教会在西南少数民族地区兴办教育的宗教性质较少。1948 年，边疆服务部考察了本部服务工作，自认为他们的服务"可以称为一种爱国工作"。从目前所接触到的材料来看，这一评价对当基督教会服务事业之一的战时边疆教育应该说基本上是符合实际的。正是这一性质决定了其时中华基督教总会战时在西南边疆地区兴办的教育事业并未主要影响教会的传教，而是扩大了抗战信息的传播，促进了边民文化水平的提高和边地代社会的现代转化，为抗战大业作出了一定的贡献。但是，由于其办学规模有限，加之时间主要在抗战时期，并未成为永久性工作，因而，其产生的作用和留下的成果亦复不多。

注　释

1　王文汉、张长生：《中国之命运；边疆建设》，《边疆通讯》第 1 卷第 1 期。

2　27　中华基督教总告第五届总议会记录，未刊。

3　14　《总部三十一年大事记》，《边疆服务》第 1 期。

4　张宗南：《在寻甸》，《边疆服务》第 8 期。

5　《边疆服务委员会四届年会纪录摘录》，《边疆服务》第 1 期。

6　15　19　52　三十七年度边疆服务部工作简报，未刊。

7　46　王靖寰：《河西夷区开荒记》，《边疆服务》第 6 期。

8　9　47　《会理小黑箐小学》，罗皓明：《边疆服务》第 2 期。

10　11　《川西动态》，《边疆服务》第 5 期。

12　21　24　《本部近讯》，《边疆服务》第 4 期。

13　《川西动态》，《边疆服务》第 10 期。

16　36　54　56　罗皓明：《教育在小黑箐》，《边疆服务》第 8 期。

17　《川西区三十年大事记》，《边疆服务》第 1 期。

18　《西康区三十年大事记》，《边疆服务》第 1 期。

20　《康区大事》，《边疆服务》第 8 期。

22　张宗南：《边疆服务部工作概况》，《边疆服务》第 1 期。

23　37　43　《我们对萝卜寨工作的意见与展望》，《边疆服务》第 9 期。

25　《川西区 1950 年工作计划》，《边疆服务》1950 年第 2 期。

26　《边疆服务部工作概况》，张宗南：《边疆服务》第 1 期。

28　西康区作物育种工作报告，未刊。

29　《川西区小麦腥黑粉病防治区访同录》，《边疆服务》第 11 期。

30　41　中华基督教会边疆胜务部三十三年工作报告摘要，未刊。

31　边疆服务部川西区 1949 年 I 作报告，未刊。

32　《最近消息》，《边疆服务》第 2 期。

33　《改进西康关外教育的商摧》，《康导月刊》第 2 卷第 10 期。

34　48　《改进西康教育之管见》，《康导月刊》第 2 卷第 10 期。

35　《本部消息》，《边疆服务》第 2 期。

38　西康区三一新村服务处工作简报，未刊。

39　于式玉：《拉不楞办学记》，《边疆服务》第 4 期。

40　《春到大凉山》，《边疆服务》第 17 期。

42　川西区三十四年七月份工作报告，未刊。

44　《本部梢息》，《边疆服务》第 18 期，未刊。

45　51　边疆服务部川西区 1939 年工作报告，未刊。

49　50　张伯怀：《本部的回顾与瞻望》，《边疆服务》第 4 期。

53　载《边疆服务》第 11 期。

55　张宗南：《柿花箐去来记》，《边疆服务》第 8 期。

万里壮游、九州同轨:
1937 年京滇公路周览团简论

潘先林（云南大学教授）

张黎波（云南师范大学助理研究员）

1937 年 4 月 5 日，全面抗日战争爆发前三个月，南京政府行政院组织"京滇公路周览团"[1]一行 180 人，近 20 辆汽车，浩浩荡荡从南京出发，沿刚建成通车的京滇公路，途经江苏、安徽、江西、湖南、贵州、云南、广西、四川、湖北等九省，历时约 50 天，行程一万余里，开中央考察团[2]访问西南边疆民族地区之先河。周览团人数之多，人才之众，加上"公路"、"汽车"、"大学教授"、"新闻记者"等现代元素，堪称具有现代意义的"万里长征"[3]。时人誉为"很重要的一件事情"[4]，"开西南交通史上之新纪元"[5]，"中国交通史上的一个奇迹"[6]，称为"破天荒"的事情。

京滇公路通车及其周览团的考察活动，是南京政府"统一化"政策的重要内容，也是其抗战战略及国防建设的组成部分，对随后爆发的抗日战争具有重要的积极意义，对中国早期现代化的发展也产生了深远影响。对于这样一个重要问题，由于种种原因，至今未能引起学术界的重视[7]。本文广泛搜罗史料，对京滇公路周览团的筹组、周览团团员的构成、周览团的行程及其活动进行初步梳理，并就京滇公路及其周览团的作用和影响提出自己的看法。

一、京滇公路周览团的筹组

1937 年初滇黔公路修筑完成，宣告了京滇公路的全线贯通。京滇公路起自南京，经皖、赣、湘、黔直达昆明，贯通六省，长2974 公里[8]，是当时中国"东部与西南联络公路之唯一干线，于政治、国防、军事、经济、文化、交通上，均有极重要之关系"[9]。在全国干线中"最完善"，"其意义与价值之重大，亦较其他干线为深"[10]。

鉴于京滇公路的重要意义，早在 1936 年 9 月 21 日，兼行政院院长蒋介石便迫不及待地发起组织京滇公路周览团，电令行政院秘书长翁文灏派专人负责办理，"俾实现宣扬中央德意，慰问民生疾苦，开发边疆实业，及发展交通之目的"[11]，达到"统一救国"[12]。同时"使中央与西南一脉相通，一旦战事发生，东南国防吃紧，西南大军即可迅捷开赴前方捍卫疆土"[13]。

10 月 1 日，翁文灏邀集军事委员会、全国经济委员会、实业部、铁道部、财政部、内政部等部委，皖、赣、湘、浙、黔、滇、沪、京各省市政府代表 30 余人，对筹组周览团事宜进行初次会商，通过了由经委会草拟的《京滇公路周览会办法》。规定了周览团的去程、回程、团员、车辆及经费，要求各省市整理沿途交通，准备招待事宜。决定成立筹备委员会，办理筹备事宜。

11 月 4 日，行政院召集京滇公路周览会筹备委员会首次会议，来自军委会、经委会、中宣部、中央通讯社、财政部、铁道部、实业部、交通部、内政部和行政院等机关的 20 余位代表参会。就《京滇公路周览会办法》逐项进行讨论，议定周览经费，起草拟邀请团员的单位名单，规定了周览团膳宿的供给办法，决定在筹委会下设总务、交通、招待、宣传 4 组，分别办理筹备事宜。

11 月 27 日，召开第三次筹备会议，审查筹备会各组的工作进展情况，决定成立京滇公路周览团办事处。1937 年 1 月 22 日，举行第四次筹备会议，确定了周览经费预算，暂定出发日期为 4 月 1 日，决定派人前往考察交通和接洽招待事宜。2 月 19 日，举行了第五次筹备会议，通过了《京滇公路周览会组织大纲》、《周览团团员名单》；取消原定的中路回程路线，定为南、北两路；订立《京滇公路周览团办事处组织章程》，聘请薛次莘为办事处总干事，周孝伯为副总干事。[14]

3 月 9 日，京滇公路周览团办事处正式成立，下设总务、招待、交通、宣传 4 组。陆续制定了《行政院京滇公路周览会办事细则》、《司机服务规则》、《各省筹备分会应办事项表》、《京滇公路周览会团员登记表》、《团员周览须知》、《团员周览手册》、《京滇公路周览会路线图》等重要规程和表格，并请中国旅行社派员帮办团务。[15]

与此同时，各省也纷纷成立周览会筹备委员会分会，负责筹备事宜。筹备工作包括编纂材料、准备物资、安排食宿、组织欢迎、拟定行程、修整公路、整齐穿着、保持卫生、改善治安、美化环境等，无所不备，应有尽有。

3 月底，周览团的组织和各地筹备工作大体完成。具体情况是：团员 108 人，职员、司机、勤务等 72 人，共计 180 人[16]。团员分为 5 队，每队设正、副队长各 1 人，聘请国民党中央监察委员褚民谊任团长，卫生署海港检疫处处长伍连德任副团长。另设总干事、副总干事各 1 人，聘请薛次莘担任总干事，周孝伯担任副总干事，下设总务、招待、交通、宣传 4 组。[17]

汽车近 20 辆，编为 5 队。分别由经委会、全国公路交通委员会、中国汽车制造公司、沿途各省政府拨借。从功用言，除客车和行李车外，有救护车、邮电车、摄影车、工程车、传令车各 1 辆，励志社和新生活运动促进会派出的电影车 1 辆。从燃料言，除汽油车、柴油车外，有木炭汽车和植物油汽车各 1 辆。[18]

去程为一路，由南京经安徽、江西、湖南、贵州到达昆明，定于 4 月 5 日出发。回程先由昆明至贵阳，然后分为南北两路，南路经桂林至衡阳解散，北路至重庆解散，团员各自分乘火车、江轮返回京沪。沿途招待事宜，由各省周览分会负责。

周览团在宣传工作方面制订了详细的计划，携带 1 部蒋介石的救国主张和大量生活照片、中央的建设图表和有关民族复兴的有声影片等，到沿途乡村散发和放映，宣示中央的"德意"和挽救国难的决心。为实现开发边疆实业、促进公路建设的计划，将团员分为国防、内政、经济、土地、教育、交通、工业、农矿、水利、司法 10 组，详细考察各项事业，撰写调查报告与发展方案，呈报中央，以备参考。[19]应该说，京滇公路周览团是一个经过长期筹备、准备充分、组织严密的考察团。

二、京滇公路周览团团员的构成

《京滇公路周览会组织大纲》规定，"本会团员，由行政院函约中央各关系机关、沿途各省市政府及工商、学术团体，暨京沪各报馆派代表充任之"[20]1936 年 11 月 4 日第一次筹备会议后，行政院向各机关团体发出邀请函，得到了响应，先后推出代表参加。11 月 27 日第三次筹备会议规定：周览团"决不"[21]延请外宾参加，这似乎反映出国难当头南京政府"统一化"政策中的民族主义特点。1937 年 2 月 19 日最后一次筹备会议，讨论通过了周览团团员名单。[22]

中央和地方政府方面，有来自行政院、立法院、监察院、考试院、司法院、中央党部、经委会、军委会、训练总监部、中央军校、陆军交通兵团、建设委员会、内政部、交通部、财政部、实业部、铁道部、军政部、铨叙部、考试选举委员会、农本局、国际贸易局、宪兵司令部，以及南京、上海、江苏、安徽、江西、湖南、贵州、云南、广西、浙江等省市共 30 多个机关的 60 余位代表。他们不仅是各部门的政要，还有不少是相关领域的专家。如团长褚民谊曾担任国民党中央执行委员、行政院秘书长，时任中央监察委员，拥有法国医学博士学位[23]；副团长伍连德时任卫生署海港检疫处处长，1903 年通过剑桥大学医学博士考试，被称为"新医界的闻人"，"中国近代医学的先驱"、"中国卫生防疫检疫事业开创者"[24]；总干事薛次莘毕业于麻省理工学院土木工程系[25]，时任经委会公路处技正；卫挺生是立法院立法委员，曾获哈佛大学经济学硕士学位[26]。

学术研究和教学单位，有来自中央研究院、中华学艺社、中国矿冶工程学会、中国工程师学会、中国建设学会、中国经济学社、中国畜牧学会、中央工业试验所、中国地理学会、中国社会学社、中国地方自治学会、中央大学、中国汽车制造公司、交通大学、中央政治学校、湖南大学等近 20 位代表。其中来自中央研究院的裴鑑，是著名的植物分类学家和药用植物学家，获斯坦福大学博士学位[27]；中国地理学会的严德一，毕业于中央大学地理系，是"素负重望的地理学家"[28]，1934 年曾考察西双版纳地理；中国社会学社的吴泽霖，是著名社会学家，1927 年获俄亥俄州立大学博士学位[29]；中央大学的胡焕庸，毕业于东南大学，后到巴黎大学和法兰西学院学习，是著名的地理学家[30]；中国汽车制造公司的张世纲，毕业于北京工业大学机械工程系，是汽车工程专家[31]。

工商界和金融界的代表，有南京市商会的游竹荪、邵季昂，上海市商会的孙鹤皋、张世銮，上海市银行公会的王怀忠、王延松。中国旅行社受邀帮办团务，也派出了胡士铨、陈炳耀等 6 名工作人员[32]。

由于周览团对宣传工作"尤其注意，特许京沪各大报纸派员参加，以资宣传。"[33]有来自中央通讯社的律鸿起、徐兆镛，《大公报》社的汪松年，《中央日报》社的聂世璋，《申报》社的秦墨硒，《新闻报》社的沈吉苍，《时事新报》社的高向皋，《中华日报》社的赵慕儒。由于邀请了新闻界代表，1937 年邵力子在总结十年以来中国新闻业的发展时，将周览团视为记者进行"边区考察的集体行动"，是十年来中国新闻业实质进步的表现之一[34]。

可以说，京滇公路周览团团员大多是社会各界的精英，"无论在政治上、在社会上都处于领导民众的地位"[35]。时人赞誉其"人才济济，专家学者无所不包"[36]，是一个高级别、综合性的考察团。

三、京滇公路周览团的行程与活动

4 月 5 日上午九点，周览团一行在励志社门前集合，励志社举行了一个简单而热烈的欢送仪式。仪式结束后，前往中华门参加正式的出发典礼。马超俊、何廉、吴稚晖、秦汾、钮永建等政要名流以及各机关代表 500 余人出席典礼。至十点典礼结束，周览团一行踏上征程，街道两旁环立观看的民众达数千人，"盛况为空前所未有"[37]。南京市政府在中华门前设了一座松柏牌坊，上挂对联云："万里壮游兹发轫，九州同轨纪成功"，横批"示我周行"[38]，寄托着对周览团的颂扬和祝愿。

十一点半即抵达江苏与安徽交界处，安徽省政府派出的欢迎代表在此迎接。后经当涂、芜湖、宣城、歙县、黄山，7 日下午四点到达安徽和江西交界处。途中游览了当涂赭山公园、宣城敬亭山、歙县太白山、如意寺、碎月滩、黄山等风景名胜，各地"供张之盛，非仓促筹备所能达到，擘画绸缪，颇具匠心"[39]。安徽省招待处向团员赠送特产祁茶、徽墨、日晷、宣纸等。对两日来周览安徽的情况，团员总结说：一路"走马看花，对于一切，都未能予以深刻之观察……而沿途所经之地，都是盛大欢迎，殷勤招待，我们吃了，喝了，临走又拿了"[40]。

7 日下午六点，在江西省政府欢迎代表的陪同下到达景德镇。次日在景德镇考察，行程安排比较紧凑，参观了陶业管理局、江西瓷业公司、黄生顺大件厂、袁怡新窑厂、陶瓷职业学校、陶业管理局试验所等机关。团员们认为，这样的考察才算得上是慰问民间疾苦的"破题第一遭"[41]。晚上励志社和新生活运动促进会派出的宣传车在陶业管理局播放电影，褚民谊乘机宣讲周览团的使命，新生活运动总会的刘大作宣讲新生活运动要义，到会士兵、学生和民众逾千人[42]。

9 日上午，从景德镇出发，过吕蒙渡、韩家渡、黄金渡渡口，下午四点半抵达南昌市，江西省主席熊式辉等万余人在郊外欢迎。晚上七点，参加省政府的招待晚宴。席上以馒头代替面包，中菜西吃，考察新生活运动的团员认为这种做法"合新运精神，是江西近年来努力新运之成效"[43]。之后两日在南昌游览考察。10 日参观公路处工厂、土产陈列室、"烈士墓"、省立医院和工业专校等学校。11 日游览中正桥，参观万家埠农村实验区，在公共体育场观看壮丁训练，记者团员到省政府采访熊式辉。连续两晚，周览团都组织了"民众同乐会"和"军民联欢会"，部队、特务大队和各界民众参加者共计八千余人[44]。

12 日离开南昌，13 日抵达江西和湖南交界处，湖南省政府的欢迎代表已备车在此相候。下午四点经东峰、浏阳到长沙，前来欢迎的各界人士达万余人，队列长约两公里。招待所设在国术馆和民众俱乐部，"布置井然，笔墨用具均备，即盥洗沐浴均有特别约定之处"[45]。14 日上午到中山堂参加湖南省各界欢迎会，下午在国术馆前的草坪上观看男女学生和军队技术团表演国术。团员对湖南省主席何键大力提倡国术的做法寄予厚望，认为"强国强种发轫于斯"[46]。15 日上午游览岳麓山，参拜黄兴、蔡锷等先烈墓。随后参观湖南大学，在校中用餐。下午分组观览湘黔铁路工程处、湖南公路炼铅厂、机械厂、农事实验场、银行公会等单位[47]。

16 日，从长沙出发，何键随行相送，顺便考察湘西社会状况。17 日下午五点至沅陵，招待所设在民众戏院。进入湘西后，少数民族逐渐增多，团员们开始关注少数民族情况。在伏波宫戏台有苗民唱歌，表演猴儿鼓表示欢迎，唱词中对蒋介石、何键百般颂扬。18 日过辰溪达芷江，19 日上午至晃县，贵州省公路局备车在此迎接。在贵州欢迎代表的引导下，经青溪、三穗，下午六点到镇远。20 日，镇远各界在民众体育场举行欢迎会，学生、军队、壮丁等欢迎代表达数千人，还有"苗民执芦声，苗妇盛装涂粉，灿烂杂陈"[48]。苗民表演的舞蹈，团员多未看过，"颇为兴奋"[49]，纷纷摄影留念。晚上，组织民众放映电影和广播，宣传新生活运动。有团员利用这一机会，开展少数民族调查。

21 日，经施秉、黄平至炉山，行车颇不顺利。22 日下午，炉山各界在民众体育场召开欢迎会，"苗民尤其多"。由苗、汉两位女孩向周览团献锦旗，之后又有苗民表演舞蹈。"团员见苗民盛装异饰，争摄取照相，或假苗女之银冠冠而摄者，或寄苗女同摄者，纷纷蚁动"。会毕，褚民谊召集"苗族"训话，由懂汉语的苗民代表翻译，说明周览团此行的意义。最后与苗民合影，"犒赏而散"。在当地苗民中，有一个女子懂汉文，有小学文化程度。"团员闻之，争予薄纸请题名为纪念，具有赠物以鼓励者、有寄诚造访作深谈以探苗俗者"。[50]

23 日，过平越、贵定至贵阳。在临近贵阳的图云关，周览团被贵州商车从业人员二三百人拦住去路。原来是贵州省政府将公路运营权收归政府后，商车从业人员受到排挤，生计困难，所以才乘周览团来黔之机截道请愿，要求省政府开放公路运营权。经褚民谊居中协调，贵州省政府答应开放部分公路的运营权，请愿民众才陆续散去。[51]进至贵阳城外，滇黔绥靖公署副主任薛岳早已率众在此等候。"黔省均为中央部队，欢迎尤烈，学生几全体出动，男女共万余，虽微雨淋漓，精神充满……自北门至东门，相距四公里"[52]团员下车步行，脱帽答礼，汽车缓缓随行，情景庄重严肃。24 日上午，薛岳带领贵州军政要员和各界民众两万余人在民众教育馆举行欢迎大会。褚民谊发表谢词，称赞贵州建设取得极大进步、民众秩序良好，说来到贵州"方知外传种种之谬误"[53]。下午参观中央社贵阳分社、游览东山各名胜。

25 日上午，参观贵阳县一个苗汉共居的村庄。团员见苗民家里"有条不紊，即一般汉人家庭亦嫌莫及……均赞誉不置"[54]。褚民谊借机向苗民说明，中央组织周览团就是为了慰问诸位的疾苦，联络与苗族的感情。苗民听后，纷纷鞠躬致谢。下午褚民谊先后到省党部和卫生行政人员训练所演讲，晚上胡焕庸等到民众教育馆作学术报告。

26 日，从贵阳出发，贵州派出 5 位代表随团到云南考察。经安顺、安南、盘县，28 日到云、贵两省交界处，云南的欢迎代表在胜境关迎候，进至平彝县用午餐。平彝县的筹备颇为别致，吃饭的地方用松枝搭成松棚，上悬各色纸花，地上铺满松针，"宛若琉璃世界，清爽畅怀"[55]。晚上八点，周览团披星戴月赶到曲靖城。当地公务员、学生、民众等万余人夹道欢迎，街市遍悬红灯，沿途排队结彩，继又举行提灯大会，"全城辉煌，为曲靖空前盛况"[56]。

29 日下午四点，经过 25 天的长途跋涉，终于抵达昆明。云南省主席龙云率领各界人士结队郊迎三公里，欢迎队伍自城外直到城内招待所。"欢迎之盛况，实属空前，远甚周览团所经各省"[57]。团员见已到达目的地，个个精神焕发，欢欣鼓舞。周览团提出想到大理和个旧参观，云南省政府因之前毫无准备，连忙设法加以劝阻[58]。褚民谊听说到大理的公路尚未修通，考虑到时间有限，遂放弃了这个打算。

30 日上午八点，参加云南各界在省党部大礼堂举行的欢迎大会。龙云讲话，欢迎周览团的到来，请求中央帮助云南实现工业区建设。[59]褚民谊答谢，赞扬龙云在云南所取得的政绩，称京滇公路开通后，"西南与中央已完全打成一片"[60]。下午参观书画手工展览会和圆通公园，在圆通公园祭祀阵亡"烈士"和唐继尧墓，之后参观省立云南大学、中央军官学校云南分校和昆华中学。晚上赴龙云在省政府大礼堂的欢迎宴，"情绪极热烈欢洽"[61]。经龙云极力挽留，周览团决定在昆明的时间延长两天。

5月1日，上午参观民众教育馆和各学校，褚民谊在昆华师范向体育教师演讲体育锻炼问题，并即兴表演太极拳。下午两点到军官学校云南分校阅兵。阅兵结束后，记者乘机采访龙云。龙云建议中央注意边疆与内地及东南沿海在经济、文化上的平衡发展，"不应有所偏枯"；呼吁国内工商界多到云南考察和投资，新闻界多向外界报道云南的实际情况，"使内地同胞知今日之云南，绝非历史上所记之不毛之地"[62]。下午六点，褚民谊在招待所会见新闻记者。这是周览团首次公开会见记者，昆明各报社均派员参加。褚民谊再次阐述了周览团的使命，介绍了随行的植物油车和木炭车[63]。

2日，游览金殿、黑龙潭、筇竹寺和海源寺。3日上午，云南省党务指导委员会举行扩大纪念周，周览团全体团员、龙云及云南政要、全体受训公务人员共约4000余人参加。褚民谊主持会议，并报告了西安事变的经过，宣传国民党五届三中全会的决议[64]。会议结束后到大观楼、西山游览，褚民谊盛赞大观楼湖山秀丽，"在各大都市殊不多见……西山为滇垣第一名胜"。晚上，汽车同业公会在省党部欢迎周览团，团员张登义讲解"煤炭使用之优点"，张世纲讲解"植物油汽车之便利与经济"，李介民报告"中央对于各省市车业保护及管理统一办法"，"颇引听众注意"[65]。

4日，为"察看滇越的交界"、"参观滇越铁路"[66]，褚民谊率16名团员乘花轮快车前往河口，法国正、副领事，路警总局局长和河口督办作陪。当晚抵达河口，地方当局召开隆重的欢迎大会，褚民谊发表演讲。"边疆人民得中央使节亲临慰问，咸欢欣鼓舞，认为空前盛举。"[67]晚上，部分团员参加辽、吉、黑、热、察、晋、绥、冀旅滇八省同乡所设的招待宴会。八省同乡代表"极沉痛"地说："诸君抵云南，深赞云南之一切。岂能遽忘掉东北富源、土地与人民？乃至吾人所丧失一切资源，其价值实倍蓰于云南。诸君既关切云南，尤愿不忘东北！深愿在统一复兴呼声中，不久有自南京至黑龙江周览团实现！"[68]团员听后，心情极为沉重。5 日，龙云在省政府设宴为周览团饯行，褚民谊由河口赶回参加。"宾主二百余人，极尽欢畅，至十二时始散"[69]。6日上午，何遂等 8 名团员，决定先乘滇越铁路火车到越南，再转道至广西。下午，周览团应邀检阅云南童子军，受阅者达四千余人[70]。

　　7 日中午十二点，周览团离滇，龙云率云南高级军政长官、学生、民众、部队等数万人冒雨相送。周览团由怡园排队步行，频与欢送者答礼，"对昆明均表深切留恋"[71]。至古幢公园，与龙云等人握手话别。临行之时，有记者采访褚民谊，褚表示：看到京滇公路沿线各地和云南的建设取得突飞猛进的成绩，他感到非常快慰；"京滇公路通达、周览团使命完成，实为中央与地方团结一致之具体表现，深可庆幸"；在云南参观各方面事业，"印象均极佳好……滇省力有未逮之各项事业，当详呈中央，设法扶助推进"。[72]云南省政府派杨文清、裴存藩率 4 名招待，随车护送至平彝。另外还派出 4 人随周览团到广西考察[73]。

　　8 日周览团抵达盘县，9 日上午离开时，一出城便遇到万余难民围跪乞赈，状况极为凄惨。团员下车抚慰，并承诺转告贵州省当局赶紧筹赈，灾民这才散开。10 日下午六点回到贵阳，12日分南北两路返京。南路回程团员共 72 人，由褚民谊率领，17

日前后陆续抵达桂林。次日，广西省政府在南门外大校场举行了盛大的欢迎会，到会党、政、军、学人士及民众万余人。李宗仁致欢迎词，褚民谊致答词，情形极为融洽热烈。之后，周览团又在广西逗留了3日才离桂返京[74]。

北路团员14日到达重庆，原计划到重庆后即宣告解散，各自乘轮船返回京沪。但因受四川省政府的极力邀请，伍连德率部分团员17日到成都参观。18日，四川省主席刘湘在省政府接见周览团团员，四川政要邓汉祥、卢作孚等作陪。刘湘对四川建设成绩和受灾情况稍作说明后，即让邓汉祥向周览团作报告。邓着重阐述了四川过去政治的混乱情况，以及1935年现任政府成立以来所取得的政绩，并针对当时流行的关于刘湘想与南京政府抗衡的传闻作特别说明，"谓刘主席拥护中央，拥护领袖，始终不渝，贵团此次入川，定风闻种种谣传，此为奸人别有作用，故意播弄，作有计划之造谣，以离间中央与地方间之感情。但刘主席对国家民族有认识，决在中央领导下作复兴民族的工作。"[75]请周览团回京后，将四川的实际情况向蒋介石汇报。在成都游览考察3日之后，周览团启程返京。5月底，南北两路回程队伍均先后安全回到京沪。

四、京滇公路及其周览团的影响

京滇公路及其周览团的作用，当时就有各种各样的评价。有从政治（中央政府）角度，有从交通角度，有从西南边疆角度，有从团体游历（旅游）角度，有从新闻事业角度，不一而足，均能言之有理。75年后的今天，我们将京滇公路及其周览团作为整体，放在一个多维时空来考察，认为其作用和影响主要有以下几个方面。

（一）京滇公路及其周览团的考察活动，是南京政府"统一化"政策[76]的重要内容，也是其抗战战略及国防建设的组成部分，对随后爆发的抗日战争具有重要的积极意义

南京政府的抗战战略，经历了一个由消极到积极的转变过程。九一八事变后，朝野有识之士提出了加强军事建设，积极备战的抗日战略。蒋介石坚持"攘外必先安内"政策，提出以"统一"作为御侮的前提。华北事变后，中日民族矛盾进一步加深，南京政府加紧进行抗战准备，调整国防机构，修正国防计划。1936年度及1937年度的《国防计划大纲》中，云南与陕、川、鄂等省划入预备区，并由陕、甘、川等8省组成预备军总指挥部，滇黔区与广西区、川康区等设为警备区。为实现将西南地区作为抗日大后方的计划，南京政府大力建设国防交通线，建立全国性的公路系统，将统治势力伸入地方势力派控制的地区，力图实现国家政治上的统一。关于南京政府的"统一化"政策，以往的研究较少正面涉及，多斥责其为加强法西斯统治和发展四大家族的官僚资本，是蒋介石与西南军阀争夺权势，乘"追剿"红军之机将势力深入西南地区，力图实现所谓的"中央化"。1988年，日本学者石岛纪之提出，南京政府的"统一化"政策，又称作中央集权化政策、中央一体化政策，"中国出版的通史上没有记述过"，一般地被"否定地评价，或者是忽视了对于抗日战争的作用"。"考虑在抗战爆发以后四川省等西南诸省作为中国抗战的大后方，我们能不能把蒋介石的中央一体化政策的意义忽视，或者能不能给它

仅仅以中央和地方的争权夺势的评价呢?"

对于南京政府"统一化"政策对抗日战争的影响,蒋介石曾论述说:"将向来不统一的川滇黔三省统一起来,奠定我们国家生命的根基,以为复兴民族最后之根据地。日本看到这种情形非常不安,以为这三省如果统一起来,中国便有了复兴的根据地,从此不但三年亡不了中国,就是三十年也打不了中国,这就是日本将来的致命伤,所以它无论如何,总要想方法来打破我们统一川滇黔三省以奠定整个国家生存之基础的计划。"[77]日本方面的材料也表明,军部认为,南京政府新币制改革如果得到巩固,"华北和西南从前的半独立性一定会被完全破坏,日本对中国的政策就从根本上崩溃了。"[78]石岛纪之认为,"日本方面密切关注着国民政府对四川等西南地区'统一化'的进展给日中关系带来的巨大转变","日本帝国主义者已经感觉到中国这种统一进展的威胁,因而更进一步加快了侵略中国的步伐"。同时,中国的"统一化"进程"给中国的知识分子阶层以很大的自信心"。

(二)京滇公路通车及周览团的长途考察,增进了团员、南京政府中央及社会界对云南、贵州等边疆民族地区的了解和认识

由于交通的限制,加以护国讨袁以来唐继尧、龙云政权的半独立倾向,南京政府中央对滇黔地区的了解较为肤浅。在周览团筹组过程中,由于各界人士大多没有到过云、贵两省,因而存在严重的偏见和误解。他们囿于西南蛮荒之地、瘴疠之乡的认识,大多不愿报名参加。周览团筹委会不得不出面解释,并以昆明滇池胜景相诱惑,才得到一定的支持[79]。通过近50天的考察,团

员们获得了各地有关政治、物产、民族、教育、气候、环境等的丰富资料，增加了感性认识，改变了此前的看法。他们"无不精神焕发，喜斯行收获之丰富，有出于意料者。于是视听一新，昔日隔绝几同化外之黔滇，今已旦夕往返；昔日在家千日好，出路万般难之谣，今当改咏旅行乐矣！"[80]团员们返回各自的岗位后，纷纷撰写考察报告，发表演讲和谈话，向中央政府及相关部门提出建议，要求注意边疆与内地和东南沿海的经济文化的平衡发展[81]。新闻记者就周览团和京滇公路沿线撰写了大量报道，使国人借助报刊、广播等现代传媒，了解到了京滇公路沿线特别是神秘的云贵地区的更多信息。如汪松年（木公）在《大公报》上连载的《京滇周览印象记·得天独厚之云南》，这似乎是第一篇在全国性报刊上宣传介绍云南的报道，影响深远。加上其他报刊上的报道，如《京滇周游记（续）·今日之云南》、《滇行杂识·昆明印象记》等，一时之间，京沪地区兴起了认识云南、了解云南的热潮，云南从边鄙之区成为了人们心目中向往的"原料金库"，京滇公路所经各省中"最有前途之一省"[82]。

（三）京滇公路通车及周览团的长途考察和宣传，增进了公路沿线特别是西南边疆各族人民的国家认同意识，为抗战爆发后西南各省团结在国民政府周围，保家卫国，维持大后方的稳定奠定了基础

　　近代以来，中国在由传统王朝国家向近代民族国家过渡的过程中，边疆少数民族特别是精英阶层的国家认同是一个较为重要的问题，影响深远。如何加强各民族人民对中华民国国家及中华民族的整体认同，是民国政府及知识阶层广为思考的问题。周览

团的考察活动，是国民政府对京滇公路所经各地尤其是西南各省的一次宣慰、笼络和动员。他们标出"宣扬中央德意"、"统一救国"的宗旨，沿途反复播放电影、广播，发表演讲，赠送几万张蒋介石照片，培养和加强西南各族人民对领导人、政府和国家的认同。褚民谊曾在国民党中央党部纪念周上报告说：这次周览"有一件很高兴的事，就是苗夷的民族也来欢迎我们，使我们得到机会同他们接近，把中央精诚团结的意思告诉他们……他们也很明了中央德意，对于我们的话非常接受"[83]。

（四）京滇公路通车及周览团的考察活动，在一定程度上推动了中国早期现代化的发展

我们认为，中国早期现代化的最主要现象，一是"边陲"（边疆少数民族地区）与"中心"（中国内地）之间非常松弛、隔绝的关系（天高皇帝远）变为双方打通而密接的关系，二是少数民族的国家认同意识及其发展。[84]对于近代以来西南边疆与中国内地的关系，京滇公路及其周览团是一个划时代的事件，它从根本上终结了长期以来双方"天高皇帝远"的松弛、隔绝关系，进一步缩短了西南"边陲"与南京"中心"的距离，加强了双方打通而密接的关系，为抗战时期昆明成为中国的政治、经济和文化中心之一创造了条件。同时，周览团的考察活动，也是中央政府与京滇公路沿线地方政府的一次良好互动，双方共同努力、协同动作，圆满完成了周览团的筹组、沿途考察和接待工作。正如江西省主席熊式辉所说：周览团"亲赴各地实地考察，求明了各地的实情，消除中央与地方的隔膜，不单是对于经济文化建设、交通等大有裨益，而且对于真正的统一运动，亦有莫大

的帮助"[85]。在云南方面，通过京滇公路，"中央政府在云南人的心目中已不是虚无缥缈的幻影了"[86]。此后，蒋介石和龙云的关系进入了"蜜月期"，外界甚至传说蒋介石曾收龙云长子龙绳武为义子，云南成为了抗战稳固的大后方。

（五）京滇公路周览团的考察活动，对中国现代学术发展产生了一定的影响

如前所述，周览团"人才济济，专家学者无所不包"。团员分属医学、经济学、政治学、社会学、地理学、植物学、工商金融、矿冶工程、汽车工程、公路工程、旅游、新闻等学科，这次千载难逢的考察对参加者此后的学术研究产生了影响。典型如社会学家吴泽霖，他代表中国社会学会参加周览，担任周览团社会教育卫生组组长，"历经各地，任务至为繁重"[87]。除了督率该组成员搜集各种材料外，还应各机关团体之邀请进行演讲。在皖、赣、湘、黔、滇、川等省搜集各种文物，并拍摄风光、习俗照片百余幅，回上海后举办了一个公开展览[88]。他在贵州省教育厅演讲"种族问题"，在云南省立昆华民众教育馆和学术团体联合会演讲"贫穷问题"，在云南大学演讲"社会变迁"，"颇受各地人士欢迎"[89]。据研究，吴泽霖在这次周览活动中，首次见到了这么多的少数民族，对他的学术道路产生了影响，从此"开始了解边疆民族的实际情况"[90]。

（六）京滇公路周览团的考察活动，在一定程度上冲击了京滇公路沿线的闭塞风气，开阔了广大民众的眼界

周览团宣传的医疗卫生、汽车工程、时事政治等内容，携带

的电影、广播、柴油车、植物油车、照相机等设备，以及浩浩荡荡的周览队伍本身，对于沿途大多数普通民众来说都是新鲜见闻。如4月11日晚，周览团在市政局播放有声电影，褚民谊借机用"广音放送机"演讲，"开南昌新纪录，（市民）闻所未闻，见所未见"[91]。20日，在镇远县播放电影和广播，"民众闻所未闻，见所未见，惊为奇数，而不知世界科学一日千里"[92]。26日到贵州安南县，居民对当地流行的瘴气极为恐惧，流行不起早、不吃饱、不洗澡、不脱袄。团员向他们解释，瘴疠是一种恶性疟疾，由蚊虫叮咬传播，并不像传闻的那样"神秘可畏"[93]。

（七）京滇公路周览团的考察活动，为京滇公路沿线各省保留了一批重要资料

周览团在筹备期间，为方便团员了解各地情况，各省分会纷纷编印了介绍地方政绩、物产、民族、教育等情况的书籍。如江西省建设厅编《江西要览》，京滇公路周览会湖南省招待处编《京滇公路湘境沿线纪要》，祁阳人民欢迎京滇周览团筹备处编《浯溪指南》，京滇公路周览会筹备会贵州分会编《贵州沿公路各县概况》、京滇公路周览会贵州分会宣传部编《今日之贵州》（15册）、京滇公路周览筹备会云南分会编《云南概览》等。

当然，京滇公路周览团的考察活动也存在不足和局限性。首先，由于时间仓促，周览团的考察并不深入。褚民谊曾说："沿途参观教育、地方建设，均是走马看花，不过得了一点大概情形。"[94]当时就有人批评说："要宣传中央的德意，考察民间的疾苦，不入农村，不跑到大众的巢穴里去体验，去观察，那么宣传德意，不过是墙壁上贴些标语，城市内开几次演讲会。中央德

意，人民还是没有沾染着。考察民间疾苦也不过是摄些照片，开着车子在城市中及马路上兜些圈子，观览观览奇山异水，小民的疾苦仍然是疾苦，始终还是没有知道。"[95] 其次，周览团所看到的，都是各级行政当局充分准备和精心布置的场景，很难深入了社会真相。如在贵阳，"甚少新建筑，但为欢迎周览团的关系，房屋街衢似曾一度普遍地修饰过，但从门缝间往里窥探，废瓦颓垣到处皆是"[96]。再次，南京政府组织周览团，原计划"组合各专门人才，寓考察于周览……将来报告完成，贡献地方建设、行政之设施"[97]。但随着抗日战争的爆发，打断了这一美好的计划。

　　总的来说，京滇公路的作用和深远影响为社会各界所公认。但京滇公路周览团作为中央政府派往边疆民族地区的考察团，其作用可大可小。大到国家统一、抗日救国、国防安全，甚至国家认同、现代化发展，小到京滇公路通车的纪念典礼、京滇公路上的一次团体游历。我们不应将其与古代中国的帝王巡视和所谓"八府巡按"等作简单类比，赋予其行政、司法甚至军事权力，也不应将其等同于政府部门和学术团体的考察调研。在1937年中日大战在即、西南边疆尚未实现政治统一这一特殊时期，中央政府派出的考察团重在宣慰、慰问，以连通中央与边陲、彰显国家统一、宣示国家主权为任务，"把西南各省和中央打成一片"[98]，其宣传作用远远大于实际工作，象征意义远远大于实际效果。因此，我们对它的评价不应过于苛责。

注　释

1　发起时称"京滇公路周览会"，之后又称为"京滇公路周览团"、"京滇公路考察团"、"京滇周览团"等。其中"京滇公路周览会"、"京滇公路周览团"使用较多。本文统称为"京滇公路周览团"，简称"周览团"。

2　《大公报》记者木公将"周览团"称作"中朝使节",即"中央使节",这应该是西南各省社会各界的看法。

3　59　《龙主座盼中央竭力实现云南工业区》,载《云南日报》1937 年 5 月 1 日第 6 版;胡士铨:《京滇公路周览团随征记》,载《旅行杂志》第 11 卷第 6 号,1937 年 6 月 1 日。按,20 世纪 30 年代,有三次事件被誉称为"万里长征",均与西南边疆有关。一是 1934 年 10 月开始的红军长征,遐迩闻名;二是京滇公路周览团;三是 1938 年 2 月 21 日开始的西南联大湘黔滇旅行团。

4　琛琦:《京滇公路完成》,载《滇黔》第 3 卷第 1 期,1937 年 6 月 1 日。

5　龙云:《云南概览·序》,载京滇公路周览筹备会云南分会编:《云南概览》,1937 年 4 月,第 1 页。

6　94　赵君豪问,褚民谊答:《京滇周览记》,载《旅行杂志》第 11 卷第 9 号,1937 年 9 月 1 日。

7　掌故文章有:甘源:《京滇周览团在昆明》(《五华文史资料》第 4 辑,1992 年)、万挽一:《记"京滇周览团"的昆明之行》(《滇云旧闻录》,云南教育出版社 1998 年版)、伍艳:《1937 年:京滇公路周览会》(冯克力主编:《老照片》第 55 辑,山东画报出版社 2007 年版)、林泉:《昆明来了"京滇公路周览团"》(《重返老昆明》下,云南美术出版社 2003 年版)。研究论文仅见董君:《京滇公路周览团有关云南史料的整理与研究》(云南大学硕士学位论文,2010 年 5 月),但资料辑录遗漏较多。此外,周一士:《中国公路史》(文海出版社 1957 年版)、《云南公路史》第 1 册(国际文化出版公司 1989 年版)、《南京近代公路史》(江苏科学技术出版社 1990 年版)等,亦有简要记述。

8　聂克雷:《京滇公路周览观感》,载《时事月报》第 17 卷第 1 期,1937 年 7 月。

9　《京滇周览团》,载《海外通讯》第 6 期,1937 年 4 月 30 日。

10　袁著:《公路建设与京滇公路周览会之意义》,载《地理教育》第 2 卷第 4 期,1937 年 4 月 1 日。

11　《京滇公路周览　蒋极为重视》,载《申报》1937 年 3 月 10 日,第 4 版。

12　19　《京滇公路周览之壮举》,载《海外通讯》第 6 期,1937 年 4 月 30 日。

13　万琼:《京滇公路周览会报告书》一《京滇公路周览之意义》,1937 年 9 月。

14　以上参见薛正斗《京滇公路周览开始》,载《时事月报》第 16 卷第 5 期,1937 年 5 月;《京滇公路周览之盛况》,载《道路》第 53 卷第 3 号《陕西公路建设特辑》，1937 年 5 月 15 日。

15　32　38　39　97　胡士铨：《京滇公路周览团随征记》（一），载《旅行杂志》第 11 卷第 6 号，1937 年 6 月 1 日。

16　66　83　98　关于参加人员的数量，当时就有不同说法，此处从团长褚民谊之说。参见《诸民谊在中央报告京滇周览观感》，载《中央日报》1937 年 6 月 1 日第 4 版。

17　21　22　《京滇公路周览之盛况》，载《道路》第 53 卷第 3 号《陕西公路建设特辑》，1937 年 5 月 15 日。

18　80　王世圻：《京滇公路周览纪要》，载《交通月刊》第 1 卷第 1 期，1937 年 7 月 16 日。

20　《行政院京滇公路周览会组织大纲》，载《国民政府公报》第 2290 号，1937 年 2 月 27 日。

23　参考《褚民谊》，载厂民编：《中国人物志》，1937 年版，沈云龙主编：《近代中国史料丛刊续编》第 50 辑，文海出版社。

24　参见《伍连德泛谈新医》，载《云南日报》1937 年 5 月 6 日，第 7 版；《伍连德是中国近代医学的先驱》，载吴相湘：《民国人物列传》下，中国大百科全书出版社 2009 年版，第 44 页；蔡锋：《中国卫生防疫检疫事业开创者伍连德》，载江门市政协学习和文史委员会主编：《江门文史》第 42 辑，2007 年 12 月，第 193 页。

25　《薛次莘》，载赖德霖主编：《近代哲匠录——中国近代重要建筑师、建筑事务所名录》，中国水利水电出版社、知识产权出版社 2006 年版，第 185 页。

26　《卫挺生传略》，载谢扶雅《生之回味》，香港道声出版社 1979 年版，第 290 页。

27　《裴鑑》，载中国科学技术协会编：《中国科学技术专家传略》医学编药学卷一，中国科学技术出版社 1996 年版，第 137—138 页。

28　毛必林：《足迹留边陲 桃李遍四方——忆严德一教授》，载《地理学与国土研究》1994 年第 2 期。

29　《吴泽霖》，载张玉春主编：《百年暨南人物志》，暨南大学出版社 2006 年版，第 375 页。

30　金祖孟：《胡焕庸教授地理工作六十年》，载《人文地理》1989 年第 3 期。

31　《中国汽车制造公司中国号柴油汽车用各种植物油行驶参加京滇公路周览由沪至滇行车纪录》，载《工程周刊》第 6 卷第 8 期，1937 年 5 月 27 日。

33　63　《褚民谊招待新闻界时的讲话》，载《云南日报》1937 年 5 月 3 日，第 6 版。

34　邵力子：《十年来的中国新闻事业》，载《抗战前十年之中国》，中国文化建设协会 1937 年出版，（台北）龙田出版社，1980 年影印初版，第 490 页。

35　《何主席欢迎京滇公路周览团代表致词》，载《湖南省政府公报》第 688 号，1937 年 4 月 17 日。

36　薛正斗：《京滇公路周览开始》，载《时事月报》第 16 卷第 5 期，1937 年 5 月。

37　《京滇公路周览会团员出发》，载《申报》1937 年 4 月 6 日，第 4 版。

40　41　向杲：《京滇公路周览纪略》，载《道路》54 卷 1 号，1937 年。

42　44　《京滇周览团本社宣传车工作状况汇志》，载《励志》第 5 卷第 17 期，1937 年 4 月 25 日。

43　以上参考无我：《京滇公路沿线新运情况素描（第二信）》，载《新运导报》第 7 期，1937 年 4 月 30 日。

45　46　胡士铨：《京滇公路周览团随征记》（二），《旅行杂志》第 11 卷第 7 号《全国铁路沿线名胜专号》，1937 年 7 月 1 日。

47　《京滇周览团在湘参观》，载《申报》1937 年 4 月 16 日，第 4 版。

48　49　50　52　92　胡士铨：《京滇公路周览团随征记》（三），《旅行杂志》第 11 卷第 8 号，1937 年 8 月 1 日。

51　参考钟大亨：《贵阳的汽车运输业》，载贵阳市政协文史和学习委员会主编：《贵阳文史资料选萃》上册，贵州人民出版社 2006 年版，第 199 页。

53　《黔各界在民教馆欢迎京滇周览团》，载《申报》1937 年 4 月 25 日，第 4 版。

54　62　《京滇沿路各省实干政治集锦录》，载《汗血月刊》第 9 卷第 3 期，1937 年 6 月 1 日。

55　96　向杲：《京滇公路周览纪略（续完）》，载《道路》第 54 卷第 2 号，1937 年。

56　《京滇周览团昨午到达昆明》，载《申报》1937 年 4 月 30 日，第 4 版。

57　95　达生：《京滇公路周览团到昆明》，载《云南旅蓉学会会刊》创刊号，1937 年 8 月 20 日。

58　云南省档案馆档案：1106－4－4505。

60　《滇各界开会欢迎京滇周览团》，载《申报》1937 年 5 月 1 日，第 4 版。

61　《京滇公路周览团在滇游览名胜》，载《申报》1937 年 5 月 3 日，第 4 版。

64　《褚民谊扩大纪念周的报告》，载《云南日报》，1937 年 5 月 4 日，第 6 版。

65　《褚民谊等赴河口参观滇越铁路工程》，载《申报》1937 年 5 月 5 日，第 4 版。

67　69　《京滇周览团检阅滇垣童子军》，载《申报》1937 年 5 月 7 日，第 4 版。

68　93　无我：《京滇公路沿线新运情况素描（第四信）》，载《新运导报》第 9 期，1937 年 6 月 30 日。

70　《国内大事记》、《本省大事记》，载《军事月刊》第 10 期，1937 年 5 月 31 日。

71　72　73　《京滇周览团昨午离滇》，载《申报》1937 年 5 月 8 日，第 4 版。

74　75　《刘湘延见周览团员》，载《申报》1937 年 5 月 19 日第 4 版。

76　［日］石岛纪之：《国民党政府的"统一化"政策和抗日战争》，载张宪文主编：《民国档案与民国史学术讨论会论文集》，档案出版社 1988 年版。以下石岛纪之的有关论述均引自该文，参见第 288、289、291、296 页。

77　《蒋委员长对全国中等以上学校校长与学生代表讲："政府与人民共同救国之要道"》，载秦孝仪主编：《中华民国重要史料初编·对日抗战时期·绪编》（一），中国国民党中央委员会党史委员会 1981 年版，第 745 页。

78　1935 年 12 月 10 日天津日军参谋长发给参谋次长的信，转引自石岛纪之：《国民党政府的"统一化"政策和抗日战争》，载张宪文主编：《民国档案与民国史学术讨论会论文集》，第 290—291 页。

79　《褚民谊扩大纪念周的报告》，载《云南日报》1937 年 5 月 4 日，第 6 版。

81　褚民谊：《京滇周览经过》，载《广播周报》第 142 期，1937 年 6 月 19 日。

82　木公：《京滇周览印象记·得天独厚之云南》，载《大公报》1937 年 6 月 9 日—17 日。

84　潘先林、张黎波：《西南边疆早期现代化的主要现象及其与国家安全之关系》，载《思想战线》2010 年第 2 期。

85　熊式辉：《江西对于京滇公路周览团之希望》，载《经济旬刊》第 8 卷第 11 期，1937 年 4 月 15 日。

86　［美］易劳逸著，王建朗等译：《毁灭的种子：战争与革命中的国民党中国（1937—1949）》，江苏人民出版社 2009 年版，第 5 页。

87 89 《参加京滇周览工作完毕，本大学教务长吴泽霖先生返校，下周将出席纪念周报告游览印象》，载《暨南校刊》第 211 号，1937 年 5 月 31 日。

88 大夏大学：《展览京滇公路周览文物》，载《大夏周报》第 13 卷（1937 年）第 20 期，1937 年 6 月 16 日。

90 王建民：《20 世纪前半期中国民族文物搜集与民族学博物馆建设》，载该刊编辑部编：《陕西历史博物馆馆刊》第 4 辑，西北大学出版社 1997 年版，第 332 页。

91 胡士铨：《京滇公路周览团随征记》，载《旅行杂志》第 11 卷第 6 号，1937 年 6 月 1 日。

方树梅与《明清滇人著述书目》

段润秀（红河学院人文学院副教授）

方树梅（1881—1968），字臞仙，号雪禅，又号梅居士，云南晋宁人，著名藏书家、目录学家和文献学家，一生致力于云南文献的搜集、整理、抢救等工作，著述颇多，至老不倦。时人戏称为"方古董"、"滇癖"。1930 年，由云南省主席龙云提案续修省志，决定先成立筹备处。筹备处成立之初，"拟具组织大纲、进行设馆工作，并将任务规定明确：一、综合各种旧志，赓续至清宣统三年止，为《新纂云南通志》；二、自民国纪元起，至二十年止，为《续修云南通志长编》"[1]。1931 年 2 月，省府派方树梅、何秉智为干事，负责志书的具体筹备工作，李生萩在《方树梅传略》中说："同年，国民党令各省纂修通志，省府议决聘周钟岳为馆长，方为筹备干事，负责拟编纂纲目及采访条例。他穷十多个书夜之力，兼采江苏、安徽新例，将纲目和条例初稿拟就，逐一讨论修改付印，先办采访，令各县各设志局，采访呈报，此次纂修分两部：由开滇至宣统辛亥止，名《新纂云南通志》；自民国始至二十年后，名《续云南通志长编》。纲目既定，又由方氏拟凡例二十九条。"[2]1934 年，云南通志馆资助方树梅北游访书，张希鲁随同，足迹遍及十二个省，历时半年，共访得很多书籍，购书三万余卷，收获颇丰。北游访书归来有《南北搜访文献归来一首》："南北遨游愿不违，半肩文献尽珠玑，平生第一快心事，多少先贤伴我归。"[3]张希鲁在《〈北游搜访文献日记〉后序》中说："臞仙先生尽瘁乡邦文献垂四十年，著作等身。师荔扉（师范）、王乐山（王崧）两先正后一人而已。然先生不足，以为平生搜罗仅限于西南，乡贤遗著散于海内者犹多，因发奋远道物色，乃有北游搜访文献之行。……先生掇拾乡贤珠玑遗余各地者，诚不可以数计，新修省志网罗宏富，与先生此行不辞艰巨，栉风沐雨，旁搜远绍，实不能分也。"[4]充分表达了方树梅北游访书的心愿及贡献。1936 年至 1937 年，馆长周钟岳嘱托方氏审查，据《臞仙年录》记载："（1936 年）通志总纂分纂各员所编之稿，交十之七八，惺师嘱梅审查。如列传分合尚未尽善；自汉至元尚缺，明清两代重要人物当补撰；丛传尚无人担任；大事记注，引用书目，有注子而未注母；且有极小事而列人者；清咸同兵事，亦嫌过略；地理引用书目未改正，材料亦当补充；边裔、土司、兵制、外交、农工商诸门草率，须再搜采重编。"[5]1937 年，云南通志馆裁减人员，方树梅删各属采访人物稿为丛传。[6]1938 又作为编纂审查员，1940 年又负责编审文学、武功、列女、方外诸门，1941 年结束志书编纂工作。他在《臞仙年录》中说："（1941 年）余在海源寺纂修通志，将所任各稿杀青，交赵戣父馆长签核，辞归。通志结束，在事各员有褒奖，余辞不受。"[7]1931 年至 1941 年，方树梅除负责筹备、拟定凡例、北游访书、审订部分志稿外，还分撰《艺文考》、《地理考》之"津梁"、"城池"、"关塘"、"官署"、《汉至元耆旧传》，[8]《隐逸传》、《列女传》、《寓贤传》、《释道传》，又与缪尔纾合编《儒林传》、《文苑传》，又审订各类传记，其为志书的编纂做出了重要贡献。1949 年，《新纂云南通志》最终刊印颁行。[9]

1944 年，国立云南大学西南文化研究室将方树梅所撰"通志艺文考滇人著述部分"，辑录成单篇，定名为《明清滇人著述书目》，收入《西南研究丛书》之四。[10]方树梅于《矑仙年录》中论及其分撰《艺文考》的情况："余任通志艺文考，自幼癖滇云文献，又襄助赵（赵藩）、陈（陈荣昌）、袁（袁嘉谷）、秦（秦光玉）诸先生，从事云南丛书，先后廿余年，于此竭心尽力而为之。照四库分类，提要考订勒成十卷，较道光、光绪通志，增加数百种。"[11]《书目》依《四库全书》体例，按经、史、子、集四部进行分类，且每一大类之下又分若干目，是一部著录和提要明清两代滇人著述的目录书。提要内容包括书名、卷数、作者、籍贯、科考、仕宦以及著述内容、存佚、著录、刊刻等，竖排版，凡书名顶格书写，内容低一格，用"案"标识考辨内容。《新纂云南通志·艺文考》之"滇人著述部分"以《书目》为蓝本，但又进行了详细地审订，以下是《艺文考》审订《书目》的大体情况。

一、增删书目

《艺文考》新增书目及提要，同时也删略少部分书目和提要。具体如下：

经部增加七种，即易类：（明）文祖尧《周易阐微》四卷，（清）方玉润《太极元枢》、《易经通致评解》（大概没有成书，所以未提要）、[12]《易卦变图说补证》；书类：方玉润《书经通致平解》；春秋类：（明）文祖尧《春秋晰疑》二卷；小学类：（唐朝）阿轲《毗书》。[13]

　　史部增加五十一种，即杂志类：（清）万贞元《公车图》三卷；省府厅州县志：（明）朱克瀛辑《晋宁州志》，（明）王昱《晋宁州志》，（明）易翼之《腾司志稿》，（明）李元阳《云南通志》十七卷、《大理府志》十卷，（明）吴宗尧辑《腾越州志》二卷，（明）樊巍《夔府志》，（明）赵瓒《嘉靖贵州图经新志》十八卷，（明）包见捷编《通志草》二十卷，（明）刘文徵《滇志》三十三卷，（明）何邦渐编《浪穹县志》八卷，（明）刘芳《崇祯砀山县志》二卷，（明）张相度《太和县志》，（清）阚祯兆《通海县志》八卷，（清）张汉《续河南府志》，（清）万咸燕《丽江府志》二卷，（清）夏冕《临安府志》二十四卷，（清）段昕《安宁州志》二十卷，（清）赵淳《白盐井志》四卷、《续修琅盐井志》四卷，（清）董良才《易门县志》十二卷，（清）唐时勋《沾益州志》四卷，（清）郭廷选《路南州志》四卷，（清）赵淳、杜唐同修《赵州志》四卷，（清）沈泳编《续修通海县志》，（清）罗元琦编《续增石屏州志》二卷，（清）李世保《云南县志》四卷，（清）迟祚永《昆阳小志》，（清）葛炜辑《江川志草》二十九卷，（清）徐时行、姚贺泰同纂《续修蒙化直隶厅志》六卷，（清）罗含章《景东直隶厅志》二十八卷，（清）艾廉纂《邓川州志》六卷，（清）刘荣黼《大姚县志》三卷，（清）戴纲孙《昆明县志稿》，（清）侯允钦《邓川州志》，（清）郎荣、徐嘉禾、傅维经同纂《续修安宁州志》五卷，（清）龚纯儒《新平县志》，（清）梁恩明、王沂渊同修《续修嵩明州志》八卷，（清）寸开泰《龙陵厅志》，（清）甘雨《姚州志》十一卷，（清）周宗洛《续修顺宁府志》

三十八卷；地理类山川河渠：（清）高奣映《鸡足山志》，（清）何应清《滇南山水考略》、《宾阳纪略诗》、《温泉图经》四卷；地理类杂志：（清）陈荣昌《乙巳东游日记》一卷、佚名《云南铜政便览》、（清）萧大成《养正集》，（清）倪蜕《滇云历年传》十卷，《云南事略》一卷。

子部增加二十四种，即儒家类：方玉润《易纬新编》（太元潜虚　太极　泰律）、《书纬》（《书纬》与《书纬鸿文》不知是否为同书，待考），[14]（清）尹壮图《性理节要》，（清）方玉润《运筹神机智略》、《二十四策》、《中兴论》、《上时帅书》、《运筹神机守略》、《运筹神机战略》、《技艺图》；天文算法：（清）方玉润《元学存真》、《地学存真》、《命学存真》、《相学存真》、《数学存真》；杂家类：（清）方玉润《心学日记》、《星烈日记汇要》；小说家类：（清）方玉润《评点聊斋志异》、《评点红楼梦传奇》；释家类：（元）释普瑞《华严县谈会玄记》四十卷，（元）释定住《楞严经纂要注》十卷、《金刚方语集解》一卷、《华严心镜》二卷、《玄谈辅翼》八卷、外集三卷，（明）陶珽等编《曹溪一滴》，（明）释觉聆懒《石聆语录》四卷，（明）释读体《四分比丘尼戒本》一卷、《毗尼日用切要》一卷、《沙弥尼律仪要略》一卷（末尾收入《鸡足山志补》，附陶珽《曹溪一滴序》及戈允礼《曹溪一滴引》），[15]（明）释清济《玉溪灵照寺悯众禅师语录》二卷；道家类：（清）陈荣昌《老易通》二卷。

集部新增十八种，即别集类：（汉）盛览《赋心》四卷，（元）段福《征行集》，（元）王昇《王彦高文集》，（明）文祖尧《离忧集》二卷，（清）吴承伯《金华吟》、《南归吟》，（清）李重发《春圃诗集》，（清）罗翰文《西园诗草》一卷，（清）

金泽《交养轩遗集》一卷，王家士《月卿剩稿》一卷，鲁大宗《听涛轩诗钞》，（清）陈荣昌《虚斋诗集》十五卷、文集八卷、《桐村骈文》二卷、《前汉乐府》二卷；诗文评：（清）陈荣昌选编《经正书院课艺初二三四集》，（清）朱庭珍、杨高德同辑《莲湖吟社稿》二卷；词曲类：（清）陈荣昌《虚斋词》二卷、《桐村词》二卷。

　　《艺文考》删略《书目》的情况为：经部一种，即易类：（清）方玉润《三易原始》。子部五种，即释家类：（明）释读体《大乘玄义》、《黑白布萨》、《一梦漫言》二卷，《楞严忏》、《福慧语录》。集部十一种，即别集类：（清）赵端礼《来凤山馆诗文钞》，（清）卢夔辑《金碧诗隽》，（清）赵允晟《香岩诗草》一卷，（清）陈时沛《李庵诗文集》（又《书目》集部别集类31页则著录陈时需《春生草堂诗集》、《素庵文集》，考应为陈时需，《书目》此处有误，检《艺文考》已改。）；[16]总集类：（清）李坤辑《滇诗拾遗补》四卷，李根源辑《明滇南五名臣遗集》三册，李根源辑《明雷石庵胡二峰遗集合刊》，张耀曾辑《大理张氏诗文存遗》，云南丛书馆辑、秦光玉主编《滇文丛录》一百卷，云南丛书馆辑、余嘉谷主编《滇诗丛录》一百卷，云南丛书馆辑、剑川赵藩主编《滇词丛录》三卷。[17]

　　考《艺文考》由于增删了一些著述，所以打乱了《书目》的著录顺序。另外，《艺文考》还与《书目》在子目分类上略为不同。如，《书目》史部设有年谱类，《艺文考》未设，分散《书目》年谱类著述；《书目》未设史部省府厅州县志，《艺文考》设有专目，增加省府厅州县志书目四十余种；《书目》史部金石类著录杨正青《广金石录》、（吴树声）《鼎堂金石录》二卷，《艺文考》将其归入史部目录类；《书目》史部政书典祀著录（明）张志淳《谥法》二卷、（清）乐恒《大成谥典辑要》六卷。[18]《书目》史部政书邦计著录（清）戴瑞徵《云南铜志》八卷，《艺文考》未设典祀类，将上述三种著述统一归入政书类。

二、修订书名

《书目》存在提要书名错误的情况，《艺文考》均进行了校勘，现按《书目》顺序逐一罗列如下。

《书目》经部第4页（清）邵履和《周易讲义目录》，《艺文考》为邹履和《周易讲义日录》。另考作者应为邹履和，《艺文考》已改。

《书目》经部11页（清）杨学淳《春秋传说将英》第十二卷，《艺文考》为《春秋传说捋英》。

《书目》经部14页（清）邹履和《四□讲义目录》（字迹模糊不清），书名中□（此处字迹模糊不清），《艺文考》为《四书讲义日录》。

《书目》经部18页（清）李翊《敬业载言》六卷，《艺文考》为《敬业载言五经推》。

《书目》经部21页（清）高奣映编：《重打马氏等音外集》一卷、内集一卷，《艺文考》为《重订马氏等音外集》一卷、内集一卷。方树梅考辨出该书为马自援著，高奣映重编，梅建刻于康熙四十七年。检《四库全书存目丛书》本《重订马氏等音外集》、《内集》则署名为（明）梅建，实际上有误，不能将刊刻之人视为该书的作者。

《书目》子部6页（清）傅为诒《明儒四家纂》，《艺文考》

为《明儒四家纂》。[19]

《书目》子部 20 页（清）王涥制：《学庵红书》一册，《艺文考》为《雪庐红书》一册，王涥，号雪庐。检《云南丛书书目提要》为《王雪庐红书》，《艺文考》所改是正确的。[20]

《书目》子部 30 页（清）周榛《偶读一抄》，《艺文考》为《偶读一钞》。

《书目》子部 34 页（明）释非相《语录》十卷，又于子部 36 页著录（清）释普行《普行语录》，《艺文考》为《非相语录》，并说明可能与《普行语录》为同书，后面不再著录《普行语录》。

《书目》集部 5 页（明）张含《张愈山诗文选》八卷、附录一卷，《艺文考》为《张禺山诗文选》八卷、附录一卷。[21]

《书目》集部 9 页（明）张凤翀《歧山稿》，《艺文考》为《岐山稿》。

《书目》集部 14 页（明）李鼎元《静首集》，《艺文考》为《静斋诗》。

《书目》集部 16 页（明）闪从迪《羽岑园秋兴》、《吴越吟草》，又于集部 20 页著录（明）闪仲侗《鹤鸣篇》三卷，提要说："明闪仲侗撰。仲侗字士觉，永昌人，总迪季子。"《艺文考》为闪继迪《雨岑园秋兴》；继迪季子。考闪继迪，明代云南宝山人，著名回族文学家、诗人，著有《雨岑园秋兴》、《吴越游草》、《广山先生集》等，部分诗文散见于明、清人所编诗集之中。

《书目》集部 25 页（明）陈佐才《窗瘦居集》，提要说："佐才千古传人，不必藉诗传，而诗亦特开生面，而《宁瘦居续集》较胜。此集皆经普荷校刊，或有所删改也。"《艺文考》为

《宁瘦居集》。[22]提要中却为《宁瘦居集》，考《云南丛书书目提要》称："是编卷一曰《宁瘦居集》，以示宁瘦隐居，为明遗民之意，载诗二百六十九首，卷二曰《宁瘦居续集》，载诗二百六十首，胜于前集……"[23]

　　《书目》集部39页（清）季镜《黔游草》、《然集》，然提要中却说成《连然集》，显然不慎致误。《艺文考》为李镜《黔游草》、《连然集》。

　　《书目》集部45页（清）刘鉴《我山文集》，《艺文考》为《峨山文集》。

　　《书目》集部50页（清）李节心《拥吉集》，《艺文考》为《拥杏集》。

　　《书目》集部53页（清）范启仲《希希堂搞》，《艺文考》为《希希堂稿》。

　　《书目》集部53页（清）杨诚明《卷拙轩草二集》，《艺文考》为《养拙轩草二集》。

　　《书目》集部68页（清）夏文广《緺庵诗集》，提要中亦用"緺庵"，《艺文考》为《綯庵诗集》，提要也一律为"綯庵"，是正确的。[24]

　　《书目》集部76页（清）罗会恩《南畔文集》、《诗集》，《艺文考》为《南耕文集》、《诗集》，检畔古同耕，更通俗易懂。

　　《书目》集部93页（清）张谠《饶斋存真诗集》，《艺文考》为《镜斋存真诗集》。

　　《书目》集部101页（清）方检《歆斋诗稿》，提要说：检，字歆斋。《艺文考》为《敛斋诗稿》，检，字敛斋。考歆，古同敛。

《书目》集部 102 页（清）杨元萃《竹友居士稿》、《南陀山人集》，《艺文考》将《竹友居士稿》、《南院山人集》。

《书目》集部 106 页（清）吕煜《晚村诗钞》，《艺文考》为《晓村诗钞》。

《书目》集部 109 页（清）杨绍霆《咏苍雪斋诗选》十卷，《艺文考》为《味苍学斋诗选》。

《书目》集部 124 页（清）欧阳暟《即乐园诗钞》，《艺文考》为《聊乐园诗钞》。

《书目》集部 129 页（清）林庆光《嚼然草》，《艺文考》为《皭然草》。

《书目》集部 129 页（清）欧讷《欲寡过斋賸稿》，《艺文考》为《欲寡过斋剩稿》，检賸同剩。

《书目》集部 141 页（清）缪尔康《衢享遗稿》一卷、补编一卷，字衢亭。《艺文考》为《衢亨遗稿》一卷、补编一卷，字衢亨，显然以号命其文集。

《书目》集部 145 页（清）净轮《竹石集》，提要却说净伦号大巍，别号竹室，显然前面不慎致误。《艺文考》改为净伦《竹室集》，是正确的。

《书目》集部 147 页释续亮《楳庵诗钞》一卷，《艺文考》为《梅庵诗钞》，检楳同梅。

《书目》集部 163 页（清）王寿昌《滇词》四种，《艺文考》为《填词》，待考。

以上是《艺文考》审订《书目》书名错误之处。

三、修订作者及籍贯

《书目》中亦存在作者姓名、籍贯有误之处，《艺文考》均一一审订，逐一排列如下。

《书目》经部第 2 页（清）杨爆《易学心声》，《艺文考》为杨燨。另，检方氏《书目》集部 36 页著录（清）杨燨《万青逸稿》，用本校法即可订正之。

《书目》经部第 2 页（清）何杰《易经讲义》，"杰，字汉一，宁州人"，《艺文考》为昆明人。

《书目》经部第 7 页（清）朱家善《书经节解》，《艺文考》为宋家善。另见《书目》经部 7 页著录（清）宋家善《诗经节解》。

《书目》经部第 10 页（明）葛仲选《泰律》十二卷、外编三卷。仲选，字澹园，《艺文考》为葛中选，中选，字澹渊。检《云南丛书书目提要》18 页（明）葛仲选《泰律》十二卷、外编三卷，仲选，字见尧，号澹渊，一号澹园。[25]《艺文考》实际有误。

《书目》经部第 10 页（明）李素《春秋心决》，提要却云："索，云南县人，宏治乙卯举人，历官江西金事，《道光通志》已著录。"《艺文考》为素，将宏治为弘治。

《书目》经部第 18 页宋光□《五经蕴萃》三十卷，《艺文考》为宋光宁，更常用。检□有三个意思：同"宝"；"宁"的类推简化字，常用作偏旁；"宣"的简化字，后停用。

《书目》史部第 5 页（清）傅为伫《景忠集》，《艺文考》为傅为訏。考《清史稿》卷一百八十五《部院大臣年表下》为傅为詝。[26]另外，《书目》史部21页著录（清）傅为詝《读后汉书》，集部60页著录傅为詝《藏密诗钞》十卷、《初学文类》、《读汉书论》，集部150页著录傅为詝《斯文易简录》四卷，后面著录均正确。

《书目》子部第1页（明）冯桂芳《学范启蒙要集》，桂芳，字汝培，号厚高，蒙自人，《艺文考》为建水人。

《书目》子部第7页（清）迟永祚《道南录初稿》一卷，《艺文考》为迟祚永。检《云南丛书》收录迟祚永《道南录》一卷。

《书目》子部第7页（清）郑登奎《追思录》，提要说："登奎见前，《道光通志》已著录。"《艺文考》补充："登奎，字彦升，新兴人，诸生，《道光志》已著录。"

《书目》子部第8页（清）罗会恩《过庭彝训》，会恩，字际叔，号南畊。《艺文考》改号南耕，检畊，古同耕。

《书目》子部第8页（清）施浥培《趋庭录》，浥培，字应山。《艺文考》为印山。

《书目》子部第13页（清）邹泽《反身要语》一卷，又于集部115页著录其《欲寡过斋文集》，重复提要作者。《艺文考》于集部注明"泽见子部儒家类"，采用互见法。

《书目》子部第20页（清）段永源《阴骘文印谱》，注"永源见前"，考《书目》之前实际未著录其著述。而又于子部第32页著录其《信微集》时，反而详其事迹。《艺文考》在前面提及，后面注"永源见前艺术类。"

《书目》子部第23页（明）滕槟《归田录》。《艺文考》为滕槟，《书目》显然不慎致误。

《书目》子部第37页（清）释书桢《随机羯摩疏抄》六卷、

《毗尼甘露摘要》、《教钵轨式》、《历代祖律略传》，《艺文考》为书祯。

《书目》集部第 14 页（明）愈汝钦《山斋集》，《艺文考》为俞汝钦，正确。

《书目》集部第 16 页（明）傅迖高《乐真蝉鸣集》、《藏海探珠集》，《艺文考》为傅遇高。

《书目》集部第 37 页（清）刁仲略《梅花百咏》，《书目》提要引赵士麟《序》："吾友仲雄刁君，自河阳不惮万里遥寄《梅花百咏》来京师证于予，因请序，仲熊固儒者，明体达用，可以善身，可以辅世人也。何取于梅而声之诗，诗且百哉！"《艺文考》为刁仲熊，正确。

《书目》集部第 38 页（清）杨璿《正宸诗文集》、《澜沧杂咏》，提要云："清杨璿撰。浚，字振宸，号他山，定远人，康熙间贡生，官永北府训导。"《艺文考》为杨浚。璿的简化字为璇，显然与浚不同。

《书目》集部第 42 页（清）金五伦《冼炭白集》，《艺文考》为全五伦。

《书目》集部第 46 页（清）马汝为《悔斋诗集》，汝为，字宣恒，《艺文考》为字宣臣。[27]

《书目》集部第 50 页（清）房书《西园诗集》，房书，字东壁，《艺文考》改为东璧。

《书目》集部第 50 页（清）李继绥《廉城西昌草》，《艺文考》为李应绥。[28]检《明清进士题名碑录索引》李应绥条，而旁注见张应绥。检张应绥，云南河阳人，康熙四十八年三甲九十八名。[29]

《书目》集部第 58 页（清）陈沉《湖亭文集》，《艺文考》

为陈沆。考陈沆，字存庵，清代石屏人，雍正甲辰科进士，与王思训、马汝为被誉为"滇中三杰"，著有《湖亭文集》等。

《书目》集部第 78 页（清）孪观《拾草堂诗存》一卷，《艺文考》为李观，该书收入《云南丛书》第二十五册。

《书目》集部第 82 页（清）谷际歧《西阿诗草》，提要用际歧，《书目》集部 85 页提要（清）方希灏《两树轩诗稿》，提要说方希灏为谷际歧弟子，《书目》集部 153 页（清）谷际岐《历代大儒诗钞》，提要云："清谷际岐撰。歧见前，是书际岐辑唐自韩愈始至清陆陇其为止，四十四人之诗，钞各人史传于前，《四库提要》次之而已，加以考案，前有吴锡麟、初彭龄、李奕畴序及自序，《道光通志》已著录。"可见《书目》前面用谷际歧，后面用谷际岐，也用谷际歧，《艺文考》均为谷际岐。《云南丛书》收入（清）谷际岐：《西阿诗草》附《漱芳亭诗钞》）。

《书目》集部第 108 页（清）邓学光《虹桥遗诗》一卷，《艺文考》为邓学先。检该书收入《云南丛书》第三十册。

《书目》集部第 125 页（清）朱庭硕《只可自怡斋诗文集》，庭硕，字箸生。《艺文考》为庭硕，字答生。

四、修订内容

《艺文考》之"滇人著述部分"主要以《书目》为蓝本，但同时也对《书目》提要内容进行审订。为了便于检索，依次按《书目》著录顺序进行说明之。

《书目》经部第 4 页（清）李澼《读易浅说》十卷、《周易标义》三卷，提要中有："当杜文秀踞滇西，历十有八年，其间文人学子，为文秀所招致者，所在多有，独澼谢绝伪命，遁入深山，以绩学著书为事。迨滇乱既平……"《艺文考》改之为"招之不出，肥遁深山，以著书为事。乱平"。

《书目》经部第15页（清）王寿昌《大学实践全功述》十八卷，提要说"……已不逮真作远甚，是编则又邱作之不若矣"。认为邱琼山补真德秀《大学衍义补》，已不如真本，而王寿昌作《大学实践全功述》又不如邱琼山补本。《艺文考》删略之。

《书目》经部第16页（清）吴树声《论语尊经论》五卷，附按，"树声所著书《诗小学》、《歌麻古韵考》、《鼎堂金石录》，皆及身刻于山东。此外，《六书微》、《合音辑略》、《论语尊经论》等皆未刻。其子炯之官甘凉道任，携各稿本，拟到任后陆续付刊，不幸行抵潼关被匪，并行李劫去，师虑心血，不知尚在人间否□姑记于此，以告国人之留心文献者。"[30]《艺文考》改"师虑心血"为"经师心血"，其余沿用。

《书目》史部第2页（明）杨一清《关中奏议》、《密谕录》七卷、《阁谕录》四卷，《书目》集部3页（明）叶景时《可亭集》，（明）张志信《介轩集》、《东篱集》，（明）杨南金《裨乡集》，（明）汪城《凝斋行稿》，集部4页（明）易经《时轩吟稿》，（明）张云鹏《啾鸣集》，提要中均记宏治，《艺文考》均改为弘治。

《书目》史部第3页（明）萧崇业《养乾奏议》，萧崇业，建水人。又引《蒙自县志》记载为蒙自人。《艺文考》为临安卫人，隆庆辛未进士，官至右佥都御史，提督操江。

《书目》史部第11页（明）包见捷《缅略》一卷，提要中有："是书取师范《滇系》。"《艺文考》为"是书收师范《滇系》及王崧《云南备征志》"。

《书目》史部第12页（明）杨鼐《南诏通纪》十卷，提要中说："《滇录》误作十六卷。"《艺文考》为《滇略》。

《书目》史部第14页（清）倪蜕《滇云历年传》，《艺文考》新增其书目两种：《滇云历年录》十卷、《云南事略》一卷，提要在《书目》基础上略为"此二书《道光志》已著录。《滇云历年传》，蜕孙慎枢序之刻于世，收入《云南丛书》，《云南事略》已收入《云南备征志》"。

《书目》史部第14页（清）王思训编：《滇乘》二十五卷，《艺文考》删略提要中的"改庶吉士，授检讨"而已，其余沿用。

《书目》史部第15—16页（清）《师范》《滇系》四十册，提要引钱塘费滇序，《艺文考》为费淳，检滇，古同淳。

《书目》史部第18页（清）张涛《滇乱记略》，《艺文考》在沿用的基础上，注明"已收入《续云南备征志》。"

《书目》史部第18页（清）曹琨《腾越杜乱纪实》一卷，《艺文考》补充"呈贡秦光玉收入《续云南备征志》。"

《书目》子部第2页（明）李珏《四礼什一自治编民生未有编》，李珏，万历乙丑举人。《艺文考》为万历己酉（1609）举人。考明神宗朱翊钧在位时间四十八年，其间没有乙丑年。

《书目》子部第2页（清）李文耕《孝弟录》二卷，《艺文考》补充李文耕嘉庆壬戌（1802）中进士。

《书目》子部第12页（清）窦墭《铢寸录》八卷，提要中有"故不蹈共谈性命之弊。"《艺文考》改"故不蹈空谈性命之弊。"语句更加流畅。

《书目》子部第30页（清）王昕《经史折衷夔廷笔记》："昕，石屏人，《光绪通志》已著录。"《艺文考》增加王昕"道光乙酉举人，官昭通府教授"。

《书目》子部第 10 页（清）何桂珍辑《补辑朱子大学讲义二卷》，该书刻于光绪十二年。《艺文考》认为刻于光绪十年。

《书目》集部第 21 页（明）文祖尧《明阳山房遗诗》一卷，《书目》之前著录其著述时，已介绍作者，这里重复，《艺文考》改为互见法。

《书目》集部第 52（清）赵城《亘舆诗存》，提要说："雍正中，典黔试，擢湖南布政使，以重听致仕。城素以诗名。"《艺文考》增加赵城事迹："雍正中，典黔试，擢湖南布政使，缘事落职。乾隆元年，起用广平府知府，仕至河南布政使，以重听致仕。"

《书目》集部第 58 页（清）张兆麟《罗江文稿》，提要说："《赵州志》录《阐僧梯度说》一篇，诗一首。"《艺文考》为《辟僧梯度说》。

《书目》集部第 62 页（清）罗元琦《兰陔诗文集》，提要说："元琦见前。"《艺文考》为："元琦，石屏人，乾隆戊午举人，官陇西县知县。"

《书目》集部第 88 页（清）丁应銮《仙坡诗草》："乾隆丙午举人。大姚知县署凤阳同知"《艺文考》补充作者事迹为："乾隆丙午举人。大挑知县，历官青阳、来安、五河、婺源、桐城、怀宁、祁门等县署凤阳同知。"

《书目》集部 101（清）杨昌《四不可斋文集》，《艺文考》只在末尾补充《丽郡文征录》录二十八篇。

《书目》集部第 133 页（清）张棠荫《南村诗草》四卷，认为其同治辛酉举人。《艺文考》为同治癸酉（1873）举人。考清穆宗载淳在位时间十三年，其间没有辛酉年。

以上是《艺文考》审订《书目》的大体情况。

五、校勘字迹不清

由于《书目》排印于 20 世纪 40 年代，之后就没有再版过，时隔六十余年，书中难免有些字迹模糊不清，这无疑给利用《书目》者带来了一些障碍。因此，笔者将《书目》与《艺文考》一一比勘，于字迹模糊之处用□标识，具体校勘情况如下。

《书目》子部第 1 页（明）尹心尧《□天录》，《艺文考》为《井天录》。

《书目》子部第 3 页（明）赵民献编《萃古名言》四卷，提要中有"其书刻于崇祯□年"《艺文考》为崇祯初年。

《书目》子部第 4 页（明）马之□《小学注解》，《艺文考》为马之骦。

《书目》子部第 6 页（清）赵城《悔斋□记》，《艺文考》为《悔斋札记》。

《书目》子部第 7 页（清）张□《哓窗笔录自□斋琐言》，《艺文考》为张谠《哓窗笔录自颂斋琐言》。

《书目》子部第 8 页（清）李垲《勉学录》，提要："其书仿语录，以程朱为宗，主敬为要，力行□归。"《艺文考》为"力行为归"。

《书目》子部第 8 页（清）刘□《哀思录》，《艺文考》为刘暾。

《书目》子部第 8 页（清）杨□《乾斋随笔》四卷，《艺文考》为杨渟。

《书目》子部第 10 页（清）李健《警心编□坡惺惺录》，《艺文考》为《警心编月坡惺惺录》。

《书目》子部第 13 页（清）邹泽《反身要语》一卷，提要中有："泽谓近于读书稽古之际，偶有所得，每苦易忘，因随时□记，取孟子反求诸身之义，名曰《反身要语》，以自儆励云。收入《云南丛书》。"《艺文考》为"因随时札记"。

《书目》子部第 13 页（清）吕存德《慎思记》、《讼过记》，提要中有："《慎心记》有自识云：'横渠先生谓心中有所闻，即便 □ 记。不思则还塞，薛文清所以有《读书录》也。'"《艺文考》为"即便札记"。

《书目》子部第 14 页（明）何文星《素书明解》一卷，提要中有："自序谓：'振伯潘□总镇元戎，谦谦访道，执家藏《素书》，授予重加注释，予注之而曰《明解》者，取其不落浮词，庶几易知易□也。'"《艺文考》为"振伯潘公……庶几易知易行也。"

《书目》子部第 14 页（明）张□《地理撮要》，《艺文考》为张昺。

《书目》子部第 19 页（清）孙□制：《澹一斋章谱》一册，《艺文考》为孙瑀。

《书目》子部第 19 页（清）释湛□制：《介庵印谱》一册，《艺文考》为湛福。

《书目》集部第 8 页（明）杨士云《杨宏山先生存稿》十二卷，提要说"民国初，复□木"，收入《云南丛书》。《艺文考》为"民国初，复锓木"。

《书目》集部第 10 页（明）张合《□所文集》[31]《艺文考》为《賮所文集》。

《书目》集部第 53 页（清）赵□《石竹居诗草》，《艺文考》为赵琎。

《书目》集部第 55 页（清）李鹏举《□斋诗集》一卷，《艺文考》为《琴斋诗集》。

《书目》集部第 89 页（清）杨□《景山诗钞》，《艺文考》为杨炘。

《书目》集部第 94 页（清）苏□《苏□诗》一卷，《艺文考》著录苏楣《苏楣诗》。

《书目》集部第 97 页（清）蒋□《遂初草堂诗集》，《艺文考》为蒋燨。

《书目》集部第 107 页（清）向□翔《尔雅草》，《艺文考》为向云翔。

《书目》集部第 119 页（清）李燮南《生□轩》一卷，《艺文考》为《生花轩》。

《书目》集部第 120 页（清）杨□《留春斋诗钞》，《艺文考》为杨昺。

《书目》集部 128（清）龚嘉□《桐音馆诗集》六卷，《艺文考》为龚嘉俊。

《书目》集部第 134 页（清）张□《滇云集》一卷，《艺文考》为张璈。

《书目》集部第 136 页（清）刘家梓《求是斋诗集》，提要说："傅经乃其□婿，□印行于世"，《艺文考》为"傅经乃其女婿，为印行于世"。

《书目》集部第 139 页（清）郑徽典《小赤城霞仙馆诗》四卷，提要说："中年好游，踪迹遍南北，又多风怀旖□之作，惟其才气过人，任情抒写，□字句律法，间有欠斟酌者。"《艺文考》为"又多风怀旖旎之作"，"于字字句律法"。

《书目》集部第 142 页（清）李含章《□香草》，《艺文考》

为《蘩香草》。

《书目》集部第 150 页（清）卢□《振声类稿》，《艺文考》为卢錞。

《书目》集部第 152 页（清）师范《小停云馆芝□》十册，《艺文考》为《小停云馆芝言》。

《书目》集部第 154 页（清）刘大绅《五华诗□》，《艺文考》为《五华诗存》。

《书目》集部第 157 页（清）陈荣昌《滇诗□遗》六卷，《艺文考》为《滇诗拾遗》。

《书目》集部 161（清）□宝书《味灯诗话》二卷，《艺文考》为王宝书。

《书目》集部第 163 页（清）赵惠元《□□词》，《艺文考》为《蕙溪词》。

《书目》集部第 163 页（清）张？《滇云词》一卷，《艺文考》为张璇。

《书目》中有许多考辨和作者附加的案语，检《艺文考》均已采纳。如，《书目》子部 3 页著录（明）赵民献编《萃古名言》四卷，说明此书有南、北两个版本的原由，并指出北本皆题王瑄，可能为传刻之误，《艺文考》采纳。瑕不掩瑜，除上述《艺文考》审订之外，《书目》已大多融入《艺文考》，其为《新纂云南通志·艺文考》的编纂所做出的贡献自不待言。此外，《书目》还充分体现了方树梅"辨章学术，考镜源流"的目录学思想，其文献价值和学术价值应该重新予以审视。

注　释

1　6　参见张渤：《解放前云南最后一部省志》，收入中国人民政治协商会议云南省委员会文史资料委员会编:《云南文史资料选辑》第三十五辑, 第 157、164 页。

2　李生菡撰:《方树梅传略》, 收入中国人民政治协商会议云南省委员会文史资料委员会编:《云南文史资料选辑》第三十六辑, 云南人民出版社出版 1989 年版, 第 257 页。

3　4　方树梅著, 余嘉华点校:《笔记二种》之《北游搜访滇南文献日记》, 云南人民出版社 2010 年版, 第 174、175—176 页。

5　7　11　参见方树梅著, 余嘉华点校:《笔记二种》之《臞仙年录》, 第 241—242、251 页。

8　1939 年, 方树梅将《汉至元耆旧传》以及《列女》、《方外》合编, 更名为《古滇人物考》四卷。

9　关于当时《续修云南通志长编》未付梓的原因, 可参见张渤:《解放前云南最后一部省志》一文。

10　方树梅:《明清滇人著述书目》, 收入国立云南大学西南文化研究室编:《西南研究丛书之四》, 中华民国三十三年 (1944) 十二月出版。以下简称《书目》。

12　方玉润:《易经通致评解》, 大概没有成书, 所以未提要。

13　按, 《书目》只是著录明清两代滇人著述, 对明清之前滇人著述未予以涉及。

14　《书纬》与《书纬鸿文》不知是否为同书, 待考。

15　该书末尾收入《鸡足山志补》, 附陶珽《曹溪一滴序》及戈允礼《曹溪一滴引》。

16　又《书目》集部别集类 31 页则著录陈时霈:《春生草堂诗集》、《素庵文集》, 考《书目》中的陈时沛与陈时霈应为一人, 检《艺文考》统一为陈时霈, 故此处为陈时沛误。

17　除方树梅编撰:《艺文考》, 梁之相审订了部分《艺文考》, 均已融入《新纂云南通志·艺文考》之中。

18　又《书目》子部 8 页重复提要《大成祀典辑要》, 且将作者的号误为困坪, 《艺文考》改正, 并只在史部类著录而已。

19　方树梅纂辑, 李春龙、刘景毛、江燕点校:《滇南碑传集》卷十三转引吴玉纶撰:《傅中丞传》、张履程撰:《傅中丞传》, 均为《明儒四家纂》, 云南民族出版社 2003 年版。第 327—328 页。另外, 《书目》子部第 13 页提要 (清) 王寿昌纂:《浅言》六卷, 应该为纂, 《艺文考》已改。

20　23　25　见云南省文史馆纂辑，李孝友、张勇、余嘉华执笔：《云南丛书书目提要》，中华书局 2010 年版，第 108、149—150、18 页。

21　参见蓝华增：《〈四库全书总目提要〉误评张含诗辨》，《云南师范大学学报》，2005 年第 2 期。

22　参见张秉祥：《民族诗人陈翼叔》，载《云南日报》1982 年 4 月 24 日，《陈翼叔的生卒年》，《昆明师院学报》1983 年第 4 期。

24　《书目》集部 73 页提要（清）余萃文《蓉竹堂诗存稿》一卷，文中既用纲，也用綱；《书目》集部 78 页提要（清）李观《拾草堂诗存》一卷，提要中用戴綱孙；《艺文考》一律为戴綱孙。《书目》集部 108 页提要（清）邓学光《虹桥遗诗》用戴綱孙，《书目》集部 110 页提要（清）戴綱孙《味雪斋诗文钞》二十八卷《续钞》一卷，《书目》集部 111 页提要（清）戴淳《晚萃轩诗钞》四十五卷用戴綱孙，《书目》集部 162 页提要（清）戴綱孙《金碧山农词》一卷，均用戴綱孙。

26　赵尔巽等：《清史稿》卷一百八十五，中华书局 1978 年版，第 6702、6703、6705 页。

27　见方树梅纂辑，李春龙、刘景毛、江燕点校：《滇南碑传集》卷十六引刘达武撰：《马悔斋先生传略》，423—424 页。

28　见方树梅纂辑，李春龙、刘景毛、江燕点校：《滇南碑传集》卷十九引李应绥撰：《学博徐君墓志铭》，第 527—528 页。

29　朱保炯、谢沛霖编：《明清进士题名碑录索引》，上海古籍出版社 1980 年版。

30　考吴树声撰：《合音辑略》，收入云南省文史馆整理：《云南丛书》第四册，而其《六书微》、《论语尊经论》可能已经散佚。

31　检《书目》子部 23 页著录其《宙载》二卷时已介绍作者，此处重复，《艺文考》为"见子部杂家类。"

边疆地区当前文物保护
所面临的问题与对策探析

朱之勇（云南大学人文学院副教授）

边疆地区是我国领土的重要组成部分，在这里生活的人们有史以来曾创造了灿烂、多元的文化。这些文化因素是华夏文明得以形成的重要源流，是华夏子孙引以为豪，更需倍加珍视的宝贵遗产。随着经济的飞速发展，当今时代收获着以往任何时期未曾有过的物质财富，在这里亦包括世代传承下来的文化遗产的馈赠。但不知几何时，在充分享受文化遗产带来的效益的同时，我们似乎已逐渐淡忘了保护与传承的责任。在追逐财富的同时，有意、无意间对祖先留给我们的财产进行着破坏，以至于它们逐渐消失在我们的视线之中。本文以边疆地区当前文物保护的现状为视角，结合近年来田野调查的所见、所闻、所感，对所存在的问题加以表述，并提出相应的解决对策。

一、边疆地区文物保护存在的问题

边疆地区的文物保护问题，很大程度上在全国范围内具有普遍性。与以往的各个历史时期相比较，无论是从机构建置还是法律保障上来说，党和政府对边疆地区的文物保护事业都给予了极大的关心、重视。文物保护事业在新的历史时期有了长足的发展，无论是在文物保管、维护还是在科学研究方面都取得了以往无法比拟的成就。以云南省为例，截至 20 世纪末，该省已有国家级重点文物保护单位 24 个，省级重点文物保护单位 209 个；文物保护经费由 20 世纪 80 年代年均 20 万元，到 21 世纪初以增至 300 万元并逐年还在增加；目前全省已成立各类博物馆 40 余个（其中有近 30 个隶属文化部门管辖），馆藏文物已超过 20 万件。[1]

但在新的形势下，特别是当前处于商品经济高度发展，城镇化进程不断提速的时期，边疆地区的文物保护事业在取得辉煌成绩的同时，也正面临着新的问题、新的挑战。[2]这需要国家和政府必须紧跟时代的脉搏，适时调整文物保护政策，使之能与时代发展的节拍相符，与边疆地区经济、社会及文化等方面建设需要相适应。当前边疆地区的文物保护主要存在的矛盾、问题主要表现在以下几个方面。

1. 经济建设与文物保护之间的矛盾

经济建设与文物保护之间在某种程度上总是存在着一种矛盾关系。应该说当前我国的文物保护事业取得的成就，与经济的高速发展是分不开的。正是因为国家的富足，才使得文物保护领域能够得到大量的人力、物力和财力的支持，使更多的文物避免损毁、灭失。但我们也应当看到经济建设在推动文物保护事业前进的同时，也在不知不觉、有意无意地对文物造成不同程度的危害。其重点表现在基础设施建设和文化旅游开发等两个方面。

经济发展与文物保护，常常是一对矛盾。经济发展所带来的城市开放、乡村改革、铺设公路都会带来地貌的改变，造成地上和地下文化遗产的破坏。[3]虽然《城市规划法》和《中华人民共和国文物保护法》明文规定："编制城市规划应当注意保护和改善城市生态环境，防止污染和其他公害，加强城市绿化建设和市容环境卫生建设，保护文化历史遗产、城市传统风貌、地方特色和自然景观。"（《城市规划法》第十四条）；"各级人民政府制定城乡建设规划，应当根据文物保护的需要，事先由城乡建设规划部门会同文物行政部门商定对本行政区域内各级文物保护单位的保护措施，并纳入规划。"（《文物保护法》第十六条）；"进行大型基本建设工程，建设单位应当事先报请省、自治区、直辖市人民政府文物行政部门组织从事考古发掘的单位在工厂范围内有可能埋藏文物的地方进行考古调查、勘探。"（《文物保护法》第二十九条）但在现实中，该规定在国家统筹规划的大型项目如三峡工程、西气东输、南水北调等工程中能够得到很好地贯彻执行，但在地方政府的规划项目中则很难得到体现。原因主要在于文物保护与地方政府的基础建设在利益上存在冲突。《文物保护法》相关条文规定，"建设工程选址，应当尽可能避开不可移动文物；因特殊情况不能避开的，对文物保护单位应当尽可能实施原址保护。无法实施原址保护的，经省、自治区、直辖市及以上部门批准，可迁移异地保护或者拆除。原址保护、迁移、拆除所需费用，由建设单位列入建设工程预算"。因此将文物保护纳入到基建规划中，会增加地方政府的投入成本，延长完成基础建设的时间。所以地方政府往往出于快速发展经济的考虑而在规划过程中将文物保护排除在外。

中国与西方发达国家相比是一个发展中国家，对文物保护的财政支持远不如这些国家，但对文化遗产的经济效益则有着更大的期待。[4]文化遗产能够带来经济效益，促进当地经济发展，已经成为不争的事实。特别是一些地方戴上"世界文化遗产"的桂冠之后，旅游业飞速发展，经济效益十分可观，这对许多地方政府来说无疑是巨大的鼓舞。于是乎，各地纷纷投入巨资，下大力气修复文化遗产，整治周边环境，申报世界遗产热持续数年而丝毫没有降温。应该说，这是一件大好事，说明社会各界已经认识到了文化遗产的巨大价值。然而令人担忧的是，在上述行为过程中人们更多的是看重这些遗产的经济价值，而忽视了它们的科研、文化、教育等价值，同时也忽视了对这些遗产应有的保护。

2. 制度建构与文物保护之间的矛盾

我国的文物事业管理制度与文物保护也不相协调，主要表现在两个方面：一是文物管理部门因隶属关系，难以起到对地方政府的制约作用；二是文物保护工作的多头负责制度，使文物保护工作难以健康、有序地进行。

目前，我国在中央和地方都建立有文物事业管理局，专门负责文物保护的相关工作。但它们之间并非属隶属关系，而是纯粹的业务指导关系。国家文物局主要负责组织、协调一些大型建设项目的文物保户工作，同时负责指导水下考古和航空考古项目，资助各地的文物保护、考古研究项目和学术报告的出版等工作。各省的文物局直接隶属于地方政府，在业务上受国家文物局的指导。其主要职责是，负责申报本地区考古机构的项目申请，协助国家文物局监督本辖区考古发掘项目实施和项目质量，组织本地配合工程项目的考古勘探和发掘工作，负责实施遗址保护工作。由此可看出，地方各级文物事业管理局的组织人事、财政拨款等都受制于本级政府，其业绩考核、领导升迁等都由地方政府所决定。因此，在本地区的基本建设与文物保护相冲突时，特别是地方政府主导的基本建设与文物保护相冲突时，文物主管部门很难做到有效的监督、保护。即使有的文物保护干部出于自己的职责、良心行使文物保护职责，则往往被冠以阻碍本地区经济发展的罪名，轻者被斥责、冷落，重则丢掉饭碗。此种情况下，多数文物管理者在遇到此类事件时往往是听之任之，更有甚者则是推波助澜、混淆视听或是帮助出谋划策，钻法律的漏洞，使文物进一步遭到破坏。

文物的多头负责制度，也是文物保护工作陷于困境的原因之一。目前有形文化遗产属于文物部门负责管理、保护，属于综合性遗产的风景名胜区和历史文化名城则由建设部门和文物部门共同负责管理。申报世界遗产的工作由国家文物局负责，对联合国教科文组织的联络协调工作则由中国联合国教科文全国委员会秘书处进行，而具体管理则是各级地方政府及其管理单位的事情。[5]这种管理对象唯一，管理部门复杂的情况，往往造成了共同负责，共同又不负责的局面。在利益面前往往争先恐后、趋之若鹜、急功近利，没有长远规划；在责任面前则互相推诿、扯皮，推卸责任，其结果是造成文物不能得到及时、有效的保护。

3. 法律保障对文物保护欠周密

正如前述所及，我国对文物保护进行了诸多的立法行动，与以往各历史时期相比已经有了长足的进步。但在现实工作中，文物保护在法律保障方面仍能让我们感受到存在着一些问题。

首先，《文物保护法》作为我国文物保护方面的基本大法，存在着指导性强，可操作性弱的问题。《文物保护法》第四条规定了文物保护的方针原则，即"保护为主、抢救第一、合理利用、加强管理"。此条原则从宏观上来讲是与我国当前经济社会发展程度相适应的，但在具体操作上却有待商榷，特别是"合理利用原则"，由于没有更为细化的解释，常常成为文物被破坏的合法理由。虽然《文物保护法》第九条规定在经济建设、社会发展过程中应以确保文物安全，不得对文物造成损害为底线。但文物作为一种特殊的保护对象有其唯一性、独特性等特征，不同性质、类别的文物其保护原理是不一样的，例如壁画与城址在同样的保护措施下，想必会有一类会遭到破坏。所以在原则的指导下，应该在科学研究、论证的基础上，对不同性质、类别的文物制定相应的保护级别和措施，只有在此基础上才能做到对文物的合理利用，保护文物的安全。

另外，《文物保护法》中有些具体规定的合理性也有待商榷。例如该法第二十九条、第三十一条规定："进行大型基本建设工程，建设单位应当事先报请省、自治区、直辖市人民政府文物行政部门组织从事考古发掘的单位在工程范围内有可能埋藏文物的地方进行考古调查、勘探。""凡因进行基本建设和生产建设需要的考古调查、勘探、发掘，所需费用由建设单位列入建设工程预算。"应指出的是，《文物保护法》第五条已明确规定了我国境内地下、内水和领海中遗存的一切文物，属于国家所有的性质。这里便出现一个矛盾，假如在国有企业主持的建设工程中，需要进行考古调查、勘探、发掘时，完全可以由政府出面协调解决所需费用。文物的所有权属于国家所有，国有企业的性质也属国家所有，因此由国企代国家出资发掘、保护文物在理论上是说得过去的。但在非国有企业所主持的建设工程中遇到此类问题则比较难解决。建设工程所需进行考古调查、勘探、发掘往往是在工程上马之后才开始展开，因此在政府没有明确告知的情况下，建设方则很难做到预先估测。一旦发现有文物存在，建设方多半都不愿承担这笔费用，他们提出的疑问很简单，"文物不归我所有，为什么这些费用要由我来承担。""假如事先已知道这里有文物，而且要由我承担这些费用的话，那在签订工程合同时我会重新考虑。"如此等等。有些建设方怕承担费用或耽误工期，在发现文物时往往隐瞒不报，更有甚者则将文物进行了隐匿或破坏。

还有第二十一条规定，"国有不可移动文物由使用人负责修缮、保养；非国有不可移动文物由所有人负责修缮、保养。非国有不可移动文物有损毁危险，所有人不具备修缮能力的，当地人民政府应当给予帮助；所有人具备修缮能力而拒不依法履行修缮义务的，县级以上人民政府可以给予抢救修缮，所需费用由所有人负担。对文物保护单位进行修缮，应当根据文物保护单位的级别报相应的文物行政部门批准；对未核定为文物保护单位的不可移动文物进行修缮，应当报登记的县级人民政府文物行政部门批准。文物保护单位的修缮、迁移、重建，由取得文物保护工程资质证书的单位承担。对不可移动文物进行修缮、保养、迁移，必须遵守不改变文物原状的原则。"此条的诸多规定也是值得商榷的。首先"国有不可移动文物的使用人负责修缮、保养"的规定，是否已超出了使用人的责任范围。比如使用人使用的是古建筑类国有不可移动文物，那么对于该古建筑因非使用人原因所造成的损毁，使用人是否还应承担修缮、保养的责任。我们可曾听过承租人有义务承担所租住房屋的修缮、保养责任，民事法律中没有这样的规定，当然当事人约定或因承租人原因所造成房屋损坏的情况除外。另外"非国有不可移动文物由所有人负责修缮、保养"的规定看似合理，其实也存在着问题。要知道非国有不可移动文物所有人对文物的所有权是不完全的，因为他只有占有权，及受约束的处置权（如作为文物的古建筑内不得从事不利于古建筑安全的行业等），更没有损坏灭失的权利。况且这些文物的修缮必须本着修旧如旧的原则，必须由专门的机构来承担，其费用要远远高于普通房屋的修缮，对于一些所有人来说是一笔不小支出。所以在有些地区，一些属于私人的古民居在修缮或改建时，房主无权决定房屋的拆除和重建，也无力支付按照原有景观进行修缮的高额费用，导致私人房屋的使用、处理与历史文物的保护规定产生了矛盾。

4. 人才队伍与现实需求之间的矛盾

人才是事业顺利进行的前提，尤其作为文化事业重要组成部分的文博机构，需要的更是有专业素质过硬、责任感强的高素质人才。然而，在有些文物管理部门呈现出的却是"文化部门没文化"的现象。一方面是人员剧增、机构膨胀，另一方面却是专业人才的缺乏。这看似一对矛盾，实则是因果关系。一些不具备文物保护素质的人员看中了文物管理部门有稳定的工资收入、清静悠闲的工作环境，以及退休后的养老保障等优越性，通过非正常手段不断涌入，从而堵塞了高素质专业人才的引进渠道，正所谓劣币驱除良币。此种现象在某些地方文物保护部门表现得尤甚。例如某县文物局在20世纪90年代初，工作人员只有十几个，现已增至近50人，但除了当初相继分入的三名相关专业的大学本科毕业生外，至今再未进入一名专业人员。其余的职员中，裙带关系比比皆是，而文化水平能真正达到高中的不超过12个人，有的小学都没毕业，甚至连自己的名字都不会写。[6]如此的人才队伍很难想象会在文物保护工作中能发挥多大的作用。

5. 文物保护意识淡漠

文物是我们祖先创造并世代流传下来的宝贵财富，是属于全民族的，人人都有责任来保护。但现实中文物保护意识薄弱不是个别、偶然的现象，而是普遍存在的。据笔者的观察发现，距离城市越远的乡村，保护文物的意识越是淡薄。在这些地方，用古墓砖垒砌猪舍，用古代碑刻铺作地面的现象比比皆是。若问及《文物保护法》及相关法规，则一脸茫然；谈及文物的价值，也仅是能简单得问一句，它能值多少钱而已。由此导致许多看似不起眼却极具研究价值的文物在无意之中被毁坏。文物保护意识淡薄不仅存在于普通民众中，有些政府官员，甚至文物保护部门亦是如此。

二、针对问题所提出的几点建议

边疆地区的文物作为传承民族文化的载体，对弘扬民族精神，增强民族凝聚力有着重要的作用。中国是一个具有 5000 年文明史的文化大国，其多元一体的文化特征在丰富灿烂的文物身上得以极大的体现，因此应该对这些文物加以强有力的保护。针对以上对文物保护中所存在的问题，我们建议应采取以下措施来解决。

1. 对文物保护实行垂直化管理，理顺管理机制

当前文物保护不力的主要原因是文物保护与经济建设之间的矛盾问题。当前经济发展是地方政府的第一要务，也是考核地方

政府官员的主要指标，特别是主要领导。因此当文物保护与经济
建设发生冲突时，往往是牺牲文物保护，而保经济建设。正如前
所述，由于当前文物保护体制的问题，文物监督部门根本不能做
到对地方政府的有效监督，更无法对地方政府形成的对文物保护
不力的决策进行有效的制约。笔者认为只有解决了文物保护部门
与地方政府之间的财政、人事等方面的依赖关系，才能够使文物
保护部门真正做到对地方政府的有效监督。所以，建议国家仿照
海关、国税等部门，对文物保护亦实行垂直管理，理顺管理机
制，明确管理职责，唯如此才能够使文物保护部门起到真正的监
督、保护作用，从根本上解决地方政府对文物保护的漠视问题。

2. 成立国家或区域文物保护基金，强化法律保障体系
的科学性、合理性

《文物保护法》第十条作了"国家用于文物保护的财政拨款
随着财政收入的增加而增加；国家鼓励通过捐赠等方式设立文物
保护社会基金，专门用于文物保护"的规定，体现了国家对文
物保护事业的热情和决心，并鼓励社会力量参与到文物保护中
来。但文物保护仅靠社会的力量是远远不够的，国家在对文物保
护实行垂直管理的基础上，还应该成立一个以国家税收为主的文
物保护基金。文物具有地域性，但体现得更多的是民族性，因此
不能让少数人来承担传承整个民族文化的责任。文物保护法中让
建设方来承担考古费用，而不对建设企业国有、私有性质区别对
待的规定，其合理性是有待商榷的，在某种程度上来讲，此规定
在一定程度上也促成了文物的破坏。建议国家出台规定，在所有
大型基本建设开支中都按照一定的比例扣除文物保护经费，以此

作为国家或区域文物保护基金的来源，由国家或区域统筹支配。取消《文物保护法》中考古发掘、勘探费用由工程建设方承担的规定，改为由国家文物保护基金统一支付。这样对于整个建设群体来讲亦是一种公平，因为文物的发现与否往往具有不可预测性，在建设过程中有些工程会发现，有些则不会发现。让发现有文物的建设单位来承担考古费用，显然有失公平，建设方必然会有种倒霉的感觉。

3. 加强人才队伍建设，制定周密的文物保护措施

在探讨文物保护不力的原因时，我们不能仅仅局限于对政府急功近利，建设方见利忘义的讨论，文物保护群体自身建设也亦应是引起重视的一个方面。在以往文物遭破坏的案例中可看出，对文物本身特性认识不足也是一个重要原因。这里固然有工作人员业务素质差的问题，但文物管理部门没有提供一个相应的、较完备的文物保护措施手册，亦应是一方面原因。文物有其唯一性、特殊性等特征，文物保护则更具有一定的复杂性。不同类别、性质的文物应制定相应的保护措施，因此建议国家组织专家、学者尽快制定出一本较为完备的、实用性的文物保护措施手册，避免在今后发生一些常识性错误。与此同时，各文物保护单位应该加强自身的人才队伍建设，加强专业素质教育等项工作。

4. 加强文物保护宣传、增强文物保护意识

文物保护宣传一直是文物管理部门常抓不懈的工作，但以往多侧重于在基层群众中进行。诸多案例证明，文物保护意识淡漠不光存在于普通群众中，而在政府官员群体中也普遍存在。而后者因认识的不到位所造成的文物破坏程度要远远大于前者，一些

地方片面追求经济利益，屡次出现在文物利用过程中造成开放性破坏事件即是明显的例子。文物作为传承民族文化的载体，从长远来看其价值要远远大于短期内的经济利益，逐小利而舍大益，则是当前一些官员的短视。今后的文物保护宣传工作应重点向与文物保护相关的政府部门倾斜，特别是建设规划、旅游等单位。改变仅看重文物经济价值的思想，树立全方位认识文物价值的观念，以正确处理文物保护与经济建设、旅游开发的关系。

　　文物是一种历史信息的载体，具有博大精深的历史内涵以及重要的历史、艺术和科学价值，是整个国家、民族的宝贵财富。文物的历史性决定了它是独一无二的，具有不可再生性和不可替代性。正是因为它是一种特殊的"物"，承载着国家、民族的历史、文化，所以笔者呼吁，在今后的立法工作中本着权利与义务相一致的原调整相应的责任主体，由国家或地方政府承担更多的责任，而不是规定性由个别的单位或自然人来扛起传承民族文化的担子。同时在文物保护的过程中，应谨慎地处理好保护、开发、利用的关系，在获取经济效益的同时，更应该顾及到文物的代际效应、传承功能，已审慎的态度对待文化遗产，才能够得到一个长远、综合、多赢的结果。

注　释

基金项目：云南省教育厅 2010 年科学研究基金重点项目阶段性成果（2010zz058）。

1　方慧：《云南少数民族文物法律保护的问题与思考》，见《民族研究》2000 年第 4 期第，76—78 页。

2　曾原、戴世莹：《边疆地区历史文化名镇的保护、开发与利用研究——以云南省禄丰县黑井镇为例》，见《思想战线》2003 年第 4 期，第 60—61 页。

3　陈淳、顾伊：《文化遗产保护的国际视野》，见《复旦学报（社会科学版）》2003 年第 4 期，第 122 页。

4　徐嵩龄：《西欧国家文化遗产管理制度的改革及对中国的启示》，见《清华大学学报（哲学社会科学版）》，2005 年第 2 期，第 97—99 页。

5　王林：《中外历史文化遗产保护制度比较》，见《城市规划》2000 年第 8 期，第 51 页。

6　王运良：《县域文化遗产管理之困境与出路》，见《中国文物科学研究》2006 年第 2 期，第 7 页。

清末云南法官考试

谢　蔚（云南大学人文学院讲师）

1906 年，在外患不断加重和中央、地方重臣的共同力建下，清政府的决策核心慈禧太后决心实施预备立宪，准备建立三权分立的国家体制。鉴于日本的宪政经验，预先实现行政权和司法权的分立，在清政府组织机构中建立一套独立于行政机构之外的司法机构。这一则是为实现司法权的独立，为新宪政体制奠定基础，二则是为了收回法权。不管清政府的最高统治者是出于真心还是假意，这场改革还是在全国轰轰烈烈地开始了。宣统二年年底，各省都先后建立各自第一批审判厅，清政府国家体制架构也从一元的行政权独秀的情形之下开始出现了与之共存的司法权。审判厅开办过程中，清政府依照各国的成例，举行了有史以来的第一次法官考试，通过法官考试的人，或是附和特定条件的人方可进入法官队伍，从事审判工作。这次法官考试中，除了北京城考点之外，在云南、甘肃、新疆、四川、广西又独立设了考点实施法官考试。清末云南省的法官考试，促进了云南省的法学教育，为云南的审判厅的开办输送了人才。当前法官考试研究中有一些涉及云南法官考试的内容。李启成《宣统二年的法官考试》对北京的法官考试论述详细，对于云南法官考试，仅对其考题做了分析。[1] 王浩《清末诉讼模式的演进》对云南法官考试的过程有所涉及。[2] 现在尚没有对云南法官考试的全面专门性研究，本文拟就云南法官考试的设计、实施考题及结果做详实的探讨，以有助于清末云南法制变革的研究。

一、担任法官须通过统一考试

1906 年 9 月 1 日，清政府颁布《宣示预备立宪先行厘定官制谕》，决定仿行宪政，先进行官制改革，为后来的立宪的实现准备条件。此后 2 个多月，清政府召集两套班子起草和核定官制改革的方案。改革方案的核心就是把行政部门和司法部门分别开来。方案之间的差异变化，但各个方案在有一点上是统一的，就是建立专门的司法行政机构掌管法官考试。载泽领衔起草的草案中规定由法曹司掌法官任用考试事项。[3] 奕劻等人领衔核定的官制改革参照案则规定改由举叙司管理法官任用考试。[4] 可见司法改革设计之初，改革方案就充分借鉴日本的现成经验，要求从事司法工作的法官必须通司法考试，从基本素质上提出法官的专业知识水平。依据奕劻等人的改革法案，刑部改成了法部，专门设置举叙司主持法官考试。[5] 光绪三十二年七月（1906 年 9 月），大理院开办。光绪三十三年（1907）以后，天津、京师、东北三地省城和商埠的各级审判厅陆续开办。这些审判机构开办之机，清政府的法官考试并没有举行。各审判机构中法官的任命均由该机构的主持开办机构的长官直接遴选，然后上奏皇帝确认。大理院由大理院正卿遴选，天津、京师、东北则分别由直隶总督、法部尚书、东三省总督遴选。[6]为配合次年全国各省省城、商埠各级审判厅的开办，宣统元年十二月二十八日（1910 年 2 月 7 日），宪政编查馆奏定《法院编制法》。其中规定："推事及检察官应照法官考试任用章程经二次考试合格才始准任用。"[7]自此，各级审判厅司法官必须经过统一的法官考试方可得到任命。《法院编制法》颁布不久，宣统二年正月二十四日（1910 年 3 月 5 日），法部即奏请取消籤分大理院官员的旧例，并将全国任用法官等司法行政事务统交法部，而不再由各主管审判厅开办的衙门长官遴选法官。[8]

一纸规定容易，但要在全国展开法官考试，非一朝一夕之事。法官考试迟至宣统二年八月（1910 年 10 月）方才举行。因为法官考试迟迟不能举行，各省各级审判厅的筹办处于两难的境地。广西巡抚张鸣岐为司法官任命事首先咨行法部，声明广西业已奏明宣统二年（1910）三月起即依次开办各级审判厅，若所有法官均须考试后方能委用恐来不及，要求依照法部于宣统元年七月颁发的《筹办事宜》用人规条选择官员派署。张鸣岐所说是《筹办事宜》，是宣统元年七月初十日（1909 年 8 月 25 日），法部为解决司法官任命无固定章程可循的问题，制定的《各省城商埠各级审判厅筹办事宜》。《筹办事宜》对于地方各级审判厅的法官任命提出了过渡措施。它规定：高等审判厅厅丞、高等检察厅检察长由法部择员预保临时请简，各督抚亦可就近遴选或指调法部司员先行咨部派署，但不得径行请简；推事、检察官各员由督抚督同按察使或提法使认真遴选后派员充当，或品秩相当、或专门法政毕业、或原系司法部门出身、或曾任正印各官、或曾多年充任刑幕、或法部司员，全部都咨行法部先行派署；典簿、主簿、所官、录事各员由督抚督饬按察使或提法使组织考试，就现任候补各员及刑幕人等拔取资格程度相当的人员分别咨部派署委用。以上司法官员除需请简由法部奏请简用外，凡明年成立的省城、商埠审判检察各厅一切应行奏补员缺，在《法官考试任用章程》未实行之前均应作为署任，俟该章程奏明实行后，再行分别奏补。[9]也就是说，张鸣岐要求依照旧规，自行遴选尚未参加法官考试的相关官员充任审判、检察厅的推事和检察官，以保证广西审判检察厅开办任务的顺利完成。

法部接到咨文后，初步议定当尊重新定规章，要求各省将开办时间往后推到法官考试结束，则定章、定期都同时实现。法部将此建议咨行宪政编查馆。宪政编查馆则督促法部迅速制定法官考试实施细则，京外法官考试可以次第举行，一些已筹办就绪的省份，则由督抚咨报法部提前奏派人员前往会考，没有筹办就绪的，由法部行文督催，一律在考试后再行开庭。[10]宣统二年二月二十七日（1910年4月6日），法部奏折提出法官考试即使从速办理，也得等秋后才能举行，并表示当立即详订考试细则。对于广西这样开办在即的省份，则"提前奏请简员，前往该省会考"，其他尚未筹备就绪的省份，无论有没有奏报成立期限，均一律在秋后法官考试结束后才准开庭。至于各省的高等审判厅厅丞和高等检察厅检察长乃是请简之员，仍由法部"择员预保临时请简"，各督抚也可以在该省品秩相当的官员中遴选，并出具切实考语咨部考核，临时一同简放，并坚持各厅的推事、检察官须一律经过考试才可以任用。[11]在法部坚持以新法为据的前提下，新法制定后各省各级审判厅开办时司法官的任命均须通过法官考试。云南省当然也没有例外。

二、法官考试的设计

清末实施预备立宪，大量改革措施都是大姑娘上轿——头一遭，没有国内现成的经验可循，自然免不了照抄照搬。法律法规文书，当然可以这样，但是这些法律文本的具体实施和操作则是不可能从外国的模子中搬过来即可使用。毕竟，清末所借鉴和参考到的只是外国经过几十年甚至上百年的制度建设和积累下来的成果。这些成果的良好实施和运作自有它深厚的社会变革和理念更新基础，而清末的如数照搬，仅可取其形而难得其精要。如何将外国改革成果的精要和中国实际相结合，制定出切合中国现状的改革措施，使得改革中的中国既得其形又得其实，或是根本不得其形而得其实，这是一百多年来中国走现代化道路中，每一位真实追求强国富民的改革思想家和实践者所孜孜以求的。法官考试一项当然也不例外。官制改革之初政府就决定审判机构的司法官必须通过统一的法官考试。在直隶、天津、东三省三个试点省区开办审判厅之时，法官考试没能进行，也是审判厅开办总结经验之时，只能采取权宜之计，采取旧有行政衙门官员的遴选方法，由在各衙门中奏调遴选合格人才。但是，要在全国各省全面铺开开办审判厅之时，仍然采取旧制显然不符合改革之初衷。故而，作为全国审判厅开办的筹划衙门，法部坚持采用新法，在创办之初就严格依照制度设计创建审判衙门。当然，提出要求的同时，各部门也在不断加紧起草法官考试相关文件，迅速完善考试制度，并使之既不失之草率，又完成了选才的任务。

奏定《法院编制法》同时，宪政编查馆奏明颁布《法官考试任用暂行章程》。该章程对考试的主管部门、形式、考生、科目、合格人员的分发做了简明扼要的规定，其详细的施行细则由法部制定。[12]宣统二年三月十七日（1910年4月26日），法部奏准《法官考试任用暂行章程施行细则》，对于前定《法官考试任用暂行章程》规定的职掌、参考资格、第一次考试、授职、学习等进一步细化，对于《章程》没有涉及的关防、报考、考期、核定分数、经费等进行补订。[13]

法官考试均由法部主持。考场分六处，北京、四川、广西、云南、贵州、新疆和甘肃，其中新疆和甘肃会考与甘肃。[14]六个考场是以轮船铁路是否可通为标准的。轮船铁路可通的省份一律到北京参加考试，距北京较远、轮船又不通的如上六个省份的考生可以赴各省设立的考点参加法官考试，当然这些省份的考生也可以到北京参加考试。云南地处西南边陲，只有滇越铁路，通往边界的河口。云南要去北京则一般只能借助人力、畜力、水路来实现，需时甚多。而且通过法官考试的考生，取得担任司法官的资格，须依据法部的统一安排分发到各省开办的各级审判厅任职，并非如科举考试一般，会在北京举行各式仪式，等待吏部掣签分发到各部、各省。为减少舟车劳顿和成本花费，法部仿照各省乡试的办法，选择了几处距北京较远，水路、陆路交通都不方便的省份设立考点，以便考生参加考试。

云南省考场的主考官由法部遴选五品以上的在京为官人员，并为官员出具考语，开列清单，奏请皇帝简派，以2人为限，须"通习法律"。简派的官员奔赴云南省会昆明会同云南省提法使主持云南的法官考试，负责会同襄校官核定考生的笔试分数和核定考生的口试分数。云南考场设襄校官2人，负责法官考试各科试题的拟定，分管各科试卷的阅卷和打分。若考点参加考试人数多，襄校官2人不够用，则由监临官，挑选合格的人员电咨法部奏请添派。襄校官因负责出题、阅卷，须法学专业和学识均非常强的人员担任，因此充任人员须符合后列任意一条：在京师法科大学、法政学堂或各省官立法政学堂充当教习或是曾充教习的人员；在京师法科大学、法律学堂、法政学堂正科毕业及在外国法政大学或法政专门学堂毕业得有文凭的人员；京师司法各衙门深通法律富于经验之员。襄校官须由法部的堂官出具考语，向皇帝奏请派署。

云南考场设监临官1人，由云贵总督担任，负责督率执事各官员办理考试事宜。考场设监试官1人，由云南省提法使详文申请督抚在道府内札派，专门执掌关防，即掌管考场进出人员的身份认定，监督法官考试一律依据考场规则严格执行。设提调官1名，由提法使申请督抚在道府和提法使衙门内的科长中选派，负责管理考场内部事宜并办理核算分数、拆封和填榜和事项。由提法使在本署各科员中遴选札派人员，充任内外收掌官和弥封官各2人，主管试卷的收存、弥封和保管等事宜；担任庶务官若干人，办理考场内的供给和杂务。监场官若干人，监察应试考生、整肃考场规范。考试中札委的提调官、内外收掌官、弥封官、庶务官、监场官人员名单，均由云贵总督咨行法部备案，以供考核。

参加法官考试人员须年龄在二十岁以上六十岁以下，且须具备下列条件之一项：在法政法律学堂学习三年以上毕业者；举人及副拔优贡；文职七品实官；曾历充五年以上且现仍充刑幕的人员。因褫夺公权丧失官吏之资格、曾处三年以上之徒刑或监禁、破产未偿债务及有触犯禁烟条款的人员一律不准参加考试。

宣统二年，新式学堂开办不久，毕业生有限，各式旧功名出身的人员又不通新律，导致各省法官报考人员严重不足。面对这种情形，宣统二年四月十三日（1910 年 5 月 21 日），浙江巡抚增韫奏请将审判研究所毕业学员一体与试。六月初九日（7 月 15 日），法部的议覆没有同意增韫的请求，而是奏准将该所附和法定资格的学员咨送京师考试。[15]

法部答复浙抚奏折后不久，贵州巡抚庞鸿书又电咨法部："法官考试其在八月举行，黔省应考人员合格者无多，将来恐不敷考选。查有法政毕业人员有二年以上程度者，又留学日本法政速成毕业在本省充当法政教学三年者，此数项可否通融准其一律与考。"对于难题的一再提出，法部难下决断，于是咨商宪政编查馆。宪政编查馆覆称："法官考试，事属创举，黔省地处偏僻，风气未开，自应暂准。该省凡留学外国法政速成毕业，在本省充当法政教员三年以上者，及本省法政二年以上毕业领有优等文凭者，均与第一次考试。仍仅以此次为限，将来仍照定章办理。"宪政编查馆的意见同意并拓宽了贵州省参与法官考试人员的资格。收到宪政编查馆的咨文后，又鉴于各省普遍存在报考人少的困境，宣统二年七月二十日（8 月 24 日），法部奏请将宪政编查馆批准的贵州专门办法推广到全国，"将京外凡留学外国法政速成毕业在本省充当法政教员三年以上者及本省法政二年以上毕业领有优等文凭者，均暂准其于此次收考"。同时，法部修订了对浙江考生的限制规定，"凡在该省审判研究所接续二年程度毕业领有优等文凭者，本届亦准其与第一次考试"，并将修订过的规则在各省一律适用。最后，法部声明，这些放宽条件的规定，只限于这一次法官考试。[16]

法官考试分两次。宣统二年的法官考试是第一次。考试的科目包括：奏定宪法纲要，现行刑律，现行各项法律及暂行章程，各国民法、商法、刑法及诉讼法（允许考生自己选择所学种类的考试，但至少须认选两类），国际法。第一次考试分笔试和口试。笔试分两场：第一场包括奏准宪法纲要一题，现行刑律二题，现行各项法律及暂行章程二题；第二场包括各国民法商法刑法及诉讼法各一题（由各人于报告时呈明就其所学种类，至少认作二题），国际法一题，主要科论说一题。口试一场，仅于考试的主要科目现行刑律、现行各项法律及暂行章程及各国民法商法刑法及诉讼法中分别考问。

　　自筹备立宪以来，清政府通过了大量法律章程等，为防止考生泛泛涉猎，于司法有关的规定浅尝辄止，致使考试成了一般性的科考，故规定考官命题必须遵用法律文本作为依据。宣统二年四月初四日（1910 年 5 月 12 日），法部奏准《考试法官主要科应用法律章程》，[17] 将考试主要科目所据法律分为现行和暂行两类："一现行各项法律。法院编制法，大清商律，违警律，结社集会律，国籍条例，禁烟条例（附件），宪政编查馆会奏汇案会议禁革买卖人口旧习酌拟办法折并单，宪政编查馆奏核议法部奏酌拟死罪施行详细办法折。二暂行各项章程。法官考试任用暂行章程，司法区域分划暂行章程，初级及地方审判厅管辖案件暂行章程，高等以下各级审判厅试办章程，筹办外省省城商埠各级审判厅补订试办章程、编制大纲、筹办事宜，司法警察职务章程，营翼地方办事章程。"

　　此一考试参阅文本的开列颇有意致，其并未开列《大清律例》等旧律，所列者，皆是近年来新制定的法律规条，反映出法官考试的趋新特点。其中的国籍条例、禁烟条例更与此间中国和西方各国正在热议的法条相关；而禁革买卖人口旧习，酌拟死罪施行详细办法等则以清廷正在进行的法律改革有关。司法考试的参考文本可以说是相当"新式"。法部定准的法律法规目录从繁复的律例中选择出考试用的主要文本，也有降低考试难度，使得通过率相应提高，以解决继续的法官人才的考虑在内，另则也是对司法从业人员的一次业务知识培训。

考试的五项科目中有主次之分，其中上述第二、三、四项是主要科目，考试中必须及格，不及格的其余科目的分数再高也不能通过。考试的笔试分数由襄校官按科分拟，呈由考官公同核定；口试分数由考官或襄校官考问详注名册，再由考官公同核定。分数实施百分制，满80分以上为最优等，满70分以上为优等，满60分以上为中等，不满60分不录。

参加云南法官考试的考生，实缺和候补官员须向云贵总督呈明，到提法使衙门报考，其余无论是本籍、寄籍、寄居等有应考资格的考生，都报到考生所在地方官或是旗官处，由该管官员备文申送给提法使，届期报考。如果原本充任刑幕，则由现在就幕的衙门或是地方官出具印文早送提法使，经提法使先行切实考验合格之后方准许报考法官。考生投考时，须提交相关证明以供查验。在法政法律学堂学习三年以上毕业者，应将文凭呈验。举人及副、拔、优贡有贡单的考生，应随身携带单据，以供查验。文职七品以上官员须以实官为限，仅有虚衔的不得报名参加法官考试。实官亦须提交吏部颁发的凭证。连续充当五年以上并且现任刑幕的考生，须将历年充当及现任为某官某地的刑幕等内容在履历册中详细说明，并出具由官员提供的保证书，与保证书中声明该考生确实品格端正、学业优异。

宪政编查馆、法部等机构通过相互商讨，仿照国外的成例以及我国多年的科举考试的办法，为第一次法官考试做了相对缜密而具可操作性的规划，为考试的实施提供了依据。

三、云南法官考试的实施

宣统二年六月九日（1910 年 7 月 15 日），法部遴选法部会计司郎中署典狱司掌印郎中何奏篪、四品衔法部审录司郎中萧之葆，担任云南法官考试的考试官，遴选制勘司主事靳锡兰、审录司主事培元，担任考试的襄校官，奏准朝廷简放。[18]六月十八日（7 月 24 日），法部致电云贵总督李经羲派遣前述 4 人前赴云南昆明主持法官考试事。七月二十八日是（9 月 1 日），法部奏请，朝廷朱笔圈定，由云贵总督兼云南巡抚事李经羲担任云南法官考试的监临官，并电告李经羲这一消息。李经羲督同会考官云南省提法使秦树声，依据《法官考试章程施行细则》选定省城昆明新建的高等审判厅为法官考试的场所，[19]委任三品衔云南补用知府全焕荣为提调官，道员用云南补用知府黄膺为监试官，花翎同知衔云南叙知县梁昱墀为内收掌试卷官，云南补用监库大使张鸿佟为外收掌试卷官，云南补用盐大使李绍莲和云南补用府经历桂林芳为弥封官，同知衔云南补用知县黄廷昌、云南补用直隶州州判陈炳森、云南补用巡检罗廷柱、云南补用县主簿刘履端为监场官，同知衔准补云南县知县路承熙、云南补用巡检吴忠辅和云南补用主簿邹润湘为庶务官，云南补用府经历黄行方、云南补用巡检刁圣渊、云南考职班典吏刘传孝和云南法政学堂毕业生秦天枢为书记官。[20]万事俱备，只欠东风。经过近两个月的奔波，八月八日（9 月 11 日），何奏篪一行 4 人到达云南省城昆明。经过一天的休息。八月十日（9 月 13 日），考试官、襄校官、提调官、监试官、内外收掌试卷官、弥封官、监场官、庶务官和书记官等全部入住设在新建高等审判厅的法官考试考场。监临官云贵总督李经羲则在考场外面住宿，专门督率官员稽查考场出入人员，来防考试作弊。经过数月的宣传、准备、接受考生报名、核验考生的相关凭证，云南省提法使衙门接受了 116 名考生参加法官考试。

八月十一日（9 月 14 日），举行第一场笔试。试卷每张卷子最后一页的左角内填写有弥封用的红号，卷面上粘一张浮签，签上填有考生的姓名和座号。监试官负责将试卷依据座号发放给考生。云南考场第一场的题目如下：

奏定宪法纲要 1 题：选举出自公民，而监督之权必以地方行政官吏行之，其理安在？

现行刑律 2 题：1. 六杀惟谋情最重，律有已行、已伤、已杀之分，又有造意、加功、不加功之别，有分别首从问拟者，亦有不分首从同强盗论者，其罪名轻重各有不同，试剖析言之；2. 同谋共殴人致死，有罪坐初斗者，有罪坐原谋者，有以后下手伤重拟抵者，其不同之故安在？

现行各项法律及暂行章程 2 题：1. 初级审判为独任制，地方审判为折衷制，高等审判为合议制。夫同是审判，而制度因何而异？试征事实并阐理由；2. 检察官统属于法部大臣，对于审判厅为独立，不得干涉审判事务，然起诉有权，莅庭有权，上诉有权，调阅查覈又有权，其职权所在，应负责任，能逐项详胪之欤？

八月十三日（9 月 16 日），举行第二场笔试。云南考试题目如下：

各国民法 1 题：法国婚姻，男女于结婚前必先具签婚字据于父母、祖父母，如父母或祖父母两人意见不合，则唯父命、祖父命是从，盖隐然有父为子纲、夫为妻纲之义。中国礼教最重。自浮躁者藉口泰西，动称自由结婚，以法国婚法考之，已不如是，应如何预防流弊，使风俗人心不致诖惑。试切实陈之。

各国商法1题：日本对于外国会社开设支店于日本者，其代表经理人或有背于公共秩序及善良风俗之行为，则裁判所得因检事之请求，或自以职权而命其封闭。盖寓主权于商法之意如此。我国地大物博，外商营业纷至沓来，于违秩序妨风俗之事，亦时有所闻，欲设法以整齐之，其要领安在？

各国刑法1题：欧洲各国及日本刑法多采折衷主义，犯何罪必何刑法，律虽有定，但尚留余地，俾裁判官察其情节轻重，得以自由伸缩。例如，一年以上十年以下之禁锢惩役，五圆以上五十圆以下之罚金之类。中国刑法采用法定主义，犯何罪处何刑不能易移。议者谓以既定之法治不定之罪，必多过与不及。然改从折衷，则上下轻重之间易滋出入。现值司法独立，究以何项主义于我国适宜，试抉择之。

各国诉讼法1题：东西各国于民刑事诉讼均设有陪审员，颇和周礼讯万民及汉世乡三老遗意。又准用原被告各用律师代理一切质问对诘事宜，法均甚善。我国虽奏准举行，唯省城商埠各审判亟待成立，府厅州县将来亦须推广。应如何延访合格陪审员并培养律师人才？其各抒所见以对。

国际法1题：外国人至内国即须服从内国之法制，此近世属地主义之通例。今外国人至中国，遇有民刑诉讼，不受中国裁判，由各国领事裁判所管辖。其通商口岸又设会审裁判，均于我国主权有损。现省城商埠各审判成立在即，而领事裁判及会审裁判尚未撤销，欲求挽救之方，当以何者为急？

主要科论说1题：五刑之名见于虞书，具于吕刑，汉魏以来凡屡变。自隋初始定笞杖徒流死五刑，沿用至今。现律易笞杖为罚金，更增入遣罪以足五刑名目。考之律文，征诸史册，世轻世重，古今异宜。多士究心律学，能确指其沿革，发明其义例欤？

考试收卷后，由弥封官把卷面上的浮签揭掉，然后按照每卷最后一页的弥封红号将试卷装订起来，交给提调官。提调官将弥封的试卷呈递给监临官。由监临官将试卷分送给襄校官批阅给出分数意见，再会同考官定出考生的最终笔试成绩。各项试卷的弥封只能在考官们评定分数之后拆开，一旦拆开知道试卷的红号之后，试卷的分数就不能再进行增减。弥封的开拆必须在监临官会同考官督率其余参与考试的官员一起办理，任何人员不得私自开拆。经过近半个月的仔细评阅，主考官将笔试合格的考生，张榜公示。这些考生可以参加九月二日（10月4日）举行的口试。

口试仅为1场，由主考官、襄校官一起参与，就现行刑律、现行各项法律及暂行章程、各国民法商法刑法及诉讼法三个科目进行分别考问，令参与考试的书记官在一旁作笔录。襄校官拟出考生各科的分数，再由主考官何奏簇、萧之葆覆加核定。最后，由主考官会同提法使秦树声秉公录取。九月四日（10月6日），主考官将最终录取的26人名单发榜向各位考生公示。所有参与考试的诸位官员也得以走出考场。至此云南法官考试的整个考试录取工作才算是结束。

四、考试的结果

经过二十多天的努力，主考官们终于从116位考生中录取了26名，其中最优等8名，优等12名，中等6名。其详细名单如下：最优等八名

第一名，郑溁，年四十四岁，云南知县，浙江附贡生

第二名，罗钟明，年三十六岁，四川西昌县举人

第三名，杨华春，年四十四岁，云南昆明县举人

第四名，徐承恩，年三十四岁，贵州贵筑县举人

第五名，张世提，年三十岁，云南布经历，湖南监生

第六名，端木垚，年三十一岁，刑幕，贵州贵筑县附生

第七名，梁友檍，年四十四岁，云南蒙化厅举人

第八名，张承惠，年四十四岁，安徽桐城县监生

优等十二名

第一名，吴起銮，年三十八岁，云南知县，江苏副贡

第二名，叶茂林，年三十八岁，云南新兴州举人

第三名，徐振声，年四十岁，云南通海县副贡

第四名，陈廷谔，年四十四岁，云南知县，浙江举人

第五名，宋藩，年四十六岁，云南昆阳州举人

第六名，林名正，年四十三岁，贵州普定县举人

第七名，孙辉藻，年四十二岁，湖北松滋县优贡

第八名，张际时，年三十八岁，刑幕，云南昆明县监生

第九名，龚达森，年三十七岁，刑幕，四川宜宾县监生

第十名，马继眉，年二十七岁，刑幕，四川越巂厅附生

第十一名，何乾生，年四十九岁，广东顺德县举人

第十二名，于寅亮，年三十五岁，刑幕，湖南慈利县监生

中等六名

第一名，周葆忠，年四十八岁，刑幕，四川合江县监生

第二名，廖维熊，年二十八岁，刑幕，湖南湘潭县附生

第三名，梁念绳，年二十九岁，刑幕，湖南零陵县附生

第四名，张鉴，年三十九岁，云南知县贵州举人

第五名，陈镐，年四十二岁，云南知县，福建优贡

第六名，刘邦基，年四十三岁，刑幕，浙江会稽县监生

考生录取比例是22.4%。录取人员的年龄最小27岁，最大49岁，平均年龄为39.16岁。绝大多数集中在35—45之间，共计16人，占有比例为61.5%。从整体上来说，年龄是偏大。

就录取考生的出身来说，没有1名就读法政法律学堂三年以上并获得毕业文凭的考生。这说明专习政法并获得高学历的人才在云南并不多。这些人多到东部大城市从业，而极少数来到云南。七品以上实职文官有6名，其中5名知县和1名布经历，占总人数的23%。刑幕9人，占34.6%，举人8人，占30.8%，贡、监、附生计3人，占11.5%。可见，录取人员中刑幕、举人占大多数，其次是知县，贡、监、附生等人员不多。刑幕、举人和现任知县成为云南修习新法的主力。刑幕是因为有着旧律的根底，举人则有拥有较高的文化素质和视野，知县则是亲身经历到清末这场前所未有的改革之中，对于新法有着较好的理解和认识。

对于考试的结果，诚有几分如云贵总督李经羲奏折所言："法官考试，事属创举，滇处边徼，需人尤殷，此次就地遴才，未必胥属上选"。[21]但法官考试在地处西南边陲的云南，同其他省份的人员、信息非常不方便的情况之下，仍然有116人报考，并有26人通过考核，实属不易。这次考试应当说有力地推动了云南的新法教育，为开办省城各级审判厅储备了人才。

五、结论

中央各部依据司法独立的精神，参照以往科举考试等积累的办法，对北京和外省的法官考试进行了精心的安排，尊重了程序

上进入司法官队伍的人员的高要求。在法部派署的主考官、襄校官会同云南提法使秦树声的主持下，云贵总督李经羲的监临和督率下，云南法官考试严格依照既定规范顺利进行，录取了 26 名考生。由于云南地处西南边陲，专门法政法学毕业并获文凭的人员极少，绝大多数学习新法的都是刑幕、举人以及现任文官。录取人员的年龄亦有些偏大。尽管有这些与东部地区存在的差距，云南法官考试还是有力地促进了云南当地的现代司法教育的展开，对于宣统二年底实施的省城和商埠各级审判厅的开办提供了人才保障，为云南法律人和司法审判制度的现代化开了个好头。

[本论文是云南省教育厅科学研究基金项目"清末云南司法机构改革研究"（项目编号 2010Y25）的阶段性成果。论文的写作受到云南大学人文学院历史系博士后流动站经费资助。]

注　　释

1　中国法制史学主编（台湾）：《法制史研究》第 3 期，2002 年。

2　王浩：《清末诉讼模式的演进》，中国政法大学 2005 年博士论文。

3　《宪政初纲·官制草案》，商务印书馆 1906 年版，第 28 页。

4　参见《法部官制清单》，（清）奕劻编：《厘定官制参考折件汇存》，宣统间铅印本。

5　法部：《覆议法部官制并陈明办法开单呈览一折》（1907 年 1 月 31 日），《谕折汇存》（光绪三十三年一月）第 6 册，第 93 页。

6　参见谢蔚：《晚清法部研究》，北京大学历史系博士论文，2009 年答辩，第 185—187 页。

7　《大清新法律汇编》，廖章书局 1910 年版，第 234 页。

8　《清实录》，第 60 册，《大清宣统政纪》卷三十，中华书局 1987 年版，第 548 页。

9　法部：《筹办外省省城商埠各级审判厅补订章程办法》（宣统元年七月十日），《华制存考》（宣统元年七月）第 5 册，政务，第 169 页。

10　11　《东方杂志》，第七卷第四期（宣统二年四月），《论说·宪政编》，第129、
　　　130—131 页。

12　宪政编查馆：《奏为遵旨核定法院编制法另拟各项暂行章程折》（宣统元年十二
　　　月二十八日），《华制存考》（宣统二年一月）第 5 册，政务，第 190—193 页。

13　法部：《酌拟法官考试任用施行细则折》（宣统二年三月十七日），《华制存考》
　　　（宣统二年四月）第 6 册，政务，第 100a—109a 页。

14　后来实际操作过程，是法部派遣的官员在甘肃主持考试完毕，再次赴新疆主持
　　　考试，即考试虽在 6 处，考点则是分了 7 个。

15　法部：《议覆浙抚奏考试法官请将审判研究所毕业学员一体试折》（宣统二年六
　　　月初九日），《华制存考》（宣统二年六月）第 5 册，政务，第 96—98 页。

16　法部：《本届举行法官考试暂拟推广与考资格折》（宣统二年七月二十日），《华
　　　制存考》（宣统二年七月）第 7 册，政务，第 174—175 页。

17　法部：《考试法官指定主要各科应用法律章程折》（宣统二年四月初四日），《华
　　　制存考》（宣统二年四月）第 6 册，政务，第 136b 页。

18　中国第一历史档案馆编：《光绪宣统两朝上谕档》第 36 册，广西师范大学出版
　　　社 1996 年版，第 189 页。

19　21　云贵总督李经羲：《为法官考试事竣事折》（宣统二年十一月二十五日），中
　　　国第一历史档案馆藏，军机处录副奏折 03 – 7447 – 162。

20　《云南第一次考试法官闱文》，宣统二年九月排印本。

近代"云南人"意识的勃兴

——以《云南》杂志为中心的考察

周立英（云南大学人文学院副教授）

进入 21 世纪以来，关于省界意识的研究方兴未艾，涌现了一批重要的研究成果。[1]相较而言，关于云南人的省界意识早有专家研究指出：云南一直是以"蛮夷"为主的区域，这一状况到明代有了巨大改变。明代，随着大量汉族移民进入云南，根本性地改变了当地的民族成分构成，由"夷多汉少"转变为"汉多夷少"。土著的"夷人"与土著化的汉族移民相互依存、相互交融，形成为"云南人"。"云南人"称谓的出现，标志着"云南人"的形成，这在云南民族历史上有着极为重要的意义。[2]但"云南人"意识的勃兴，却是近代以来在严重的边疆危机冲击下和西方民族主义思想影响下的结果。[3]"云南人"意识的勃兴体现了中国国民意识的觉醒，尤其表现了边疆民族地区对主权国家——中国的认同。有鉴于此，本文在前人研究的基础上，以云南近代留日学生在日本创办的《云南》杂志（1906—1911）为主，从留日学生爱家乡的思想、合群的观念、云南在中国地位的认识和国粹思想的体现四个方面对近代云南人的省界意识作一粗浅的探讨，期望得到大家的批评教正。

一、爱家乡的思想

《云南》杂志的宗旨是"开通风气，鼓舞国民精神"，其宣扬的"云南人"意识，把爱家乡与爱祖国联系起来。

首先，诸如"云南"、"云南人"、"我云南人"、"我们云南人"之类的概念在《云南》杂志中俯拾皆是，表明留日学生当时已具有强烈的"云南省"的意识。如：

（云南）地瘠民穷，尽人皆知。兼之政府视云南为不足轻重，可有可无。即使年年平稳，无荒歉，英法并驰的势力犹恐不能抵抗，而今又遭此大荒，以后的云南就不忍再说了。

说到后日，云南的劫数，人人说像东三省、像安南、像缅甸，小子是井蛙夏虫的意见，恐怕后来云南比东三省安南缅甸还不如咧。

今日的云南，又非安居时代，犹不思想危亡的景况，是真釜鱼幕燕之不如。[4]

虽然这样说，欲想云南独立，非先有对付英法的手段不可。[5]

小子也是个云南人，又何敢轻视云南，咒诅云南。但就以前之成例、现在的大势看去，云南的危亡惨状，如在眉睫。

惟愿小子说话不准。我们云南人，常常保有云南土地，干干净净的，不有一点腥膻，小子虽坐了诅咒罪，粉身碎骨也是心甘之。各位伯叔兄弟啊，居安思危，古今垂训。[6]

虽说英法人同我们云南人，后来必有一战，我们谨防可也。如今仍是礼乐玉帛的事，不见杀机。

我们云南人，究不能先开隙衅，后来虽有死而无悔的心，在今日必要体贴这临事而惧，好谋而成两句话。

我们云南人今所临的事、所惧的事、所谋的事、所欲成的事，是甚么事呢，惧是惧云南亡，临事是临云南存亡的事，谋是谋常保云南的事，成是成了云南独立的事。

到我们云南人有了独立的资格，有了独立的价值，可以对得住政府，可以对得住各省的同胞，可以对得住祖宗，可以对得住儿孙。[7]

我云南人抑知有不忘本国者反得罪于政府之奇案乎。

云南人直如彼掌中之卵……

而尚有间接之两端，或为云南人所藉以自慰，谓云南亡尚有足以保云南者，试更举之，以冀我云南人之猛省。[8]

吾人惟深愿我云南人，厚望我云南人之男者、女者、老者、壮者、少者之自责自怨自恨。[9]

其次，在留日学生的心目中，云南是一个有着五金矿产之富、气候宜人、民风淳朴的天然宝地。他们说：云南是"据云岭之余脉，控金沙之长流，昆明六诏之遗墟，黔蜀两粤之保障，形势突兀，虎踞龙骧者"，是"禹域神州，西南一隅"，是"我祖我宗筚路蓝缕，斩除狂榛以开辟经营"者，是"大好江山，极乐世界"，是"以生以长，以歌以游，以养其父母，以畜其妻子，以托祖宗之坟墓，以营个人之产业"之地，"言风景，则苍山昆海，天然之优美素著；语气候，则寒暑雨阳，小民之咨怨弗闻。山林原野，半是丰饶之区；玉石药材，久负中原之誉。且矿脉蜿蜒，矿山崔巍，五金石炭，遍地皆是；而铜铁之富，尤为世所惊慕"。[10]认为云南"山川伟秀，气候温和，土地肥沃，矿产丰富"。[11]还说云南有"五金矿产之富，土地适于林业，气候便于农蚕……民俗勤俭耐劳，富于实业家之资格"，[12]表现了他们对云南这块土地和人民的眷恋。他们认为云南丰富的矿产资源尤其值得称道和骄傲。独立子指出："云南一地，五金蕴聚，富甲他省"；[13]失名说，20世纪以后，各国若要立足于世界并且繁荣富强，必须有以立国、以富国的基础，这个基础包括矿业、制造业、商业、海陆军各业等等，云南以其富饶的矿藏而具有"矿业国之资格"。[14]指出"云南者，五金煤铁之渊薮也。欧人凡至其地者，皆能啧啧言之，谓云南一粒之沙皆黄金也"，认为如果将云南146680方英里土地下的矿产统统开掘出来，"则云南将以富雄于东西两半球，对于世界至富极强之六七大国称工业国焉"，称之为"亚洲英吉利"也不为过。[15]通过对云南天然物产、民风的描写和议论，表现了留日学生对家乡的热爱和依恋。

迤南少年生更从5个方面总结了云南的可爱之处，使留学生对云南浓浓的乡恋蕴蓄其中。第一是天气可爱。他说："地球九万里，位于温带之间者不数国，中国之膏腴，冠于全球，而陕、甘、新疆偏于北，闽、广偏于南，犹未若滇之正居于昼长圈线之中也。故滇之天气，盛夏不必纱罗，即单袷不为暑也，隆冬不必重裘，即夹棉不为冷也"，在他看来，云南地处温带的最好地域，气候适中。第二是地理可爱。认为"地球陆少水多，而水之为用较陆尤甚……滇不滨海，遂较之广、闽、浙、燕、齐、辽而不及，然而湖泽之多，如滇池，如洱海，如抚仙，如星云，如异龙，如宝秀，如杞麓，几几不可胜数，潴泗蕴蓄，皆据高地，为全境之利"，虽无洞庭湖开阔，"然洞庭有时或涸，而滇之湖泽，则既多而且常溢焉。至于澜沧、潞江、盘江则南入南海，金沙则东入东海，一省之水为中国长江、珠江两大水之源头，则山脉之雄，地势之高，不待言也。"第三是历史可爱。因为"自庄蹻开边变服，从滇历蒙及段，蔚为大国，滇之同化力，殆不少矣。元明以来，为我族殖民之范围，礼乐文章，彬彬称盛，尤著者特立独行之气概异于各省，如蜀汉北征，借南中飞军以讨魏，唐李邺侯则结云南大食以制吐蕃，以川陕五代之乱，滇独安然无事，宋之亡也，由于元世祖之先得滇南，明桂王之偏安，滇为后亡，是则历史之上，不无可爱者也"，云南有着悠久文明的历史。第四是人才可爱。"吕凯之荩忠，李恢之权略，在三国时已然，及至唐宋以后，纷纷继出，其文章道德、政事技艺，无奇不备，武凤子隐于技，兰止庵精于医，迄今见火箸读本草者，叹为古今奇人之第一流。至于郑和之三下西洋，使亿万里之海洋洲岛，怵目刿心，为我中国亘古无双之伟略，以视博望定远，瞠乎后矣。而况杨一清、钱南园诸人之卓卓，尤可代表全省耶"，涌现了无数令人骄傲的历史人物。第五是物产可爱。除有大理石，"宣威之火肘，元江之槟榔，浪穹之自然琉璜，普洱之茶"等天然生成者外，还有人工加工而成的"石屏之乌铜，河西之布，通海之酱，昆明之缎"，"皆为一时之奇产，至于五金之多，人人皆知者。"[16]将爱滇之情升华到极高点。

与逦南少年生相似的是，云南在义侠的心目中也是地势雄浑、气候温暖、物产丰富、历史悠久、人才辈出的好地方。像这样的好地方，若是"华盛顿生于斯，必利用之以建造共和帝国；拿破仑生于斯，必凭藉之以扫荡世界恶魔；维多利亚生于斯，必发挥其实质，以雄长东亚；威廉第一生于斯，必扩张其势力，以侵略西欧"。所以，云南是"可大可久，可霸可王，可左右世界，可维持和平者也"[17]。

最后，留日学生认为他们与云南的关系密切，是云南人中的一分子，对挽救云南危亡和发展、建设云南负有不可推卸的责任和义务。他们称云南为"我最亲爱最宝贵之中国之云南"，[18]"可宝可贵可崇拜而梦寐不能忘之云南"，[19] "吾人之亲爱云南，宝贵云南"，[20] 称"小子也是个云南人"，[21] "小子也是云南一分子"，[22] 称自己与云南的关系是"吾人生为云南人，死亦必为云南鬼"，[23] 云南人与云南的关系"若地球之有太阳，肉体之有灵魂。有之则以存以生，失之则以灭以死，以永劫而无复"，[24] 明确指出他们与云南利益攸关，荣辱与共的关系。他们有强烈的责任感，认为自己是滇人中的一分子，是云南的主人，对云南的盛衰荣辱，当义不容辞地承担起责任。因此，当他们看到云南被英、法列强蹂躏，被清廷官吏朘削得千疮百孔、"举目皆惨状"时，感到"疾首痛心"，[25] 并积极思索拯救的方法。他们办报纸办杂志，开通风气启迪思想，并派人回乡组织演讲、发动群众，奔走呼号，"冀唤醒吾最亲最爱之乡人，同心努力，共济时艰，扶危救敝，转祸为安"，[26] 激发滇人的责任感，共同抵抗帝国主义列强的侵略，挽救云南于日益严重的民族危机之中。

二、对云南在中国地位的认识

基于对家乡的爱恋，留日学生也思考了云南在国家中的地位问题。他们意识到云南是中国的有机组成部分，云南存亡对中国影响至重且大，换言之，云南存则中国存，云南亡则中国亡。侠少追溯了云南的历史，认为云南自有史以来便纳入中国版图，是中国不可分割的一部分。他说："云南自庄蹻远徙，武侯南征，久通中国"，隋唐宋时期，云南的汉族移民极少，"胡元暴起，囊括五印度，席卷俄罗斯，由四川定云南，遂进而窃据中原"，"自明太祖驱逐胡元，恢复中夏，遣傅友德、蓝玉、沐英等平定云南，留沐英镇守。而一时勇将谋士壮兵健卒之从征者，以百战余生而见此山川伟秀、气候温和、土地肥沃、矿产丰富之云南，遂莫不欲官于斯、农于斯、商于斯、工于斯、聚国族长子孙于斯。而后之宦游或经商于云南者，亦莫不爱之羡之，大有故乡无此好湖山之感。于是汉族之势力，五百余年遂磅礴澎湃而奄有今日之云南全土。"[27]尽管其思想中不乏大汉族主义的成分，但他并不否认云南是中国的一部分。无己更明确指出云南与中国之间是有机聚合的关系，所谓"有机聚合"，是指"数多之物，或数多之部分相聚合。其物与物之间，部分与部分之间，有亲密关系"，例如动物有耳、目、口、鼻、心、肝、肺、胃诸器官，植物有枝、干、根、核、花、叶、茎、皮等构造，"其各部分分劳异业，相辅相助，相生相养，互为活动，而全体乃得以生存。若于全体加一部分，或减一部分，则物体即生变化，"比如"动物去一肢体，则病而死，植物芟一根株，则萎而枯也。"[28]他们指出："云南是中国的云南，不单是云南的云南"，[29]"云南者中国之云南也，非仅政府之云南，亦非仅云南人之云南也"，[30]"中国"是一个总括的名字，包括 21 个行省，这 21 行省的人"无论边省的、腹省的，大省的、小省的，男的、女的，都是我们中国的同胞"；21 行省的"一寸土，一尺地，都是我们中国同胞的疆圉"。以此类推，位于中国西南边疆的云南无论人口或土地，都是属于中国的，因此"云南是中国的云南"。[31]云南强则中国强，云南弱则中国弱，云南亡则中国亡，两者关系极其密切，磨厉认为这主要体现在云南的地势和帝国主义的侵略政策两方面。就前者而论，中国就像"一院房子"，"云南、广西就是南边的门户，四川、贵州就是廊阶，两江、两广及各行省就是堂奥"，若是"门户被人毁了，不惟盗贼可以随时直入廊阶，廊阶也就要被人毁到了。廊阶被人毁了，不惟盗贼可随时直入堂奥，堂奥也就要被人毁到了"，因此，门户云南亡了，廊垧四川、贵州就保不住，四川、贵州、两广若又亡了，堂奥两江、两湖及各行省就保不住，最终导致中国灭亡。就后者而论，想要挽救云南于不亡的难度更大。因为中国就像"一盘肴馔"，列强就像一桌垂涎欲滴的食客，肴馔"如今虽在盘中，那一个食那一块，是早已暗暗分定了，若有一个先下了箸，大家也就下箸了"，这盘肴馔将顷刻被拈尽。同理，"云南若亡在法人的手中，是法人已下箸了"，英国、德国、俄国、日本也将先后"下箸"，很快"食尽"肴馔。这个结局让人"心也酸，鼻也痛，咽喉梗塞，血泪交进，欲哭哭不出，欲不哭又不能自禁"。因此，留日学生指出，"由地势上的关系看来，云南一亡，中国就相继而亡了。由侵略政策上的关系看，云南一亡，中国就一时瓜分了。无论由那一方面的关系看来，要使中国不亡且先使云南不亡"，[32]揭示了云南的存亡与中国存亡之间的重大关系。接着，他们对其他省的一些人把云南看作"边省"，"地方最穷，交涉最多，有了这个云南反是政府的一件累事，被法人吞去也算了，被英人割去也算了"的看法，提出严厉批评和指责，认为他们把云南看作"可有可无"，被吞、被割与中国无关的看法，是"脑筋枯了，孔核闭了，半点知识都没有"，完全不明云南的灭亡对中国存亡的重大意义。[33]并以越南为例，指出越南的亡国便是政府的怯懦和各省人民各自为政、不管他省安危、"自私自利"造成的恶果，以警醒他省人民，号召全国人民团结一心，共同保卫云南。

无己认为"云南为云南人之云南，其存也云南人受其庇，其亡也云南人罹其殃"，他内察中国实情，外揣列强政策，仔细梳理了俄罗斯、英、法经营东方的策略与步骤，认为"列强之经营东方也，或为征略政策，或为农业政策，或为商业政策，或为铁道政策，或为移民政策。其所持之手段不同，至其共通目的，不外伸张势力而已。"但不论帝国主义者持势力伸张主义抑或是势力平均主义，中国终究要灭亡，原因就是"吾国所忽视之云南一边省"，认为"云南虽边隅，然东界黔粤，北邻川蜀，西接藏卫。一旦有事，则祸势蔓延，而全国必受其影响"，"非保守云南不足以存中国"，"以广义言之，则云南为中国之云南，其存也可为中国之屏蔽，其亡也即可为中国瓜分之动机。去一部而全体伤，牵一发而全身动。此有机体之共通原则，亦社会所不能逃之公例也。"[34]

不惟云南留日学生意识到云南存亡对于中国存亡的影响，外省留日学生也有相同的认识，并号召全国人民共同保卫云南。

湖南留学生唐璆在《救云南以救中国》一文中说："云南者中国之云南也，非仅政府之云南，亦非仅云南人之云南也"，但与俄国人图谋东三省相比，云南今日面临的危机并未受到全国人民的重视，他提出 5 个问题，进而指出"一言以蔽之，云南者中国之云南，非仅政府与云南人之云南也。云南之存亡，实关系中国者也"，"云南保存，则中国保存，云南亡则西南数省随之而亡，西南数省亡，则中国随之而亡"，"救云南者，所以救西南数省，救西南数省，即所以救中国也"。在唐璆看来，救云南之责，政府与人民皆有之。在政府者，即"速简廉干之长官，合全国之力，大修战备，以对法人，保全云南"，这里的"修战备"非仅只是练兵的称呼，而是为练兵准备将才之谓。如"武备学堂急宜举行而扩充也。器械不备，则练兵无用。则枪炮局，急宜改良而扩充也。行军无精确之舆图，则地形险夷，山势峻平，道路远近，不能瞭如指掌，胸有成竹。则测绘学堂，急宜专办，以补武备学堂之不及。至于交通之地，宜修军路马路，则军行便利。要害之地，宜修兵房兵站，则军屯有所。以至沿边卡垒，碉楼望台，粮储医院，种种战备防务，缺一不可，有此战备方可云练兵。"但大修战备"非有绝大饷源，则不能举。就云南而筹饷，势必不能"，所以政府要做的第二件事情就是"颁发各省协饷济滇"，认为"此尤救云南要中之要也"。人民要做的事主要有4件，即"一曰广兴教育，二曰广兴实业，三曰行地方自治团体，四曰联合各省，集股以修铁路"，认为"此四者皆我国民脚踏实地，急宜群起而担负责任，决不可放失义务而自失其权利者也"。具体而言，就是"富而侠者""盍助资本于云南"，"有学术而侠者""盍输教育于云南"，"有才智而侠者""盍纡筹策于云南"，"有武略而侠者""盍从戎行于云南"，"有技术而侠者""盍兴工艺于云南"，并强调指出在此过程中，全国人民必须破除省界，无轸域之分，合群集势，同力共举，否则不能实行，"不能实行，则决不能救云南；不能救云南，则不能救中国；不能救云南以救中国"。所以唐氏认为，"云南之存亡不在法人，实在我国民之救不救，我国民救不救，在省界之破不破，实行与不实行耳"。引申其义，则"若两广人破除省界而救云南，非救云南也，实救两广也；黔川人破除省界而救云南，亦非救云南也，实救四川贵州也。以至两湖、三江、闽、浙以及陕、甘、齐、豫、燕、晋等省，皆可以此为比例"。[35]

三、合群的观念

怎样团结云南人，培养云南人的群体意识呢？留日学生接受了"合群"的主张，认为"吾云南居英法之交冲，值竞争之焦点，此天之使我以不能不群也。若以散沙之众，而当此潮流，则其不能生存而归于淘汰也，亦势所必至，理有固然。故今日非合大群不可，群一万七千余方英里之土地为一家，则去府厅州县之界；群一千三百三十余万之户口为一人，则去年谊谱牒之界。有同守之约束，有同薪之境界，宁牺牲一己以利同侪，无取便私人以破团体；此合群之说也。"[36]

怎样做到合群呢？留日学生认为，合群就是要激发云南人的责任心。责任心是什么？责任心者，"旁观之反对也。无推诿，无依赖，一往直前，所以尽当然之责任也"。一个人对于家庭负有责任，对于国家也负有责任，"人子不尽人子之责任家必败，国民不尽国民之责任国必亡"。[37]甲午战争之后，列强势力集中在东方，仅以云南论，法人安南东京铁路得以延长扩充至于云南府，英人亦屡屡要求滇缅铁路权，"而我滇人昏昏若梦，毫无抵抗外人之思想"，指出"处此危局，不自谋所以保全桑梓之计，岂复有他人代我而谋乎。然亦非滇中一部分之人所能谋，必合全体而竭力经营之维持之，庶乎其可"，全滇人民当合群以对外。指出滇人当尽一己之责，即"扫除积弊、造新规模、变新氛象"，具体而言，就是"振作精神，固结团体"，"倡公私立之学校，增社会之智识"，"倡勇敢，习武事"，"劳一己之心力，尽分内之义务"，"延聘教习，倡立农工商业之学校"，对于吸烟之禁，则"父戒其子，兄勉其弟，以增进精神之文明"，并总结说"愿千二百万之同胞，群起而分担此责任也"。[38]面对内忧外侮，侠少希望云南人能结为一体，摒弃陋习，自食其力，捍卫乡土。他说："吾人惟深愿我云南人，厚望我云南人之男者、女者、老者、壮者、少者之自责自怨自恨，力除旧日之丑恶习惯、奴隶性根、野蛮行为、薄弱志念、自私自利之见、赖外媚外之心，而各求其有生活之技能、道德之性行、民族之思想、国家之观念、法律之知识、军人之资格", 同时, "重责任心, 厚团结力, 平时则为士、为商、为农、为工, 与强邻以学战、以商战、以农战、以工战, 而挽回利权。一朝有事, 则为将为兵, 与强邻以铁战、以血战, 而角胜疆场"。[39]义侠在《云南存亡视云南人责任心之有无》一文中, 以意大利、普鲁士、美利坚、土耳其4国为例, 指出"四国之所以易危为安, 易亡为存者, 盖于国家存亡之真际, 不知之斯已矣, 既知之, 必以百折不回之雄心, 尽一往无前之责任", 从而总结出"责任所在, 存亡系之。既有能尽责任之国民, 自无陷于危亡之国家", 进而指出欲决定云南之存亡, 必先问云南人有无责任心, "云南人有责任心, 然后平心静气, 竟委穷源, 以研究云南危亡之原因, 而筹画云南图存之方法。云南人无责任心, 或有责任心而仅数千万分之一, 则云南之亡也必矣"。[40]留日学生还对云南少年寄予了厚望, 认为云南存亡与云南少年关系密切。他们说: "英法今日之政策, 其处心积虑, 有势不吞并云南不止。而受吞并与不受吞并, 惟云南之少年足以左右之。少年而甘受其吞并也, 则云南已为英法之云南, 非滇人所得而有也。如曰否也, 英法将奈何?"认为英法之所以要瓜分云南, 不是没有原因的, 那就是"千一百五十余万之滇人, 千一百五十余万心, 不啻千一百五十余万国焉。纵人不瓜分我, 而我已先自瓜分", 云南人势如散沙, "平居既如散沙, 有事则为鸟兽散。刀俎鱼肉, 将一任人之所为"。建议"我滇之少年, 苟以合群为自保之策, 群其心, 群其力, 联为一气, 有应争之权利, 合群力以争之, 有受侮之事实, 合全力以御之; 未有不能争不能御者也。英法虽强, 其何从瓜分我哉?", 并进一步指出"对于一身, 必注意于利群主义, 然后乃能利己。对于国家, 必尽分子之责任, 然后国本乃固。对于外族, 当知丝毫之权利不得退让。"并以此寄望于云南少年，希望他们从现在开始摒弃不良习性，养成对云南的责任心。

除此以外，在商业上也要能够做到合群。介于石认为，"如今是商战的天下"，"欲防英国的阴柔手段，请从商务上讲求"。英、法两国占领缅、越后，在云南谋求均势，签订了军事协约，其他方面的协约也可签订了。而且省城开了商埠，英人法人的势力更进一步了。云南得有自己的珍奇货物、经济商贾与英法争市场、争权利，但"外国商人多半是公司，我国商人尽是独力，公司的势力同公司争，或可望侥幸；独立的势力同公司争，万不有胜的道理"，因此，他建议道："我们云南人虽不大穷，各家商店的资本也有几万的、几千的、几百的、几十的，都是各做各的，不相照顾。如能够并起一团，成了几个大公司，然后才算有资本"。这就像"兵家有了粮饷，有了大营了，再求参谋，再求兵卒器械，也不难了"。[41]

1905 年赴日本的云南高等学堂监督陈荣昌在考察学务的过程中也深也感触。他认为，云南是"国家西南之保障"，[42]"昔为边鄙，今为门户；昔为无甚轻重之区，今为关系存亡之地"[43]，不举全滇之力，不足以发挥其保障之作用，但云南之众犹如"虽大而不能合群"的散谷，如欲维持国家，保障云南之生存，必须集合全滇民力，使其如"虽小而能合群"的石碾。"今且既居石碾势力所及之内，不保旦夕矣，是故欲维持国家保障生存吾滇，必使人民皆集合其力如石碾者，然后可以当石碾"陈氏说："予特愿为石碾之一人，又忝司桑梓教育事，襄助大吏，为国家造人民，以是提倡之。信从者众诚善，即不信从而与吾反对，虽断吾足如大隈伯亦不悔也。"[44]

四、国粹思想的体现

在《云南》杂志发行过程中，1908 年 8 月，吕志伊和李根源受命编辑的《云南》杂志纪念特刊《滇粹》出版，这也体现了"云南人"意识的出现。

《滇粹》的编辑与清末兴起的国粹主义思潮不无关系。国粹主义是 20 世纪初在中国政局危机四伏、"革命排满"声浪汹涌之际勃然兴起的一股社会思潮，以"研究国学，保存国粹"为宗旨，它出现的标志是 1905 年"国学保存会"的成立和《国粹学报》的创刊。其倡导者多是有着深厚国学根底的革命党人，如章太炎、刘师培、邓实、黄节、陈去病、黄侃、马叙伦等人，并由此形成了一个专门的学派——国粹学派，该学派认为，"国粹"是"我们汉种的历史"，包括"语言文字"、"典章制度"和"人物事迹"，[45]试图通过"研究国学，保存国粹"、"复兴古学"来唤起人们的爱国热情和反清革命的激情，从而推动资产阶级民主革命的发展。国粹主义思潮是在中国民族危机空前严重的背景下出现的。清末，中国陷入亡国灭种的困境，如何才能挽救中国，不同的阶级、阶层、党派，甚至同一党派中的不同派别都提出了一己之见。对此，国粹派也有自己的考虑，他们不仅感受到了严重的民族危机，更重要的是，他们看到了躲藏在民族危机中的更为根本和深刻的文化危机。在他们看来，一个国家能立足于世界民族之林，除武力之外，更重要的是有赖以自立的民族"元气"，即传统文化。而帝国主义侵略者不仅从政治、经济、军事上侵略中国，还力图从文化上消灭中国，大肆贩卖奴化思想。同时，自 19 世纪末开始，随着大批知识分子走出国门，留学域外，在掀起向西方学习的热潮中，又出现了所谓"全盘欧化"的主张，甚至只要是西方的风尚、习俗都推崇备至。这一切都让国粹派深深忧虑。他们认为一旦中国的文化澌灭，中国所面临的将不仅是亡国，而且是万劫不复的灭种之灾。因此，他们从中国传统文化中汲取养料，作为武器，进行战斗。主要内容有三：①明末清初地主阶级"反满"的民族主义思想。国粹派一面不遗余力地宣传古代的思想文化，一面将明末清初的反清志士奉为典范，反复宣传、竭力颂扬这些人的思想学说。②提倡"复兴诸子学"，旨在否定在中国思想中长期居于统治地位的儒家学派，为他们反封建、倡民主提供思想武器。③将宣传"夷夏之防"、"华夷之变"作为提倡国粹的核心。

　　深受国粹主义思潮的影响，《滇粹》也以保存国粹的形式，收录了一批与云南有关的历史文献资料和人物传记等相关资料。历史文献资料如《求野录》、《也是录》、《附录永历帝贻吴三桂书》、《旅滇闻见随笔》等。《求野录》，容溪樵隐编，一卷。以类似本纪的体例记载了永历十二年（1658）正月至永历十五年（1661）十二月末南明永历帝入滇始末。《也是录》，自非逸史编，一卷，也以类似本纪的体例记录了永历十二年（1658）十二月到永历十五年（1661）十二月南明永历帝入缅的事迹。这两部书是关于云南历史的重要文献。人物传记如永历帝、沐英、傅友德、邓子龙、杨畏知、杨一清、郑和、傅宗龙、李定国、胡一清、明季忠烈等。沐英、傅友德均为征滇、治滇名将。其中，沐英（1345—1392），字文英，安徽定远人。明朝洪武十四年（1381），以征南右副将军与傅友德征云南，平定云南，留滇镇守。治滇十年间，安定边地，筑城设卫，简官修惠，劝课农桑，礼贤兴学。任上去世，"军民巷哭，于府城立庙祀之"。[46]郑和

（1371—1435），原姓马，小字三保，云南晋宁人。回族。明初，从起兵有功，累擢太监，赐姓郑，世称三保太监。永乐三年（1405）至宣德八年（1433），先后 7 次奉命率舰队出使西洋，历 39 国，最远到达非洲东岸、红海海口。沿途所经各国，恭顺的国王及酋长多所赐给，桀骜者则以武力摄之，诸国入朝者日众，互市通商，往来不绝，促进了中国与亚非各国经济文化的交流。[47]尤其应当指出的是，《滇粹》还为薛尔望立了传。薛尔望（？—1658），名大观，昆明人。明诸生。南明永历帝奔缅，暗示明朝运数将尽，耻食清粮的薛尔望遂与其子之翰及妻、侍女、幼子 5 人投黑龙潭而死。其次女避乱西山，亦于同日自焚而亡。[48]时至今日，昆明黑龙潭公园仍立有薛尔望墓，而其耻食清粮，阖家投潭自尽的故事也广为市民津津乐道。

五、结语

综上所述，"云南人"意识的勃兴是近代以来在严重的边疆危机冲击下和西方民族主义思想影响下的结果。"云南人"意识的出现体现了中国国民意识的觉醒和边疆民族地区对国家的认同。"滇"、"云南"、"云南人"、"我云南人"、"我们云南人"等概念的多次出现，表明留日学生已经意识到自己是云南人、是云南人中的一分子，所以提出要爱云南，云南危机时要救云南。并把这种感情与爱祖国相联系，认同国家，认为云南是中国的重要组成部分，云南是中国的云南，云南与中国是有机组合的关系，救云南于不亡则是救中国于不亡，云南保存则中国保存，因之不能将两者割裂开来，因爱云南、救云南所以要爱中国、救中国。如何爱、如何救呢？则是要合群，集合云南全省乃至中国全国的力量，团结一致，众志成城，拯救云南、拯救中国。因此，留日学生按照云南人的模式发出倡议，宣扬国粹，将有关云南历史的重要文献和著名的治滇官吏、为远播中国文化，促进世界和谐做出巨大贡献的云南人、明"华夷之辨"，主张"夷夏大防"的滇人事迹汇集为《滇粹》一书，旨在通过构建云南辉煌的历史文化与英雄人物，从根本做起，唤起云南人的共同记忆，从而团结云南人乃至全国人，共同对抗外在危机。在这一过程中体现出的是难能可贵、独具特色的"云南精神"。诚然，在宣扬"云南人"意识时，留日学生也产生了一些错误的认识与看法，如指责焚烧教堂、争取路矿利权的滇人为"无知无识的小民"，这种行为是"无礼的举动"，主张"我们内里头想我们的方（法），外面还是照常待外国人，我不谄媚他，又不欺侮他"的"文明对付"，认为"国际交涉与私人的交涉，各不相混，才是真正文明"。[49]

注　释

1　如［日］石岛纪之：《近代云南的地域史》，《读书》2006 年第 4 期；刘伟：《晚清"省"意识的变化与社会变迁》，《史学月刊》1999 年第 5 期；江远山：《近代中国地域政治化与国家建设——以省为考察对象》，《上海行政学院学报》2007 年第 5 期；苏全有：《论清末的省界观念》，《安徽史学》2009 年第 1 期，等等。

2　林超民：《汉族移民与云南统一》，《云南民族大学学报》（哲社版）2005 年第 3 期。

3　36　潘先林、张黎波：《天南电光——辛亥革命在云南》，云南人民出版社 2011 年版，第 88、89—90 页。

4　5　6　7　21　22　41　49　介于石：《余之云南观》，《云南》第 3 号，中国科学院历史研究所第三所编《云南杂志选辑》，科学出版社 1958 年版，第 291、295、290—291、295—296、293 页。

8　9　11　20　23　27　39　侠少：《云南之将来》，《云南》第 2 号，中国科学院历史研究所第三所编《云南杂志选辑》，第288、290、22、18、17页。

10　24　《云南杂志发刊词》，《云南》第1号，第1—2、2页

12　19　26　炎裔：《云南之实业》，《云南》第10号，第55页。

13　独立子：《腾越矿产之发现》，《云南》第18号，第68页。

14　15　失名：《云南大实业家赵老人传》，《云南》第2号，第28、27页。

16　迤南少年生：《爱滇篇》，《云南》第1号，第55—57页。见罗家伦主编：《中华民国史料丛编（A9）》，中国国民党中央委员会党史史料编纂委员会，中华民国七十二年版，第61—63页。

17　40　义侠：《云南存亡视云南人责任心之有无》，《云南》第20号，中国科学院历史研究所第三所编《云南杂志选辑》，第371、374页。

18　侠少：《论国民保存国土之法》，《云南》第6号，第14—15页。

25　西壁：《云南迤西盐政惨酷》，《云南》第15号，第123页。

28　34　无己：《论云南对于中国之地位》，《云南》第5号，中国科学院历史研究所第三所编《云南杂志选辑》，第312、314—315页。

29　31　32　33　磨厉：《云南与中国的关系》，《滇活》第2号，第6、6—7、8—12页。

30　35　湖南　唐璆：《救云南以救中国》，《云南》第5号，中国科学院历史研究所第三所：《云南杂志选辑》，第323、323—326页。

37　38　崇实：《论云南人之责任》第3号，第296、298页。

42　44　（近）陈荣昌著，周立英点校：《〈乙巳东游日记〉点校》，云南美术出版社2007年版，第28、29页。

43　陈荣昌：《虚斋文集》卷2，木刻6册。

45　章太炎：《演说录》，《辛亥革命前十年间时论选集》第2卷上，三联书店1977年版，第455页。

46　47　48　《云南辞典》编辑委员会编：《云南辞典》，云南人民出版社1993年版，第642、654、676页。

试论清末云南的留日学生

辛亦武（云南大学人文学院讲师）

　　19 世纪末，中国面临严重的民族危机。清政府为了维护其统治，又迫于来自各方面的压力，于 1901 年实行"新政"，进行改革。随着清王朝废除科举，兴办学堂，青年学生出洋留学形成一股热潮。在这些出洋留学的学生当中，又以赴日留学为最多。在这股留日大潮中亦有许多的云南籍学生。他们在日本学习资本主义先进的政治、经济、文化、军事、医学等，他们回到云南后，积极投身到云南的革命运动和地方建设中，对近代云南社会乃至全国都产生了积极的影响。本文拟对清末云南留日学生进行探讨，对他们所进行的活动以及他们对近代云南社会的影响作初步研究，以求教于方家。

一

　　1840 年鸦片战争之后，中国的社会性质发生了剧变。面对"千年未遇之大变局"，在西方列强船坚炮利的进攻和刺激下，部分先进的有识之士开始思索御敌救国之策。他们认识到必须突破"夷夏大防"的传统观念,要"师夷长技以制夷",学习西方先进的科学技术,以抵御西方列强的侵略。于是,从 19 世纪 60 年代开始,向西方学习先进技术的"洋务运动"兴起。随着洋务运动的深入,一些有识之士逐渐认识到:不但要学习西方先进的科学技术,更要学习西方先进的思想文化。另外,清王朝也想培养一批"忠君爱国之士"来挽救危机四伏的统治。于是,在第一个留学生容闳的积极努力下,清政府先后派遣 120 名幼童赴美留学。此后,中国人源源不断地出洋留学。

1895 年的甲午战争以号称"天朝上国"的大清帝国的失败而告终,清王朝被迫签订割地赔款的屈辱条约。甲午战争的失败再次刺激了天朝治下的子民,积极寻求强国之道。另外,日本为了缓解由甲午战争带来的民族仇恨,另一方面,为了达到进一步控制中国的目的。日本与清政府签订了准许中国学生到日本留学的协议。于是,1896 年 3 月底,第一批经过选拔的 13 名中国学生在清政府驻日公使裕庚的带领下抵达日本,揭开了近代中国人赴日留学的序幕。此后,中国留日学生逐年增多,1899 年达 200 多名,1903 年达 1000 多名,到 1906 年激增至 8000 名左右,人数之多,前所未有。[1]

在 19 世纪末、20 世纪初,为什么会有如此多的中国人涌向日本留学呢?当时,中国正面临严重的民族危机,不少爱国志士把到国外留学看成是挽救民族危亡的一剂良方。而近邻的日本在明治维新之后,逐步地废除了不平等条约,摆脱了民族危机,成为亚洲的强国。日本的崛起极大地刺激了天朝上国子民的神经,"因为日本人向西方学习有成效,中国人也想向日本人学"[2]。于是,在 19 世纪末、20 世纪初,日本成为中国人留学的主要选择对象。其次，清政府在国内实行奖励游学，废除科举的措施极大地刺激了留日热潮。作为实行新政的内容之一，清政府颁布了《鼓励游学毕业生章程》，规定：由日本普通中学毕业者给拔贡出身；由日本高等学堂毕业者，给举人出身；由日本大学堂毕业者，给进士出身；获得博士文凭者，除给翰林出身外，并按翰林升阶，均分别录用。清政府的鼓励游学措施，极大地刺激了人们的留日热忱。另外，从清朝统治者来说，清朝统治者着意要培养一批效忠于它的忠实支持者，以维护其统治。而居于清廷各地的督抚要员，也需要培养一批忠于自己的亲信势力，以巩固自己在地方的统治。所以，在清廷的支持和地方大员的积极运作下，留日活动如火如荼。再次，从日本方面来看，日本愿意接收中国留学生是有其险恶用心的。甲午战争，日本从中国获得了巨大的利益。为了攫取更多的特权和利益，也为了缓和中国人民的仇日情绪。一方面，日本国内出现了一股研究中国的热潮，调查研究中国的实情，为以后的侵略做准备；另一方面，日本政府积极游说中国当权者和地方实力派派遣学生赴日留学，培养亲日势力。"日人藉培养中国人才，以达其伸展势力于大陆的目的"[3]。日本希望通过教育以培养亲日势力，以达到进一步控制中国的目的。"今日之支那渴望教育，机运殆将发展，我国先事而制其权，不可失之机也。我国教育家苟趁此时容喙于支那教育问题，握其实权，则我他日之在支那为教育上之主动者，为知识之母国，此种子一播，确定此步，则将来万种之权，皆由是起焉"[4]。这样，清政府与日本一拍即合，再加上地方督抚的大力推动，中国在20世纪初出现了留日热潮。最后，日本是中国的近邻，一衣带水，文化相近，往来又较为方便和省钱；而且，日本学习西方又卓有成效。因此，许多人把到日本留学视为"终南捷径"。

　　基于上述原因，在19世纪末、20世纪初，在中国形成了一股轰轰烈烈的留日热潮。而在这股空前规模的留学日本的巨浪中，地处西南边疆的云南，亦有相当数量的热血男儿。

　　地处祖国西南边疆的云南，因其丰富的自然资源和重要的地理位置，长期为列强的所觊觎。自19世纪后半期，邻邦缅甸、越南相继沦为英、法两国的殖民地之后，英、法便将其势力扩展至云南。"英伺其西，法瞰其南，巧取豪夺，互相生心。未及而有滇缅划界蹙地千里之约，未及而有攫取滇越铁路建筑权之约，未及而有揽七府矿产之约，未及而有云南、两广不许割让他国之约。部臣不敢拒，边吏不敢争，而西南之祸烈矣"[5]。外患内忧同时向云南袭来，云南各族同胞深感不安，纷纷起而谋救国之策。其中一部分热血儿男，随着留学热潮的掀起，相继渡海求学，探索救国救民之路。"欲不使金碧山川黔然黯然，长没于腥风血雨之中，欲不使千余万神胄，如束如缚，呻吟于条顿、拉丁民族之下，是赖夫学，是赖夫游学"[6]。人们把留学视为救乡卫国的重要途径。于是，1902年之后，云南学生源源不断地到日本留学。

二

　　云南学生的留学活动始于1902年。1903年，云南首批官费留学生抵达日本。1904年6月，云南举行官费留学考试，由于陈荣昌、孙光庭等教员的极力推荐，结果录取了100多人，再加上自费生，1904年云南留日学生达到高峰。据《续云南通志长编》记载，短短七八年间，云南人"渡海求学者先后达千人，或习师范，或习政法，或习陆军，多以救国自任"[7]。他们当中，有官费生，也有自费生，绝大多数为青年人，但亦有少数老年人。他们到日本之后，有学习文学、政治、经济、矿冶、军事、医学等，其中尤以学军事者居多。如仅在 1904 年入东京振武学校学习军事的就有：李根源、罗佩金、唐继尧、庾恩旸、黄毓成、顾品珍、张开儒、李鸿祥、何国均、叶荃、赵又新、刘祖武、谢汝翼、张子贞、刘法坤等，再加上先入振武学校的杨振鸿、殷承瓛和之后入振武学校的赵钟奇三人，共计 40 人。另外，据学者统计，1907 年，进入日本陆军士官学校第 6 期学习的中国留学生达 199 人。[8] 其中，云南籍学生就有 22 人，占九分之一。[9]

20 世纪云南的知名人士到日本留学的还有：钱用中、秦光玉、周钟岳、杨觐东、陈文翰、孙光庭、由云龙、席聘臣、李文清、华封祝、刀安仁等。

20 世纪初，大批的云南籍学生源源不断地赴日本留学。他们在日本学习西方先进的科学技术、思想和文化，受到西方思想文化的熏陶。受此思想文化的影响，他们在日本留学期间和回到云南之后，开展了一系列的活动。

（一）投身革命

中国学生到达日本之后，亲眼目睹了日本在明治维新之后逐步跨入资本主义强国的事实，更加深刻地感受到祖国的落伍。一方面，他们刻苦学习业务，同时，又潜心研究欧美、日本的政治、经济、文化、历史，切磋西方和日本发展的理论，探索中国应走的道路。在这一过程中，多数云南留日学生接受了资产阶级民主革命思想，成为孙中山的追随者和信徒。"赴东求学之士，类多头脑新洁，志气不凡，对于革命理想，感受极速，转瞬成为风气。故其时东京留学界之思想言论，皆集中于革命"[10]。因此，云南留日学生亦"得闻民族之说而顾宗邦之沦丧，感慨激发，日以光复为职志"[11]。

1905年，孙中山在日本东京成立中国同盟会，7月30日举行筹备会。李根源、杨振鸿、吕志伊、赵伸、赵华澜五人作为云南代表参加了筹备会。[12] 8月20日，召开成立大会，云南思茅人（今普洱市）当选为评议部评议和云南省主盟人。1906年初，同盟会云南支部正式成立，推举吕志伊为支部长。在云南支部建立前后，云南留日学生相继有100多人加入同盟会。[13]

同盟会云南支部的成立，使云南的民主革命有了领导核心。云南留日学生中的革命党人，一方面积极发展会员；另一方面发动会员带领群众，积极开展革命斗争。从1906年起，它陆续派遣同盟会会员和其他积极分子回省，发展会员，开展斗争。为了团结更多的人士，他们还在全省各地组织各种公开和秘密的革命团体。如保滇会、誓死会、公学会、兴汉会、绝死会、保矿会、女界自立会等。革命党人利用这些革命团体，联络组织滇省革命力量，扩大了同盟会的影响。云南同盟会组织的扩大发展，各种革命团体的建立，为云南辛亥革命的发动奠定了坚实的组织基础和群众基础。

1908年4月，云南河口起义发生。杨振鸿、吕志伊等云南留日学生闻讯后，在东京神田锦辉馆召开云南独立大会，随后，受同盟会派遣杨振鸿、黄毓英、居正、张乃良等渡海回滇，支援河口起义。他们还未到河口，起义就已经失败。于是，杨振鸿等人进入滇西进行革命活动。12月25日，发动永昌起义，由于起义准备不足而失败。

1909年后，大批的云南留日学生学成回滇，一些外省籍留日学生也来到云南。他们大都在日本学习军事，回到云南后，被云南地方督抚争相延揽，分派到云南陆军讲武堂和云南新军中担任各种重要职务。留日学生中的革命党人以讲武堂为据点，秘密发展同盟会会员，散发革命书刊，宣传民主革命思想，并且通过学员把革命火种传播到新军中。留日学生中的革命党人逐渐掌握、控制了新军和讲武堂，为云南辛亥革命的爆发积蓄了力量。

1911 年 10 月 10 日，武昌起义爆发。消息传来，"滇中军界跃然欲试"。[14]云南革命党人加快步伐，积极准备响应。10 月 27 日，革命党人在滇西、腾越起义，揭开了云南辛亥革命的序幕。省城昆明的留日学生和革命党人在武昌起义之后也紧锣密鼓加紧策划，准备起义。从 10 月 16 日到 10 月 28 日，留日学生中的革命党人先后举行了五次秘密会议，对武装起义进行认真研究，周密计划部署。先后参加会议的计有十四人，其中，唐继尧、罗佩金等十人是云南留日学生。10 月 30 日，起义部队兵分两路，分别由蔡锷、李根源率领进攻各重要据点。经过激战，起义军迅速占领昆明全城，辛亥"重九"起义宣告成功。腾越、昆明起义的风暴顷刻间席卷了云南全省。"外府州县传檄而定"，[15]"不旬日而全滇底定"。[16]云南辛亥革命取得胜利，彻底推翻了清王朝在云南的统治，并成立了"大中华国云南军都督府"。

1912 年，中华民国成立。"南北议和"之后，辛亥革命的胜利果实被袁世凯窃取。1915 年，袁世凯与日本签订了卖国的《二十一条》，激起全国人民的强烈反对，滇省首先发难。1915 年 12 月 25 日，蔡锷、任可澄、唐继尧、李烈钧、戴戡等向全国通电，宣布云南独立。接着，成立军都督府，唐继尧任都督，坐镇滇中，将滇军改编为护国军。蔡锷任护国军第一军总司令，率师出征四川。随后，又成立了第二军，由李烈钧任总司令，出师桂、粤，震撼全国的护国战争爆发。全国各地闻滇省发难，纷纷云集响应，举起反袁大旗。不久袁世凯死去，护国运动取得胜利。

云南辛亥革命和护国运动的胜利，对当时的云南社会乃至整个中国社会都产生了深远影响，而两次革命胜利的取得与留日学生的积极参与和努力密不可分。其中，云南留日学生在这两次革命中起了骨干领导作用。

（二）创办进步报刊、杂志，进行民主思想宣传

云南留日学生在留日期间和回滇之后，利用他们特殊的身份、地位，创办进步报刊、杂志，进行资产阶级民主思想宣传。他们创办了许多报刊、杂志，其中著名的有：《云南》、《滇事危言》、《滇路危言》（月刊）、《滇话》（月刊）、《暮钟晨鼓》、《云南日报》等在这些报刊、杂志中又以《云南》杂志最为著名。

《云南》杂志是云南留日学生李根源、吕志伊等积极响应孙中山的号召而于1906年创办的。它的主要撰稿人是留日学生和革命党人，主要对象是云南留日学生和滇省人民。《云南》杂志从1906年发行到1911年武昌起义时停刊，共发行23期和特刊《滇粹》一期。最初仅发行1000册，发行到第13期时，发行量达到5000册。《云南》杂志的主要内容是：介绍欧美及日本的社会历史、社会改革情况；揭露英、法侵略云南的野心及抨击清政府的腐败无能，并号召人民起来革命。《云南》杂志是辛亥革命前以省命名的革命刊物中存在时间较长、影响较大，颇具特色的一种。它是当时资产阶级革命派宣传革命思想的一个重要舆论重地，对辛亥云南起义和云南护国起义起了积极作用，是近代云南历史上的一只革命号角。可以说"云南光复，《云南》杂志宣

传革命之功不可没焉"[17]。

云南留日学生通过创办进步报刊、杂志，宣传资产阶级民主革命思想，为近代云南社会的思想文化注入了新鲜血液。

（三）兴办学校，投身教育

云南留日学生除大部分学军事，投身革命外，一部分学习师范。他们回到云南后，兴办学校，投身于云南的近代教育事业。其中著名者如张渠、王肇奎、陈文翰、陈诒恭、周钟岳、钱用中等。据《续云南通志长编·人物》记载：张渠到日本学习书法，"深得彼邦教育旨趣……归滇后，尽心教导，裨益来学，为地方培植人才甚夥"。陈文翰回到云南后，先后讲学七八年，接受其教育者数以千计。其死后就，滇人提到教育，言必称"陈先生"。周钟岳、钱用中等回到云南后，担任教育司要职，对近代云南教育事业贡献极大。"于时滇省教育，多用中所规划"。"凡二十余年，六区师范推广，边疆小学之扩张，各县中学之倡办，运筹帷幄，功非小补。"尤其值得一提的是今日云南的最高学府——云南大学，其前身东陆大学，即为昔日的留日学生、当时的云南省都督唐继尧先生所创办。如今，云南大学走过了80多年的历程，为云南、全中国培养了数以万计的人才。

以陈文翰、周钟岳为代表的云南留日学生在日本学习先进的教育，回到家乡后，积极投身于家乡的教育事业，为云南、中国培养了大批的栋梁之才。

（四）兴办实业，振兴民族经济

部分云南留日学生在日本学习经济、矿冶等科目，学成回到云南后，积极投身于云南的地方经济建设。他们引进外国先进的技术，兴办实业，振兴民族经济。如干崖（今德宏地区）土司刀安仁，1906 年带着仆人到日本留学。回到家乡后，变卖大量领地筹集资金，并利用外资从日本引进技术，发展工农业生产。他从国外购买来无缝钢管，安装自来水设备；购进火柴厂、印刷厂的机器，并成立干崖实业公司；开设新城银庄，发行由日本承印的"纹银一两"、"纹银五两"、"纹银十两"三种面额的银票80 万两。刀安仁在德宏傣族地区兴办实业，促进了傣族地区经济的发展。[18]大量像刀安仁一样的云南留日学生在云南各地兴办实业，促进了近代云南地区社会经济的发展。

（五）改良社会风俗，改变落后的传统观念

云南由于地处边疆，民族众多，各地经济、文化发展极为不平衡，在一些方面，思想观念陈旧、落后，并且保留了一些陋习。云南留日学生在接受西方先进的思想文化回到云南后，为改变家乡人民的陈规陋习曾做出了积极的努力。

1919 年，云南留日学生杨觐东成立了"云南同善分社"，其宗旨是："劝善规过，正心修身。"唐继尧于 1923 年成立"云南风俗改良会"，其宗旨为：改良陈规陋习；同年，由云龙创立"云南早婚劝诫会"；张维翰、钱用中创立"昆明市天足会"。它们的宗旨分别为"劝解早婚，增进人民健康"和"禁止缠足，增进妇女健康。"这些协会的创办，部分改变了人们固有的传统观念和陋习。

综上所述，云南留日学生在日本学习各种科目，回到家乡后，积极投身于革命和地方建设，为改变家乡的落后面貌曾做出了积极的努力，在近代云南历史上写下了光辉灿烂的一页。

三

清末的云南留日学生在日本学习了西方先进的政治、经济、文化、军事，回到云南后，积极投身于云南的革命和社会各方面的建设中，在改造云南社会的实践中取得了很大的成效，对近代云南社会，乃至整个中国都产生了极大的影响。

（一）政治思想

作为地处边疆地区的云南，经济、思想文化在很多方面都落后于内地，而处于封建制度下的大部分云南留日学生，在民族危亡的紧要关头，在接受资产阶级民主思想后，最终走向了推翻封建专制制度的革命阵营。他们思想的转变，反映了时代的要求，并顺应了时代的要求，他们是近代中国社会思想的先行者。

他们在日本接受西方先进的思想文化的熏陶，大部分接受了孙中山的资产阶级民主思想，并成为孙中山的信徒和追随者。他们加入同盟会，为资产阶级民主革命摇旗呐喊，并参加到云南辛亥革命和护国运动的行列中，在其中发挥了主力、骨干和领导作用。

在他们的宣传和影响下，近代云南的一部分人觉醒起来，加入到反封建专制的行列中。1906 年，杨振鸿等人回国后，积极进行资产阶级民主思想宣传，先后在昆明、腾越及邻国缅甸，介绍有志青年二三百人参加同盟会，其中包括著名的革命党人张文光、张成清等。正是由于云南留日学生的积极宣传和参与，才会有云南辛亥革命和护国运动的胜利；也正是由于他们的积极宣传，才会使资产阶级民主观念深入人心，使云南"成为近代中国社会大变革年代中的一个活跃热点地区"[19]。

（二）经济

云南留日学生除了在政治思想方面对近代云南社会产生影响之外，在经济方面也影响颇深。

云南在辛亥"重九"起义之后，建立了革命政权，云南留日学生成了革命政权的中坚力量。他们掌政之后，在经济方面实行了一系列改革，汰除浮冗，节俭俸给，筹办公债，遣散军队，厘剔陋规，整顿厘税，开设银行，检查会计等，并根据云南省自身特点，先从盐务、矿务入手，进而经营农桑、畜牧、工艺等事。同时，提倡工商，设立全省模范工厂，整顿商品陈列所，举办劝业工厂，开拓市场。通过这些措施，云南经济得到恢复和发展，经济活跃，财政状况初步好转，稳定了云南政局，使云南成为辛亥革命之后，政局比较稳定的省份之一。

另外，以刀安仁为代表的留日学生，他们兴办实业，振兴民族经济，对他们所在地区的社会经济产生了经济的影响。刀安仁开办了干崖实业公司后，为了进一步宣传"发展实业，光复民族"的宗旨，他还召开观摩会以扩大影响，推动各土司地区的建设。观摩会邀请了南甸、陇川、盏达、芒市、勐卯、遮放、潞川、户撒和腊撒9个土司。经过观摩，土司代表个个交口称赞，部分还当即表示，回去后要发展实业。刀安仁在干崖地区引进国外先进技术，兴办实业的活动，对近代德宏傣族社会和今天的傣族社会都产生了深远影响。[20]

（三）传统观念和文化

如前所述，云南留日学生在回到云南后，为改变家乡人民腐朽的观念和陈规陋习成立了一些协会。如天足会、改良风俗会等。以云南留日学生为主体的云南地方政府成立后，又提出了一些改革措施，如提倡剪发剃头，废除满清专制时代男女蓄发编长辫的陋习；破除封建迷信，首先封闭省会城隍庙，禁止往各寺庙烧香拜佛；提倡文明理解，废除跪拜而代之以鞠躬；改革婚礼、婚俗等。经过几个月的革新运动后，社会上出现了一些新气象。"当时，社会上留下自由平等、文明世界、改良开通等口语，洗尽腐败古董气氛，一切都讲究新式、时髦"[21]。

　　在文化教育方面，以陈文翰、钱用中、周钟岳为杰出代表的云南留日学生。终身致力于云南的教育文化事业。而作为以云南留日学生为主体的云南地方政府也曾意识到："今欲谋地方治安，人民之幸福，舍教育亦别无他求。"[22]因此，积极发展教育文化事业，加强师范学校建设和地方小学教育，并派遣优秀毕业生到日本、欧美留学。另外，创立报馆，兴建云华茶园、丹桂茶园等剧院，演出各种剧目，一改昔日庙会搭台演旧戏的旧习。

　　云南留日学生在留日期间和回到云南之后，积极投身革命和地方建设，在政治思想、社会经济建设以及文化教育事业等父母的发展做出了积极贡献，推动了近代云南社会的发展。

注　释

1　李喜所：《辛亥革命前后的留日学生运动》，载《纪念辛亥革命七十周年学术讨论会论文集》上，中华书局 1983 年版，第 606—607 页。

2　毛泽东：《论人民民主专政》，载《毛泽东选集》第四卷，人民出版社 1991 年版，第 1470 页。

3　黄福庆：《清末留日学生》，中央研究院近代史研究所专刊（34），中央研究院近代史 1983 年版。

4　《教育时论》第 599 号，载《新民丛报》第 3 号《国闻短评》，第 76 页。

5　赵式铭：《云南光复纪要》，载《云南文史资料选辑》第 5 辑，第 265 页。

6　《云南杂志选辑》，科学出版社 1958 年版，第 875 页。

7　云南省志编纂委员会办公室：《续云南通志长编》上册，1985 年，第 2 页。

8　9　13　云南省历史系学会编：《云南辛亥革命史》，云南大学出版社 1991 年版，第 27、38 页。

10　《孙中山选集》上卷，人民出版社 1957 年版，第 175 页。

11　杨琼：《李印泉先生传》，载《云南文史资料选辑》第 17 辑，第 273 页。

12　张天放、于乃仁：《回忆辛亥革命时期的杨振鸿》，载《云南文史资料选辑》第 15 辑，第 178—179 页。

14　孙仲英：《重九战纪》，载《辛亥革命》六，上海人民出版社 1957 年版。

15　16　云南省志编纂委员会办公室：《续云南通志长编》下册，1985 年版，第 783—784 页。

17　《云南杂志选辑·序》，科学出版社 1958 年版。

18　20　参见李江玲：《刀安仁与近代傣族社会》，载林超民主编的《新浪集》，云南大学出版社 2001 年版。

19　刘鸿武、段炳昌、李子贤主编：《中国少数民族文化简史》，云南人民出版社 1996 年版，第 233 页。

21　李实清、赵生白：《云南重九起义后的改革措施和社会情况》，载《云南文史资料选辑》第 15 辑，第 159 页。

22　谢本书等编：《云南辛亥革命资料》，云南人民出版社 1981 年版，第 235 页。

从滇缅公路行车状况看中国科学化运动

于　波（昆明理工大学社会科学学院副教授）

王　峰（昆明理工大学社会科学学院研究生）

一、导言

民国二十一年十一月，国难临头之际，一批抱有科学救国愿望的知识分子成立中国科学化运动协会，把"科学社会化，社会科学化"[1]作为协会宗旨，通过中央广播电台，传播科学精神，"轮流广播，即在迁渝，亦仍继续举行"[2]。企图用科学来援救日益临近的国难。科学化运动的对象，"决非仅为科学本身之推进，其要在利民族国家之建设，亦决非仅为少人兴趣满足，其要在多数人生活之改进。故吾人工作之动机，乃为救国家"[3]。六年后，中国科学化运动协会又发行《科学的中国——战时半月刊》"借以灌输国人十万火急的战时科学知识，希望达到长期抗战最后胜利的目的"[4]。

二、科学救了国吗？中国科学化了吗？

全面抗战爆发后不久，滇缅公路成为维系中国外援的生命线。国际外援物资的运输端赖于此。在中国命运命悬一"线"的日子里，奋战在滇缅公路上的中国人情形如之何呢？我们将历史镜头聚焦于此，或许可以对抗战爆发前的国民政府的科学化运动有一较为客观的评价。需要说明的是，镜头后面摄录者，是一双双蓝眼睛，而非黑眼睛。这些来自科学昌明的美国考察者，为我们客观地记录了当时滇缅公路上的一组组写真镜头，发人深省，令人深思。

三、科学化运动回眸

1932 年国际联盟来华考察者曾对中国人得出这样的结论："中国普通一般人以为欧美社会的文明是科学造成的，所以中国只要有了科学，就可一跻而达欧美的文明了，但实际只有欧美的社会才能造成今日的科学。"[5]这是从西人眼里看出的中国的弊病。其实，这时的中国人学习西方已经进入到了最为艰难的阶段。洋务时期的坚船利炮救不了国，留日学来的声光化电救不了国，就像从科学之树的枝叶花果，到树干树根，最后发现了中国真正不如西人的是养育科学之树的土壤、水分、空气和阳光，中国人逐渐认识到了是中国文化，中国的社会，和西方不一样，缺乏科学精神，科学的态度。关于这一点，最先认清楚的应该是庚款留美学生。早在 1918 年他们创办中国科学社的时候，就认识到，移植科学，必须将"科学之花"整株引进中国，"断非一枝一叶搬运回国所能为力，必得其花之种子及其种植之法而后可"。否则，"科学精神，科学方法，均无移植之望"。[6]有的留学生更清醒地认识到，"以异国造就人才，移为本国之用，犹异园生长之花移植于本土，气候不同，土壤有异，不无扞隔之病。"[7]他们的看法在回国后很快变成了现实，正是这种"扞隔之病"，使得他们大部分不得不跻身官场或商界，有的回到美国教书，甚至有的抑郁至死。[8]

中国到底缺乏怎样的科学精神呢？在 1935 年的南宁科学社召开的年会上，竺可桢回答说"只问是非，不计利害"。[9]中国是一个高度人情化、行政化的社会，要想本着科学精神，只问是非，不计利害，是很困难的。詹天佑可谓人才，在兴筑铁路的当时可谓急需人才，但却在回国后在轮船上干了八年的驾驶。后来虽然接触到了铁路工作，也只允许给外国专家打下手。要不是英俄竞争京张铁路的修筑权，清政府害怕得罪列强，被迫提出自己兴办，詹天佑绝不会有一展身手的机会。为什么？高度行政化，个人属于国家，个人的行为必须得到国家的许可。

北洋水师的司令丁汝昌是骑兵将领。为什么几十个从英国学习回来的人不能担任司令，而偏偏用他，重要原因之一是他是李鸿章的安徽老乡，且李鸿章有恩于他。为什么北洋水师的英国教习琅威理愤然辞职？因为他曾指出过中国海军将领"多为闽人"，拉帮抱团，多于人情世故，不利于严格训练，结果一次训练中在升降旗问题上被抱成团的闽人所欺。高度人情化，无法"只问是非，不计利害"，不能求真务实，凡是因人而异。

九一八事变以后，日本侵华之心，已经暴露无遗。有识之士痛感中国无法适应现代化战争，于 1932 年成立中国科学化运动协会。抱着"十年生聚十年教训"之意旨，以求解除严重的国难，企图通过这样一场运动，改造国民。他们已经认识到，"在二十世纪的战争不是全凭人力的斗争，而是科学的战争"。侵略者"所恃的是什么呢？无非能利用科学的方法统制其他资源供应战争的需要。……在现时代一个民族要求生存，一个国家要求独立，非得有充实的科学的机能则不足以拒抗暴力的侵略，粉碎野心家的迷蒙。……我们现在最需要的是使科学深入人民间，要每个国民在实际生活上感觉到人生与科学的重要，以养成其日常生活习惯思想行动的合理化……"[10]

科学化运动协会的宗旨，是实现"科学化民众，科学化社会"。将科学知识及蕴藏在知识背后的科学方法、科学信念、科学思想和科学精神等通过一定的形式渗透到社会生活之中，为广大公众所理解和接受，并内化为自觉的社会生活规范。提高民众的科学知识水平，引导公众学会科学的思维方法，确立科学的生活方式，使社会生活更富有创造性。"以文化力量增进民族力量，以文化建设促进国家建设"。[11]随后，科学化运动协会在北平等地又成立了许多分会。出版科普杂志，举办知识讲演，创办科技馆，力图将深奥的科学成果用浅显的语言展示给社会民众。科学化运动的对象，在多数人生活之改进。动机乃为救国家。

为此，当时的人提出"科学化人"和"科学化事"。即不仅懂得科学，亦应该懂得科学的法则，明白科学的用处，以及科学对于国家的重要，而对之发生兴趣和信仰。同时，还要使一切的事都依据科学的原理方法来处理，发挥它的最大利用价值，小至家庭小事，大至国家的政治，没有一件事不用科学原理法则来处理。特别是要以科学的方法和途径实现经济的科学化。

这一切使得科学化运动社会实际相连，而且紧密结合形势发展，在当时有着重要的影响。由于日本全面侵华开始，这场运动很快中断，中国科学化运动协会到 1938 年 5 月就停止了各种活动，其影响也就大打折扣。

四、科学化运动反思

"科学化运动协会想把科学知识送到民间去，使它成为一般人民的共同知识。更希冀这种知识散播到民间之后，能够发生强烈的力量，来延续我们已经到了生死关头的民族寿命。但是一来时间仓促，二来训练者乏术也是很大的关系。在学校方面以为添设了几种科学的课程就算是实施了国难教育，学生以为有几本科学的读本就算是从事科学活动。教师则以上讲堂为努力科学化运动。虽有一部分具有科学常识的人原来抱着满腔热望来做一番事业，一到社会或因工作为环境所阻无法展其所长，或因为虚荣所牵引亦竟置科学于不问，专做升官发财的勾当。像这样的推动科学化运动怎能发挥科学的性能以救危亡呢"[12]？这是时人对于科学化运动的评述。在我们今天看来，在"仓促"的时间里，如果说进行一些立竿见影的教育，如当时《国民防空》、《战时救护概要》、《防毒常识》中写的简单实用的知识或可有效，但欲达到"科学化民众，科学化社会"，"做科学化人"，"做科学化事"，恐怕很难如愿。从这场运动中留下的文字来看，时人似乎并不是不明白这一点。"一国科学之发达，恒视其国人提倡研究之力否而决，时机未至，提倡者每罄墨嘶声而不能使读者听者有所彻悟"[13]当时尚处于前现代化社会阶段的一个社会形态，有"提倡研究"的条件吗？据国民政府主计统计局全国受过高等教育的学生，1932年度约有4万人，也即1万人中有一人受过高等教育，曾受过中等教育的人数大约有65万人，约700人中有一人。这样的国民文化水平，科学化运动的效果实际上是可想而

知的。抗战是全民的抗战，不是少数精英的抗战。大多数人科学
素质如此，何以成为科学化的人，做科学化的事，以科学化的方
式生活呢。或许我们有必要考察一下当时所提倡的"科学化的
人"，"科学化的事"甚至"科学"都是怎样的含义，与今天是
否有所不同。我们看 1936 年陈在科学化小言论中是怎么说的：
"科学最大的任务，是要在工作方面减少人们的痛苦，节约时
间，以获得最大的效果，而达到社会的幸福。"那么什么是科学
化的人呢？就是"要采取科学的精神，利用科学的方法，造成
一个有效率有能力的人，以求自身对社会对国家有更大的贡献和
效率为目的"。而所谓科学精神，"就是一个人做事，都要实事
求是，至诚不欺，但凭自己的努力，一本乎真理的探求，决不妄
想意外的帮助和侥幸的成功"。[14]什么是科学化的事呢？按照顾毓
绣的说法，就是"运用科学理智，根据科学方法，来改革一切，
创造一切"。[15]今天少有科学素养的人都明白，这对于当时的国民
何等之难。看来，当时的人所说的科学化的人，科学化的事与今
天并无二致。使今人汗颜的是，当时人对于科学真谛的理解甚至
让今天的人都觉得耳目一新。这就是前文中提到的顾毓绣对于科
学的诠释。顾毓绣指出："科学是根据于自然现象而发见其关系
法则的；科学是为知识的，求真理的；科学是圣洁的，忠实的，
超然的，创造的，而不为我不为人，不为一切功利观念的。"在
《科学研究与中国前途》一文中顾毓绣又说，"我们应该公认科
学是人类求知识求真理的一种高贵的活动"。"千万不要拿科学
的应用去评衡一个科学家的贡献"，"科学不一定要救国，科学
本来没有这种责任。科学家是不为我，亦不国的。科学不一定要
救中国，但是中国是要科学的。科学只要肯救中国，科学是可以
救中国的。科学怎样可以救中国的答案，不在科学本身，而在中

国的科学家"。[16]

由此看来，国人的头脑是清醒的，对于科学与救中国之间的关系的认识是正确的。掀起科学化运动只是表达了一种中国要强大，必须要有科学这样一种强烈的愿望，至于这场运动的实效只能尽力为而为了。

总之，从1940年中西第一次碰撞开始，中华民族实现沉重的转身实在是太漫长了，失去了太多的光阴。每一次推进，又都是在外族入侵，尤其是日本的入侵刺激下而猛醒，奋起。这就避免不了地显得仓促，忙乱。

那么这场运动的效果到底如何呢？国民身上有多少科学的精神，有没有科学的态度呢？这都不是本文所能评价的。不过我们仅是通过一组组发生在滇缅公路上的真实镜头，对于抗战前夕的科学化运动做一些反思。

五、滇缅公路写真

甲午海战后的中国海军一蹶不振，直到抗日战争全面爆发，中国海防力量依然没有恢复到甲午海战前的水平。作为一个内陆国家，抗战爆发后不久，中国的全部海岸线就被日军全部占领。日军由海上登陆越南，滇越铁路从此中断。滇缅公路成为唯一通往国外，获得国际援助的生命线。民国三十年秋，宋子文在美国期间，得知滇缅公路运输困难重重，我国"向美国请求军械物资总计百万吨，照目前滇缅运量不知需若干年始能运完影响抗战"[17]。于是求助于美国前商务部长霍卡金，请他推荐美国富有汽车运输经验的人士帮助中国调查与整顿，协助中国改善运输状况。缘此，安斯丹、戴维斯、海尔门等来华赴滇缅公路考察，提交考察报告，提出改善建议。经过四个月的考察整顿，运输量立即翻两番还多。时任战时运输管理局的俞飞鹏先生认为美国人的调查报告与建议，对于我国战时的运输事业可以起到前车后鉴的作用，于民国三十四年将调查报告辑册出版。裨今人可以得知调查报告的许多内容，也为我们研究滇缅公路提供了极为宝贵的历史材料和独特视角。笔者文中描述的滇缅公路状况，皆依据于此。

"目前货运鲜有能贯彻滇缅公路全路者，究其主因，实因沿路各办事处中主持人员缺乏汽车运输之基本知识。沿路作行驶卡车尝试之各政府机关，所忙于应付者，惟行政与人事之处理，至卡车之如何保持，如何每日令清晨出发，裨全日行驶以及装载之如何适当等，皆需各站主持者亲自监临之事件，反无人过问。每一行政人员，皆有助理三四人，秘书若干人，按其实际，就交通观点者，经常事务，并未有人注意。就目前言，滇缅路全路有政府机关十六单位，每一机关，皆充满不适任之人员，凡彼此合作可以畅通之运输量，无一机关能胜任之，盖各机关所努力者，皆只限于其本机关之需要"。

考察者提出的解决的方案是：取消沿途个机关的对于具体运营事务的管理权，将之移至胜任者，而且"不论此人为谁，应有全权得选拔其部下工作人员，或升或黜，皆可自由处理，不受其组织中非实际负责者喜怒之影响，用人绝不可以个人关系为标准，应以其知识能力单独工作兴趣不需他人佐理为标准，目前各机关分别执掌之一切汽车交通机构，应全部交由此人指挥之"。[18]

这里可以看出，在用人方面，不是按照"其知识能力单独工作兴趣"，而是受"负责者喜怒之影响"。强调"不论此人为谁"说明同样的规定在不同的人面前执行情况是不一样的。科学化、科学精神在哪里呢？

　　在滇缅公路上，各车牌子虽不尽相同，但载重最大为三吨至四吨，而这种车辆在美国则规定载重量不能超过一顿半到两顿。[19]超载是缩短汽车寿命或至汽车失事的主要原因。在滇缅公路上，经常有这样的现象，装满车子之后，往往还继续装载不合法之乘客及其行李。作者亲眼见到一辆装满货物的车子上载有十多个乘客和大堆行李，而且行李的重量"均非外人所能知"。[20]

　　关于滇缅公路上的收税情况，美国观察者给我们留下了令人汗颜的记述："沿途收税之现状更属恶劣……每因沿途关卡收税之频繁，而各收税机关又非全日办公，至延误行程自十日至十五日者例皆漠不关心，倘能革除此项弊病，即以目前之设备及布置，全路运输量亦可大加增进。"当时堵塞得最厉害的是畹町，每延误行车最少十二小时，有好几次甚至延误二十四小时，原因主要是司机需要接洽的机关甚多，接触一个得到一张放行单。沿途政府机关动辄拦阻卡车行驶、填寄会计处表格又为延误卡车行驶原因之一。据观察者所见，"每有卡车在清晨八时业已装载完毕，然因候填各种表格，直至下午五时始发动者"，只见"配合会计之工作，未见以会计工作配合卡车行驶者"[21]。此外，"中国关员办公时间有限，晨七八点以前决不办公。及下午六点，不问门外延误之卡车尚有若干，立必停止办公，官员办公时间如此之死板，致令在此一地每日必损失两百辆卡车一日之行程"。令我们感到难得的是，美国的观察者们还向我们描述了当时缅甸境内的情况："缅甸方面之关员，对此问题之处置适完全相反，其关税办公时间，正式公布停止者，惟晨二时迄六时之四小时，惟另有严令在此时间中，任何卡车开抵边境，关员们仍应立即办理过境手续。"[22]

　　关于滇缅公路上种种令人瞠目的景象还有很多，读者可以详看 1941 年安斯丹·戴维斯·海尔门撰写的《滇缅公路行车现状及改进建议》，限于篇幅和目的，笔者这里只是援引其中一部分，作为窥探中国抗战前影响全国的科学化运动。

六、结论

以上滇缅公路的历史镜头记录于 1941 年 9 月，而就在这年国庆节的重庆街头，则回荡着高音喇叭里传出陈立夫激昂高亢的呼吁："以科学的精神渗透贯彻于青年生活之中……以这样科学化生活的青年，来运用科学化的国防力量，来创造科学化的国防力量，来创造科学化的国防建设。"[23] 这是当时科学化运动接近尾声时的呐喊。从滇缅公路的运输情形来看，这呐喊似乎并没有在普通国人当中起到多少作用。因为我们这方土地很难养成科学化的人，科学之花移植到中国也不服这一方水土。这种"扞隔之病"笔者将另著文研究。

注　释

1　2　吴承洛：《十年来的中国科学化运动》，载中央宣传部文化运动委员会、文化运动丛书第四册《科学化运动》（科学化运动专号）第 38、46 页。

3　《中国科学化运动协会第二期工作计划大纲》，见中国科学化运动协会北平会编印：《中国科学化问题》（1936 年 1 月），第 258 页。

4　见《为什么在这个时候发行特刊？》载《科学的中国》战时特刊第 1 期，第 2 页。

5　9　竺可桢：《是非与利害》载樊洪业、段异兵编：《竺可桢文录》，长江文艺出版社 1999 年版，第 33 页，原文刊载于《科学》1935 年第 19 卷，第 11 期。

6　《科学》第 3 卷第 1 期，第 72 页。

7　侯德榜：《论留学之缺点与留学之正当方法》，《留美学生季报》第 6 卷第 1 号（1919 年春），第 95 页。

8　任鸿隽：《陈藩传略》，《科学》第 4 卷第 6 期，第 614 页。

10　12　黄英寿：《抗战期中应有的科学精神与训练》，载《江西地方教育》，第 131 期，第 12—14、13 页。

11　见科学化运动协会序言。

13　何鲁：《中国科学之前途》，载《科学》第五卷第八期，第 759 页。

14　陈贻尘：《什么叫科学化》，见陈贻尘：《科学化小言论》，中国科学化运动协会北平分会出版（1936 年）。

15　见孟广照：《社会科学化》，载《中国科学化运动协会会报》第 2 号，第 1 页。

16　《中国科学化的意义》，载《中山文化教育育馆季刊刊》第 2 卷第 2 期。

17　《宋子文先生建议滇缅公路运输意见案》（1940 年），云南省档案馆 1054—17—69。

18　20　21　22　安斯丹、戴维斯、海尔门：《滇缅公路行车现状及改进建议》，1941 年 8 月 9 日，第 5、6、51、7、9、2、3 页。

19　1939 年到 1941 年，滇缅路上的运输车辆，多为道奇、雪佛兰、福特、詹姆奇、白氏、万国工厂牌卡车。这些车辆载重量不超过三吨。也有少量其他万国牌六吨拖车，桑牌八吨拖车。见宋自节、张履鉴、黄锺秀译著：《滇缅路》，载《今日丛刊》第一集，今日新闻社 1945 年版，第 63 页。

23　《九三陈部长立夫国亲广播、青年生活科学化与国防科学化》，科学化运动专号。

中国近现代史

简述中国共产党对传统
民本思想的发展与超越

陈碧芬（云南大学人文学院副教授）

中国古代政治文明中蕴涵着丰富的民本思想及其实践，民本思想成为中国古代社会基本的治国方略，成为自西汉中期以后指导整个传统社会发展的主要理论武器，乃我国政治思想之一大特色[1]。它是中国传统社会长期存在的政治思想基础，是中国优秀政治文化传统中最为基本的和重要的部分之一，也是一笔宝贵的历史遗产和精神财富，它具有了超越时代的普遍意义，"凡为生民立命，凡为天下着想之精神，即是地道的民本思想"[2]。所以，它不仅为开明的统治者所用，也成为人类进步的经久不衰的精神支柱。

现实是历史的延续，"今天的中国是历史的中国的一个发展"[3]，传统社会的许多印痕一直保持到今天，构成了中国特殊国情的重要方面。中国共产党结合中国国情，进行民主革命和社会主义建设，挖掘、借鉴传统民本思想中合理、积极、进步的因素，并结合时代特点和新的实践加以发展，推陈出新，赋予民本观念新的时代内涵，并力求与现代政治理念相结合，把传统民主思想推进到一个崭新的历史阶段，实现了对民本思想的跨越式发展，通过几代共产党领导集体的不懈努力，使我国人民真正成为国家和社会的主人。

一、中国共产党早期对传统民本思想的超越

五四运动打破了中国千年来的文化封闭状态，民主和科学的口号启迪了一大批中国知识分子的思维，从思想文化上唤起国民全人格的觉醒。特别是俄国十月革命的成功，促进了社会主义思潮的涌动和马克思主义在中国的传播，激励先进中国人振臂而起，使中国从多种异质文明中选择了最适合中国的马克思主义。正是在马克思主义的感召下，中国早期共产主义者开始把发动广大人民群众，进行阶级斗争和社会革命，改变中国经济和政治制度，建立社会主义国家作为奋斗目标，更加重视人的作用，提倡民主平等，号召解放自我，彻底消除专制主义对人性的压抑，把中国传统民本思想发展到了更高、更加理性的阶段，这是中国共产党之所以具有号召力、领导力和向心力的主要原因，也是中国共产党取得最后胜利、建立人民共和国的重要法宝。

1915 年 9 月 15 日，《青年杂志》创刊号上发表了陈独秀撰写的《敬告青年》一文，文章在宣扬近代欧洲的"解放历史"、法兰西文明的民主政治和历数中国专制制度的"陈腐朽败"后疾呼："国人而欲脱愚昧时代，羞为浅化之民也，则急起直追，当以科学与人权并重。"1919 年 5 月，李大钊在《新青年》的

《马克思研究专号》上发表了《我的马克思主义观》，比较全面、系统地介绍了马克思主义；他在《平民主义》一文中说："纯正的'平民主义'，就是把政治上、经济上、社会上一切特权阶级，完全打破：使人民全体，都是为社会国家作有益的工作的人；不需用政治机关以统治人身，政治机关只是为全体人民属于全体人民而由全体人民执行的事务管理的工具。"这一时期，由郑振铎、吴虞、蔡元培、瞿秋白等撰写的倡导和宣传民本思想的文章，也层出不穷地见之于各种期刊和报端。随着马克思主义在中国的传播及其同中国工人运动的初步结合，以及一批接受马克思主义的先进分子的出现，中国共产党 1921 年 7 月开始成立，中国革命的面貌从此为之一新，中国的民本思想也掀开了新的篇章。

中国共产党深知人民群众是历史的主体，是社会和国家的主人。从诞生之日起，就把自己的命运同中国人民的命运紧紧地联系在一起，确定了全心全意为人民服务的态度，这正是中国共产党超越历代民本思想家的地方。1921 年中国共产党通过的第一个纲领，就体现出为人民服务的思想，宣布"把工人、农民和士兵组织起来，宣传共产主义，承认社会革命为我党的首要政策"。1931 年 11 月，中央苏区颁布的《中华苏维埃共和国宪法大纲》宣布，要"采取一切有利于工农群众，并为工农群众所了解的、走向社会主义的经济政策"。

二、毛泽东对传统民本思想的继承与发展

毛泽东则以马克思主义为指导，吸收了民本思想的合理内核，提出了许多光辉论断。1941 年 11 月，毛泽东在陕甘宁边区

参议会发表演说时指出："共产党是为民族、为人民谋利益的政党，它本身决无私利可图。它应该受人民的监督，而不应该违背人民的意旨。它的党员应该站在民众之中，而决不应该站在民众之上。"1944年9月，毛泽东以"为人民服务"为题，在张思德追悼会上讲话。1945年，中共七大第一次明确地把"为人民服务"载入党章，规定："中国共产党人必须具有全心全意为人民服务的精神。"毛泽东指出："人民，只有人民，才是创造世界历史的动力。"[4]"群众是真正的英雄，而我们自己则往往是幼稚可笑的，不了解这一点，就不能得到起码的知识。"[5]在《新民主主义论》、《论联合政府》、《论人民民主专政》等一系列论著中，毛泽东多次强调："中国的事情是一定要由中国的大多数人做主"，"共产党人的一切言论行动，必须以合乎最广大人民群众的最大利益，为最广大人民群众所拥护为最高标准"，"我们共产党人区别于其他任何政党的又一个显著的标志，就是和最广大的人民群众取得最密切的联系。全心全意地为人民服务，一刻也不脱离群众；一切从人民的利益出发，而不是从个人或小集团的利益出发"。这一系列学说是切合中国国情的马克思主义的创造性发展，对中国民本思想发展具有划时代的意义，并为创建中华人民共和国，建立人民民主专政奠定了坚实的理论基础。

所以，倡导人民当家作主，成为毛泽东思想的重要特色。毛泽东以马克思主义的唯物史观为指导，对中国传统文化中的民本思想进行了扬弃、改造和创新。首先，科学地界定"民"的概念。毛泽东认为，"民"是相对于"敌"而言的，它是一个社会历史概念，在不同的国家和各个国家的不同历史时期，有着不同的内容；工农群众是"民"最基本的成分，共产党首先是代表他们的利益并为实现他们的利益而斗争的。其次，毛泽东明确指出人民群众不仅是物质财富的创造者，而且是精神财富的创造者，是历史的主人、历史的创造者和社会的主体，是推动人类社会前进的动力。共产党一旦脱离群众，就会丧失生存条件，就将一事无成。再次，毛泽东把传统的"畏民"观升华为共产党人的"爱民"观，提出了全心全意为人民服务的根本宗旨和"人民上帝"说，从而突破了以"君"为中心的民本观的藩篱，赋予"民"实实在在的地位和尊严。最后，毛泽东以"爱民论"为前提和中介，将马克思主义认识论与党的领导方法结合起来，把传统的"听政于民"提炼成为我党"从群众中来，到群众中去"的科学领导方法和群众路线。

一切从人民的利益出发是毛泽东思想的一条基本原则，他不但以党和人民的利益高于一切的价值观作为其思想的出发点和落脚点，而且以他毕生精力付诸实践。毛泽东不仅接受了马克思主义的阶级学说，而且承袭了中国传统的民本精神，张扬了民本思想里的权利要素。从"得民心者得天下"到"历史是人民创造的"，"从民以食为天"到"一切从人民的利益出发"，从"君舟民水"到"群众——领导——群众"的群众路线，可以看出毛泽东的人民观既与中国历史上民本观有某种内在联系，又极大地丰富和完善了中国民本思想。

三、邓小平的人民主体思想

作为党和国家的主要领导人，邓小平在领导中国革命和社会主义建设过程中，始终把人民群众摆在重要位置，始终坚持人民主体思想。他站在历史唯物主义的高度，批判了古代民本思想的阶级狭隘性和唯心主义成分，继承了古代的"民为贵"、"民为上"、"民心不可违"等思想，把历史上屈指可数的明君、清官体恤民生、为民请愿等千古传颂的言行，与当今社会现实紧密结合，上升到理论高度并给予分析、概括、总结，从而提出唯物主义的"人民主体"思想。

邓小平比喻说，"人民是一切的母亲"。在中国长期的革命和建设实践中，邓小平把马列主义关于人民群众是历史的创造者的原理，系统地运用在党的全部活动中，比较系统地阐述了党的群众观点和"一切为了群众，一切依靠群众，从群众中来，到群众中去"的群众路线，提出了一系列诸如"向人民群众学习"，"干部的权力是人民赋予的"以及"对党负责和对人民负责相一致"的观点。邓小平作为一个真正的马克思主义者，就其一生来说，他不仅是这样说的，更是忠诚地履行其诺言，其深沉浓厚的民本意识，包含有科学社会主义的深刻意蕴。

邓小平人民主体思想的内容主要包括：全心全意为人民服务，人民利益高于一切。邓小平继承了马克思主义的人民利益的思想，他以高度的责任感和使命感，时刻关注最广大人民群众的利益，尊重群众，热爱人民，总是时刻关注最广大人民群众的利益和愿望，把为人民谋利益作为制定党的基本方针、路线、政策的出发点和归宿，把"人民拥护不拥护"、"人民答应不答应"、"人民赞成不赞成"、"人民高兴不高兴"作为检验各项方针政策的最高标准。他所提出的以"经济建设为中心"、"党的基本路线一百年不动摇"等一系列理论都是从民族的前途、人民的根本利益出发的。他不断地告诫全党，我们的路线、方针、政策离不开群众利益，是为人民群众利益服务的，群众利益是党的方针、政策的基础和目标，只有符合人民群众利益，满足人民群众的要求，我们的社会主义事业才不会被人民抛弃，"社会主义现代化建设，是我们当前最大的政治，因为它代表着人民最大利益，最根本的利益"。由此，邓小平在解释"中国共产党员的含义和任务"时说，"如果用概括的语言来说，只有两句话：全心全意为人民服务，一切以人民利益作为每一个党员的最高准绳"，并且要求"为了人民大众的利益，一切有革命觉悟的先进分子必要时都应当牺牲自己的利益"。邓小平指出，社会主义民主是人类历史上新型的和最高类型的民主，是大多数人的民主，真正体现人民当家作主，没有民主就没有社会主义。为确保人民群众行使民主监督权利，邓小平指出，"必须使民主制度化、法制化，使这种制度和法律不因领导人的改变而改变，不因领导人的看法和注意力的改变而改变"。这样，才能保证人民群众的民主权利，中国共产党的领导核心地位也才能得到巩固，才能代表最广大人民群众的根本利益。

着眼于人民物质文化生活水平的提高，邓小平指出，社会主义的根本任务就是解放和发展生产力，社会主义的优越性就是要体现在不断改善人民的物质文化生活上。这是社会主义历史阶段广大人民的利益所在。在他的经济理论中，邓小平把人民作为价值主体，"我们要想一想，我们给人民究竟做了多少事情呢？我们一定要根据现在的有利条件加速发展生产力，使人民的物质生活好一点，使人民的文化生活、精神面貌好一些"。"社会主义经济政策对不对，归根到底要看生产力是否发展，人民收入是否增加"。1992 年初，在视察南方讲话中，邓小平更加明确地提出了判断改革和各方面工作是非得失的"三个有利于"标准，即"应该主要看是否有利于发展社会主义社会的生产力，是否有利于增强社会主义国家的综合国力，是否有利于提高人民的生活水平"。"三个有利于"标准继承、发展和完善了马克思主义生产力标准理论，有利于人们正确认识社会主义本质，也有利于人们认识社会主义社会发展生产力的根本目的是为了广大人民群众。

邓小平人民主体思想，是中国传统优秀文化的精华与马克思主义光辉真理相融合的产物，是中华民族的一大法宝。

四、江泽民的"三个代表"重要思想

"三个代表"重要思想，是中国共产党第三代领导集体坚持马克思主义基本原理，科学总结我们党成立以来的历史经验，特别是改革开放 30 多年来的新鲜经验提出来的。2000 年 2 月，江泽民同志在广东考察时首次指出，总结我们党 70 多年的历史，可以得出一个重要的结论，这就是，我们党所以赢得人民的拥护，是因为我们党在革命、建设、改革的各个历史时期，总是代表着中国先进生产力的发展要求，代表着中国先进文化的前进方向，代表着中国最广大人民的根本利益。这就是江泽民同志"三个代表"重要思想的核心内容，它从党的建设的高度继承和发展了中国传统文化中民本特色和党的群众路线。

贯彻好"三个代表"重要思想，最根本的是要不断实现好、发展好、维护好最广大人民的根本利益。这是中国共产党一切工作的出发点和落脚点，也是正确处理改革、发展、稳定关系的结合点。江泽民同志认为，人民是历史的真正创造者，尊重人民群众的利益，就是尊重历史发展的规律。只有实现好、发展好、维护好人民群众的利益，才能引导好、保护好、发挥好人民群众的积极性。只有这样，才能加强和改进党的建设，使中国共产党始终坚持工人阶级先锋队的性质和全心全意为人民服务的宗旨，保持先进和纯洁，始终充满蓬勃生机和活力，在日益复杂的国内外环境中，提高拒腐防变和抵御各种风险的能力，提高党的领导水平和执政能力。因此，共产党人必须牢记党的"执政为民"的宗旨，把人民的利益放在首位，坚持"权为民所用，情为民所系，利为民所谋"。为此，他多次强调，"全心全意为人民服务，立党为公，执政为民，是我们党同一切剥削阶级政党的根本区别"；"我们党始终坚持人民的利益高于一切。党除了最广大人民的利益，没有自己特殊的利益。党的一切工作，必须以最广大人民的根本利益为最高标准"；"我们党来自人民，植根于人民，服务于人民。建设有中国特色社会主义全部工作的出发点和落脚点，就是全心全意为人民谋利益"；"人民，只有人民，才是我们工作价值的最高裁决者"[6]。江泽民说："我们进行的一切工作，既要着眼于人民的现实的物质文化生活需求，同时又要着眼于促进人民素质的提高，也就是要努力促进人的全面发展。这是马克思主义关于建设社会主义新社会的本质要求。"[7]

"三个代表"重要思想，同马克思列宁主义、毛泽东思想和邓小平理论是一脉相承而又与时俱进的科学体系，既坚持了毛泽东、邓小平同志所坚持的人民利益至上的价值追求，又结合新的时代条件，赋予了这一价值观更为深刻和丰富的时代内涵。

五、新一届中央领导集体对民本思想的发展

党的十一届三中全会以来，我们党提出要坚持以经济建设为中心，坚持改革开放，建设中国特色社会主义，目的正是为了实现全国人民的政治利益、经济利益、文化利益。但是，一些人片面理解以经济建设为中心，重视经济发展而忽视经济社会的全面协调发展，忽视人的全面发展；在发展中，只见物不见人。党的

十六大特别是十六届三中全会以后，以胡锦涛同志为总书记的新一届中央领导集体，明确提出了坚持以人为本，树立全面、协调、可持续的科学发展观。这就是把以人为本提到战略指导思想的高度，使以人为本成为党和国家的政策方针，成为我国经济社会发展的指南。

胡锦涛总书记明确指出，"坚持以人为本，就是要以实现人的全面发展为目标，从人民群众的根本利益出发谋发展、促发展，不断满足人民群众日益增长的物质文化需要，切实保障人民群众的经济、政治和文化权益，让发展的成果惠及全体人民"[8]。在党的十七大上，大会一致同意将科学发展观写入党章；胡锦涛进一步强调必须坚持以人为本，"尊重人民主体地位，发挥人民首创精神，保障人民各项权益，走共同富裕道路，促进人的全面发展，做到发展为了人民、发展依靠人民、发展成果由人民共享"；"党的一切奋斗和工作都是为了造福人民"。在《中共中央关于制定国民经济和社会发展第十二个五年规划的建议》中，明确提出"在当代中国，坚持发展是硬道理的本质要求，就是坚持科学发展，更加注重以人为本，更加注重全面协调可持续发展，更加注重统筹兼顾，更加注重保障和改善民生，促进社会公平正义"。以人为本思想的提出，可以说是一次新的思想解放，促进了传统民本思想的跨越式发展，使民本思想登上了新的更高的阶梯。应该指出的是，虽然我们党过去没有明确提出以人为本的概念，但我们党始终强调的关于党要始终代表中国最广大人民的根本利益、不断促进人的全面发展等要求，无不蕴涵着以人为本的真谛。

我们党新一届中央领导集体提出的以人为本比其他任何以民为本思想都更具有超越精神。我国古代、近代的民本思想反映出当时一些进步的思想家、政治家在一定程度上对民众疾苦的体察和对民众力量的一种认知。这在客观上有利于缓和阶级矛盾，减轻百姓之苦。同时也要看到，这些民本思想必然带有一定的阶级局限性和历史局限性。第一，在古代，民本思想被视为得民心、存社稷、固君位的手段，是仅仅从某种手段意义上来讲的，是一种"治民"、"驭民"之术，是作为维护君主专制统治的手段而提出的。第二，传统民本思想在重民、亲民同时又有畏民、愚民倾向，甚至把人民群众看做供君王驱使的"牛羊"，与民主精神完全相悖。即使是所谓"重民"、"亲民"，也是把它看成是对人民的恩赐和施舍。因此，这种民本思想维护的不是人民群众的根本利益，而是统治阶级的利益。这与中国共产党把人民的利益看得高于一切、坚持全心全意为人民服务的宗旨，强调人民群众是社会历史发展的主体和目的，是完全不同的。在中国民本思想发展史上，只有中国共产党真正坚持以最广大人民的根本利益为本。

此外，与以民为本相比，以人为本还具有以下几个特点：一是以人为本更具包容性。以人为本中的"人"是指全体社会成员，强调的是人人平等；而"民"则是一个具有社会身份差别的特殊性概念，它是指社会成员中的一部分人。二是以人为本内涵更丰富。人这个概念，不仅强调人的自然性和社会性，而且还强调人的共同人性和个性差异，而人民这一概念更多强调的是人的社会性；以人为本的"人"包含着尊重个性，而以民为本则更强调关注群体。三是以人为本更具平等精神。以人为本意味着人们之间具有共同人性，人人平等，互相尊重；"人民"则是一个政治学范畴，"民"是与敌人相对立、与官相对应的。在官和民的关系中，不管你怎么讲以民为本，"民"都包含了服从、依附。四是以人为本更具有超越精神。以人为本是物本位的对立面，其本质是要实现人的全面发展，就是要满足人的各种需求，促进人的全面发展。在人均收入不断增长的同时，用社保、教育、卫生、人居、生态、就业率等指标来全面评价人的发展，对一切违背人性发展和不尊重人的现象进行反思与更正，让发展成果惠及每一个人，让人们生活得更加幸福和更有尊严。

具体来说，党中央提出的以人为本的科学发展观，至少包括了以下三层内涵：一是发展要以人为目的。就是要始终把人民的根本利益放在第一位，把满足人的需要作为出发点和落脚点，在发展中不断满足全体人民日益增长的物质文化生活以及健康安全和全面发展的需要。二是发展要以人为依靠。在发展中真心实意依靠人民群众，充分调动人民群众的积极性、主动性和创造性，始终重视发挥人民群众的历史主体作用。三是发展要着眼于促进人的全面发展。使党的路线、方针、政策和各项工作，以不断实现人民群众的根本利益为出发点和归宿，在发展社会主义物质文明和精神文明的基础上，不断推进人的全面发展，使人民群众不断获得实实在在的经济、政治、文化利益。

如何发扬光大中华民族优秀文化传统，对我们永远是一个重要课题。作为中国古代的文化形态，民本思想虽已成为历史的陈迹，但是它作为中国先民们的一种思想成果，并没有死亡，其原典精神仍然深深地扎根于现代人的文化心理结构之中，具有超时空的普遍性。它所包含的诸多真理性因素，可被当代社会所吸收和借鉴。完善中国特色社会主义理论体系，加强社会主义核心价值体系建设，进一步凝聚全国各族人民团结奋进的强大精神力量，促进社会主义文化大发展大繁荣，传统文化中的许多因素都是有益的。所以，现代人可以通过领悟传统民本思想的精神实质，并以现代人的心态和需要去转换，将传统民本思想与现代沟通起来，努力寻找二者的衔接点，实现由传统走向现代化。例如，改造"民本"思想为构建社会主义民主政治思想服务，让"富民"成为社会主义价值目标思想要素之一，使"仁政"成为实现社会主义"善治"、"良法"的思想资源等。在人与自然的关系上吸取德治的"仁民爱物"思想，在人与社会的关系上吸取德治的"以民为本"思想，在人与人的关系上吸取德治"诚信"、"和合"思想等。今天，我们研究民本思想内容，就是要在弘扬古代优秀文化传统的同时积极汲取营养，牢固树立"以人为本"的思想，一切从人民的利益出发，使人民群众真正当家作主，促进社会主义政治文明和精神文明建设。

总之，只有在共产党的领导之下，才能充分借鉴中国传统民本思想和西方民主思想，从人民当家作主的角度来转化古代的民本思想，不断赋予民本思想新的时代内涵，将其发展为人民的利益高于一切的社会主义观念，实现了民本思想的时代创新。以为人民服务为根本宗旨的中国共产党，在以毛泽东、邓小平、江泽民、胡锦涛为核心的四代领导集体的领导下，继承了中华民族的优秀文化传统，实现了民本思想的历史性跨越，以民为本的思想在社会主义中国也真正焕发出新的灿烂的光辉。

注　释

1　梁启超：《先秦政治思想史》，东方出版社 1996 年版，第 2 页。

2　金耀基：《中国民本思想史》，法律出版社 2008 年版，第 6 页。

3　4　毛泽东：《毛泽东选集》第二卷，人民出版社 1991 年版，第 499、641 页。

5　毛泽东：《毛泽东选集》第三卷，人民出版社 1991 年版，第 790 页。

6　7　江泽民：《论有中国特色社会主义》，中央文献出版社 2002 年版，第 638、383 页。

8　参见胡锦涛：《在中央人口资源环境工作座谈会上的讲话》，载《人民日报》2004 年 4 月 5 日。

中共民族区域自治制度的形成
——以建立内蒙古自治政府为例

李国芳（中共中央党校中共党史教研部副教授）

中共何时放弃民族自决与联邦制设想，何时形成民族区域自治是学术界研究的一大热点问题，可谓众说纷纭，历久而不息。其中，一种观点认为，其标志是 1938 年 10 月毛泽东在中共六届六中全会上的讲话，或笼统地讲是在抗日战争时期[1]。另一种观点认为，中国民族区域自治制度的确立是在 1949 年 9 月《中国人民政治协商会议共同纲领》草案的修改过程中。其中，陈扬勇的文章最具代表性。陈扬勇利用其中央文献研究室研究员的身份优势，仔细比较了《中国人民政治协商会议共同纲领》的各份起草稿，发现自 1948 年底直到 1949 年 9 月 5 日之前，中共中央始终是坚持民族自决与联邦制国家结构形式的。在 1949 年 9 月 5 日经毛泽东修改的一份铅印稿中才第一次没有了"民族自决"、"联邦制"等字样。[2]

除了以上两种主要观点外，还有无视中共成立初期曾经宣传过民族自决与联邦制口号的事实，混淆民族自决与民族自治，而认定那就是"民族自治"形式的主张的，[3]也有把 1936 年中共在民族自决口号下成立的陕甘宁豫海县回民自治政府拔高为"中国共产党最初尝试运用民族区域自治解决中国民族问题的珍贵结晶"的[4]。

此外,既然要讨论中共民族区域自治制度的形成,那么被称为中共领导下的第一个省级民族自治地方——内蒙古自治政府就是一个无法绕开的话题。关于中共在内蒙古地区活动的学术研究,郝维民的贡献最大,分析也最详尽。[5]关于内蒙古自治政府的成立,内蒙古档案馆的白云利用馆藏档案基本还原了这一历史过程;[6]日本学者星野昌裕则注意到了1945年抗日战争胜利后在内蒙古地区民族主义运动的发展过程中,在中共、国民党、苏联与蒙古人民共和国等多种势力的交互影响下,中共为把该运动争取到自己的领导之下所做的种种尝试和努力;[7]李玉伟描述了从1921年中共成立到1956年内蒙古统一行政区划形成的历史过程。[8]此外,乌兰少布对1928—1949年间国民党对内蒙古地区的政策做了细致的疏理;[9]刘晓原利用英、美、俄档案,考察了美国以冷战思维处理抗战胜利后中国内蒙古民族运动的问题。[10]但是,这些论著最大的缺憾在于,他们未能把内蒙古统一自治运动放入当时的历史大背景下,置于国共两党争夺对内蒙古地区领导权的大背景下,考察两党,尤其是中共在内蒙古民族问题上的进与退,未能说明内蒙古自治政府与中共所倡导的民族自决、联邦制理想之间的紧张关系。

因此,本文的主旨在于:1. 把中国共产党关于"民族自决"与"联邦制"的相关文本还原到当时的历史情境中,置于国共合作与斗争的背景下进行整体考察,以分析中共是否真正在1938年的六届六中全会时放弃了民族自决、联邦制的理想;2. 通过考察1945年至1947年间"内蒙古人民共和国临时政府"

的建立与改组、"东蒙人民自治政府"的撤销、内蒙古自治政府的成立等一系列事件，来发现在与国民党竞争对内蒙古民族的影响、领导的过程中，面对内蒙古民族要求自治的潮流，中共以往所坚持、宣传的民族自决、联邦制理想与当时的社会现实产生了怎样的抵牾。这种抵牾在多大程度上促使中共迁就社会现实，修正民族自决、联邦制的理想与理论；3. 可能在苏联建议的影响下，在即将取得全国执政地位的情况下，为照顾内蒙古自治政府的既成事实，为应对国内其他民族地区的统一问题，中共最终决定放弃民族自决与联邦制理想，确立单一制国家内的民族区域自治制度。

一

"民族"一词译介入中国，至今不过百余年的历史。20 世纪初，在重构近代国家的过程中，一部分中国人从日本引进"民族"概念，并界定其为"具有同一之言语、同一之习惯，而以特殊之性质区别于殊种别姓之民族"[11]。与此相联系的另一个概念——"民族主义"则为"合同种，异异种，以建一民族的国家"[12]。孙中山的"驱除鞑虏，恢复中华"口号，可算是这种民族主义思想的代表。大约同时，另一部分中国人结合中国的现实与历史，约略提出了以汉族为中心，"合汉合满合蒙合回合苗合藏，组成一大民族"的"大民族主义"，即把中国"本部"18 行省的汉族与"属部"的满、蒙、回、苗、藏诸族同化成为一大民族，[13]即后来所称的中华民族。这表明，在 20 世纪初叶向西方学习政治制度的过程中，面对古老帝国的疆域，这两部分中国人的目标并无区别，均希望把源自于西欧历史经验的"民族—

国家"模式移殖到中国，建设中国成为一个民族国家。只不过，在路径选择上，他们之间存在着某些差异。

迨至20世纪20年代初，在这种"一民族一国家"的思想影响下，更在列宁、斯大林的"民族自决"思想指引下，中国共产党提出了自己的民族革命口号，即"推翻国际帝国主义的压迫，达到中华民族的完全独立"、"统一中国本部（包括东三省）为真正民主共和国"、"蒙古西藏回疆三部实行自治，为民主自治邦"。[14]换言之，在幼年的中国共产党看来，依据斯大林的民族理论，蒙古、西藏、新疆"不独在历史上为异种民族久远聚居的区域，而且在经济上与中国本部各省根本不同：因为中国本部的经济生活，已由小农业手工业渐进于资本主义生产制的幼稚时代，而蒙古、西藏、新疆等处则还处在游牧的原始状态之中"，所以当军阀混战于国中之际，"以这些不同的经济生活的异种民族，而强其统一于中国本部还不能统一的武人政治之下，结果只有扩大军阀的地盘，阻碍蒙古等民族自决自治的进步，并且于本部人民没有丝毫利益"。据此，中共阐释了一个新兴革命政党对遥远的未来国家的设想："首先推翻一切军阀，由人民统一中国本部，建立一个真正民主共和国；同时依经济不同的原则……促成蒙古、西藏、回疆三自治邦，再联合成为中华联邦共和国。"[15]从此，民族自决与联邦制结合在一起，成为中共宣传、动员边疆民族参加革命的重要口号之一。

中国国民党在1924年效法苏俄进行改组时，同样有选择地吸收苏俄和共产国际的建议[16]，也曾在其第一次代表大会宣言中公开宣布："承认中国以内各民族之自决权，于反对帝国主义及军阀之革命获得胜利以后，当组织自由统一的（各民族自由联合的）中华民国。"[17]但是，面对五四运动之后中国国内蒸蒸日上的民族主义浪潮，对于这种"民族自决"主张，国民党的领袖孙中山在内心里其实并不赞同。早在 1921 年 3 月，孙中山就提出了一种"积极底民族主义"政策，即不再把满、蒙、回、藏居住的区域视为"中国"之外的领土，而主张仿照美国的做法，"务使满、蒙、回、藏同化于我汉族"，再将汉族改为中华民族，"组成一个完全底民族国家"。[18] 国民党改组后，孙中山的上述设想也没有发生些微变化，而是继续坚持认为，"就中国的民族说，总数是四万万人，当中参杂的不过是几百万蒙古人，百多万满洲人，几百万西藏人，百几十万回教之突厥人。外来的总数不过一千万人。所以就大多数说，四万万中国人可以说完全是汉人。"[19]

具体到内蒙古来说，清朝建立后，为分割固化蒙古民族，即开始在该地区设立旗、盟制度。清末，随着"蒙禁"解除，大批汉人移民前来垦殖。为此，清政府设立了与内地相同的州县，对这些垦殖地区实行直接统治，并筹议全面改设行省。1914 年，中华民国政府先后将内蒙古各盟旗划分为绥远、察哈尔、热河 3 个特别行政区，为建置行省做准备。1929 年初，已经执政的国民党宣布，正式成立绥远、察哈尔、热河 3 个行省。至此，内蒙古的六盟、二部、四特别旗全部分别划入黑龙江、吉林、辽宁以及新设置的热、察、绥、宁（夏）各省。

这种近代国家的整合行动显然触动了内蒙古各盟旗领袖的利益，因此受到内蒙古各盟旗的坚决反对。从 1933 年开始，以锡林郭勒盟苏尼特右旗札萨克亲王德穆楚克栋鲁普为首，部分盟旗领导人发起了内蒙古自治运动。他们要求成立内蒙自治政府，由内蒙自治政府统揽内蒙原有各盟、部、旗领域内除国际、军事及外交事项外之一切治权，实现内蒙古"高度自治"。作为妥协，南京国民政府于 1934 年成立了蒙古地方自治政务委员会及蒙古地方自治指导长官公署，指导办理各盟旗地方自治事务。但是，因为绥远、察哈尔两省当局多方掣肘，统一的内蒙古地方自治根本无法推行。1936 年初，国民政府改变策略，着手推行分区自治，并率先成立了绥远省境内蒙古地方自治政务委员会。显然，国民政府虽然在内蒙古自治问题上有所让步，但坚持认为这仅仅是地方自治，而非什么民族自治的问题。

面对国民党在内蒙古地区围绕设省与自治、统一自治与分省自治问题上的折冲，已经揭起反国民党大旗的中共不可能会在这个问题上与国民党站到同一条战线上去。这个时期的中共中央文件在涉及内蒙古地区时，不但基本没有使用新近由国民政府划设的绥远、察哈尔、热河等省域名称，而且继续把该地区视为统一的民族地方，坚持按照民族自决与联邦制的原则解决内蒙古问题，呼吁"建立内蒙民族共和国"[20]。

中共被迫放弃南方根据地、到达陕北之后，中共的革命正在遭遇着前所未有的危机。此时，把相邻地区的少数民族鼓动起来反对国民党，与自己站到同一个战壕里比以往任何时刻都更加迫切与重要。因此，中共强调："内蒙古民族只有与我们共同战斗，才能保存成吉思汗时代的光荣，避免民族的灭亡，走上民族复兴的道路，而获得如土耳基〔其〕，波兰，乌克兰，高加索等民族一样的独立与自由"。任何肢解分割内蒙古民族"领土"的做法都是错误的，"原来内蒙六盟，二十四部，四十九旗，察哈尔土默特二部，及宁夏三特旗之全域，无论是已改县治或为草地，均应归还内蒙人民，作为内蒙古民族之领土，取消热察绥三行省之名称与实际行政组织。其他任何民族不得占领或借辞剥夺内蒙古民族的土地"。[21]

到 1936 年 8 月，中共政策正在从苏维埃革命向抗日民族统一战线、从阶级革命向民族革命的转换过程之中。8 月 15 日，共产国际发来指示，要求中共中央不能"把蒋介石与日本侵略者等量齐观"，并且"必须采取停止红军和蒋介石军队之间的军事行动并同蒋介石军队协商一致抗击日本侵略者的方针"。[22]对于共产国际的指令，中共中央从民族革命的立场出发，表示接受，并呼吁："中国苏维埃与红军，主张红军与其他国民党军队停止被〔彼〕此间的内战，共同出兵帮助内蒙人民，反抗日本帝国主义的进攻，帮助内蒙人民的独立"。但是，作为一个信奉阶级革命、自称代表工人阶级利益的具有强烈意识形态色彩的政党，中共的各种认识和政策转换不可能一蹴而就。因此，在民族问题上，中共仍然认为，中国国民党政府及中国军阀"代表着中国地主与奸商"，他们"在内蒙所实行的政策完全是民族压迫政策，他们并未执行孙中山中国境内民族一律平等自由的主张"，"蒙政委员会与蒙古自治都是一些欺骗手段，来加深汉人地主、资本家对蒙古人民的民族压迫而已。"[23]

二

许多论著认为，抗日战争时期中共已经放弃了民族自决与联邦制的设想，而确立了民族区域自治的制度。其证据便是 1938 年 10 月毛泽东在中共六届六中全会上的讲话。毛泽东是这样讲的：

对着敌人已经进行并还将加紧进行分裂我国内各少数民族的诡计，当前的第十三个任务，就在于团结各民族为一体，共同对付日寇。为此目的，必须注意下述各点：第一，允许蒙、回、藏、苗、瑶、夷、番各民族与汉族有平等权利，在共同对日原则之下，有自己管理自己事务之权，同时与汉族联合建立统一的国家。第二，各少数民族与汉族杂居的地方，当地政府须设置由当地少数民族的人员组成的委员会，作为省县政府的一部门，管理和他们有关事务，调节各族间的关系，在省县政府委员中应有他们的位置。第三，尊重各少数民族的文化、宗教、习惯，不但不应强迫他们学汉文汉语，而且应赞助他们发展用各族自己言语文字的文化教育。第四，纠正存在着的大汉族主义，提倡汉人用平等态度和各族接触，使日益亲善密切起来，同时禁止任何对他们带侮辱性与轻视性的言语，文字，与行动。[24]

　　为此，龚育之专门写文章，一方面肯定这个讲话与以前的中共文件相比较，"的确是很大的转变"，另一方面又指出这种转变"说得过于绝对化、截然化"，因为"实际上自那以后，在实践上、在现实纲领和行动纲领的层面上，着重点的确是在于提各民族共同抗日，并实现建立统一联合的三民主义的新共和国，但是在党纲政纲未来纲领的层面上，在相当长一段时期里，并没有完全放弃民族自决和联邦制的提法"。"从主张民族自决和联邦制，到主张统一国家内的民族区域自治，这个转变是一个艰难而复杂的漫长过程，从六届六中全会（还可以追溯到瓦窑堡会议）开始，到中国人民政协《共同纲领》（还要加上一九四九年十月五日中央关于少数民族'自决权'问题的指示）最后完成。不能说六届六中全会上已经完成了这个转变。"[25]

　　但是，龚育之的这种说法也有值得商榷之处，即在六届六中全会上毛泽东的讲话并不能表明中共的民族政策已经发生了"转变"。

　　理由之一是，如果把毛泽东的上述讲话置于当时的历史情境与该文的语境中就会发现，毛泽东首先肯定"抗日民族统一战线是以国共两党为基础的，而两党中以国民党为第一大党，抗战的发动与坚持，离开国民党是不能设想的"，并"号召全国，全体一致诚心诚意的拥护蒋委员长，拥护国民政府，拥护国共合作、拥护全国团结"。在此基础上，从现实可行性出发，毛泽东提出了上述策略办法，希望"各少数民族应自己团结起来争取实现"及国民党"自动实施"。[26]这并不能证明中共在理想及理论层面上，也真的放弃了民族自决与联邦制。

更重要的理由是，至少从现有资料看，在抗日战争初期，即便是在这一原则受到某些人攻击之时，中共也并没有准备放弃或否定。其中，中共中央宣传部副部长杨松在 1938 年 8 月至 10 月间发表的一系列"民族殖民地问题讲座"，最具代表性，分析也最详尽。

杨松说明，中国是一个多民族国家。其中，"近代的中华民族向〔像〕法兰西、北美利加、德意志、意大利、英国等等近代民族之形成一样，乃是由各种不同的部落、种族等等共同组成的。近代的中国人是从汉人、满人、汉回人、汉番人、熟苗人、熟黎人及一部分蒙古人（土默特蒙古人）等等共同组成的"。"就对外来说，中华民族代表中国境内各民族，因而它是中国境内各民族的核心，它团结中国境内各民族为一个近代的国家。"此外，在中国境内还存在着满族、蒙古族、回族、藏族等"少数民族"。这些少数民族虽然"就国籍来说，都是中华民国的国民，都是共同祖国的同胞"，但是，"就民族来说，是各个不同的民族"。而"无产阶级反对一切民族特权，主张中国境内一切民族平权与民族和平，因此反对过去封建势力对于他所采取的同化政策，而主张中国境内各民族自决，各民族一律平等"。[27]杨松指出，所谓民族自决权就是"殖民地、半殖民地被压迫民族自己决定自己本民族的命运之权利，一直到脱离宗主国而建立独立的民族国家存在之权利"。换言之，每一个民族"有脱离某一个异民族的集体，而建立独立的民族国家之权，它也有同另外某一民族自由联合，共同建国之权"。民族自决权"是每个民族的神圣不可侵犯的权利"。只有经过这种自由分离之后，再实行"完全平等自愿之上的自由联合"，才能"建立起联邦式的统一的民主集中制的多民族国家"。既然如此，那么没有经过民族的自由分离与分立，而直接实行"地方的民族自治"显然是不符合民族自决路径的。对这一点，杨松强调，虽然"地方的民族自治是解决民族问题的形式之一，某一个民族依据自己的历史的具体的政治、经济条件，不脱离异族集体，不建立单独的独立民族国家，而建立地方的民族自治共和国或民族自治区，在共同的联邦的多民族国家内享受广泛的民族自治权，马列主义者不仅不反对这样的地方民族自治，而且是积极赞成和拥护的"，然而，"所谓民族自决权并不能缩小为地方的民族自治权"。[28]

同时，作为一个世界社会主义革命论者和反帝论者，杨松形象地解释了斯大林关于民族分离的条件问题，即"当决定某一个民族是否应该分离的时候，还要看某一个民族所处的具体历史、经济、政治条件来决定的。这正象〔像〕我们主张自由结婚与自由离婚，但是，并不是主张一切已结婚的夫妻都要离婚。某一对夫妻是否要离婚，这要看当时的具体情形来决定的。"而这种"具体情形"包括：民族自决必须是由该民族中的多数"劳动群众"所发动、领导、参加的，民族的分离与分立是有利于"劳动群众"的。并且，经过分立之后的自由联合是与社会主义国家、无产阶级政党，而非与全世界工人阶级的敌人——帝国主义者的自由联合。[29]

这种理论投射到中国来说，当时，国共实现了合作，全民族正在一致对外，抵抗外侮，中共必须顺应全国汹涌而强烈的民族主义浪潮，且不可能公开与国民政府所实行的单一制国家结构形式唱反调。因此，在杨松看来，全民族抗战的"具体情形"决定着中国至少在当时是不应该实行民族分离的，中共的民族自决与联邦制设想至少在对现实问题的解释上，尤其对少数民族问题上是须暂时偃藏起来的，眼下之急务在于"鼓励我国前方将士及后方各界同胞，坚持神圣的抗日民族革命战争，坚持抗日民族统一战线，去为争取中华民族自决权而斗争，去为中华民国的领土完整及行政主权统一而斗争，去为独立、自由、幸福的新中国而斗争"[30]。

这种理论投射到内蒙古，因为抗日战争爆发前后德王转向日本，在日本引诱、拉拢下以"独立"、"自治"等名义成立伪"蒙古军政府"以及伪"蒙疆联合委员会"等机构，所以在中共眼中，德王所搞的这种"自治"无疑是有利于内蒙古统治阶级的，而不利于"劳动群众"的；是与帝国主义的日本，而非社会主义的苏联和外蒙古联合的；是违背全世界共产党人反对帝国主义的总方针的。鉴此，杨松强调："今天不主张蒙古人、回人脱离中国，而同日本帝国主义联合，哪怕蒙古人、回人也有自由分离及自由联合的权利。因为他们在目前脱离中华民国而同日本帝国主义者联合，就是完全变成日本的殖民地奴隶。既是违反他们本身的民族利益，也是对于汉族不利，并且违反中国及全世界无产阶级的利益。"[31]

对于中共对内蒙古民族采取的这种策略，由刘春执笔，以"民族问题研究会"名义发表的《蒙古民族问题》做了进一步的说明:"中国共产党是坚决主张蒙古民族有自决权的,不承认其民族自决权就难以团结蒙古民族共同抗日,但中国共产党目前解决蒙古民族问题的政策不是立即主张实行自决,而是实行民族平等政策,团结蒙汉各民族抗战,共求生存。"[32]

此外,中共其他领导人同样是承认民族自决原则的。例如,1937年10月,刘少奇强调:"抗日政府对中国各少数民族的政策,应以团结各民族共同抗日,援助各少数民族自决,反对大汉族主义为原则。应该坚决改变现今国民政府及中国历来所执行的臣服与笼络各少数民族的政策。"否则,日本"用赞助各少数民族的独立自治去欺骗,这是很危险的。这要使少数民族中的一部分感觉日本政府比中国政府和汉人要好,在日本的欺骗之下向中国要求独立,反对中国"。[33]

再如,许涤新呼吁,中国中央政府及汉族"要完全放弃过去的大汉族主义,承认回族同胞有完全的民族自决自治的权利"。[34]

再如,针对《西南日报》社论否认中国存在着"民族",并以民族自决批评中共政策,"汉夫"主要援引列宁、斯大林的理论,回应道:中国是一个多民族国家,除汉族外,还有其他少数民族;对少数民族,"我们在基本原则上,是坚决主张民族自决的"。"历史的发展,也是向着这方向去的,谁也挡不住它"。[35]

再如,1940年4月,李维汉(罗迈)通过对"回回"的研究,明确肯定"回回"不但是一个民族,而且同样拥有民族自决权。但是,"在日寇大举进攻中国的条件之下,承认回回的民族自决权,岂不是无形中帮助了日本帝国主义分裂中华民族的阴谋?"李维汉自问自答道,"诚然,我们十分担心在日寇压迫与诱惑之下,回族内部可能发生投降日寇的分裂主义者,像溥仪一样把回族送给日寇去蹂躏……这种危险现今正存在着。可是，这种情形不能使我们放弃民族自决权的原则"。[36]

总之，在抗日战争前期，中共并非不主张民族自决。只不过，中共认为，那是少数民族未来的事情，是中共革命的远期目标和理想。那种认为中共在此时放弃了民族自决口号、就此转向民族区域自治的观点显然是站不住脚的。

如果说在 1940 年之前，因为国共关系总体向好，中共在对现实民族问题的解释上还须顾及国民党与国民政府的政策，而主张暂时不实行民族自决，那么到国共摩擦不时发生、两党间嫌隙丛生的 1940 年时，中共就不是仅仅向国民党提出某些建议了。1940 年 7 月，对于抗战期间国民党在内蒙古的做法，中共毫不客气地批评道："抗战以来，国民党只在表面上进行了一些对蒙古上层的羁縻、拉拢与敷衍应付的工作，并没有改变大汉族主义的实质。"同时，为了反击国民党在内蒙古推行"防共"、"反共"政策，为了把内蒙古民众吸引到自己的旗帜下来，中共提出，应该"组织蒙古民族成为一个坚强的抗战力量"，"实行蒙古民族在国内政治上的完全平等"，"实现蒙古民族一切必要与可能的民主改革与民生改善"。其中，在民族平等方面，中共强调：1. "在敌后方，蒙古民族有权组织各盟、部、旗、群的抗日政权，并成立统一的蒙古地方政府，建立抗日的根据地"；2. 蒙古民族有管理自己事务之权，各省、县不得干涉各盟旗政府管辖区域一切政治、经济、文化职权的行使；3. 在蒙古地方设县、治局，必须按照蒙古民族自愿与自主的原则；4. 设立由蒙古人组成的"中央管理蒙古事务的委员会"；5. 国民参政会应增加蒙古族参政员。[37]中共的批评，尤其是要求"成立统一的蒙古地方政府"显然是有针对性的。因为 1940 年初，国民政府相继公布了《绥远省境内蒙古各盟旗地方自治政务委员会组织大纲》和《绥远省境内蒙古各盟旗地方自治指导长官公署暂行条例》（修正案），继续实行以各盟旗为单位的分区自治方案。[38]

此后，伴随着国共两党之间的裂痕越来越深，中共越来越强调自身的独立性，中共对国民党在民族问题上的批评就少了更多的顾忌。1942 年至 1943 年间，出于民族国家构建的需要，蒋介石"继承"孙中山在 1924 年前后关于"积极底民族主义"的说法，否认中国国内存在着汉、满、蒙、回、藏等各"民族"，而称之为"宗族"、"宗支"，这些"宗族""融和"构成中华民族。[39]蒋介石的这种中华民族理论显然与中共所秉持的列宁、斯大林的民族理论大相径庭，中共中央决定予以公开反击。1943 年 7 月，陈伯达发表《评〈中国之命运〉》，不但称蒋介石的上述说法"和本来的历史真实情况完全不相符合"，而且声讨"中国大地主大资产阶级之所以要捏造这种单一民族论，其目的就在于提倡大汉族主义，欺压国内弱小民族。"[40]1944 年 3 月 12 日，根据中共中央书记处会议的决定，周恩来在延安各界纪念孙中山逝世十九周年大会上指出："在中国人或中华民族的范围内，是存在着汉蒙回藏等民族的事实，我们只有在承认各民族自决权的原则下平等的联合起来，才能成功的'组织自由统一的（各民族自由联合的）中华民国'。"[41]而在抗日战争接近胜利之际，为了明确未来的方向与任务，中共中央召开了第七次全国代表大会。在这次会议上，毛泽东一方面再次指斥国民党把中国国内各"民族"叫做"宗族"、"宗支"的说法是"法西斯主义的大汉族主义的错误的民族思想与错误的民族政策"；另一方面重申民族自决与联邦制的理想。关于后者，毛泽东一改抗战以来在中国政权问题上遮遮掩掩，甚至高喊什么"拥护蒋委员长"、"拥护国民政府"口号等做法，而是明白无误地表示，中共必须建立一个与国民党政府不同的政权形式，即："在新民主主义的国家问题与政权问题上，包含着联邦的问题。中国境内各民族，应根据自愿与民主的原则，组织中华民主共和国联邦，并在这个联邦基础上组织联邦的中央政府。"并且，"要求改善国内少数民族的待遇，允许各少数民族有民族自决权及在自愿原则下和汉族联合建立联邦国家的权利"不是什么遥远未来的事情，而是当下中共的具体纲领之一。[42]换言之，在抗日战争接近胜利之际，中共中央已经决心在民族政策与国家结构形式上独树一帜，而与国民党分道扬镳了。

三

1945年8月8日，苏联对日宣战，与蒙古人民共和国共同出兵内蒙古及东北地区，该地区的日本军队及其伪蒙疆政权瞬间土崩瓦解，从而留下了巨大的政治真空地带。同月14日，中国国民政府与苏联政府签订《中苏友好同盟条约》，中国承认外蒙古以全民投票的方式决定其是否独立。在国、共两党势力尚未达到内蒙古中、东部地区之际，受到外蒙古独立及苏蒙占领军宣传的影响，在内蒙古的青年和知识分子中再度兴起了"民族热"[43]，并相继建立或重建了"内蒙古人民革命党"[44]、"内蒙古人民共和国临时政府"、"呼伦贝尔自治省政府"[45]等三个组织与机构。这些组织与机构无一例外地或要求如同蒙古人民共和国那样实行"独立"，或要求内、外蒙合并，并派出代表赴蒙古人民共和国请求承认与援助。如在当地苏蒙联军的支持下，"内蒙古人民代表大会"就通过了《内蒙古独立宣言》和《内蒙古人民共和国临时宪法》，成立了"内蒙古人民共和国临时政府"。该"政府"每天"打铃上班，升降国旗"，[46]俨然一个独立国家。

但是，限于美苏《雅尔塔协定》的相关条款，加以蒙古人民共和国正在按照《中苏友好同盟条约》筹备全民公决，所以蒙古人民共和国明确拒绝了"内蒙古人民革命党"、"内蒙古人民共和国临时政府"要求内、外蒙合并的请求，表示："外蒙因国际关系不能帮助内蒙脱离中国成立独立国家"。同时，出于国民党势力伸入内蒙古地区后很可能把美国人引来的担心，蒙古人民共和国又强调："目前外蒙应当各党和中国共产党合作，各党在中国共产党领导下求得民族解放"，"内蒙问题主要应由中共解决，在中共帮助下的民族自治就等于民族独立"。[47]

从军事的角度讲，热河、察哈尔及内蒙古中、东部地区系中共从陕甘宁、华北进军东北的重要通道，是否能够控制这些地区关系着中共争夺东北、取得华北优势地位及获得与苏联直接联系的战略成败。因此，中共中央一方面派出干部和军队赶赴上述地区，抢占战略要地；另一方面决心"适当的解决内蒙民族问题"。但是，考虑到国共合作表面上仍在维持，国民党中央政府的民族政策也不能公开反对与违背，且内蒙古东部地区的"自治"运动已经引起美国等国际社会的关注，中共中央最终决心把"内蒙古人民共和国"的"自治"步伐暂时向后拉一步。中共中央确定："对内蒙的基本方针，在目前是实行区域自治。"即"首先从各旗开始，争取时间，放手发动与组织蒙人的地方自治运动，建立自治政府（在乌盟、锡盟等纯粹蒙古区域可以自治政府的形式出现，在绥东、察南等蒙汉杂居地带，则以蒙汉联合政府的形式出现），准备建立内蒙自治筹委会的组织，统一各盟旗自治运动的领导。"[48]

此时，"内蒙古人民共和国临时政府"派往蒙古人民共和国求助的代表团仍然杳无音信[49]，且面临着连维持自身所必需的粮食等物质基础都相当缺乏的困难局面，"天天吃喇嘛的存粮"。因此，在蒙古族中共党员乌兰夫（汉名"云泽"）与苏蒙占领军讨论并争得其同意后，"内蒙古人民共和国临时政府"只能进行改组。结果，乌兰夫被选为临时政府主席，奎璧等5名中共党员当选为政府成员。但是，"内蒙古人民共和国临时政府"是完全脱离中国而独立的，这无疑会引起国民党和美国的反对，对苏联外交也不利。考虑到这些因素，中共晋察冀中央局一方面要求"内蒙古人民共和国临时政府"停止发布布告和公开活动；另一方面向中共中央建议，目前继续推行分省自治，"由各盟旗选举政府受察哈尔省政府领导，候各地蒙古工作开展后，准备成立内蒙地方自治政府"。[50]

进入1945年11月，国共两党在东蒙及东北的争夺进入白热化阶段，如何顺应内蒙古民众的呼声，又不致引起国内外舆论的反对，成为中共中央在内蒙古地区面临的一项迫切问题。更重要的是，"内蒙古人民共和国临时政府"派往蒙古人民共和国的代表团已经返回，并带来了蒙古人民共和国要求其接受中共领导的意见，因此该政权与中共的关系日益接近。鉴此，根据乌兰夫的意见，中共晋察冀中央局建议筹备成立一个半政权、半群众团体的统战机构——内蒙古自治运动联合会，并由该联合会联络团结内蒙古各盟旗、各阶层，准备组织统一的内蒙自治政府；在各盟旗政府下，成立蒙古人的自卫武装。[51]该建议很快得到中共中央的完全赞同。[52]

同时，为了回应国内外舆论对中共在内蒙古地区的指责，乌兰夫特地在晋察冀中央局机关报《晋察冀日报》发表谈话，说明：中共"非常清楚地确定了民族自决与民族平等政策"。但在当前须首先成立察哈尔盟和锡林郭勒盟自治政府，受察哈尔省政府领导。只有经过这种区域性的自治阶段，"才能进一步地达到全内蒙的自治，与其他民族自由联合起来形成一大联邦"。[53]

1945 年 11 月 26 日，内蒙古自治运动联合会在张家口召开成立大会。次日通过的"会章"规定：联合会的宗旨是："以团结内蒙古各阶层人士，联合中国共产党及各民主势力，发动与组织内蒙古人民彻底肃清法西斯残余，坚决反对国民党反动派的大汉族主义政策，建立内蒙古自决、民主的政权，从事适合于人民利益之政治、经济、军事、文化等等的新建设，以求内蒙古彻底解放，并为实现自由联帮〔邦〕的新民主主义的新中国而奋斗。"[54]随后，内蒙古自治运动联合会派大批蒙、汉各族干部到察哈尔、锡林郭勒、巴彦塔拉、乌兰察布、昭乌达、卓索图等盟，宣传内蒙古自治运动联合会的主张，发动群众筹备建立联合会各盟旗分、支会机构和盟旗自治政权；同时创办各类学校，培养军政干部；创办蒙汉文报纸。

问题是，此时中共及内蒙古自治运动联合会的活动范围仅限于绥远、察哈尔、热河及西满的部分地区，对其他地区则很难控制。因此，中共中央清醒地认识到，"西满及热河的蒙古民族对我态度之好坏，为我在西满及热河成败的决定条件之一"，东北局应"十分注意研究这一问题，并通令全军对蒙古民族采取十分谨慎的政策"。[55]根据中共中央的指令及苏联驻军的意见，考虑到国民党军队正在向热河北部挺进，当地的内蒙古民族武装尚可倚靠加以抵制，[56]东北局决定帮助、指导内蒙古人民革命党建立自治政权。

1946 年 1 月 16 日，内蒙古人民革命党在葛根庙（今乌兰浩特市东南 30 公里）召开东蒙古人民代表会议，决议成立东蒙古人民自治政府，宣称"愿受苏联指导，加入外蒙"；扫除封建势力，保证人民自由；"与红军及中共合作"；[57]组建东蒙古人民自治军，统一指挥内蒙古东部地区各支蒙古民族武装；并要求将哲里木、昭乌达、卓索图三盟，呼伦贝尔、布特哈二部及伊克明安、齐齐哈尔、苏鲁克三旗为其自治领域。[58]

　　根据现有资料，在东蒙人民自治政府成立前后，中共中央似乎并没有表明态度，但东北局肯定是赞成与支持的。原因有三：第一，早在 1945 年 11 月间，东北局曾向内蒙古人民革命党派到沈阳参加东北人民代表会议的代表正式表示：中共"主张蒙古人民自决"，但是，限于"现在蒙古广大人民尚未起来，同时在当前形势下外蒙古也未必能接受内蒙古加入外蒙共和国，如此蒙古人民革命党及进步青年将陷于孤立"，最好实行自治。[59]所以，内蒙古人民革命党在议决成立东蒙古人民自治政府时，便直接宣称是"根据中共中央的民族政策"制定的自治法，[60]并强调"在尊重中国宗主权下实行高度自治"；[61]第二，东北局应邀派出胡秉权、朱继先、黄文飞等人作为中共代表参加了东蒙古人民代表会议。对东蒙古人民自治政府的成立，东北局、西满分局均发电祝贺，表示正式承认；[62]第三，在中共中央于 1946 年 2 月 18 日第一次致电东北局，表示对蒙古民族问题必须"慎重"一天后，即 2 月 20 日，东北局依然认为，东蒙古人民代表会议的"决议案"草案"基本是对的"，准备予以"广播"，"以回击反动派之反宣传"。[63]

　　与中共相似，当政的国民党也想安抚民族地区人心，以与中共争夺民族地区。早在 1945 年 5 月召开的国民党第六次全国代表大会上，国民党便提出了未来对蒙、藏地区的目标，即"实现蒙、藏各民族之高度自治，并扶助各民族经济、文化之平衡发展，以奠定自由统一的中华民国之基础"。[64]抗日战争胜利后，国民党一方面派傅作义等率兵抢占绥、热、察等地，另一方面继续坚持分省自治的旧例，除恢复绥、热、察省外，还把内蒙古东部的哲里木盟大部分划入辽北省，在呼伦贝尔和西布特哈等地划设兴安省。同时，对原伪蒙疆自治政府领导人德王等要求内蒙古"似应援照英属加拿大、澳洲等处之例"实行"高度自治"的意见，国民政府坚决予以拒绝。[65]对于当时内蒙古地区的形势，多年在国民政府蒙藏委员会工作的巴文峻曾明确指出："至政治方面，则需将内蒙自治方式早日发表，不然，共党高倡民族自族自治，以德王府之内蒙自治政府作号召，恐内蒙各色军民人等，亦多为诱惑而去。"[66]

问题是，国民党虽然对内蒙古地区的状况及内蒙古青年知识分子的政治心理取向心知肚明[67]，但仅仅组织"蒙旗宣抚团"随军前进，对各蒙旗进行宣抚、善后工作，仅仅在政治协商会议通过的宪法修改原则中确定了"聚居于一定地方之少数民族，应保障其自治权"的大原则[68]，对内蒙古地区已经出现的"东蒙古人民自治政府"及呼伦贝尔自治省则简单地予以拒绝了事。甚至，与中共绝少使用绥远、热河、察哈尔等省域名称，而大多把这些地区统称为"内蒙古"完全相反，国民党极力反对在其文件及报纸中出现"内蒙古"的字样。为此，国民党中央宣传部还通令各相关省、市党部："内蒙古早已分别建省，内蒙两字应视为历史名词，不应再作为中国目前之政治、地理名词，当此外蒙实行独立，行将瓦解划界之今日，此种观念矫正特别重要。公文及报纸记载，宜避免沿用内蒙古字样。"[69]

但是，眼见中共在内蒙古地区动作连连，还成立了东蒙古人民自治政府，国民党终于坐不住了。1946 年 2 月 9 日，蒋介石致电国民党蒙藏委员会委员长罗良鉴并转东北行营主任熊式辉，称："查兴安蒙旗酝酿独立，必有共党与外蒙方面之阴谋策动，殊堪注意。应即切实设法，就地消弭……"在国民党辽宁省党部的策划下，以曹剑章、贺其业等 22 人在沈阳联名发出《反对兴安独立通电》，宣称中国共产党"分裂国家"。[70]2 月 15 日，绥蒙指导长官公署再度致电蒙藏委员会，指出：抗战胜利后，"外蒙军队侵入各旗，宣称外蒙人民经多年努力，现已成立独立自主国家，今对内蒙同胞幸福当不能置之不问，希望内外蒙古团结起来，互助互信，以求内蒙幸福。而共党复宣称：现在世界上被压迫民族都已得到自由，共党为求内蒙人民幸福，已在张家口成立内蒙独立政府，希各旗速派代表参加。各旗仕官人民听到之后，无不惊疑恐惧"。因此，"各旗官民切盼政府早日对内蒙公布一个有效办法，使人民安心过活，免生别意，再不应像过去的看法和作法，蒙旗已今非昔比。"[71]同时，上海的"申报"、"民国日报"也连续刊发通讯，报道东蒙成立"共和国"，中共参与其间等消息。[72]

限于国共关系、美苏关系，鉴于政治协商会议召开后国内政治步入"和平民主新阶段"以及国民党、国内舆论的反应，中共决定再次收起民族自决口号，纠正东北局的做法，以免刺激国民党及其他政治党派。于是，中共中央在 1946 年 2 月 18 日向党内强调，"国民党现利用所谓内蒙独立问题大造谣言，已引起国内外注意，我们对蒙古民族问题应取慎重态度，根据和平建国纲领要求民族平等自治，但不应提出独立自决口号"。内蒙人民革命党的"纲领过左，我们不能赞助。该党之纲领及活动如有可能，并应劝告其改变方针"。[73]数日后，中共中央再次告诫东北局："在今天整个国内国际形势下，成立这种自治共和国式的政府仍然是过'左'的，对蒙古民族、中国人民与苏联和外蒙的外交都是不利的，徒然给反动派一个反苏反共的借口，造成中国人民中狭隘民族主义者的一种恐惧。东蒙今天应依和平建国纲领第三节第六条实行地方自治，在辽北省与热河省省政府之下成立自治区，至多要求成立一单独的省，作为普通地方政府出现，而不应与中国形成所谓宗主国与类似自治共和国的关系，不必要求单独的货币与军队，甚至单独的国旗等等。他们的自治区如在省的地位以下，我们的解放区即已经可以保障其实现，如要求成立一个省，我们亦可帮助其实现，这是实际行得通的办法，在实质上亦已满足了他们的要求，现在大吹大擂，发宣言、派代表、请愿，乃是实际行不通的办法，结果反而碰壁，不能实现他们的要求。请以此方针耐心说服他们，改变作法，并警告如他们坚持现在的作法，我们即不能支持他们，必要时还要声明与他们无任何关系。"并且，"苏联亦不知道与不赞成他们此种行动"。[74]

同时，为公开澄清中共对内蒙古民族问题的政策，内蒙古自治运动联合会主席云泽亲自在"晋察冀日报"发表谈话，表示："内蒙地区是中国领土的一部分，内蒙民族是组织成中华民族的一部分，它要求的自治，基本上与内地各省区一样是一种地方自治；但又因为它是一个民族，所以它又是一种民族自治"。云泽还针对某些"传言"驳斥说："内蒙自治就是要独立，就是要分离，其实，这是不对的，这种说法除了由于不了解外，应该说完全是一种恶意的造谣，其用意是想继承大汉族主义的民族政策，故意混淆黑白，无耻无知，实在不值识者不哂。"[75]

随后，在乌兰夫派出东蒙工作团与东蒙古人民自治政府进行商谈、"相机说服他们接受区域自治"[76]的同时，中共中央确定，

"目前不成立内蒙自治政府，只成立各盟旗政府，参加各省省政府，分省自治"，并由东北及热河派出军队切断东蒙古人民自治政府与国民党占领区域之间的联系。[77]1946 年 3 月底，根据中共中央的安排，乌兰夫率内蒙古自治运动联合会代表团到达中共冀热辽分局驻地承德，与东蒙古人民自治政府代表进行谈判。是为"承德会议"。

　　因为东蒙古人民自治政府向苏联及蒙古人民共和国求助无果，且得不到国民政府的承认，故在中共的极力争取下，双方最终达成一致意见，决定："内蒙古民族运动的方针是平等自治，不是独立、自治，并且只有在中共领导帮助下才能得到解放。在目前的形势下，以内蒙古自治运动联合会为内蒙古自治运动统一领导机关，东、西各盟旗均组织其分会、支会"；建立各盟旗民选政府，分别接受各解放区、民主政府领导及帮助；蒙汉杂居区实行蒙汉分治；联合会统一领导蒙古军队武装并处理关于内蒙古建军正编训练人事等问题，但在目前各蒙古军队应分别地域归八路军各军队领导指挥；东蒙古人民自治政府随即解散，在东蒙设内蒙古自治运动联合会总分会；[78]内蒙古人民革命党取消。同年 5 月，原东 4 盟（兴安、哲里木、呼伦贝尔、纳文慕仁盟）改设为兴安省政府及兴安军区，原辽吉军区与兴安军区合组联合司令部，取消东蒙古人民自治政府，原内蒙古人民革命党及东蒙古人民自治政府主要领导人哈丰阿、特木尔巴根、阿思根等加入中国共产党。[79]

　　当中共把东蒙古人民自治政府的独立步伐向后拉一步，紧锣密鼓地实施分区自治之际，国民党依然在围绕"边疆各盟旗地方自治方案"的原则和方针文牍往返、争执不休。[80]看到抗日战争胜利后国民党"八九个月之久，毫无动静"，"国民代表大会内蒙全权代表"、"国民参政会内蒙全体参政员"、"蒙古各盟旗联合驻京办事处"、"蒙古旅京同乡会"等数个团体于 1946 年 6 月底来到南京,呼吁国民政府彻底实行国民党六届二中全会对边疆的决议案、恢复整个蒙政会、"迅速调整并充实中央边政机构"。这些团体还表示,将"誓死反对"国民党地方当局的"黑暗统制"及其撤旗置县、分省自治等"逐渐消灭蒙旗的大汉族主义"。[81]

<h1 style="text-align:center">四</h1>

问题是,承德会议虽然取消了东蒙古人民自治政府,但东、西蒙的统一及内蒙古自治运动联合会的推动,促使"现在内蒙各种团体、机关、军队领导集团及知识青年大部分已认识到与外蒙古合并及独立是不可能的,也很不适宜。他们赞成民族平等自治的方针,但他们主张统一的地方自治,不愿分盟的自治。主张各蒙旗统一于一个蒙古地方政权,这一政权受解放区民主政府领导,而不愿各盟分属各省政府领导"。他们还怀疑中共的"民族平等自治的政策,是以分盟自治来限制蒙古自治",质疑"为什么不让蒙古人有一个统一的地方政府,而只组织内蒙古自治运动联合会,国民党时代省盟是平行的,为什么现在盟还要受省的领导?"并且,"因为在热察绥都曾发生过蒙古旗长有名无权、蒙古军队被缴械、蒙古干部被怀疑歧视、蒙古组织活动受限制、蒙古工作被包办代替、某些干部和机关对蒙古工作泼冷水、不热心帮助等现象。因此蒙人怀疑党的民族政策不能实现,说下面干部是大汉族主义,蒙古党员干部也对此不满"。同时,"国民党〔六届〕二中全会宣传对内蒙问题要划清盟、旗、省、县权限,

恢复蒙古地方自治政委会，在热河则放盟长、放中将，在归绥附近傅［作义］亦将大吹大擂，企图以此欺骗蒙人"。考虑到以上各种因素，中共晋察冀中央局担心，"如果我党不注意，则国民党那些假意的宣传和施舍，可以在某些人中尤其是在蒙人上层中引起幻想"。因此，晋察冀中央局强调："目前我党在绥察热及东北所面临的蒙古问题，是十一个盟和一百七八十万人口的自治问题。如果过去阶段内主要的工作是克服蒙古内部两次错误的独立运动，则目前主要工作必须是贯彻党的民族平等自治政策，首先解决民族问题，适当的满足蒙古民族统一自治的要求，做几件蒙古人民最盼望的事，扩大我党的影响，争取蒙人的信任，以便从蒙古内部来深入发动群众，组织力量来共同反对国民党。如果不首先把民族问题解决好，使多数蒙人对我们还存在怀疑，则蒙古群众的发动将受到限制，少数蒙奸反动上层的挑拨将会发生影响，因而使我党在对国民党作战中还有顾虑"。[82] 1946 年 8 月，乌兰夫分别向晋察冀中央局和中共中央写出报告，再次反映"蒙人一般不满目前的分盟自治与旧省政府领导，要求统一自治"的呼声，并强调"如何适当的满足蒙族这一要求，这与解决土地问题有同等重要的意义"。[83]

殆至 1946 年 11 月，国共内战越打越大，国民党军队已经进占中共在热河、察哈尔北部的根据地，松花江以南的整个东北以及中共察哈尔省政府、内蒙古自治运动联合会驻地张家口，宣布单方面召开国民大会。在这种形势下，一部分"蒙军与蒙人中上层分子纷纷响应"国民党，反对中共。原东蒙人民自治政府中的一部分领导人也产生了思想波动，主张退出中共与国民党的战争，"保持中立"。对此，中共辽吉省委感到"非常棘手"，担心"如不能争取蒙人与我合作，我在辽吉创造根据地长期坚持是困难的".[84] 考虑到上述情况，以及"现东蒙无论老年、青年，进步的、落后的，都主张成立蒙古自治政府。大公报记者亦有要求内蒙自治的呼声"，中共中央西满分局也向东北局及中共中央建议，应"先有一确定的主张"，即"对内蒙自治政府问题应采取何种态度，是否召开内蒙人民代表会议，准备成立比自治运动联合会（更具政府性质的机关?)"。[85]

中共晋察冀中央局、乌兰夫及西满分局的迭次报告显然引起了中共中央的注意。中共中央估计，国民党虽然不会允许内蒙古自治，但"可能恢复蒙政会及采取其他欺骗"办法。因此，"现在即可联合东蒙西蒙成立一地方性的高度自治政府，发布施政纲领，但对蒙汉杂居地区仍容纳汉人合作，并避免采取独立国形式"。换言之，在国共内战全面爆发之后中共军事处于劣势之际，中共中央已不必过于考虑其行动是否会对国民党造成什么刺激。其所关心的问题在于可以通过放弃"分区自治"的设想，满足内蒙古各阶层统一自治的要求，把内蒙古民族拉到自己的阵线中来，"团结内蒙人民共同抵抗蒋介石的军事进攻与政治经济压迫"，并在与国民党的争夺中占据先机与政治上的制高点。[86]

对于中共中央的这一政策转变，刚刚在内蒙古自治运动联合会东蒙总分会举行的欢迎宴会上经历过剑拔弩张局面的刘春回忆说："当我们和哈丰阿等知道中央来电内容以后，大家非常兴奋，我们尤其高兴。有些对共产党的方针、政策持怀疑态度的人，不相信可以取得胜利的人，和想在国共两党之间保持中立的人，也都表示赞成这个决定，这就使主张置身于解放战争之外的思想一下子失去了市场。大家都在考虑怎样成立政府的事，所以紧张一时的局面缓和下来了，每项工作的进行也顺利多了。"[87]

1946 年 12 月，内蒙古自治运动联合会与中共冀热辽分局召开会议，对成立统一的自治政府提出初步意见。会议确定："内蒙政府是内蒙各阶层地区性的高度自治政府，同时和蒙汉杂居。除纯牧区外，农业、半牧之农区汉人占多，必须吸收汉人参加，实质上又是蒙汉联合政府性质，但对外名义为内蒙自治政府"；疆域"原则上以现有蒙旗为界，但初期工作中心地区是东北、热河、锡察各盟旗"；成立内蒙中央分局，归东北局领导；自治政府成立后，内蒙古自治运动联合会转变为民族统一战线的群众组织；内蒙人民解放军为中国人民解放军之一部，归自治政府统辖，同时成立蒙汉联军司令部与机关，"统一指挥内蒙军与八路军"。[88]

　　对于冀热辽分局的上述意见，乌兰夫并不完全赞同。首先，关于内蒙古的范围，乌兰夫表示，"一般的说是长城以北，基本上是指热察绥三个地方"；其次，设想要"改造蒙古军队，建设蒙古新军队"；再次，乌兰夫强调中共的民族政策是"民族平等，民族自治"，"内蒙的前途既不是独立，也不是分离，更不是孤立"，而是基于联邦制框架下的"联合"。[89]1947 年 3 月中旬，乌兰夫对于未来国家宪法关于少数民族问题的相关条款专门向中共中央写出报告，建议中央予以考虑。乌兰夫建议，新宪法应"承认中国境内各民族的自决权，建立各民族自由联合的平等的民主的联邦"，但"在目前实行民族的区域自治，各民族在自己的居住区域建立统一的自治政府，并制定地方宪法等条款"；"应规定有适合于各少数民族区域人口的选举法，使各少数民族有适当数目的代表参加国民大会与中央政府。在中国联邦组成之前，国会及中央政府宜设立管理少数民族事务机关，由各民族人员组成之"；"各少数民族得在其自治区组织适当数目的地方武装，或国防军中有单独编成的少数民族军队"。[90]

　　问题是，1947 年 3 月时，在国共实力的对比上，中共仍居劣势，且东蒙人民自治政府的成立曾引起国民党及国内舆论的强烈反对，因此中共中央对成立统一的内蒙古自治政府不能不相当谨慎。就此，中共中央致电东北局等相关中央局、中央分局及乌兰夫，表明："我们原主张先从各地区民族自治政府的成立以影响尚未解放的西蒙人民，一时不忙成立联合的自治政府惟……东蒙及热察三地蒙民久已要求成立统一的自治政府，我们不应劝阻，故原则上我们同意就在这次代表大会产生内蒙统一的民族自治政府。"同时，中共中央还强调提醒，自治政府的纲领只能是"较简要而带原则性的"，留待以后再行摸索补充，并须"照顾到与中共关系"，但"不要在纲领中规定"。对于这个自治政府与中国的关系，可能考虑到因抗日战争胜利、中国跻身世界四强等所激发起来的民族主义浪潮日益高涨等因素，中共中央并没有提及民族自决、联邦制等口号，而仅仅着眼于当下，要求内蒙古人民代表大会宣言"应确定内蒙自治政府非独立政府，它在内蒙民族自治区仍属中国版图，并愿为中国真正民主联合政府之一部分，它所反对的为蒋介石国民党独裁政府及其所制定的取消民族自治权利的伪宪法与其卖国内战反动的政策"。[91]

　　此外，关于该自治政府的区域及内蒙中共党等问题，中共中央经与东北局商谈，决定：各盟旗与各解放区之省辖区域仍然维持现状，待将来战争结束后再行确定；成立中共内蒙古工作委员会，受东北局领导。[92]

　　按照上述方针与原则，1947 年 4 月 23 日至 5 月 3 日，内蒙古人民代表大会在王爷庙召开，通过了自治政府施政纲领和暂行组织法大纲，选举产生了内蒙古自治政府和临时参议会组成人员，乌兰夫当选为自治政府主席。

内蒙古自治政府成立之初，其管辖范围只及于呼伦贝尔、纳文慕仁、兴安、锡林郭勒、察哈尔5个盟，其他县、区则属于各解放区，绥远尚处于国民党治下。此后，随着原辽北省的哲里木盟和原热河省的昭乌达盟，原察哈尔省的多伦、宝昌、化德3县，绥远省，原热河省的赤峰等6个县和甘肃省的巴彦浩特蒙古族自治州、额济纳自治旗等地区陆续划入，到中华人民共和国建立后的1956年，整个内蒙古区域的统一自治才告完成。[93]

问题是，虽然在中共主导下成立了内蒙古自治政府，但许多问题实际上并没有得到解决。例如，内蒙古自治政府"自治"是什么样的自治？现在实行的"自治"与中共以往长期宣传的"自决"是什么关系？对于前一个问题，还在内蒙古人民代表大会召开过程中，就出现了多种不同的理解与认识。有的代表特别强调蒙古民族的民族自治权利，有的代表则强调区域自治、强调自治区域内各民族平等权利。[94]在这种争论的影响下，《内蒙古自治政府施政纲领》折中了以上两种意见，规定："内蒙古自治政府是由内蒙古民族各阶层内蒙古区域内各民族实行高度自治的区域性的民主政府。"[95]

对于第二个问题，在这次内蒙古人民代表大会前后一直存在着争论。"有不少代表认为自治是解决民族问题的低级形式，只有自决才能彻底解决民族问题。有人主张仿照苏联建立加盟共和国。也有人心想独立，但由于已经有了'内外蒙合并'的前车之鉴，未敢公开发表这类主张。而许多代表坚决反对实行自决的主张。认为这是不符合中国和内蒙古的实况。当然也有不少人对这种争论无所适从，抱着观望的态度。"[96]为了解决许多人心中的疑惑，中共西满分局常委张平化代表中共西满分局向内蒙古人民代表大会赠送了警语："团结自己，战胜敌人；实行自治，争取自决。"具体来说，"争取民族的自决权是我们奋斗的目标，民族自决权是要各民族决定自己的事情，自己决定自己的命运。如果有人问，共产党对民族问题的基本主张是什么？那么就是坚决赞助民族自决权。这个口号空喊是没有用的，而要一步一步地切实地实行，才能达到目的。过去二十多年的革命斗争及'八一五'（指 1945 年 8 月 15 日日本宣布无条件投降——引者注）以后，内蒙古自治运动联合会所领导的自治运动，正是逐步前进的表现。这次内蒙古人民代表会议，将要产生自治政府，将要开辟自治运动的新阶段，为要争取自治权就必须集中一切力量，实行自治，把第一步切切实实做好才该上第二步，这是共产党的愿望，也是内蒙古民族的愿望。"[97]《内蒙古自治政府施政纲领》开门见山地指出："内蒙古自治政府系本内蒙古民族人民全体的公意与要求，根据孙中山先生'中国境内各民族一律平等'、'承认中国以内各民族之自决权'的主张及中国共产党领袖毛泽东先生论联合政府中的少数民族政策的主张及政治协商会议决议的精神成立"的。[98]内蒙古自治政府主席云泽也公开声明："内蒙自治政府的成立，是蒙古民族实现自治，争取自决的必要步骤，这是内蒙人民的公意与要求。"[99]

五

内蒙古自治政府成立后，对于民族自决与联邦制的理想，中共中央并没有立即予以否定。1947 年 10 月，《中国人民解放军宣言》把"承认中国境内各少数民族有平等自治及自由加入中国联邦的权利"列为其八大基本政策之一。[100]1948 年 8 月，东北局领导人高岗在内蒙古干部会上还在讲："中国共产党自成立以来，即宣布中国境内各民族一律平等，承认各民族自治与自决权，从各方面帮助少数民族的解放与发展。" "在全国解放后，则将按照自愿和民主的原则，由中国境内各民族组成中华民主共和国联邦（毛主席：论联合政府）。内蒙自治政府，将是这个联邦在国境北部的主要组成部分。"[101] 同年 9 月，毛泽东在中共中央政治局扩大会议上所做的结论中讲道：在资产阶级民主革命完成之后，除了主要矛盾之外，"内部还有民族矛盾，……这可以用苏联的办法来解决"。[102] 1948 年 11 月，刘少奇在批判了"资产阶级民族主义的民族观"的基础上，把"无产阶级国际主义的民族观"界定为："无产阶级坚决反对任何的民族压迫。它既反对任何异民族压迫自己的民族，同时，又坚决反对自己的民族去压迫任何其他民族，而主张一切民族（不论大小强弱）在国际和国内的完全平等与自由联合及自由分立。并经过这种自由分立（目的是要打破目前各帝国主义国家对于世界大多数民族的压迫和束缚）与自由联合（即在打破帝国主义的压迫之后由各民族实行在完全自愿的基础上的联合）的不同具体道路，逐步地走到世界的大同。"[103] 在这里，刘少奇虽然并没有提及民族自决与联邦制，但其所用的民族"自由分立"、"自由联合"还是没有脱出民族自决的范畴。

　　到 1949 年 2 月，中共取得全国政权指日可待。为了加强与中共的联系与沟通，苏联派出其政治局常委米高扬冒险秘密来到中共中央驻地西柏坡。此时，苏联已经意识到，中国新疆和内蒙古地区的民族独立运动未必对其毗邻的民族地区有什么好处。况且，外蒙古的独立地位已经在《中苏友好同盟条约》中固定下来，成为苏联保障其远东地区安全的缓冲地带。因此，米高扬对未来中国民族政策的总原则问题向中共中央建议："中国共产党在民族问题上不要过分大度，如让少数民族独立并从而在中共执政后缩小中国的领土，应该让少数民族自治，而不是独立。"[104]另外，米高扬在与毛泽东等人的谈话中明确表达了苏联对新疆的立场，即"如果让新疆少数民族享有自治权，那可能会留下独立运动的土壤"。苏联"不想造成新疆的独立，也不觊觎新疆的领土"，"新疆是也应该是在中国的版图之内"。但是，对于毛泽东提议内外蒙统一、回到中国版图的试探，米高扬的态度则截然相反，坚决回绝称："如果有一天外蒙古与内蒙古联合起来，那结果大概是建立一个独立统一的蒙古国。"为此，斯大林专门致电米高扬，告诫毛泽东："外蒙古的领导人主张中国境内各地蒙古族人与外蒙古联合起来，在独立的旗帜下建立一个统一的蒙古国。苏联政府反对这个计划，因为它虽然并不威胁苏联的利益，但它意味着从中国割出一大块领土。我们认为，即使所有的蒙古人联合为一个自治单位，外蒙古也不会为了在中国政府的版图内实行自治而放弃独立。不言而喻，这件事的决定权属于外蒙古。"斯大林的上述说法虽然并不完全符合实际，其主要原因是顾虑内外蒙合并可能引发与中国的战争，但它毕竟堵死了中共把外蒙古回归中国版图、建立统一的蒙古民族自治的念头。[105]

苏联关于未来中国民族政策的总原则的建议是否得到了中共中央的认可，对中国制定民族区域自治制度起到了多大作用目前尚不得而知。但可以明确的是，在这次会谈中，毛泽东等中共领导人并没有坚持既往的民族自决理想。并且，在毛泽东看来，内蒙古自治政府这种既可以满足少数民族自治要求、又可以实现中国领土统一的做法，可能恰恰符合苏联的建议，是中国未来解决民族问题的出路。因此，毛泽东告诉米高扬：中共准备给予新疆像内蒙古一样"完全的自治权"。[106]

到 1949 年 6 月，中共军队虽然正在以摧枯拉朽之势向长江以南推进，但对解决遥远且民族关系复杂的新疆问题，则显得有所忌惮和力不从心。但是，在苏联力主中共迅速进军新疆，并答应给以相应军事帮助，及与反国民党的"三区"政权联合之后，[107]中共中央决定，立刻派正在莫斯科随同刘少奇访问的邓力群携带一部电台直接赶赴新疆，与"三区"方面联络。[108]1949 年 8 月中旬，在苏联驻伊宁领事馆的协助下，邓力群很快与"三区"方面取得联系，并向中共中央汇报了新疆的民族状况。邓力群于 8 月 21 日、9 月 2 日先后报告说，不但"三区"领导人阿合买提江，而且苏联驻伊宁副总领事均承认："新疆的民族问题特别复杂，由于历史上压迫民族和被压迫民族之间多次的互相屠杀，导致了各民族之间产生严重摩擦和深刻仇恨，这种摩擦和仇恨在压迫民族与被压迫民族之间更加严重和复杂。半世纪以来，此间的民族运动都是在泛土耳其主义的思想影响下进行，目的是想达到把所有的土耳其人联合起来组成一个国家，因此，此间少数民族之知识分子尤其是老知识分子中，泛土耳其主义的思想很深。""因为大土耳其主义的思想在新疆少数民族中影响很深，麦斯武德、麦苏德、伊敏等想利用这个影响，策动'民族独立'的阴谋。据说艾沙伯克不久前曾与马步芳商量，请求蒋介石允许他们在西北组织一个回教的'独立国'。伊敏的老婆亦曾去南疆进行这种活动，英国在南疆亦正在促进与支持这个阴谋的实现。伊犁方面近来也发现了几起以大土耳主义思想为团结基础的秘密小组织"。[109]

此时，周恩来正在为筹备中的新中国起草"共同纲领"草案。据陈扬勇介绍，从 1948 年 10 月开始着手，直到 1949 年 9 月 5 日之前，"共同纲领"各草案稿及为此提供参考的新政协筹备会第三小组第五分组的讨论，均有"承认国内少数民族自决权"与组成联邦制国家的条文。[110]即便是在 8 月 22 日成稿的"新民主主义的共同纲领"草案仍然规定，中国必须实行"新民主主义的国家制度"。因为"只有这个制度，才能做到中国境内各民族的平等联合，使各民族在国家政权中皆享有平等地位，实现各民族的自治权，并根据自愿与民主的原则，组成中华各民族联邦"。而在新民主主义的"具体纲领"中，该草案规定："中国境内各民族一律平等。各少数民族皆有权成立各级政权中的民族自治区，实行民主的民族联盟"。[111]

但是，在 1949 年 9 月 5、11、13 日先后对"共同纲领"草案的修改过程中，周恩来已经对"民族问题"一节进行了大篇幅地扩充，并放弃"联邦制"的设想，明确提出了"民族区域自治"的制度框架。[112]在这次对"共同纲领"草案修改期间，即 9 月 7 日，周恩来曾向已到达北平的政协代表及各方有关人士说明这次中国人民政治协商会议的若干问题。其中，对民族政策问题，周恩来以商谈的语气讲道：

关于国家制度方面，还有一个问题就是我们的国家是不是多民族联邦制。现在可以把起草时的想法提出来，请大家考虑。中国是多民族的国家，但其特点是汉族占人口的最大多数，有四亿人以上，少数民族有蒙族、回族、藏族、维吾尔族、苗族、夷族、高山族等，总起来，还不到全国人口的百分之十。当然，不管人数多少，各民族间是平等的。首先是汉族应该尊重其他民族的宗教、语言、风俗、习惯。这里主要的问题在于民族政策是以自治为目标，还是超过自治范围。我们主张民族自治，但一定要防止帝国主义利用民族问题来挑拨离间中国的统一。如英帝国主义对西藏及新疆南部的阴谋，美帝国主义对于台湾及海南岛的阴谋。不错，这些地方是有少数民族的，但是他们一向是在中国领土之内。清朝压迫少数民族的政策，是对满族以外的民族进行欺骗和屠杀。北洋军阀政府继续了这样的政策，国民党反动政府更加深了这样的政策。我们应该改变这样的政策，把各民族团结成一个大家庭，防止帝国主义的挑拨分化。陈嘉庚先生这次到东北参观，同时也到了内蒙古自治区，他回来后说现在内蒙的汉、蒙二族合作得很好，犹如兄弟一样。这消息我们听了非常高兴，这足以证明我们民族政策的成功。

任何民族都是有自决权的，这是毫无疑问的事。但是今天帝国主义者又想分裂我们的西藏、台湾甚至新疆，在这种情况下，我们希望各民族不要听帝国主义者的挑拨。为了这一点，我们国家的名称，叫中华人民共和国，而不叫联邦。今天到会的许多人是民族代表，我们特地向大家解释，同时也希望大家能同意这个意见。我们虽然不是联邦，但却主张民族区域自治，行使民族自治的权力。这一次民族方面的代表的确是比较少，这是一件遗憾的事，原因是有好些少数民族的地方还没有得到解放，不容易找到代表来。内蒙古是解放了的，它便有了双重的代表，少数民族方面的代表和区域代表。[113]

换言之，正是在周恩来起草出"共同纲领"草案初稿的8月22日到9月初十余天的时间内，很可能考虑到以下几种因素，中共中央从马上要在全国执政及如何维护国家统一的角度，决定放弃民族自决与联邦制口号，把原来作为中点和策略的内蒙古自治政府的自治形式当成终点，在少数民族聚居区实行民族区域自治制度：（1）内蒙古自治政府早已建立，陈嘉庚等政协代表经过亲身观察后，反映该地区的民族关系"很好"，"犹如兄弟一样"，中共中央"听了非常高兴"，认为这种自治政策是"成功"

的；（2）邓力群反映，新疆"民族独立"思潮盛行，英国正在从中鼓动。如何联合新疆"三区"革命势力，共同对付新疆的国民党势力也是当务之急；（3）西藏、台湾、海南岛等边疆地区的民族问题同样成为美国干涉与分裂中国的借口，等等。换言之，民族区域自治制度是既照顾历史又着眼现实与未来的一个结果。

1949 年 9 月，中国人民政治协商会议第一次全体会议通过的临时宪法性质的《中国人民政治协商会议共同纲领》规定："各少数民族聚居的地区，应实行民族的区域自治，按照民族聚居的人口多少和区域大小，分别建立各种民族自治机关。"[114]中国的民族区域自治制度最终以宪法的形式得到了确认。

至于上述转变的原因，现在学术界惯常采用的说法是，李维汉在毛泽东等中共中央领导人征求其对新政权民主制度的意见时，提供了在单一制国家内部实行民族区域自治的建议。问题是，这仅仅是李维汉在时隔 30 余年后的一则回忆，[115]现在仍然缺乏其他有力的材料予以证明。反倒是现有的资料会对李维汉是否会提出上述建议在某种程度上构成不利的因素，即在"共同纲领"草案中关于民族政策转向的前夕——8 月 19 日晚间，李维汉在中南海颐年堂大客厅内入厕时跌成了重伤。[116]

当然，中共中央彻底放弃"民族自决"的口号，则是中华人民共和国建立后的事情了。1949 年 10 月 5 日，中共中央在给中国人民解放军第二野战军前委的指示信中特地说明："过去在内战时期，我党为了争取少数民族，以反对国民党的反动统治（它对各少数民族特别表现为大汉族主义）曾强调过这一口号，这在当时是完全正确的。但今天的情况，已有了根本的变化，国民党的反动统治基本上已被打倒，我党领导的新中国业经诞生，为了完成我们国家的统一大业，为了反对帝国主义及其走狗分裂中国民族团结的阴谋，在国内民族问题上，就不应再强调这一口号，以免为帝国主义及国内各少数民族中的反动分子所利用，而使我们陷于被动的地位。在今天应强调，中华各民族的友爱合作和互助团结。"[117]

　　在这场对内蒙古地区民族自治潮流的争夺中，国民党显然比中共的动作要迟缓得多，且比蒙古民族的要求落后得多。在中共领导下的内蒙古自治政府成立后，国民党仍在重弹分省自治的老调。[118]等到国民政府行政院同意成立内蒙各盟旗自治筹备委员会之时[119]，国民党在大陆的军事已经接近完败，已经无暇也无力通过顺应内蒙古民族统一自治的潮流而与中共争夺对该地区的领导权与控制地位了。而对没有了竞争对手、且已取代国民党转变为大陆统治者的中共来说，余下的事情便是选择哪些地区，在何时，取何种方式去实施民族区域自治制度了。这项工作，似乎更困难，也更棘手。

注　释

1　例如，周忠瑜：《民族区域自治与联邦制的比较研究》，《中共党史研究》2001 年第 4 期，第 60—64 页；金炳镐、马骍、宋全：《中国共产党民族区域自治政策的形成和发展——中国共产党民族纲领政策形成和发展研究之十》，《黑龙江民族丛刊》2002 年第 1 期，第 44 页；〔日〕松本真澄著，鲁忠慧译：《中国民族政策之研究——以清末至 1945 年"民族论"为中心》，民族出版社 2003 年版，第 222—264 页；青觉：《中国共产党民族区域自治制度的形成与发展》，《宁夏社会科学》2004 年第 2 期，第 14—15 页；许彬：　《从"民族自决"到"民族区域自治"——论中国共产党民族基本政策的历史转型》，兰州大学 2007 届博士学位论文，第 116—155 页；陈夕：《新中国民族区域自治制度的形成与发展》，《当代中国史研究》2009 年第 5 期，第 147 页。此外，还有一种观点认为，虽然这个时期中共还把民族自决与民族自治并提，但"可以理解为这是一种策略性的提法，是我党在民族问题方面同当时国民党的反动的大汉族主义进行斗争的一种手段"，参见张尔驹：《中国民族区域自治史纲》，民族出版社 1995 年版，第 60 页。

2　110　陈扬勇：《〈共同纲领〉与民族区域自治制度的确立——兼谈新中国民族区域自治政策的形成》，《中共党史研究》2009 年第 8 期，第 13—20、17 页。

3　金炳镐：《民族理论通论》，中央民族大学出版社 1994 年版，第 330 页。

4　布青沪、陆维成：《中国民族区域自治实践的萌芽——中共领导建立豫海县回民自治政府之探析》，《中共党史研究》2011 年第 12 期，第 94—100 页。

5　郝维民：《内蒙古革命史》，人民出版社 2009 年版。

6　白云：《试论抗战胜利后中国共产党领导的内蒙古自治运动》，《内蒙古大学学报（人文社会科学版）》1997 年第 3 期，第 17—28 页。

7　［日］星野昌裕著，苏日娜译，乌力校：《内蒙古自治区成立之历史考察》，《中国边疆史地研究》2000 年第 2 期，第 98—112 页。

8　李玉伟：《内蒙古实现民族区域自治的理论与实践》，内蒙古大学 2004 届博士学位论文。

9　69　乌兰少布：《中国国民党对蒙政策（1928—1949）》，内蒙古大学中共内蒙古地区党史、内蒙古近现代史研究所编：《内蒙古近代史论丛》第 3 辑，内蒙古人民出版社 1987 年版，第 188—317、285 页。

10　刘晓原：《"蒙古问题"与冷战初期美国对华政策》，《历史研究》2003 年第 3 期，第 41—57 页。

11　《民族主义之教育——此篇据日本高村世雄所论而增益之》，张枬、王忍之：《辛亥革命前十年间时论选集》第 1 卷下册，三联书店 1960 年版，第 405 页。

12　余一：《民族主义论》，《辛亥革命前十年间时论选集》第 1 卷下册，第 486 页。

13　梁启超：《政治学大家伯伦知理之学说》（1903），《梁启超全集》第 4 卷，北京出版社 1999 年版，第 1070 页。

14　《关于"国际帝国主义与中国和中国共产党"的决议案》（1922 年 7 月），中央档案馆编：《中共中央文件选集》第 1 册，中共中央党校出版社 1989 年版，第 62 页。

15　《中国共产党第二次全国大会宣言》（1922 年 7 月），《中共中央文件选集》第 1 册，第 111 页。

16　1923 年 11 月 28 日，共产国际曾做出决议，建议国民党重新解释"三民主义"，以"符合时代精神"。其中"民族主义"的内容应包括：第一，"既要消灭外国帝国主义的压迫，也要消灭本国军阀制度的压迫"；第二，"中国境内各民族一律平等"，"公开提出国内各民族自决的原则，以便在反对外国帝国主义、本国封建主义和军阀制度的中国革命取得胜利以后，这个原则能体现在由以前的中华帝国同各民族组成的自由的中华联邦共和国上"。参见《共产国际执行委员会主席团关于中国民族解放运动和国民党问题的决议》（1923 年 11 月 28 日），中共中央党史研究室第一研究部（译）《联共（布）、共产国际与中国国民革命运动（1920—1925）》，北京图书馆出版社 1997 年版，第 547、548 页。

17　《第一次全国代表大会宣言》（1924 年 1 月 23 日），荣孟源编：《中国国民党历次代表大会及中央全会资料》上册，光明日报出版社 1985 年版，第 17 页。

18　孙中山：《在中国国民党本部特设驻粤办事处的演说》（1921 年 3 月 6 日），《孙中山全集》第 5 卷，中华书局 1985 年版，第 474 页。

19　孙中山：《三民主义、民族主义（第一讲）》（1924 年 1 月 27 日），《孙中山全集》第 9 卷，中华书局 1986 年版，第 188 页。

20　《中共中央给蒙委的信》（1929 年 2 月 30 日），中共中央统战部编《民族问题文献汇编（1921．7—1949．9）》，中共中央党校出版社 1991 年版，第 102 页。

21　《中华苏维埃人民共和国中央政府对内蒙古人民的宣言》（1935 年 12 月 10 日），《中共中央文件选集》第 10 册，第 801 页。注：该文件在《民族问题文献汇编（1921．7—1949．9）》（第 800—802 页）中所标注的时间为 1935 年 12 月 20 日。

22　《共产国际执行委员会书记处给中共中央书记处的电报》（1936 年 8 月 15 日），中共中央党史研究室第一研究部编：《共产国际、联共（布）与中国革命档案资料丛书》第 15 卷，中共党史出版社 2007 年版，第 243 页。

23　《中央关于内蒙工作的指示信》（1936 年 8 月 24 日），中央档案馆编《中共中央文件选集》第 11 册，中共中央党校出版社 1991 年版，第 69、71 页。

24　26　毛泽东：《论新阶段》（1938 年 10 月 12—14 日），延安解放社编：《解放》第 57 期，1938 年 11 月 25 日，第 24、16、20、24 页。

25　龚育之：《关于民族区域自治与联邦制问题对一篇论文的评注》上、下，《学习时报》2001 年 10 月 22 日第 3 版、2001 年 10 月 29 日第 3 版。

27　杨松：《论民族》，解放社编：《解放》第 47 期，1938 年 8 月 1 日，第 23、

22 页。

28　29　30　31　杨松:《论帝国主义时代民族运动与民族问题》,解放社编:《解放》第 54 期,1938 年 10 月 15 日,斯大林:《马克思主义与民族问题》,中共中央马克思恩格斯列宁斯大林著作编译局编:《斯大林选集》,人民出版社 1979 年版,第 22—23、22、76、26 页。

32　刘春:《蒙古民族问题》(1944 年底),《刘春民族问题文集》续集,民族出版社2000 年版,第 149 页。

33　刘少奇:《抗日游击战争中的若干基本问题》(1937 年 10 月 16 日),《民族问题文献汇编(1921. 7—1949. 9)》,第 563—564 页。

34　许涤新:《加紧回汉团结抗战到底》,《群众》第 1 卷第 13 期,1938 年 3 月 12日,第 233 页。

35　汉夫:《抗战时期的国内少数民族问题》,《群众》第 2 卷第 12 期,1938 年 12 月25 日,第 597 页。

36　罗迈:《回回问题研究》(1940 年 4 月),《解放》第 109 期,1940 年 6 月 16 日,第 19 页。说明:该文在《民族问题文献汇编(1921. 7—1949. 9)》第 841—856 页所标注的时间为 1940 年 6 月 16 日,这显然是编者把该文的发表时间误为写作时间了。实际上,该文末注明了写作时间为 1940 年 4 月。

37　《中共中央西北工作委员会关于抗战中蒙古民族问题提纲》(1940 年 7 月),《民族问题文献汇编(1921. 7—1949. 9)》,第 661—665 页。

38　《国民政府公布绥远省境内蒙古各盟旗地方自治政务委员会组织大纲致文官处训令》(1940 年 3 月 5 日)、《国民政府修正公布绥远省境内蒙古各盟旗地方自治指导长官公署暂行条例》(1940 年 4 月 6 日),中国第二历史档案馆编《中华民国史档案资料汇编》第 5 辑第 2 编·政治(4),江苏古籍出版社 1999 年版,第 54—57 页。

39　参见蒋介石:《中华民族整个共同的责任》(1942 年 8 月 27 日),秦孝仪主编:《先总统蒋公思想言论总集》第 19 卷,国民党中央党史委员会 1984 年版,第216 页;《中国之命运》(1943 年 3 月 10 日),《先总统蒋公思想言论总集》第 4卷,第 1—11 页。

40　陈伯达:《评〈中国之命运〉》(1943 年 7 月 21 日),《民族问题文献汇编(1921. 7—1949. 9)》,第 945—947 页。

41　周恩来：《关于宪政与团结问题》（1944 年 3 月 12 日），《民族问题文献汇编：（1921. 7—1949. 9)》，第 731 页；中共中央文献研究室编：　《周恩来年谱（1898—1949)》修订本，中央文献出版社 1998 年版，第 585 页。

42　毛泽东：《论联合政府》（1945 年 4 月 24 日），《毛泽东选集》，东北书店 1948 年版，第 338—339、313、319—320 页。

43　抗战胜利后，"民族热"这个词在蒙古族人很流行，意即"热心于蒙古民族的事业"。参见刘春：《内蒙工作的回忆》，内蒙古自治区政协文史和学习委员会编：《内蒙古自治政府成立前后》（内蒙古文史资料第 50 辑），1997 年印，第 42 页。

44　1925 年 10 月，内蒙古人民革命党在张家口成立，两名中共党员当选为该党中央执行委员会候补委员。1927 年第一次国共合作破裂后，该党活动逐渐趋于停顿状态。1945 年 8 月 18 日，哈丰阿、博彦满都、特木尔巴根等人在兴安盟王爷庙（今乌兰浩特市）发起、组成了"内蒙古人民解放委员会"，宣布公开恢复内蒙古人民革命党。同月下旬，内蒙古人民革命党召开首次党员会议，组建了内蒙古人民革命党东蒙党部。

45　"内蒙古人民共和国临时政府"于 1945 年 9 月中旬在锡林郭勒盟苏尼特右旗德王府成立；呼伦贝尔自治省政府于 1945 年 10 月 1 日在海拉尔成立。1946 年 8 月初，呼伦贝尔自治省改名为呼伦贝尔地方自治政府，受中共的兴安省政府领导。

46　乌兰夫革命史料编研室编：《乌兰夫回忆录》，中共党史资料出版社 1989 年版，第 212 页。

47　《察哈尔各盟旗近况及察锡两盟的工作经过》（1945 年 10 月 27 日）、《中共晋察冀中央局关于察绥两盟政权问题给中央的报告》（1945 年 11 月 9 日）、《东北抗日联军直辖部队第七师关于内蒙情况向东北局的报告》（1946 年 1 月 29 日），《民族问题文献汇编（1921. 7—1949. 9)》，第 966—967、975、996 页。

48　《中共中央关于内蒙工作方针给晋察冀中央局的指示》（1945 年 10 月 23 日），《民族问题文献汇编（1921. 7—1949. 9)》，第 964 页。

49　实际上，1945 年 10 月 20 日，即外蒙古人民共和国举行公民投票表决是否"独立"的当天，该代表团的部分成员已被送出蒙古人民共和国。

50　《察哈尔各盟旗近况及察锡两盟的工作经过》（1945 年 10 月 27 日）、《关于察盟成立"内蒙古人民共和国临时政府"问题向中央的请示》（1945 年 10 月 27 日），《民族问题文献汇编（1921. 7—1949. 9)》，第 967、972、973 页。

51　《中共晋察冀中央局关于察绥两盟政权问题给中央的报告》（1945 年 11 月 9 日），《民族问题文献汇编（1921.7—1949.9）》，第 975 页；王树盛、郝玉峰 编：《乌兰夫年谱》，中共党史资料出版社 1989 年版，第 134 页。

52　《中共中央关于同意成立内蒙自治运动联合会复晋察冀中央局电》（1945 年 11 月 10 日），《民族问题文献汇编（1921.7—1949.9）》，第 976 页。

53　《绥蒙云泽主席谈内蒙自治等问题》，《晋察冀日报》1945 年 11 月 16 日，第 2 版。

54　《内蒙古自治运动联合会会章》（1945 年 11 月 27 日），《晋察冀日报》1945 年 11 月 29 日，第 1 版。

55　《中共中央关于对蒙族政策问题给林彪、黄克诚、李富春、程子华等同志的指 示》（1945 年 12 月 25 日），《民族问题文献汇编（1921.7—1949.9）》，第 984 页。

56　《中共中央冀热辽分局关于热北蒙古问题的报告》（1946 年 1 月 26 日），《民族 问题文献汇编（1921.7—1949.9）》，第 995 页。

57　《东北抗日联军直辖部队第七师关于内蒙情况向东北局的报告》（1946 年 1 月 29 日），《民族问题文献汇编（1921.7—1949.9）》，第 996—997 页。

58　《东蒙古人民自治政府树立宣言（译文）》（1946 年 1 月 19 日），中国人民政治 协商会议赤峰市委员会文史资料委员会编：《赤峰市文史资料选辑》第 5 辑， 1989 年印，第 276 页。

59　63　《中共中央东北局关于蒙古问题给中央的报告》（1946 年 2 月 20 日），《民 族问题文献汇编（1921.7—1949.9）》，第 1002 页。

60　《胡锡奎关于东蒙问题材料及意见》（1946 年 3 月 3 日），《民族问题文献汇编 （1921.7—1949.9）》，第 1013 页。

61　87　刘春：《内蒙工作的回忆》，《内蒙古自治政府成立前后》（内蒙古文史资料 第 50 辑），第 50、73—75 页；《东蒙古人民自治政府施政纲领（译文）》，《赤峰 市文史资料选辑》第 5 辑，第 278 页。

62　张策、胡昭衡、方知达：《从东蒙自治政府到内蒙古自治政府成立的一些情况》， 《内蒙古自治政府成立前后》（内蒙古文史资料第 50 辑），第 100—101 页。

64　《本党政纲政策案（民国 34 年 5 月 18 日第六次全国代表大会通过）》，《中国国 民党历次代表大会及中央全会资料》上册，第 934 页。

65　《军政部关于德王不宜领导蒙政电》（1945 年 9 月 29 日）、《蒋介石为商研德王
　　陈述内蒙危急状态及拟具措置办法与蒙藏委员会等往来电呈》（1945 年 9、10
　　月），中国第二历史档案馆：《中华民国史档案资料汇编》第五辑第三编·政
　　治（5），江苏古籍出版社 1999 年版，第 87—89 页。

66　《巴文峻报告蒙古各地情形并请公布蒙古自治方案函》（1945 年 10 月 6 日），
　　《中华民国史档案资料汇编》第五辑第三编·政治（5），第 2 页。

67　《马鹤天报告蒙古青年知识分子拟成立蒙古自治邦等情致行政院电》（1945 年
　　12 月 12 日），《中华民国史档案资料汇编》第五辑第三编·政治（5），第 2—
　　3 页。

68　《政治协商会议通过的纲领和协议·关于宪草问题的协议》（1946 年 1 月 25
　　日），《民族问题文献汇编（1921．7—1949．9)》，第 992 页。

70　转引自郝维民：《内蒙古革命史》，第 377 页。

71　《绥蒙指导长官公署关于各旗宣慰情形致蒙藏委员会代电》（1946 年 2 月 15
　　日），《中华民国史档案资料汇编》第五辑第三编·政治（5），第 40 页。

72　《内蒙行动可骇异，成立所谓自治政府，共党代表参加在内》、《所谓"东蒙共
　　和国"蒙古人茫然不知，张厉生谈如此真相》、《东北局势益复杂，"东蒙自治政
　　府"突告出现》，[上海]《民国日报》1946 年 2 月 12 日、22 日第 1 版、[上
　　海]《申报》1946 年 2 月 8 日第 1 版。

73　《中共中央关于内蒙民族问题应取慎重态度的指示电》（1946 年 2 月 18 日），
　　《民族问题文献汇编（1921．7—1949．9)》，第 1000 页。

74　《中共中央关于不宜成立东蒙人民自治政府给东北局的指示》（1946 年 2 月 24
　　日），《民族问题文献汇编（1921．7—1949．9)》，第 1011 页。

75　《关于内蒙自治问题云泽主席发表谈话》，《晋察冀日报》1946 年 2 月 22 日，第
　　3 版。

76　77　《中共中央对东蒙问题的指示》（1946 年 3 月 10 日），《民族问题文献汇编
　　（1921．7—1949．9)》，第 1023、1027 页。

78　《内蒙古自治统一会议主要决议》（1946 年 4 月 3 日），中国社会科学院民族研
　　究所民族问题理论研究室编：《我国民族区域自治文献资料汇编》第 3 辑第 1 分
　　册，第 61—62 页。

79　《西满分局关于成立兴安省政府及人选等问题致中央、东北局的请示电》（1946

年5月20日)、《哈丰阿关于东蒙工作情况给总会的报告》(1946年7月25日),
内蒙古自治区档案馆编:《内蒙古自治运动联合会档案史料选编》,档案出版社
1989年版,第63、87—89页。

80 参见《蒋介石为汇核修正边疆各盟旗地方自治方案致国防最高委员会代电》
(1946年3月23日)、《王宠惠为修正边疆各盟旗地方自治方案致罗良鉴函》
(1946年3月27日),《中华民国史档案资料汇编》第五辑第三编·政治(5),
第6—13页。

81 《内蒙古旅京各团体请彻底实行二中全会对边疆决议案及恢复蒙政会等情宣言》
(1946年10月),《中华民国史档案资料汇编》第五辑第三编·政治(5),第
16—20页。

82 《晋察冀中央局关于内蒙自治问题的意见》(1946年4月),《内蒙古自治运动
联合会档案史料选编》,第58—59页。注:该文件在《民族问题文献汇编
(1921.7—1949.9)》中名称为《中共晋察冀中央局关于蒙古工作的总结》,编
者推断其形成时间在1946年5月以后,本文从《内蒙古自治运动联合会档案史
料选编》的说法。

83 《云泽关于内蒙土地和自治问题给中央的报告》(1946年8月1日),《民族问
题文献汇编(1921.7—1949.9)》,第1058页。

84 《中共辽吉省委关于蒙区工作的意见(摘录)》(1946年9月15日),《民族问
题文献汇编(1921.7—1949.9)》,第1072页;刘春:《内蒙工作的回忆》,
《内蒙古自治政府成立前后》(内蒙古文史资料第50辑),第73—74页。

85 《中共中央西满分局关于确定内蒙自治主张问题的请示》(1946年11月18日),
《民族问题文献汇编(1921.7—1949.9)》,第1082页。

86 《中共中央关于考虑成立内蒙自治政府的指示》(1946年11月26日),《民族
问题文献汇编(1921.7—1949.9)》,第1083页。

88 《冀热辽分局关于成立内蒙自治政府问题的意见》(1946年12月15日),《内
蒙古自治运动联合会档案史料选编》,第143页。

89 《云泽在热北地委扩干会上关于内蒙古自治运动中的几个问题的讲话》(1947
年2月3日),《内蒙古自治运动联合会档案史料选编》,第157、159、161页。

90 《云泽对宪法中关于少数民族问题的意见》(1947年3月17日),《民族问题文
献汇编(1921.7—1949.9)》,第1324页。

91　《中共中央关于内蒙古自治问题的指示》（1947 年 4 月 23 日），《党的文献》
　　1997 年第 2 期，第 40—41 页。

92　《中共中央东北局关于对内蒙自治问题的意见向中央的请示》（1947 年 4 月 1
　　日）、《中共中央关于内蒙古自治问题给东北局的复示》（1947 年 4 月 20 日），
　　《民族问题文献汇编（1921. 7—1949. 9）》，第 1097、1102 页。

93　《当代中国》丛书编辑部编：《当代中国的民族工作》上册，当代中国出版社
　　1993 年版，第 223—224 页。

94　特古斯：《我对"五一大会"的再认识》，《内蒙古自治政府成立前后》（内蒙古
　　文史资料第 50 辑），第 209、209—210 页。

95　98　《内蒙古自治政府施政纲领》（1947 年 4 月 27 日），《民族问题文献汇编
　　（1921. 7—1949. 9）》，第 1111 页。

97　《加速蒋介石大汉族主义的崩溃，内蒙人民代表会议开幕》，《人民日报》1947
　　年 5 月 6 日第 1 版；张平化：《在内蒙古人民代表会议开幕典礼上的祝辞》
　　（1947 年 4 月 23 日），中共湖南省委党史研究室编：《张平化纪念文集》，湖南人
　　民出版社 2007 年版，第 16 页。

99　《内蒙古自治政府云泽主席对读者发表的谈话》（1947 年 5 月 10 日），《民族问
　　题文献汇编（1921. 7—1949. 9）》，第 1327 页。

100　《中国人民解放军宣言》，《人民日报》1947 年 10 月 10 日，第 1 版。

101　高岗：《在内蒙干部会的讲话》（1948 年 8 月 3 日），《东北日报》1948 年 11 月
　　　23 日，第 1 版。

102　毛泽东：《在中共中央政治局会议上的报告和结论》（1948 年 9 月 13 日），中共
　　　中央文献研究室编：《毛泽东文集》第 5 卷，人民出版社 1996 年版，第 145—
　　　146 页。

103　刘少奇：《论国际主义与民族主义》（1948 年 11 月 1 日），解放社编：《国际主
　　　义与民族主义》，新华书店 1949 年版，第 14 页。

104　［俄］安·万多夫斯基著，李颖、杜华译，李玉贞校：《米高扬与毛泽东的秘
　　　密谈判（1949 年 1—2 月）》（下），《党的文献》1996 年第 3 期，第 82 页。

105　［俄］安·万多夫斯基著，李玉贞译：《米高扬与毛泽东的秘密谈判（1949 年
　　　1—2 月）》（中），《党的文献》1996 年第 1 期，第 94 页；沈志华：《从西柏坡
　　　到莫斯科：毛泽东宣布向苏联"一边倒"——关于中苏同盟建立之背景和基础

的再讨论（之二）》，《中共党史研究》2009 年第 4 期，第 17—18 页。

106 转引自沈志华：《从西柏坡到莫斯科：毛泽东宣布向苏联"一边倒"——关于中苏同盟建立之背景和基础的再讨论（之二）》，《中共党史研究》2009 年第 4 期，第 18 页。

107 《斯大林与中共代表团的会谈纪要》（1949 年 6 月 27 日）、《毛泽东给刘少奇转斯大林的电报》（1949 年 7 月 25 日），［俄］A. M. 列多夫斯基著，陈春华、刘存宽等译：《斯大林与中国》，新华出版社 2001 年版，第 100、121 页。

108 《毛泽东给刘少奇转斯大林的电报》（1949 年 7 月 25 日），《斯大林与中国》，第 121 页。

109 《"立群电台"文电选》之"力群关于新疆特区情况给中央的报告"（1949 年 8 月 21 日）、《力群新疆国民党军政当局开会讨论和平起义的一些情况》（1949 年 9 月 2 日），中共中央党史研究室编《中共党史资料》第 36 辑，中共党史资料出版社 1990 年版，第 11、14 页。

111 周恩来：《〈新民主主义的共同纲领〉草案初稿》（1949 年 8 月 22 日），中共中央文献研究室、中央档案馆编：《建国以来周恩来文稿》第 1 册，中央文献出版社 2008 年版，第 296、304 页。

112 周恩来：《对〈中国人民政治协商会议共同纲领〉草案的修改》（1949 年 9 月），《建国以来周恩来文稿》第 1 册，第 366—367 页。

113 周恩来：《关于人民政协的几个问题》（1949 年 9 月 7 日），中国人民解放军国防大学党史党建政工教研室编：《中共党史教学参考资料》第 18 册，1986 年印，第 566 页。

114 中央档案馆编：《中共中央文件选集》第 18 册，中共中央党校出版社 1992 年版，第 595 页。

115 杨静仁、平杰三、李贵、江平、黄铸：《深切怀念我国统一战线和民族工作的著名理论家李维汉同志》，《中国民族》1984 年第 10 期，第 33 页；石光树：《解决中国民族自治的一大悬案——以此怀念李维汉并纪念我国民族区域自治制度确立五十周年》，《民族团结》1999 年第 10 期，第 22—23 页。

116 参见周恩来：《对李维汉跌伤事件处理报告的批语》（1949 年 9 月 2 日）之注释 1、注释 7，《建国以来周恩来文稿》第 1 册，第 337、338 页。

117 《中共中央关于少数民族"自决权"问题给二野前委的指示》（1949 年 10 月 5

日），中共中央文献研究室编：《建国以来重要文献选编》第 1 册，中央文献出版社 1992 年版，第 24 页。

118　《国民参政会四届三次大会通过调整中央边政机构及从速改进盟旗政治案》（1947 年 7 月）、《蒙古各盟旗地方自治方案草案》（1947 年 7 月），《中华民国史档案资料汇编》第五辑第三编·政治（5），第 22—23、25—29 页。

119　《行政院准予成立内蒙自治筹备委员会指令》（1949 年 6 月 30 日），《中华民国史档案资料汇编》第五辑第三编·政治（5），第 34 页。

中国共产党对民族
政策的三次创新（1921—1936）

何作庆（红河学院教授）

何　柱（云南财经大学教师）

　　1921—1936 年期间，尤其是长征途中党和红军离开其所在的革命根据地进行战略转移，不仅经过了广大的汉族地区，而且还经过了桂、黔、滇、川、康、甘等省的苗、瑶、壮、彝、回、羌、藏等十多个少数民族聚居地和杂居区。在少数民族地区的时间和行程，在他们长征的整个时间和全部行程中，都占有相当大的比重。在中国共产党成立九十周年和中国人民解放军建军八十四周年之际，着重探讨长征期间党和红军把马克思主义民族理论与民族实际相结合，立足战略发展高度，如何把民族政策创新逐步与长征、中国革命和抗日救亡运动联系起来。本文依据指导民族政策的总方针的变化及其民族政策及其工作实践，把长征期间红军长征的民族政策划分为三个阶段。作者从历史进程对党和红军长征前期、长征中期、长征后期民族政策的三次创新进行探讨，这对总结历史经验教训，对当前探索和处理好我国新的民族工作，有着重要的理论意义和现实意义。

一、长征初期中国共产党对民族政策的首次创新

　　长征初期中国共产党的民族政策首次创新是指 1934 年 10 月红一方面军开始长征到 1935 年 6 月红一与红四方面军会师懋功，党和红军的民族政策首次创新的标志是把民族政策与长征相联系起来。长征初期党和红军与沿途的少数民族接触日益扩大、深化，为团结各民族共同对敌，顺利完成战略转移，在确定战略方针时，都把争取"少数民族"作为一项突出的内容并充分认识到民族问题的重要性。在长征初期红军的民族工作实践中，他们遵循马克思主义有关民族问题的基本原理，针对沿途不同的少数民族制定和宣传了党的民族政策，把民族问题与长征联系起来，党和红军的民族政策创新迈入新的阶段。

　　1922 年 7 月，中共"二大"发布的《中国共产党第二次全国代表大会宣言》及大会《关于国际帝国主义与中国和中国共产党的决议案》中，最早提出了解决国内民族问题的基本主张。1931 年 11 月，中国工农兵苏维埃第一次全国代表大会通过的《关于中国境内少数民族问题的决议案》较为系统完整地阐明了党和苏维埃政府关于少数民族问题的基本主张。上述主要文献以及同一历史时期党和苏维埃政府发布的有关少数民族问题的决议、指示、口号和文告，反映了红军长征以前，党对少数民族问题的基本主张，其主要内容有：第一，反对民族压迫，主张民族平等；第二，指出了中国各民族人民翻身解放的必由之路：在各族人民根本利益的忠实代表中国共产党领导下进行革命斗争；第三，为使全国各少数民族平等联合，初步提出了解决国内民族问题的方式是实行民族自决自治的联邦制思想，同时，注意培养和

提拔各少数民族的干部；第四，强调建立国际国内民族民主联合战线的必要性；第五，帮助各少数民族人民发展生产，促进其社会进步；第六，尊重少数民族的风俗习惯和语言文字；第七，绝对实行政教分离、信仰自由的原则。

1934 年底，红一方面军途经壮、苗、瑶、侗、彝、藏等民族聚居区时，总政治部先后发布了《关于苗瑶民族中工作原则指示》、《关于注意争取夷民的工作》、《告康藏西番民众书》等一系列指示、训令、公告、文章等文献，尤其是《关于争取少数民族的指示》明确指示："争取少数民族问题……对于实现我们的战略任务有决定意义。"夏曦、贺龙、关向应领导的红三军建立的黔东苏区是苗族、侗族、土家族等少数民族和汉族杂居地区，湘鄂西中央分局和红三军开展了少数民族工作，黔东特区工农兵苏维埃"一大"通过了《关于苗族问题的决议》；1935 年 4 月，红四方面军为迎接红一方面军北上川西地区，向西进军到达川西的汉、羌、回、藏等民族杂居地区的途中，相继发布了《中国工农红军西北军区政治部对番夷少数民族委员会布告》、《中国工农红军西北军区政治部：少数民族工作须知》等文献，红军各部队根据文件精神在各自发布和张贴的文告、传单和标语中，针对沿途不同少数民族制定宣传和实施了一系列民族政策，上述一系列文献，明确宣布了红军与长征相联系的民族政策主张，其主要内容有：提倡各民族政治、经济一律平等，尤其强调汉、回、番、藏、苗夷一律平等；尊重各民族的风俗习惯和宗教信仰自由，政教分离，不准伤害少数民族的宗教感情；根据民族自决原则，主张实行民族自治；开展土地革命，没收地主阶级的土地财产、粮食、衣服、茶叶、布匹、牛羊，分给穷人和回番蒙藏苗夷民众，少打不打少数民族中的土豪或富裕分子，与少数民族结成联盟，反对军阀，国民党政府和帝国主义；中国共产党是解放少数民族的唯一政党，红军是解放少数民族的唯一军队；争取军阀部队中的少数民族士兵加入红军；帮助少数民族建立自己的武装，欢迎少数民族兄弟加入红军；帮助少数民族发展文化，建立少数民族的学校，用少数民族的语言教学；培养从事少数民族工作的干部。同时，根据少数民族地区"地瘠民贫"，经济极不发达，耕牛是主要役力，"视牛如命"的情况，规定绝对不准宰杀耕牛，杜绝一切侵犯群众利益的行为。

从总体上看，1921 年 7 月—1927 年期间，党向苏联学习和借鉴解决其国内民族问题的理论和政策，初步提出了党对少数民族问题的基本主张；红军长征以前，尤其是长征途中的初期阶段中国共产党的民族政策是以土地革命和武装反抗国民党军阀的总方针为指导的。1927—1934 年党早期向苏联学习和借鉴解决其国内民族问题的理论和政策，并依据马列主义的一般原理，结合自己的见解，提出了解决国内少数民族问题的基本主张，虽然其基本方面是正确的，但也存在着不少"左"的倾向，处于宣传的层面，尚未进入具体实践阶段。同时，党和红军对自然条件极其恶劣，社会发展相对落后，民族关系紧张复杂，有着民族解放要求的少数民族地区的各个少数民族认识不深。因此，长征中红军基本遵循党在长征前制定的民族理论和民族政策，部分开展了民族工作，并与长征联系起来，大多从长征的策略需要来考虑少数民族问题，逐渐产生了以"先生存、后发展"为主导的民族政策，其民族政策首次在长征沿途的西部民族农村地区经历了准备不足——调整适应——与红军长征相联系的民族政策的发展过程，主要侧重于宣传的层面；虽有实行下层民族统一战线和帮助少数民族建立苏维埃政府的设想，但因阶级斗争激烈，大都没有具体实践；红军给养的筹集，主要靠打土豪分田地获取，其中包括了少数民族的部分上层人士；地方工作队（部）对少数民族的调查研究除部分红军提前进行外，其他各军未能全面、系统、深入展开，民族政策一度滞后于行动；制定和实施的民族政策主要处于宣传的层面上，缺乏操作层面的相关的详细规定，不易操作……这些为以后党和红军制定民族工作基本方针和政策提供了宝贵的经验教训。

二、长征中期中国共产党对民族政策的二次创新

长征中期中国共产党的民族政策再次创新是指 1935 年 6 月红一与红四方面军会师懋功到 1935 年 12 月 "瓦窑堡会议" 为止，党和红军的民族政策再次创新的标志是把民族政策与中国革命相联系起来。党把对少数民族工作的领导和民族工作的重要性提高到中国革命全局的高度来认识，民族政策取得新的发展。

1935 年 6 月，红一方面军和红四方面军会师懋功藏族地区后，彼此相互交流了民族工作经验，中国共产党初步总结了长征初期民族政策的得失，发布了《告康藏西番民众书——进行西藏民族革命运动的斗争纲领》，初步提出了中国共产党领导康藏人民进行革命斗争的纲领，重申了党的民族自决原则和宗教信仰自由政策，从而为为滞留川西北民族地区期间，较为有系统地开展民族工作提供了初步的指导方针。

1935 年 8 月，在毛儿盖举行的 "沙窝会议"，党把民族问题列为七大议题之一，对长征以来的民族工作进行了系统的交流和总结，会议通过了《关于一四方面军会合后的政治形势与任务的决议》，阐明了党对民族工作的新认识和工作方针政策，把党

的民族工作的重要性提高到了关系革命全局成败的关键地位。从决议中可以看出，红军依据民族实际对民族政策作了调整，对民族问题的基本主张，与长征前相比没有多大变化，但在一些具体政策方面有了发展，更加符合少数民族地区的实际情况了，体现在：第一，指出了红军活动于民族地区，必须争取少数民族人民的支援，"争取少数民族在中国共产党与中华苏维埃领导之下，对中国革命胜利前途有决定性的意义"。把党对少数民族工作的领导和民族工作的重要性提高到一个事关革命全局的全新的高度来认识；第二，在党和红军帮助少数民族组织革命政权的形式问题上，强调必须考虑不同地区不同民族的特殊性，应依据各民族阶级分化和阶级斗争发展程度来决定，指出："一般地组织工农民主专政的苏维埃是不适当的"；第三，因回、藏民族全民信仰宗教的问题，提出了保护喇嘛寺、清真寺，保护经书佛像，实行政教分离原则，尊重各民族的宗教感情、信教自由等，使党的宗教政策更加具体全面，同时把宗教问题与民族问题相联系，这对于争取藏、回民族对党和红军的支持具有重要作用；第四，提出了建立下层统一战线的可能性，即联合小喇嘛、小土司、土官联合战线反对国民党军阀，有利于通过他们争取更多的群众支持红军；第五，大力培养和使用少数民族干部，提出"必须挑选一部分优良的番民给予阶级的与民族的教育，以造就他们自己的干部"，从而使从事民族工作的干部构成逐步合理，素质不断提高，有效地提高工作水平和能力。

1935 年 9 月以后，红四方面军南下川西康北藏族地区后，进一步深化了以土地革命和武装反抗国民党统治总方针指导下的民族政策，全力贯彻执行了"沙窝会议"关于民族问题的决议，在区域性的民族政策的全面性、系统性、具体性方面进行了艰辛的探索和突破创新，初步建立了一套民族区域自治政策体系和民族工作组织框架。1935 年 11 月建立的格勒得沙政权和波巴政权是苏维埃政府所属之下的民族区域自治的政权的雏形。红二、六军团政治机关在长征中编印的《战士读本》进一步细化了党的民族政策。

从总体上看，长征中期中国共产党的民族政策是以土地革命和武装反抗国民党军阀的总方针主导下的"革命"发展观为指导的，因此，红军遵循了党的会议和决议中关于民族问题的决议，注意了民族工作，立足于国内，从战略高度把少数民族问题与长征相联系上升到中国革命的范围内来考虑，达到了新的理论高度。红四方面军在民族政策的实施过程中，建立了民族工作机构，在总部、军、师等各级政治部下设民族委员会（组），配备了人员，提前展开了对即将进军的民族地区的调查工作，制定了详细的民族政策条文。随着红军对民族理论理解的不断深化，对民族地区实际情况的了解不断深入和对环境变化的应变方式日益灵活，红军既注重民族理论的宣传，又在有关土地政策、政权建设、武装组织、宗教政策、下层民族统一战线、尊重民族风俗习惯等方面有了进一步的规定，特别是中央政府下属的格勒得沙政权和波巴政权及豫海县回民自治政府等初步具备了民族区域自治政权的雏形，有利于指导民族工作，实行下层民族统一战线。红二、四方面军偏重于寻求在民族地区站住脚跟，把理论与现实、历史与现实联系起来，在与民族政策相关的土地政策、政权建设、武装组织、统一战线、宗教政策、少数民族干部的培养和使用等方面贯穿了逐步过渡的思想。

三、长征后期中国共产党对民族政策的再次创新

长征后期中国共产党的民族政策再次创新是 1935 年 12 月"瓦窑堡会议"至 1936 年 10 月红二、四方面军与红一方面军会师陕甘，党的民族政策再次创新的标志是把民族问题和抗日救亡运动联系起来，民族政策跨越新高度。

民族政策在革命的各个不同发展阶段上，具有和各个历史阶段革命性质相适应的各种不同的任务，因此，随着革命形势变化，党在民族问题上的总指导方针也应随之改变。"瓦窑堡会议"进行中，党和红一方面军于 12 月 10 日发表了《对内蒙古人民宣言》，向内蒙古人民提出建立抗日反蒋联盟的建议。这样，瓦窑堡会议使第一方面军及时地不失时机地提出了抗日救亡的民族政策，从而跨越了统一战线的新高度，把党的民族政策与抗日救亡运动联系起来，在新的历史时期到来之时掌握政治上的主动权。党中央向红二、四方面军电告的"瓦窑堡会议"的决议要点后，两军开始从土地革命和武装反抗国民党统治的总方针指导下的民族政策转向土地革命和抗日救亡运动双重方针指导下的民族政策转变。1936 年 1 月 28 日，依据"瓦窑堡会议"精神和林育英电告的共产国际"七大"的新战略，红四方面军在芦山县召开了活动分子大会，提出了建立抗日民族统一战线的新的策略路线，并要求红军各部队和地方党委在实际工作中加以贯彻执行。1936 年 2 月，红军协助金川省地方党组织召开了第一次全省党员代表大会，并于 2 月 7 日通过了《关于目前政治形势和金川党的任务决议》，决议指出：在日本帝国主义进一步侵略华北，蒋介石卖国投降，中华民族危亡加深的情况下，红军的策略

路线是："不论什么人，什么派别，什么武装队伍，什么阶级，只要是去反抗日本帝国主义和蒋介石，都应该联合起来，开展民族战争"，组织"抗日救国政府和抗日联军"。决议要求金川党的主要任务是"根据上级党新的策略路线，具体运用到少数民族中去，利用各种机会争取扩大番、回群众在抗日反蒋战线的密切联盟"。并认为 1935 年 11 月建立的格勒得沙政权是联系群众进行抗日反蒋的基本力量。2 月 14 日金川党代会作出了《关于民族工作的决议》，认为党和红军建立抗日民族统一战线的新策略路线"是非常正确的"，"要把自己政策的许多部分改变更适合与准备对日直接作战。"其政策改变的主要方面有：第一，改变对富农的土地除封建剥削部分外，不论自耕或租给别人耕种的均不没收，以中立富农。第二，为了很快对日本作战，为了争取无产阶级在统一战线中的领导权，党和苏维埃——与少数民族建立共同联盟。第三，在抗日反蒋的基础上，对少数民族上层采取宽大政策，只要赞同抗日反蒋，不论什么阶级，什么宗教，什么民族，什么军队都可以联合，"要把自己政策的某些部分改变到更适合于发展组织与团结这一抗日反蒋的密切联盟"。在具体政策上规定，给大小头人，喇嘛以选举权，"根据地的大头人，大喇嘛的财产不没收，并允许他们与百姓平分土地，以联合他们"。在 1936 年 1 月 19 日的石阡会议上，任弼时向红二、六军团有关领导人传达了党中央"瓦窑堡会议"精神，红二方面军开始从土地革命和武装反抗国民党统治的总方针指导下的民族政策转向土地革命和抗日救亡运动双重方针指导下的民族政策转变。在红二、六军团北上途经藏族地区时，红二、六军团政治机关编印的《战士读本》提出："要努力争取番民群众，巩固番民和红军的亲密关系，不要伤害番民的风俗习惯和宗教感情，坚决反对大汉族主义，反对轻视番民"。在藏区民族工作实践中，红军不住民房，不进经堂，不进寺庙，不侵犯僧侣利益，保障宗教信仰自由，爱护藏胞牲畜、庄稼。

综上所述，长征后期中国共产党首次在长征沿途的西部民族农村地区贯彻了党中央的"瓦窑堡会议"的决议要点主导的"抗日救亡"的发展观，传达了于目前形势和党的策略路线决议案的主要内容，调整了总政策，立足于国际视野，制定和完善了顺应抗日救亡潮流的民族政策，实行上层民族统一战线，因而在未来的政治斗争中为我党我军掌握主动权奠定了基础。同时，在深化沙窝会议决议和转向抗日民族统一战线下的具体民族政策方面进行了全面、系统、深入的探讨。

总之，从上述中国共产党首次在西部农村地区——长征途中三个阶段民族政策的创新历程中，我们可以看出中国共产党立足于战略高度把马列主义民族理论与长征沿途西部农村地区的民族实际相结合，使民族问题逐步与长征、中国革命、抗日救亡运动联系起来。长征前期、长征中期和长征后期三个阶段的民族政策相互联系，既是一个由理论原则到具体实践，再由具体实践到理论原则的发展过程，又是由抽象到具体，再由具体到抽象的创新过程。在一定意义上，1921—1936 年期间，尤其是长征途中中国共产党的民族政策是一步一步地丰富和完善起来的，它既是对探索中正确经验的继承、发展和创新，又是对探索中的失误和教训的纠正、借鉴和创新。

本文是 [基金项目] 国家社会科学基金项目资助（06XMZ038）。

本文参考文献

1 《红军长征在四川》，四川社会科学出版社 1981 年版。

2　中共中央统战部：《民族问题文献汇编 1921.7—1949.9》，中共中央党校出版社
　　1991 年版。

3　中央档案馆：《中共中央文件选集》第十册，中共中央党校出版社 1992 年版。

4　周锡银：《红军长征时期党的民族政策》，四川人民出版社 1985 年版。

5　中共甘孜州党史研究室：《红军长征在甘孜藏区》，科技大学出版社 1993 年版。

6　《回顾长征》，人民出版社 1985 年版。

7　中共贵州省委党史研究室、贵州省民族事务委员会：《红军长征与党的民族政
　　策》，贵州民族出版社 1993 年版。

8　中国工农红军第四方面军战史编辑委员会：《中国工农红军第四方面军战史》，解
　　放军出版社 1991 年版。

9　何作庆：《红军长征时期民族政策比较研究》，云南民族出版社 2006 年版。

新中国成立初期毛泽东的
民族思想及其现实意义

吴宏亮（郑州大学历史学院教授）

谢晓鹏（郑州大学历史学院副教授）

张新强（郑州大学历史学院研究生）

新中国成立初期毛泽东的民族思想是毛泽东思想的有机组成部分，是中国共产党在处理汉族与少数民族关系问题上探索的结晶，对于处理少数民族解放问题、少数民族地区改革问题和政权建设问题有重要的理论指导意义。新中国成立初期毛泽东的民族思想集中体现在1949至1957年间他给西北军政领导的电报、给入藏部队的指示和一系列重要的讲话中。毛泽东的民族思想以民族平等、民族团结为基点，以民族区域自治、尊重少数民族宗教信仰为核心，以推进民族地区改革和政权建设及促进少数民族地区繁荣稳定为目的，集中表达了中国共产党对于少数民族和边疆地区的政策取向。

一、新中国成立初期毛泽东民族思想的渊源

（一）马克思主义民族理论是其主要的理论源泉

马克思、恩格斯是伟大的无产阶级革命导师，他们在创立科

学社会主义学说的同时，对民族理论有过许多精辟的阐述，主要包括：确立无产阶级民族观，提出了民族平等主张；揭示了民族产生的经济社会根源，强调生产力的决定作用；将民族解放问题和阶级斗争问题联系在一起，指出了解决民族问题的道路是无产阶级通过革命斗争的方式摧毁产生民族压迫的社会基础。[1]列宁和斯大林在领导俄国（苏联）人民进行社会主义革命和建设的过程中，对于民族问题给予了深切的关注，特别是他们关于民族和殖民地问题的完整论述丰富了马克思主义民族理论。列宁认为，帝国主义时代的民族问题是世界无产阶级革命总问题的一部分，消除民族压迫必须首先消除阶级压迫，应当区分压迫民族和被压迫民族，实行民族平等和民族自决。另外，列宁关于民族发展、民族接近和民族融合的论述也为马克思主义民族理论做出了贡献。"斯大林在《马克思主义和民族问题》（1912—1913）、《民族问题和列宁主义》（1929）等著作中，进一步提出了关于民族概念、民族问题发展的三个时期、消除民族间事实上的不平等、发展民族形式和社会主义内容的民族文化、建立国际反帝统一战线的思想和原理"[2]。这些民族理论和思想对毛泽东处理中国民族问题产生了直接影响，并成为其民族思想的主要理论源泉。

毛泽东在领导中国革命和建设的过程中，充分运用马克思主义民族理论，提出了一系列关于民族平等、民族团结、民族区域自治等民族思想。当然，毛泽东运用马克思主义民族理论解决中国民族问题，并不是一味地照抄照搬苏联等国的经验。实际上，苏联在处理俄罗斯民族与其他少数民族关系问题上所表现出的"大民族主义"与列宁、斯大林的民族理论格格不入。对此，毛泽东在《论十大关系》中告诫中国的党员干部："我们要诚心诚意地积极帮助少数民族发展经济建设和文化建设。在苏联，俄罗斯民族同少数民族的关系很不正常，我们应当接受这个教训。"[3]
可见，毛泽东是在吸取苏联教训的基础上，实事求是地运用马克
思主义民族理论解决中国的实际问题。

（二）中国传统民族思想是其重要的思想基础

中国传统民族思想主要是由中国古代经济社会的发展所决定
的，在一定的时期反映中国各民族之间关系的一系列论断和观点
的总称。贯穿中国传统民族思想的一条主线是"夷夏之辨"，
"夏"主要指以中原地区为常住地的民族，"夷"则是居住在中
原地区周围的少数民族的统称。

先秦时期，就有夏夷分别，东夷、西戎、南蛮、北狄是对中
原地区周边少数民族的贱称。春秋战国时期，民族交往日益增
多，夷夏有别、贵夏贱夷、尊王攘夷思想盛行，同时，四海一家
及化夷为夏的思想也较为流行。到两汉时期，"大一统"思想盛
行，主张夷夏一家和"溥天之下，莫非王土，率土之滨，莫非
王臣"的思想占据主流。魏晋南北朝时期，少数民族争相挑战
中原政权，一些少数民族的首领通过武力和汉化来证明自己的正
统地位，中原文明像一个熔炉一样，将周围少数民族吸引过来并
加以汉化，汉文化的感染力和凝合力日渐增强。到隋唐时期，中
国传统民族思想以"华夷一家"的民族整合思想为主流，中原
君主大多视少数民族为一家，中国传统民族思想日趋完善。至宋
元明清时期，中国传统民族思想以"中国一统"为主流，"华夷
之辨"被"华夏一家"所代替。至此，中国传统的以"大一统"
为基础，以"因俗而治"、"华夷一家"等为主要内容的民族思
想完全成熟。

毛泽东深受中国传统文化熏陶，其生活的时代正是中国传统

民族思想向近代民族思想转型的时代，由于帝国主义列强的入侵和中国封建主义势力的没落，中国传统民族思想发生了很大的变化，民族矛盾上升为社会主要矛盾，此时的民族矛盾主要是外国列强与中华民族的矛盾，越是民族危亡的时刻，民族就越团结。毛泽东合理地吸收了中国传统民族思想中"大一统"和民族团结的观念，同时将马克思主义民族理论适时地中国化，逐渐形成了民族平等、民族团结、国家统一等思想。正是在这一思想的指导下，中国共产党人带领全国各族人民，结成了抗日民族统一战线，战胜了日本帝国主义，后又推翻了国民党的反动统治，建立了民族独立、民主自由的新中国。

（三）孙中山的民族思想对其产生了直接影响

孙中山是中国民主革命的先行者，是三民主义的创始人，而民族主义是三民主义的前提和基础。民族主义的最初含义是"驱除鞑虏、恢复中华"，意即推翻满洲贵族的统治，恢复汉族政权，这说明孙中山在革命早期存在着"夷夏对立"的狭隘民族思想。辛亥革命推翻满清政权以后，孙中山的民族思想逐渐演变成"五族共和"思想。1912 年，他在《中华民国临时大总统宣言书》中宣告："国家之本，在于人民。合汉、满、蒙、回、藏诸地为一国，即合汉、满、蒙、回、藏诸族为一人，是曰民族之统一。"[4]但是，历史的发展并不是一帆风顺的，在经历了"讨袁"、"护国"、"护法"等一系列革命运动后，孙中山逐渐认识到中国祸乱的根本是军阀和帝国主义。为打倒军阀和帝国主义，他主张"中国民族自求解放"、"中国境内各民族一律平等"及"联合世界上以平等待我之民族"。孙中山的这些民族思想对毛泽东的民族思想产生了直接的影响。

毛泽东在《论人民民主专政》中指出，中国共产党"积二十八年的经验，如同孙中山在其临终遗嘱里所说'积四十年之经验'一样，得到了一个相同的结论，即是：深知欲达到胜利，'必须唤起民众，及联合世界上以平等待我之民族，共同奋斗'。孙中山和我们具有各不相同的宇宙观，从不同的阶级立场出发去观察和处理问题，但在二十世纪二十年代，在怎样和帝国主义作斗争的问题上，却和我们达到了这样一个基本上一致的结论"[5]。毛泽东在领导新民主主义革命的过程中，合理地吸收了孙中山的民族思想，团结国内各民族，"联合世界上以平等待我之民族"，共同致力于中华民族的解放事业和建设事业。

二、新中国成立初期毛泽东民族思想的主要内容

（一）主张民族平等和民族团结

民族平等是处理民族关系是基本原则。在我国，汉族是中华民族的主体，少数民族是中华民族的有机组成部分，正如毛泽东所说，"中国地大物博，人口众多，实际上是汉族'人口众多'，少数民族'地大物博'"[6]。因此，处理少数民族问题，必须从中国的实际出发，以平等的态度来对待少数民族。1949年10月21日，毛泽东在《关于解放军进入新疆的短评给胡乔木的信》中强调，关于人民解放军入新消息及评论，不要有"占领"字样，均称"到达"某地[7]。这表明毛泽东在对待少数民族问题上照顾民族感情，以平等的态度而不是以对敌态度对待少数民族。

1950年6月，毛泽东在中共七届三中全会上讲话指出："团结少数民族很重要。全国少数民族大约有三千万人。少数民族地

区的社会改革，是一件重大的事情，必须谨慎对待……按照共同
纲领的规定，少数民族地区的风俗习惯是可以改革的。但是，这
种改革必须由少数民族自己来解决。没有群众条件，没有人民武
装，没有少数民族自己的干部，就不要进行任何带群众性的改革
工作。我们一定要帮助少数民族训练自己的干部，团结少数民族
的广大群众。"[8]总之，在毛泽东看来，处理民族问题只能在平等
的基础上，通过循序渐进的方式，依靠少数民族地区人民群众的
力量来推进少数民族地区的社会改革。

西北地区是我国少数民族比较集中的地区，在抗美援朝战争
期间，西北各民族积极行动起来，大力支持抗美援朝斗争。为
此，1951 年 12 月 12 日，毛泽东在给西北各族人民抗美援朝代
表会议的复电中指出："过去一年多以来，西北区各族人民在抗
美援朝的爱国斗争中，作了很大的努力……你们的这次代表会
议，决定进一步团结各族人民，增加生产，厉行节约，开展爱国
主义的宣传教育工作，以支持中国人民志愿军，这是很好的。帝
国主义过去敢于欺负中国的原因之一，是中国各民族不团结，但
是这个时代已经永远过去了，从中华人民共和国成立的那一天
起，中国各民族就开始团结成为友爱合作的大家庭，足以战胜任
何帝国主义的侵略，并且把我们的祖国建设成为繁荣强盛的国
家。"[9]由此可见，毛泽东高度重视民族团结，把民族团结视为反
对帝国主义侵略的重要力量。

在重视民族平等、民族团结的同时，毛泽东深刻地批评了
"大汉族主义"。1953 年 3 月 16 日，他在为中共中央起草的党内
指示中指出："必须深刻批评我们党内在很多党员和干部中存在
着的严重的大汉族主义思想，即地主阶级和资产阶级在民族关系
上表现出来的反动思想……凡有少数民族存在的地方，都要派出

懂民族政策、对于仍然被歧视受痛苦的少数民族同胞怀抱着满腔同情心的同志"。同时，毛泽东深入分析了"大汉族主义"产生的根源，认为之所以存在严重的大汉族主义问题，是因为"资产阶级思想统治着这些同志和人民而尚未获得马克思主义教育，尚未学好中央民族政策的问题"，所以必须认真地给予教育。毛泽东还建议"在报纸上根据事实，多写文章，进行公开的批判，教育党员和人民"。[10]

（二）坚持民族区域自治

民族区域自治是我国关于民族地区政权建设的基本原则，也是我国基本的政治制度之一。少数民族大多聚居于中国边疆地区，自然环境复杂，民族认同感较强，宗教信仰统一，与内陆地区有着明显的区别；同时，少数民族聚居地区又是中华人民共和国领土不可分割的部分，这就决定了我们在处理民族地区政权建设问题上必须采用民族区域自治的方针。少数民族地区人民是推进民族地区政治经济改革，实现从封建社会或者奴隶社会过渡到新民主主义社会，渐次达到社会主义社会的基本依靠力量。在解放新疆的过程中，毛泽东高度重视民族军的作用。在 1949 年 10 月 23 日《中央关于新疆问题给彭德怀的电报》中，毛泽东认为："民族军是较有训练的维吾尔族的人民军队，在过去数年中以自己的革命行动钳制了国民党反动军队十万人，对于中国革命起了相当大的配合作用。"他强调指出："人民解放军只有和维吾尔族（以及其他各族）建立兄弟般的关系，才有可能建设人民民主的新疆。因此，一万四千人的民族军，应使之和人民解放军一道，分布全疆各地，作为人民解放军联系维吾尔族，吉尔吉斯族，蒙古族等民族的桥梁，进行民众工作，建立人民政权，建立地方武装和建立党的组织。"[11]毛泽东抓住民族军这一联系人民解放军和少数民族的纽带，以共同的理想和目标引领少数民族地区人民推翻当地国民党政权，建立人民民主政权，进而实现民族区域自治。

内蒙古自治区是我国第一个民族区域自治地方政府，在其建立过程，中共中央对内蒙古地方革命势力的说服和引导，集中体现了党的民族区域自治原则。1947年3月23日，中共中央《关于内蒙古自治问题的指示》指出，内蒙民族自治政府与中国的关系应是"内蒙自治政府非独立政府，它承认内蒙民族自治区仍属中国版图，并愿为中国真正民主联合政府之一部分"[12]。1947年5月1日，内蒙古自治区成立。5月19日，毛泽东主席和朱德总司令复电内蒙人民代表大会，指出："曾经饱受困难的内蒙同胞，在你们领导之下，正在开始创造自由光明的新历史。我们相信：蒙古民族将与汉族和国内其他民族亲密团结，为着扫除民族压迫与封建压迫，建设新蒙古与新中国而奋斗。"[13]内蒙古自治区的建立为我国解决国内民族问题提供了重要的实践经验，它丰富了毛泽东的民族思想，对后来少数民族地区政权建设具有重要的参照意义。

1950年9月16日，毛泽东在《关于区域自治问题的批语》中强调："区域自治问题，牵涉很广，有西藏、青海、宁夏、新疆、甘肃、西康、云南、广西、贵州、海南、湘西等处，有的须成立内蒙那样的大区域政府，有的须成立包括几个县的小区域政府，有的是一个县或一个区的政府，疆域划分，人员配备，政策指导，问题甚多，须加统筹。"[14]1951年2月28日，毛泽东在为中共中央起草的党内通报——《中共中央政治局扩大会议决议要点》中指示："认真在各少数民族中进行工作，推行区域自治和训练少数民族自己的干部是两项中心工作。"[15]这些思想为我国民族区域自治制度的形成奠定了重要的理论基础。

（三）重视选拔和培养少数民族干部

少数民族干部是中国共产党在少数民族地区开展工作的主体力量，若没有大量的少数民族干部参与，而单纯依靠政治力量来强力推行少数民族地区改革和建设是难以成功的。毛泽东高度重视少数民族干部的选拔和培养工作，并为此做出了许多重要指示。

新中国成立初期，原国民党政府西北军政长官公署长官马步芳余党在青海许多地方煽动群众叛乱，对我青海政权建设造成了巨大威胁。针对这种情况，1949年11月14日，毛泽东在给彭德怀和西北局的电报中指出，青海"省委地委县委集中注意做艰苦的群众工作，在一切工作中坚持民族平等和民族团结政策外，各级政权机构均应按民族人口多少，分配名额，大量吸收回族及其他少数民族能够和我们合作的人参加政府工作。在目前时期应一律组织联合政府，即统一战线政府。在这种合作中大批培养少数民族干部。此外，青海、甘肃、新疆、宁夏、陕西各省省委及一切有少数民族存在地方的地委，都应开办少数民族干部训练班，或干部训练学校……要彻底解决民族问题，完全孤立民族反动派，没有大批从少数民族出身的共产主义干部，是不可能的。"[16]11月23日，他在《关于解放西藏问题给彭德怀的电报》中也指出：目前除争取班禅及其集团给予其政治改造（适当地）及生活照顾外，训练藏民干部极为重要。[17]1950年1月2日，毛泽东在《关于由西南局筹划进军及经营西藏问题的电报》中指示，解放西藏的目的是要将其改造为"人民民主的西藏"；他还为西南局做好入藏工作准备提出了几条建议，其中包括"收集藏民，训练干部"。[18]

除积极培养和训练少数民族干部外，毛泽东还表示不排除吸收少数民族地区上层统治阶级参加政权建设，1950 年 8 月 30 日，毛泽东在《关于从班禅集团选择适当人员参加西北军政委员会工作的电报》中指出，"就班禅集团内选择适当人员参加西北军政委员会工作是需要的"[19]。正是由于依靠少数民族广大群众，积极培养和训练少数民族干部，才有了后来少数民族地区各项社会改革的顺利实施。

（四）尊重少数民族宗教信仰自由

1950 年 5 月 27 日，由中共中央西南局草拟，后经毛泽东及中共中央同意的与西藏谈判的十项条件，集中体现了新中国成立初期毛泽东的边疆民族思想。其中规定："实行西藏民族区域自治"；"西藏现行各种政治制度，维持原状，概不变更"；"实行宗教自由，保护喇嘛寺庙，尊重西藏人民的宗教信仰和风俗习惯"；"发展西藏民族的语言、文字和学校教育"；"有关西藏的各项改革事宜，完全根据西藏人民的意志，由西藏人民及西藏领导人员采取协商方式解决"[20]。这充分说明了中央尊重少数民族宗教信仰自由，注意维护少数民族感情。

1951 年 5 月 23 日，中央人民政府和西藏地方政府《关于和平解放西藏办法的协议》中规定："有关西藏的各项改革事宜，中央不加强迫。西藏地方政府应自动进行改革，人民提出改革要求时，得采取与西藏领导人员协商的方法解决之。"5 月 26 日，毛泽东在审阅《人民日报》社论《拥护关于和平解放西藏办法的协议》草稿时指出，协议中的政策"不但对西藏是如此，对国内一切占少数的兄弟民族都是如此。因为政治、经济、文化、宗教等项固有制度的改革以及风俗习惯的改革，如果不是出于各民族人民以及和人民有联系的领袖们自觉自愿地去进行，而由中

央人民政府下命令强迫地去进行，而由汉族或他族人民中出身的
工作人员生硬地强制去进行，那就只会引起民族反感，达不到改
革的目的。"他进而指出，协议中不但规定对宗教应予尊重，对
寺庙应予保护，而且对达赖喇嘛和班禅额尔德尼两位藏族人民领
袖的地位和职权也应予以尊重。这不但是为和解藏族内部过去不
和睦的双方，也为使国内各民族对藏族领袖引起必要的尊重。毛
泽东还强调：一切进入西藏地区的部队和地方工作人员必须恪守
民族政策和宗教政策，必须恪守《关于和平解放西藏办法的协
议》，"必须严守纪律，必须实行公平的即完全按照等价交换原
则去进行的贸易，必须防止和纠正大民族主义倾向"；西藏地方
政府和西藏人民对不守纪律的部队和工作人员有批评的权利和向
上级人民政府和中央人民政府反映和报告的权利，这一原则
"不但对藏族是如此，对一切兄弟民族都是如此"。[21]

　　总之，民族平等和民族团结、民族区域自治、选拔和培养少
数民族干部、尊重少数民族宗教信仰自由等思想，一起构成了新
中国成立初期毛泽东的民族思想。这一思想不仅在当时处理民族
问题上具有重要的理论指导意义，而且在目前对于维护民族地区
发展稳定、构建社会主义和谐社会有重要的现实意义。

三、新中国成立初期毛泽东民族思想的现实意义

　　（一）经济方面：发展少数民族地区经济，促进少
数民族地区开发

　　我国现在正处于并将长期处于社会主义初级阶段，发展是解
决前进中问题的关键，少数民族地区也是如此。新中国成立初

期，毛泽东之所以强调对少数民族地区要进行政治、经济和社会改革，是因为只有通过变革落后的生产方式，才能为经济的发展奠定稳定的社会基础。改革开放以来，我国经济社会飞速发展，但同时，中西部地区与东部地区的差距也进一步扩大，中西部少数民族聚居地区由于自然条件相对恶劣，土地、交通、技术等条件相对于东部地区较差，在市场经济的大潮中，一直落后于东部地区的发展水平。我们正在建设的小康社会，是全国范围内的包括 56 个民族共同富裕的生活小康，并不是个别地区的高水平小康。所以，必须坚持毛泽东的民族思想，以民族团结、民族平等和各民族共同繁荣为基本原则，大力发展少数民族地区经济社会文化事业。

　　发展少数民族地区经济，要坚持以毛泽东民族思想为指导，以平等的态度对待兄弟民族，以共同富裕的目标团结少数民族群众，培养少数民族经济、社会、文化、教育、卫生、体育等领域的业务骨干和专业人才，鼓励东部地区技术、资金向贫困落后少数民族聚居地区转移，鼓励大学毕业生到西部地区进行支农、支教、支医和扶贫工作。国家在帮扶少数民族地区经济发展过程中，要注意照顾民族感情和民族心理，注重促进少数民族地区自身发展潜力的挖掘，不能进行"施舍"式的帮扶；同时，要尊重少数民族生活习惯和信仰自由，因地制宜，有区别地对待不同地区、不同民族的经济发展情况，采取合理的帮扶措施。

　　发展少数民族地区经济，关键在于少数民族地区自身变革和自身经济发展潜力的挖掘。少数民族地区群众要紧密团结在中共中央周围，保持地区社会秩序稳定，维护发展大局，用经济的发展解决自身的问题，一心一意谋发展，坚定不移搞建设。政府要千方百计引导少数民族群众依靠自身资源优势，促进产业链的形成和加长，加快地区经济发展。同时，政府要积极推进西部大开发战略，大力引导东部发达地区对口投入，加大政策倾斜力度，促进人力资源和科技资金向西部地区流动，特别要加强西部少数民族聚居地区交通、能源等基础设施建设，为少数民族经济社会发展奠定良好的基础。

（二）政治方面：坚持民族区域自治制度，反对一切民族分裂活动

民族区域自治是毛泽东民族思想的核心内容，也是我国的根本政治制度之一，对于解决我国多民族政权建设问题具有重要的意义。毛泽东的民族区域自治思想远溯中国传统的"分而治之"思想，近仿孙中山的"民族自决"思想，结合中国实际国情，以依靠少数民族人民群众为基础，以实现少数民族人民群众自治为内容，以促进少数民族聚居区经济社会发展为目的，解决了我国多民族政权建设问题。60 多年的实践证明，民族区域自治制度是适合我国国情的。在新世纪新阶段，我们更需要坚定信心，坚定不移地贯彻落实民族区域自治制度，促进少数民族地区经济的发展与社会的稳定。

坚持民族区域自治制度，关键要尊重少数民族的民族自决权利，以平等的姿态看待少数民族。民族自决是列宁民族思想的重要内容，十月革命以后，高加索、土耳其斯坦、巴什基尔、立陶宛等地都有强烈的自治甚至独立要求，列宁及时地察觉到了这种联合的契机，将原沙皇俄国众多小邦的自治要求加以引导，将集中制与地方自治相结合，建成了苏维埃社会主义共和国联盟。但是，我们用列宁的民族标准来考察苏联的民族问题处理情况，看

到的却是血淋淋的民族沙文主义留下的民族裂痕。苏联本身是一个多民族的联合体，斯大林执政时期，苏联教条地对待列宁的民族自决理论，一方面将民族地区划分成形形色色的行政实体，另一方面又压制作为行政实体的民族区域的政治诉求，反对各共和国合理的政治诉愿，用行政强制来粗暴地处理民族问题。苏联解体一部分原因也是由于民族问题处理不善造成的。我们建设中国特色的社会主义民族关系，要吸取苏联处理民族问题的教训，坚持以毛泽东民族区域自治理论为指导，不但要做到形式上和体制上的民族自治，更重要的是要坚持民族自治的精神实质，正确处理单一制国家结构与民族区域自治的关系，既要做到全国各族人民紧密团结在中共中央周围，坚决维护国家统一，又要做到民族聚居地方合理自治权利得以实现及合理政治诉求得以伸张。

　　坚持民族区域自治制度，要从中国的民族实际情况出发，走中国特色的民族区域自治之路。中国的民族问题不同于世界上任何一个国家的民族问题，中国民族问题的解决方法也不同于其他国家的民族问题解决方法。中国当前的少数民族状况是在五千年中华民族发展历程中逐渐形成的，是经历了近代半殖民地半封建社会，在中国共产党的带领下进入到社会主义现代化进程中的。中国的民族区域自治不同于苏联的"民族自决"，也不同于美国联邦制下的州自治。中国的民族区域自治是在国家的统一领导下，以少数民族聚居区为基础，建立相应的自治机关，行使自治权。在当前和平发展是主流、地区冲突仍然不断的国际形势下，我们更应该处理好少数民族问题，防止国外反华势力借民族问题侵犯中国主权，借人权问题干涉中国内政。实行民族区域自治，保证国家统一和区域自治，少数民族地区人民自己管理自己，国家从政策上予以倾斜，帮助少数民族发展地区经济，提高少数民族聚居区人民生活水平，是实践毛泽东民族思想的题中之意。

当前，我们在进行中国特色社会主义建设过程中，面对着种种错综复杂的国际国内形势，特别是面临着西方反华势力、国际恐怖势力、民族分裂势力、极端宗教势力等威胁，与内地语言、文化、经济、社会状况迥异的少数民族聚居区更是首当其冲。因此，为了维护来之不易的发展大局，我们必须时刻警惕各种民族分裂言行，坚决反对各种民族分裂活动，认真贯彻毛泽东的民族区域自治思想，积极维护少数民族地区社会的稳定和经济的发展。

（三）文化方面：促进少数民族文化繁荣，增强中华民族凝聚力和向心力

从总体上讲，多元化和多样性是中华民族文化的基本特征，而少数民族文化是中华民族文化的有机组成部分，是在各少数民族发展过程中逐渐形成的，是民族认同的基本依赖因素，对于凝聚少数民族力量具有重要作用，因此加强少数民族地区文化建设具有重要的政治和文化意义。新中国成立初期毛泽东的民族思想从解决少数民族地区革命和建设的实际问题出发，以尊重少数民族宗教信仰、风俗习惯和照顾民族心理为主要考量，成为解决少数民族问题的重要指导思想。当前，少数民族文化建设是社会主义精神文明建设的重要组成部分，对于我们构建社会主义核心价值体系有重要补益作用，因此新中国成立初期毛泽东的民族思想对我们加强少数民族文化建设，促进少数民族文化繁荣具有重要指导意义。

加强少数民族地区文化建设，用中国共产党带领全国各族人

民共同奋斗，推翻帝国主义和国民党反动派的压迫，建立人民民主的新中国的史实，来教育少数民族地区群众团结在中国共产党的周围；用共产党主政后推进少数民族地区经济社会改革所带来的社会主义新生活、新风尚的鲜活变化，来教育少数民族地区人民坚持改革开放；用60多年来少数民族地区经济社会翻天覆地的变化，来说服少数民族人民群众坚定不移走社会主义道路。增强少数民族人民的爱国意识、法制意识，提高少数民族人民的科学文化水平，树立正确的民族观、宗教观、荣辱观，是加强少数民族地区文化建设的重要内容，也是我们现行民族政策的着力点之一。

加强少数民族地区文化建设，必须以尊重为前提，以保护为途径，以传承和发扬为目的。在加强少数民族文化建设过程中，要尊重少数民族文化的个性，尊重少数民族文化传统的历史性和地域性，要允许少数民族传统特色文化的存在和发展，尊重其生活习惯、宗教信仰、民风民俗。加强少数民族文化建设，应以保护为途径，加大少数民族文化的发掘与整理力度，在尊重的基础上，保护民族文化的特色，保障其存在和发展的经济和社会基础。加强少数民族文化建设，必须以传承和发扬为目的，而不能以整合和熔化为目的，少数民族文化是绚丽多姿的中华文明的有机组成部分，任何试图泯灭和熔化少数民族文化特色的行为都是对中华文明的伤害，保持文化多样性和丰富性，应是少数民族文化建设的基本动机。

促进少数民族文化繁荣，发展少数民族语言、文字，保留少数民族特色传统，培养少数民族优秀人才是我国文化繁荣的重要内容。发展少数民族文化并不是"标新立异"，而是在建设中华民族文化过程中的"求同存异"，只有少数民族文化事业得到了发展，中国文化的多元化、丰富性及融合性才得以展现。少数民族文化传统历史悠久，代表了一定地区的历史文化和民俗特色。尊重少数民族文化传统就等于尊重少数民族，发展少数民族文化就相当于发展少数民族。中华民族的凝聚力和向心力会因为这种"尊重"和"发展"而得到增强，因为中华民族大家庭中的每一个成员都需要平等和尊重，这也是中华民族的繁荣昌盛之道。

　　综上所述，新中国成立初期毛泽东的民族思想以民族平等、民族团结、民族区域自治、尊重少数民族宗教信仰自由为主要内容，指导新中国成立初期少数民族地区经济、政治、文化建设，为促进中华民族团结统一奠定了重要的理论基础，对我们当前处理民族关系、解决民族问题也具有重要指导意义。继承和发扬毛泽东的民族思想，积极促进少数民族地区经济、政治、文化发展，必将有利于中华民族的伟大复兴事业，也必将有利于社会主义和谐社会建设和中国特色社会主义的健康发展。

注　释

1　参见周传斌：《概念与范式：中国民族理论一百年》，民族出版社 2008 年版，第45 页。

2　张建新：《中国化马克思主义民族理论》，云南教育出版社 2008 年版，第4 页。

3　6　8　10　《毛泽东选集》第 5 卷，人民出版社 1977 年版，第 278、277、23—24、75—76 页。

4　《孙中山全集》第 2 卷，中华书局 1982 年版，第 2 页。

5　《毛泽东选集》第 4 卷，人民出版社 1991 年版，第 1472 页。

7　中共中央文献研究室编：《建国以来毛泽东文稿》第 1 册，中央文献出版社 1987年版，第 83 页。

9　中共中央文献研究室编：《建国以来毛泽东文稿》第 2 册，中央文献出版社 1987年版，第 563 页。

11　14　16　《建国以来毛泽东文稿》第 1 册，第 87—88、518、138、152、208—

209、450、476 页。

12　13　中共中央统战部编:《民族问题文献汇编(1921. 7—1949. 9)》,中共中央
　　　党校出版社 1991 年版,第 1095、1127 页。

15　21　《建国以来毛泽东文稿》第 2 册,第 129、333—335 页。

卢作孚与中国近代
西部乡村现代化的 "北碚现象"

潘 洵（西南大学历史文化学院教授）
李桂芳（西南大学历史文化学院研究生）

卢作孚是中国近代著名爱国实业家，曾被毛泽东赞誉为发展近代民族工业不能忘记的四位实业界人士之一。同时，卢作孚也是一位乡村现代化的探索者和实干家。在重庆嘉陵江三峡地区，进行了近代中国西部地区乡村现代化的成功尝试，把一个交通闭塞、盗匪猖獗的北碚，建设成为中外瞩目的模范城镇。在抗战时期，更建成为大后方重要的能源基地和科学文化中心，开创了民国时期中国乡村现代化的"北碚现象"。

一、中外瞩目的"北碚现象"

北碚地处嘉陵江下流，为合川与重庆中点，上下有沥鼻、温汤、观音三处峡口，是江北县、巴县、璧山县和合川县交界之边地，辖三十九个乡镇，面积约一百平方公里[1]。民国初年的北碚，只是四川省巴县的一个小乡场，以北碚为中心的嘉陵江小三峡地区，地势险恶，交通闭塞，盗匪横行，经济极其落后，乡场仅有两条狭窄主街和几条巷道，房屋低矮零乱，人烟稀少[2]。

1925 年，卢作孚撰写《两市村之建设》，提出开发合川和嘉陵江三峡的设想。1927 年春，卢作孚担任江、巴、璧、合四县特组峡防局局长，提出"打破苟安的现局，创造理想的社会"的口号，开始致力于北碚的乡村建设运动。他认为要建设要创造，必须有一个安宁的环境和一个有秩序的社会。于是他根据当时的情况，制订了计划和步骤，首先解决地方治安秩序的问题，其次是为民众服务的问题[3]。经过短短十余年时间的建设，北碚的行政建制得以确立，1936 年建立嘉陵江三峡乡村建设实验区，1942 年改设北碚管理局，按一等县设置机构和行使地方权力。北碚的面貌也发生了天翻地覆的变化，不仅把昔日这个贫穷落后，社会治安混乱的"土匪窝"建设成了全国闻名的初具规模的现代化城镇，而且使其变成了一个社会安定、经济发展、文化教育普及的地区，城镇人口增加到 8.7 万余人[4]，受到了中外人士的高度称赞。1983 年，卢作孚的好友，著名乡村建设理论家梁漱溟在一篇题为《怀念卢作孚先生》的文章中，对卢作孚乡村建设给予了很高评价，文章说："作孚先生还热心致力于地方与农村建设事业。重庆北碚就是他一手筹划和开创而发展起来的。作孚先生及其胞弟卢子英先生，从清除匪患，整顿治安入手，进而发展农业工业生产，建立北碚乡村建设实验区，终于将一个原是匪盗猖獗，人民生命财产无保障，工农业落后的地区，改造成后来的生产发展，文教事业发达，环境优美的重庆市郊的重要城镇和文化区，现在更成为国内闻名的旅游胜地。"[5]

北碚的乡村建设，在当时就得到中外人士的高度赞誉。1933 年中国科学社赴北碚召开年会，称赞"北碚本一小村落，自卢氏经营后，文化发展，市政毕举，实国内一模范村也"[6]。不过此时规模尚小，只是一个小村落而已。1935 年中央行营参谋团一行人参观北碚后认为"峡区各事业，都是现代化、组织化、艺术化"[7]。黄炎培先生在 1936 年游历四川后写道："诸君从普通地图上找北碚两字，怕找遍四川全省还找不到。可见这小小地方，还没有资格接受地图编辑专家的注意呀！可是到了现在，北碚两字名满天下，几乎说到四川，别的地名很少知道，就知道有北碚。"[8]1939 年，晏阳初应卢作孚之邀来到重庆北碚参观，回去后对中国平民教育促进会同仁发表演说。他说："重庆的北碚有卢作孚先生所热心经营的乡村建设区，他无论如何要我和梁漱溟先生前去参观一下。我看到那里的工矿经济建设，都很有成绩，将来希望本会（指中国平民教育促进会）能和那边合作，使他们的经济建设，与我们注重的教育政治工作，有一个联系。"[9]就在同一年，著名教育家陶行知也来到北碚，参观了北碚各乡镇后，在欢迎会上，他激动地说："我在北碚参观了一周，看到了你们创办的经济事业、文化事业和社会事业，一派生机勃勃的奋发景象。""北碚的建设……可谓将来如何建设新中国的缩影。"[10]

　　抗日战争时期，北碚不仅是大后方重要的能源基地、纺织工业基地和地籍整理实验区、扶持自耕农示范区等一些重要事业的试验基地，而且成为大后方重要的文化重镇。据《重庆市北碚区志》记载，迁来北碚或新建的科学文化教育机构"有大专院校 13 所，科学研究机关 13 个、文化、新闻、出版单位 17 个，报刊杂志有 37 家"，其中在全国具有重要影响的学校有复旦大学、中国乡村建设学院、汉藏教理院、江苏医学院等，科研机关有中央研究院动物、植物、气象、物理、心理 5 个研究所、中国科学社生物研究所、经济部矿冶研究所、中央地质调查所、中央农业实验所、中国地理研究所等，文化机构有中华全国文艺界抗敌协会总会办事处、中国西部博物馆、国立编译馆、中国辞典馆等。1940 年，英国著名科学史家李约瑟参观北碚，他认为重庆"最大的科学中心是在一个小市镇上，叫作北碚，位于嘉陵江西岸。此镇所有科学团体与教育机关，不下 18 所，其中大多数都很重要的"[11]。1944 年一家美国杂志载文，赞扬"北碚现在有了博物馆和公园，有了公路和公共体育场，有了漂亮的图书馆和一些建设得很好的学校，还有一个非常现代化的市容"，称赞北碚是"一个平地涌现出来的现代化市镇"，"是至今为止中国城市规划中最为杰出的典型"[12]。

北碚之所以能在短短 10 多年间，由一穷乡僻壤迅速成为中外瞩目、"具有现代化雏形"的城镇，首先应该归功于卢作孚先生，归功于卢作孚先生乡村建设的理想与实践。

二、乡村建设的理想与规划

卢作孚认为，任何事的进行，皆须先有计划，城市的现代化建设是一个系统工程，更需要精心的规划和安排。卢作孚从事北碚现代化建设的宗旨十分明确："目的不只是乡村教育方面，如何去改善或推进这乡村的教育事业；也不只是在救济方面，如何去救济这乡村里的穷困或灾变"，而是要"赶快将这一个乡村现代化起来"[13]。他决心"以嘉陵江三峡为范围，以巴县的北碚乡为中心，始则造起一个理想，是想要将嘉陵江三峡布置成功一个生产的区域、文化的区域、游览的区域"[14]，以供中国"小至乡村，大至国家的经营参考"[15]。为此，他为嘉陵江三峡地区的乡村现代化精心设计了一个蓝图：

（一）经济方面

1. 矿业，有煤厂、有铁厂、有磺厂。

2. 农业，有大的农场、有大的果园、大的森林、大的牧场。

3. 工业，有发电厂、有炼焦厂、有水门汀厂、有制碱厂、有制酸厂、有大规模的织造厂。

4. 交通事业，山上山下都有轻便铁道，汽车路，任何村落都可通电话，可通邮政，较重要的地方可通电报。

（二）文化方面

1. 研究事业，注意应用的方面，有生物的研究，有地质的研究，有理化的研究，有农林的研究，有医药的研究，有社会科学的研究。

2. 教育事业，学校有实验的小学校，职业的中学校，完全的大学校；社会有伟大而且普及的图书馆，博物馆，运动场和民众教育的运动。

（三）人民

皆有职业，皆受教育，皆能为公众服务，皆无（不良）嗜好，皆无不良习惯。

（四）地方

皆清洁，皆美丽，皆有秩序，皆可居住，皆可游览[16]。

这是卢作孚在1934年对嘉陵江三峡地区乡村现代化的理想与规划，事实上，早在1929年，卢作孚就提出了乡村现代化的最初构想。

（一）教育

设立科学院——内有气象台、理化实验室、植物馆、动物馆、地质馆、社会科学馆。

普及小学教育——小学校有试验室、学校校园、运动场、陈列室、图书室。

普及社会教育——每场（指乡镇）皆有图书馆、博物馆、讲演所、运动场。

（二）交通

延长北川铁路到渠县、建筑嘉扬马路——由嘉陵江到扬子江，普及乡村电话、普及乡村邮递。

（三）经济

用机器解决采煤问题，创设水门汀厂，创设造纸厂，培植森林，提倡农田溪河养鱼，改革现有农业工业。

（四）风景

创设公园，开拓山间交通，培修名胜地点。

（五）人民

皆有知识，皆有职业、皆能自治，皆无迷信，皆忠实做事，皆诚恳对人。

我们的目的：

1. 积极方面——提高人们精神上的快慰，改进人们物质上的享用和供应。

2. 消极方面——消灭一切罪恶的痛苦。[17]

我们从这一最初的构想中，非常清楚地看到卢作孚对经济、文化、环境和人的高度重视。比较 1929 年和 1934 年的两个构想，虽然在内容上已有重大的变化，但对经济、文化、环境和人民的重视则贯穿于卢作孚乡村现代化建设的始终。事实上，这也是卢作孚乡村现代化建设与当时国内其他地方兴起的乡村建设运动最大的不同。梁漱溟在山东邹平、晏阳初在河北定县、陶行知在南京晓庄、黄炎培在江苏纮山、高阳在无锡黄巷等地进行的乡村建设实验，尽管形式各异，但总的来说"是以乡村的教育工作为目标"[18]。如晏阳初的乡村建设，是以推行平民教育，启发民智为主；梁漱溟则注重以儒家思想教育进行乡村建设；陶行知、黄炎培他们身为教育家，更侧重从教育入手进行乡村建设。而卢作孚提出的乡村建设的蓝图，则是基于"乡村现代化"思想而设计的。在这个蓝图中，不仅有学校教育和民众教育，而且有科研事业的兴办、全方位的经济建设计划以及对城镇建设的良好规划。不仅注重物质的建设，而且强调人的发展和人与环境的和谐相处。从某种意义上讲，卢作孚乡村建设的理想与同时代的以教育和救济为主的乡村建设相比较，更加具有战略的眼光、超前的思考、人本的理念与和谐的追求。

三、全新的乡村现代化模式

卢作孚对北碚的建设，不仅有宏大超前的长远规划，而且还有具体可行的实施方案，举凡峡区内的经济、教育、文化、医疗卫生、旅游等事业，都有次序、有步骤地做了妥善安排。创造了以治理社会秩序为先导，以经济建设为中心，全面开展文化建设和社会公共建设的乡村现代化模式。

（一）创造安定的社会秩序

要建设要创造，必须有一个安宁的环境和一个有秩序的社会。长期以来，嘉陵江三峡地区由于军阀割据，内战不休，盗匪聚集，时常打家劫舍，杀人越货，过往商旅和峡区民众均不堪其苦。卢作孚出任峡防局局长后，一方面组织训练士兵、警察，联络协助各地团练和军队，对盗匪予以围剿，凡有匪警，不论远近，不分昼夜，皆快速出击，决不手软。并深入基层进行宣传教育，广泛发动民众，参加清匪斗争。他经常对老百姓讲："社会不安宁，绝没有安宁的个人和家庭。"号召农民起来帮助峡防局剿匪，制止土匪活动，不让土匪窝藏[19]。另一方面采取"以匪治匪，分化瓦解"、"鼓励自新，化匪为民"的策略，凡自新的都给予生活出路[20]。

卢作孚在整治匪患的过程中，十分注意正本清源，他亲率学生、官兵巡回区属各乡镇，普遍开展文化、卫生、体育宣传，破除封建迷信，动员民众参加各种公共活动和乡镇建设活动，坚决取缔烟馆、赌场、妓院，为北碚的城市化建设营造了一个安定良好的社会环境[21]。

经过卢作孚的艰苦努力，峡区匪患很快肃清，过去杀人放火的匪巢变成安居乐业的福地，安宁的社会秩序建立起来，经济建设活动得以迅速开展。

（二）吸引新的经济事业

卢作孚在北碚从事的乡村建设，始终是以经济建设为中心的，这也是卢作孚乡村建设最大的一个特点。他在北碚治理险滩，修建铁路，疏通河道，开发矿业，兴建工厂，开通邮电等等，使地方经济实力迅速增强。

卢作孚认为"每一个地方的交通（包括邮政电信），都有一个共通的意义，就是如何使他那个地方与世界上来往，如何使他那个地方的人或货或一切信息到世界上去，同时又使世界上的人或信息到他那个地方来"[22]。他认定交通闭塞是北碚乃至于四川落后的重要原因，因而要实现乡村现代化，必须首先从现代交通事业入手。1927 年冬，为畅通渝合航线，卢作孚利用嘉陵江冬季枯水季节，指挥峡防局三个中队的官兵，分赴嘉陵江重庆至合川段的张公滩等五处掏滩拓宽航道，随即又凿整了巨梁滩，使轮船在枯水季节能畅通无阻，极大地便利了北碚与外界的交往。同年，为使北碚丰富的煤炭资源能通过嘉陵江即时外运，卢作孚又以民生公司名义投资，会同文星场、戴家沟一带的煤矿业主和地方士绅，组成"北川民生铁路股份有限公司"，该公司聘请丹麦人守尔慈为铁路总工程师，并派人从上海购置机车及铁路器材，1934 年北川铁路正式建成通车，这是四川省境内修建的第一条铁路，北川铁路建成后，不仅大大缩短了运程时间，而且大大提高了运煤量，日运原煤由 400 吨增加到 2000 余吨[23]。

此外，卢作孚还在北碚创办了重庆最早的乡村电话，1928 年秋，卢作孚亲自设计线路，率员施工，开始架设乡村电话线路[24]。到 1930 年 3 月，重庆至合川间及北碚各场镇全部通话。随后又建立了北碚邮局。邮电通讯的兴起，大大促进了北碚与外界信息的畅通。

在工矿事业方面，北碚附近煤炭资源丰富，卢作孚到北碚之初，就看到了发展采煤业的巨大潜力，并视之为发展北碚经济的支柱产业。为改善矿小分散、各自为政的弊端，卢作孚将邻近的

6 个煤厂与北川铁路公司、民生公司联合起来，组成了天府煤矿公司，采用先进管理和技术设备，使煤炭产量有了大幅度提高。特别是抗日战争爆发后，卢作孚又不失时机地与内迁企业河南中福煤矿公司联合，重组天府矿业股份有限公司，实现了机械化采煤，年产原煤超过 50 万吨，占了整个重庆地区全年煤产量的一半左右[25]。北碚也因此成为陪都重庆最主要的燃料基地。

1930 年，卢作孚还在北碚创办了四川省第一家使用电力的机器织布厂——三峡染织厂。该厂除派人去上海学习染织技术外，还大力购买先进设备，聘请技师到厂指导。在两年内，三峡染织厂的"资本由五万元增加到十万元。每年营业额将近十七、八万元。当时，厂里共有各型织机六十五台，生产各类色布一千二三百匹，棉线袜子六百多打，还有印花床毯、毛巾、线背心等多色多样的商品应市"[26]。抗日战争爆发后，卢作孚又主动与内迁的江苏常州大成纺织公司、汉口隆昌染织厂联合，成立了现代化的三峡大明染织厂，并担任董事长，在抗战大后方，该厂"成了西南数一数二的纺织染厂，为支持抗战和服务人民生活作出了积极的贡献"[27]。

据不完全统计，从 1927 年至 1949 年这 22 年之中，北碚拥有原煤、棉纺、化工、医药、印刷、建材、电力、玻璃、陶瓷、食品、畜产品、五金工具等十多个工业门类，拥有中国西部地区最大的现代化采煤和棉纺织联合企业。由于工业经济的发展，促使北碚从一个"一曲清溪绕几家"的小乡场，迅速建成一座有近 10 万人口，逐渐以工业经济为主体的具有现代风貌的中等城市。

（三）创造文化事业和社会公共事业

城市不仅是物质文明的中心，更是精神文明的基地。为了改变沉寂、愚昧的北碚，卢作孚积极创造文化事业和社会公共事业，希望造成一种社会环境，去促使人们的思想和行为发生变化。

卢作孚认为，乡村第一重要的事业是教育，因为一切事业都需要人去建设，而人是需要教育培养的[28]。因此他积极致力于学校教育和社会教育，以培养服务社会、造福人群的建设人才。在学校教育方面，先后创办了小学、中学，并对学校教育进行革新："小学着眼训练儿童的行为；及未来职业上需要之技能。中学培育事业机关所需之青年；或专为升入国内外有名大学校学生之预备。"[29]在社会教育方面，专门设立了"民众教育办事处"，先后组织开办了船夫学校、力夫学校、妇女职业学校、三峡染织厂工人学校、农民学校、挨户学校，甚至专为赶场的农民开办了场期学校，并且对私塾教育进行改良[30]。据当时的统计资料，在1936年4月至翌年4月，共办有半日校和夜校25所，成年学生达1031人[31]。峡防局还设置了民众问事处，代不识字农民写信、念信及写一切难件，而且帮助解决疑难和接洽引导前来参观的旅客[32]。此外，还设有民众会场，不仅集中了市场的人，还集中了四乡的人，演出各种电影、幻灯、音乐、戏剧。新剧或川剧演员，多是各机关服务的青年[33]。在民众会场的活动中，特别注重休幕或闭幕时的报告，其内容主要有新知识的广播，国内外重大时事以及生活常识等，目的是寓教育于娱乐，给予民众教育和影响。特别是利用各种纪念假节日，开展大规模的民众活动，如开运动会、展览会……其内容均富有深厚的教育意义，其目的主要在训练民众和养成集体生活的风尚[34]。

"教育是用以培养经济建设所需要的人才的，科学研究是用以克服经济建设所遭遇的困难的"[35]。卢作孚从接任峡防局局长起，就积极为创立科学研究机构做规划、准备。卢作孚抓住任何可以开发四川资源、培养科学人才的机会，派学生随同专家进行调查和标本采集活动。1930年卢作孚在考察南京、上海、大连、沈阳等地后，于10月带着外地的先进经验和强烈的民族责任感创办了中国西部科学院。科学院分设生物、地质、农林、理化四个研究所。理化研究所"应用科学方法，研究中国西部各省土产物料之性质，并采求其用途，以作开发资源之实际参考"；地质研究所"注重于矿产之调查，以求对地下资源有确切之估计……其他与开发资源有关系之人口密度、交通情形、地理形势等，凡在调查所及之区，皆尽量搜求参考资料，务期一地有一地之明了报告，藉便实业界及社会人士之参考"；农林研究所"其主要目标在垦荒地、培育森林，并收求优良稻、麦、蔬菜、果树及牲畜，作改良之研究，试验成功，即从事繁殖推广，以增加农林生产"；生物研究所"其目标在采集全川、西南各省所有动植物标本，以供农业之改进，学术之研究"[36]。科学院下辖之博物馆，设有动植物、西康风物、卫生、煤炭等陈列室，并附设动物园，饲有虎、豹、熊、狼、猴、獾等几十种野兽及鸣禽数十种供人参观。还设有图书馆，除收藏供各所使用的专业书刊外，还有普通图书1300余册和省内外报刊数十种，供民众阅览。中国西部科学院还通过出刊物、办墙报、开演讲会等方式来宣传科学文化知识，曾多次举办各种科普知识的展览会。这些都为民众接触现代化科学提供了有利的条件。

为了把北碚建设成为"皆清洁，皆美丽，皆有秩序，皆可居住，皆可游览"的胜地，卢作孚在此兴办了大量为民众和社会服务的公共事业。

第一，美化北碚市容市貌。北碚依山傍水，风景优美独特，卢作孚有意识地利用其得天独厚的自然风光，使城市布局和设计与自然风光有机结合。全面整修北碚市街，拆除过街凉亭，加宽街道路面，改建临街商业用房，亲自率领峡防局士兵，跳入污水沟，掏挖淤泥，清除垃圾粪凼，覆盖阳沟为阴沟，将旧街巷改造成纵横交错、宽广整洁的街道。并努力开辟新村，扩大城区范围。他还特别注重市容、市貌的美化和绿化，先后在城市城郊修建了北泉公园、北碚平民公园、运河公园、黛湖公园等，他还从上海引进了"法国梧桐"千余株植于市街两旁成行道树，使北碚绿树成荫。规划修建了 8 个街心花园，使市民工余有一个休息的场所。使得北碚既是一座城市，又是一座大花园。

第二，保障民众的健康生活。训练士兵和学生担任北碚地方警察，负责维持公共秩序，管理公共卫生，发起灭蝇、灭鼠运动；组建消防队，保障人们的生命财产安全；在江边设饮水消毒站，供应民众的饮水；春秋两季到周围各乡镇为人们普遍免费种牛痘；创办地方医院，为乡民免费治疗疾病，免费为市民打防疫针；进行家庭卫生、个人卫生的建设和宣传，养成乡民讲究卫生的习惯；帮助乡民厕所清洁封闭，垃圾掩埋，清除死水，添辟阴沟，清扫街面街沟等等，以减少疾病传染。

第三，开展各种形式的教育。设立兼善中学和附属小学，训练青少年和儿童；开展平民教育，普及现代化知识；创办图书馆，供附近的人们阅读；创办嘉陵江日报馆，每日出报一张，刊载国内外各种新消息和峡区事业的进展情况，在一切公共地方张贴，供人阅读，使人们逐渐认识、了解现代社会的有关情况[37]；创办民众体育场，让民众在那里进行体育活动，并成功地举办了四川省最早的一次大规模运动会。

就这样，卢作孚为市民精心创造了一个舒适、赏心悦目的环境，并且使北碚成为附近县市的旅游者的游览观光中心。

此外，为了提高北碚市民的文化修养和营造北碚的科学文化氛围，他热情邀请名流学者到此演讲，邀请外地剧团来此演出，在北碚举办中国科学社年会。甚至他还要求在北碚的中国西部科学院、三峡染织厂、兼善中学和峡防局机关等每年都安排几个时间，"让人尽量进去参观，由办公、上课、研究的地方以至于寝室、厨房、厕所，都让他们参观完"[38]，以受现代产业和现代科学文化的熏陶，从而使北碚崇尚知识，崇尚科学文化蔚然成风。正是如此浓厚的文化氛围，在抗日战争时期，吸引了大量科学文化团体和文化名人来到北碚，据笔者不完全统计，抗战期间在北碚工作和生活而后来成为中央研究院院士和中国科学院、中国工程院院士（或学部委员）的科学家就有60 余人[39]。

四、以人为本的用人方略

事业要成功，必须要有人才，卢作孚认为"成人重于成事、人才重于资财"，他本着一贯坚持的"大才靠找，小才靠考"的用人之道，不断以积极措施广揽人才，主张"用力运动外省人都到四川来"[40]。中国近代乡村现代化建设的"北碚现象"，与卢作孚以人为本的用人方略有着密切的联系。

早在 1929 年，卢作孚就提出"办事须尽力揽人才"。为了吸引人才到北碚来，他"曾访遍省内、国内，甚至国外。如聘胶济铁路总工程师徐利氏为北川铁路总工程师"[41]，后又聘曾担任过胶济、潮汕、长兴铁路修建的总工程师，丹麦人守尔慈来北碚主持修建北川铁路。在天府煤矿的发展中，也广揽技术人才。公司采取事先提供奖学金或对来矿实习的大专院校毕业生提供各种方便的办法，从而吸引了大批大专院校毕业生实习期满后，自愿留矿工作。对工程技术人员均给予较高的工资待遇，有眷属者优先分配住房。那些在工作中有突出贡献者，还资助资金送到国外留学深造。全国解放后，当年云集天府的工程技术人员，据统计获高级工程师职称的就有80多名，分布于全国各地，成了各条生产建设战线上的技术骨干[42]。

为创办中国西部科学院和兼善中学，卢作孚先后聘任大量专家学者和国内外名牌大学的毕业学生。包括曾任兼善中学校长的郑献徵、张博和，外籍教师戴大卫、留美教师许桂英，以及国内大学知名教授顾实、施白南、周辉、储师竹等担任教师[43]。先后担任中国西部科学院理化研究所主任的化学家王以章、李乐元、徐崇林，相继担任农林研究所主任的农学家刘若雨、刘式民，生物研究所昆虫部主任德国人傅德利、动物部主任王希成、植物部主任俞济川、研究员曲仲湘等，地质研究所主任常庆隆、研究员李贤诚等，均是卢作孚从国内外高校和研究机构中聘请而来的。

除了广揽人才外，卢作孚十分重视对人才的培训和训练。他认为，中国的根本问题是人的训练。他说："所以有一切不能解决的问题，不是一切问题不能解决，而是人不能解决问题。凡是白种人能解决的问题，黄种人亦未尝不能解决；日本人能解决的问题，中国人亦未尝不能解决。"[44]

乡村的现代化离不开人才的培养和民众素质的提高。北碚的建设关注精神的建设和人的训练，以追求人的现代化为目标。为培养大批有理想、有技能而又愿意为社会服务的青年，从1927年夏天开始，卢作孚先后招收了中学程度的青年500余人，办了学生一、二两队，少年义勇队三期，警察学生队一期。训练的内容和时间，根据不同的需要和不同的任务，从实际出发，进行安排，时间短的6个月，长的两年。另外，还为民生公司举办了护航队、茶房、水手、理货生等训练班多期，人数在1000人以上。学员入学时，卢作孚亲自主持入学仪式，领导学员宣誓，誓词；"锻炼此身，遵守队的严格纪律；牺牲此身，效忠于民众，为民众除痛苦，造幸福"。受训内容，从军事、政治常识、思想行为、工作、生活作风和专业业务知识等方面，应有尽有。在思想行为教育上，强调公而忘私，个人为事业，事业为社会，不争地位，不计待遇，不图享受，不以个人所有而以个人所为表现于社会，不防人图己或专门图人。在生活作风教育上，要求艰苦朴素、耐苦耐劳，提倡生活集体化、时代化，一律着布料短服。婚、丧、寿不请客，不送礼；不吸烟，不喝酒，严禁嫖、赌[45]。经过训练，培养了一批批有真才实学和献身精神的人才，他们分别担任了峡防局、试验区、北碚管理局的重要工作和一般工作，还大部分参加民生公司的工作，都作出了成绩[46]。

对经济、文化、环境和人的重视，是卢作孚乡村现代化最鲜明的特色。"北碚现象"的出现，是卢作孚乡村现代化试验的必然结果。卢作孚关于实现乡村现代化的理想和建设"生产的、文化的、游览的区域"的规划；以治理社会秩序为先导，以经济建设为中心，全面开展文化建设和社会公共建设的乡村现代化模式；以人为本，延揽和培养乡村建设人才的用人方略，对今天的乡村现代化和新农村建设仍然有着重要的启迪和借鉴意义。

注　释

1　2　4　佚名：《北碚社会概况调查》，《社会调查与统计》第 2 号，1943 年 7 月，第 3、11、170 页。

3　21　卢子英：《纪念二哥卢作孚》，《北碚开拓者卢作孚》，重庆市北碚区政协文史资料委员会编印 1988 年版，第 64 页。

5　梁漱溟：《怀念卢作孚先生》，《梁漱溟在北碚》，重庆市北碚区纪念梁漱溟诞辰 100 周年筹委会编印，1993 年 10 月。

6　《中国科学社第 18 次年会纪事》，《科学》第 18 卷第 1 期，第 133 页。

7　《中央行营参谋团第一批来北碚参观》，《嘉陵江日报》1935 年 2 月 21 日。

8　黄炎培：《蜀道·蜀游百日记》，上海开明书店 1936 年版，第 114 页。

9　晏阳初：《四川建设的意义与计划》，见《晏阳初全集》第 2 集，湖南教育出版社 1992 年版，第 122 页。

10　陶行知：《在北碚实验区署纪念周大会上的讲演》，见《陶行知全集》第 3 卷，湖南教育出版社 1985 年版，第 311 页。

11　李约瑟：《战时中国之科学》，台北中华文化出版事业委员会 1955 年版，第 74 页。

12　转引张谨：《权力、冲突与变革》，重庆出版社 2003 年版，第 330 页。

13　16　卢作孚：《四川嘉陵江三峡的乡村运动》，凌耀伦、熊甫编：《卢作孚文集》，北京大学出版社 1999 年版，第 353、359—360 页。

14　卢作孚：《建设中国的困难及其必循的道路》，《卢作孚文集》，第 335—336 页。

15　卢作孚：《四川嘉陵江三峡的乡村运动》，《卢作孚文集》，第 353 页。

17　《峡防团务会议记录》，《嘉陵江报》，1929 年 12 月 6 日。

18　费正清：《剑桥中华民国史》（下），中国社会科学出版社 1994 年版，第 400 页。

19 李萱华：《卢作孚北碚纪事》，周永林、凌耀伦：《卢作孚追思录》，重庆出版社 2001 年版，第 540 页。

20 夏代军、张海涛：《民初三峡剿匪散记》，中国人民政治协商会议四川省合川县委员会文史资料委员会编：《合川文史资料》第七辑，第 47 页。

22 卢作孚：《四川人的大梦其醒》，《卢作孚文集》，第 187—188 页。

23 25 李萱华：《四川最早的一条铁路——北川铁路》，《北碚开拓者卢作孚》，第 97—101、99—101 页。

24 张守广：《卢作孚年谱》，重庆出版社 2005 年版，第 6 页。

26 27 陈淑宽：《卢作孚与大明厂的创办和发展》，《北碚的开拓者卢作孚》，第 145—146、148—149 页。

28 卢作孚：《乡村建设》，凌耀伦、熊甫编：《卢作孚文集》，第 89 页。

29 黄子裳：《嘉陵江三峡乡村建设试验区成立经过》，《工作月刊》第 1 卷第 1 期，1936 年 9 月 1 日，第 8 页。

30 32 34 舒杰、葛向荣：《一年来的北碚民众教育》，《工作月刊》第 1 卷第 1 期，第 20—22、22—23、23—30 页。

31 赵戎生：《卢作孚是怎样开拓北碚教育事业的》，《北碚的开拓者卢作孚》，第 109 页。

33 37 38 卢作孚：《四川嘉陵江三峡的乡村运动》，《北碚的开拓者卢作孚》，第 12、10—11、11 页。

35 卢作孚：《论中国战后建设》，《卢作孚文集》，第 603 页。

36 《中国西部科学院概况》，《档案史料与研究》1993 年第 3 期 。

39 笔者根据北碚地方志资料和大量科学家传记资料进行的统计。

40 卢作孚：《中国科学社来四川开年会以后》，《卢作孚文集》，第 242 页。

41 45 高孟先：《卢作孚与北碚建设》，《卢作孚追思录》，第 460、460—461 页。

42 郭文弋、姚友光：《卢作孚与天府煤矿》，《北碚的开拓者卢作孚》，第 94 页。

43 文中六：《倾注心血办兼善，兼善精神永传留》，《北碚的开拓者卢作孚》，第 116 页。

44　卢作孚：《中国的根本问题是人的训练》，《卢作孚文集》，第 355—356 页，第 294 页。

46　罗中典：《从一些小事来认识、理解卢作孚先生》，《北碚的开拓者卢作孚》，第 173 页。

四波之后应有第五波
——倡建"辛亥大学"或"首义大学"刍议

王　智（武汉理工大学教授）

武昌首义及辛亥革命至今已达百年，其意义毋庸讳言。在众多关于辛亥革命、武昌首义之研究讨论中，创建"辛亥大学"或"首义大学"的倡议虽历经数十年，却仍难说引起广泛的关注。即使在学界，关于此一问题的探讨也寥寥可数[1]。

自1922年章太炎发表《武昌首义纪念宣言》开始，数代学者或政治人物或社会人士提议应创建辛亥大学或首义大学。辛亥革命的直接结果是在中国结束了两千多年帝制，创建了中华民国；而1949年建立的中华人民共和国尽管是对中华民国的终结与否定，却也在一定意义上是辛亥革命的逻辑延伸。与此相照应的是，关于"辛亥大学"或"首义大学"的提议，历经四波，也分布于1949年以前的中华民国时期和1949年以后的中华人民共和国时期。中华民国时期的两次，以章太炎和李西屏为代表，并未产生实际效应；中华人民共和国时期的两次，以毛磊和章开沅为代表，其实效已现端倪，但若要达致大的成果则仍需努力。

一、1922 年章太炎倡议创建"首义大学"，此为第一波

章太炎（1869—1936）为清末民初民主革命家、思想家，也是中国近代大师级学者，研究范围广泛，著述甚丰。章太炎1904 年与蔡元培等合作，发起光复会。1906 年参加同盟会，主编同盟会机关报《民报》，与改良派展开论战。1911 年回国，主编《大共和日报》，并任孙中山总统府枢密顾问。曾参加张謇统一党，有"革命军兴，革命党消"言论。1913 年宋教仁被刺后参加讨袁。1917 年脱离孙中山改组的国民党，在苏州设章氏国学讲习会，以讲学为业。晚年曾赞助抗日救亡运动。

章太炎曾著《中华民国解》，是中华民国国号的创始者。不管章太炎辛亥革命后的一些言行引起如何争议，他对中国的民主共和大业的客观推动作用始终是不容忽略的。耐人寻味的是，据笔者目前掌握的文献材料，章太炎还是提出创建"首义大学"的第一人。

1922 年，章太炎作《武昌首义纪念宣言》，刊载于其本人主编的《华国月刊》[2]。

湖北籍民主革命家张难先（1873—1968）自 1943 年开始走谒辛亥革命亲历者，1945 年 3 月在重庆撰著《湖北革命知之录》[3]，该著的后序中收录章太炎先生民国十一年（1922）"循鄂人之情"[4]，所撰写的《武昌首义纪念宣言》。

该文在对武昌首义之历史意义予以至高评价的同时，提出五项建议，其中第一项即"设首义大学"[5]，此外还包括："二、设公园，置倡议纪念碑。三、设功裔教研所，附幼稚园。四、设伤军养济院，附工厂。五、铸张文襄铜像。"[6]

张难先提及，宣言发表之时，"我政府正厄于北洋军阀，无力顾及。迄后北伐统一，倭寇又至，更难过问"。张难先斯时建议，鉴于抗日战争胜利在望，"望政府于事定建设之时，将章氏所祈于国人者，注意及之"。张难先认为："武昌首义，是维国魂，不有表示，直衣绣夜行耳，将何以杨国威而销隐患哉？所以首义纪念，乃整个国家之雄风，并非湖北一省之虚誉也。"[7]

章太炎及张难先均深感于辛亥革命及武昌首义的重大意义，进而推演创建"首义大学"的重要价值。但正如张难先所言，由于内忧外患，首波关于成立"首义大学"的倡议应者寥寥，很快无疾而终。

二、1946年李西屏倡议创建"首义大学"，此为第二波

历史是连续的。张难先在1945年重庆所作《湖北革命知之录》的自序中，提及他自1943年起开始搜访湖北省革命史料，列举给予积极响应并提供材料的老同志，第一个即李西屏。事实上李西屏曾撰写的《武昌首义纪事》，对张难先的写作《湖北革命知之录》帮助很大。而张难先在慨叹章太炎关于"首义大学"的倡议无法实现的同时，很有可能李西屏却因此得到启发，1946年作《如何纪念辛亥首义——为发起筹备首义大学而作》[8]一文并发表于辛亥首义同志会[9]出版的《辛亥首义史迹》上，接续起章太炎的思考[10]，再次掀起呼吁筹建"首义大学"的波澜。

李西屏（1887—1960），原名翊东，湖北黄冈人。作为武昌首义的革命党人之一，李西屏引得广泛瞩目的是在武昌起义的次日清晨，革命党人推举黎元洪为都督，要黎以都督名义签署安明告示，黎不情愿，李西屏举枪相迫拍案而起，并提笔代书一

"黎"字[11]，当日李被推为军政府赏叙长（叙赏长）[12]。

《如何纪念辛亥首义——为发起筹备首义大学而作》一文，为李西屏1946年回到武汉所作。文章在对辛亥武昌首义做出积极评价的基础上，提出"今虽值垂暮之年，而发短心长，未忘建白，谨尽现愚忱，议设武昌首义大学，纪念先烈，藉以宏我鄂人子弟之教育"。

作者认为："武昌首义大学在设置，即在交通中西文化，以西方科学尽器物之用，以中国哲学救科学之穷，大学既以武昌首义为名，自然设置于武昌首义之地。惟武昌一地，国立已有武汉大学，私立有中华、华中二大学，独无省立大学，三者固不必求皆备于一地，然武昌一地则不可不有足资纪念首义之大学也，大学固不必划为纪念物。然武昌首义，则惟大学为最能纪念之。"[13]

有材料称：李西屏筹办的首义大学，是因官方不准立案而未成[14]。实际情况远不是这么简单。

1946年蒋介石60岁生日即将到来之际，南京当局为向蒋介石祝寿，开展了一场名为"主席六旬兴学祝寿年"教育募捐运动。除了为官立学校的失败募捐外，还有一次以捐款用于开办私立学校，专门面向高层官员的募捐。1947年初，也就是在李西屏公开发表关于创建"首义大学"的文章后不久，湖北省主席万耀煌等即准备在武昌筹建一所大学，其名称经过与包括李西屏在内的国民党元老和辛亥首义老人协商，决定为"武昌首义大学"。[15]

1947年5月24日，"武昌首义大学筹建会"成立，并且还成立了"筹募资金委员会"，万耀煌被推为主任委员。该会还专门印发了《武昌首义大学筹募基金捐启》，面向国民党上层人物及各省官员募捐。但现实中却遭遇两难：国民党要员在"劫收"

发了大财，手中倒也是有了钱，却不敢捐献出来用于建设首义大学。

这一波创校行动，比之于第一波，有更大之效应。既有辛亥老人的奋笔呼吁，亦有政府大员的极力推动。筹建会筹募资金的手也伸得够长，连宋美龄、陈立夫等也被迫回应。但终于还是虎头蛇尾，因为所募经费极为有限而不得不束之高阁。而陡然爆发的国共内战自然也是几乎可能临盆的"武昌首义大学"流产的重要原因。

三、2006 年起毛磊教授倡建"辛亥大学"，此为第三波

2006 年以来的几年，中南财经政法大学毛磊教授利用在学术刊物公开发表论文、参加学术研讨会并发言、上书有关部门和领导、走访相关大学宣讲等多种渠道，倡议在汉创建"辛亥大学"，是有史以来最为系统论证创建"辛亥大学"或"首义大学"的学者，也是提出创建"辛亥大学"的首位学者。2011 年 8 月酷暑之际，笔者专门赴中南财经政法大学首义校区[16]，就该问题对毛磊教授进行访谈，既深受毛老先生激情与创见的感染，也对他这几年关于创建"辛亥大学"的奔走呼吁有了深入的了解。

2006 年 9 月 25 日，湖北省召开纪念辛亥革命 95 周年学术研讨会，毛磊教授向会议提交《关于辛亥革命文化资源开发的几点建议》[17]一文。作者在该文中首次提出应在武汉创建"辛亥大学"，引起与会专家的重视。毛磊的会议发言也引起地方媒体的关注，《长江日报》的报道云："中南财经政法大学教授毛磊大胆提议，在武汉创建'辛亥大学'。他认为，'辛亥'作为校名，

是对辛亥革命纪念与宣传的重要载体，在全世界是独一无二的创造。他认为可效仿广州暨南大学的办学模式，吸收华侨华人资金，聚世界之财、招天下之才，合力打造世界一流大学。学校体制上敢于创新，实行董事会制度。"[18]

2006 年 10 月 8 日，毛磊教授在"汉台经贸合作论坛"上重申关于倡建"辛亥大学"的主张，《楚天金报》在第二天予以报道，题为"中南财经政法大学教授建议创建'辛亥大学'"。新浪[19]、网易[20]、香港文汇报、台海网[21]、中新社[22]等媒体转引，引起较大关注。

2006 年 10 月 16 日，中南财经政法大学网名为"捍卫无知"的老师，在新浪博客呼应毛磊教授，建议将该校研究生院更名为辛亥大学，校名保持原名，实行双品牌战略。[23]

2007 年 9 月 20 日，毛磊教授的《关于两岸同胞携手开发辛亥文化资源的几点建议》一文发于武汉市台办主办的华夏经纬网，[24]并刊载于武汉市社会科学院主办的《学习与实践》[25]。

2008 年 4 月，毛磊在台北出版的《湖北文献》上发表《关于两岸同胞携手开发辛亥文化资源的思考》一文[26]，首次将其关于倡议创建"辛亥大学"的观点传播于同样一脉相承辛亥精神的台湾地区。该文还收入《创新之歌——毛磊自选集》[27]一书。同年 6 月，毛磊在《关于把武汉建成"两型社会"的思考》一文中再次重申与强调创建辛亥大学的重要意义。[28]

2008 年，中共武汉市委统战部、市委台办和市社会主义学院联合主办了中国统战理论研究会"国共两党关系史和海峡两岸关系史"研究中心挂牌成立暨"两岸关系与民族复兴"学术研讨会。中央统战部、中国社科院台湾研究所及省、市有关领导，还有来自中国人民大学、武汉大学、华中师范大学、华中科技大学及中南财经政法大学等高校的近 70 位专家教授出席会议。毛磊教授在会议上再次提出，辛亥革命是实现中华民族伟大复兴的正式起点。隆重纪念辛亥革命一百周年意义重大，我们必须从现在起就要拿出一个科学方案，认真抓紧实施辛亥革命一百周年庆祝活动。因此他提出四项设想，其中第二项即"建立或改建一所命名为'辛亥大学'的高等学校"[29]。

2009 年，毛磊教授自《联合早报》得知香港富豪、慈善家余彭年先生的"裸捐"打算，专门作《建议余彭年先生把主要资金投到建立"辛亥大学"》一文，以读者来信形式寄送至《联合早报》并被刊载。毛磊教授在文中诚恳建议余彭年先生将其拟"裸捐"的财产用于创建"辛亥大学"[30]，情真意切之处令人感动不已。

2010 年，毛磊教授在中南财经政法大学校史馆内刊《思园》发表《驻黄土坡清新军对辛亥革命做出的重大贡献》一文，该文内容作者同时以报告形式向该校常委会提交，并一度被列入校常委会讨论议题。作者提出建议，上策：把该校改名为"辛亥大学"，2011 年 10 月 10 日挂牌；中策，把首义校区改为中南财经政法大学"辛亥学院"。

综合以上所列材料，可以对毛磊教授的观点做如下综述。

毛磊教授认为，在武汉创立辛亥大学，既是一项具有重要意义的创举，也是一项艰巨的系统工程，更是一项具有深远历史意义的杰作。作者提出多个方面的论证：

第一，"辛亥大学"的创立，是对这个无形资产的重要开发。

第二，"辛亥大学"的校名在全世界是独一无二的创造。全世界约有一万所大学，其中用地名命名的约占 40%（如北京大学等），以专业命名的约占 40%（如麻省理工学院），以人命名的约占 10%（如中山大学、成功大学、哈佛大学等），其他的占 10%。而以一个事件命名的却还没有先例，因而创办"辛亥大学"本身就是一个创造。由于全球华侨华人大多知道"武昌辛亥首义"，因而以此命名，很快就可以在全世界打开局面。

第三，把辛亥大学办成国际一流大学。作者提出四个方面的有利条件：其一楚地之人勤劳勇敢智慧；其二中国已有"中部崛起"战略；其三台湾爱国同胞会给予关注；其四华侨华人也会给予关注。

第四，关于校址问题。作者认为原则上武汉三镇均可，因为辛亥首义在武昌、汉阳、汉口三镇都进行过激烈的战斗。应赶在 2011 年纪念辛亥百年前，在"北从蛇山南麓起南到起义门，东面自大东门起西到长江边，投资数十亿人民币兴建各种纪念建筑形成一个辛亥首义景观群体"。其中，利用中南财经政法大学首义校区创建的"辛亥大学"是"辛亥文化这座宝塔上的一颗明珠"。[31]事实上，毛磊教授 4 年前倡建的辛亥首义景观群体即将成为现实，但是"辛亥大学"仍然黯然如尘土，未见踪影。

关于如何实施的问题。毛磊教授认为有两个途径，一是从零新建，二是现有大学合并组建。作者建议取后者，尤其应侧重从湖北省属综合性高校中选取。关于学校体制创新问题，作者提出应该新的辛亥大学应该成为高等教育改革的实验地，可以实行省政府领导下的董事会制度，以利于充分利用辛亥资源，"对外开放，吸引外资"。[32]

四、2010 年章开沅等教授及辛亥志士后裔提议
辛亥百年武汉应建"首义大学",此为第四波

经过如上三波的铺垫,尤其是毛磊教授数年奔走,"辛亥大学"或"首义大学"的倡议已不再"养在深闺人未识"。到 21 世纪第一个十年结束之际,该动议悄然有变成现实之趋势。此乃第四波,在推动者中出现一位重量级的历史学家,即华中师范大学中国近代研究所所长章开沅教授。这一波来临的时间是 2010 年,该年作为辛亥百年纪念的前一年,各种关于辛亥革命纪念活动的筹备均呈紧锣密鼓之势,而"辛亥大学"或"首义大学"的讨论竟也没有缺席,并非常密集地浮出水面。

2010 年 9 月 18 日,章开沅接受湖北省媒体采访时提出,武汉有首义小学、首义中学,却没有一所"首义大学"。辛亥革命 100 周年临近之际,这个缺憾令人牵挂。章老先生希望能建立一所与辛亥革命有关的"首义大学"。章开沅教授认为:"辛亥革命前辈在抗日胜利后,就曾筹款要建首义大学,后来没能实现……这个学校可以办成民办高校。相比公办高校,建一所民办高校更容易一些。我也与有关人士进行过接触。目前,建首义大学也引起了社会人士的关注。首义大学建起来后,辛亥革命研究的资深学者可以继续从事研究,有利于传承首义精神。"该媒体报道称"据传已有武汉高校瞄准了'首义'的招牌,希望更名为'首义大学'。""建'首义大学'的愿望能否实现? 这个招牌会花落谁家? 目前尚不得而知,而关于武汉一所高校正在申请更名为'首义大学'的传闻,也在坊间传播。记者在该校论坛上看到,今年 1 月份,就有人发帖称,学校可能要申请更名为

'武昌首义大学'的消息。该校有关人士表示，确有此意向，但要实现还须得到相关批复。"[33]

《楚天都市报》同日同版还报道了华中科技大学武昌分校成立辛亥革命研究所消息。该所聘请著名教育家、历史学家章开沅教授担任名誉所长，聘请辛亥革命研究专家严昌洪任所长。华中科技大学武昌分校现址与辛亥革命、国共合作有着深厚的历史渊源。[34]该校专门成立辛亥革命研究所，其目的显然是为了谋求将校名更改为"武昌首义大学"。

2010 年 11 月 5 日，《武汉晨报》报道华中科技大学武昌分校拟升级更名为"武昌首义大学"。记者分析，位于湖北独立学院发展前列的华中科技大学武昌分校，之所以没有参加今年的独立学院改制更名，是因为该校"二步并作一步走"——不仅要改制脱离母体华科大，还要从改制后的"学院"层次升级为"大学"，尤其是还要借用辛亥首义的名号。该校宣传部部长王洪表示，学校下一步要争取更大的发展，拟更名为武昌首义大学，更名工作将于 2011 年春节后启动。[35]

2010 年 11 月 26 日，来自全国的 60 余名辛亥志士（如黄兴、吴禄贞、张难先、詹大悲、刘复基、蒋翊武、熊秉坤、葛松亭等）后裔，齐聚华中科技大学武昌分校，联名提议在武汉建立一所名叫"武昌首义大学"的高校。南京临时政府陆军部次长蒋作宾之子蒋硕忠认为"武汉是辛亥首义之城，'武昌首义大学'理应在此成立"。蒋翊武之侄蒋漫征建议将首义大学办成一所具有重大统战意义的名校。黄兴之孙黄伟民说："如果首义大学能申办成功，我会第一时间把喜讯告诉章太炎先生的孙子。"在华科武昌分校辛亥革命研究所所长严昌洪教授主持下，60 余名志士后裔在申请武昌首义大学建议书上签字，提议将被呈送有关部门等待批复。[36]

此后，章开沅先生参加了华中科技大学武昌分校更名为"武昌首义大学"的筹划工作[37]；而且，本次动议已经得到湖北省武汉市有关领导的重视和支持。武昌分校有关校领导更是积极推动，并访台拜访国民党领导人，为更名造势。

2011年3月，国家脉冲强磁场中心（筹）首席科学家、致公党湖北省委主委姚凯伦出席全国政协十一届四次会议，提交题为《关于弘扬辛亥革命精神，实现革命志士百年遗愿，创建武昌首义大学》的个人提案，这应该是"首义大学"的倡议首次被诉诸于国家层面。[38]

五、四波之后应有第五波

以上材料罗列，大体描述了数十年来数代有识之士关于创建"辛亥大学"或"首义大学"论证及吁请的历史过程。笔者撷取其中代表，粗略概括为第一波到第四波。这四波的代表人物各具特色，但都与辛亥首义有直接或间接关系。章太炎和李西屏本身就是辛亥革命的参与者甚至是领导者；毛磊是著名的国共关系史研究专家，他自谦是"辛亥革命住家"，其所居住宅楼坐落之地原是作为辛亥首义主要力量的清军新军的驻地；章开沅则是国内外知名的辛亥革命研究大家。

比较这四波动议，国民党时期的两次提出，均告流产；共产党时期两次提出，有望办成。但现在尚未到可以告慰先贤及毛、章等老先生奋笔疾呼之艰辛的时候。武昌分校更名为"武昌首义大学"固然还处于送审待批的忐忑过程中，更有价值的"辛亥大学"也是遥遥无期。因此笔者认为，四波之后应有第五波。

需要更多有识见的人士，譬如教育家、历史学家、政治家、社会活动家等，加入到呼吁创建"辛亥大学"的队伍中来。当然，也需要一定数量富甲一方的慈善家胸怀远大，回馈社会，愿意捐献资本，为"首义大学"或"辛亥大学"的创校，提供物质基础。

在笔者看来，或许"武昌首义大学"即将不是梦想。但即便如此，仍有必要再创建一所"辛亥大学"，以便将辛亥首义的强大文化资源用到极致。笔者认为，湖北省内最为适合更名为"辛亥大学"的是武汉科技大学。而这也正是笔者访问毛磊教授时，毛老先生极力推介的主张。

笔者有如下几点论证：

1. 辛亥革命及武昌首义的资源极为丰富，价值巨大，应深度挖掘，充分利用。全国以"中山"命名的学校、医院、道路、建筑、公园、城市等举不胜举，而"武昌首义"或"辛亥"名号的使用却显得远远不够。因此，有了武昌首义大学，再有辛亥大学，并不显得多余，甚至是很有必要。

2. 使用辛亥大学名号的，仍以武汉地区高校为宜。原因在于：其一是有武昌首义之功才有辛亥革命风起云涌，才有民国建政成功；其二是武汉地区高校资源丰富，有充分的选择余地。

3. 武汉地区拥有的 8 所中央部委属大学（其中 2 所"985"大学、7 所"211"工程大学）均成名已久，更改校名障碍太大，必要性可能性皆有疑问。因此，比较恰当的是选取一所湖北省属高校、或若干所省属高校合并重组，更名为"辛亥大学"。此举也非常有利于湖北省摆脱省属高校水平提升缓慢的窘境，可以迅速取得做大做强之效。

4. 之所以看中武汉科技大学，原因在于：

第一，武汉科技大学与辛亥革命有特殊关联。1911 年的时候，该校名称为湖北中等工业学堂。1910 年共进会第三任会长刘公自日本回国，随身带回共进会样旗——铁血十八星旗。1911年 5 月，刘公召见了湖北中等工业学堂 3 位共进会学生骨干，布置了放大并制作十八星旗的任务。[39] 1911 年 10 月 10 日，武昌起义爆发，这 3 位学生陈磊和赵师梅、赵学诗兄弟俩绘制十八星旗，成为武昌起义革命军的军旗。[40] 以历史的眼光观之，十八星旗预示中华民族复兴大业的肇始，武汉科技大学前身的学生能有机会创造历史，制作十八星旗，其意义非同寻常。这一事件也历史地将武汉科技大学和"辛亥"的文化符号联系到了一起。

第二，省属大学中，武汉科技大学历史最为悠久，与"辛亥"名称的历史感琴瑟共鸣，是为佳配。学校办学历史溯源于1898 年清末湖广总督张之洞奏请清朝政府批准成立的工艺学堂。2003 年武汉科技大学举行 45 周年庆典，时任湖北省教育厅厅长的路钢教授在作庆典致辞时指出："湖北地区办学历史最为悠久的高校有 3 所：一是武汉大学，其前身是自强学堂；二是华中农业大学，其前身是湖北农务学堂；三是武汉科技大学，其前身是湖北工艺学堂。这三所学校均为张之洞创办。"[41]

第三，武汉科技大学在湖北省内地位显著。该校原为部属院校，1998 年划转地方，具有良好的基础。在 2009 年教育部学位与研究生教育发展中心发布的全国高校学科排名中，该校冶金工程、矿业工程 2 个一级学科再次跻身全国高校前 10 名，14 个一级学科全国高校排名前 50 名。2011 年，该校已经拥有 7 个一级学科博士点，在湖北省属高校中名列第一。这样的基础，大体上不至于辱没"辛亥大学"的名号，而后者又能在一个不错的平台上更快地推动该校水平跃升。

　　第四，武汉科技大学更名不久。该校历经沿革，1958 年组建为武汉钢铁学院，1995 年合并组建为武汉冶金科技大学，1999 年更名为武汉科技大学。学校几经更名，现校名使用时间也并不太长，因此另择新名，对固有文化资产积累的负面影响不大。

　　以上分析，并不代表笔者仅属意于武汉科技大学。事实上，在创建"辛亥大学"问题上，应该取更为开放的姿态，目的在于合理保护和充分利用辛亥文化资源。我们本无太多资源可供挥霍或闲置，历史期待当下官、学、商等有关部门或人士能达成共识，以"辛亥大学"的创校来开启一段新的历史。

注　　释

1　笔者检索中国期刊网，截至 2011 年 8 月 31 日，文章中提及"首义大学"的计有 4 篇，提及"辛亥大学"的计有 3 篇。

2　章太炎：《武昌首义纪念宣言》，《华国月刊》1923 年第 1 卷第 3 期。

3　张难先：《湖北革命知之录》，商务印书馆 1945 年 11 月重庆出版，1946 年 5 月上海再版。2005 年出版严昌洪等主编：《张难先文集》（该文集为章开沅先生主编之《辛亥人物文集丛书之十一》，华中师范大学出版社）将《湖北革命知之录》编入，章太炎所作的《武昌首义纪念宣言》也一并被收录其中。

4　5　6　7　严昌洪等主编：《张难先文集》，华中师范大学出版社 2005 年版，第 462、463 页。

8　该文 1946 年 10 月 10 日在出版的《辛亥首义史迹》发表。2010 年，李西屏后人以武昌辛亥革命研究中心名义编：《李西屏文集》，湖北人民出版社 2010 年版，将李西屏倡建首义大学的这篇文章作为第十四部分录入。

9　抗战胜利后，在时任湖北省主席万耀煌、议长何成浚及居正、董必武、程潜、张知本、王世杰、熊秉坤等诸首义元勋的支持下，李春萱、向海潜、梁维亚等倡议于 1946 年 6 月 15 日在武昌正式成立"辛亥首义同志会"，该会后于 1965 年 6 月 6 日在台湾复会，更名为"辛亥武昌首义同志会"。

10 事实上李西屏与章太炎交往匪浅。在《李西屏文集》中，第三部分是友诤录，收入李西屏与章太炎的书文往来："1. 致章太炎先生书；2. 答李西屏书；3. 再致章太炎先生书；4. 再答李西屏书；5. 三致章太炎先生书。"参见武昌辛亥革命研究中心编：《李西屏文集》，湖北人民出版社 2010 年版。

11 14 武汉市地方志编纂委员会主编：《武汉市志 人物志》，武汉大学出版社 1999 年版，第 373—374、374 页。此外，张难先在《湖北革命知之录》中也详细记述武昌首义的经过，关于黎元洪被迫就任都督一事，也提到李翊东（即李西屏）的作用。李翊东当时拿着预写的《中华民国军政府鄂军都督黎布告》，逼请黎元洪签字，黎拒之，李翊东"余代为书，岂能否认乎"。参见严昌洪等主编：《张难先文集》，华中师范大学出版社 2005 年版，第 295 页。

12 武汉市地方志编纂委员会主编：《武汉市志·人物志》，武汉大学出版社 1999 年版，第 374 页。张难先：《湖北革命知之录》记述为"推李翊东为叙赏长，司赏罚"，见严昌洪等主编：《张难先文集》，华中师范大学出版社 2005 年版，第 295 页。

13 武昌辛亥革命研究中心编：《李西屏文集》，湖北人民出版社 2010 年版。

15 王长生：《抗战后的教育募捐运动》，《文史月刊》2005 年第 9 期。

16 该校区是清末清军新军的驻地，辛亥革命前夕，清军第 21 混成协的司令部以及下辖的第 41 标即设在时称黄土坡的该处。这些新军成为武昌首义的重要力量。参见毛磊：《驻黄土坡清新军对辛亥革命作出的重大贡献》，《思园》（中南财经政法大学校史馆内部刊物）2010 年第 1 期；又见《中南财经政法大学报》2010 年 12 月 27 日，第 7 版。

17 31 辛亥革命史研究会和武昌辛亥研究中心出版编：《辛亥革命史丛刊——纪念辛亥革命 95 周年国际学术研讨会论文专辑》，湖北人民出版社 2007 年版，第 59、599 页。

18 记者李咏、通讯员仝瑞中：《中外学者畅谈辛亥首义》，《长江日报》（汉网 2006 – 09 – 26），http：//www. cnhan. com/gb/content/2006 – 09/26/content_670519. html。

19 参见新浪网 http：//news. sina. com. cn/c/2006 – 10 – 09/070310186133s. shtml。

20　参见网易新闻中心 http：//news. 163. com/06/1009/08/2SVRPL5R00011229. html。

21　参见台海网 10 月 10 日讯 http：//www. taihainet. com/news/twnews/bilateral/2006 - 10 - 10/46210. html。

22　2006 年中新社湖北新闻网报道 http：//www. hb. chinanews. com/news/2006/2006 - 10 - 09/70771. html。

23　参见其新浪博客 http：//blog. sina. com. cn/s/blog_ 49eb9ac8010005r1. html。

24　参见华夏经纬网 http：//www. huaxia. com/whtb/xhsyyd/2007/09/880659. html。

25　毛磊：《关于两岸同胞携手开发辛亥文化资源的几点建议》，《学习与实践》2007 年第 10 期。

26　毛磊：《关于两岸同胞携手开发辛亥文化资源的思考》，《湖北文献》第 167 期。

27　毛磊：《创新之歌——毛磊自选集》，中共党史出版社 2010 年版。

28　毛磊：《关于把武汉建成"两型社会"的思考》，《江汉大学学报》2008 年第 2 期。

29　范前锋：《"两岸关系与民族复兴"学术研讨会观点综述》，《湖北省社会主义学院学报》2008 年第 6 期。

30　毛磊：《建议余彭年先生把主要资金投到建立"辛亥大学"》，参见联合早报网 http：//www. zaobao. com/forum/pages/forum_ lx090313k. shtml。

33　记者闻蔚：《章开沅呼吁建立"首义大学"武汉高校瞄准"首义"招牌》，《楚天都市报》2010 年 9 月 18 日，第 16 版。

34　通讯员郑宇、记者高家龙：《一高校成立辛亥革命研究所》，《楚天都市报》2010 年 9 月 18 日，第 16 版。

35　陈志鹏：《武昌首义大学呼之欲出》，《武汉晨报》2010 年 11 月 5 日，第 14 版。

36　记者高家龙、通讯员郑宇：《辛亥志士后裔提议辛亥百年武汉应建"首义大学"》，《楚天都市报》2010 年 11 月 27 日。

37　聂耀华、纪红、朱英：《精神上的导师 学术上的良友——记感动荆楚"十大杰出老人"章开沅教授》《学习月刊》2010 年第 10 期下半月。

38　《驻鄂全国政协委员在全国政协十一届四次会议上提案立案目录》，《世纪行》2011 年第 3 期。

39　《首义之旗诞生于刘公老房子》，《楚天都市报》2011 年 8 月 22 日。

40　徐启俊：《张之洞与武汉科技大学的渊源》，《重庆与世界》2011 年第 5 期。

41　何明昌等：《张之洞与武汉科技大学》，《武汉科技大学学报（社会科学版）》
　　2004 年第 3 期。

西南联大三常委
办学理念的整合及启示

高建国（云南师范大学副教授）
晏祥辉（云南师范大学硕士研究生）

组成西南联大常委会核心的三校校长梅贻琦、蒋梦麟、张伯苓无疑是公认的民国著名教育家。他们在各自的办学实践中都形成了自己独特的办学理念。研究他们的办学理念发现，彼此有"相同相和"之处。如 1946 年梅贻琦在西南联大九周年校庆会上所说的，三校联合到底"不是偶然的，原因是由于抗战前，三校对于事情的看法和做法，大同小异。"[1]但也有着认知程度上的差异性：梅贻琦在清华的办学实践，形成了其教育思想的三大支柱：教授治校、学术自由、通识教育；蒋梦麟执掌北大，主张校长治校、教授治学、学术自由、兼容并包，提倡美育，鼓励学生自治；张伯苓创办南开大学，侧重实用与效率，重视德育和体育。三校联合办学的成功与巨大成就的取得，离不开他们办学理念在西南联大的很好整合。

一、整合的体现

我们认为三常委办学理念在联大的整合主要体现在以下方面。

第一，对"通识教育"理念的认同。对于通识教育，梅贻琦在《大学一解》中有着精辟的论述。蒋梦麟早年主张个性教育和职业教育，看似与通识教育有矛盾。实际上，他主张个性教育，就是要养成健全之个人。而健全之个人的养成，需要个人的全面发展，包括独立不移之精神、筋血充实之体格、思考精确之头脑、真实正当之知识、个人优美之感情等；他注重职业陶冶，是为了使学生养成劳动之习惯和尊重劳动之精神。而这些内容又与通识教育有很多相通之处。张伯苓注重培养实用性人才，这与通识教育的非职业性、非功利性乍看相悖。著名经济学家、曾任南开大学代理校长的何廉先生在其回忆录中对张伯苓评价道："他不欣赏自由教育，事实上在南开大学的课程表中看不出自由教育来，他的定向是鼓励职业的、实际的和技术性的学习。"[2]然而，张伯苓始终抱着教育救国的理想而不懈追求，为达此目的，他注意熏陶人格、重视体育、提倡科学、注意精神修养、重视团体组织，这些内容跟通识教育的内涵可谓不谋而合。

第二，对"学术自由"理念的坚守。三校都有学术思想自由的传统，在西南联大得到了坚持和进一步发展。反映在教学上，教师可以根据自己的专业和兴趣，进行自由研究和探讨，何兆武回忆道："联大老师讲课是绝对自由，讲什么、怎么讲全由教师自己掌握"，"教师可以在课堂上充分发挥自己的见解"[3]。学生可以自由选课，有良好宽松的学习环境。这一切都离不开三常委对学术自由的坚守和对外部干扰因素的抵制。

第三，对"教授治校"理念的契合。正由于三常委对教授治校理念的"相同相和"，西南联大建立了教授会，并参与学校的管理。梅贻琦始终参与西南联大的校务会议和教授会会议，殚精竭虑，任劳任怨，为联大的发展做出了不朽的贡献。"教授治校"能在联大实施，与梅贻琦的民主治校风格和个人魅力有关。梅先生"吾从众"，尊重教授，依靠教授办学的理念，并不因为联大的特殊性而中止。在各种会议上，他总是倾听多方意见，集思广益，善善从长。每当出现意见分歧与争论时，梅贻琦"从容审夺其间，其定议也往往各如其意，充然若有得也"。[4]蒋、张二校长由于认同梅贻琦"教授治校"的理念，也放心地把联大事务托付于他。

第四，对"学生自治"理念的支持。张伯苓是三校长中较早鼓励学生自治的，蒋、张二校长把学生自治看作将来改良社会的准备，梅贻琦也不时鼓励学生进行自我管理。西南联大在《训导处工作大纲》中明确指出，对学生的管理"注重自治的启发，与同情的处置"，规定其目标是："力求北大、清华、南开三校校风之优点在联大有表现的机会；就学生日常团体生活，培养互助为公之团体精神；促进学生对于时代的觉悟，与对于青年责任之认识，以培养增强其参加抗战建国工作之志向与努力。"[5]并制定有《西南联大学生自治会章程》。

三常委办学理念在联大的整合，奠定了三校联合办学的思想理论基础。然而，这种整合，也离不开主客观因素的影响。

二、整合的缘由

我们认为抗战建国的大背景、"通家之好"的传统、三常委的相互信任以及三常委的契合性大于差异性是三常委办学理念在联大得以整合的重要原因。

（一）抗战建国的需要

面对日本的步步入侵，为了保存民族文化的命脉，国民政府实行战略转移，准备组建三个联合大学，即国立西南联合大学、国立西北联合大学、国立东南联合大学。然而，东南联大中途流产，西北联大联而不合，分道扬镳，唯有西南联大联合到底。究其原因，是知识分子精诚团结、共赴国难的爱国主义精神使然。"三校都具有光荣的爱国主义传统，北大曾是五四运动的发祥地，清华曾是一二九运动的指挥部，南开也因九一八事变后的抗日行动遭致日本帝国主义的嫉恨最终毁于炮火。在平津沦陷后，为坚持抗战建国而弦歌不辍，三校奉教育部令在长沙组成临时大学"[6]。可见，爱国主义是西南联大联合办学的基础。

在国家民族危难之时，师生同仇敌忾，共赴国难。学校里学生参军参战的爱国热情高涨，引起了三常委的高度重视。此期间，学校出了《长沙临时大学关于学生参加国防机关服务的优待办法》的布告，指出学生至国防机关服务，学校可保留学籍等优待条件，解决学生从军的后顾之忧。同时成立国防工作介绍委员会，为学生办理学校介绍函件。另外，学校也开始开设名人讲演和服务于战争的课程。梅贻琦曾说："我们做教师做学生的，最好最切实的救国方法，就是致力学术造就有用人才，将来为国家服务。"[7]战乱中筹办大学的最大困难，当然是经费与图书设备的缺乏。为了合理分配有限的经费，10 月 6 日，蒋梦麟主持召开长沙临大第 6 次常委会，会议决定预算分配比例为薪金65%，办公费12%，设备购置费14%，特别费2%，学生用费7%。为缓解图书资料、仪器设备极度短缺的矛盾，学校与迁来长沙的北平图书馆、中央研究院历史语言研究所及当地湘雅医院等订立借用合作办法，以充分利用有限的资源。[8]张伯苓毕生致力于教育救国，卢沟桥事变后，南开大学成为抗战中第一个被炸毁的中国高校。张伯苓校长在回答记者采访时说道："被毁者为南开之物质；而南开之精神，将因此挫折，而愈益奋励。"[9]与北大、清华先迁于湖南，合组为长沙临时大学，后又西迁昆明，组成国立西南联合大学。

由此可知，三常委一方面支持学生参战从军，直接服务于抗战，报效祖国；另一方面鼓励留下的师生倾心学术，为将来的建国培育人才。

（二）三常委的密切合作

尽管三校长资历与领导作风不尽相同，但在实际工作中三常委以其谦和与互让，相互信任和配合，形成和谐一致的集体。他们相互取长补短，集三校之长为一校之长，配合默契，合作无间，一起铸就了西南联大的辉煌。[10]抗战胜利前后颇具影响的《观察》杂志也认为西南联大的成功"不能不归功于教授先生的高超德行，三校传统上的宽容精神和三位特出的校长"[11]。

首先，张伯苓对蒋、梅二校长绝对信任。据郑天挺回忆："联大初成立，南开大学校长张伯苓对北大蒋梦麟校长说：'我的表你带着。'这是天津俗语'你做我的代表'的意思。"[12]蒋梦麟也对张伯苓信任有加，认为"伯苓先生老成持重，经验毅力为吾人所钦佩，应请主持一切……"[13]而梅贻琦则是张伯苓先生的得意门生。因此，张校长便把联大校务交给两位校长，只身前往重庆经营南开中学，在国民参政会任副议长，委托南开教授黄钰生、杨石先等掌理南开大学事务。

其次，蒋梦麟先生在联大的早期筹建与发展上功不可没。他认为"在动乱时期主持一个大学本来就是头痛的事，在战时主持大学校务自然更难，尤其是要三个个性不同历史各异的大学共同生活……"但不久蒋梦麟就振作精神，"和梅校长共同负起责任来，……幸靠同仁的和衷共济，我们才把这条由混杂水手操纵的危舟渡过惊涛骇浪"。[14]日军攻占南京后，沿长江进逼，威胁武汉，危及长沙。蒋梦麟主张迁往昆明，在征得蒋介石的同意后，又亲自到昆明勘寻校址。由于昆明校舍紧张，早在3月初，先期到达昆明主持联大筹建工作的蒋梦麟就前往蒙自实地考察。3月15日，西南联大首次常委会会议决定接受蒋梦麟的建议，把文学院、法商学院设在蒙自，租借原海关衙门等地为校舍，称为西南联大蒙自分校。[15]总的来讲，蒋梦麟先生"全力参与联大的筹建与发展，特别是在校舍安排与建设、分校与师范学院筹办以及内外协调、经费筹集、人才延揽诸方面发挥了十分重要的作用"。[16]在联大各项工作步入正轨后，他为了避免不必要的矛盾，低调淡出，让梅贻琦实际主持学校的行政事务，而自己则负责一切对外工作，以便让梅贻琦专心掌理校内事务。"蒋梦麟校长常说，在联大我不管就是管，这是实话；从而奠定了三校在联大八年合作的基础。"[17]蒋梦麟的宽容与大度被认为是三校得以成功合作的重要因素。时任联大国民党党务负责人的陈学屏说："西南联大之所以能够始终联合在一起以至抗战胜利，三校复员，而三校之间精神上的契合无间，且更胜于前，我们不能不归功于孟邻先生……"[18]

再次，梅贻琦校长任劳任怨，不负众望。他被称作"学校的主心骨"，以其"先进的办学理念和鞠躬尽瘁的工作作风，团结了全体师生，使三校的联合工作进展十分顺利"[19]。在风雨飘摇、惊涛骇浪的环境中，他独自苦撑危局，既照顾到北大、南开同仁的利益，又不使清华觉得在联合中吃了亏，表现出了高超的领导艺术。他利用庚子赔款基金所拨给清华的经费，在昆明建立了国情普查、农业、航空、无线电、金属学等研究所，使清华人员参加了这些机构的工作，减少了清华在联大中的名额，从而使三校在联大体现了较好的平衡，促进了学校内部的团结，为嗣后八年的顺利合作，奠定了初步基础。[20]抗战期间，物价飞腾，供应缺困。梅校长在常委会建议一定要保证全校师生不致断粮，按月每户需一石六斗米的实物。在昆明生活极端困难的时候，清华大学设立清华服务社，从事生产，用它的盈余补助清华同人生活。这事本与外校无关。梅校长顾念联大和北大、南开同人同在贫困，年终送给大家相当于一个月工资的馈赠，从而看出梅校长的公正无私。[21]八年多的西南联大，始终都在雍容和睦的气氛中长成，"月涵先生的不辞劳苦，要为最大的原因"[22]。蒋梦麟先生后来也不得不承认梅的功绩："先生以年最少，尝自谓年少者当多任事，故其负校务责任独多。……当国势动荡之秋，学府思想复杂，内部冲突自所难免，而联大师生得以协调，校务因以日进者，先生之力居多。迨抗战终了，三校复校平津时，先生又独任调度之责。"[23]

综上所述，三常委的办学治校理念在联大成功办学中居于核心地位；在办学实践中，三常委发挥了中流砥柱的作用，其地位不可替代。其中，张伯苓对蒋梦麟和自己的学生梅贻琦信任有加，把联大事务尽交由二位办理；蒋梦麟在临大和联大筹备初期，功劳最大，后超然淡出，主要负责对外联络；梅贻琦执掌大局，鞠躬尽瘁，终结硕果。

（三）三校"通家之好"的传统

北京大学、清华大学和南开大学三校联合时期的稳定和发展，是和三校师生的共同努力分不开的。三校有着"通家之好"的传统，这为三校的联合奠定了基础。清华的校长梅贻琦是南开第一班的高材生，他走上教育道路跟张伯苓的教诲和引导有着直接的关系；蒋梦麟曾长期担任南开大学校董，参与南开大学的筹划与发展；北京大学教授丁文江、陶孟和、胡适都曾担任过南开大学的校董；汤用彤、罗常培等人也曾在南开任教；陶孟和、江泽涵、吴大猷、钱思亮等都是从南开学校毕业的；清华的李济、蒋廷黻、李继侗等教授都来自南开大学；北大文学院院长胡适出自清华，清华文学院院长冯友兰出自北大等等。[24] 由此看出，三校的联合有其人事方面的优越条件。"这三个学校彼此之间血缘关系非常密切，这是一个先天的优越条件。"[25] 正是由于三校有着"通家之好"的缘故，三校在联合中不分彼此，办事效率极高。梅贻琦对时任北大秘书长的郑天挺十分赏识，多次希望他担任联大总务长一职，而当时郑苦于冗杂的行政工作浪费宝贵的治学时间而一再谢绝。最后还是蒋梦麟等北大负责人从大局出发，动员郑上任。当时物价飞涨，物资匮乏，学校总务工作举步维艰，且三校工作人员正处在磨合期，自有不少矛盾。郑上任后勤勉有加，多方疏通，且为人谦逊，使联大总务工作得以步入正轨，得到各方好评。[26] 另外，为了维持生计，闻一多不得已在正义路挂牌刻章以补贴家用，梅贻琦、蒋梦麟、杨振声、冯友兰等人积极为其张罗，制定"闻一多教授金石润例"，并登报广告。他们利用三校"通家之好"的优越条件，在联大的办学中发挥了重要的作用。

（四）三常委办学理念的契合性大于差异性

三校长由于教育背景、办学实践的差异，他们的办学治校理念也不尽相同，对通识教育、教授治校、教师管理、学生自治等理念的看法及实践均有所差异。但是，细究他们的办学理念，异中有同，大同小异，同大于异，而且这种差异性在联大的办学中得到了很好的整合。他们在一些核心办学理念上有着相同或相似的看法，并且相通相合，互为补充，其契合性远大于差异性。正是三常委办学治校理念的契合性，奠定了三校联合、成功办学的思想理论基础。

三、整合给我们的启示

西南联大在 9 年办学实践中，三常委的办学理念得到了整合，形成了居于核心地位的独特理念，保证了联大的成功办学。现在看来，这些理念对于当今中国高校教育不无裨益。

（一）践行通识理念，全面提高办学质量

从教育培养目标看，践行通识教育理念。《国家中长期教育改革和发展规划纲要（2010—2020）》（以下简称《纲要》）明确指出，"提高质量是高等教育发展的核心任务，是建设高等教育强国的基本要求"，"促进德育、智育、体育、美育有机融合"，"促进文理交融"。[27] 所有这些内容都与三常委认同的通识教

育理念不谋而合，说明在目前我国高等教育改革中，推广通识教育，不仅是教育改革发展的趋势，而且也是国家的重大战略部署。在通识教育改革方面，应致力于学生德智体美劳的全面发展，注重文理渗透，拓宽学生的知识领域，做到通专结合。

（二）保障教师地位，调动教师的积极性

从教师的角度看，应该尊重教师，发挥教师在教育改革中的作用。教师在学校中发挥着极其重要的作用，扮演着教书育人的关键角色。西南联大实行教授治校，教授有机会参与学校的重大决策，享有充分的管理学校日常事务的权力。梅贻琦以"端赖大师，教授治校"、"所谓大学者，非谓有大楼之谓也，有大师之谓也"的理念作为其办学的指导思想，对于好教授，"随时随地留意招揽"，对于在校的教授也十分尊敬。《纲要》提出"把教授为低年级学生授课作为重要制度"[28]，联大教授一方面参与学校事务，同时也教授学生基础课程。张伯苓校长认为"大学最要者即良教师"，保持着与教师间密切的友谊，让教师觉得学校有家的氛围，从而留住了好教师。对教育管理者而言，应该努力维护教师利益，解决教师的后顾之忧，让他们潜心学术研究。

（三）营造学术氛围，培育学术生态环境

良好而自由宽松的学术氛围是衡量一个大学办学水平的重要标志。梅贻琦实际作为联大的常委会主席，维持了"学术第一、讲学自由、兼容并包"的学风，并"不负众望地把三校的兼容并包、坚韧自强、严格朴素的学风熔为一体"[29]。何兆武先生晚年在回忆联大的学术气氛时也说道："一个所谓好的体制应该是最大限度地允许自由。没有求知的自由，没有思想的自由，没有

个性的发展，就没有个人的创造力，而个人的独创能力实际上才是真正的第一生产力。"[30]因而在高教改革中，大学应该培育和营造一种良好的学术生态环境。

（四）鼓励学生自治，让学生自我管理

对学生而言，充分发挥他们自己管理自己的本领，学校应该为学生自治积极创造条件。大学既是学习知识的场所，也是锻炼学生能力的重要时期。蒋梦麟认为，学生自治"是一个习练改良学校社会的机会……他们是以社会分子的资格，来改良社会，大家互助，来求社会的进化。不是治人，不是做主人翁；是自治，是服务"[31]，对于别人认为的自治会里面自己捣乱，他认为"自治会里边起冲突，是不能免的，是一定要经过的阶段。况且与其在学校里无自治，将来在社会上捣乱，不如在学校中经过这个试验，比较的少费些时"[32]。北大曾经让学生自己管理宿舍；在西南联大，"学生自己办伙食团，采买、雇厨师、公布账目也一律由学生负责"[33]。张伯苓鼓励学生组建老乡会，培养学生的自治能力。学生在学校里学会了自治，到了社会上才能懂得如何尽自己的一份力去改良社会。另外，西南联大琳琅满目的学生社团，丰富多彩的社团活动，也是学生进行自我管理、自我教育的一种重要方式。因而，大学应该鼓励让学生自我管理，并加以引导，避免走向混乱。

四、结语

梅贻琦、蒋梦麟、张伯苓都是我国近代著名的教育家，他们在西南联大的成功办学中发挥了极其重要的作用，主要体现在其

办学理念及办学实践中。三常委独特的办学理念为联大的成功办学提供了领导层的保障。然而，由于他们的教育背景、求学经历及办学实践不同，其办学理念有着一定的差异性。实际上，他们在教授治校、通识教育、教师管理、学生自治等核心办学理念上有着不同的看法。同时，他们的办学理念在很大程度上又具有相通性。相通性是他们办学理念整合的基础。这样的整合，形成了西南联大核心的办学理念，支撑着联大的办学的成功。

注　释

1　北京大学等编：《国立西南联合大学史料·总览卷》，云南教育出版社 1998 年版，第 15 页。

2　何廉著，朱佑慈等译：《何廉回忆录》，中国文史出版社 1988 年版，第 288 页。

3　25　30　何兆武口述，文靖撰写：《上学记》，三联书店 2006 年版，第 108—109、102、97—98 页。

4　黄延复等：《梅贻琦与清华大学》，山西教育出版社 1995 年版，第 192 页。

5　7　参见杨立德：《西南联大教育史》，成都出版社 1995 年版，第 83、9—10 页。

6　19　33　杨立德：《西南联大的斯芬克司之谜》，云南人民出版社 2005 年版，第 61、62、231 页。

8　10　15　16　26　孙善根：《走出象牙塔——蒋梦麟传》，杭州出版社 2005 年版，第 208、215、212—213、217、218 页。

9　南京《中央日报》，1937 年 7 月 31 日。

11　《观察》第 1 卷第 6 期，第 17 页。见孙善根：《走出象牙塔——蒋梦麟传》，杭州出版社 2005 年版，第 222 页。

12　17　21　郑天挺：《梅贻琦先生和西南联大》，见黄延复、马相武：《梅贻琦与清华大学》，山西教育出版社 1995 年版，第 161、162 页。

13　王士珍、郭建荣：《北京大学史料》第三卷，北京大学出版社 2000 年版，第 2 页。

14　蒋梦麟：《西潮·新潮》，岳麓书社 2000 年版，第 211 页。参见孙善根：《走出象牙塔——蒋梦麟传》，杭州出版社 2005 年版，第 206 页。

18　陈学屏：《"和光同尘"与"择善固执"》，《传记文学》第 5 卷第 1 期，1964 年 7 月。

20　吴泽霖：《记教育家梅月涵先生》，见黄延复、马相武：《梅贻琦与清华大学》，山西教育出版社 1995 年版，第 139 页。

22　毛子水：《追念梅月涵先生》，见黄延复、马相武：《梅贻琦与清华大学》，山西教育出版社 1995 年版，第 235 页。

23　蒋梦麟：《梅月涵先生墓碑》，见黄延复、马相武：《梅贻琦与清华大学》，山西教育出版社 1995 年版，第 232 页。

24　刘宜庆：《绝代风流：西南联大生活录》，北京航空航天大学出版社 2009 年版，第 7—8 页。

27　28　教育部：《国家中长期教育改革和发展规划纲要（2010—2020）》，2010 年 7 月 29 日。

29　陈岱孙：《梅贻琦先生纪念集》序，见黄延复、马相武：《梅贻琦与清华大学》，山西教育出版社 1995 年版，第 204 页。

31　32　曲士培：《蒋梦麟教育论著选》，人民教育出版社 1995 年版，第 153 页。

蔡锷军事教育思想论

朱　华（西华师范大学副教授）

尚欣欣（西华师范大学历史文化学院研究生）

蔡锷（1882—1916），字松坡，湖南邵阳人，是中国近代史上著名的革命家、军事家和杰出的爱国将领。1911 年，蔡锷调任云南第十九镇三十七协协统，同年发动云南重九起义，建立军政府，担任云南军都督，五年后，又首举护国运动的大旗，粉碎了袁世凯的复辟阴谋，成为再造共和的第一功臣。究其一生，蔡锷在军事事业上取得的重大成就，与其独特的军事教育思想有着密切的联系。笔者试从军国民教育、军队教育、军事学堂教育等三方面，对蔡锷的军事教育思想做一探讨。

一

19 世纪末 20 世纪初是中华民族危机最为紧迫的时期，甲午战争的惨败深深的刺激了中国人的心灵，随之而来的八国联军侵华，辛丑条约的签订，将这个早已负重不堪的国家推向了更加危险的边缘，亡国灭种的威胁促使各个阶层的仁人志士纷纷奔走呼号，寻求救世良方，一时科学救国、教育救国、军事救国等各种救国思潮风起云涌。自幼受湖湘文化熏陶感染的蔡锷，从小就抱有济世救民的爱国情怀，是甲午战争后新成长起来的这批爱国志士的典型代表。

蔡锷自幼天资聪明，爱好读书，很小就对古家兵书有所涉猎，童年时曾经读过"孙、吴、穰苴诸书"，对近代曾国藩、胡林翼的治兵思想更是推崇备至。少年时期师从樊锥、梁启超等维新派人士，这为他后来新式的军事教育思想的产生奠定了思想基础。1899 年，蔡锷留学日本，次年回国参加唐才常领导的自立军起义，起义虽以失败告终，但是它使蔡锷认识到强大的军事力量对于革命的重要性，于是二次求学日本的蔡锷，毅然投笔从戎，树立了"从事军事学问，期握统御并训练国民之实权，而后于国事有济"[2]的军事救国志向。同年以一篇《军国民篇》开启了他早期的军事教育思想的端绪。

1902 年，蔡锷考入日本东京士官学校，开始系统的学习近代军事科学知识。他阅读了大量的军事方面的书籍，对德国军事学家哥尔紫将军的《国民皆兵论》、伯卢麦将军的《战略论》等很感兴趣，他从解决中国的实际问题出发，在研究这些前沿军事理论的同时，注意结合中国国情，不断探讨中国近代军事改革的新思路，这一时期他的好友，同是著名的军事理论家的蒋百里，也对他的军事教育思想产生了一定的影响，"他俩的岁数同……弃文习武的动机也相同，蔡说'要革命笔杆不如枪杆'，与百里终身不二的国防思想正是一件东西……这样一对志同道合的青年，很快变成了形影不离的密友"[3]。1904 年蔡锷以优秀的成绩毕业于日本士官学校，一回国就立刻投入到军事教育事业中，在江西、湖南、广西、云南担任学堂监督、教官和多种军职。1911

年蔡锷调职云南，编写了另一部著名的军事长篇《曾胡治兵语录》。北京任职期间，他仍没有丢弃自己的军事教育事业，1913年12月他同蒋百里、尹昌衡等军官创设军事研究会，"请外国军事学家讲演，谋图改进军事教育，提高军事学术"[4]而这部包含了他大部分军队教育思想的《军事计划》就是在这时最终编订成册的。蔡锷的军事教育思想就是在救亡图存的时代潮流中，借助中西文化的熏陶感染，并结合自己的军事教育实践而形成的。

二

蔡锷非常注重对军事教育理论的研究，在对其不断的探讨过程中形成了自己独特的军事教育思想，包括早期的军国民教育、作为军事教育主体的军队教育以及与军队教育密切相关的学堂教育，这些教育思想在《军国民篇》、《军事计划》、《曾胡治兵语录》这三部军事长篇中均有所体现。

1. 服务于全民国防建设的军国民教育思想

1900年，蔡锷在梁启超主编的《新民丛报》上发表了旨在"唤醒国人"[5]的《军国民篇》。"军者，国民之负债也。军人之智识，军人之精神，军人之本领，不独限之从戎者，凡全国国民皆宜具有之"[6]。军国民，亦即用军人的智识，军人的精神，军人的本领来武装全体国民。军国民教育的目的就是通过普及军国民主义，为国家培养后备军事力量，这一教育主旨跟从人民力量上加强国防建设的国防理念是相一致的。从这一点来讲，以普及军国民主义为宗旨的军国民教育思想，为蔡锷的全民国防建设提供了强有力的支撑，具体表现在以下两个方面：

第一，军国民教育为国防建设培养有"道德力"的国民。

蔡锷认为，一个国家的国民道德力的强弱与这个国家的国防力量有着密切的联系。拥有"节俭、忍苦、果敢、坚毅、富于爱国心而重义务之国民"[7]是一个国家武力强大的重要表现，如果在国家危难之机，将这样的国民召集起来，必能御敌千里之外。然而在当时孱弱至极的中国社会里，要想将全体人民改造成这样有道德力的国民，只能依靠军国民教育，强大的国防力量依托的就是军国民教育下对国民的锻造和培养。通过军国民教育提升国民的道德力，从国民素质上增强国防力量，表现了军国民教育对国防建设的强有力的支撑。所以蔡锷在《军国民篇》中大声疾呼："吾不欲中国之竞言军备，而欲其速培养中国国民能成军之资格，资格既备，即国家不置一卒，而外虏无越境之虞。偶有外衅，举国皆干城之选矣。军国民兮，盍归乎来！"[8]

第二，军国民教育为义务兵役制的顺利推行奠定思想基础。

"苟明乎征兵之原理，则知平时之军队，即国民之军事学校也。"[9]蔡锷在这里所提到的征兵之原理就是义务兵役制，义务兵役制可以最大限度地吸纳国民接受军事教育，三年现役在军队接收军事教育，现役之后回到故里，行预备役和后备役，于农闲时继续接受军事教育和军事训练，目的就是通过军队教育培养具有军人智识、军人体魄的新国民，实现于四万万人民普及军国民主义的军国民教育宗旨。所以说，义务兵役制本身是实行军国民教育的重要途径。与此同时，军国民教育也为义务兵役制的顺利推行做了思想上的准备。蔡锷希望通过义务兵役制提高人民的国防意识，使每个公民都勇于担负起保家卫国的义务，这与军国民教育力图改变社会上的贱武风气，提高军人的社会地位，培养国民军人般的气节和精神等教育思想是一致的，所以军国民教育能为义务兵役制提供一个良好的舆论氛围和社会基础，为它的顺利推行做了思想上的准备。

2. 注重军队训练和军官教育的军队教育思想

"军队教育之目的，在训练军人及军队，使当战争之任。"[10] 军队教育事关战争的成败，历来为军事教育家所重视。蔡锷视教育为平日军队的唯一事业，他注重军队训练和军官教育的军队教育思想在《军事计划》中有鲜明的体现。

第一，人、器、兵、军四个一致的军队训练纲领。

蔡锷认为军事训练要做到人与器、兵与兵、军与军、军与国四个一致。

人与器一致指的是，单兵训练时要使手中之器内化成身体的一部分，"以至简之方法，为至多之练习"，达到人器合一的境界。

兵与兵之一致，指的是士兵间团结一致的战斗精神，蔡锷认为要培养这一精神，必须采用"自外及内，自形式而及于精神"[11]的方法。军队训练要求步伐一致，队列整齐，内务整理要求严肃认真，整齐划一，通过外在形式的一致获得精神上的高度统一，最终实现兵与兵之一致。

军与军之一致，指的是军队间统一的思想和行动。这种一致主要依靠军纪来实现。军纪是军队的命脉，其根源在于信任，想要保存它需要依托三个条件：一、临战不变单位，发挥固定团队的最大效力。二、原兵归原伍，培养军队的凝聚力和集体荣誉感。三、将校出身一致，保证军队智识大略相同，这样主将信任部下，部下全力以赴，则"战胜之主因得焉"[12]。

军与国一致，指的是全军上下保有一份赤诚的爱国之心，爱国教育是军队教育的重要内容，在方法上可以借助美术的人格表现来实现。蔡锷认为，国旗国歌就像是人的音容笑貌，而国家的历史地理就像是人的行动和体段，所以"闻国歌而起立""见国旗而致敬"，使国民"以其好色之诚而爱其国"[13]这是爱国教育的第一步，"读五千年历史""横揽昆仑、大江之美"[14]，熟悉国家的历史和山河状貌，这是爱国教育的第二步。此外蔡锷认为，人于声音、笑貌、体段、行动之外，还有一种人格精神，国家亦是如此，"共和国以自我为国家人格之精神代表，而要求其民也以名誉以自尊"[15]。即通过完善自我人格来达到主观爱国教育的目的。

第二，以军队为主体的军官教育思想。

蔡锷强调："无熟练之弁目者，则教不足以入其微，无强固之将校团，则力不足以举其重是也。"[16]教官在平时的军队教育中起着至关重要的作用，蔡锷历来注重对军官的教育和选拔，并且认为军官教育应以军队为主体。从军官的培养过程上来讲，蔡锷认为对军官的培养应该在一个分级军事教育体制下进行，军事学堂的学生毕业后升士官学校、专门学校、大学都必须经过军队的派遣。学校不能脱离军队自招学生，军队也不能舍弃学堂自辟将校。"学校之养（成）与军队之需要必相一致"[17]，这种军事教育体制"有利于由浅入深，循序渐进，系统地实施军事教育"[18]，保证了军事教育的连贯性，其根本目的就是将学生在学校中所学的理论知识，应用于实际的军队教育训练甚至是实际的战场指挥中，这对于一名合格军官的养成是非常重要的。蔡锷说："将校之真实本领在统御，其根本事业在军队。"[19]所以军官教育不是孤立于军队之外的理论教育，而是以军队为主体的实战教育。

3. 立足实际、注重实效的办学思想

对军事学堂的办理和经营是蔡锷早期军事事业的重要内容。他在江西、湖南当过学堂教官，在广西开办了许多军事学堂，执政云南期间，虽没有亲自督理讲武堂，但却与之保持着密切的联系，在他的掩护下，讲武堂大部分毕业生都走上了革命的道路。蔡锷办学注重实效，严肃认真，他的许多办学举措都是以取得良好的教学效果为根本出发点。

第一，重视学校师资队伍建设。

"一个学校的好坏主要决定于教育质量，而教育质量的优劣主要取决于教师的素质。"[20]蔡锷深谙此理，所以他历来很重视学校师资队伍的建设。办学之初他就托付国外的友人，帮助物色出色的留学生回国任教，这些延聘来的士官生大都"才学兼优，富有革命思想，都热心教学，循循善诱，深得同学们的爱戴"。在这些优秀的老师的带领下，广西陆军小学形成了良好的学风，"第一期学生毕业，升入湖北路军第三中学，考试成绩为各省之冠"。巡抚张鸣岐非常高兴，对蔡锷更加倚重，将广西所有军务都交由蔡锷办理。

第二，坚持笃实力行的办学方针。

蔡锷办学极其严格，从不假公济私。李宗仁是陆小第三期学生，第一次报考陆小的时候，只因报到迟到了十分钟，学校就取消了他的录取资格，直到第二年重新考取才得以入学。蔡锷的一个好友，想托蔡锷的交情，让他的儿子到陆小读书，却被蔡锷以"限于部章，不能通融"[21]的理由拒绝，其严格办学的风气可见一斑。此外，蔡锷虽贵为总办，但事必躬亲，笃实力行。例如，陆军小学创办时，他四处查看选取合适的校址，后又"亲自规划，

督工兴建"，他关心学生生活，"时常亲到厨房，检查膳食"，
"对于经办服装的人员，监督极严"[22]这些小细节表现了蔡锷认真
负责的工作态度。

第三，秉承"身教重于言传"的教育理念。

叶圣陶先生曾经指出："教育工作者的全部工作就是为人师
表。"[23]言传和身教都是教师工作的重要内容，身教重于言传。蔡
锷一直身体力行着这一教育理念。他平时话语不多，却时常参与
学生的训练活动，夏季他经常率领学生游泳，在工作之余他经常
率领学生练习器械体操。他还要求教职员与学生一起在食堂用
餐，借以加强师生之间的关系，蔡锷以自己卓越的军事技能和人
格魅力感召学生，处处为人师表，使学生对他钦佩之余，更是以
他为榜样"同学们看到总办这样热心带头学习，受到很大的鼓
舞，更加努力操练"[24]。

第四，注重爱国主义教育和革命思想的灌输。

蔡锷非常注重对学员进行爱国主义思想教育，干部学堂
的教员每星期都会对学员进行一次到两次的"精神讲话"，
讲话内容往往会涉及对学员爱国心的启迪和爱国热情的培养。
此外，他还通过教员对学生进行革命精神的灌输和培养。蔡
锷招聘来的教员有很多是同盟会员，或者是有着革命思想的
进步青年，他们在学堂和新军队伍里，"用多种方法激发学
生的革命情绪"[25]学生还可以利用自修时间，阅读当时的进步
报刊，使学生们的革命思想日益高涨。"在这班革命党人培
植下，学生的思想绝大多数是进步的，朝气勃勃，具有坚决
的革命意志和革命勇气"[26]。后来由广小毕业升入湖北武昌陆
军中学的学生，几乎都参加了武昌起义。

三

蔡锷的军事教育思想是在近代军事教育改革的洪流中生成的，它有别于中国传统的军事教育，具有鲜明的时代特色，主要表现在三个方面。

第一，受中外两大兵学文化的影响，有着深刻的时代印记。

蔡锷军事教育思想是在中西文化交融中形成的，蔡锷早年游学日本的经历使其得以接触西方先进的军事思想。军国民教育思想，最初是来自于日本军国主义的启发，兵役制度以及新式的军队教育思想等都是在立足国情的基础上，借鉴外国先进的军事理论和实践而形成的。但是我们也看到，蔡锷的治军思想和军官教育思想，在很大程度上则是完全地继承了中国古代传统兵家文化的衣钵，例如《曾胡治兵语录》中反映的"为将之道以良心血性为前提"、"安民爱民"、"带兵如父兄之带子弟"[27]等教育思想很显然是受到曾国藩"以礼治军、以诚为本"的治兵理念的影响。此外他在《古兵家学说辑要》序言中也发过这样的感慨："吾国二千年前之先哲论兵讲武，其伟大精深，以与近世相衡，实有过之无不及者。"[28]。蔡锷集中西两大文化元素为一身的军事教育思想，不仅反映了 20 世纪初中国近代军事事业起步阶段的状态和面貌，而且也带有新旧两种社会交汇的痕迹，具有鲜明的时代特色。

第二，以救亡图存作为军事教育的根本目的。

正如朱德所说，蔡锷是一个"具有爱国民主思想的人"[29]，蔡锷在历史上的一切作为都不失为爱国的举动。蔡锷的军事教育思想产生并服务于他的军事救国的政治主张，爱国性是最为显著的特点，军国民教育思想旨在唤醒国人，增强国人体魄，抵御外侮；军队教育思想直接用于指导实际的军队训练，提高军队的作战能力，将帝国主义赶出中国，广西练兵主旨其中一条就是"为求中国独立自由，必须战胜至少一个帝国主义国家，以此为最高目的"[30]；爱国思想教育更是学堂教育的重要内容，他教育军人"以救国为目的，以死为归属"[31]。蔡锷的军事教育思想源于这个苦难的时代，服务于他军事救国的政治主张，以武力开时代之端，视救亡为一己之任，救亡图存这一时代主题始终贯穿在他的军事教育思想中。

第三，具有很强的实践性。

蔡锷的军事教育思想是应时代需求而产生的，增强国人体质，加强国家武备力量，提高军队作战能力，实现民族的独立与振兴，这是20世纪初的中国人民所面临的最为紧迫和现实的问题。蔡锷以军国民教育锻造国人体魄，以国防教育增强国家武备力量，以军队教育提高军队作战能力，对孱弱的中国对症下药，这些教育观念在当时的确有济世作用，而且蔡锷的军事教育思想都曾被应用于实际的军事教育训练中，并取得了很大的成效。1905年到1911年春，蔡锷在广西编练新军，据李文汉记载，当时的广西是个烂摊子，"军事各机关尤为淆乱无纪"，蔡锷"勉担收拾残破之任……三月之间，困难问题，多迎刃而解，基础大立"[32]。云南练兵成果更是显著，民国劲旅——"滇军"就是出自他手，云南陆军第六十军的军歌中唱到："弟兄们，用血肉争取民族的解放，保卫蔡松坡留给我们的荣光。"[33]此外，像朱德、李宗仁、白崇禧等这些声名显赫的人物都曾受到过蔡锷的教育或影响，尤其是朱德，对蔡锷"总是感德不已"[34]。蔡锷的军事教育思想在护国运动中也得到很好的检验，1915年袁世凯图谋称帝，蔡锷出师抵滇发起护国运动，护国军军纪严明，士气高昂，大受国人赞誉，"每到一地，人民争送茶水，帮助运输，供给粮食，给护国军作战在物质和精神上以极大的支持。"[35]。试想护国之初，远在北京的蔡锷能够在云南"振臂一呼而全国景从"[36]击败数倍于己的北洋军，这显然与他平日对军队的悉心教育是分不开的。

服务于全民国防建设的军国民教育思想、注重军队训练和军官教育的军队教育思想，以及立足实际注重实效的办学思想构成了蔡锷军事教育思想的主要内容，这三者相互联系，相互补充，使蔡锷的军事教育思想成为一个完整的体系，这是它区别于传统的军事教育思想的一个显著的特点。蔡锷军事教育思想的产生反映了近代中国军事教育改革的需求，为近代军事教育体系的建立奠定了基础。时至今日，蔡锷的军事教育思想同样有着不可忽视的价值，他的"四个一致"的军队教育纲领、严格务实的办学理念等，对于我们建设现代化军队有重要借鉴。此外，剖析蔡锷的军事教育思想，对于今天探讨现代军事教育的规律以及军事教学的改革也有一定的启发。

注　释

1　6　7　8　9　11　12　15　16　19　27　28　31　32　曾业英：《蔡松坡集》，上海人民出版社 1984 年版，第 781、16、1276、32、1309、1310、1314、1315、1285、1309、1244—1247、781、1245、1450 页。

2　5　30　蔡端：《蔡锷集》，文史资料出版社 1982 年版，第 21、23、31 页。

3　陶菊隐：《蒋百里先生传》，近代中国史料丛刊第七十三辑. 沈云龙主编，文海出版社 1972 年版，第 18 页。

4　谢本书：《蔡锷传》，天津教育出版社 1983 年版，第 79 页。

10　训练总监部军学编译处编译：《日本军队教育令》，军用图书社 1929 年版，第

1 页。

13　17　毛注青：《蔡锷集》，湖南人民出版社 1983 年版，第 336、339 页。

18　施渡桥：《中国近代军事思想史》，国防大学出版社 2000 年版，第 383 页。

20　陆星：《李根源传》，中国文史出版社 1998 年版，第 30 页。

21　22　24　唐希抃：《回忆蔡松坡先生创办广西陆军小学》，中国人民政治协商会
　　议湖南省委员会文史资料研究委员会编：《湖南文史资料选辑》第四辑，湖南人
　　民出版社 1979 年版，第 224、225 页。

23　杜草甬、商金林：《叶圣陶教育文集》，河南教育出版社 1989 年版，第 386 页。

25　李书城：《辛亥革命时期广西的陆军干部学堂和陆军小学堂》，广西政协文史资
　　料研究委员会编：《辛亥革命在广西（上）》，广西壮族自治区人民出版社 1961
　　年版，第 93 页。

26　尹承纲、黄梦年、陈雄：《广西陆军小学堂学生与辛亥革命》，桂林市政协文史
　　资料委员会编：《桂林文史资料第十六辑》，《辛亥革命在桂林》，漓江出版社
　　1991 年版，第 170 页。

29　朱德：《辛亥革命回忆录》第一集，中华书局出版社 1961 年版，第 3 页。

33　冼星海：《冼星海专辑》三，中国艺术研究院音乐研究所：《中国近现代音乐史
　　资料丛刊》，广州音乐学院，1982 年版，第 146 页。

34　佚名：《朱德恩人是蔡锷》，《群言（复刊）》，1947 年第 7 期.

35　素安、适生：《云南陆军讲武堂的概况》，云南大学历史系编：《中国近代史参考
　　资料》下册，1973 年版，第 187 页。

36　唐德刚：《李宗仁回忆录》，华东师范大学出版社 1995 年版，第 37 页。

战后中共东北根据地对
日本人才的吸收与运用
——基于档案史料的一个概观

鹿锡俊（日本大东文化大学国际关系学部教授，
2009 年度美国斯坦福大学胡佛研究所访问学者）

在抗日战争胜利后的国共内战期间，中国共产党在东北根据地是如何处理包括战俘和侨民在内的滞华日本人的？这个问题直接涉及到对中共党史和中日关系史中一些重要侧面的再认识，因而是一个值得重视的研究课题。但是，由于它在政治上的敏感性及传统的历史教育所形成的思维定式，长期以来，对这个问题除了一些回忆录性质的文字外，一直缺乏学术性的专题考察。在强调与时俱进的今天，现代史学者应该尽快改变这种现状。

由于篇幅所限，这篇短文只能先就中共东北根据地吸收与运用日本人问题的若干层面作一个概观。在论述方法上，本文注重以原始档案为基础，让史料自己说话。因为，在已经有所流传的与本文主题相关的回忆录性质的文字中，几乎都缺乏档案根据，而真正的历史研究却是必须严格地建立于这种根据之上的。

一、蒋介石的忧虑与满足

保存在斯坦福大学胡佛研究所的蒋介石日记中，存有一份蒋亲笔写成的"民国 35 年反省录"。在论及抗战胜利初期对滞华日本人的处理时，其称："日俘军民共有三百万之众，且有教育、有组织，几乎遍布于全国，此为胜利以后最大之问题，如不能迅速遣回与处置，则社会治安之问题固甚严重，而为共党宣传与勾结，投入匪区被匪利用，以祸乱国家危害政府之殷忧贻患将不可胜数矣。美国协助我遣送日俘，至 7 月间，关内之日俘几乎完成其所预定之遣送计划。美国此一行动，不仅有益于我国计，而且对我民生之补助亦复不少。此一协助实远出于共同作战时武器训练之补充也。此乃一般人所不注意之大事。若其不予协助，则虽延长三年之久，亦决不能完成此一任务也。应特志之。"

蒋还说："受降工作被共匪之阻碍及其争取敌俘与敌械之争执，实为不测之事变，但最后仍能如计进行，完成受降要务。除少数敌俘为其宣传所欺骗，被其诱惑利用外，其他百分之九十九以上之敌俘可说顺利降伏，如数遣还，当初以为台湾降俘约有五十万之众，恐生他变，不易收拾，最后亦卒告无事，安全收回。此实为战后最大、最难之问题。共匪如此之阻碍与破坏，而其阴谋又如此之大，仍能为我在千挫百折中达成任务，如非天父之佑护我民族之复兴与国家之统一，盍能至此？"[1]

长期以来，人们在论及蒋介石迅速遣返日本人的原因时，大多只强调蒋对日本"以德报怨"政策的一面。而蒋在日记中的上述自白，则清楚地告诉我们，对日本人的迅速遣返，除了以德报怨以外，还另有防止日军"被匪利用"这一秘而不宣的深层意图。

　　但是，蒋介石在写完他当初的忧虑，而将笔锋转向最终的结果时，又不无满足地强调："共匪争取受降与收械时期之险象百出，迄今思之犹觉寒心。如果当时日俘、日械果为共匪所收获，或被其收获三分之一之数，则其为患亦不堪设想。彼匪最初争取之声势浩大，极其狰狞之色。然而最后卒一无所获，此实由于去年八月间敌军宣布投降之日，余即对敌伪军队发表宽大不究之通令，使敌伪知感而安心，而乃不为奸匪煽惑，有以致之。如许二百余万之敌伪军队几乎未有一小部队为匪所收编，亦可云奇矣。此虽平时之威信所致，然非精诚所感，亦决不能至此也。"[2]

　　事实真的如此吗？答案最好是从中共的档案中去寻找。虽然由于众所周知的原因，这方面的东西目前尚不多见，但在现在已经能够找到的中共解密档案中，还是能够大致了解到中共控制区在对待日本人方面的概况。

二、中共对日本人的争取

　　先说关内。针对抗战胜利后国共相争的局面，中共认为蒋介石和美国"企图组织日军参加内战的可能是存在的"，故很早就以军事委员会和总政治部的名义指示各地作"对付的准备"。其中要求："各大军区敌工科要开始研究和处理日俘工作，今后凡战场俘虏日人，必须严格执行不侮辱不虐待政策，教育启发他们认识本国的殖民地地位，争取和我们共同反对美蒋。"华东地区的中共领导人陈毅也指示：俘虏之日军官兵和侨民等，原则上大部即时遣送回国，小部争取自愿留下（如医生、技师、炮手等专门人才及能做日军工作的）。[3]

上述指示的执行情况及其结果如何呢？在新四军政治部 1945 年 10 月 19 日发出的一份秘密文件中，有比较清晰的描述。它说：

"日军投降、部分缴械及伪军受国民党收编后，由于国民党军队对缴械日军之虐待，给以报复性之侮辱，甚至罚苦役，和国民党蒋介石、何应钦等为着自己洗脸面，打击伪军，宣布伪军少将以上应履行自首，否则逮捕审判，这使日伪军内部情况起了很大变化，由拒绝与我接近，不愿缴械给我，转变为愿与我谈判建立关系和部分向我缴械，或供给物资。最近由九江撤到南京缴械的第二批日军，经我七师地区时，我方派员联络交涉后，送我机枪 50 挺，估计将有其他物资继续送我，且有一部日军表示愿向我缴械。淮南日军把上万斤黄、黑色炸药卖给我们。苏中日军某旅团长愿亲自与我方代表会谈。前与我谈判之冈村宁次司令部人员，见我方人员后亦表示后悔与感谢我们。伪军、伪组织人员则非常动摇恐慌与不安，表示愿与我接近建立关系，有些要求我方派人去联络。各地应抓紧这一有利时机，向日伪军开展广泛的政治攻势"。

"目前对日伪军工作方针是：利用一切社会关系展开政治攻势，尽一切可能（不管过去有无关系）设法派员前往联络，宣传我对日伪军缴械后的政策，争取日军部分向我投诚。缴械后，给以优待，并保证其安全归国，或做到经过交涉，取得其部分物资或武器弹药。如日军愿给我们物资、武器、弹药等的帮助，我则可给以相当之金钱代价或物资慰劳"。

"今天开展日伪军工作的方法上，根据过去经验，应转变过分刺激造成对方反感的做法，而首先应尊重其人格，以友谊的态度接近之，不以傲慢态度待人，又不示弱的原则下进行之。对国民党虐待俘虏及其投降后所造成的生活困难，给以同情、关心与安慰，并在可能条件下帮助之。如愿向我缴械给我物资时，我方可表示感谢。但无论对日伪军的这些宣传、谈判，都不应见诸信件、传单等文字上，在公开宣传方面，仍以解散伪军、立即放下武器为基本内容"。[4]

从上述中共档案中，我们似乎可以得出以下几点认识。

第一，与公开的宣传不同，在不见诸文字的政策中，中共实际上具有争取日本人"和我们共同反对美蒋"的目标，其中还包括对"俘虏之日军官兵和侨民"中的医生、技师、炮手等专门人才"争取自愿留下"的方针。

第二，与今人关于蒋介石、国民党为笼络日军、伪军而放弃原则、一味姑息的通论不同，实际上国民党对缴械日军有被中共称为"虐待、报复性之侮辱，甚至罚苦役"的行为，对伪军也"为着自己洗脸面"，而要求"少将以上应履行自首，否则逮捕审判"。

第三，国民党方面在受降中的上述做法，加上蒋介石自己多次在日记中自责的国民党在接收敌区过程中发生的种种"骄横放荡，令人难堪"的腐败行为[5]，再加上中共与之针锋相对的尊重日伪军人格，"以友谊的态度接近"的政治攻势，这三者合在一起，促使"日伪军内部情况起了很大变化"。因此，中共在受降工作上并非如蒋介石判断的那样一无所获。事实上，除了新四军文件中提到那些物质性收获以外，在人员方面，仅就中共华东部队而言，据《华东军区第三野战军敌军工作史》称："抗战胜利后，华东部队在津浦路战役中招降日军4000余人，高邮战役中俘虏900余人，加上各地招降之日军，总数颇不少。"[6]

再看本文的对象地区之东北。由于这片广袤的土地当时被置于苏军的支配之下，中共在这里享有得天独厚的有利条件，在争取日本人方面当然也有比关内更大的灵活性。

反映中共东北当局对待日本人政策的较早的档案，是先期由山东抵达南满的萧华于 1945 年 11 月 19 日发给中共中央的一份电报，其称：

"东北有日人 400 万，其中除少数为资本家、职员及失业军人外，大部分为铁路、电气、化学等技术人员及工程师、工人等。东北技术部门全握日人之手。我们建设新东北是离不开这些技术人员与工人的。我们对日人政策正确与否，决定这批人的背向。特提出几点：

1. 对日本战争罪犯（重要官员、特务头子，大财阀，大顾问）一律加以逮捕，对首要分子加以公审镇压，没收其财产（除留其家属维持生活外）分给日本工人。

2. 日本工人、侨民、职员、医生、工程师、学生、小商人等不能与日统治者一样看，应加以保护。号召他们参加日解会，启发其民族与阶级意识，只要遵守我政府法令，即可加以保护。

3. 目前安东、通化、营口大批日工失业，我们应予救济。

4. 对日各种技术人员加以招收和运用，生活上给予优待，改造思想为我服务。最近招收结果，成绩颇佳。

5. 对日公营工厂、仓库与大资本家工厂加以没收接管，侨民工厂予以登记。在遵守我法令下，允其开工与投资我工厂。

6. 有些日本青年要求成立武装，在目前不适当。因此决定组织日本解放学校，吸收日本青年军事技术人才及一部分失业工人加以改造，争取为我服务与培养日本军事干部，并由解联派人负责"。[7]

三、被吸收者的人数与转变过程

其后，中共在东北地区到底吸收了多少日本人呢？1946 年 10 月 25 日，军事调处执行部的美国代表曾在致中国共产党代表的备忘录中指出："本办公室尚未自东北九省中共人员方面得到任何关于在中共辖区彼等现保留或意欲保留之日本技术人员之数目之确定通知，但据估计，在东九省中共辖区内至少尚有 5 万 3 千日人。苟此数大致正确，则此项数字实远远超过为维持或管理此等地区内之工业设备的实际需要之人。"[8] 对此，中共当时当然是予以否认的。

但是，1948 年 10 月，中共东北当局的"日本人管理委员会"在一份关于东北根据地日本人概况的内部报告中称，截至1948 年 10 月，在东北根据地被留用的日本人的人数为："军队系统为 10000 人（军工部 2000 人、军需部 1000 人、卫生部 7000人）；政府系统下 13600 人〔铁路 1600 人、工业部连矿山 3000人、政府及公营工厂 3000 人、私营工厂及自由生产者（即日本老百姓）6000 人〕。共计 23000 人。"它还强调，"这一估计很不完全，实际人数约有 30000 到 35000 人"。[9]

另外，在中华人民共和国外交部档案馆近年解密的档案中，有一份写于新中国成立初期，题目为《东北日本人情况和处理的意见》的文件，详细地描述了被留用在中共东北根据地的日本人的以下相关情况：

首先，日本人被留在中共东北根据地的原因。这份文件列举了三点："第一，在 1946 年 9 月，我解放区（当时是北满及西满）曾遣送过二三十万日本人回国，当时由于我军队、机关、企业工作上需要，是我们将他们留下的。第二，当 1946 年 9 月遣送，由于开拓团之类原先住于偏僻地区，来不及向哈尔滨、齐齐哈尔市集中，错过遣送时机而留下的。第三，是国民党匪军、伪机关、企业留下的，当 1948 年冬东北全部解放时，被我们接收而使用的。"

其次，被中共东北根据地留用后，日本人的三个阶段的变化："第一阶段是心怀不满，悲观失望的时期——日本打了败仗，日本人是战败国的国民，前途没有希望。一部分心想，日本能够复兴，再向中国和苏联复仇。他们看不起中国人，看不起八路军，对我们将他们留在中国，非常不满，天天想回国，不好好工作。这是 1946 年到 1947 年的情形。第二阶段是逐渐了解和迈步的时期——日本的青年男女，例如在鹤岗煤矿、军区卫生部、铁路、旅大地区、齐齐哈尔地区、延吉地区等部门的，在我党、我军、我政府领导下，工作了一个时期，经过了政治学习和诉苦、坦白、审查成分的运动，看到我军三下江南以及以后的伟大军事胜利，思想上起了变化。开始认识了天皇制的罪恶，日本帝国主义进行侵略战争的罪恶，知道美帝国主义把日本变为殖民地的阴谋。对人民解放军有了进一步的认识，工作就安心了。这是 1948 年全东北解放前后的情形。第三阶段是他们继续进步的时期，他们看到中国人民解放军统一了除台湾、西藏以外的全中国（有不少日本人直接参加了这一斗争，此事我们对外不发表，但内部同志却需要知道的），以及中华人民共和国的成立，又看到一年来中国在军事、政治、经济上的成就，日本的青年男女，大部分把中国人民的胜利，完全看作他们自己的胜利，甚至向来对我们不满，抱有成见的少数日本高级技术人员也不能不佩服我党和政府。"

最后，被留用的日本人的工作表现。文件称："这几年来，他们的工作一般说来是很努力的。据不完全统计，1948 年 1 年中，在工厂、矿山、铁路、农场、医院、军队等 56 个单位 5154 名日本人中，立功者达 1429 名，占百分之二十八。1949 年度，23 个单位统计，1925 名中，立功者及模范工作者为 986 名，达百分之五十一。鹤岗日本工人和中国工人团结起来，发明了'正规回采法'，这一办法已被介绍给全中国了。全山六个机械化掌子中，四个是由日本工人负责的。东北军事工业部在 1949 年 6 月 6 日召开第 1 次功臣模范会议，49 名代表中日本人占了 7 名，其中有冶金工程师秋田俊，电气工程师、机械工程师等，另有一看护伊藤文子（26 岁）曾在 1948 年中，输血 9 次，挽救了中国病人的性命。在军队中，和蒋匪军作战中日本人也有英勇的，例如七纵队的田中勇，曾立大功一次，小功两次。1949 年 3 月 15 日，我军战车队表扬了 3 名战斗英勇的日本人和两名模范工作者。上面所说，日本人在思想上的进步、工作上的努力，应该肯定是主要的基本的情形（当然，另一方面也有思想落后和反动的，甚至谩骂我党的，工作消极怠工的，但总的说来是少数，这些人在日本群众中也是孤立的）。"[10]

这份文件所提供的中共东北当局对日本人被留用的原因和留用后的思想变化过程及工作状况的总结是如此具体，以致笔者不必再作补充。笔者在此只想特别提醒两点：其一，被留用的日本人活跃在中共东北根据地包括军队和政府机关在内的各个部门；其二，一些日本人还直接参加了和国民党军队的作战。

四、日本人所发挥的作用

被留用的日本人在东北根据地发挥了何种作用呢？我们可通过下面三个事例而窥其一斑。

第一个事例是东北解放军的医疗部门。

东北解放军（即第四野战军）在解放东北及全中国的过程中所立下的汗马功劳是众所周知的，而医疗部门在一支大规模作战的部队中所占有的重要地位也是不言而喻的。在确认了这两个前提后，人们不能轻视前面提到的一个统计数据：在东北解放军的医疗部门中，日本人多达7000人。这是一个什么概念呢？有三个资料很说明问题。

其一，是陈云在1947年6月致卫生部长孙仪之的信函。其谓，"南满医生、护士全部日籍，迟早会回国，请你注意并为南满准备必要的医生、护士，千万请注意，否则将一定出岔子"[11]。

其二，是东北军区卫生部长贺诚1948年1月在一份报告中的回顾，他说："当时医院的工作人员，80%以上是敌伪旧医院的工作人员。一个医院我们顶多派去一个院长，有的只能派去一名军事代表，能力还不一定很强，没有管理日本人的经验，技术上也不能掌握日本人。"[12]

其三，是1950年解放军第13兵团后勤卫生部政治处内部发行的一份《功臣专刊》，它表彰了该兵团后勤卫生部门的1887位立功者，其中，日本人的姓名竟占了四分之一。[13]

这三个资料说明，日本人无疑曾在一个时期充当了东北解放军医疗部门的主力。

第二个事例是大连建新公司。

1947 年，中共东北当局为加速解放战争的胜利，在大连组建了一家大型兵工生产联合企业，即大连建新公司，它包含有炮弹厂、引信厂、钢铁厂、化学厂、制罐厂等。其后，在整个战争过程中，"大连建新公司为华东及东北的我军，提供了巨大数量的优质后膛炮弹、引信、无烟火药以及 1000 多门迫击炮。当年指挥华东解放战争的陈毅、粟裕同志，曾经亲自签发信件给旅大党委，对建新公司的支前工作和旅大工人阶级表示勉励、感谢。粟裕同志生前还回顾说，华东地区的解放，特别是淮海战役的胜利，离不开山东的小推车和大连的大炮弹。"[14]然而，1987 年，辽宁省国防科技工业办公室史志办在其编辑的史料中，披露了这样一个事实：建新公司曾留用了约 300 名日本技术人员，担任公司有关部、室和厂技术部门的负责人，为我兵工生产服务。该书评价说，"他们是很认真负责的。建新公司所以能在短时间内，克服技术上一个又一个难关，制造出炮弹、发射器等军工产品，支援前线，这主要是依靠全体职工在党的领导下艰苦创业的革命精神，但与当时在公司工作的日本技术人员的劳动也是分不开的。"[15]

第三个事例是"东北老航校"。

1946 年 3 月，中共东北当局在通化创办了东北民主联军航空学校，后来通称为"东北老航校"。它是中共军队培养空军飞行员与相关技术人员的第一所学校。曾任中共中央东北局书记的彭真曾赞扬东北老航校是"中国人民航空事业的摇篮"[16]。因为，它为中国人民解放军培养出了第一批飞行员、技术人员和各种业务骨干，成为新中国空军的基础力量。全国解放后，东北老航校还为海军航空兵、航空航天工业、民航和国防体育输送了一批领导骨干和技术骨干，向航空工业局移交了一批工厂。而在 2001

年出版的有空军背景的回忆录《东北老航校》一书中，"东北老航校建校纪念编写组"正式确认：东北老航校初创时期的教官和技术人员，基本上是以被收编的日本关东军第二航空军团第四练成飞行大队和从东北、山东等解放区转来的其他日籍航空人员为主，其人数共有340余人。该编写组还称：老航校从成立到结束三年多的时间里，培养各类飞行技术人员557名，这些人在人民空军创建过程中成为中坚力量，完成了党中央交给的为人民航空事业培养"种子"的历史使命，而这些成就都和日本人才的卓越成绩密不可分。[17]

　　以上三个事例都是和军事密切相关，且都在新中国成立之前。其实，在新中国成立不久沈阳市人民政府写给中央的一份报告中，有一段从更广泛的方面证明了日本人才之重要性的话。它说："我机关及公私营企业中有一部分日人，还须继续留用，因工作较专门，我方一定期间内尚无人可以代替其工作。如卫生部门之教授讲师等。又如工业部门的技术人员、医务人员等及其他公私营企业中这样人员现在尚无法确定其人数，现据卫生部在沈市统计，须继续留用者254人，工业部须留用的全东北统计为1830人。其他如邮电局、东北银行等机关亦有日侨技术人员须留用，尚未提出意见及统计数字。"[18]

　　1954年10月11日，周恩来总理在接见日本访华团时回顾说："1945年8月15日之后，日本军队放下了武器。在那一天之前，我们打了十五年的仗。可是一旦放下武器，日本人就同中国人友好起来，中国人也把日本人当作朋友，并没有记仇。最大的、最生动的一件事，就是有很多日本人放下了武器之后，参加了中国人民解放军，帮助我们把蒋介石和美国赶走。这个例子就在东北。东北有许多日军在放下武器之后，并没有回国，他们和一部分日本居民参加了中国人民解放军，充当医生、护士，在工厂工作，当工程师，在学校当教员。昨天还在打仗，今天就成了朋友。我们中国人民相信了他们，没有记恨。很大多数的日本朋友，工作很好，帮助了我们，我们很感谢他们。他们完全自愿来的，不是我们把他们俘虏来强制他们的。所以去年大多数都送回国了，有两万六千多人。你们不信，可以回去问问他们。诸位想想，曾经打过仗的人，放下武器就一起工作，而且互相信任。很多中国人受了伤，请日本医生给他们动手术，病了请日本女护士看护，很信任他们。在工厂中他们相信日本工程师，就把我们的机器转动起来。这是友谊，可以说是真正的友谊，可靠的友谊。"[19]

这段谈话似可作为本节的小结。

五、结语

国民党在和中国共产党争夺东北时，也在他们的控制区内留用了很多日本人。1946年12月2日，美国驻华大使馆公使巴德华照会国民政府外交部称："据与遣送日侨有关之本国军事当局估计，东北计有7万所谓技师及其眷属人等现被扣留而不予遣送。本国军事当局曾由委员长东北行营处获悉该行营曾奉训令以'所有日籍技师及工作人员为东北所需者均可予以保留'云云"。[20]对美方的这一指责，12月6日国民政府外交部亚东司曾在一份内部签呈中说："东北留用日籍技术人员数额各方所报不一。据熊（式辉）主任6月3日电：留用人员约5万人（全部技术人员为15万人）。国防部9月24日统计：留用技术人员为10672人（眷属人数不明）。据东北管理日籍技术人员负责人告本部前赴东北调查战犯人员：留用技术人员及眷属约 7 万人。[21]"
由此可知，美方掌握的东北国统区留用日人数据似大致无误。

国民党方面在东北留用的日本人比中共所留用的还多，但在目前能找到的相关史料中，看不出他们发挥了多大作用。这至少说明，被留用的日本人对某一方的价值之大小，并不取决于人数之多少，而是取决于留用他们的政权所推行的政策之优劣。

不过，在结束本文时，笔者还想补充以下三点意见。

一、战后滞留中国的日本人，按战争结束时的职业来分，可分为军人（日俘）与民间人士（日侨）；按有无技术来分，则可分为技术人员与非技术人员。对待这些不同类别的日本人，国共双方在方针上都是有区别的。因此，今人在看待这个问题时，不应该一概而论。另一方面，由于上述各类人群之间内在的交叉性和留用政策实施过程中出现的灵活性，我们在重视区别的同时，还须注意到联系和混同。

二、不论是国民党还是共产党，在制定和实施对日本人的处理政策时，都是随着时间、地位、环境、立场等因素的变化而变化的。但就整体而言，当一个政党还处于公认的执政党地位时，他们在处理日本人的政策上，就受到国际观感（特别是美国对留用日本人的坚决反对）和国内舆论较多、较大的束缚而难以放开；[22]反之，革命过程中的政党则较少束缚甚至可以暂且无视束缚。

三、在战后的国共相争与国家重构中，日本人充当了什么角色或"被"充当了什么角色，是我们今日重新探讨战后国共关系史和中国现代史之际应该注重的一个视角。

笔者附言：本文在调研过程中曾得到刘通教授等学友的宝贵

帮助，谨致以衷心的感谢。

注　释

1　蒋介石日记（手稿），"民国三十五年"反省录，斯坦福大学胡佛研究所藏。

2　前揭蒋介石日记（手稿），民国 35 年反省录。

3　南京军区政治部联络部编：《华东军区第三野战军敌军工作史》，1994 年，第 27 页。

4　《新四军政治部关于争取日伪军缴械的指示》，1945 年 10 月 19 日，前揭《华东军区第三野战军敌军工作史》，第 161—163 页。

5　譬如，蒋介石在 1945 年 9 月 1 日的日记中写道："闻冷欣陆军总部派遣南京设立前进站之主任等，到京骄横放荡，令人难堪。又闻我突击队占领南京机场后即抢掠仓库物品等事，不胜忧惶。军队无纪律，军官无常识，交通无工具，行动无自由，思之但有惭惶。"斯坦福大学胡佛研究所藏。

6　《华东军区第三野战军敌军工作史》，第 27 页。

7　《东北我军行动部署摘要》。

8　军事调处执行部备忘录（CDR 字第 659 号），1946 年 10 月 25 日。

9　长春，吉林省档案馆藏档，现字 2 号全宗。

10　北京，中华人民共和国外交部档案馆藏档，118—00118—02（1）。

11　《陈云致孙仪之函》，1947 年 6 月 18 日。高恩显主编：《中国人民解放军第四野战军卫生工作史资料选编》，人民军医出版社 2000 年版，第 64 页。

12　贺诚：《在新形势下的卫生工作》，1948 年 1 月，前揭《中国人民解放军第四野战军卫生工作史资料选编》，第 179 页。

13　第 13 兵团后勤卫生部政治处：《功臣专刊》，1950 年。

14　引自韩光为中共大连市委党史工作委员会编：《大连建新公司兵工生产史料》所作序言，1988 年，大连图书馆藏，第 2 页。

15　详见《关于建新公司对日籍技术人员工作的情况》，辽宁省档案馆藏：辽宁省国防科技工业办公室史志办编：《辽宁军工史料选编》第一辑（解放战争时期），1987 年，第 68—74 页。

16　1986 年彭真为纪念中国人民解放军东北老航校建校 40 周年的题词。见张开帙、麦林主编：《东北老航校》上册，蓝天出版社 2001 年版。

17　详见东北老航校建校纪念编写组：《东北老航校的战斗历程》，《东北老航校》下
　　册，第 1096—1144 页。

18　详见《沈阳市日本侨民材料及处理意见》，1950 年 12 月 1 日，中华人民共和国
　　外交部档案馆藏档，118—00086—05。

19　周恩来在接见日本国会议员访华团及日本学术文化访华团时的谈话，1954 年 10
　　月 11 日，北京，中华人民共和国外交部档案馆藏档，105—00158—02。

20　《美国驻华大使馆公使巴德华致外交部照会第 565 号》，1946 年 12 月 2 日，台
　　北，国史馆藏档，案卷号 172—1/0861。

21　外交部亚东司签呈，1946 年 12 月 6 日，台北，国史馆藏档，案卷号 172—
　　1/0861。

22　关于这个问题，有兴趣者请参见拙稿：《国民政府留用日本技术人员的政策过
　　程》，南京大学学报特集《民国研究》总第 10 辑，2006 年 12 月，第 27—41 页。

为了人民大众是
共和国不变的宗旨和方向
——新中国农村医疗卫生体制
演变 60 年的历程及启示

路小可（北京外国语大学哲学社会科学学院副教授）

　　弹指一挥间，新中国一个甲子已经过去。历史是不能割断的，记得一位哲人说过：历史越长远，人们对历史的认识会越清楚。30 年前，当"文化大革命"刚刚结束，人们尤其是精英阶层记忆最为强烈的是动乱的伤痛，对新中国第一个 30 年的评价难免出现盲人摸象般的偏差。今天，以改革开放为标志的新中国第二个 30 年又过去了，历史的观察镜套上了长焦距，帮助人们能够全面、深刻、细致、本质地认识和评价共和国的历史。本文试就农村公共医疗卫生体制 60 年的变迁风云作扫描透视，以期正确认识共和国那一段激情燃烧的岁月。

一、农村合作医疗是一场成功的"卫生革命"

　　医疗卫生，是人类社会的一件大事，能否处理好，直接关系人民的健康幸福和社会的文明进步。但在黑暗落后的旧中国，社会的公共医疗卫生从未摆上统治者的重要议事日程。自以为代表国民的国民党政权（南京国民政府）建立后，声称"全民健康完全由政府负责"，而实际上，它从没有把卫生事业当作一件大事。在"黄金十年"最好的 1936 年，国民政府对卫生的投入仅占政府全部财政支出的 0.7 %。[1]在整个民国时期，个人付费是中国广大农村唯一的医疗融资方式。由于绝大多数人的健康没有保障，中华人民共和国成立之前，中国的婴儿死亡率高达 250 ‰，[2]人均预期寿命则只有 35 岁左右，相当于美国 18 世纪 80 年代的水平。[3]

　　在探索民族独立和人民解放的伟大征程中，中国共产党始终把亿万中国人民的福祉牢牢地刻在心中，公共医疗卫生自不例外。早在抗日战争胜利的前夜，毛泽东在规划未来的新中国时，他深刻地指出："所谓国民卫生，离开了三亿六千万农民，岂非大半成了空话？"[4]新中国成立初期，在 1950 年 8 月召开的第一届全国卫生工作会议上确定了"面向工农兵"的医疗卫生工作方针。虽然仍处于抗美援朝战争期间，新政府在推进农村医疗组织发展方面仍进展很快。到 1952 年底，全国县级卫生机构已从 1949 年的 1400 余所增加至[5]所，遍及全国 90 % 以上的地区。但国家在多年战火后新建，百废待兴，如何建立起惠及亿万民众的卫生医疗体系，仍是一项极为艰巨的任务。

　　农业合作化高潮的出现，为完成上述任务奠定了体制的基础和找到了实现的途径，这就是在农村合作社的集体经济体制框架内走合作医疗的道路。1955 年 5 月 1 日，山西省高平县米山乡联合保健站正式挂牌成立，这是当时全国第一个农村医疗保健站，是中国农村实行合作医疗制度的雏形。有以下几个特点：一是由农业生产合作社、农民群众和医生共同集资兴建，保健站的日常经费则由农民交纳的"保健费"、从农业社提取的 15%—

20%的公益金和医疗收入三方保障；二是实行合作医疗。在自愿的原则下，每个农民每年缴纳5角钱的"保健费"（其中从社员工分中代扣3角、集体另补助2角），即可享受预防保健服务，患病就诊时免收门诊费、出诊费、挂号费、手术费；三是贯彻预防为主的方针，实行巡回医疗和责任区制度。保健站除做好门诊外，还按地区划分卫生区和责任地段，安排责任医生、保健员和接生员；四是坚持勤俭办站，保健站坚持"三土"（土医、土药、土方）上马、"四自"（自种药、自采药、自制药、自用药）创业，卫生所有药园，生产队有药田，家庭院落有药圃，在发挥中国传统中医草药优势的同时，减轻集体经济的负担；五是采取记工分与支付现金相结合的办法解决医生的报酬问题。比较而言，一般医务人员的待遇都相对较高，最低也不低于当地中等劳动力的收入。[6]

米山乡的经验得到中央卫生部门的肯定，被誉为"初步实现了走上集体化农民的无病早防，有病早治，省工省钱，方便可靠的理想"，并经国务院同意向全国推广。各地也在创造出新的经验。如山西省稷山县建立了一个遍及全县的卫生医疗保健网，为每人每户建立了医疗卡片和保健档案，基本上做到了"普通疾病不出社，一般小病不出区，工伤急病不出队"，"挂竿报病，医生上门，田间巡回，地头看病"。根据安徽医科大学卫生管理学院的估算，全国行政村（生产大队）举办合作医疗的比重，1958年为10%，1960年为32%，1962年上升到46%。[7]

如同任何一个新生事物一样，农村合作医疗事业的发展道路也不可能一帆风顺。新生带来的不可避免的幼稚性，加之60年代初出现的三年经济困难所实行的经济调整政策，合作医疗的覆盖面大幅下滑。这种状况引起毛泽东的高度重视。1965年1月第三届全国人民代表大会一次会议期间，毛泽东对卫生部的工作提出批评："卫生部想不想面向工农兵"。6 月 26 日，卫生部部长钱信忠向毛泽东汇报工作说，全国有 140 多万名卫生技术人员，高级医务人员 80% 在城市，其中 70% 在大城市，20% 在县城，只有 10% 在农村，医疗经费的使用农村只占 25%，城市则占去了 75%。当这样一组数字被毛泽东知悉后，他站起身来严厉地说："卫生部的工作只给全国人口的 15% 工作，而且这 15% 中主要是老爷，广大农民得不到医疗，一无医，二无药。卫生部不是人民的卫生部，改成城市卫生部或老爷卫生部，或城市老爷卫生部好了。""应该把医疗卫生工作的重点放到农村去！""培养一大批'农村也养得起'的医生，由他们来为农民看病服务。"[8]这就是著名的"六二六指示"。卫生部为贯彻毛泽东的指示，制定了一系列措施，如在 15 所医学院中开办三年制的班，为农村培养医生；城市卫生人员到农村防病治病，制定城市医生轮流到农村巡回医疗的制度。这对缓解农村缺医少药的状况有一定的作用，但不能使数亿农民的医疗卫生得到保障。而后者的基本要求是有一个扎根农村，广大农民用得上、用得起的卫生医疗体系。

1966 年，湖北长阳一个叫覃祥官的公社卫生所医生主动辞去"铁饭碗"，在乐园公社杜家村大队挂起卫生室的牌子，当起了记工分、吃农村口粮的"乡村医生"。随着覃祥官这样的乡村医生不断涌现，1968 年，一篇题为《从"赤脚医生"的成长看医学教育革命的方向》的文章刊登在中国几乎所有的报刊上，它第一次把覃祥官这样的乡村医生正式称为"赤脚医生"，毛泽东在当天的《人民日报》上批示"赤脚医生就是好"。从此，"赤脚医生"队伍迅速壮大，鼎盛时期，全国"赤脚医生"150

多万人，生产队的卫生员、接生员 390 多万。农村不脱产从事医疗卫生工作的人员达 500 多万，超过卫生部系统原有卫生技术人员的总数（220 万）一倍多。[9]

"赤脚医生"与农村合作医疗制度紧密相连，是合作医疗制度的主要实施者，是农村防病治病、保障农民健康的基本医疗队伍。他们生活在广大农民中间，从农村的实际出发，创造性的走出了一条适合中国国情的公共卫生医疗道路。

"预防为主"是新中国卫生工作的重大方针。赤脚医生积极配合生产队，大力宣传讲究卫生，移风易俗，发动群众自己起来同自己的不卫生的习惯作斗争，开展以除害灭病为中心的爱国卫生运动，大大改变了农村卫生面貌。赤脚医生还肩负着当地农民的卫生防疫保健工作。在当时传染病肆虐的情况下，为村民免费注射麻疹疫苗、小儿麻痹疫苗、卡介疫苗，担负全村公共卫生防疫工作，成为赤脚医生最主要的工作。发掘、利用中草药，实行中西医结合防治疾病，是我国农村医疗卫生工作的一大特点和优势，中国农民在长期与疾病斗争的过程中，学会和积累了运用中草药以及土方、土药、单方、针灸、拔罐等治疗疾病的方式。它们方便易得，经济价廉。"治疗靠银针，药物山里寻"，银针和草药是赤脚医生的两件宝。挖草药、制土药，是赤脚医生另一个更繁重的任务。很多公社、大队开办"土药厂"。采用这些方法，使农民不花钱或少花钱能治病，又大大减少了合作医疗基金的支出。[10]

赤脚医生制度使农村合作医疗有了坚实的运作基础和实现条件，如覃祥官所在的乐园公社杜家村大队合作医疗，农民每人每年交一元合作医疗费，生产大队再从集体公益金中为每人交 5 角钱，作为合作医疗基金。由于大队卫生室主要依靠自种、自采、自制的中草药，合作医疗成本很低。群众每次看病只交 5 分钱的挂号费，吃药就不要钱了。这种形式的合作医疗深受广大农民群众的欢迎。经毛泽东同意，《人民日报》于 1968 年 12 月 5 日头版头条发表了《深受贫下中农欢迎的合作医疗制度》一文，并加了"编者按"，高度赞扬"合作医疗是医疗战线的一场大革命，它解决了农村群众看不起病、吃不起药的困难"。再次推动了中国农村合作医疗重新走上高潮。1976 年，全国实行合作医疗制度的生产大队（行政村）的比重从 1968 年的 20% 上升到 90%，由合作医疗担负的卫生保健服务覆盖了全国 85% 的农村人口。[11]

20 多年艰难曲折的发展，中国农村医疗卫生状况从无医无药走到缺医少药，最后找到了合作医疗这个低成本、广覆盖、具有可及性和公平性的比较成功的实现模式。它在中国还较贫穷的历史条件下，以不到发达国家百分之一的医疗卫生经费支出，解决了中国 8 亿农民群众的最基本的医疗保障问题，使中国人民的健康指标大幅度改善，平均预期寿命从 1949 年以前的 35 岁增加到 1980 年的 68 岁，婴儿死亡率也从 1949 年以前的约 250 ‰减少到 1980 年的 50 ‰以下。

中国农村合作医疗制度在国际上受到高度肯定，世界银行誉其为"发展中国家解决卫生经费的唯一范例"，是成功的"卫生革命"。[12]联合国妇女儿童基金会在 1980—1981 年年报中指出，中国的"赤脚医生"制度在落后的农村地区提供了初级护理，为不发达国家提高医疗卫生水平提供了样板。[13]1983 年，世界卫生组织（WHO）在山东召开世界合作医疗研习会议，盛赞中国"在落后国家的经济水平上达到了先进国家的卫生水平"，取得了"低收入发展中国家举世无双的成就"。[14]

1978 年 3 月 5 日，全国人大五届一次会议通过的《中华人民共和国宪法》，第一次将"合作医疗"列入宪法，以国家根本大法的形式确立了其重要的法律地位。

二、农村合作医疗的解体及其后果

农村合作医疗事业正走向其顶峰时，危机也在悄悄地走近。农村家庭联产承包责任制政策在 1980 年推出后，原来制度设计的所谓个体、集体"双层经营"，实际执行中只剩下个体一层，绝大多数地区的集体经济开始瓦解，合作医疗赖以存在的制度基础被釜底抽薪。一方面，集体经济不复存在，合作医疗基金的重要甚至主要来源丧失了，赤脚医生的个人收入来源也被切断；另一方面，土地全部分给了农民家庭，合作医疗无地种植中草药。这使合作医疗事业难以为继。

更严重的是在政治上，在没有区分"文化大革命"和"文革时期"两个概念而全盘否定"文化大革命"的背景下，当时卫生部门不少人把合作医疗看作"文化大革命"的产物，是"穷吃富"，"增加群众负担"，要加以彻底否定。这些人主张解散合作医疗，由赤脚医生承包卫生室，断言这是发展的"必然趋势"。当看到合作医疗制度陆续垮掉，他们非但不珍惜，反而幸灾乐祸，说"这是一种进步，是一种改革"。他们相信，"就中国广大地区来说，自费医疗制度还要维持相当一段时间"。[15] 1982 年的《中华人民共和国宪法》也悄悄删除了"合作医疗"的字眼。1985 年，卫生部正式宣布：停止使用"赤脚医生"这个名称。[16] 决策层的这种政治倾向，使农村合作医疗出现雪崩，同年，合作医疗仅限于上海、苏南等集体经济仍然维持的少数地区，覆盖面由鼎盛时的 90% 急剧滑落到 4.6% 的谷底。用农民的话说，"上面不喊了，中间不管了，下边就散了"。[17]

　　与改革的市场取向相联系，在合作医疗解体的同时，决策层倾向"追寻健康保险这种世界潮流"。1985 年，卫生部在四川省简阳、眉山县进行"中国农村健康保险实验项目"，由美国兰德公司提供技术协助。经过几年的努力，成效极低。大多数人认识到：健康医疗保险的思路不适合中国农村，因为保险公司觉得利润少不感兴趣，农民又不信任保险公司，嫌其手续繁杂、难以理解。[18]人们又转过来呼吁恢复合作医疗，但集体经济这张皮不存了，合作医疗的毛又焉将何附？

　　改革开放为搞活经济，政府财政在国民收入中的比重大幅度下降，原来财政承担的公共福利经费也尽量缩减，老百姓称之为"甩包袱"。以公共医疗卫生为例，据卫生部公布的统计材料，1980 年我国政府卫生投入占 GDP 总量的 1.1 %，占全国卫生总费用的 36 %，随着改革的深入，到 20 世纪 90 年代中后期，政府卫生投入所占 GDP 总量反而下降为 0.7 %—0.8%，政府卫生投入占全国卫生总费用的比重更是逐年下降，平均每年下降 1 个百分点，到 2000 年已下降为不足 15 %。由于医疗卫生事业改革的市场化取向，致使 80% 的卫生经费配置在城市，而城市卫生经费的 80% 又配置在大医院，[19]国家财政用于农村合作医疗的补助费确实少得可怜，1999 年仅有 3500 万元，农村居民平均每人只有不到 0.5 元。[20]农村又回到了缺医少药的严重状态。

　　2003 年，受国务院领导同志委托，国务院经济研究中心农村经济研究部就农村医疗卫生状况专题调查了 25 个省市区 114 个县、118 个村、1000 多农户，得出了一系列触目惊心的数据：

　　被调查农户中有 83% 的人因为经济困难不愿住院治病；

　　32% 的婴儿不是在医院而是在家中出生，其中，西部

41.6%，东部 17.9%，中部 25.2%；

过去 3 年没有去医院住院治疗而在家死亡的为 78.6%，其中，西部 82.1%，东部 71.9%，中部 79.6%；

被调查的所有农户个人年均收入 1700 多元，农民患大病的医疗支出平均为 7051 元，远超出一个 3 口之家一年的总收入；

很多农民家庭负债，其中，因病负债占 29.1%，因子女教育费负债占 21%，两者合计超过 50% 负债；

在所调查的贫困户中，因病致贫的占 41%，农民说："不怕穷，就怕病。"[21]

中国国内发生的变化，引起了国际组织的高度关注。2000 年，世界卫生组织（WHO）对 191 个国家和地区进行医疗卫生状况评估，在公平性方面，中国不是"低水平、高覆盖"，而是"高水平、低覆盖"。中国医疗卫生的公平性在 191 个国家和地区中位列 188 位，倒数第 4；总体绩效评估，中国仅列 144 位。[22]

联合国驻华系统协调代表、联合国开发计划署驻华代表马和励批评说，中国医疗卫生体制是按照美国的模式发展，"这是一种成本非常高而效率非常低的做法"，"这就像是一场针对富人的改革试验。"[23]

三、新型农村合作医疗的由来及问题探讨

由于农村合作医疗的瓦解和基层卫生组织的衰落，一些原已被控制和消灭的传染病、地方病如血吸虫病、结核病等死灰复燃，新的公共卫生问题不断出现，农民的健康水平呈现出下降趋势。而医药费用不断上涨，广大农民不堪重负，看不上病、看不起病的相当普遍，因病致贫、因病返贫的农户明显增多。为解决

日益严重的农村医疗卫生问题，多种解决方案纷纷出场，但实验、比较的结果，都不如合作医疗。20 世纪 90 年代中后期，党和政府决定恢复和完善农村合作医疗，但难点是要解决融资问题，当时的基本思路是"走以个人投入为主，集体扶持，政府引导、支持的路子"。[24]而在没有集体经济支撑的条件下，仅靠农民自己集资办的合作医疗已没有可行性。必须改变融资模式，由政府财政提供强有力的支持。[25]

2002 年 10 月，中共中央、国务院在《关于进一步加强农村卫生工作的决定》中明确提出要"逐步建立新型农村合作医疗制度"，允诺中央财政和地方财政分别给参加新型合作医疗的农民每年人均 10 元补助资金。这就重建了农村合作医疗的新模式，即由过去的合作医疗资金主要靠个人缴纳和村级集体经济补贴的传统模式，转变靠以政府投入为主的新型合作医疗模式。有的学者概括为传统合作医疗是"民办—公助"结构，新型合作医疗是"公民合办"结构。[26]

新型合作医疗在推行初期也面临许多困难，主要是农民的积极性不高，参合率低。主要原因是：第一，新型合作医疗定位于保大病，而在农村需要优先关注的、与大多数农民健康最为密切的是常见病和多发病；同时，将保障目标定位为保大病，不可能获得良好的卫生投入绩效。很多大病都是因小病得不到及时治疗所致。第二，在实施新型农村合作医疗制度后，其主要药品平均价格上涨了 26% 多。按照目前的制度设计，加上中央和地方政府财政补贴，每人每年的筹资额度平均为 30 多元，指望对罹患大病者给予充分经济保障是不可能的，主要医疗费用还必须由患者自付。这对农民的激励作用不大。第三，各地相当数量的农民还没有达到"自愿参与"，在新型农村合作医疗自愿原则下，特别在筹资上采取了多种行政干预方法：利用广播、电视、宣传车、传单、标语进行宣传；开村民大会、搭台唱戏；乡镇干部、卫生院人员上门收缴的；等等，这些方法筹集资金的成本大约占所筹资金总额的20%—30%，已成为新型合作医疗可持续发展迫切需要解决的实际问题。[27]

然而新农合并不完美，与传统农合相比，学者们指出其存在一些制度设计上的缺陷。

新农合定位为大病医疗保障为主，不符合我国当前的经济发展水平和基本国情，实际成效低，可及性差。准确定位应该是在大病医疗费统筹基础上，为广大参合农民提供广覆盖的、低水平的、经常性的、最基本的预防保健和基本医疗。[28]具体有这样两点考量：控制疾病的源头在预防保健和环境保护，在这方面农村还很落后，新农合把重点转向预防为主，提高农村的防病能力和健康水平，这比患了大病再去治疗更有效益；平常疾病诊治，一根银针、一把草药的功效是十分明显的，现在发达国家在这方面的兴趣越来越浓，每年都有大批的人员来中国学习中医诊疗，这对降低医疗费用意义很大，如像目下看一个感冒都要花上上百元医药费，新农合是不可能持续的。

新农合缺少全面的监督制约机制。对需求方，新农合可以通过医药费报销来监督制约，但对供给方，则没有任何方式可以控制。追求收入最大化的医疗机构必然会产生大量所谓"供方诱导需求"的问题。开大处方、过分提供医疗服务、乱收费甚至收取"红包"的行为层出不穷，被人称之为"医殇"。这样新农合的管理不能完善，就不可能保证合作医疗基金所覆盖的卫生服务能完全满足群众的需求。如此，建立作为农村主要医疗保障制度的合作医疗制度将有潜在危机，即难以保证在可承受的费用水平上提高对综合性服务的可及性。[29]

新农合与传统农合相比，一个最大的缺陷是乡村基层中没有支撑这一制度的支柱，也就是当年那种生活在农村方便农民就医的具有公益性质的"赤脚医生"。专家们认为，"合作医疗主要是通过赤脚医生来完成的。"[30]虽然今天乡村中有大量的私医诊所，如不进行一定的改造，是不能简单用于公益性质的新农合的。香港《亚洲时报在线》在题为《中国农村怀念"赤脚医生"》的文章指出："'赤脚医生'制度对整个农村医疗事业的影响是巨大的。尽管仅限于满足最基本的医疗服务需求，但鉴于当时中国的条件，这项制度可谓瑕不掩瑜……中国的许多人得不到最基本的医疗服务，但也正是中国人每年在美容手术上花掉约20亿美元。据估计，中国还需要增加50万名医生并平均分布在全国各地，才能满足中国人真正需要的医疗服务需求。"[31]

应该说，植入"赤脚医生"（名称可以改变）制度是完善新农合最重要的环节。有人会说，今天还有谁愿意到农村去做医生呢？笔者要说，大学生到农村当村官很踊跃，为什么就不会愿意当村医呢？据报载：江苏省今年医药卫生类高校毕业生有3万多人，而就业岗位仅有5千个，[32]国家也可以给村官的各种待遇和条件，并赋予其相应的职责，安排大学生当村医是完全可行的，它也为大学生就业开辟更广阔的天地。如此做法，实现城乡一体化就不是空洞的口号。

建设新农合，请不要忘了传统农合的诸多优势，那可是党和人民几十年探索实践的结晶。

四、农村公共医疗卫生体制演变60年的启示

金融危机肆虐之时，诺贝尔经济学奖得主、哈佛大学教授、被西方经济学界誉为"我们专业的良心"的著名美籍印度裔学者阿玛蒂亚·森说了一段发人深思的话：

"市场机制在提供全民医疗方面的无能已是声名狼藉，这在美国身上体现得最为明显，但也体现在中国1979年后放弃全民医疗保险后健康与寿命的改善骤然停滞上……

当然，经济所能承担的能力是个问题，但印度喀拉拉邦的例子说明了，以较低成本建立国家保障的全民医疗体系是有可能的。自从中国在1979年放弃全民医保以后，保留了这种体系的喀拉拉邦在平均寿命和婴儿死亡率等指标上都一直遥遥领先中国，尽管其人均收入水平要低得多。因此贫穷的国家也都是有机会的。但美国所面对的最大挑战在于，尽管其人均医疗支出已是全世界最高，但其在医疗上的建树仍相对较少，超过四千万人没有医疗保障。"[33]

这里要说明一下，喀拉拉邦近四十年来由印度共产党（马）长期执政，它建立了和中国同样的农村合作医疗体制并保持至今，虽然印度人均GDP只相当于中国的40%，而喀拉拉在印度诸邦中还是较贫穷的地区，但在印共（马）的领导下，它的民众健康水平却取得骄人的业绩（据阿玛蒂亚·森在他的著作《饥饿与公共行为》中指出："1976—1980年全印度零岁预期寿命平均为52岁，而喀拉拉却高达66岁"。[34]）。阿玛蒂亚·森据此揭示了一个非常重要的思想："如果公共行为旨在促进人们的基本权利与能力，那么即使在低收入水平的情况下，也能获得相

当不错的成就。"[35]

阿玛蒂亚·森的上述思想为我们正确认识和总结新中国60年农村医疗卫生体制的演变历史提供了科学的视角。这就是从这个体制在公共权力的着力方向和政策行为来考察与判断。共产党，无论是中国的，还是印度的，《共产党宣言》这个共产主义的"圣经"早就给它确立了性质和使命：共产党是代表着无产阶级及其他广大劳动民众权利和利益的政治力量，是社会进步和文明昌盛的推动力量，是新的更高的社会制度的探索者和建立者。共产党在掌握公共权力后，它明白无误的是要建立一个社会公平和平等的体制，农村合作医疗就是这个体制的重要组成部分。它把被旧社会剥夺了的健康的权利还给了劳苦大众，真正改变了"东亚病夫"的形象，赢得了世界的敬佩和尊重。

1972年，美国斯坦福大学几位学者在中国拍摄的一部52分钟的纪录片《中国农村的赤脚医生》，推动了全球的"中国赤脚医生热"，国际上无论左、中、右的人士，无论懂医的不懂医的，一听到"Barefoot Doctors"这个词，眼睛就发亮。中国出版的《赤脚医生手册》，英国、美国及联合国教科文组织对其进行了翻译，先后被翻译的文字达50多种，在全世界发行。[36]共产党领导下的中国为什么能创造出这样的奇迹？而当世界卫生组织、联合国开发计划署等国际组织把中国的合作医疗制度作为样板向发展中国家推广，它又为什么在印度共产党（马）领导下的喀拉拉邦扎根开花结果呢？这绝非偶然，恰恰论证了前述共产党执政的宗旨和根本精神：维护和发展广大民众的利益。合作医疗连同土地改革、合作经济、扫盲教育、农田基本建设、振兴科技、大规模工业化等社会发展现象的背后，无一不闪耀着这个精神的光芒。而这，也正是共产党执政合法性的全部基础。

　　当然，任何一个事物都不可能是十全十美的，它在前进的道路上也不可能是一帆风顺的。传统社会主义模式的设计没有能兼顾好集体和个体的关系，它影响了社会发展的活力，也在其他一些方面带来了严重的问题，加之至今建立过社会主义制度的都是经济文化发展相对落后的国家，历史的旧传统也会产生负面的影响。社会主义国家的改革正是在这样的背景下发生的，无疑它是社会主义制度的自我完善和发展。改革不能背离共产党执政的宗旨和根本精神；否则，它就失去其合法性基础，就会走向失败。

　　理论模式和实际活动常常会不协调，如前述农村改革的理论模式是统分结合的双层经营，而实际结果在绝大多数地区只有农户个体经营，农村集体经济瓦解；改革要改变僵化的计划经济体制，建立调动经济活力的市场经济体制，但在实际过程中不很适当地把市场化扩展到公共事务领域包括医疗卫生、社会教育等，广大人民分摊了过多的改革成本，在一定程度上损害了人民的利益。

　　中共十六大以来，以胡锦涛为总书记的党中央总结历史经验，制定了"以人为本"为核心的科学发展观的重大战略思想，庄重承诺要"做到发展为了人民、发展依靠人民、发展成果由人民共享"。[37]在科学发展观的指引下，党和政府建立了新型农村合作医疗并对医疗卫生体制的改革方针作重要调整，废除了延续数千年的农业税征收制度，实行免除学杂费并给农村部分学生补贴的名副其实的9年制义务教育，对家庭贫困的大学生建立绿色通道保障其升学的权利，对收入分配制度进行重大调整，建立一系列城乡社会保障制度。所有这些措施大得民心，极大地增强了社会的凝聚力。科学发展观把邓小平开创的中国特色社会主义推向了历史的新高度。

　　回首改革开放之初，以"伤痕文学"系列为代表，媒体及社会舆论对共和国前 30 年的评价是否定居多；30 年后的今天，媒体理性了，肯定的声音占了上风，尤其是大众广泛参与的网络，对共和国第一个 30 年成就的赞扬不绝于耳。中老年人在怀念，年轻人在思考，历史沉浮了一个甲子，魅力为何仍不减当年？答案是：维护和发展最广大民众的利益是共和国那一段历史的最大魅力，也是它留给后人的最大精神遗产。人民不会忘记，中国共产党人会永远承继，共和国的旗帜高高飘扬，中华民族的未来会大有希望。

注　　释

1　2　Ka – Che Yip, "Health and Nationalist Reconst ruction：Rural Health in Nationalist China , 1928—1937", Modern Asian S tudies , Vol. 26 , No. 2（May 1992）, p. 404、396.

3　Harry E. Seifert , "Life Tables for Chinese Farmers ", The Mi lbank Memorial Fund Quarterly , Vol. 13 , No. 3（Jul. 1935）, pp. 223—236. 以上均转引自王绍光《学习机制与适应能力：中国农村合作医疗体制变迁的启示》，《中国社会科学》2008 年第 6 期。

4　毛泽东：《论联合政府》，《毛泽东选集》第 3 卷，人民出版社 1991 年版，第 1078 页。

5　6　曹普：《改革开放前中国农村合作医疗制度》，《中共党史资料》2006 年第 3 期。

7　35　李砚洪：《赤脚医生 40 年温暖记忆》，《北京日报》2009 年 6 月 24 日。

8　9　夏杏珍：《农村合作医疗制度的历史考察》，《当代中国史研究》2003 年第 5 期。

10　周寿祺：《探寻农民健康保障制度的发展轨迹》，《国际医药卫生导报》2002 年第 6 期。

11　世界银行：《中国：卫生模式转变中的长远问题与对策》，中国财政经济出版社

1994 年版，第 5 页。

12　29　昆明医学院健康研究所：《从赤脚医生到乡村医生》，云南人民出版社 2002
　　　年版，第 5、315 页。

13　国务院发展研究中心课题组：《对中国医疗卫生体制改革的评价与建议》，《中国
　　　发展评论》2005 年增刊第 1 期。

14　17　王绍光《学习机制与适应能力：中国农村合作医疗体制变迁的启示》，《中
　　　国社会科学》2008 年第 6 期。

15　陈飞、张自宽、昌鸿恩：《“赤脚医生”来龙去脉》，《健康报》2007 年 11 月
　　　9 日。

16　张自宽：《在合作医疗问题上应澄清思想统一认识》，《中国农村卫生事业管理》
　　　1992 年第 6 期。

18　政治学课题组：《我国防治非典的制度分析》，《政治学研究》2003 年第 3 期。

19　刘雅静：《我国农村合作医疗保障制度的历史思考及政策建议》，《社区医学杂
　　　志》2004 年第 6 期。

20　韩俊、罗丹：《中国农村医疗卫生状况报告》，《中国发展观察》2005 年创刊号。

21　王洪伟：《中国医疗公平性倒数第 4 政策失误导致看病贵》，大洋网 – 广州日报
　　　2005 年 12 月 14 日。

22　《〈人类发展报告〉对中国贫富差距过大的评价》，《商务周刊》2005 年 10 月
　　　8 日。

23　陈敏章：《贯彻落实中央关于发展和完善农村合作医疗的重大决策》，《中国农村
　　　卫生事业管理》1996 年第 8 期。

24　26　28　布罗姆、汤胜蓝：《中国政府在农村合作医疗保健制度中的角色与作
　　　用》，《中国卫生经济》2002 年第 3 期。

25　27　林闽钢：《新型农村合作医疗制度缺失研究》，《东岳论丛》2008 年 1 月 （第
　　　29 卷/第 1 期）。

30　亚历山大·卡塞拉：《中国农村怀念“赤脚医生”》，香港《亚洲时报在线》
　　　2009 年 1 月 17 日。

31　《江苏三万医学毕业生争五千个“饭碗”》，《人民日报》2009 年 11 月 16 日。

32　阿玛蒂亚·森：《后危机时代的资本主义》，The New York Review Books：http：//
　　　www．nyboos．com/articles/22490。

33　34　让·德雷兹、阿玛蒂亚·森：《饥饿与公共行为》，社会科学文献出版社
　　2006 年版，第 229、232 页。

36　胡锦涛：《高举中国特色社会主义伟大旗帜　为夺取全面建设小康社会新胜利而
　　奋斗》，人民出版社 2007 年版，第 15 页。

编后记

2011 年 11 月 5 日—7 日，中国现代史学会、中国社会科学院近代史研究所、云南大学联合举办的"边疆与中国现代社会"学术研讨会暨中国现代史学会 2011 年年会在昆明召开。来自全国各地的 130 余位专家、学者汇聚一堂，就近代以来我国边疆的长治久安、"中国边疆学"建设、边疆政治与军事、边疆经济与文化等问题展开了热烈的研讨。

中国现代史学会是国家一级学会，成立 30 余年来，在中国现代史研究、中共党史研究等领域产生了重大影响。30 年来，云南大学的教师积极参加中国现代史学会的学术活动，中国现代史学会也对云南大学的教学与研究工作给予了指导和帮助。本次会议的召开，是中国现代史学会第一次把"边疆问题"作为年会的主题，表明中国现代史、中共党史等学界开始关注边疆民族地区的历史与现实。同时，中国现代史、中共党史研究的重要单位与部门，与长期从事边疆民族问题研究的高校和研究机构展开了互动与交流，有助于推动相关学科的进一步发展。

会议收到论文 80 余篇，主要涉及边疆政策与边疆治理、边疆研究与考察、边疆政治与军事、边疆经济文化、中国近现代史、中共党史等问题。

会后，受中国现代史学会的委托，由云南大学历史系罗群教授、潘先林教授负责论文集的选编和出版工作。经过认真细致的比较和筛选，并与各位作者联系，留出了三个多月的修改时间。论文选编完成后，出版工作得到云南大学副校长、专门史国家重点学科负责人林文勋教授、原历史系主任吴晓亮教授的鼎力支持，列入林文勋教授主编的"中国边疆研究丛书"，由人民出版社出版。

本论文集的编选，还得到云南大学历史系沙文涛讲师、谢蔚博士、娄贵品博士的积极协助。所选论文除明显的错误外，基本保持原样，尊重作者的学术观点。因此，所有论文文责自负。

由于编者水平能力有限，缺点错误在所难免，不当不妥之处，祈望批评指正。

值此论文集出版问世之际，我们要感谢中国现代史学会、中国社会科学院近代史研究所、云南大学、人民出版社有关领导的关心与支持。同时，向为本论文集出版提供指导并付出辛劳的郭德宏会长、闻黎明研究员、林文勋副校长、吴晓亮教授、人民出版社有关人员致以由衷的谢忱。

编者

2012 年 12 月 20 日

图书在版编目（CIP）数据

边疆与中国现代社会研究（上下）/ 罗群主编.
–北京：人民出版社，2012
（中国边疆研究丛书/林文勋主编）
ISBN 978–7–01–011243–5/
Ⅰ.①边…　Ⅱ.①罗…　Ⅲ.①边疆地区–中国–文集
Ⅳ.①D67
中国版本图书馆 CIP 数据核字（2012）第 227543 号

边疆与中国现代社会研究 （上下）

BIANJIANG YU ZHONGGUOXIANDAISHEHUIYANJIU

丛书主编：林文勋
本书主编：罗　群
责任编辑：张秀平
装帧设计：徐　晖

人 民 出 版 社出版发行

地　　址：北京市东城区隆福寺街 99 号
邮政编码：100706　www.peoplepress.net
经　　销：新华书店总店北京发行所经销
印 刷 厂：北京昌平百善印刷厂
出版日期：2013 年 4 月第 1 版　2013 年 4 月第 1 次印刷
开　　本：880 毫米×1230 毫米　1/32
印　　张：31.75
字　　数：800 千字
书　　号：ISBN 978–7–01–011243–5/
定　　价：90.00 元